国家出版基金项目
NATIONAL PUBLICATION FOUNDATION

学术著作

重庆：中国战时首都大事记

唐润明 ● 编著

重庆出版集团 重庆出版社

图书在版编目(CIP)数据

重庆:中国战时首都大事记/唐润明编著.—重庆:重庆出版社,2017.3

ISBN 978-7-229-12052-8

Ⅰ.①重… Ⅱ.①唐… Ⅲ.重庆—地方史—大事记—1937—1946 Ⅳ.①K297.19

中国版本图书馆CIP数据核字(2017)第041616号

重庆:中国战时首都大事记
CHONGQING:ZHONGGUO ZHANSHI SHOUDU DASHIJI

唐润明　编著

责任编辑:傅乐孟　赵长杰
责任校对:何建云
装帧设计:重庆出版集团艺术设计有限公司·陈　永　吴庆渝

重庆出版集团
重庆出版社　出版

重庆市南岸区南滨路162号1幢　邮政编码:400061　http://www.cqph.com
重庆出版集团艺术设计有限公司制版
自贡兴华印务有限公司印刷
重庆出版集团图书发行有限公司发行
E-MAIL:fxchu@cqph.com　邮购电话:023-61520646
全国新华书店经销

开本:740mm×1030mm　1/16　印张:48　字数:710千
2017年3月第1版　2017年3月第1次印刷
ISBN 978-7-229-12052-8
定价:96.00元

如有印装质量问题,请向本集团图书发行有限公司调换:023-61520678

版权所有　侵权必究

《中国抗战大后方历史文化丛书》

编纂委员会

总 主 编：章开沅
副总主编：周　勇

编　　委：（以姓氏笔画为序）
山田辰雄　日本庆应义塾大学教授
马振犊　中国第二历史档案馆副馆长、研究馆员
王川平　重庆中国三峡博物馆名誉馆长、研究员
王建朗　中国社科院近代史研究所副所长、研究员
方德万　英国剑桥大学东亚研究中心主任、教授
巴斯蒂　法国国家科学研究中心教授
西村成雄　日本放送大学教授
朱汉国　北京师范大学历史学院教授
任　竞　重庆图书馆馆长、研究馆员
任贵祥　中共中央党史研究室研究员、《中共党史研究》主编
齐世荣　首都师范大学历史学院教授
刘庭华　中国人民解放军军事科学院研究员
汤重南　中国社科院世界历史研究所研究员
步　平　中国社科院近代史研究所所长、研究员
何　理　中国抗日战争史学会会长、国防大学教授
麦金农　美国亚利桑那州立大学教授
玛玛耶娃　俄罗斯科学院东方研究所教授

陆大钺	重庆市档案馆原馆长、中国档案学会常务理事
李红岩	中国社会科学杂志社研究员、《历史研究》副主编
李忠杰	中共中央党史研究室副主任、研究员
李学通	中国社会科学院近代史研究所研究员、《近代史资料》主编
杨天石	中国社科院学部委员、近代史研究所研究员
杨天宏	四川大学历史文化学院教授
杨奎松	华东师范大学历史系教授
杨瑞广	中共中央文献研究室研究员
吴景平	复旦大学历史系教授
汪朝光	中国社科院近代史研究所副所长、研究员
张国祚	国家社科基金规划办公室原主任、教授
张宪文	南京大学中华民国史研究中心主任、教授
张海鹏	中国史学会会长，中国社科院学部委员、近代史研究所研究员
陈　晋	中共中央文献研究室副主任、研究员
陈廷湘	四川大学历史文化学院教授
陈兴芜	重庆出版集团总编辑、编审
陈谦平	南京大学中华民国史研究中心副主任、教授
陈鹏仁	台湾中正文教基金会董事长、中国文化大学教授
邵铭煌	中国国民党文化传播委员会党史馆主任
罗小卫	重庆出版集团董事长、编审
周永林	重庆市政协原副秘书长、重庆市地方史研究会名誉会长
金冲及	中共中央文献研究室原常务副主任、研究员
荣维木	《抗日战争研究》主编、中国社科院近代史研究所研究员
徐　勇	北京大学历史系教授
徐秀丽	《近代史研究》主编、中国社科院近代史研究所研究员
郭德宏	中国现代史学会会长、中共中央党校教授
章百家	中共中央党史研究室副主任、研究员
彭南生	华中师范大学历史文化学院教授
傅高义	美国哈佛大学费正清东亚研究中心前主任、教授

温贤美　四川省社科院研究员
谢本书　云南民族大学人文学院教授
简笙簧　台湾"国史馆"纂修
廖心文　中共中央文献研究室研究员
熊宗仁　贵州省社科院研究员
潘　洵　西南大学历史文化学院教授
魏宏运　南开大学历史学院教授

编辑部成员（按姓氏笔画为序）

朱高建　刘志平　吴畏　别必亮　何林　黄晓东　曾海龙　曾维伦

总　序

章开沅

　　我对四川、对重庆常怀感恩之心，那里是我的第二故乡。因为从1937年冬到1946年夏前后将近9年的时间里，我在重庆江津国立九中学习5年，在铜梁201师603团当兵一年半，其间曾在川江木船上打工，最远到过今天四川的泸州，而起程与陆上栖息地则是重庆的朝天门码头。

　　回想在那国破家亡之际，是当地老百姓满腔热情接纳了我们这批流离失所的小难民，他们把最尊贵的宗祠建筑提供给我们作为校舍，他们从来没有与沦陷区学生争夺升学机会，并且把最优秀的教学骨干稳定在国立中学。这是多么宽阔的胸怀，多么真挚的爱心！2006年暮春，我在57年后重访江津德感坝国立九中旧址，附近居民闻风聚集，纷纷前来看望我这个"安徽学生"（当年民间昵称），执手畅叙半个世纪以前往事情缘。我也是在川江的水、巴蜀的粮和四川、重庆老百姓大爱的哺育下长大的啊！这是我终生难忘的回忆。

　　当然，这八九年更为重要的记忆是抗战，抗战是这个历史时期出现频率最高的词语。抗战涵盖一切，渗透到社会生活的各个层面。记得在重庆大轰炸最频繁的那些岁月，连许多餐馆都不失"川味幽默"，推出一道"炸弹汤"，即榨菜鸡蛋汤。……历史是记忆组成的，个人的记忆汇聚成为群体的记忆，群体的记忆汇聚成为民族的乃至人类的记忆。记忆不仅由文字语言承载，也保存于各种有形的与无形的、物质的与非物质的文化遗产之中。历史学者应该是文化遗产的守望者，但这绝非是历史学者单独承担的责任，而应是全社会的共同责任。因此，我对《中国抗战大后方历史文化丛书》编纂出版寄予厚望。

抗日战争是整个中华民族(包括海外侨胞与华人)反抗日本侵略的正义战争。自从19世纪30年代以来,中国历次反侵略战争都是政府主导的片面战争,由于反动统治者的软弱媚外,不敢也不能充分发动广大人民群众,所以每次都惨遭失败的结局。只有1937年到1945年的抗日战争,由于在抗日民族统一战线的旗帜下,长期内战的国共两大政党终于经由反复协商达成第二次合作,这才能够实现史无前例的全民抗战,既有正面战场的坚守严拒,又有敌后抗日根据地的英勇杀敌,经过长达8年艰苦卓绝的壮烈抗争,终于赢得近代中国第一次民族解放战争的胜利。我完全同意《中国抗战大后方历史文化丛书》的评价:"抗日战争的胜利成为了中华民族由衰败走向振兴的重大转折点,为国家的独立、民族的解放奠定了基础。"

中国的抗战,不仅是反抗日本侵华战争,而且还是世界反法西斯战争的重要组成部分。

日本明治维新以后,在"脱亚入欧"方针的误导下,逐步走上军国主义侵略道路,而首当其冲的便是中国。经过甲午战争,日本首先占领中国的台湾省,随后又于1931年根据其既定国策,侵占中国东北三省,野心勃勃地以"满蒙"为政治军事基地妄图灭亡中国,独霸亚洲,并且与德、意法西斯共同征服世界。日本是法西斯国家中最早在亚洲发起大规模侵略战争的国家,而中国则是最早投入到反法西斯战争的先驱。及至1935年日本军国主义者通过政变使日本正式成为法西斯国家,两年以后更疯狂发动全面侵华战争。由于日本已经与德、意法西斯建立"柏林—罗马—东京"轴心,所以中国的全面抗战实际上揭开了世界反法西斯战争(第二次世界大战)的序幕,并且曾经是亚洲主战场的唯一主力军。正如1938年7月中共中央《致西班牙人民电》所说:"我们与你们都是站在全世界反法西斯的最前线上。"即使在"二战"全面爆发以后,反法西斯战争延展形成东西两大战场,中国依然是亚洲的主要战场,依然是长期有效抗击日本侵略的主力军之一,并且为世界反法西斯战争的胜利做出了极其重要的贡献。2002年夏天,我在巴黎凯旋门正好碰见"二战"老兵举行盛大游行庆祝法国光复。经过接待人员介绍,他们知道我也曾在1944年志愿从军,便热情邀请我与他们合影,因为大家都曾是反法西斯的战士。我虽感光荣,但却受之有愧，因为作为现役军人，未能决胜于疆场，日本就宣布投降了。但是法国老兵非常尊重中国，这是由于他们曾经投降并且亡国，而中国则始终坚持英勇抗战，并主要依靠自己的力量赢得最后胜利。尽管都是"二战"的主要战胜国，毕竟分量与地位有所区别，我们千万不可低估自己的抗战。

重庆在抗战期间是中国的战时首都，也是中共中央南方局与第二次国共合作的所在地，"二战"全面爆发以后更成为世界反法西斯战争远东指挥中心，因而具有多方面的重要贡献与历史地位。然而由于大家都能理解的原因，对于抗战期间重庆与大后方的历史研究长期存在许多不足之处，至少是难以客观公正地反映当时完整的社会历史原貌。现在经由重庆学术界倡议，并且与全国各地学者密切合作，同时还有日本、美国、英国、法国、俄罗斯等外国学者的关怀与支持，共同编辑出版《中国抗战大后方历史文化丛书》，堪称学术研究与图书出版的盛事壮举。我为此感到极大欣慰，并且期望有更多中外学者投入此项大型文化工程，以求无愧于当年的历史辉煌，也无愧于后世对于我们这代人的期盼。

在民族自卫战争期间，作为现役军人而未能亲赴战场，是我的终生遗憾，因此一直不好意思说曾经是抗战老兵。然而，我毕竟是这段历史的参与者、亲历者、见证者，仍愿追随众多中外才俊之士，为《中国抗战大后方历史文化丛书》的编纂略尽绵薄并乐观其成。如果说当年守土有责未能如愿，而晚年却能躬逢抗战修史大成，岂非塞翁失马，未必非福？

2010年已经是抗战胜利65周年，我仍然难忘1945年8月15日山城狂欢之夜，数十万人涌上街头，那鞭炮焰火，那欢声笑语，还有许多人心头默诵的杜老夫子那首著名的诗："剑外忽传收蓟北，初闻涕泪满衣裳。却看妻子愁何在？漫卷诗书喜欲狂。白日放歌须纵酒，青春作伴好还乡。即从巴峡穿巫峡，便下襄阳向洛阳。"

即以此为序。

庚寅盛暑于实斋

（章开沅，著名历史学家、教育家，现任华中师范大学东西方文化交流研究中心主任）

编 辑 说 明

1. 本书记载的时间范围,以"七七"卢沟桥事变爆发的1937年7月为起始时间,以国民政府正式还都南京的1946年5月为终止时间,前后共9年。

2. 本书记载的空间范围,以当时的重庆市行政范围为限,环重庆周边的江北县、巴县及北碚管理局发生的、与重庆有着密切关联的,择其重要者记载。

3. 本书采用编年体的形式,逐年、逐月、逐日地记载在上述时空范围内发生的大事、要事。其中,日期不明者放在旬末,旬期不明者放在月末,月期不明者放在年末。

4. 本书记载的主要内容:一是抗战时期国民政府、国民党中央及其所属各院、部、会在重庆的重要活动,诸如会议、决议、命令、函电等;二是抗战时期作为战时首都的重庆在政治、经济、军事、文教、外交、社会等领域内的活动及其发展变化;三是抗战时期在重庆的各党各派、各界各阶层、各族人民为支撑抗战所做出的种种努力、牺牲与贡献;四是重庆市政府及重庆市地方在政治、经济、文教、社会等方面的重要活动;五是抗战时期重要人物的重要活动。在此要特别说明的是,有关中共代表团与中共中央南方局的活动,只记载其与国民党当局谈判及与社会各界往来的活动,至于其内部的各种活动,因有专门的《中共中央南方局大事记》,本书不再重复记载。

5. 本书大事的记载,按照先中央(全国)后地方,然后再按照政治、经济、军事、文教、外交、社会的基本顺序排列,个别历史上重大的事情,不依此限。

6.本书因涉及的时间长、范围广,加之个人水平有限,难免有个别史实不准、取舍不当的地方,希望读者批评指正,以便作者修订。

编 者

2015年4月

前　言

　　1984年，尚在重庆师范学院（现重庆师范大学）历史系读书的我，为了写毕业论文，参与了学校老师组织的"陪都史调查"，赴图书馆、档案馆查阅、摘抄相关的文献档案资料，并以这些资料为基础，写成了《刍论抗战时期重庆的人口变化》，获得了老师的好评。这是我第一次接触原始的文献档案资料并对之产生浓厚兴趣。1985年，我毕业后留校，主要从事重庆地方史的教学与研究工作。一年之后，学院向四川省哲学社会科学研究规划办公室申报的"中华民国陪都史"研究课题获准，我有幸参与其中，并利用假期，带领学生到重庆图书馆查阅资料。当我看到抗战时期有关报刊资料刊载的史料与记述的史实时，既为中华民族在八年抗战中团结一致、浴血奋战、英勇抗敌、最终夺取抗战胜利的恢弘史实所感召；也为战时重庆在抗战中的地位和作用，为重庆人民在抗战中所做出的牺牲与贡献所折服。更为重要的是，我所接触的这些史料与史实，与我学生时代所学的东西相差甚远。怀着探究历史事实、追逐历史故事、传承历史真相的心境，我暗自下定决心，终生从事重庆地方史特别是重庆抗日战争史的学习与研究。

　　为了深入、全面、系统了解抗战时期重庆发生的大事要事，更好地收集有关史料，我以抗战时期的重庆《国民公报》为对象，逐月逐日、一张一张地进行查阅、摘抄，遇有该报缺漏时，也以其他报纸进行补充。由此费时3年，往返学院与重庆图书馆（当时在市中区枇杷山）无数，终于翻完了从1937年7月至1946年5月的《国民公报》，并摘抄了密密麻麻、厚厚的好几大本史料，同时参照当时公开出版的一些大事记、年谱、专著等，于1991年整理编辑成了近800页约40万字的《中华民国陪都史大事记》。只因受当时主客观种种因素的制约,除摘选其中的一部分于1993年作为《国民政府重庆陪都史》的附录编入《国民政府重庆陪都史》(西南师范大学出版社1993年9月出版)外,整个书稿未能公开出版。

1990年,我从重庆师范学院历史系调入重庆市档案馆编研处工作,主要从事档案史料的编辑与研究。因为工作原因,所接触的原始资料、原始档案更多,积累的资料、想法也越来越多。且随着时间的延续,学术界越来越解放思想、实事求是,有关方面公布的史料、出版的著作也越来越多,这无疑为我编纂此书创造了更好的外部环境。在此条件下,我也开始更加全面、系统、勤奋地收集这方面的资料,做的笔记、卡片也越来越多。与此同时,20多年过去了,整个重庆抗战史的研究如火如荼,方兴未艾,取得的成果也越来越多。但除了1994年由重庆市地方志编纂委员会根据《重庆市志》第一卷中的《大事记》有关抗战部分改编出版的《重庆抗战大事记》(重庆出版社1995年8月出版)外,迄今为止,没有一本记载、反映抗战时期重庆作为中国战时首都、作为中共中央南方局所在地、作为以国共两党合作为基础的抗日民族统一战线的重要活动舞台、作为世界反法西斯战争东方战场指挥中心各方面活动的工具书(大事记)。

2008年,重庆实施"中国抗战大后方历史文化研究与建设工程",并将编辑出版《中国抗战大后方历史文化丛书》作出该工程的重要内容之一。工程实施以来,有关各方通力合作,编辑出版了大量的史料汇编、学术专著以及普及性读物。为更加全面地介绍抗战时期重庆作为中国战时首都和世界反法西斯战争远东战场指挥中心的历史,为研究以重庆为中心的中国抗战大后方历史提供更加清楚、准确的历史脉络和历史线索,我在先前已有的《中华民国陪都史大事记》基础上,进一步收集有关原始的报刊、档案资料,吸取海内外最新的研究成果,参照已公开出版的有关大事记、年谱、资料汇编等,编纂成《重庆:中国战时首都大事记(1937.7—1946.5)》,于2013年申报重庆市社会科学规划办公室的"抗战大后方历史文化重大委托项目"并获得批准。在此基础上,我又用近2年的时间,对书稿进行全方位的补充、丰富、修改与完善,终于使本书得以在中国人民隆重纪念中国抗日战争暨世界反法西斯战争胜利70周年之际出版。

编　者

2015年4月

目 录

总序 ………………………………………………… 章开沅 1
编辑说明 ……………………………………………………… 1
前言 …………………………………………………………… 1

1937 年

7 月 ………………………………………………………… 1
8 月 ………………………………………………………… 3
9 月 ………………………………………………………… 5
10 月 ……………………………………………………… 6
11 月 ……………………………………………………… 6
12 月 ……………………………………………………… 8

1938 年

1 月 ……………………………………………………… 11
2 月 ……………………………………………………… 18
3 月 ……………………………………………………… 21
4 月 ……………………………………………………… 25
5 月 ……………………………………………………… 28
6 月 ……………………………………………………… 31

7月 ……………………………………………………………… 33
8月 ……………………………………………………………… 36
9月 ……………………………………………………………… 40
10月 …………………………………………………………… 43
11月 …………………………………………………………… 49
12月 …………………………………………………………… 57

1939 年

1月 ……………………………………………………………… 67
2月 ……………………………………………………………… 78
3月 ……………………………………………………………… 85
4月 ……………………………………………………………… 92
5月 ……………………………………………………………… 95
6月 ……………………………………………………………… 99
7月 ……………………………………………………………… 101
8月 ……………………………………………………………… 106
9月 ……………………………………………………………… 111
10月 …………………………………………………………… 118
11月 …………………………………………………………… 123
12月 …………………………………………………………… 129

1940 年

1月 ……………………………………………………………… 136
2月 ……………………………………………………………… 141
3月 ……………………………………………………………… 144
4月 ……………………………………………………………… 151
5月 ……………………………………………………………… 158
6月 ……………………………………………………………… 164

7 月 …………………………………………………… 170
8 月 …………………………………………………… 175
9 月 …………………………………………………… 180
10 月 ………………………………………………… 185
11 月 ………………………………………………… 191
12 月 ………………………………………………… 196

1941 年

1 月 …………………………………………………… 203
2 月 …………………………………………………… 210
3 月 …………………………………………………… 219
4 月 …………………………………………………… 224
5 月 …………………………………………………… 231
6 月 …………………………………………………… 238
7 月 …………………………………………………… 247
8 月 …………………………………………………… 255
9 月 …………………………………………………… 263
10 月 ………………………………………………… 269
11 月 ………………………………………………… 278
12 月 ………………………………………………… 286

1942 年

1 月 …………………………………………………… 304
2 月 …………………………………………………… 313
3 月 …………………………………………………… 322
4 月 …………………………………………………… 330
5 月 …………………………………………………… 338
6 月 …………………………………………………… 345

7月 ………………………………………………………… 351
8月 ………………………………………………………… 357
9月 ………………………………………………………… 362
10月 ……………………………………………………… 366
11月 ……………………………………………………… 371
12月 ……………………………………………………… 378

1943 年

1月 ………………………………………………………… 387
2月 ………………………………………………………… 394
3月 ………………………………………………………… 399
4月 ………………………………………………………… 405
5月 ………………………………………………………… 410
6月 ………………………………………………………… 416
7月 ………………………………………………………… 420
8月 ………………………………………………………… 424
9月 ………………………………………………………… 428
10月 ……………………………………………………… 433
11月 ……………………………………………………… 439
12月 ……………………………………………………… 445

1944 年

1月 ………………………………………………………… 451
2月 ………………………………………………………… 458
3月 ………………………………………………………… 464
4月 ………………………………………………………… 472
5月 ………………………………………………………… 478
6月 ………………………………………………………… 485

7月 …………………………………………………………… 493

8月 …………………………………………………………… 499

9月 …………………………………………………………… 504

10月 ………………………………………………………… 512

11月 ………………………………………………………… 521

12月 ………………………………………………………… 529

1945 年

1月 …………………………………………………………… 539

2月 …………………………………………………………… 548

3月 …………………………………………………………… 556

4月 …………………………………………………………… 565

5月 …………………………………………………………… 572

6月 …………………………………………………………… 578

7月 …………………………………………………………… 585

8月 …………………………………………………………… 593

9月 …………………………………………………………… 609

10月 ………………………………………………………… 630

11月 ………………………………………………………… 645

12月 ………………………………………………………… 659

1946 年

1月 …………………………………………………………… 671

2月 …………………………………………………………… 690

3月 …………………………………………………………… 703

4月 …………………………………………………………… 721

5月 …………………………………………………………… 739

参考资料 ………………………………………………………… 743
后记 ……………………………………………………………… 745

1937 年

7 月

7月2日 国民革命军第20军军长杨森,于昨日乘车离黔,是日抵达重庆,并对记者发表谈话称:"中央此次整理川康军事,诚为统一军政之必要工作。余系属军人,志在卫国。当此国步多艰,举国精诚团结御侮之时,自应力图振兴,以期克尽国民天职。"

7月3日 参加"川康整军会议"的川康各军将领暨川康绥靖公署参谋长、四川省政府秘书长刘文辉、邓锡侯、李家钰、孙震、潘文华、唐式遵、邓汉祥、傅常、郭勋祺、甘绩镛、罗晓闻等12人是日晨乘中航机联袂抵达重庆,贺国光、夏斗寅、范绍增等200余人到珊瑚坝机场欢迎。

国民政府军事委员会委员长重庆行营代主任贺国光。于是日晚在大溪沟私邸设宴欢迎参加"川康整军会议"的川康各军将领,并于席间发表谈话,说明整军的意义及此次川康整军会议的原则。并称此次会议,不仅是川康军之光荣,而且展开了川康军人为国家努力之机会。

7月5日 "川康军事整理委员会"主任委员何应钦、副主任委员顾祝同,于午后1时乘"南京"号专机抵达重庆,重庆各界长官及代表1000余人到珊瑚坝机场欢迎。

"川康军事整理委员会"副主任委员刘湘偕夫人及随员等140余人,于午后5时半乘车抵达重庆化龙桥,贺国光等数百人前往欢迎。刘湘抵渝后向记者发表谈话称:"对于整军会议,本人无何特别提案,整军必可顺利进行",同时希望对于编余官兵的安置问题,能有具体办法。

7月6日 "川康整军会议"于上午11时在国民政府军事委员会委员长重庆行营大礼堂举行开幕式。

7月7日 "川康整军会议"首次会议于上午8时在行营大礼堂举行,何应钦、顾祝同、刘湘及全体整军委员(徐源泉、董宋珩除外)到会,列席者有国民政府军事委员会委员长重庆行营、川康绥靖公署、四川省政府等高级官员300余人,何应钦主持并报告远东各国军备状况及其经济条件、社会文化诸方面的优劣点。至10时,列席者退会,各委员继续开会,何应钦报告国民党中央年来的国防政策及实施计划。

7月8日 "川康整军会议"于上午8时在重庆上清花园举行第二次会议,40余人到会,会议由何应钦主持。

7月9日 "川康整军会议"于上午9时在上清花园举行第三次大会,50余人到会,何应钦主持。

7月10日 在重庆主持"川康整军会议"的国民政府军事委员会军政部部长兼川康军事整理委员会主任委员何应钦,应召于午后4时许离渝飞京。

在重庆参加"川康整军会议"的川康绥靖公署主任兼四川省政府主席刘湘,电呈国民政府军事委员会委员长蒋介石,请缨抗敌;同时通电全国,请一致抗日。

7月12日 国民政府军事委员会委员长重庆行营主任顾祝同在行营举行的总理纪念周上报告时局,包括卢沟桥事变发生经过、国民党中央的处置方略、国共谈判情形、处置西安事变善后经过及川康整军会议情形等。

7月14日 国民党重庆市党部于上午10时在该部大礼堂召集各人民团体代表会议,指示人民今后应有的认识与动向。

7月17日 国民政府军事委员会举行卢沟桥事变第七次会报,决定各院部会可"另觅小房屋,为机密办公处"。

7月19日 国民政府军事委员会举行卢沟桥事变第九次会报,决定各机关的"重要文件另易地保存"。

重庆市各界援助平津守土抗敌将士大会成立。

重庆市杨家花园川康绥靖主任公署武器修理所(有工人700余人),奉令于是日一律停工,待命移交国民党中央。

7月23日 重庆市各界援助平津守土抗敌将士大会通电全国,请团结一致,挽救垂危,并愿率40万渝市民众为华北抗敌将士的后盾。

7月26日 四川省财政厅厅长刘航琛晋谒重庆行营主任顾祝同,请示维持渝市金融办法。

7月27日 7月下旬,蒋介石手令南京国民政府"各院部会实施动员演习及准备迁地办公并限三日具报"。

重庆市各界援助平津守土抗敌将士大会改名为"重庆市各界抗敌后援会",并发出通电,电请刘湘调兵50万出川抗敌,并通电拥护蒋介石的庐山谈话,请国民党中央实行征兵制,组织民团。

7月30日 刘航琛于是日晚再谒顾祝同,继续商讨维持渝市金融办法。顾祝同嘱刘航琛、关吉玉会同召集会议,商决临时救济办法。

8月

8月1日 日本驻重庆领事槽谷廉二于7月31日午后6时许,率在渝全体日侨20余人登直阳丸轮启碇赴重庆南岸的王家沱,是日晨离渝东下返日。

8月2日 川康黔三省奉调赴庐山受训的各军将官及政训人员共计400余人,于此前相继抵达重庆,是日乘轮东下。

8月4日 重庆市各界抗敌后援会,连发三电,请国民党中央速颁抗敌令,并厚恤于华北抗敌中阵亡的佟麟阁、赵登禹两将军及其家属。

8月6日 国民政府军事委员会委员长重庆行营主任顾祝同,以国难日亟,整军事宜应加紧完成,特电令川康各军、师长,盼能于8月15日限期以前,整编完竣。

8月7日 川康绥靖公署主任兼四川省政府主席刘湘,奉国民党中央电令,是日由成都飞重庆转飞南京,共商国是。到重庆时,刘湘曾召集渝市金融界谈话,表示到京后决请中央当局救济渝市金融,并令派四川省建设厅厅长何北衡留渝,代表省府处理渝市金融问题。

国民政府军事委员会委员长重庆行营以川康整军业将就绪,所有编余官兵薪饷亟应提前发放,以资遣散。

8月10日 国民政府军事委员会委员长重庆行营第二厅厅长叶元龙与关吉玉、何北衡在重庆行营召集中央银行重庆分行副经理刁培然、中国银行重庆分行副经理王君韧、中国农民银行重庆分行经理冯一飞开会,商讨安定渝市金融办法。

8月14日 国民政府军事委员会委员长重庆行营颁布紧急命令,命令全川各地银行、钱庄总分行放假两天半。

8月16日 川康绥靖公署以中日大战爆发以来,日机四处滋扰,是日特致函四川省政府,应于成都、重庆两地,成立防空指挥部。其中规定:重庆防空指挥部由警备部、航务处、市政府、宪三团、警察局等机关组织而成。

川康绥靖公署为执行整军会议的决议,实现军政军令的统一,决定将所属飞机队交由国民政府军事委员会委员长重庆行营接管,行营于是日派员赴广阳坝机场,正式接收。

国民政府军事委员会委员长重庆行营颁布第二次命令,饬令全川各地银行、钱庄总分行自17日起至19日止续休假3日。

"重庆市妇女抗敌后援会"在社交会堂成立。

8月18日 关吉玉、刘航琛、何北衡邀请重庆市金融界领袖开会,会商维持金融善后办法。

8月20日 重庆及全川各地银行、钱庄总分行,是日恢复营业。

8月21日 川康绥靖公署所属重庆铜元局子弹厂,是日交由国民党中央接管。

8月22日 "重庆市文化界救国联合会"举行会员大会,布置该会工作。

8月23日 国民政府军事委员会委员长重庆行营委任重庆警备司令李根固兼任重庆市防空司令,并规定所有在该地的陆空军及水陆警察,于非常紧急时,统受其指挥调遣。

8月24日 重庆市警备司令兼防空司令李根固召集重庆各机关人员开

会,商讨重庆市防空组织等各项事宜。

8月26日 国民政府军事委员会委员长重庆行营委任重庆市市长李宏锟兼任重庆市防空司令部副司令。

8月27日 国民政府财政部令在重庆的中央、中国、中国农民三大银行重庆分行合组贴放委员会,救济重庆市工商业。

8月28日 贺国光偕关吉玉由渝飞蓉,与刘湘会商川军出川抗战问题。

国民政府军事委员会委员长重庆行营为救济重庆市工商业,是日指令重庆市银钱业两公会,准许其成立银钱业联合准备委员会,发行保证代现券。

由中央、中国、中国农民三大银行重庆分行合组的"贴放委员会"正式成立,中国银行重庆分行经理徐维明为该会主席,会址设中央银行重庆分行内。

8月底 川康各军依限整编完竣,国民政府军事委员会委员长重庆行营组织点验委员会,派夏斗寅为主任委员,即日派员出发点验。

9月

9月1日 重庆市防空司令部正式成立,以重庆警备司令李根固兼任司令,重庆市市长李宏锟为副司令,21军航空副司令蒋逵为参谋长。其指挥区域包括市区、南岸、江北、磁器口、广阳坝等地。

9月3日 重庆市防空司令部在左营街绥靖主任公署邀请新闻界人士举行茶话会,到全市各日报、通讯社记者20余人,司令李根固报告奉命筹组防空司令部的经过及初步计划。

9月6日 重庆市防空司令部司令李根固、副司令李宏锟邀请重庆市银行界、工商界以及绅耆在川康绥靖公署举行茶话会,到各界代表100余人。李根固、李宏锟、蒋逵等分别致词,说明防空的意义与重要。

9月10日 国民政府军事委员会禁烟总会,为明了川滇黔桂粤5省禁政起见,特组西南路禁烟调查团,以黄明豪为主任,分赴各地实际调查。黄明豪等于是日乘轮抵达重庆。

9月19日 四川省建设厅厅长兼四川贸易局副局长何北衡,是日由成都飞抵重庆,与有关各方商讨该局组织事宜及渝市金融问题。

9月22日 在重庆的"川康殖业银行"（创办于1929年5月）、"重庆平民银行"（创办于1928年10月）、"四川商业银行"（创办于1932年10月）实行合并，改称"川康平民商业银行"，资本总额定为400万元，以原重庆平民银行总经理宁芷村为新任总经理。该行于是日正式在重庆营业。

9月24日 由国民政府军事委员会委员长重庆行营与四川省政府合组的、以统制非常时期全川贸易并扶助其发展的"四川省贸易局"是日在重庆成立。该局以蔡元龙为局长，何北衡、吴晋航为副局长。

10月

10月1日 重庆关监督署奉令于是日裁撤，监督一职，仍予保留，驻税务司署，并依照法规监督税务司办理关务。

10月10日 四川水泥公司制造厂，是日举行开工典礼

10月15日 财政部特派员、新任四川省营业税局局长关吉玉，于午后2时到局视事。

南开大学校长张伯苓及全国新运总会总干事阎宝航，由武汉飞抵重庆。

由夏云瑚率领的"上海影人剧团"（包括上海明星、联华、艺华、新华各电影公司演员白杨、吴茵、谢添、陈白尘等60余人）于晨7时乘轮抵达重庆。

10月16日 重庆文化界于四川饭店设宴招待"上海影人剧团"。

10月18日 重庆市及江、巴两县各界民众，于上午10时在夫子池公共体育场举行"欢送出川抗敌将士大会"。

10月19日 重庆文化界于市商会举行纪念鲁迅逝世周年大会，重庆各文化、文艺团体代表及新闻、教育、工商界人士700余人到会，金满城主持，肖崇素、陈白尘、李兰等分别讲演。

10月25日 淞沪抗战爆发后，国立中央大学决定远迁重庆，觅定重庆沙坪坝松林坡为校址，该校校长罗家伦，是日由武汉飞抵重庆。

11月

11月1日 国立中央大学由南京迁重庆，是日在沙坪坝松林坡新址正式

复课。

11月2日 国际贸易调整委员会主任委员陈光甫、国际贸易局副局长张禹九抵达重庆,与有关方面商洽重庆的国际贸易问题。

11月12日 国民政府军事委员会委员长、行政院院长蒋介石与国民政府主席林森会商,决定迁都重庆。

11月15日 国家最高决策机关——国防最高会议常会决定:"国民政府及中央党部迁重庆,军事委员会迁移地点,由委员长决定;其他各机关或迁重庆,或随军委会设办事处,或设于长沙以南之地点。"

11月16日 蒋介石以国防最高会议议长的身份在南京主持召开国防最高会议,会议在听取了有关军事、外交、财政的报告后,蒋介石于会上作了《国府迁渝与抗战前途》的重要讲话。讲话首先分析了抗战3个月来的敌我形势,接着阐明了四川抗日根据地的策定与整个抗战的关系,说明中国政府之所以"下定了抗日战争的根本计划",就是因为找到了四川这样一个地大物博、人力众庶的区域作基础,而且有此基础,中国就能坚持长期抗战,就有获得最后胜利的决心和信心。最后,蒋介石明确告知与会者:"现在中央已经决议,将国民政府迁移到重庆了。"

南京国民政府各机关职员除其最高长官留京主持工作外,其余均自是日起陆续离南京赴武汉集中。

11月17日 作为国家元首的国民政府主席林森率国府直属的文官、主计、参军三处的部分人员乘"永丰舰"起碇西上,从而揭开了国民政府西迁重庆的历史序幕。

11月20日 林森一行抵达汉口,并以国民政府主席的名义领衔,会同行政院院长蒋中正、立法院院长孙科、司法院院长居正、考试院院长戴传贤、监察院院长于右任向中外各国公开发表《国民政府移驻重庆宣言》。

蒋介石通电各省市政府及党部,策励部属,训勉民众,共喻国民政府宣言之意义,抱定破釜沉舟之决心,再接再厉,奋斗到底。

11月21日 国民政府军事委员会委员长蒋介石为国民政府移驻重庆事,电勉全国各将领作更坚决与更勇敢之奋斗。

"重庆文化界救亡协会"举行成立大会,该会会员及各界代表300余人到会。

11月22日 上海实业界领袖蔡声白、胡西园、陈小牒等由汉口飞抵重庆,筹备工厂内移事宜。

11月23日 国民党中央政治委员会主席汪精卫由南京抵达汉口,对记者发表谈话称:国民政府移驻重庆,其主要意义"一为不受敌人威胁,二能发动全民扩大抗战力量"。汪精卫还称:中央党部必须属于国民政府所在地,故中央党部亦决移重庆。

11月25日 重庆市政府工务科,奉令将曾家岩重庆高级工业学校改建为国民政府府址,经昼夜赶工,于是日改建完成。

11月26日 国民政府主席林森一行抵达重庆,受到四川、重庆地方政府及重庆10余万市民的热烈欢迎。

11月29日 国民政府文官长魏怀、主计长陈其采率所属部分人员抵达重庆。

11月30日 中国国民党中央执行委员会秘书长叶楚伧、中央监察委员会秘书长王子庄及中央委员吴稚晖、丁惟汾、钮永建等率中央党部职员40余人乘轮船抵达重庆。

是月 迁渝后的上海大鑫钢铁厂与民生实业股份有限公司合资经营的"渝鑫钢铁厂股份有限公司"成立,卢作孚为董事长,余铭钰为总经理。该公司总厂设小龙坎,在江北、长寿等地设分厂。

12月

12月1日 国民政府行政院通知各省市政府及西康建省委员会、威海卫管理公署云:"本院依照中央决议,兹经移渝办公,转电知照。"

国民政府正式在重庆曾家岩原重庆高级工业学校新址办公。

12月4日 中国国民党中央委员邹鲁、覃振等抵达重庆。

12月6日 国民政府是日上午在上清寺范庄举行迁渝后的首次总理扩大纪念周,中央及地方各机关长官及各学校校长等500余人到会,林森主持并讲演。

国民政府参军长吕超在国民政府招待新闻界称：刊载新闻、发表言论须慎重，尤望新闻界宣扬既定国策。

12月7日 国民党中央党部于是日上午10时举行迁渝后的首次执监联席会议，决议通告各级党部及各机关：即日起开始在重庆办公。

12月11日 国民政府考试院院长戴传贤、蒙藏委员会委员长吴忠信，是日乘车由黔抵达重庆，考试院及蒙藏委员会开始在渝办公。

12月12日 重庆市、江巴两县各界民众于上午在夫子池公共体育场举行"追悼饶国华将军暨全国抗敌卫国将士大会"，到各界民众万余人。

12月15日 国民政府军事委员会委员长重庆行营下令征募壮丁新兵各有关机关，禁止强拉壮丁。

12月17日 国民政府特任钮永建为铨叙部部长。

12月19日 在广德抗敌殉国的饶国华师长的灵柩，本日运抵重庆。

12月20日 国民政府发表宣言，痛斥日寇非法组织的北平伪政权。

国民政府明令：凡在沦陷区域甘心附敌参加伪组织者，决按汉奸治罪条例查明通缉严办。

中国航空公司开辟重庆—香港间航线。

12月22日 重庆市防空司令部、重庆市政府、成渝铁路工程局等机关工程人员，是日开始勘测重庆防空大避难壕，计由朝天门起，沿望龙门、储奇门、南纪门、临江门而至千厮门。

12月23日 苏联驻华大使馆秘书萨拉托策夫由汉口飞抵重庆，交涉苏联驻华大使馆在渝馆址问题。

12月27日 四川省政府代主席邓汉祥26日抵渝，是日觐见国民政府主席林森，报告施政情形。

12月31日 重庆市市长李宏锟、四川省政府委员甘绩镛乘机由重庆飞汉口，晋谒四川省政府主席刘湘，请示要公。

是月 国民政府蒙藏委员会"蒙藏政治训练班"由南京迁重庆，租定杨柳街37号为办公处，积极筹备复学事宜。

交通银行派员来渝,购得打铜街原四川商业银行旧址为该行重庆支行行址。至此,中央银行、中国银行、中国农民银行、交通银行四行均在重庆设有分支行。

中央电影摄影场迁重庆,设址于南岸玄坛庙。

是年 有关方面统计,1937年度国家普通岁入岁出总预算及追加数,各为1511293184元。

有关方面统计,1937年度国库收入总计为2143398214元,支出为2091324143元。

有关方面统计,1937年度黄金进口量为3909586元,出口为62174554元;白银进口为596469元,出口为399086203元。

海关统计,1937年度输入我国之农产品,价值计达251615879元,矿产品价值为237433531元,工业品价值为464336597元;又我国输出之农产品价值为600582929元,矿产品价值为118100949元,工业品价值为119571827元。

1938 年

1 月

1月1日 国民政府为建立战时行政机构,是日进行改组:蒋介石辞去国民政府行政院院长兼职,改由孔祥熙任行政院院长,张群为副院长。

国民政府明令:教育部部长王世杰、交通部部长俞飞鹏、铁道部部长张嘉璈,另有任用,均免本职。特任陈立夫为教育部部长、张嘉璈为交通部部长、翁文灏为经济部部长。海军部裁撤,其经管事务归并海军总司令部办理;实业部着改为经济部,建设委员会及全国经济委员会之水利部分,军事委员会第三部、第四部并入经济部;铁道部及全国经济委员会之公路部分,均并入交通部;卫生署改隶内政部,全国经济委员会之卫生部分并入卫生署。

国民政府、国民党中央党部分别在国民政府大礼堂及范庄举行元旦庆典,参加者各数百人。国民政府主席林森主持并发表致词。

国民政府主席林森发布新年题词。

重庆市开辟的储奇门至海棠溪之长江轮渡,是日开航。

1月2日 由熊佛西率领的"农村抗战剧团"从汉口抵达重庆,下榻青年会。

"四川旅外抗敌剧团"一行20余人,由吴雪、黄亿年率领抵达重庆。

重庆市学生寒假军训女生总队开学,各中学参加受训者达700余人。

1月3日 中国国民党中央党部与国民政府在重庆分别举行总理纪念

周,林森在国民政府的纪念周上致词,要求各位以四川民众的勤劳作榜样,尽忠职守,报效国家。张继在国民党中央党部的纪念周上作题为《开发四川》的讲演,力主协助四川之发展,促进"复兴中华民族根据地"之稳固,并将四川民众勤劳的精神普及全国,迅速实现国家的复兴。

中国国民党中央党部与国民政府在重庆忠烈祠公祭川省先烈,由吴敬恒主祭,林森、丁惟汾、邹鲁、叶楚伧、戴传贤、谢持等100余人参加。

1月4日 中央银行国库局局长吕咸于下午2时乘机由汉口飞抵重庆,中央银行重庆分行经理潘逸民、刁培然等前往欢迎,驻通远门外云庄。

1月5日 国民政府外交部次长陈介,总务司司长徐公肃、欧美司司长刘师舜率职员40余人及大批档案、卷宗,是日午后乘专轮——"福同轮"抵达重庆。

中国航空公司由汉口迁至重庆。

重庆"和成钱庄"改组为"和成银行",资本总额为60万元,稽祖佑为董事长,吴晋航为总经理。

1月6日 国民政府军事委员会委员长重庆行营订颁《整理川黔两省各县保甲方案》20条。

国民政府行政院举行临时会议,决定任命卢作孚为交通部常务次长。

1月7日 国民政府教育部次长周炳琳偕所部职员200余人,于上午11时乘轮抵达重庆,重庆大学校长胡庶华、四川省立教育学院院长高显鉴及郭有守等人到岸迎接。

重庆市各银行及实业团体于下午7时在民生公司礼堂举行欢迎会,欢迎著名经济学家马寅初博士,到各团体职员1000余人,马寅初讲演。

1月8日 国民政府行政院职员数十人,分乘大小汽车8辆,抵达重庆。

"全国公路交通委员会办事处"全体职员,由专员朱大钧率领抵达重庆,暂设办事处于苍坪街38号。

1月9日 "全国经济委员会"秘书长秦汾、财政部四川特派员关吉玉、四川省财政厅厅长刘航琛乘机于午后2时由汉口抵达重庆。

新任交通部常务次长卢作孚由汉口飞抵重庆。

1月10日　国民政府主席林森于上午11时赴沙坪坝四川省立教育学院参观。

交通银行重庆分行正式开张营业。该行经理李钟楚、副经理沈笑春,营业部主任严榆树。

复旦大夏联合大学副校长吴南轩于1月2日由渝飞成都,是日由成都返重庆,决定联合大学在重庆菜园坝复旦中学及通惠小学复课。

"四川旅外抗敌剧团"在国泰大戏院首次公演《塞上风云》四幕国防剧。

1月11日　国民政府行政院会议决议:调内政部次长张道藩为教育部常务次长。

1月12日　国民政府内政部总务司、地政司、民政司、警政司及统计处职员60余人,由总务司司长彭灼率领,分乘汽车多辆于下午4时抵达重庆,办公地点在观音岩同淑里。

欧亚航空公司在重庆设立航空站。

1月13日　国民党中央执行委员会举行第六十四次常务委员会议,决定国民政府委员班禅逝世后,遗职选任陈济棠补充。

中国航空公司总公司移渝,总经理黄宝贤及全体职员是日抵达重庆。

新任教育部常务次长张道藩到部视事,并召集全体在渝职员训话,对于战时教育方针,有所指示。

四川省建设厅厅长何北衡抵达重庆,向国民政府军事委员会委员长重庆行营请示扩大垦荒、救济难民事宜。

"四川经济学会"于下午5时在永年春西餐馆宴请中国经济学社社员、立法委员马寅初、陈长蘅、卫挺生,上海银行公会秘书长、全国商联会主席林康侯,资源委员会委员朱通九等,到该社社员及各界代表60余人,马寅初、陈长蘅、林康侯等人对目前中国战时经济的情况及四川经济的各项问题,均有讲演。

1月14日　国民政府明令公布修正《行政院组织法》第一条,规定行政院下设内政、外交、军政、财政、经济、教育、交通七部及蒙藏、侨务二委员会;公布《经济部组织法》,规定经济部内设农林、矿业、工业、商业、水利等司;公布修正《交通部组织法》,规定该部的主要职责为"规划、建设、管理、经营国有铁道、公路、电政、邮政、航政并监督公有及民营交通事业。"

国民政府明令:任命秦汾为经济部政务次长(原任国民政府主计处主计官兼国民政府主计处会计局局长职免)、何廉为经济部常务次长(原任行政院政务处处长职免)、张道藩为教育部常务次长(原任内政部常务次长职免)、顾毓琇为教育部政务次长。

1月15日 国民政府特任冯玉祥、阎锡山、李宗仁、陈绍宽、程潜、李济深为国民政府军事委员会委员。

新任中央公务员惩戒委员会委员长王用宾到该会就职视事,并发表就职通电。

中国航空公司总公司总经理黄宝贤在川盐银行二楼该公司正式就职视事,并召集全体职员训话,并任命高大经为营业组主任,梁敬钊为秘书处主任。

重庆市防空司令部于在夫子池公共体育场举行全市防护团总检阅,重庆市抗敌后援会并邀请国民党中央委员曾扩情在该处举行公开演讲,到防护团各区团团员及听众万余人,由重庆市抗敌后援会主席胡文澜主席。

南京《新民报》迁重庆,于是日正式复刊。

1月16日 国民政府立法院秘书长梁寒操由黔入川,是日抵达重庆。

"重庆市文化界抗敌后援会"在社交会堂正式成立。

1月17日 国民政府修正公布《军事委员会组织大纲》15条,对军事委员会进行改组,规定军事委员会直隶国民政府,内设委员长1人,委员7~9人,其人选"由中央政治委员会选定,由国民政府特任之。此外,参谋总长、副参谋总长军令部、军政部、军训部、政治部4部长及军事参议院院长,为当然委员"。同时规定军事委员会内设军令、军政、军训、政治4部。

国民党中央党部举行总理纪念周,中央执行委员丁惟汾在会上作题为《对于四川的感想与希望》的讲演,就四川的地形、人民与物产,来说明四川"的确具备了复兴中华民族根据地的种种条件"。

新任司法行政部部长谢冠生在重庆通电就职。

1月18日　国民政府发表题为《维护领土主权及行政完整的声明》,明确表示:"中国政府于任何情形之下,必竭全力以维持中国领土主权与行政之完整,任何恢复和平办法,如不以此原则为基础,决非中国所能忍受。同时在日军占领区域内,如有任何非法组织,僭取政权者,不论对内对外,当然绝对无效。"

重庆市各业公会团体,为扩大救亡运动,于是日联合成立抗敌分会。

第八届中等学校会考重庆区考试,假牛皮凼四川省立重庆女子师范学校举行,有正考生800余人,补考生500余人,共计1400余人。

1月19日　国民党中央委员兼中央政治会议主任秘书叶秀峰由汉口飞抵重庆。

新任苏联驻华大使卢干滋·奥莱斯基偕苏联塔斯通讯总社社长罗果夫以及秘书梅拉美德等6人,由国民政府外交部情报司司长李迪俊等陪同,于下午自汉口飞抵重庆。

重庆市防空司令部召集各县防空监视哨哨长开会,讨论各项警报联络办法。

重庆市商会在该会礼堂欢迎马寅初作《日本必败》的讲演,到市商会各委员及各公会主席、委员等200余人。

1月20日　新任苏联驻华大使卢干滋·奥莱斯基于下午4时赴外交部拜会陈介次长,接洽觐见国民政府主席及呈递国书等事宜。

上海浙江兴业银行重庆分行正式开幕,经理华汝洁,资本100万元。

1月21日　国民政府公布修正《西康建省委员会组织条例》12条,规定"西康在省政府成立前,设西康建省委员会,筹备建省事宜并执行政务";"西康建省委员会直隶于行政院并受中央主管部会之指导监督"。

国民政府军事委员会委员长重庆行营副主任贺国光以刘湘逝世,是日发表谈话,盼全川各界力维常态,勿自相惊扰。

上海著名工业家吴蕴初、蔡声白等,是日分赴港汉,策划第二批机械运渝事宜。

苏联塔斯通讯总社社长罗果夫拜会重庆行营副主任贺国光,畅谈抗战对四川的影响及四川在抗战中的作用。

重庆市政府为刘湘逝世,是日特通令市属各机关、学校、商民等,下半旗1日以致哀。

至是日止,重庆市所收仇货罚金金额已达30余万元。

1月22日 国民政府明令褒扬川康绥靖公署主任、四川省政府主席刘湘,称刘湘"才猷练达,器度恢宏",并追赠刘湘"陆军一级上将,发给治丧费10000元,派内政部部长何键前往代表致祭。"(刘湘于1月20日在汉口逝世,逝世前留有"敌军一日不退出国境,川军则一日誓不生还,以争取抗战最后之胜利,以求达到我中华民族独立自由之目的"的遗嘱。)

国民政府明令:任命张群为四川省政府委员兼主席。

刘湘旧部李根固、李宏锟、许绍宗等由重庆飞成都,会商刘湘逝世后的善后事宜。

1月23日 国民政府明令:第三集团军总司令兼山东省政府主席韩复榘违反战时军律,应即褫其上将原官及一切荣誉勋典,并交军事委员会提付军法审判,特任沈鸿烈为山东省政府主席。

新任苏联驻华大使卢干滋·奥莱斯基于午前11时半觐见国民政府主席林森,呈递国书,并祝中国保障生存独立斗争成功。

重庆行营副主任贺国光于下午6时半假国际联欢社举行茶会,招待苏联驻华大使卢干滋·奥莱斯基及其随员。到30余人。

故宫博物院第4批文物540箱于下午4时运抵重庆。至此,运渝文物已达1000余箱。

1月24日 国民政府、中央党部分别举行总理纪念周,各到职员数百人,国民政府主席林森作《中华民族当前的责任》的讲话,驳斥近卫16日之声明。

1月25日 国民政府明令:任命李宗仁为安徽省政府主席。

国民党中央委员洪兰友抵达重庆。

邮政储金汇业局总局第一批公物运抵重庆。

沿海地区迁川工厂组织"迁川工厂临时委员会",推吴蕴初、庞赞臣、刘国钧、林美衍、柯干臣、颜耀秋为委员,并起草章程。

苏联驻华大使卢干滋·奥莱斯基偕罗果夫及随员9人离渝飞汉。

重庆士绅朱叔痴、伍非百、陈长蘅等8人联名发表《改造四川刍议》一文，认为改造四川应有的急要措施为：①彻底修明政治；②实行统一军事；③厉行财政公开；④加紧经济建设；⑤普及全民教育；⑥保证言论自由等6项。

1月26日 刘湘逝世后，川局发生暗流。国民政府军事委员会委员长重庆行营主任顾祝同，是日致电刘湘直属各将领，加以抚慰，并勉以"安心守职，共济时艰"。

由重庆大学抗敌后援会组织的"乡村宣传团"一行27人，由团长赵人骥率领，是日出发赴璧山、永川、隆昌、内江、自流井等地宣传，预计时间为25日。

1月27日 国民政府明令：军政部常务次长陈诚免职，遗缺由张定璠继任。

国民政府军事委员会委员长重庆行营副主任贺国光，偕潘文华、王缵绪、许绍宗、郭勋祺、李根固、李宏锟、戴经尘等离渝赴成都，疏通川事，安定军民。

重庆市抗敌后援会文化支会在社交会堂召开成立大会，选举沈起予、谢冰莹、漆鲁鱼、金满城等9人为理事，李华飞、赵铭彝等5人为候补理事。

1月28日 国民政府明令：特派刘文辉为西康建省委员会委员长。

国民政府军事委员会委员长蒋介石，致电重庆行营主任顾祝同，告以国民党中央对川局的意旨，并希望川中各将领"安心服务，努力工作"。

上海业余剧团主要人物赵丹、叶露茜、沈西苓、章曼蘋、宋之的、王菽、陈白尘、陈鲤庭、刘茫、赵慧琛、陶金等10余人抵达重庆。

1月29日 国民政府主席林森于上午11时在国民政府举行茶会，召见各界代表，计到党政军工商学商士绅及新闻界代表400余人，林森发表训词，畅谈四川在抗战中的作用及应该注意的问题，朱叔痴代表各界致答词。

国民政府军事委员会委员长重庆行营致电川康绥靖公署总参议钟体乾，谓川康绥靖公署主任刘湘病故出缺，所有该主任职务，兹派该总参议代行。

是月 国民政府财政部、导淮委员会移重庆办公。

国民政府内政部决定由汉口迁移重庆，觅定观音岩同淑里为该部在渝办公地址。

欧亚航空公司在重庆设立航空站,此后,凡自上海飞往成都、西安、兰州、宁夏的航空班机,均在重庆停落。

重庆市商会召集各业举行联席会议,决议组织"西南商业考察团",考察经川、黔、滇诸省通达香港的出口道路,以及沿途工商情形,以便另辟进出口货物的新路线。

重庆电力股份有限公司增加发电设备,在大溪沟电厂增装2台4500千瓦发电机。

2月

2月1日 "刘故上将丧礼委员会"在重庆市总商会成立,由国民政府军事委员会委员长重庆行营主任顾祝同负责主持。

2月2日 国民政府明令:特派程潜为河南省政府主席。

国民政府教育部从两路口美术专科学校内移至罗家湾川东联立师范学校内办公,张庭休任主任秘书。

2月3日 国民政府教育部组织"战时教育问题研究委员会",以教育部次长顾毓琇为主任委员。

2月4日 刘湘灵柩运抵重庆磨儿石码头,重庆各界万余人齐集码头,举行盛大的迎灵典礼。

2月6日 《抗战三日刊》编辑邹韬奋由汉口飞抵重庆,负责生活书店重庆的发行编辑事宜。

2月7日 是日为国际反侵略宣传周妇女日,重庆市妇女慰劳分会派出宣传队6队,沿街作抗敌宣传。

2月8日 新生活运动总会为纪念新生活运动4周年,是日在会所召集重庆市各机关联席会议,国民政府、国民党中央党部、立法院、教育部、市政府、市抗敌后援会、市新运会、市警察局等机关代表30余人到会,决定组织"新生活运动四周年纪念筹备委员会",并推定国民政府、中央党部等24单位为会员。

2月9日 国民政府明令:特派鹿钟麟为国民政府军事委员会军法执行总监(原任唐生智辞职照准),陆军中将张钫为国民政府军事参议院副院长。

国民政府军事委员会委员长重庆行营副主任贺国光等在蓉事毕,是日偕卢作孚、刘航琛、傅常等由成都返回重庆。

重庆市抗敌后援会是日通电:拥护中央政令,欢迎张群早日莅川主持川政。

2月10日 国民政府军事委员会委员长重庆行营主任顾祝同,召集第36军少校以上官佐训话。

中央造币厂原设上海,1937年上海"八一三"事变爆发后,停止铸造,辗转迁来重庆,是日正式开工造币,并在武昌、成都、桂林、兰州、昆明等地先后设立分厂。

设于南京的"中央研究院"所属各所、处,于1937年11月奉命西迁,该院总办事处于是日迁抵重庆,假兴隆街中央研究院气象研究所办公(旋以该地办公处所狭小,迁至曾家岩隐庐,1939年春迁至上清寺聚兴村8号,1939年又迁至牛角沱生生花园内)。

2月11日 国民政府公布修正《内政部组织法》26条,规定"内政部管理全国内务行政事务";"内政部对于地方最高行政长官执行本部主管事务,有指示监督之责"。

国民政府明令:张群兼四川省保安司令,李宗仁兼安徽省保安司令,沈鸿烈兼山东省保安司令。

重庆市30余机关团体的代表公祭已故36军军长周浑元(1月18日在重庆逝世)。

2月12日 国民政府明令:特派陆军中将邓锡侯为国民政府军事委员会委员长重庆行营副主任,傅常为参谋长。

2月13日 国民政府主席林森偕四川省立教育学院院长高显鉴等前往歌乐山游览。

重庆市防空司令部分函本市各机关学校:今后凡遇空袭,应先将国旗取下,以免敌机袭击。

2月14日 国民政府明令国葬刘湘,称"该故主席矢志忠贞,功在党国,饰终之典,宜从优隆,应即特予国葬,以示政府崇德报功之至意"。

国民党中央党部秘书长叶楚伧于午前10时召集重庆市抗敌后援会常务委员谈话,胡文澜、李宏锟、袁守仁、龙文治、王资军、温少鹤等10余人到会。

新任陆军第36军军长姚纯在重庆宣誓就职。

2月15日 重庆市第二次防空演习于下午开始,共分城区、江北区、南岸区、浮图关区、磁器口区、广阳坝区6个区进行,由重庆行营副主任贺国光任总裁判长。

2月16日 重庆市江巴两县各界民众反侵略宣传大会,于上午9时在夫子池公共体育场举行,各机关、团体代表3万余人到会,由重庆市抗敌后援会主席胡文澜主持,袁家佩任总指挥。

驻重庆各国领事及侨民,是日联名致电伦敦"世界特别援华会",请早日实施制裁暴日、援助中国的决议案。

2月18日 国民政府明令褒扬第36军军长周浑元,追赠陆军上将衔。

日机9架,于上午9时许首次轰炸重庆,飞至距重庆下游46公里的广阳坝,投弹14枚,炸伤3人,毁房屋2栋。

2月19日 国民政府军事委员会委员长重庆行营电饬四川公路局,彻底改善川湘公路。

新生活运动四周年纪念,重庆市各界于上午9时在市商会举行纪念大会。

2月20日 国民政府主席林森为新生活四周年纪念,于晚7时在重庆广播电台作题为《中华民族的正气》的讲演。

国民政府内政部直辖警察总队部警士420名乘轮抵达重庆。

2月21日 复旦大夏第一联合大学,是日起开始迁移北碚新址。

2月23日 国民政府军事委员会委员长重庆行营于下午3时举行防空会议,凡与防空工作有关的各机关,均派人出席会议,决议巩固重庆市防空办法多项。

2月24日 国民政府明令:公务人员不得支领兼薪,"倘有违犯,一经查明,即予严处。"

国民政府军事委员会委员长重庆行营为维持重庆市治安,特召集在渝各机关部队开会,决定维持治安秩序办法8项。

重庆市各剧社于下午4时举行"中华全国戏剧界抗敌协会重庆分会"第一次筹备会,到各剧社代表及剧人40余人,宋之的报告总会工作情形,会议推定筹备委员多人。

2月25日 中国经济学社四川分社首次发起人会议在重庆银行公会举行。

重庆市各机关团体代表及新闻记者于下午3时齐集朝天门码头,欢迎孔子第77代后裔孔德成及其夫人孙期芳女士。

2月28日 国民政府明令公布《经济部资源委员会组织条例》14条,规定该会职掌为:①创办及管理经营基本工业;②开发及管理经营重要矿业;③创办及管理经营动力事业;④办理政府指定之其他事业。

孔子第77代后裔孔德成于上午9时晋谒国民政府主席林森。

国民政府军事委员会委员长重庆行营以川湘路亟待整理,令饬四川公路局,指示6项具体办法。

重庆市轮渡公司筹备处正式组成,开始筹办重庆市的轮渡,并增设朝天门至玄坛庙、朝天门至弹子石两航线。

国立中央图书馆迁重庆两浮支路。

国立戏剧学校在重庆曾家岩知还山馆开学。

是月 "八路军驻重庆联络通讯处"在重庆市区机房街70号成立,周怡任主任兼《新华日报》重庆分馆负责人。

上海著名建筑企业——馥记营造厂在重庆设立分厂。

正中书局重庆分局成立,钱云舟为负责人,地址在民生路52号。

3月

3月1日 复旦大夏两大学决定:复旦大学设北碚,大夏大学设贵阳。复旦大学副校长吴南轩率该校教职员于是日假永年春茶会欢送去筑人员。

3月2日　国民政府明令：特派邓锡侯为川康绥靖主任。

重庆市防空司令部参谋长蒋逵奉行政院院长孔祥熙电召，是日由重庆飞武汉述职。

重庆市抗敌后援会致电八路军总指挥朱德，赞誉平型关大捷，并表示"愿我公亦率素著善战之游击健将，出攻晋北，期收夹击之效"。

3月3日　新任川康绥靖主任邓锡侯于下午由汉飞渝，并与国民政府军事委员会委员长重庆行营主任顾祝同、副主任贺国光晤谈，旋即与贺国光一同飞成都。

川江航务处召集各大小河木船帮帮长、主席举行会议，决定抽调140艘木船东下，辅助民生公司抢运迁川工厂的物资器材。

3月5日　"迁川工厂用地评价委员会"在重庆成立，并决定征地施行办法多项。

3月6日　新任国民政府教育部部长陈立夫偕教育部次长顾毓琇、主任秘书张庭休由汉口飞抵重庆。

重庆市各界"欢迎圣裔孔奉祀官德成大会"，于下午3时半在巴县大礼堂举行。

3月7日　新任国民政府教育部部长陈立夫在国府纪念周举行宣誓就职典礼，由中央监察委员张继监誓，国民政府主席林森致训词，陈立夫在致词中阐述今后的教育方针。

3月8日　国民政府蒙藏委员会在重庆商会大礼堂举行"班禅大师"追荐会，国民党中央、国民政府各院部会、重庆市各机关团体均派代表参加致祭，戴传贤主祭。

国民政府军事委员会委员长重庆行营参谋长傅常，致电邓锡侯、钟体乾、邓汉祥、王陵基、王缵绪、潘文华等川中将领，望川中袍泽及各将领摒除个人成见，迅定安川大计，继续出兵抗日。

重庆各界妇女3000余人举行"三八"节纪念大会，由重庆慰劳分会慰问部副部长李光岱主持，决议通电世界各国妇女，联合制裁日军暴行。

3月9日　重庆市商会及全体同业公会、职工俱乐部、全体职业公会联名致电四川省政府代主席邓汉祥、川康绥署代主任钟体乾及川军将领王陵基、王缵绪、潘文华等人，请求"克日率领川军，驰援陕北"。

重庆市抗敌后援会主席胡文澜，致电川康绥署代主任钟体乾，请调川军赴陕北增援。

3月10日 川军中级将领刘兆藜、彭焕章、宋时仙等飞抵重庆，晋谒国民政府军事委员会委员长重庆行营主任顾祝同，陈述川中实际情形。

国民党中央广播电台迁重庆，是日起正式对国内外播音。

3月11日 重庆市各界抗敌后援会连发三电，分致八路军总指挥朱德、川康绥靖主任邓锡侯等，要求川军增援前线，夹击日军。

3月12日 植树节，重庆各界造林委员会特召集党政军学及民众团体在川东师范学校举行扩大仪式，计到党政首脑林森、张继、陈立夫等及各界代表1000余人，谭熙鸿主持，张继、林森分别讲演。

3月13日 "中国民生教育学会"总会由上海迁重庆后，是日在青年会举行战时教育座谈会，吴稚辉、胡庶华等30余人出席，由邰爽秋主持。

重庆市全体职业公会致电八路军正副总指挥朱德、彭德怀，请求八路军"渡河平寇"。

3月14日 重庆警备司令李根固，奉蒋介石电召，是日离渝飞汉述职。

3月15日 重庆士绅王用九、李奎安、王岳生等，分电蒋介石及川中各将领，呼吁速调川军，入陕声援。

震旦机器铁工厂（1918年开设于上海）在重庆上清寺设立重庆分厂，下设一、二、三制造所，拥有职工200余人。

3月16日 重庆市新运会为取缔奇装异服，分别呈请国民党中央、国民政府、国民政府军事委员会委员长重庆行营，请求取缔奇装、烫发，先从公务员做起，并呈请新运总会通饬全国新运会一致倡导。

3月17日 国民政府内政部部长何键，由汉口飞抵重庆。

3月18日 国民政府军事委员会委员长重庆行营主任顾祝同，电贺邓锡侯、王缵绪、潘文华等就任新职（邓锡侯、王缵绪、潘文华3人于3月16日分别就任川康绥靖主任、第29集团军总司令、第28集团军总司令）。

在重庆的国民党员100余人,联名分别致电蒋介石、邓锡侯及川中各将领,请尽速调川军驰援陕北,以"摧彼恶魔,复我山河"。

重庆市商会组织"西南商业考察团",前往香港等地考察进出口货物。

3月19日 重庆警备司令兼重庆市防空司令李根固前赴汉晋谒蒋介石,是日返抵重庆并发表谈话称:中央允负责渝市的积极防空。

3月21日 国民政府内政部部长何键于国民政府举行的总理纪念周后补行宣誓就职典礼,由吴敬恒监誓,林森致训词。

"中国经济学社重庆分社"成立,康心如为理事长,胡庶华兼任书记,宋师度兼任会计。

四川工业学会(1929年在成都成立)重庆分会成立,税西恒、李雨兹、唐及甫、杨懋实、刘文章为理事,宋师度、罗冠英、伍所南为监事。

3月23日 王陵基奉蒋介石电召赴汉口陈述川情,王是日抵达重庆,与国民政府军事委员会委员长重庆行营主任顾祝同就川省军政善后问题进行商洽。

国民政府经济部农本局总经理何廉、协理蔡承新假国际联欢社招待重庆金融界人士,重庆各银行总经理及协理40余人到会,何廉报告农本局今后对西南4省的种种计划。

3月26日 重庆市戏剧界援助前线川军募捐联合大公演第一日,由上海业余剧校、三八、怒吼、重大等10余剧团联合在国泰大戏院上演《祖国进行曲》等。

3月27日 "中苏文化协会四川分会"在重庆国际联欢社举行成立大会。

3月29日 "中国国民党临时全国代表大会"于上午8时在重庆国民政府礼堂举行开幕典礼,国民党中央委员、各地代表、中央党部职员以及各机关来宾500余人到会,林森主持,蒋介石(由丁惟汾代)致开会词。(下午,该会议转至武昌举行,至4月1日结束,通过要案多项。)

国民党中央党部、重庆市党部暨巴县县党部,于上午10时在浮图关烈士墓前纪念革命先烈,到林森、吴敬恒、张继、戴传贤、吕超等40余人,由吴敬恒主祭。

重庆市暨江巴两县追悼先烈及滕县抗战殉国将士大会,于上午10时在夫子池公共体育场举行,到各界民众1万余人,贺国光主席,张继、陈鼎卿(41军代表)、胡文澜等先后讲演。

3月30日 "中国青年党"主席曾琦,由贵阳乘车抵达重庆。

3月31日 国民政府军事委员会委员长重庆行营令饬重庆宪军警等机关,切实执行取缔妇女烫发、艳装等,以挽颓风。

"中苏文化协会四川分会"于下午3时在重庆国际联欢社召开第一次理事会议,全体理事到会,由会长吕超主持。

是月 国民政府军政部兵工署在重庆组建的七大兵工厂——第10兵工厂、第21兵工厂、第23兵工厂、第24兵工厂、第29兵工厂、第31兵工厂、第50兵工厂先后复工,重庆因此成为中国抗战大后方最为重要的兵工生产基地。

国民政府军政部兵工署与经济部资源委员会合组"钢铁厂迁建委员会",并合资将綦江民营铁矿收归国有,合办南桐煤矿,以供大渡口钢铁厂炼钢的需要。

4月

4月2日 国民政府教育部电令:国立长沙临时大学、西安临时大学分别改称国立西南联合大学、西北联合大学。

4月3日 "重庆市各界抗敌后援会"通电拥护国民党临时全国代表大会宣言及决议。

4月4日 国民政府举行总理纪念周,国民政府主席林森报告国民党临时全国代表大会各项情况。

国民政府主席林森致电蒋介石、汪精卫,电贺二人分别当选为中国国民党总裁、副总裁。

4月6日 国民政府明令褒扬陆军第122师师长王铭章(王铭章于3月17日在滕县抗战中牺牲)。

4月7日 重庆市防空司令部在该部召集小组会议,商讨筹集重庆市消防设备费100万元的筹款原则,决议从重庆市房产上抽45‰(确数未定),从工商界资金中抽45‰。

4月8日 英国公谊会总干事石恒利、白华德2人乘机由汉口抵达重庆,调查中国抗战情形及难民实况。

4月9日 英国新任驻华大使卡尔爵士偕夫人及随员由汉口飞抵重庆。

4月10日 四川省各县工商业代表齐集重庆开会,呼吁废除川省苛捐杂税,以促进后方生产建设,发展全川工商业。

4月11日 国民政府军事委员会委员长重庆行营电令四川省政府代主席邓汉祥,请速催川省积欠军费。

重庆市各界抗敌后援会致电李宗仁、白崇禧、程潜等前方将士,祝捷台儿庄战役。

4月12日 国民政府明令公布《国民参政会组织条例》15条。规定:①"国民政府在抗战期间,为集思广益,团结全国力量起见,特设国民参政会";②国民参政会共置参政员150名,其中在各省市(市指行政院直辖市)88名,蒙古4名,西藏2名,海外侨民6名,文化经济团体50名;③"国民参政会得提出建议案于政府"并"有听取政府施政报告暨向政府提出询问案之权";④"现任官吏不得为国民参政会参政员";⑤"国民参政会团置议长、副议长各一人,由中国国民党中央执行委员会选任之"。

重庆市江巴各界拥护蒋、汪两总裁抗敌建国大会于下午5时在夫子池公共体育场举行。与此同时,江北、沙磁区等地也举行庆祝大会。

英国驻华大使卡尔于上午11时半赴国民政府,觐见国民政府主席林森并呈递国书。

"中国儿童号"飞机全国筹募会于下午2时在重庆召开成立大会,决议恭请蒋介石为会长,林森为名誉会长,宋美龄、冯玉祥、陈立夫为副会长。

重庆市政府准"重庆市轮拨公司"成立。

4月14日 中国国民党中央委员陈果夫、内政部部长何键由汉口飞抵重庆。

4月15日 国民政府军事委员会委员长重庆行营代主任贺国光、副主任邓锡侯、总参议夏斗寅、参谋长傅常等,于下午2时半由汉口飞抵重庆。

4月17日 由沿海地区内迁重庆及四川的40余家工厂,在重庆组成的"迁川工厂联合会"正式成立。

4月18日 重庆各界举行国民政府建都南京11周年纪念会,国民政府主席林森致词并号召一定要"在最短期间,把敌人逐出中国,恢复我们的首都,恢复我们全国土地"。

重庆市商会组织的"西南商业考察团",经1月的考察,是日返回重庆。

4月20日 新任国民政府军事委员会委员长重庆行营参谋长傅常在重庆行营举行就职典礼。

"战时儿童保育会四川分会筹备会"推筹备员赵淑嘉、张维桢为代表,觐见国民政府主席林森,报告该分会筹备情形。

民生公司第13届股东大会(4月18日在重庆开幕)选举郑东琴、宋子文、胡筠庄、张公权、杜月笙、何北衡等17人为董事,赵资生、甘典夔等10人为监事。

4月21日 重庆市各军师联合办事处举行处务会议,决定改值日制为委员制,推川康绥靖主任邓锡侯部驻渝代表赵巨旭为主任委员。

重庆市遭暴风雨袭击。

4月22日 国民政府司法院院长居正,由成都飞抵重庆。

国民政府最高法院院长焦易堂、国民党中央惩戒委员会委员长王用宾、国民政府司法院秘书长张知本等乘"民俗"轮抵达重庆。

4月23日 国民政府明令:特任孔祥熙兼国民政府行政院赈济委员会委员长,杜月笙、王晓籁、曾镕浦、陈访先、黄伯度为常务委员,李思洁等10人为委员。

"西南经济调查合作委员会"在重庆国泰饭店举行成立大会。

4月24日 "战时儿童保育会四川分会"在重庆成立。

4月25日 国民政府立法院于上午10时举行迁重庆后的首次会议,立法委员29人及秘书长梁寒操等到会,由副院长叶楚伧主持。

4月26日　国民政府军事委员会明令发表：①潘文华为川康绥靖副主任；②国民政府军事委员会委员长重庆行营主任顾祝同，因在前方指挥军事，其主任职务派由副主任贺国光暂行代理；③原重庆行营副主任邓锡侯，因川康绥靖主任职务重要，不能兼顾，另派刘文辉兼任重庆行营副主任。

4月27日　国民政府明令：派潘文华为川康绥靖副主任，王缵绪代理四川省政府主席。

由上海迁重庆的《时事新报》，是日在重庆正式复刊。

4月29日　国民政府训令所属：嗣后各机关团体，非经行政院核准，不得擅自派员向海外侨胞募集捐款或征集物品。

5月

5月1日　重庆市及江巴各界发起的"纪念革命五月抗敌宣传节"举行开幕典礼，决定于本月内各纪念日发动大规模的抗敌宣传。

由天府煤矿、北川铁路公司与河南中福公司合组的"天府矿业股份有限公司"成立，卢作孚任董事长，孙越崎为总经理，程宗扬为矿长。

5月3日　国民政府公布《审计法》5章56条。规定其审计职权为"①监督预算之执行；②核定收支命令；③审核预算决算；④稽查财政上之不法或不忠于职务之行为"。

5月4日　国民政府明令：①任命李宏锟为重庆市市长；②派李平衡为出席第24届国际劳工大会国民政府第一代表，林康侯为雇主代表，朱学范为劳工代表。

重庆市5月抗敌宣传会于上午10时在夫子池召开代表大会。

"重庆市报业公会"假重庆市商会大礼堂举行成立大会。

5月5日　革命政府成立纪念日。国民党中央党部、国民政府联合在国民政府大礼堂举行纪念仪式，国民党中央、国民政府高级职员400余人到会，由林森主持并作报告。

重庆市江巴各界民众在公共体育场举行革命政府成立纪念并欢迎中央军官学校暨军民联欢抗敌大会。

5月6日 国民政府军事委员会委员长重庆行营副主任刘文辉于上午9时在重庆行营大礼堂举行就职典礼,由代主任贺国光监誓。

5月7日 国民党中央委员兼国民政府委员熊克武乘轮抵达重庆。

"国际反侵略大会中国分会"主席陈铭枢由汉飞抵重庆。

5月8日 重庆市江巴各界五月抗敌宣传大会于上午11时在社交会堂请国防最高会议秘书长叶楚伧讲演,参加者50余学校的代表700余人。

凌晨2时,临江门一带发生大火,延烧至7时始熄,共烧毁35条街道,被灾者达7000余家(连同附户约2万余家),无家可归者达3万余人,财产损失约200万元。

5月10日 重庆市政府于上午10时邀集党政军警宪各机关法团及各慈善团体代表、地方绅商代表等数十人在市政府举行会议,讨论救济临江门灾民办法,决议成立"临江门火灾赈济委员会",以救济灾民。

5月12日 国民政府明令:任命杨杰为驻苏俄全权大使(原任蒋廷黻免职)。

5月14日 国民党中央委员兼国民政府委员陈济棠由汉口飞抵重庆。

5月15日 "中国佛教会"在重庆召开全体会员大会,由太虚报告该会迁渝经过。

5月16日 国民政府主席林森于国民政府纪念周大会上作题为《创设国民参政会的意义》的报告。

陈济棠在重庆就任国民政府委员职。

新任四川省银行总经理潘昌猷在重庆就职。

5月19日 国民政府经济部部长翁文灏由汉口飞抵重庆,处理部务。翁文灏在机场发表谈话表示:政府决尽力扶持川省建设。

5月20日 中国航空公司开辟渝嘉(重庆经泸州、叙府至嘉定)航线。

5月21日 国民政府军事委员会委员长重庆行营以四川省营业税作抵押,向中、中、交、农四行借款40万元,作为川军欠饷用,该款于是日交四川省财政厅驻渝办事处承领。

由贺国光、叶楚伧、何键、吕超、姚纯、叶元龙、关吉玉、康泽、傅常等人发起的《西南日报》在重庆出版。该报以贺国光为董事长，郭一予、吴泽湘、雷啸岑为董事，汪滨海为社长。

5月22日 "中国社会问题研究会"在重庆沙利文饭店举行"抗战与建国"座谈会，与会者对抗战建国的有关问题进行了讨论。

5月23日 国民政府主席林森在国民政府纪念周上作题为《改良地方金融机构之重大意义》的报告，教育部次长张道藩在国民党中央党部纪念周上作题为《最近教育部施政概要及视察各地教育之实况》的报告。

国民政府经济部部长翁文灏、国民党中央公务员惩戒委员会委员长王用宾在重庆举行宣誓就职典礼。

在山东滕县殉国的川军师长王铭章之灵柩，于上午10时运抵重庆。

5月24日 重庆市各机关、团体及民众代表4万余人，于凌晨6时齐集朝天门码头，举行盛大的迎灵（王铭章）典礼。

5月26日 国民政府明令：①任命屈映光为赈济委员会副委员长；②派王缵绪兼代四川省保安司令。

国民党中央革命勋绩审查委员会（主任委员林森）在上清寺国民党中央党部内正式开始办公。

重庆各机关团体代表于晨6时齐集商业场一带，举行盛大的送灵（王铭章）典礼，由张继主祭，洪陆东、王子庄陪祭。

5月27日 国民政府明令：免吴鼎昌、蒋作宾、俞飞鹏、徐廷瑚农本局理事职，另派翁文灏、何键、谢家声、邹琳、何廉继任。

5月28日 中共中央在国统区唯一发行的机关报——《新华日报》在重庆苍坪街69号设立分馆，发行《新华日报》航空版。

5月29日 由国民政府参军长吕超等人发起的"四川救国协进会"在重庆成立。

"中国社会问题研究会重庆分会"成立，尹静夫、汪观之、吴人初等14人为理事，高显鉴等10人为监事。

5月30日 "重庆市江巴各界民众欢送二期川军出川大会"于下午5时在夫子池公共体育场隆重举行，到各机关、团体、学校等200余单位约5万余人,胡文澜主席。并于晚上7时半举行火炬游行,沿途民众参加者约10余万人。

5月31日 重庆市江巴各界欢送二期川军出川抗敌大会于午后7时假青年会宴请王陵基、许绍宗,到李根固、李宏锟、胡文澜、王资军等70余人。胡文澜致欢送词,王陵基致答词,表示绝对服从命令,继续第一期川军将士在前线为国浴血牺牲的精神,努力杀敌。

6月

6月2日 国民政府改组河北省政府,任命鹿钟麟为河北省政府委员兼主席(原主席冯治安免职)。

6月3日 国民党中央监察委员会举行第14次常会,决议恢复陈独秀、毛泽东、周恩来等26人的国民党党籍。

"六三"禁烟节。国民政府内政部特召集重庆市各机关于上午9时在重庆市商会大礼堂举行"六三禁烟纪念大会"。

6月4日 "中华全国戏剧界抗敌协会重庆分会"在重庆国泰大戏院举行成立大会。

中共代表、《新华日报》董事吴玉章由汉口飞抵重庆。

6月5日 中共代表吴玉章赴国民政府晋谒国民政府主席林森。

中央银行、中国银行、交通银行、中国农民银行四行全部职员携镍币10分、20分两种共700箱,由汉口乘轮抵达重庆。

6月6日 "中华民国法学会"总会,上年随国民政府迁重庆办公,是日举行第7次常务理事会,讨论该会今后会务的开展等问题。到副理事长覃振,常务理事张邦本、王用宾、谢冠生,书记长冯友兰等。

6月8日 国民政府明令:派郭泰祺为互换中爱(爱沙尼亚)友好条约全权代表,顾维钧为互换中利(利比亚)友好条约全权代表。

6月9日 国民政府明令公布《公库法》32条。

6月10日 《新华日报》董事吴玉章及该报重庆分馆经理周怡,于下午3时在永年春招待重庆新闻界、文化界,到新闻界、文化界代表50余人。

6月11日　中共代表、《新华日报》董事吴玉章在重庆市商会讲演《统一战线问题》,到各界听众数百人。

6月13日　重庆市各码头渡船联合公会在职工俱乐部开会,商讨轮渡开航后木船救济办法,决议办法14项,主要限制轮流的活动。

6月14日　国民政府任命何成濬为军事委员会军法执行总监(原任鹿钟麟免职)。

战区难童100余人乘"民权"轮抵达重庆,其中有女婴30余人,年龄最大者不超过7岁。

6月15日　国民政府明令:陈诚为湖北省政府主席(原任何成濬免职),蒋鼎文陕西省政府主席(原任孙蔚如免职),王郁骏代理黄河水利委员会委员长(原任孔祥榕免职),陈介为驻德国大使(原任程天放免职)。

国际反侵略运动大会总代表毛那由汉口飞抵重庆,考察大后方的抗日活动。

6月16日　国民党中央常务委员会决定:7月1日召开国民参政会,并任命汪兆铭、张伯苓为国民参政会正副议长。

重庆各界假国际联欢社欢迎国际反侵略大会总代表毛那。

6月17日　世界学联代表团代表柯乐满(英国)、雅德女士(美国)、傅路德(英国)、雷克难(加拿大)4人乘机由汉口抵达重庆。

6月18日　由国民政府军政部召集的"四川各师团管区司令兵役研究会",于上午7时在重庆行营大礼堂举行开幕典礼。

6月19日　由上海、香港金融实业界人士组成的"西南实业考察团"一行12人,乘专车由贵阳抵达重庆。

6月20日　国民政府主席林森在国府纪念周上作题为《近期中的军政概况》的报告。

世界学联代表团代表柯乐满、雅德女士、傅路德、雷克难4人晋谒国民政府主席林森,旋即离重庆飞成都。

6月21日　国民政府明令:①国民党中常会选任汪精卫为国民参政会议长,张伯苓为副议长,特公布之;②公布国民参政会参政员名单,并定7月1

日召集国民参政会。

四川各师团管区司令在重庆行营宣誓就职后,由军政部召集的"四川各师团管区司令兵役研究会"闭幕。

新昌和、民本、福源3轮,由汉口、宜昌载难民2500余人抵达重庆,重庆各旅馆人满为患。

6月22日　国民政府特派王世杰、彭学沛为国民参政会正、副秘书长。

国民政府军事委员会委员长重庆行营第二厅召集农本局、国际贸易局、重庆市政府、四川省建设厅、重庆市商会、重庆市警察局、经济学会等机关举行会议,讨论救济纱价暴涨问题。

6月26日　国民政府军事委员会委员长重庆行营与重庆市政府会商决定非常时期救济棉纱匹头业办法4项:①促令纱厂迁川,尽速开工;②将农本局在湖北、陕西两省之存棉,赶运入川;③在川西、川北增加棉田面积;④提倡土布,扩大土布业。

6月27日　国民政府明令公布《惩治贪污暂行条例》11条。

6月30日　重庆大学校长胡庶华辞职,该校学生于是日上午8时在该校大礼堂召开全体人员会议,一致决定坚决挽留,并组织"四川省立重庆大学全体学生挽胡大会"。

重庆电话总所于是日由所长王介祺率领办理移交,由四川省政府建设厅驻渝办事处主任范英士接收。

是月　由重庆商人曾俊臣、邓起人发起筹建的"重庆蜀益烟草股份有限公司"成立,资本50万元。是为重庆市创办的第一家卷烟厂。

7月

7月1日　国民政府明令公布《国民参政会议事规则》37条。

国民政府交通部派王之钧为接收专员,接收重庆市电话总所,并正式改名为"交通部重庆电话局",局长由前任所长王介祺继任。

7月2日　国民政府明令公布于是年3月29日至4月1日在武昌召开的国民党临时全国代表大会通过的《中国国民党抗战建国纲领》7章32条。

中国共产党创始人陈独秀由汉口抵达重庆。

"中国童子军总会"迁重庆办公,该会总干事陈启宇偕随员10余人于是日抵达重庆。

7月4日 国民政府明令:定每年7月7日为"抗战建国纪念日"。

"西南实业协会四川分会"在川康平民商业银行举行成立大会。

7月5日 重庆市各界抗敌后援会于上午10时在青年会举行茶会,欢迎陈独秀,到各机关团体代表100余人,袁宇仁主持致欢迎词,陈独秀即席作题为《国际形势与抗战前途》的讲演,内称:①德、奥合并后,曾因捷克问题,几引起第二次世界大战,而随局势之变化,亦有法苏、英法、英意、苏捷、法捷等协定成立;②日本非欲侵华即止,其目的实欲灭华,到达南洋群岛;③中日战争之最后胜利,是属于我们的。

"中国国民党中央政治学校"各教授由贵阳乘专车抵达重庆。

"西南联合工业研究社"在重庆成立,选举张伯苓为理事长。

7月6日 "重庆轮渡公司"正式成立,资本15万元,何北衡为董事长,陈锦帆为经理,文化成、康心之、宁芷村等8人为董事,胡子昂、唐建章等为监事。

《国民公报》是日报道:"省外来渝人多,本市人口上月增加4000余,共达479091人"。

7月7日 抗战周年纪念日,国民政府主席林森在中央广播电台作题为《纪念七七要坚定抗战必胜建国必成的信念》的讲演。

"重庆市纪念七七抗战周年大会"于下午4时在夫子池公共体育场举行,参加单位100余个共5万余人,会后举行盛大火炬游行。

7月9日 中国国民党中央党部、国民政府在国民政府大礼堂联合举行"国民革命军誓师北伐十二周年纪念"典礼,到200余人,国民政府主持林森主持并作题为《誓师北伐与长期抗战之意义》的讲演。

7月11日 新任英国驻重庆总领事陶乐尔分别拜访重庆市市长李宏锟、市商会主席温少鹤等。

自7月7日起开始的为期3天的"重庆各界献金运动"结束,共计收献金

10万元左右。

7月12日　国民党《中央日报》社社长程沧波由汉口飞抵重庆,筹备《中央日报》重庆版出版事宜。

7月13日　苏联塔斯通讯社社长罗果夫乘机由汉口飞抵重庆,筹设塔斯社中国分社迁重庆事宜。

7月14日　"重庆市抗战建国纪念大会"在县党部大礼堂召集各界代表举行会议,决定继续扩大举行献金运动一星期,整个活动至月底结束,方法分为强制献金、自由献金两种。

7月17日　国民政府军事委员会紧急命令国民政府及国民党中央驻武汉各机关,限5天内全部移驻重庆。

7月18日　国民党中央社会部迁重庆,是日正式办公。

7月19日　黄炎培、江问渔、邵明叔、张表方、卢前、周鲠生、萨福等于下午4时由汉口飞抵重庆。

7月20日　重庆市轮渡公司举办的朝天门—弹子石、朝天门—江北嘴两条航线是日正式开航,每线轮渡1艘,每次载客约100人。

重庆市商会举行改选会。

7月22日　国民政府明令公布《矿业法》,规定"矿业权设定后,得准许外国人入股合组股份有限公司经营矿业"。

7月23日　"重庆市各界反对轰炸不设防城市代表大会"于下午4时在市商会大礼堂举行。

7月25～26日　国民政府教育部训育研究委员会在川东师范学校召集重庆市各中等学校校长、训育主任举行谈话会,出席学校20余校,代表60余人。

重庆市商会举行执行委员会会议,选举温少鹤、周懋植等5人为常务委员,温少鹤为主席。

7月27日　国民政府外交部政务次长徐谟、常务次长曾镕浦由汉口飞抵重庆。

重庆市政府为疏散人口,特召集各有关机关举行会议,决定设立"疏散人口指导处",对于疏散人民,指导其交通、教育、人事、住房等事项。

7月29日 国民政府行政院蒙藏委员会委员长吴忠信、侨务委员会委员长陈树人由汉口飞抵重庆。

7月31日 国民政府经济部部长翁文灏偕该部常务次长秦汾等由汉口飞抵重庆。

"江苏旅渝同乡会"在市商会举行成立大会。

是月 自本年1月10日起开工的"广阳坝机场扩建工程"是月竣工,扩建后的该机场,可以同时起飞多架飞机。

8月

8月1日 国民政府行政院举行第374次会议,决议改组四川省政府,四川省政府主席张群辞职照准,任命王缵绪为四川省政府主席,胡次威为四川省政府民政厅长(原任稽祖佑免职),杨廉为四川省政府教育厅长(原任蒋志澄另有任用,免职),何北衡兼四川省政府建设厅长,陈筑山为四川省政府秘书长(原任邓汉祥另有任用,免职);同时决议:任命张群为国民政府军事委员会委员长重庆行营主任,蒋志澄为兼任重庆市市长。

金城、大陆、中南、盐业四行决定在重庆设立储蓄部及信托部,并于是日正式开业。

新任重庆大学校长曹四勿到职视事。

张友鹤主办的《南京晚报》迁重庆,是日在重庆正式复刊。

8月2日 国民政府明令:免军事委员会委员长重庆行营主任顾祝同本兼各职,特派张群继任;免去张群四川省政府委员兼主席本兼各职,任命王缵绪为四川省政府主席。

国民政府内政部部长何键,财政部次长徐堪、邹琳由汉口飞抵重庆。

中国青年党主席曾琦及卢铸、叶青等由汉口飞抵重庆。

重庆各界于上午10时在公园事务所举行"重庆防空大隧道"开工典礼,由国民政府军事委员会委员长重庆行营政训处处长郭一予主持,重庆市防空司令部副司令兼蒋遂报告筹备经过。该隧道由朝天门至通远门,临江门至南纪门,横贯重庆老城区的南、北、东、西,共有13处进出口,可容纳40000余人。

8月3日 国民政府明令:任命蒋志澄为重庆市市长(原任市长李宏锟免职)。

国民政府行政院副院长兼新任国民政府军事委员会委员长重庆行营主任张群,由汉口飞抵重庆,并发表谈话称:"行营此时中心工作,注重国防各项建设"。

中国国民党中央赈济委员会代理委员长许世英、副委员长屈映光联袂由汉口飞抵重庆。

国民政府经济部邀请重庆市新闻界人士在经济部茶会,经济部部长翁文灏谈抗战建国期中的经济政策及其实施方案。

8月4日 国民政府、国民党中央所属驻武汉各中央机关,自7月中旬开始大规模迁移重庆起,至是日止已全部迁到重庆。

国民政府行政院秘书长魏道明,乘机由汉口抵达重庆。

中国国民外交协会举行常务会议,决定自即日起迁重庆办公。

8月5日 中国国民党中央副总裁、国民参政会议长汪精卫,乘"永绥"军舰抵达重庆,并对记者发表谈话。

国民政府行政院院长兼财政部部长孔祥熙,由汉口飞抵重庆。

邵力子、王世杰、彭学沛等由汉口飞抵重庆。

新任国民政府军事委员会委员长重庆行营主任张群,于上午9时在重庆行营大礼堂举行宣誓就职典礼。

8月6日 国民政府行政院院长兼财政部部长孔祥熙,于下午6时在重庆范庄招待新闻界人士,报告行政院今后施政方针。

国民政府军事委员会委员长重庆行营副主任刘文辉由成都飞抵重庆,晋谒张群,商讨川康军政事宜。

8月7日 国民政府监察院审计部部长林云陔由汉口飞抵重庆。

中央银行总行迁移重庆,是日在四川美丰银行五楼正式开始办公。

8月8日 国民党中央与国民政府于上午8时在国民政府礼堂举行总理

扩大纪念周,林森主持,汪精卫作题为《对于最近时局的感想》的讲演。

8月9日 国民政府明令:中央银行理事、监事任期届满,均着连任,并命张群、李国钦为中央银行理事。

美国驻华大使詹森偕二等秘书奥瑞智,三等秘书江来德、金耿思,学习翻译马泰思等,乘美国军舰"吕宋"号抵达重庆。

8月11日 川康绥靖主任邓锡侯、副主任潘文华乘机由成都飞抵重庆,晋谒重庆行营主任张群,商计四川军政问题。

由新生活运动总会、国民党中央社会部、重庆市新运会发起组织的"重庆各界战时节约运动委员会"成立,张群为主任委员,章楚等为副主任委员。

著名国画家张善孖、漫画家高龙生等乘"民权"轮抵达重庆。

8月12日 国民政府特派顾维钧、郭泰祺、钱泰为出席国际联盟第十九届大会代表。

8月13日 "重庆市江巴各界纪念八一三暨欢迎汪副总裁孔院长张主任民众大会",于下午4时假夫子池公共体育场举行,同时举行欢送36军出川抗敌赠旗典礼,到汪精卫、孔祥熙、张群等及各界民众6万余人,胡文澜主持,李根固任总指挥,汪精卫、孔祥熙、张群先后致词。

中华职业教育社机关刊物——《国讯》在重庆复刊,编辑委员为黄炎培、江恒源、杨卫玉、孙起孟、叶圣陶等。

8月14日 德国驻华大使馆代办飞师尔、秘书康朴,英国驻华大使馆一等秘书戈林伟乘机抵达重庆,筹备馆址。

生活书店总管理处由汉口迁重庆,是日在冉家巷16号正式办公。

天主教南京区主教于斌由汉口飞抵重庆。

"中华全国文艺界抗敌协会"总务主任老舍,携总会印鉴由汉口抵达重庆。

8月15日 国民政府明令公布《惩治汉奸条例》19条。

意大利驻华大使馆参事亚力山,法国大使馆一等秘书毕维廉夫妇、二等中文秘书萨赟德和使馆中文秘书包斯,德国领事馆秘书冉森等6人由汉口飞抵重庆。

重庆市轮渡公司开办的东水门——太平渡线轮渡,是日正式开航。

8月16日　国民政府军事委员会委员长重庆行营任命原重庆市市长李宏锟为重庆行营高级参谋。

8月17日　国民党中央宣传部部长周佛海,偕该部新闻事业处处长彭革陈、秘书许孝炎,由汉口乘机抵达重庆。

8月18日　国民政府司法院院长居正乘专车抵达重庆。

新任重庆市市长蒋志澄由成都飞抵重庆。

8月19日　中央警官学校迁移重庆,是日举行正科第三期毕业典礼、第五期入伍生升学及战训班开学典礼。

8月20日　国民参政会驻会委员会举行谈话会,议长汪精卫、副议长张伯苓、秘书长王世杰、副秘书长彭学沛以及驻会委员左舜生等到会,汪精卫对最近的外交、财政状况作详细报告。

国民政府监察院院长于右任,偕同监察委员曾道,秘书张庚由、林少和等由成都飞抵重庆。于右任抵渝时对记者发表谈话,强调战时行使监察权之必要,并谓已令各监察使、监察委员巡回视察,严防贪污,辅导地方行政设施。

8月21日　新任重庆市市长蒋志澄到职视事。

8月22日　国民政府行政院院长孔祥熙在国民政府总理纪念周上作题为《行政院工作概要及个人感想》的讲演。

8月24日　国民党中央副总裁汪精卫于下午5时召集国民党重庆市党部指导委员龙文治、尹静夫等,指示今后工作方针。

为统一战时金融机构,巩固法币政策,投资西南国营事业,发展边省建设,国民政府财政部自是日起在重庆召开"全国银行会议",讨论制止伪政权增发伪钞、开发西南宝藏、救济农村、提高农产品价格及巩固国币地位等问题。

8月27日　孔子诞辰纪念,重庆市各界举行扩大祀典,由国民政府主席林森主祭,国民党中央各委员、国民政府委员、国民政府五院院长,内政、教育两部部长以及重庆行营主任等陪祭。

新任重庆市市长蒋志澄于上午9时晋谒国民政府主席林森。

8月30日　"中国西南实业协会四川分会"在领事巷康宅举行理事会。

是月　中国出版社在重庆出版成仿吾、徐冰直接从德文原文翻译的《共产党宣言》,是为继陈望道1920年根据日文版转译后的第2个《共产党宣言》全译本。

9月

9月1日　记者节。重庆市各报社记者在社交会堂举行盛大庆祝会,到100余人,周钦岳主持并作报告。

国立各院校统一招生重庆区考试自是日起在川东师范学校、求精中学、巴蜀中学、南渝中学4校举行,有考生3300余人,考程4天。

9月2日　"重庆市各界节约运动委员会"在社交会堂召集各机关学校代表举行会议,到周佛海、吕超、蒋志澄、胡文澜等1000余人,张群主持,会议决定自是日起举行"节约宣传周"。

9月3日　国民党中央宣传部于下午3时召集在重庆各刊物负责人开会,到邹韬奋等30余人,由该部部长周佛海主持并致词。

9月4日　国民政府通令将行政年度改用"历年制",即从每年1月1日至12月31日为一年度,以与会计年度相一致。

9月5日　国民政府军事委员会委员长重庆行营财政监理处举行会议,到关吉玉、甘绩镛、周纲仁、潘逸民等人,讨论整理四川财政诸问题。

9月6日　国民政府明令:任命曾镕浦为外交部常务次长,郑礼明署经济部全国度量衡局局长,章益为教育部总务司司长,吴俊升为教育部高等教育司司长。

国民政府财政部兼部长孔祥熙手谕该部公务员,绝对禁止宴客,违者一经查实,即行撤惩。

9月7日　国民政府向国联(国际联盟)正式提出申请,请援用盟约第17条,禁止日军在华暴行。

9月8日　"中华全国文艺界抗敌协会"负责人老舍、王平陵、姚蓬子、沙雁等假中苏文化协会四川分会举行该会迁重庆后的第一次茶会,到叶圣陶、谢冰莹、宋之的、老向、张善孖等50余人。老舍主持并报告该会过去工作及迁重庆的经过,姚蓬子报告刊物情形及对文艺工作的意见,王平陵报告文协最近情形。

"中国社会问题研究会"在重庆举行会员大会,讨论会务的进行与工作,到100余人,陶希圣讲演当前的文化问题。

9月9日 国民参政会驻会委员会举行第一次会议,到议长汪精卫、副议长张伯苓、秘书长王世杰等及驻会委员13人,汪精卫主席并报告国防最高会议对于参政会议案的种种决定,王宠惠报告最近外交情形。会议讨论通过了《驻会委员会规则草案》。

国民政府军事委员会委员长重庆行营召集财政部、四川省财政厅、行营财政监理处、行营第二厅等机关负责人开会,讨论四川财政诸问题。

"重庆市各界拥护国联制日援华大会"于下午5时在夫子池公共体育场冒雨举行。

重庆市各界抗敌后援会等300余团体联名致电国联,要求国联援华制日。

9月10日 "中国民生教育学会"于上午8时在青年会召开在渝理事及会员大会,商讨会务。会议决定筹设中国民生教育学会重庆分会。

9月12日 国民政府行政院院长孔祥熙召见重庆市市长蒋志澄到该院会谈,决定准重庆市政府成立卫生局。

9月13日 "重庆市战时图书审查委员会"成立,郭一予、龙文治、蒋志澄、李根固、徐中齐、袁家佩等为委员。

9月14日 国民政府行政院院长孔祥熙在私邸招待战时儿童保育会四川分会各负责人,对儿童棉衣的募集及儿童保育方法、教导方针等均有指示,并令赈济委员会拨赈款5万元予该会。

9月15日 中国国民党中央机关报——《中央日报》自长沙迁重庆,是日正式出版。

9月16日 新任国民政府军事委员会委员长重庆行营邮电检查所所长沈重宇、副所长解鸿祥到所视事。

"中国化学会第六届年会"于上午9时在川东师范学校大礼堂举行,参加者有该会会员200余人,主要讨论战时后方基本工业问题。

9月17日　国民政府明令:特任胡适为驻美国特命全权大使,原任王正廷准免本职。

9月18日　晚,国民党副总裁、国民参政会议长汪精卫假中央广播电台作题为《增进抗战建国的力量》的讲演。

"九一八"七周年纪念日,重庆各界假唯一电影院举行纪念大会。

"中国文艺社"为纪念"九一八"七周年,下午2时邀请重庆文化界人士于永年春举行纪念大会。

9月19日　国民政府教育部通令:各校一律以"忠孝、仁爱、信义、和平"为共同校训,制成匾额,悬挂于礼堂;同时依据各校特征,制定本校的校训、校歌。

"重庆学生集训总队"于上午8时假夫子池公共体育场举行开学典礼,到各受训学生及官长8000余人,总队长陈继承主持,汪精卫、张群、吕超分别致词。

9月21日　国民政府财政部移重庆办公,四川财政特派员一职奉令撤销。

"全国征募寒衣运动委员会重庆分会"成立。

9月24日　国民政府外交部部长王宠惠发表声明,促请国联实施盟约第17条。

9月25日　国民政府立法院院长孙科,偕社会部副部长马超俊、立法院秘书长梁寒操、立法委员王昆仑等乘车抵达重庆。

"南渝中学"举行董事会,决议为纪念天津南开中学,将"南渝中学"更名为"南开中学",于10月17日该校成立25周年纪念日实施。

9月26日　国民政府明令公布《省临时参议会组织条例》、《市临时参议会组织条例》20条,决定"在抗战期间,为集思广益,促进市政兴革起见",特设立市临时参议会,并规定"市"是专指"行政院直属市"。

国民参政会召集在重庆的全体参政员举行首次谈话会。

9月27日　国民政府行政院院长孔祥熙手谕内政部,整理重庆市容。

中央电影制片厂迁重庆纯阳洞。

9月28日　"重庆市房租评定委员会"在市政府成立,并通过组织章程及评定办法。

9月29日　国民政府明令:免李宗仁安徽省政府主席职,由廖磊继任。

国民党中常会决定改组四川省党部,以陈公博为国民党四川省党部主任委员,黄仲翔为委员兼书记长。

9月30日　国民政府明令:国民参政会第二次大会,定于民国二十七年十月二十八日举行。

"战时图书杂志审查委员会"假青年会召集重庆市各杂志社、月刊社负责人谈话。

9月　国民政府交通部于重庆化龙桥筹建汽车配件制造厂,以钱大钧为理事长,王树芳为厂长。

军政部兵工署在重庆磁器口筹设第二十八工厂,生产合金钢,以周志宏为厂长。

10月

10月1日　"中央图书杂志审查委员会"在重庆正式成立并开始办公,该会由国民党中央宣传部、社会部,国民政府教育部、内政部,军事委员会政治部等单位派员组成,同时于国统区15个省市设立地方图书杂志审查委员会。该会主要任务为在全国范围内对图书杂志进行原稿审查及防范敌占区的反动书刊流入国统区。

国民政府交通部部长张嘉璈偕该部总务司司长潘光迥、电政司司长温敏庆、航政司司长何墨林、秘书高大经等,由汉口乘专机抵达重庆。

"重庆市文化工作座谈会"成立。

"重庆市妇女抗战建国协会"成立。

国民政府军事委员会主办的《扫荡报》重庆版,是日正式出版发行。

"全民通讯社"由汉口迁重庆,是日开始发稿。

10月3日 国民政府立法院院长孙科在国民政府纪念周上作题为《国际情形与我国抗战》的报告。

"中华全国木刻界抗敌协会"迁渝,假打铜街川康银行办公。

10月4日 国民政府军事委员会委员长重庆行营训令重庆警备司令部、重庆市政府、宪兵司令部等机关,切实执行《重庆市人口疏散办法》,加紧疏散重庆市人口。

重庆市区首次遭到日机空袭。日机9架于上午10时许相继轰炸广阳坝、牛角沱等地,投弹36枚,炸死市民24人,炸伤市民23人。

10月5日 "重庆市江巴民众防空委员会"于下午4时在市商会举行成立大会。

10月6日 国民政府明令公布《非常时期农矿工商管理条例》36条,规定在战争期间,政府对各类企业,可以分别情况,对之实行"代管""投资合办"及"收归政府办理";各企业员工,在非常时期,不得罢市、罢工或怠工。违者课以1000元以上的罚金或判处徒刑。

由国民政府行政院召集的"后方公路水道交通会议"是日闭幕。

10月7日 国民政府军事委员会委员长重庆行营主任张群偕王缵绪、何北衡、甘绩镛、陈筑山、杨全宇、谢持、张澜、梁漱溟等离重庆飞成都,参加川康绥靖主任邓锡侯、副主任潘文华,四川省政府主席王缵绪的就职典礼。

国民政府内政部部长何键在国民参政会驻会委员会第五次会议上,报告内政部施政情形及整顿重庆市卫生情形。

沿海地区工矿内迁第一阶段暂告结束,国民政府经济部制定《内移各厂矿限期复工办法》,规定逾期不能复工而又未经呈报准予展期者,将给予各种不同的处分。

10月8日 "中国工程师学会临时大会"于上午9时在重庆大学举行开幕典礼。

比利时驻华大使纪佑穆、荷兰公使傅思德、巴西公使赖谷、葡萄牙公使李玛等于下午1时由昆明飞抵重庆。

"中华全国文艺界抗敌协会"主办的《抗战文艺》是日在重庆出版,为该刊的第 17 期。

10月10日　国庆纪念日。中国国民党中央执行委员会发表《国庆日告同胞书》，国民政府主席林森致电蒋介石表示慰劳，行政院院长孔祥熙发表《国庆日告全国民众书》，对抗战以来政府安定金融的经过，阐述甚详。

国庆日。中华全国戏剧界抗敌协会主办的"中华民国第一届戏剧节"于上午9时在又新大戏院举行。

"中国战时生产促进会重庆分会"成立。

10月11日　国民政府行政院举行第384次会议，会议通过了行政院院长孔祥熙提出的改重庆为行政院直属市的提案。

"重庆市防空司令部基金保管委员会"正式成立。

10月12日　国民政府行政院长孔祥熙于下午4时在财政部礼堂招待外宾，到美国大使詹森、比利时大使纪佑穆、荷兰公使傅思德、巴西公使赖谷、葡萄牙公使李玛、意大利代办亚力山等及各使馆参赞、秘书和外国记者20余人，中方有汪精卫、丁惟汾、居正、叶楚伧、王宠惠、何键、翁文灏等100余人出席作陪。

中国国民党副总裁、国民参政会议长汪精卫在重庆对报界发表谈话称："如果日本提出的和议条件不妨害中国国家的生存，吾人将接受作为讨论的基础"。

10月13日　国民党中常会决议：国民参政会参政员缺额不补。

国民党中央执行委员会发表《告广东全省军民书》，号召团结一致，抗击日军，保卫广东。

10月14日　葡萄牙公使李玛于下午5时赴国民政府向林森主席呈递国书。

10月15日　国民政府明令公布《非常时期难民移垦规则》37条，规定由国民政府经济部会同内政部、财政部、赈济委员会成立中央垦务主管机关，各省设垦务委员会，以国营、省营、民营三种方式举办垦殖事业，安置全国难民。

"国民政府军事委员会水陆运输联合办事处"迁重庆办公，该处总务组长邹明初率总处第一批人员是日抵达重庆，即日假道门口华通公司二楼运输分处办公。

10月16日　国民党中央执行委员会发表《告广东全省党员书》,号召负起责任,率先奋斗,殊死战斗,保卫疆圉。

10月17日　在重庆的广东籍国民党中央委员汪精卫、邹鲁等17人,联名致电广东省军民,勉以努力杀敌。

国民政府经济部部长翁文灏于下午4时在国际联欢社举行茶会,招待各界,商议参加美国纽约博览会事宜,到康心如等各界代表100余人。

10月19日　鲁迅逝世二周年纪念,重庆市100余机关团体在社交会堂举行"鲁迅先生逝世二周年纪念大会"。

10月20日　国民政府教育部在重庆该部举行"全国高等师范教育会议",研讨关于师范学院的一切问题。

苏联驻华大使卢干滋偕夫人、秘书及塔斯社社长罗果夫等6人乘车抵达重庆。

"重庆市物价评定委员会"成立,孟广澎任主任委员。

10月21日　国民政府行政院召集有关机关举行会议,讨论四川、贵州两省禁政(烟)事宜。

国民党中央宣传部在该部会议室召集重庆市各刊物负责人举行谈话会议,汪精卫出席并指示现阶段的文化工作及其注意事项。

国民参政会中共参政员秦邦宪、邓颖超乘机抵达重庆。

《大公报》总编辑张季鸾由汉口飞抵重庆。

10月22日　由国民政府教育部召开的"高等师范教育会议"闭幕,国民政府行政院院长孔祥熙出席闭幕式并致词。

中共参政员秦邦宪、邓颖超接受重庆《国民公报》记者采访,并就抗战前途及国际形势发表谈话。

10月23日　汪精卫复电南洋华侨筹赈祖国难民总会主席陈嘉庚,谓抵抗侵略与不拒和平,并非矛盾。和平条件如无害于中国之独立生存,何必拒绝。

广东旅渝同乡会以广东沦陷,于下午3时假三牌坊召集广东旅渝人士举行"广东救乡大会",会议决定成立"广东旅渝同乡抗敌救国协会"。

"重庆市中等学校体育表演大会"于下午2时在两路口巴县县立中学举行。

10月24日 国民政府监察院院长于右任在中央纪念周上作题为《艰苦中之奋斗和锻炼》的讲演。

国民党中央宣传部部长周佛海前赴汉公干,事毕后于是日乘机返抵重庆。

"中国青年记者学会重庆分会"邀请来渝各界文人参政员及各报馆负责人,在永年春举行茶会,讨论"拥护抗战建国纲领确定战时新闻政策"等问题,张伯苓、许孝炎、沈钧儒、秦邦宪、胡文澜、邹韬奋、史良等出席会议并讲演。

由重庆市战时民众补习教育推行委员会联合各有关党政军学机关、团体组织的"重庆市战时民众教育宣传周",于是日开始。

10月25日 国民政府立法院院长孙科在中央警官学校作题为《坚定抗战必胜之信念》的讲演,讲演列举了我国必胜、日本必败的主客观条件数项。

国民政府教育部部长陈立夫就重庆市发动战时民众补习教育一事,对记者发表意见,要求动员广大知识分子采用强迫方法,以养成负担起抗战建国之公民,达到抗战必胜、建国必成之目的。

贵州省政府主席吴鼎昌偕秘书吴玉恭乘专车于上午11时抵达重庆,向有关方面报告贵州省施政情形并请示今后方略。

民生实业股份有限公司调配大批轮船于宜昌、重庆间,分三段抢运入川人员及军品商货。

因武汉沦陷,抗战时期中国共产党在国统区唯一公开发行的机关报——《新华日报》从武汉迁重庆,是日在重庆公开出版发行。该报社长为潘梓年,总编辑为华西园(即华岗)、吴克坚,总经理为熊瑾玎。

巴县团管区司令部于下午2时在社交会堂举行"兵役谈话会"。

10月26日 国民参政会举行谈话会,到汪精卫、张伯苓、张君劢、秦邦宪、董必武等80余人,议长汪精卫报告最近的军事情形,并表示拥护政府的抗战主张。

重庆市学生集训总队于上午10时假夫子池举行看护学生毕业典礼。

10月27日 国民政府明令公布《查禁敌货条例》及《禁运资敌物品条例》。

国民政府行政院院长孔祥熙于下午6时在行政院宴请全体参政员,并对政府今后继续抗战的决心报告甚详。

国民政府教育部组织"音乐教育委员会",是日下午2时在该部会议室举行第一次会议。

重庆市各青年团体27个联名致电国民参政会,表明其对第二次国民参政会大会的建议:①请求党政当局使三民主义青年团成为全国青年的统一组织,加强领导一切青年团体,并对爱国青年及青年救亡团体加以保障;②动员青年踊跃参加兵役;③请求政府普遍教育;④发扬青年新生活运动,并要求政府救济失学青年,注意青年职工的经济生活、健康生活;⑤改善图书审查办法及标准,确立统一查禁书刊原则及办法,建立统一书报检查机关,并扶助战时文化事业;⑥加强妇女组训,广泛动员青年妇女参加抗战建国工作。

10月28日 国民参政会第一届第二次大会于上午8时在重庆举行开幕典礼,到国民政府主席林森,孔祥熙、孙科、居正、于右任4院长,张群、叶楚伧、钮永建3副院长及各院部会长官100余人,参政员110余人。大会由议长汪精卫主持并致词,国民政府主席林森、国民政府军事委员会委员长蒋介石(由王世杰代)分致训词。

国民政府主席林森,于午后3时茶会招待出席国民参政会第一届第二次大会的各参政员,到参政员110余人及各部会长官数十人。林森致欢迎词,汪精卫代表参政员致答词,表示"同人愿追随主席,努力奋斗,以挽时局"。

国民政府财政部以广州沦陷,是日特通令中、中、交、农四行及各商业银行在广东邻近各省分设支行,以保持华南经济的稳定。

国民政府军事委员会委员长重庆行营主任张群、副主任贺国光,川康绥靖主任邓锡侯、副主任潘文华,四川省党部主任委员陈公博、四川省政府主席王陵基及各集团军司令杨森、唐式遵、孙震等,是日联名致电蒋介石,请即莅川驻节,以便统筹全局。

10月29日 四川省政府任命叶元龙继胡庶华为四川省立重庆大学校长。

重庆市征收处决定征收娱乐、筵席捐,税率为5%。

10月30日 国民政府军事委员会委员长重庆行营电令四川省政府:积极筹办军粮,以应急需。

重庆与莫斯科是日举行无线电通话试验,效果良好。

"中国统计学社"在重庆市银行公会举行第八届年会。

《全民抗战》自是日(第33期)起在重庆出版,主编邹韬奋、柳湜。

10月31日 国民政府颁布命令:"省临时参议会组织条例及市临时参议会组织条例,决定自民国二十七年十一月一日起施行。"

国民政府主席林森在国民政府纪念周上作题为《坚信既定国策向前迈进》的报告,内称:敌人力物力维艰,我抗战必操左券。

国民党中央党部秘书长朱家骅接见外籍记者,阐明我国抗战国策,表明我国抗战国策已定,决不因广州、武汉之失而有所动摇,并希望世界各国应执行国联决议,履行其义务,采取断然措施制裁日本。

是月 国民党中央调查统计局(简称"中统")迁重庆办公,国民政府军事委员会调查统计局(简称"军统")部分机构开始迁往重庆。

国民党《中央周刊》(1938年7月在长沙创刊)迁重庆,自第1卷第12期起开始在重庆出版。

"八路军驻重庆办事处"在重庆机房街成立,原设联络处撤销。

中国共产党在国统区创办的《群众》周刊,迁重庆出版。

11月

11月1日 国民参政会决议:拥护蒋介石领导,全国坚决抗战。

11月2日 国民参政会第一届第二次大会通过设置特种委员会,审查管理外汇与对外贸易等案。

国民参政会参政员喜饶嘉措、麦斯武德在重庆分别对记者谈话,希望各民族精诚团结,一致抗敌,并望国人对边疆予以深切注意和帮助,使边疆成为强有力的抗日根据地。

11月3日 国民政府行政院为便于与各参政员交换意见,于2、3两日分别由各部会邀请国民参政会各审查委员会举行座谈会,就施政方针等交换意见。

11月4日 中国航空公司开辟的重庆——香港航线,是日正式开航。

重庆市抗敌后援会致电蒋介石,对蒋介石10月31日发表的《告全国军民书》表示拥护,并表示"全市70万民众,誓以热忱拥护钧座,抗战到底"。

重庆市防空司令部公布《警报时期服务须知》及《取缔有碍防空事项》两规则。

11月5日 国民党中央常务委员会举行第95次会议,决定将重庆市特别党部改归国民党中央直辖,名称定为"中央直属重庆市执行委员会"。

欧亚航空公司开辟昆明—重庆—成都航线。

重庆市自是日起开始征收筵席捐。

11月6日 国民参政会第一届第二次大会闭幕。

11月7日 国民政府明令:派邓锡侯为中央陆军军官学校校务委员。

国民政府主席林森在国府纪念周上作题为《征收非常时期过分利得税以增加抗战的财源》的讲演。

苏联十月革命纪念日,国民政府主席林森致电苏联中央执行委员会主席加里宁致贺。

中苏文化协会于下午2时假社交会堂举行"苏联十月革命二十一周年纪念庆祝大会",孙科主席报告开会意义,指出目前中国抗战环境远胜于昔日之苏联,唯有艰苦奋斗,才能达到建国目的。

新任重庆大学校长叶元龙到职视事,教务长段调元、事务长沈重宇、理学院院长何鲁、工学院院长税西恒、商学院院长马寅初等,均同时到校视事。

11月8日 重庆各青年团体20余个于晚7时在重庆女师大礼堂邀请国民参政员讲演。

"天主教妇女战时服务会"在重庆成立。

11月9日 "全国战时教育协会"迁重庆(暂假米花街46号3楼办公),

是日下午2时假青年会举行常务理事会,决定成立"普及教育运动委员会"。

由重庆市警备司令部、宪三团、警察局、川江船务处合组的"船舶检查所"成立,内设总务、侦缉、警卫、检查4组。

上旬 国民政府财政部为保护广东省及邻省的国税,特致电余汉谋及广东省政府主席吴铁城,严令所属各地驻军,对于粤省各地国税机关加以保护。

国民政府军事委员会委员长重庆行营发布命令:严禁保甲拉夫,如有违反,必予严惩。

11月10日 中华海员特别党部、重庆市民众教育馆、第二社教工作团等10个救亡团体,于下午3时假战时书报供应所举行"壁报工作同志座谈会"。

国民党中山学社所办的《中山周刊》,改为半月刊在重庆出版,梁寒操为发行人。

11月11日 国民参政会举行第一届第二次大会闭幕后的第一次驻会委员会议,到各驻会委员24人,议长汪精卫主持并报告最近之军事外交情形。

国民政府外交部部长王宠惠,以土耳其总统逝世,于是日致唁。

11月12日 国民党中央党部、国民政府于早上7时在国民政府礼堂合并举行"孙中山总理诞辰纪念典礼"。

国民政府司法院院长居正应中央广播电台之邀,于晚7时在该台作题为《纪念国父诞辰要精神总动员》的讲演。

重庆市童子军为欢迎总会莅临重庆,特于下午3时在夫子池公共体育场举行大检阅。

11月13日 中国航空公司开辟重庆—哈密航线。

"中华自然科学社"在重庆巴县中学举行第11届年会。

重庆市警察局公布重庆市人口统计结果:全市人口为496798人,较1937年增加23000余人,如加上本市流动人口及江边船户,全市人口总数约60余万。

11月14日 国民政府主席林森在总理纪念周上作题为《抗战期间的民族精神与民众组织》的报告,要求民众发挥参政会团结的精神,以组织训练充实民众力量。

11月15日 中华职业教育社四川办事处辅导委员会第一次会议,于下午4时在重庆青年会举行。

四川省学生集训渝区第二总队受训期满,是日在沙坪坝重庆大学举行毕业典礼,到官生3600余人。

11月16日 青海、蒙古左右两盟代表阿福寿、苏呼得力、俄罗卜仁庆本巴及何永信等,于上午9时谒见蒙藏委员会委员长吴忠信等,报告青海、蒙古各王公暨全体盟民一致拥护政府领导抗战,以求民族之生存。

欧亚航空公司增辟重庆至河内航线。该线经昆明至河内,与法国航空公司的河港线相接,一日半可由重庆抵达香港。

英国驻华大使卡尔分别访晤孔祥熙、张群、王宠惠等。

全国救济委员会秘书在重庆记者招待会上宣布:抗战以来迄本年10月24日,日机空袭中国城市3318次,被炸城市314处,平民死伤66000余人,其中炸死29968人。

重庆市卫生局正式成立,梅贻琳(天津人)任局长。

11月17日 国民政府行政院分电战区各省政府,以在此非常时期,战区各省省政府委员,应分别巡视各县,安抚民众,并督饬专员、县长,切实工作,以期促进行政效率,加强自卫武力,外以御敌,内以防乱。

国民政府财政部令饬中、中、交、农四行,积极在内地各重要都市增设分支行。

重庆市商会调查科是日发表重庆市10月份进口货物如下:棉纱2479件,796500元;五金电料5472件,571314元;匹头绸缎553件,166129元;颜料1089件,142542元;纸烟909件,106430元;药材1178件,75600元;苏货644件,57521元;新药374件,43860元;文具165件,18987元;纸张114件,15033元;干菜129件,8794元;杂货68件,5890元。合计13174件,2008600元,较9月份减少759件,162662元。

11月18日 国民政府外交部部长王宠惠会晤英国驻华大使卡尔,要求卡尔劝英政府对日采取积极政策。英大使答允向英政府建议下列各点:"①以经济援助中国;②英帝国内实行国际公法所容许之报复办法;③宣言维持九国公约及其他有关条约。"

"重庆市动员委员会"成立。

11月19日　雷鸣远神父于下午4时晋谒国民政府主席林森,报告其在晋南工作经过,林森对雷慰勉有加。

青海、蒙古左右两盟代表阿福寿、苏呼得力、俄罗卜仁、庆本巴、何永信、吴云鹏等,于上午10时晋谒国民政府军事委员会委员长重庆行营主任张群,面陈青海状况及蒙古王公、庶民拥护最高领袖坚持抗战、以求中华民族的生存独立的决心,并请张群转达蒙古各王公竭诚拥护最高领袖抗战之情绪于蒋介石。

"湖南旅渝同乡会"以长沙大火后,难民流离失所,急需救济,下午2时举行临时会员大会。

中旬　国民政府行政院发表10月份战区9省之县政情形:总计9省共有796县,其县区完整者有489县,占总数的61.44%;县长能在县境一部分执行职权者,有248县,占总数的31.15%;县政府完全不能行使职权者,为59县,占总数的7.41%。

国民政府行政院轸念长沙大火被难同胞,特先拨10万元予以救济。

国民政府军事委员会以日机近日滥炸不设防城市,重庆市为后方重要城市及国民政府所在地,为防患于未然,特商请国民党中央宣传部令重庆市党部转饬所属各新闻机关迅速疏散。

国民党中央宣传部、国民政府军事委员会政治部发表关于此次"长沙大火"真相的说明,内称:"12日夜长沙大火,实为地方军警误信流言,自卫民众激于义愤之所造成。……长沙虽毁,首事与负责官长亦已严予治罪,被难者政府已举全力,予以安置。"

11月20日　拉卜楞108寺及各部落藏族僧民慰劳抗战将士代表团一行14人,由团长阿旺将磋(汉名黄正基)率领抵达重庆。

11月21日　国民政府主席林森在国府纪念周上作题为《充实后方生产建设》的报告。

国民政府军事委员会委员长重庆行营主任张群,在行营纪念周上阐述抗战军事与国际形势,称我国在此长期抗战之中,无论在主观的信念上,或客观的事实上,皆有获得最后胜利之可能。

拉卜楞108寺及各部落藏族僧民慰劳抗战将士代表团分别拜谒蒙藏委员会委员长吴忠信、国民政府军事委员会委员长重庆行营副主任贺国光,面陈代表团的任务:①拉卜楞全体僧民竭诚拥护政府,坚持长期抗战,并祝获最后胜利,以求中华民族之生存;②谒最高军事领袖及各战区负责军事长官并分别致敬;③慰劳各战区抗战将士。

欧亚航空公司开辟的重庆—桂林—昆明航线正式开航。

由印度国民大会派遣来华的救护队(有医生5人,助理员2人),由总领队亚达尔率领,由宜昌乘轮抵达重庆。

国民政府赈济委员会为运配难民而设的重庆总站,是日起分重庆总站(公园路青年会)、南岸觉林寺难民收容所、江北县政府3处登记难民,以便运配。

11月22日 国民政府行政院第390次会议,孔祥熙报告拨款救济长沙灾民情形,并决议:①张治中革职留任;②西康建立省府,限于次年元旦成立。

重庆市抗敌后援会举行会议,决定改该会为常务委员制,并推郭一予、李根固、袁家佩、袁宇仁、蒋志澄、徐中齐、张宗群7人为常务委员。

拉卜楞108寺及各部落藏族僧民慰劳抗战将士代表团,于下午3时假青年会招待重庆新闻界,报告成立经过及此行意义。

11月23日 国民政府为长沙大火发布明令,称:"此次长沙大火,灾情惨重,公私损失,不可胜计,尤以当地人民罹难者众,颠沛流离,无所栖止。政府念切民瘼,实深怆痛。兹据军事委员会委员长蒋中正电陈肇祸原由及处理经过,并据行政院呈请,将湖南省政府主席张治中革职留任前来。借悉当日肇事情形,地方当局,张皇操切,举措失宜,实属罪有应得。除军警长官,业已分别查明,严行惩办,或经军法会审,判决处以极刑外,至湖南省政府主席张治中,身膺疆圻重寄,际此非常时期,于地方各级官吏应如何审慎选择,严切监督,乃以用人不当,酿此巨变,事前既漫无防范,临时又不能制止,祸及闾阎,苦我湘民,自应即予革职,并着暂行留任,责成办理灾区善后事宜,以观后效。一面由行政院转饬赈济委员会,从速派员前往,施放急赈,妥筹救济,用副政府悯念灾黎之至意。此令!"

"中国妇女慰劳自卫抗敌将士总会"全部工作人员,在唐国桢率领下抵达重庆,即日开始在重庆办公。

11月24日 "中苏文化协会中苏文艺研究会"正式成立。

重庆市抗敌后援会、军委会战地服务团渝区分处、文化工作座谈会三团体于下午3时假市党部礼堂欢迎印度救护队及拉卜楞108寺慰劳团,到200余人,袁守仁主持,各界代表分别致词。

甘肃拉卜楞108寺及各部落藏族僧民慰劳抗战将士代表团分别拜谒汪精卫、居正、叶楚伧。

11月25日 汪精卫在国民参政会驻会委员会议上报告政府对长沙大火事件的处置经过,并称:"抗战期间,牺牲是必要的,同时牺牲必有代价。以守土之故,至于人与地俱在灰烬,既足发扬牺牲之精神,同时亦给敌人以创伤。……此次政府及各界民众对于长沙事件均极痛心,惩前毖后,对于焦土名词之误解及滥用,应倍加注意。"

甘肃拉卜楞108寺及各部落藏族僧民慰劳抗战将士代表团于上午10时晋谒国民党中央宣传部部长周佛海,面陈边疆以交通阻塞,文化落后,盼望中央宣传部对抗敌宣传及中华民族固有之文化资料,以唤起藏民的民族意识。下午4时,晋谒立法院院长孙科。

中印学会、中国佛学会、重庆佛学会于下午6时假永年春欢迎甘肃拉卜楞108寺及各部落藏族僧民慰劳抗战将士代表团及印度救护队,太虚法师主持致欢迎词,甘肃拉卜楞108寺及各部落藏族僧民慰劳抗战将士代表团团长阿旺将磋及印度救护队队长亚达尔分别致答词。

"中华全国文艺界抗敌协会"举行诗歌座谈会。

"中国劳动协会"(该会于1935年2月25日在上海成立,1937年底迁汉口)由汉口迁重庆,即日开始办公。

"中国青年新闻记者协会"总会迁重庆,即日起在中营街58号开始办公,前设的该会驻渝通讯处,亦同时撤销。

11月26日　甘肃拉卜楞108寺及各部落藏族僧民慰劳抗战将士代表团由蒙藏委员会委员长吴忠信引导，于下午4时赴国民政府向国民政府主席林森献旗——"国家至尊"并致词表示："誓在政府指导下，一心一德，精诚团结，以促进最后胜利之来临"。

国民政府经济部将重庆重要工商业划分为重要输出业（包括8业）、重要工业（包括22业）、重要商业（包括22业）三大类52业。

《新华日报》在重庆陕西街留春幄举行招待会，招待重庆党政军当局及各界人士。

11月27日　由中国教育学会、中华儿童教育社、中华职业教育社、中国教育电影协会、中国社会教育社、中国卫生教育社、中华健康教育研究会、中国心理卫生协会、中华图书馆、中国测量学会、中国民生教育学会、中华体育学会等12团体联合举行的"中国教育学术团体联合会"，于上午10时在川东师范学校礼堂举行年会。

重庆市妇女抗战建国协会、重庆市妇女慰劳分会、儿童保育会、重庆市女青年会、重庆市抗敌后援会妇女组、天主教战时服务会等妇女团体，联合在青年会茶会欢迎印度救护队及拉卜楞108寺暨各部落藏族僧民慰劳抗敌将士代表团，到各团体代表60余人。李兰主持致开会词，说明会议的意义在"增进国内各民族间之团结"，印度救护队队长阿丹、藏族代表团团长分别致词。

11月28日　重庆市欢送第一届壮丁入营大会，于上午10时在唯一大戏院举行。

11月29日　国民政府以马步青倡导献金，不遗余力，先后汇解20余万元，是日明令嘉奖。

国民政府财政部以重庆铜元与法币兑价波动甚大，特致电国民政府军事委员会委员长重庆行营及重庆市政府，饬派宪警严密查办。

"中国教育学术团体联合会"发表《致各国文化教育团体宣言》，表示：虽然日本对中国教育文化的摧残，"至今仍在进行之中，吾人虽遭遇极大之困难，但吾人所代表之事业，仍本有加无已之热忱与信仰，向前迈进，决不因设备之残破，有所松懈。"

英国驻华大使卡尔在重庆发表谈话,不承认调解中日战争。

11月30日 国民党中央社会部为发动重庆市戏剧、音乐、文艺、木刻等团体积极从事抗战宣传,于上午10时召集各团体负责人举行谈话会,到各团体负责人30余人,决定1939年元旦各文化团体一致出动举行抗敌宣传工作。

由中国教育学会、中华体育学会等12团体联合举行的"中国教育学术团体联合会"闭幕。

"印度医药救护队"由印度国际大学教授兼中国学院院长谭云山引导,于下午四时赴国民政府向国民政府主席林森致敬,并报告印度国内对中国抗战之同情,林森对该队远道来中国服务表示嘉许,并对印度人民所给中国之种种同情,"表示无穷欣慰与谢意"。

重庆市商会主席温少鹤召集银、钱两业及有关机关代表开会,商讨解决重庆市钱价上涨问题。

重庆市征募寒衣运动分会,截至是日止,共募得各方捐款422000元,棉背心8万余件。

下旬 国民党中央以长沙大火,灾情惨重,特电令国民党湖南省党部,立即动员党员,努力协助救济工作,并推派张厉生、方觉慧两委员前往督促指导。

"中国学生救国联合会"由武汉迁抵重庆。

"中华全国战时教育协会"迁重庆,假米花街46号办公。

"回教大众社"迁重庆,社长沙蕾,并拟继续出版《回教大众》半月刊,宣传抗战。

12月

12月1日 国民政府明令:西康省政府应于民国二十八年一月一日成立。

国民政府明令公布《非常时期工矿业奖助暂行条例》。

甘肃拉卜楞108寺及各部落藏族僧民慰劳抗战将士代表团于上午11时

半在国民政府军事委员会委员长重庆行营向蒋介石献旗,由重庆行营主任张群代表蒋介石接受,该代表团同时向张群献旗和献哈达,并在祝词中表示:"誓在钧座领导下,愈自激励,精诚团结,竭财尽力,贡献国家,以促进最后胜利之来临。"

四川军管区司令部参谋长戴高翔携四川省兵役实施新方案晋谒国民政府军事委员会委员长重庆行营主任张群,报告目前兵役应办事项,并请示一切。

"中国教育学术团体联合会办事处"举行会议,到张伯苓、江问渔、吴南轩、康心如等30余人,讨论联合会年会结束事宜,并推郭有守为该办事处主任。

"中国青年新闻记者学会重庆分会"于下午2时假银行公会举行改选理监事会议。

《大公报》由汉口迁重庆,是日正式出版,馆址设重庆下新丰街19号。

《妇女生活》杂志开始在重庆出版(自第6卷第9期开始),主编沈兹九。

12月2日 国民政府行政院召集委员长重庆行营、内政部、财政部、四川省政府的代表开会,讨论《川省二十八年度禁烟实施纲要及收支预算》,由行政院政务处处长蒋廷黻主持,决定四川省1939年度禁烟收支预算为357万元。

国民政府行政院院长孔祥熙对民生公司数百名职员训话,对民生公司年来贡献国家之功绩,加以奖励。

曾琦、左舜生、余家菊、陈启天等为纪念中国青年党成立15周年,在重庆宴请各界人士,重申该党8月12日第九次大会所发表的6项主张。中共代表董必武在会上致词,希望各党派更加团结一致。

12月3日 国民政府行政院举行会议,由院长孔祥熙主持,讨论各省参议会的设置问题,决定由行政院通令各省,迅速筹备,如期成立。

12月4日 "中国经济学社第14届年会"在重庆银行公会举行。

12月5日 国民政府财政部与四联总处决定:由中、中、交、农四行在西南西北各省重要地点设立分支行处并拟订分期推进办法。

"中国青年新闻记者学会重庆分会"举行首次理监事联席会议。

12月6日　国民政府军事委员会委员长重庆行营训令重庆市政府、重庆市警备司令部会同整理重庆市铜元价格上涨事宜,以恢复铜元经常兑换价格,以免影响民意;若有奸商操纵,立予严惩。

重庆各学术团体组织"战时征集图书委员会",决定先将文化学术损失情形,以各种文字编印成册,然后向国外宣传。

重庆图书杂志审查委员会会同军警宪各机关检查全市各书局、印刷厂及现有待印刷图书,如有违禁者,一律带回审查,听候处理。

12月7日　国民政府行政院院长孔祥熙为赈济难民,特拨款20万元,分别赈济广西省、河北省之难胞。

国民政府军事委员会委员长侍从室主任陈布雷自桂林飞抵重庆,并于晚9时与汪精卫会晤。汪再三询问战局情形。

12月8日　国民政府特任宋哲元为国民政府军事委员会委员。

国民政府军事委员会委员长、中国国民党总裁蒋介石率国民政府军事委员会大本营由桂林飞抵重庆。至此,国民政府党政军等中央机关全部迁到重庆,也标志着抗战时期的国民政府迁都重庆告一段落。

国民政府财政部发言人在重庆招待外国记者称:抗战以来共举国债15亿元(法币),合美金4.5亿元,英金9100万镑。

国民政府军事委员会委员长重庆行营新闻邮电检查所所长钟贡勋假永年春招待重庆新闻界。

国民政府外交部部长王宠惠发表声明:九国公约不容暴日擅改。

12月9日　蒋介石与汪精卫、孔祥熙、张群、王宠惠、叶楚伧等举行会议,商讨今后抗战大计,蒋介石在会上表示:"不论国际形势如何,我国必须作自力更生、独立奋斗的准备。"

"中国国民外交协会"以英国国会上下院会议,对是否制裁暴日一事辩论甚烈,是日特致电英国国会外交部,请其主张正义,维护九国公约之尊严,实施援华。

"一二·九"运动3周年纪念日,重庆市各校于晚7时假社交大会堂举行盛大纪念会。

上旬 重庆士绅胡文澜、李奎安、文化成、陈智若等20余人，为谋重庆市政的切实改进，完成市区一切建设，并收官民合作之效，特联名具呈国民党中央党部、国民政府行政院、国民政府军事委员会委员长行营，促成立市参议会，俾有民意机关，尽量发抒所见。

中共中央代表周恩来、叶剑英等由桂林抵达重庆。

12月10日 交通银行董事长、四行储蓄会总经理、复旦大学校长钱新之，偕赈济委员会常务委员杜月笙、王晓籁、毛和源，上海绸业银行经理骆清华、中兴煤矿公司厂长黎重光、民丰造纸厂专员金润华、四行储蓄会秘书长潘仰尧、上海康元罐头厂厂长项康元等，于下午3时乘机由昆明抵达重庆。

国民政府外交部部长王宠惠，就日本要求修改九国公约一事，对记者发表谈话称："吾人兹应郑重声明者，九国公约乃各签约国（包括日本在内）在美京慎重商讨之结果，且系自由签订。……九国公约之用意，乃在太平洋区域创造一永久和平秩序，非任何一国可得而废止者也。

据是日重庆《商务日报》所载《重庆工厂调查》一文披露：重庆目前共有工厂244家，分为45个部门。

12月11日 "旅渝归国华侨协会"成立。

12月12日 蒋介石在国民党中央党部纪念周上训话。

蒋介石约见中共代表王明、周恩来、吴玉章、董必武等，拒绝中共提出的处理国共两党合作关系的跨党办法，坚持要求国共两党并为一个大党，遭到中共代表的拒绝。

美国驻华大使詹森，于晨7时偕随员离渝回国述职，并对远东时局提出报告，以供美国政府参考。

"重庆市防空司令部防空工程设计委员会"正式成立，须恺、许行成为正副主任，关颂声、乌韦定、尤宝煦为委员。

12月13日 "中国妇女慰劳自卫抗战将士总会"举行迁重庆后的首次常会。

重庆市抗敌后援会举行常会，决定民族复兴节与元旦纪念办法。

"重庆市各界义卖献金运动委员会"正式成立,并通过《义卖献金办法》5条。

12月14日 国民政府军事委员会副委员长冯玉祥对《新华日报》记者发表谈话称:"西南西北抗战基础渐趋强固,敌野心极难得逞。全国上下应一致遵照最高统帅坚持抗战到底意旨,不得稍有动摇,倘有人违背持久抗战方针,即国家民族之叛逆,其罪可诛。"

国民政府财政部发言人在重庆招待外国记者,阐述抗战时期的财政措施,称:为调整国内经济,设置贸易、农产、工矿三调整委员会,分别主办其事,于战后复兴建设,亦予注意。

《新华日报》是日报道:自1937年秋至1938年12月,除国营的工矿企业和兵工厂外,由上海等沿海地区迁来重庆的工厂已达124家。

"重庆市工务局"正式成立,局长吴华甫到局视事。

12月15日 墨西哥驻华公使馆重庆办公署正式成立并办公,地址在枣子岚垭下罗家湾。

12月16日 蒋介石与汪精卫举行单独谈话,汪精卫在谈话中,始终未提和议的事,并以彼此政见不合,提出与蒋介石"联袂辞职,以谢天下",遭到蒋介石的拒绝。

国民政府军事委员会政治部部长陈诚,于晚8时在重庆求精中学招待重庆新闻界,到各报社、通讯社负责人30余人。陈诚报告第二期军事战略之转变,今后敌人之动向,我军事上之新部署及对于后方社会情况之感想。

12月17日 国民政府任命刘文辉为西康省政府主席,派许世英为"中央救灾准备金保管委员会"委员长。

国民政府立法院院长孙科,就目前抗战形势对《新华日报》记者发表谈话称:"目前放在全国人民面前的,是坚持抗战与争取最后胜利的问题。抗战必须坚持,而且必须取得胜利。"同时勉励国人"加强全国的精诚团结,坚持抗战到底,争取最后的胜利"。

国民政府经济部资源委员会组织的"嘉阳煤矿股份有限公司"在重庆成立,资本为120万元。翁文灏为董事长,钱昌照、胡石青、卢作孚、康心如、宋师度、杨公兆、刘燧昌、贝安澜为董事,聘孙越崎为总经理,汤子珍为矿长。该公司以开发犍为、乐山、屏山一带的煤为主要业务。

12月18日 中国国民党副总裁、国民参政会议长汪精卫,偕其妻陈璧君,借口赴成都中央陆军军官学校讲演,由重庆潜赴昆明,同行的还有曾仲鸣、方君璧、何文杰等。

国民政府立法院院长孙科在重庆对美联社记者发表谈话,指出:中日开战以来,在华日军死亡已达50万人,应付苏联军力业已在华消耗殆尽,各线日军疲惫已极,南、北两线均已失却继续攻势能力,此后国军将采取攻势。

《新华日报》义卖献金大会分电蒋介石及前方抗敌将士以及八路军、新四军致敬。

12月19日 国民政府主席林森在国府举行的总理纪念周上作题为《个人光荣的牺牲》的讲演,介绍范筑先父子殉职的事实,号召全国军政人员效法范氏父子,"抱定与国土共存亡、临难不苟的精神",争取最后的胜利。

中旬 宋美龄在重庆各妇女团体欢迎会上致词,称:"四川物产丰富,人口众多,可以做复兴中国的基础,是毫无疑义的。……只要我们大家抱定决心,共同努力,只要四川一省,就足以和日本抗战,而且最后胜利一定属于我们的。"

12月20日 蒋介石离重庆飞西安视察、部署军事。

国民政府行政院第394次会议决议:①改组广东省政府,主席吴铁城另有任用,免本兼各职,任命李汉魂为广东省政府主席;②通过《重庆市政府组织规则》案。

国民政府外交部发言人接见中央社记者,对"有田声明"进行驳斥,内称:美、英对华贷款,无论纯系商业或者含有政治作用,"日本均无权反对"。

"重庆市国货厂商联合会"于下午1时在银行公会举行成立会。

重庆市抗敌后援会举行会议,决定发起"一元还债"运动(美英外债),并通电各地民众团体响应。

甘肃拉卜楞108寺及各部落藏族僧民慰劳抗战将士代表团于上午9时在求精中学向陈诚献旗。

12月21日 国民政府行政院院长孔祥熙于上午9时半在川东师范礼堂向财训所全体学员训话。

国民政府外交部假国际联欢社招待外国记者,邀军委会政治部部长陈诚报告第二期抗战之一般情况及中国军械来源、兵员补充与粮食接济等问题。陈诚在会上称:上述三项,我国已有办法解决,决不因被敌封锁而感缺乏。

12月22日 国民政府明令公布《省临时参议会议事规则》37条及《秘书处组织规则》14条。

陈诚以湖北省政府主席的身份招待湖北省旅渝人士。

12月23日 国民政府明令:①免广东省政府委员兼主席吴铁城本兼各职,任命李汉魂为广东省政府委员兼主席并兼民政厅厅长;②免立法院立法委员周纬、补英、达赖、李登辉本职,任命冯兆异、黄金涛、张肇元为立法院立法委员。

国民政府外交部发言人就日本首相近卫22日所发表的狂妄声明,是日对记者发表谈话予以驳斥。

12月24日 国民政府特派驻智利公使张谦为出席第十一届国际邮政会议全权代表。

蒋介石自西安飞返重庆,请顾问端纳通知英美驻华大使馆:汪精卫绝对无权与任何人谈判和平,并称:"中国不但没有同日本谈和,而且现正准备作大规模之抵抗"。

国民政府军事委员会政治部于下午6时半假国泰大戏院招待各机关长官及重庆市各界代表。

"兵役实施协进会"在重庆成立。

"重庆市征募战士鞋袜运动委员会"成立。

12月25日 国民政府军事委员会任命张发奎为第四战区代理司令长官。

"中华全国音乐界抗敌协会"在重庆川东师范学校举行成立大会,盛家伦、贺绿汀等当选为理事。

"中苏文化协会第二届年会"于下午2时在重庆市银行公会举行。

民族复兴日。"重庆市江巴各界民众纪念一二·二五大会"于下午4时在夫子池公共体育场隆重举行,到各机关团体及学校代表5万余人,郭一予主持报告大会意义,贺国光代表蒋介石致训词,继由各军政商业学校团体向领袖献旗,由重庆行营副主任贺国光代表接受。会后举行盛大火炬游行。

中国共产党在国统区出版的机关刊物——《群众》周刊,是日在重庆出版(第2卷第12期)。

12月26日 蒋介石出席国民党中央党部总理纪念周,并发表题为《揭发敌国阴谋阐明抗战国策》的讲演。

国民政府主席林森在国府纪念周上作题为《说明艰苦奋斗之必要》的报告。

12月27日 国民政府行政院第395次会议,通过任命戴经尘为重庆市社会局局长,徐中齐为重庆市警察局局长,刁培然为重庆市财政局局长,吴华甫为重庆市工务局局长,梅贻琳为重庆市卫生局局长。

国民政府军事委员会政治部部长陈诚在重庆发表广播演说,驳斥近卫22日声明。

国民政府军事委员会政治部第三厅厅长郭沫若由桂林飞抵重庆。

12月28日 国民政府特派蒙藏委员会委员长吴忠信会同热振呼图克图主持第十四辈达赖喇嘛转世事宜。

"中苏文化协会"与重庆电影、戏剧界举行盛会,联合招待苏联著名摄影师卡尔曼,向为西班牙及中国抗战努力宣传的卡尔曼致敬。

12月29日 国民政府令饬四行二局(即中央银行、中国银行、交通银行、中国农民银行、中央依托局、邮政储金汇业局)办理"节约建国储金"并公布《节约建国储金条例》7条。

重庆市防护团于下午2时在夫子池举行检阅。

12月30 "中苏文化协会"假立法院会议室举行第三届理事会第一次会议。

12月31日 国民党中央宣传部、国民政府军事委员会政治部为汪精卫出逃叛国事联合发表对外声明,声称汪精卫离国,"纯系私人行动","故与党政军各方面,均无丝毫关系"。

国民政府教育部以蒋介石12月26日在国民党中央党部总理纪念周上所发表《揭发敌国阴谋阐明抗战国策》的训词,义正严词,是日特通令各省教育厅、各国立中学、各服务团,于国文、公民两科教学时间中,划出一部分时间,将是项演词,分段详加讲解,并于训词内所引用之史实,充分提供参证,分期讲完全篇,并予考试,以观其了解与熟记之程度。

周恩来、黄炎培、张君劢、冷遹、梁漱溟、江问渔等,在重庆张群寓所讨论抗战动员的有关问题。大家纷纷发言,提出动员组织的原则是:统一领导,统一计划,联合组织,分工合作。

下旬 国民政府行政院长孔祥熙就英美最近先后贷款中国一事,对记者发表谈话称:"我国18个月来之坚决抗战,已引起英美各国之同情,……在此抗战期间,予我以财政上之援助,实为友邦同情我国之表示。……此项贷款,确系商业性质,但本无政治之含义。""今英美贷款给予中国,即所以明白表示支持中国抗战之决心,此举实为日本意料所不及,而无异予以当头一棒也。"

国民政府行政院长孔祥熙对记者发表谈话,畅谈目前我国政治、外交、财政、经济情形,并对:①行政院之设立、改组及其内部组织以及目前中国战区的情形;②目前中国的外交政策、方针及外交方面所取得的成果;③战时税收的增长以及对外贸易情形等,均有详细说明。

是月 "中国工业合作协会"迁重庆办公。

是年 有关方面统计,1938年度我国对外贸易状况为:进口总值为国币81500余万元,出口总值为70300余万元。

有关方面统计,1938年度国家普通预算岁入岁出及追加数各为:1293588753元。

有关方面统计,1938年度国库收入(因改历年制,仅以7月至12月为一年度)总计1180560857.85元,支出总额为1168952314.04元。

有关方面统计,1938年度国营金矿产金量为210两,民营金矿产金量为31274两。

有关方面统计,1938年度下半年各银行收兑生金数量为31464874.12市两,生银151326737.60公两,银辅币58684330枚,银币4457334.82元。

有关方面统计,1938年度黄金进口总量为15623962元,出口为1541317元,已转为入超;白银进口为372元,出口为80329665元。

海关统计,1938年度输入我国之农产品价值为299735272元,矿产品价值为156335730元,工业品价值为30128567元;我国输出的农产品价值为510391192元,矿产品价值为123233928元,工业品价值为129025938元。

1939 年

1 月

1月1日 国民党中常会于下午3时半召集临时会议,会议由国民党总裁蒋介石主持,讨论汪精卫违反纪律危害党国一案,决议永远开除汪精卫党籍,并撤销其一切职务。

国民政府重申严惩傀儡和汉奸。

国民政府于上午8时举行中华民国成立纪念典礼,到国民政府所属各院部会长官500余人,林森主持并报告过去一年的工作。

国民政府主席林森在中央广播电台作题为《一年来之回顾及今后之愿望》的讲演,从军心民气、军事财政以及国际情形说明"从上年元旦一直到现在,我们重大的难关,已经过去;光明的结果,正在前面。抗战是必胜的,建国是必成的。"

国民党中央宣传部与军事委员会政治部就汪精卫"艳电"联合发表声明及对内指示,称:"艳电"只代表极少数意志薄弱、甘心为敌利用者之怯弱卑劣心理,对整个抗战前途决无任何影响。

"中国工程师学会"正式移重庆办公。

元旦日。重庆文艺界通过多种形式扩大抗敌宣传。

为纪念"中华全国戏剧界抗敌协会"成立一周年,重庆戏剧界动员2000余人举行火炬游行,并表演《抗战建国进行曲》、《自由魂》等7个戏剧。

"重庆市社会局"正式成立并开始办公,局长戴经尘到局视事并召集所属训话。

1月2日　中共代表周恩来接见外国记者并发表谈话称:汪精卫的行动既不能破坏中国内部的团结,也不能损害中国抗战的力量。

沈钧儒、张申府、邹韬奋、胡愈之、史良、王炳南、沈兹九、沙千里等20余位知名人士,中华民族解放行动委员会、东北救亡总会等机关团体及个人,纷纷致电国民党中央和国民政府,表示拥护政府抗战到底国策,声讨汪精卫投敌卖国罪行。

1月3日　国民政府行政院第396次会议决议:筹设"国立重庆商船专科学校"。

国民党中央任命叶楚伧为中央宣传部代理部长。

国民政府行政院院长孔祥熙发表谈话,驳斥日本近卫声明之阴谋:为遂其吞噬我国之祸心。

黄炎培、张澜、梁漱溟、冷遹、江恒源等通电讨汪,内称:"对汪兆铭艳电曲解敌相近卫声明,主张接受,坚决反对。"

1月4日　国民政府明令:因战事关系,闽、皖、豫、甘、粤等15省临时参议会暂缓两月成立,川省暂缓至4月成立,康省本月成立,苏、察2省暂缓。

张澜、黄炎培、梁漱溟、冷遹、江恒源等在重庆联名发表声讨汪精卫叛国集团宣言,并呼吁全国同胞认清利害,同心协力,增强抗战力量,争取最后胜利。

"中华全国文艺界抗敌协会"假永年春召开临时会员大会,讨论发起全国文艺界拥护抗战国策暨最高领袖,并联合全国出版界、报馆、通讯社、文化团体等,发起讨汪肃逆运动大会等事宜,当推胡风、姚蓬子、老向、王平陵、宋之的等为筹备代表,内分标语、通讯、副刊、交际、总务、翻译等6股工作。同时欢迎新到重庆的郭沫若、胡风等人。华林主持并致欢迎词,郭沫若、胡风分别讲演。

1月5日　蒋介石手示经济部部长翁文灏、军政部兵工署署长俞大维,令其会同研拟西南国防工业之最近三年计划。

1月7日 国民政府军事委员会任命卢汉为第一集团军总司令。

邓锡侯、潘文华、王缵绪于午前11时乘机由成都抵达重庆,同行者有戴高翔、黄骥等。此行系应国民党中央电召来渝述职,并请示川省今后一切军政设施与方针。

中共代表周恩来在重庆联中作题为《抗战形势和坚持持久战问题》的讲演,并为学生题词:"伟大的抗战时代,不要使他空空过去。青年们,要努力学习、学习、再学习!"

孙科、邵力子等于下午3时在立法院招待重庆各刊物负责人及主编茶会,到陶百川、张申府、王平陵、邹韬奋等80余人。孙科讲演国际形势及中国抗战建国前途,内称:"我们国家的外交路线非常公开,就是英、美、法、苏的路线,是和平国家的路线。"邵力子作补充说明。

1月8日 国民政府军事委员会政治部"孩子剧团",上年12月底奉令由桂林迁重庆,经过约10天的奔波,是日下午5时,该团一行60余人乘专车由贵阳抵达重庆。

1月9日 国民政府军事委员会任命卫立煌为第一战区司令长官,孙连仲为副司令长官;商震为第九战区副司令长官,罗卓英为前敌总司令。

"全国征募寒衣运动委员会"总会,由该会副总干事长兼总务组长简泰梁率领迁重庆,是日抵渝。

欧亚航空公司开辟重庆—西安间航线。

上旬 国立中央大学校长罗家伦率全校教授、讲师203人,分别致电美国总统罗斯福、美国国会参议员毕德门等,对于美国政府与人民给予中国抗战之同情与援助,表示深切的感谢,并希望美国联合世界各民治国家,对日本采取更进一步的制裁。

"西北建设协会"迁重庆办公,地址在上清寺春森路14号,并决议请政府早日设立西北经济建设委员会。

1月10日 邓锡侯、潘文华、王缵绪于上午10时赴国民政府晋谒国民政府主席林森,林森对四川省的兵役行政事宜垂询甚详,并指示要严究兵役舞弊情节事。

国民政府军事委员会参谋总长兼军政部部长何应钦,在中央党部纪念周上作题为《要坚定抗战必胜建国必成的信念》的报告。报告从军队的整理、兵员的补充、兵工及各种军需工业的建设、人事经理及教育训练制度的改进等方面,说明抗战以来国家一切建设,正日有进步。

中华全国美术界抗敌协会、中国文艺社等联合在社交会堂举行"劳军美术展览",展出徐悲鸿、陈树人、陈之佛、吴作人、吕斯百、于右任、杨仲子、胡小石、吴稚晖等人的书法、国画、西画、漫画、木刻、摄影等作品600余件。

"重庆电力公司"为扩大组织,适应目前需要,是日召开临时股东会议,决议新增资本250万元(合原有资本—共500万元)。

重庆市增设自动电话800门。至此,全市共有电话3000门左右,市内电话用户达2450户。

上午10时55分,日机21架中的9架轰炸广阳坝(另12架轰炸泸县),投爆炸弹53枚,伤市民38人,亡17人,毁房屋103间。

1月11日 国民政府军事委员会重新划分部分战区:河南及皖北为第一战区,卫立煌为司令长官;浙江、福建及苏南、皖南、赣东为第三战区,顾祝同为司令长官;皖西、鄂北、豫南为第五战区,李宗仁为司令长官;山东及苏北一部分为鲁苏战区,于学忠为总司令,韩德勤为副总司令。

国民政府军事委员会任命叶肇为第12集团军副总司令,董宋珩为第22集团军副总司令,郭勋祺为第23集团军副总司令,郭忏为第33集团军副总司令。

国民政府外交部举行外籍记者招待会,军事委员会政治部第三厅厅长郭沫若应邀到会并作《日本帝国崩溃的前奏》的报告。

1月12日 国民政府内政部卫生署招待各报记者,由该署署长颜福庆主持并报告卫生事业两年计划。

1月13日 根据中共中央六届六中全会的决定,为发展华中、华南抗日战略任务的需要,"中共中央南方局"是日在重庆正式成立,周恩来、博古、凯丰、吴克坚、叶剑英、董必武等6人为常委,周恩来任书记。中共中央南方局的主要任务是,领导四川(川东、川康)、云南、贵州、湖北、湖南、广东、广西、上海、江苏、江西、福建以及香港、澳门地区中共的各项工作。

重庆市各界在社交会堂举行盛大欢送会，欢送重庆市第二批壮丁入营。

1月14日　国民政府明令：任命石友三为察哈尔省政府主席（原任主席刘汝明免职）。

国民政府军事委员会任命朱绍良为第八战区司令长官，傅作义为副司令长官；蒋鼎文为第十战区司令长官兼第34集团军总司令，胡宗南兼第34集团军副总司令；鹿钟麟为冀察战区总司令，于学忠为鲁苏战区总司令，沈鸿烈为副总司令。

"新生活运动促进总会妇女指导委员会"于下午3时假社交会堂举行会议，到27个学校、19个妇女团体的代表2000余人，张蔼真主持，该会指导长宋美龄出席并讲演《抗战中之妇女问题》。

1月15日　国民政府财政部就战区海关税收被日人劫持一事，特发出通告称：所有海关担保债赔各款，应就所存税款摊付，中央银行不再透支偿还。

国民政府财政部发言人就财政部发表关税担保债务一事，特发表声明，声明对日本侵略、掠夺海关关税有所揭露，对财政部所发表的通告有所说明。

广东省政府改组后，原省政府主席吴铁城偕随员于下午5时抵达重庆，并对记者发表谈话。

"中国西南实业协会四川分会"在重庆市银行公会举行会员大会，何北衡主持，张群、翁文灏、张公权等分别讲演。

中午12时45分，日机36架轰炸重庆，投爆炸弹69枚，伤市民166人，亡119人，毁房屋38栋又54间，另有木船9艘被毁。

1月16日　国民政府主席林森在国民党中央党部、国民政府联合纪念周上作题为《坚定信念先要除去怀疑的心理》的报告，报告对过高估计敌人的力量以及担心国际方面的援助不够等"恐日病"，加以揭露与驳斥。

川康绥靖主任兼全川防空司令邓锡侯在川康绥署驻渝办事处内召集重庆警备司令部、川康宪兵司令部、重庆市防空司令部全体职员训话，勉励各员在此非常时期，勤谨奉职，奉行新生活运动信条，为民众表率。

国民政府军事委员会参谋总长兼军政部部长何应钦，在重庆行营举行的总理纪念周上报告一年来军政部的业务概况及前方抗战形势,同时对重庆行营全体人员在后方努力工作情形,表示感谢。

国民党中央赈济委员会为重庆市空袭后的紧急救济事宜,特召集卫生署、重庆市政府、重庆市防空司令部、重庆市警察局、重庆市社会局等有关机关开会,商讨救济办法,决定成立"重庆空袭紧急救济联合办事处"。

"中共中央南方局"组织分工确定,其中:周恩来负责统战工作委员会,博古(秦邦宪)负责组织部,凯丰负责宣传部及党报工作,叶剑英负责联络工作,吴克坚负责新华日报馆,邓颖超负责妇女工作委员会。

"四川桐油股份有限公司"在重庆成立,董事长吴晋航,总经理刘守仁,资本100万元。

1月17日　国民政府军事委员会合作薛岳为第九战区副司令长官(代司令长官职务),关麟征为第31集团军副总司令。

重庆文艺界在中苏文化协会举行"重庆文化工作座谈会"。

国民政府军事委员会政治部孩子剧团于下午3时招待重庆新闻界,由该团政治指导员蔡家桂及团长吴新稼分别报告该团历史及工作概况。

拉卜楞108寺及各部落藏族僧民慰劳抗战将士代表团一行14人在渝事毕,是日乘车离重庆赴成都,然后转陕返甘。

1月18日　国民政府财政部为偿还关税担保债务办法举行外籍记者招待会,并回答外籍记者对此事的种种问题。

1月19日　蒋介石通电全国各地士绅及教育界同胞,希望各在乡邦尽力服务,对推行兵役、开发地方经济诸事,躬为倡导,以辅政令之不足,以促事功之速成。

国民政府军事委员会任命香翰屏为第9集团军副总司令。

国民政府侨务委员会公布抗战以来侨胞捐款情况:捐款总额逾1亿元(法币),其中以马来半岛最多,个人以胡文虎最多。

蒙旗宣化使大国师章嘉呼图克图于上午9时由成都飞抵重庆,并对中央社记者发表对一年半来的抗战形势认识时称:"妥协即是灭亡,抗战始有生路。所以我们全民族要在蒋总裁领导之下,一致主张抗战到底,来争取民族的独立平等。全蒙民众矢心拥护国策,效忠抗战,这是本人所敢断言的。"

驻美大使王正廷奉国民政府令,上年末返国述职,于是日晨抵达重庆。

中旬 国民政府外交部发言人以1月14日英国政府向日本提出照会一事,对记者发表谈话称:"英国驻日大使1月14日送达日本外务省之照会,实充分表现英国对日态度之严肃,丝毫不为日方历次狂妄声明所恫吓或愚惑。……闻英方送出此项照会之前,曾商得法政府同意。是则九国公约主要签字国之美英法三国之对日政策,已趋一致,此诚可庆幸之事。盖唯有英美法等各关系国家,采取一致或平行行动,始足以有效的制裁日本之侵略,而维持九国公约所规定之远东局势也。"

"国际反侵略运动大会中国分会"自桂林迁抵重庆,办公地址在簧黄小学内。

国际反侵略运动大会中国分会,以美国前任国务卿史汀生在美发起组织"不参加日本侵略行动委员会",努力彻底禁绝军用或辅助军用器材输入日本,为国际人士主持正义之伟大行动,特电宋子文、邵力子两会长去电祝贺并致谢意。

1月20日 中国国民党第111次常务委员会议决议:以国民参政会议长汪精卫业已撤职,推蒋介石兼任国民参政会议长。

国民政府军事委员会任命庞炳勋、刘汝明为第2集团军副总司令。

蒋介石于晚间约见周恩来,再次询问中共中央对他关于国共两党合并为一个大党的意见。周恩来明确告以"不可能"。但蒋介石仍要周恩来电中共中央请示,并希望能在国民党五届五中全会前得到回电。

自汉口西迁重庆的申新纱厂是日正式出产20支细纱,是为迁川纱厂出纱之第一家。

全国各报社致电史汀生,电贺美国不参加日本侵略行动委员会之成立,内云:"中国之抗战,阅时一年有半,今当日寇筋疲力尽、日暮途穷,而贵会适于此时成立,并得世界重望如先生者出而主持。贵会所悬目的,若能一一见诸事实,即日寇崩溃与侵略消灭,诚可断日而待。贵国是不劳一兵不废一弹,而太平洋之秩序得以重建,贵国百年之安全,亦赖以奠定。影响所关,固不公中国之胜败而已。"

1月21日 中国国民党五届五中全会在重庆开幕,到国民党中央执监委员155人,会议推丁惟汾、王法勤、居正、于右任、冯玉祥等11人为主席团,蒋介石出席会议并致题为《以事实证明敌国必败,我国必胜》的开幕词,阐明全会任务在贯彻抗战国策,并检讨敌我两方总形势,以证明日寇必败,我国必胜。

国民政府明令:湖南省政府委员兼主席张治中免职,任命薛岳为湖南省政府委员兼主席。

四川省当局邀请党政军各机关首长及各学校校长在重庆开会,讨论寒假学生宣传兵役的有关问题,到陈诚、吕超、陈立夫、郭沫若等60余人。戴高翔主席报告开会意义及过去实施兵役所遇之困难,陈立夫、吴南轩、吴人初、陈诚、李中襄相继发言。会议决定组织"四川军管区重庆市寒假学生兵役调查宣传指导委员会",利用寒假,组织学生,广为宣传兵役。

1月22日 国民参政会副议长张伯苓致电蒋介石,代表参政会同人对蒋介石兼任国民参政会议长表示欢迎。

三民主义青年团中央团部为征募书报10万册慰劳前方将士,是日假市商会举行茶会,招待重庆新闻界,到各新闻团体50余单位之代表,会议决定组织"前方将士读物供给委员会",广征书报,以慰劳前方将士。

1月23日 蒋介石在国民党五届五中全会上作题为《唤醒党魂、发扬党德、巩固党基》的报告,指出党魂就是党的主义,党德就是智、仁、勇,党基就是党魂、党德、党史、党纪四要素,并宣称这是中华民族固有的道德。

宋美龄邀集重庆妇女界领袖100余人,商谈动员后方妇女事宜,决定分队组织,以各首长夫人分任领队,负责重庆市妇女群众献身抗战事业的动员宣传事宜。

重庆市财政局正式成立,局长刁培然是日到局视事。至此,重庆市与四川省政府之税收已实行划分,市经费每年由国民党中央补助120万元。

1月24日 中英签订关于开辟中国西南与缅甸通航的换文在重庆举行。

1月25日 国民政府军事委员会任命俞济时为第20集团军副总司令。

中共代表周恩来写信给蒋介石,并将中共中央致蒋介石暨国民党五届五中全会的电报转送给蒋介石。中共在电报中称:"诚意的愿与国民党共同为实现民族独立、民权自由、民生幸福之三民主义新中华民国而奋斗,但共产党绝不能放弃马克思主义之信仰,绝不能将共产党的组织合并于其他任何政党。"

国民参政会50余位参政员为了解内地新兴工业建设情形,在经济部部长翁文灏等人的陪同下,自是日起先后参观渝鑫钢铁厂、豫丰纱厂、植物油提炼轻油厂、大公铁工厂、永利铁工厂、大成炼糖公司、合作五金厂、新民机器厂、龙章造纸厂、顺昌机器厂、天原化工厂、裕华纱厂、渝新纱厂等。

"中国回教近东访问团"正副团长王曾善、马天英及团员薛文波等一行5人,乘机由昆明抵达重庆。

1月26日 蒋介石出席国民党五届五中全会,说明今后外交方针与国策:应一本"操之在我则存"的原则,尊重国联盟约与九国公约。并重申抗战到底的既定国策。

蒋介石致电国际反侵略运动代表大会,对该会在抗战爆发后给中国物质、道义上的支持表示感谢。

四川高等法院第一分院(即重庆分院)检察处对沈钧儒、李公朴、史良等14人"危害民国"一案作出撤诉决定。

法国巴黎东方汇理银行总经理罗伦(1月23日到重庆)晋谒国民政府财政部部长孔祥熙。

国民政府财政部召集有关机关团体代表开会,讨论解决重庆市钱荒问题。

1月27日 国民党五届五中全会通过《改进国际宣传实施方案》《推进沦陷区域宣传工作》等要案。

"重庆市各界纪念一·二八暨响应国际反侵略运动大会",为响应伦敦的国际反侵略代表大会并答谢国际友人对中国抗战的同情,于晚7时邀请国际反侵略运动大会中国分会副会长邵力子在中央广播电台作题为《国际反侵略运动的意义及其发展》的讲演。

重庆市总工会、重庆市农会、重庆市教育会、重庆市妇女会、迁川工厂联合会、重庆市报业联合会和重庆各大中学联合会联名发表通电,声讨汪精卫卖国投敌,呼吁全国人民"一心一德,抗战到底,争取最后胜利"。

1月28日 国民党五届五中全会决议:组织"国防最高委员会",推蒋介石为委员长,统一党政军之指挥。

国民政府明令:万耀煌继杨杰为"陆军大学"教育长。

国民政府军事委员会任命陶广为第10集团军副总司令。

国际反侵略运动大会中国分会正副会长宋子文、邵力子,以国际反侵略大会即将在伦敦举行,特致电祝贺。

中国国民外交协会以世界反侵略大会将于28、29日在伦敦召开,特致电该会表示祝贺。

重庆市各界隆重纪念"一·二八"七周年暨响应国际反侵略运动大会在市商会大礼堂举行,到各机关团体代表500余人。

由中国青年记者学会总会举办的"全国报纸期刊展览会"在社交会堂举行,共展出全国20余省市的报纸100余种,期刊400余种(该展览于2月1日结束)。

1月29日 蒋介石在国民党五届五中全会上作题为《整顿党务之要点》的报告,提出在最近半年中必须"增加有组织、有训练的党员,至少要照现有党员总数扩充五分之一"。

国民党五届五中全会发表宣言,称:自广州、武汉失陷后,抗战局势即由前期转入后期,"前期抗战之主旨在于消耗敌人力量,暴露敌人阴谋,完成后期抗战之方略与布置;而后期抗战之任务,则在承接前期奋斗之成绩,发挥我前后方及被占地区内一切抗战力量,以期获得最后胜利与建国之成功。"

"中国回教救国协会"在重庆举行欢迎大会,欢迎该会会长白崇禧,到回教徒700余人。

1月30日 国民党五届五中全会闭幕。此次会议共举行10天,开预备会1次,大会7次,到国民党中央执监委员155人,收到提案35件。

国民党五届五中全会举行闭幕典礼,蒋介石出席并作题为《党员任务及革命力行之要道》的讲演。

1月31日 国民政府军事委员会委员长重庆行营,以国民政府军事委员会已迁重庆办公,是日正式奉令结束。

国民政府监察院举行会议。

重庆市银行界投资40万元,中、中、交、农四行贴放贷款20万元给"重庆市公共汽车公司",以增加车辆。

重庆市各妇女团体以各省临时参议会即将成立,为向政府表达妇女意见,特要求于各省临时参议会参议员中,须有相当数额的女参议员。

下旬 驻美大使王正廷返国抵渝后,对记者发表谈话,畅谈美国国内情形及其传统外交政策,内称:"美政府对于吾国之态度,必能就其可能范围内竭力同情我国之抗战,……美国对于我国抗战前途,深信必能获取最后胜利。"

"中国国民外交协会"以美国前国务卿史汀生倡导不承认主义,并领导不参加日本侵略行动委员会,特致电史汀生表示感谢。

"中国国民外交协会"以美国联合飞机厂经理勃朗恩接受劝告,不以飞机售予日本一事,特致电表示感谢。

国立中央大学校长罗家伦、省立重庆大学校长叶元龙、私立复旦大学校长吴南轩等12所大学校长,以美国国会全体议员,力持九国公约中的高贵原则,特联合致电表示感谢。

"中国教育学术团体联合会办事处"以美国国会对我国抗战深表同情,特致电美国参、众两院表示谢意,并揭露日人之阴谋,吁请美国方面予中国抗战作更有效的援助。

"国际反侵略运动中国分会"收到总会会长薛西尔爵士、谷特先生致所属4万万会员书,书中详述反抗侵略、拥护和平之意。

宋美龄以大多数家庭妇女尚未参加抗建工作,为动员此类妇女积极参加工作起见,特召集行政、学术、经济等机关主管长官之夫人20余人开会,决议成立"新生活妇女工作队",以每一机关为单位,直接隶属新生活妇女指导委员会,并当即在到会代表中成立28队,规定具体工作8项。

1月 "八路军驻重庆办事处兼新四军驻重庆办事处"在重庆市区机房街70号正式成立(原"八路军驻重庆联络通讯处"撤销),处长钱之光,副处长周怡。

至本月,内迁重庆且已复工的工厂已达50余家。

郑州豫丰纱厂一部分在重庆土塆开办重庆分厂。

为发展畜力运输,以支援抗战,国民政府交通部在重庆成立"驮运管理所",并着手开办宜宾—昆明、桂林—贵阳、贵阳—重庆的驮运业务。

2月

2月1日 "国防最高委员会"在重庆原国民政府军事委员会委员长重庆行营原址开始工作。

国民政府行政院"行政效率促进委员会"成立。

国民政府军事委员会委员长重庆行营办公厅发布布告,称:"本行营奉命于月底撤销,并于16日停止收文"。

国民政府军事委员会政治部于是日起在该部举行"政治工作会议",到各行营、各战区、后方勤务部、中央军校等单位政治部主任或副主任、战干团教育长、中央党部军队党务处处长及该部科长以上人员数十人。蒋介石到会并致训词,对过去政训工作的缺点与今后应有的改进,以及政工人员的修养等问题,指示甚详。

国民政府军政部兵役署正式成立,署长程泽润同时就职,原军政部兵役司结束。

国民政府教育部召开的"第六届体育委员会议"于上午9时在川东师范学校开幕,到该会委员张伯苓、郝更生等37人,讨论各项体育法规及方案,预计会期5日。

2月2日 新任国民党中央宣传部部长叶楚伧到部视事,并召集全体职员训话,指示今后该部工作方针。

国民政府军事委员会政治部部长陈诚在重庆招待记者并谈扩大兵役动员时称:兵役动员重在宣传,而宣传重在下乡。

国民政府军事委员会委员长重庆行营定本月31日结束。

2月4日 "教育部体育委员会第六届全体委员会议"闭幕。

国民政府教育部统计室发表抗战以来迁入四川的专科以上的学校有：国立中央大学、武汉大学、东北大学、药专、牙专，省立山东医专，私立复旦大学、金陵大学、齐鲁大学、朝阳大学、金陵女院、文华图书馆专科、武昌艺专等院校。

"中华工商协进社"在重庆举行成立会，到孔祥熙、翁文灏、张道藩等首长及该社社员400余人。

至是日，由三民主义青年团中央团部发起的征募书报10万册以慰劳前方将士活动，重庆全市共收得各界捐赠书报13万余册。

2月5日 国民政府军事委员会副委员长冯玉祥在中央广播电台作题为《抗战新阶段中我们的任务》的讲演，内称："抗战以来19个月中，我们国家的进步，实在抵得平时10年、8年的成绩。"

"中华全国体育协进会"于晚7时举行董事会议，决定参加第12届世界运动会。

2月6日 国民政府明令：派戴笠为中央警官学校校务委员会主任委员。

国民政府军事委员会任命李家钰为第4集团军副总司令，王靖国为第13集团军总司令。

在重庆的"中国国际广播电台"开辟对欧洲、北美洲、苏联东部、中国东北、日本和东南亚等地区的6套节目，使用英、德、法、荷、西班牙、俄、日、马来西亚、泰、缅等国语种和中国的广东方言播音，每天播出10余个小时。

2月7日 "国防最高委员会"在重庆正式成立，蒋介石任委员长，张群任秘书长，国民政府五院院长、外交部长、国民政府军事委员会正副参谋总长及国民党中央常务委员3人共11人为常务委员。

国民政府明令：免张治中的湖南省保安司令职，遗缺以薛岳兼之；准国民参政会副秘书长彭学沛辞职，派周炳琳继任之。

国民政府军事委员会任命孙蔚如为第4集团军总司令，曾万钟为第5集团军总司令，刘茂恩为副总司令；孙楚为第8集团军总司令，冯钦哉为第14

集团军副总司令,王敬久为第32集团军副总司令,韩德勤为鲁苏战区副司令。

由四川、陕西两省实业界人士合组的"陕西省战时物产运输调整处"重庆办事处(总处设西安)成立。

2月8日 国民政府特派贺国光为军事委员长成都行辕主任。

国民政府军事委员会宣布除刘文辉所属第5军团外,其余各军团番号一律撤销,并任命李默庵为第14集团军副司令。

中、中、交、农四行各捐献重庆市防空经费12500元,共计50000元。

2月9日 由陈诚夫人谭祥女士发起组织的"妇女工作队政治部队"正式成立。

2月10日 蒋介石以四川省永川县民众教育馆馆长周敬承努力宣传抗战,成绩卓著,是日特致电四川省第三督察公署专员沈鹏,传令嘉奖。

国民政府教育部颁发《战时图书杂志原稿审查办法》20条。

由重庆市党部、市社会局、市警察局、宪三团、警备司令部等机关合组的"重庆市戏剧审查委员会"成立并即日开始办公。

被誉为"游击队之母"的赵老太太,于下午4时乘机由昆明抵达重庆。

上旬 教育部统计室发表抗战以来我国高等学校迁移统计:①全国专科学校变迁迁移者,总计94校,其中迁移后方者53校,局部迁移者17校,正在迁移中者3校,仍在战区续办者8校,原设后方未迁者8校,新增设者5校;②自抗战以来,截至上年年底,教职员之救济,专科以上学校为390人,中小学校为13943人,社会教育机关为1434人,合计15767人;学生之救济,国外留学者245人,专科以上学校学生55010人,中小学校学生25682人,合计80937人;救济费用,专科以上学校为2078000元,中小学校为2328800元,社会教育机关为602460元,合计为5009260元。

2月11日 蒋介石对外籍记者畅谈太平洋形势时声称:日军在海南岛登陆,无异于太平洋上的"九一八",敌不惜最后冒险向全世界挑战,我国抗战不受影响。

国民政府军事委员会委员长成都行辕主任贺国光偕随员离重庆飞成都

履新。

国民政府委员、蒙旗宣慰使绥境蒙政会委员长沙克都尔扎布,由蒙藏委员会委员长吴忠信陪同,于上午 10 时晋谒蒋介石,陈述蒙旗情形;下午分别晋谒何应钦、孙科。

2月12日 国民参政会第一届第三次大会在重庆国民政府军事委员会礼堂开幕。

郭沫若于晚 7 时半假中央广播电台作题为《巩固反侵略的战线》的讲演。

2月13日 国民政府委员、蒙旗宣慰使绥境蒙政会委员长沙克都尔扎布,由蒙藏委员会委员长吴忠信陪同晋谒国民政府主席林森。

国民政府军事委员会政治部召集的"政治工作会议"闭幕。

四川省军管区"学生寒假兵役宣传调查指导委员会"于下午 2 时假社交会堂召集重庆市大中学校校长、教职员、学生代表举行谈话会,讨论兵役宣传问题。

2月14日 国民政府派张笃伦为军事委员会委员长西昌行辕主任。

"国际反侵略运动大会中国分会"于下午 3 时假社交会堂举行茶会,招待各界领袖及社会团体代表交换意见,与会者表示:日寇已成为全世界之公敌,国人应加强团结,一致御侮。

国民党重庆市党部召集所属各区分部执行委员、候补执行委员 400 余人在市党部大礼堂举行宣誓就职典礼。

2月15日 国民政府委员、蒙旗宣慰使绥境蒙政会委员长沙克都尔扎布在国际宣传处招待中外记者,说明蒙古抗战后的情形及此行来重庆的任务为:"一方面是就任国府委员职,并晋谒中枢当局报告一切,主要的还是请示今后的抗战方针,以充实蒙旗武力,改进政治教育,巩固党政基础,使蒙旗与中央方面发生直接关系,则敌人汉奸播弄是非,亦无所施其伎俩。"

国民党重庆市党部各城区分部执行委员在市党部举行宣誓就职典礼,到 300 余人,由国民党中央委员张继监誓,中央组织部副部长马超俊致训词。

中共中央代表、国民政府军事委员会政治部副部长周恩来离重庆赴江南各地视察。

2月17日　国民政府重申前令:严惩贪污。

国民政府委员、蒙旗宣慰使绥境蒙政会委员长沙克都尔扎布于上午9时在国民政府大礼堂举行就职典礼。

国民政府军事委员会任命田镇南为第2集团军副总司令。

国民参政会第三次大会通过:①确立民主法治制度;②举行国民抗敌公约宣誓运动。

重庆市社会局为疏散人口,避免无谓牺牲,分别召集重庆市各交通机关及文化新闻界人士开会,商讨空袭时交通管制办法及宣传疏散事宜。

2月18日　国民政府立法院院长孙科、司法院院长居正、监察院院长于右任于下午6时联合公宴国民政府委员、蒙旗宣慰使绥境蒙政会委员长沙克都尔扎布。

"新生活运动促进总会"会长蒋介石及指导长宋美龄,于晚8时在军事委员会大礼堂设宴招待各省新运工作人员、国民参政会参政员等。会长蒋介石向全国广播讲演,勖勉国人策进战时生活。

2月19日　国民参政会第三次大会通过拥护国民政府抗战国策案,并以蒋介石驳斥近卫宣言之讲话,为今后抗战建国的唯一准则。

国民政府行政院为提高行政效率,特通令各省市政府,在不增加经费及利用现有人员的范围内,组织行政效率促进委员会,考核研究地方范围各事项,拟具办法,切实推行并随时将办理情形呈院备查。

蒋介石电派贺国光为"刘故上将国葬事宜筹备主任",并由财政部拨发经费10万元,饬即从速进行,早日安葬。

国民政府行政院水陆运输联合委员会组成并开始办公,下设运输、业务、总务三组。

重庆各界于市商会举行"新生活运动五周年纪念大会",同时举行集体结婚与各种展览。

国际反侵略运动中国分会,顷以日寇在海南岛登陆,特致电总会及各民主国家,说明日寇此举之阴谋。

蒋介石致电伦敦国际援华总会理事会,对该会在物质上、精神上援助中国之行动,表示谢忱,并表示中国决心继续抗战。

2月20日 蒋介石在国民参政会第三次大会上报告国民精神总动员:国家至上、民族至上;军事第一、胜利第一;意志集中、力量集中。

国民政府财政部所得税川康办事处召集川康各分处主任在重庆举行业务会议,商讨关于征收所得税及过分利得税的各项技术问题。

国民政府军事委员会"兵役补充会议"在重庆举行。

国民政府外交部部长王宠惠以美国金门世界博览会19日开幕,特向美国发布广播讲演,吁请美国积极制裁日寇,并称:世界和平是不可分割的,进步成就是和平的产物。

国民政府教育部医学教育委员会在川东师范学校举行第三届全体委员会议。

国民政府教育部在重庆召集四川省内公私立中等以上学校校长及教务、训育主任举行会议,到专科以上学校20校、中等学校192校,出席会议人数计专科以上学校37人,中等学校399人,共计212校436人。会期6日。

2月21日 国民政府明令:特派刘峙为重庆卫戍总司令部总司令。

国民参政会第一届第三次大会闭幕,议长蒋介石致休会词。

重庆市5000余天主教徒齐集杨家十字天主教堂,举行追悼教皇庇约斯第十一世大弥撒典礼。

2月22日 国民政府军事委员会为预祝苏联红军建军21周年,是日假国际联欢社招待在重庆的苏联军官,何应钦、贺耀组、张冲等及在渝苏联军官出席招待会。

"中美文化协会"在重庆成立,宋美龄、史汀生2人为名誉会长,孔祥熙为会长。

由三民主义青年团中央团部发起的"征募书报十万册运动",至是日已募得书报207494册,另募得捐购书刊款595元。

"重庆市紧急疏散委员会"成立,刘峙为主任委员,李根固为副主任委员。

2月23日 国民党中央常务委员会议决议:选任宋美龄为国民政府委员。

蒋介石出席"四川省中等以上学校校长会议"并训话。

2月24日 国民政府行政院院长孔祥熙于上午10时召见参加"川康所得税会议"的全体人员并训话。

国民政府军事委员会召集的"兵役补充会议"闭幕。

中国航空公司派机由重庆试飞仰光。

欧亚航空公司重庆—哈密线开航。

2月25日 国民政府军事委员会任命庞炳勋为冀察战区副总司令。

国民政府经济部公布《经济部小工业贷款暂行办法》17条及《经济部管理嘉陵江、綦江、岷江、沱江各沿岸煤矿所产煤斤暂行办法》16条。

国民政府财政部召集的"川康所得税会议"闭幕。

国民政府教育部召集的"四川省公私立中等以上学校校长、教务、训育主任座谈会"是日闭幕。会议共开6天。前2天为小组谈话,后4天为训话、讲话及全体会谈。训话由蒋介石担任,讲话由国民党中央各相关部门长官担任,全体会谈则由国民政府教育部次长主持。

四川中等以上学校受训校长及教职员,其中279人被特许加入国民党,319人被特许加入三民主义青年团。所有入党入团人员是日在国民政府大礼堂举行入党入团宣誓就职典礼,蒋介石亲自莅会,并领导全体宣读国民党党员守则。

中国国民党中央党部与三民主义青年团中央团部在两路口青年团部大礼堂联合招待四川省公私立中等以上学校受训教职员,到各校教职员500余人。

蒋介石召见来重庆出席各地新运代表大会的全体代表,对各代表今后推动新运工作的方略,指示甚详。

2月26日 由国民政府军事委员会政治部、国民党重庆市党部、全国慰劳抗战将士委员会总会发起的"重庆市各界春节慰问负伤将士入营壮丁及出征军人家属大会",是日1000余人分7个大队,分赴各地慰问。

"中国工程师学会重庆分会"举行第一次会员大会。

重庆市各业各团体及个人节约献金竞赛,于下午3时在市商会大礼堂举行,由新运总会总干事黄仁霖主席并报告竞赛活动之意义。至此,重庆市的献金运动达到高潮。

"回教文化研究会"在重庆成立。

"中华林学会"在重庆举行会员大会。

2月27日 国民政府军事委员会任命刘膺古为第19集团军副总司令。

2月28日 国民政府军事委员会任命马鸿逵为第1战区副司令长官,高荫槐为第1集团军副总司令。

"重庆市各界春节慰问出征军人家属游艺大会",于下午2时假一园大戏院举行,到陈诚、吕超、叶楚伧、邵力子、胡文澜等2000余人。陈诚主持并致词,胡文澜、翁文灏等分别讲演。

据《国民公报》是日报道,重庆市现有各种交通工具如下:营业汽车54部,自用汽车457部,人力车2091部,自用人力车208部,营业脚踏车193部,自用脚踏车468部,机器脚踏车15部,乘轿3332部;全市有汽车司机523人,人力车夫4680人,轿夫4000余人。

3月

3月1日 "第三次全国教育会议"在重庆开幕。

重庆市社会局为疏散人口发表《告公众书》,规定3月10日以前为自由疏散期间,3月10日以后为强迫疏散时期。

渝昆(重庆—昆明)长途电话正式开通并通话。

重庆市银钱两业同业公会假银行公会开会员大会,决定于3月15日正式恢复"重庆市票据交换所"。

"中国地质学会第十五届年会"于上午9时在重庆大学举行。

英文《自由西报》由汉口迁重庆复刊。

3月2日 国民参政会议长蒋介石核定《川康建设期成会暨川康建设视察团组织大纲》14条,并指定参政员邵从恩、张澜、李璜、曾琦、黄炎培、梁漱溟、晏阳初、吴玉章、陈豹隐、胡景伊、范锐、杨端六、高惜冰、许孝炎等14人为建设期成会会员,参政员李璜、黄炎培、冷遹、张澜、林虎、马亮、高惜冰、莫德惠、光升、胡景伊、王近信、黄宇人、余家菊、王志莘、姚仲良、邓飞黄、张剑鸣、刘叔模、章伯钧、奚伦、杨子毅等21人为视察团团员，同时指定李璜为团长，黄炎培为副团长。

国民政府军事委员会任命杨澄源为第6集团军副总司令。

3月3日 国民政府主席林森以巴采利红衣主教当选取为教皇，特致电祝贺。

国民政府军事委员会任命蔡廷锴为第16集团军副总司令。

中央图书杂志审查委员会搜查重庆生活书店，以未经审查合格为借口，搜去库存图书7000余册。

"女青年会全国协会区域会议"在重庆举行，议题为抗战建国期中女青年的任务。

回教近东访问团招待重庆教育及新闻界，由该团团长王曾善报告访问经过、目的及结果，称该团一年之访问，先后访问了阿拉伯、埃及、利班、叙利亚、伊拉克、伊朗、印度、土耳其及巴基斯坦等近东9个国家，其主要目的在揭露日寇的反宣传与诬蔑，介绍我国国情及英勇抗战情形。

3月4日 蒋介石出席第三次全国教育会议并致训词。

"中国地质学会第十五届年会闭幕"。

"新生活妇女工作队新闻界队"成立。

3月5日 蒋介石宴请参加"第三次全国教育会议"人员，并作题为《军事化教育》的讲演。

法国新任驻华大使戈斯默由昆明乘机抵达重庆。

3月6日 国民政府明令：任命程天放为国立四川大学校长（前任校长任鸿隽辞职照准）。

国民政府主席林森在国民党中央、国民政府联合举行的纪念周上作题为《第二期抗战中的设施与进展》的报告，内称："现在只要能够继续前期的精神，发挥一切抗战的力量，完成第二期抗战中的基本任务。"

国民参政会组织的"川康建设期成会"及"川康建设视察团"正式成立。

国民政府财政部召集的"第二次地方金融会议"在重庆举行。

国民政府行政院长孔祥熙假中央广播电台作题为《异哉！日本的东亚新秩序》的讲演,内称:日本人所谓的中日合作,就是以华制华,"东洋文明就是烧杀奸淫;反对共产,只是日本侵华的借口。因此,日本所倡导的东亚新秩序,是灭亡中国的东亚新秩序。"

"中国教育学术团体联合办事处"举行第二次全体理事会议。

3月7日　国民政府外交部长王宠惠于晚7时发表广播讲话,驳斥日本的东亚新秩序。

"全国慰劳抗战将士委员会总会"为扩大会务,是日在重庆举行全体委员大会。

3月8日　国民政府军事委员会颁布《国民兵组织管理教育实施纲要》,规定各县市成立国民兵团,按照乡镇保甲系统编组国民兵。

国民政府军事委员会任命陈仪为第25集团军总司令。

迁川工厂联合会组织"动力研究委员会",推庞赞臣、高功懋、颜耀秋、周端先、陆之顺、胡厥文、李允成、曹竹铭、周茂柏为委员。

重庆市各界妇女1万余人,于下午齐集市商会举行盛大集会,纪念"三八国际妇女节"。

3月9日　国民政府明令:特派李济深为"国民政府军事委员会战地党政委员会"副主任委员。

国民政府军事委员会任命陈长捷为第13集团军副总司令。

"第三次全国教育会议"在重庆闭幕。

3月10日　国民政府特派顾维钧为庆祝罗马新教皇加冕典礼专使。

三民主义青年团中央团部全体工作人员、三民主义青年团重庆支团部全体团员以及青年招待所、青年服务团成员1500余人,于下午4时齐集公共体育场举行总检阅,到康泽、包华国、陶百川等。

孔祥熙率领出席第二次地方金融会议的全体人员赴国民政府行政院,聆听蒋介石训话。

"第二次地方金融会议"闭幕,由孔祥熙致闭幕词并宣读大会宣言。

《全国教育会议宣言》是日发表宣言称:"我们相信知识就是力量,知识与人格相配合是更健全的力量,知识、人格与共同的政治信仰相配合,发为同一步调的行动,是国家民族最伟大的力量!"

法国驻华特命全权大使戈斯默,于下午4时赴国民政府向国府主席林森呈递国书。

"中国战时儿童保育会"成立周年纪念。

上旬 在汉口成立的"中国战时生产促进会"迁重庆办公,地址在石板街42号。

3月11日 国民党中央、国防最高委员会公布《国民精神总动员纲领》《国民公约》及《实施办法》。其中《国民精神总动员纲领》强调:"国家至上,民族至上;军事第一,胜利第一;意志集中,力量集中。"

重庆市各机关学校代表于上午9时在市党部大礼堂举行"国民抗敌公约宣誓典礼"。

3月12日 蒋介石通电全国,宣布实施"国民精神总动员"。指出国民精神总动员为"建军建国、克敌制胜之基本……务当表里贯彻,切勿视同寻常。"并称:"切望我前方后方全体将佐士兵,全国各省市各界男女同胞,矢诚矢信,对纲领揭示各点,深切体察,一致实行。"

国民政府军事委员会任命朱德为第2战区副司令长官,赵承绶为第8集团军副总司令。

"中国伊斯兰青年会"在重庆成立。

"中国边疆文化促进会"在重庆成立。

"政治建设学会"在重庆成立。

"重庆市春节节约献金运动"于是日结束,是日献金达75万余元,总共献金达250余万元。

3月13日 国民精神总动员会会长蒋介石指定国防最高委员会秘书长张群兼任国民精神总动员会秘书长。

"新运妇指会联络委员会"为密切联系重庆各妇女团体起见,特召集重庆市17个妇女团体的负责人举行座谈会,决议成立"重庆市各妇女团体谈话会",每两周活动一次。

3月14日 川康建设视察团举行"团务会议",决议全团分东北西南西康5组出发巡视,东路组组长为胡景伊,北路组组长为张澜,西路组组长为高惜冰,南路组组长为黄炎培,西路组组长为莫德惠,同时规定了各组的视察区域、时间及经费。

"中华全国文艺界抗敌协会"于晚7时举行联欢晚会。

"国民外交协会妇女工作委员会"成立。其主要工作为经常与国际妇女团体通讯、广播讲演、招待来华参观的国际妇女团体等。

3月15日 国民政府军事委员会任命冯钦哉为第14集团军总司令。

中国航空公司重庆—河内航线正式通航。

"生活教育社"于下午2时假社交会堂举行该社成立12周年纪念大会,黄炎培主持,该社理事长陶行知报告该社12年来的努力经过及目前的工作方针。

3月16日 蒋介石于晚8时宴请法国驻华大使戈斯默,并邀孔祥熙、孙科两院长作陪。

"重庆卫戍总司令部"正式成立,总司令刘峙同日就职视事,并发表谈话。

"民生实业股份有限公司"举行董事会议,卢作孚主持,决定新增加该公司资本350万元,合原有资本共700万元,同时新增董事4人。

由"战时教育协会"发起组织的"战时教育问题座谈会"在中苏文化协会举行首次会议,主要讨论"战地及敌后教育问题"。

3月18日 国防最高委员会会议通过《国民精神总动员会组织大纲》,决定该会会长由国防最高委员会委员长兼任,副会长由行政院院长兼任,并以国民党中央执行委员会秘书长、国防最高委员会秘书长、国民党中央组织部部长、社会部部长、宣传部部长,国民政府内政部部长、教育部部长,国民政府军事委员会政治部部长,新生活运动促进会总干事为该会当然委员。

川康建设视察团西路组、南路组及西康组,分由组长高惜冰、黄炎培、莫德惠率领,是日从重庆出发,分赴各地巡视。

国民党中央宣传部为商讨国民精神总动员问题,于下午3时召集重庆市文化界举行座谈会,到各报、各刊物及各文化团体代表50余人。

"中国工业合作协会"招待新闻界,报告该会工作情形。

3月19日 "中国行政学会"在重庆成立,该会宗旨为增进行政效率,研究行政问题,加强行政经验与学识的联系,以行政推动抗战。

中旬 中苏文化协会会长孙科以苏联共产党第十八届代表大会开幕,特致电祝贺。

3月20日 三民主义青年团在中央团部大礼堂举行"保卫大武汉死难团员追悼大会",由陈立夫主祭,康泽、叶溯中、包华国、黄雍陪祭。

重庆卫戍总司令部总司令刘峙在该部举行的第一次总理纪念周上对所属全体官佐及各部队少校以上军官、股长以上文官800余人训话。

"民生实业股份有限公司"于下午2时假青年会举行第14届股东大会,到该公司股东、职员800余人,何北衡主持。

3月21日 国民政府明令:派邵力子为国民政府军事委员会战地党政委员会秘书长,甘乃光、何键、翁文灏、陈立夫、徐永昌、周恩来、蒋作宾等13人为该会委员。

"四川药材出口贸易股份有限公司"在重庆成立,股本为40万元。周懋植为董事长,杜鹤年、刘学渊、吴晋航等9人为董事。

3月22日 "国民政府军事委员会战地党政委员会"在重庆成立,蒋介石兼任会长,李济深为副会长,邵力子为秘书长。

国民政府明令褒奖前军事委员会顾问兼代理陆军大学校长蒋方震,追赠陆军上将,发给治丧费5000元。

"中华全国戏剧界抗敌协会"在新环球戏院举行年会。

3月23日 国民政府行政院决定于5月5日召集"全国生产会议",该会筹备委员会于是日正式成立。

3月24日 中苏首次通航,重庆至哈密段是日正式开始飞行。

"国联防疫委员会"代表麦金瑞马及主任技术员马思、多罗尔、劳勃生,技术员叶墨等由昆明飞抵重庆,与我国卫生防疫机关商讨本年度我国防疫计划事宜。

3月25日 国民政府主席林森率国民政府官员在国民政府大礼堂举行

"国民公约"宣誓典礼。

国民政府军事委员会任命赵承绶为第7集团军总司令。

蒋介石致电美国总统罗斯福,请其注意中立法修正案中对侵略国与被侵略国应有之区别。

3月26日 国民政府财政部部长孔祥熙就以关税盐税为担保的债务,正式发表谈话,称政府决维持国债信用到底,并宣布《盐税担保任务新办法》。

国民政府军事委员会全体职员举行国民公约宣誓典礼,到该会各级职员1000余人。

"全国基督教联合会"在社交会堂举行国民精神总动员大会。

"中法比瑞文化协会"在重庆举行成立大会。

由王法勤、张继等人发起的"河北难民青年救济会"在重庆成立。

重庆各文化团体举行国民精神总动员座谈会,到70余文化团体的代表。

3月27日 重庆卫戍总司令刘峙于上午8时在国民政府补行宣誓就职典礼,到国民政府各院部会高级长官200余人,典礼由国民政府主席林森主持并亲自授印。

重庆卫戍总司令部总司令刘峙于晚间招待重庆新闻界。

果洛士官康万庆、康克明、党秋等一行12人抵达重庆,向国民党中央政府致敬并陈述开发边区事宜。

"垦殖建设学会"在重庆成立,吕超等任理事。

3月28日 国民政府行政院第407次会议,决定通过《重庆市疏建委员会组织规程及防空疏散区域房屋建筑规则》。规定沿公路建筑民房,应距离路边至少50公尺,每宅房屋之面积,不得超过300平方公尺,超者须各宅单独建筑,不准两宅相连。房屋高度不得超过3层;5家以上之住户,应联合建筑避难室或防空洞1所。

国民参政会川康建设视察团东路组,是从重庆出发,前往第三(永川)、第八(酉阳)、第九(万州)、第十(大竹)专员区视察。

3月31日 国民政府行政院院长孔祥熙召见重庆市警察局局长徐中齐,指示强制疏散重庆市区人口诸问题。

下旬 国民政府外交部部长王宠惠以日寇最近传言王氏业已辞职赴香港,其原因系与中央意见不一等对记者发表谈话称:"此纯系敌人造谣,不值一笑。"

国立中央大学校长罗家伦及全国各大学校长,为反对美国之新中立法,联名致电美国上下议院议长及议员,内称:"诸公胞与为怀,主持正义,际此制定新中立法之时,同人等力请对于侵略国与被侵略国加以区别,并请在新中立法内,规定具体办法予被侵略国以援助。"

是月 国民政府经济部资源委员会与苏联出口贸易协会在重庆签订交货合同议定条款甲乙两种各12条,其中甲案时期为1938年11月至1939年10月,此间中国应将钨砂2000吨、锑3000吨、锡2000吨运交苏联;乙案时期为1939年10月至1940年10月,此间中国应将钨砂5000吨、锑5000吨、锡3000吨、水银50吨运交苏方。

"南洋兄弟烟草公司"在重庆南岸弹子石建立重庆分厂。

4月

4月1日 国民政府明令:四川省立重庆大学校长胡庶华另有任用,应免本职。

国民政府派胡世泽为出席国际联合会第24届禁烟会议代表。

国民政府军事委员会令第五路军(广西军)总部撤销,悉照中央军队编制。

4月2日 国民政府军事委员会战地党政委员会招待由战区来重庆的党政人员,李济深、邵力子出席并分别致词。

4月3日 "中华全国戏剧界抗敌协会"在该会会所举行第二届理监事就职典礼。

4月4日 儿童节。国民党中央社会部、重庆市党部联合举行庆祝会。

重庆"实验剧场"举行落成典礼。

4月5日 "迁川工厂联合会"组织"招募技工委员会",推周仲宜、胡厥文、高功懋、颜耀秋、周诵先、厉无咎、潘仰山、陆之顺、许恒为委员。

4月6日　国民党中央常务委员会决定：以三民主义、五权宪法为党纲。

重庆卫戍总司令部召开卫戍会议。

"中华全国木刻界抗敌协会"举办的"第三届全国抗敌木刻展览会"在社交会堂开幕，共展出来自全国各地包括解放区在内的参展作品571幅。

4月7日　重庆市动员委员会于下午4时在市商会召集重庆市精神总动员协会成立大会，到国民党重庆市党部主任委员洪兰友及各界代表200余人。

4月8日　重庆卫戍总司令部召开的卫戍会议闭幕。

"中华全国木刻界抗敌协会"举办的"第三届全国抗敌木刻展览会"闭幕。

4月9日　"中华全国文艺界抗敌协会"在重庆陕西街留春幄举行第一届年会，到该会会员及有关方面代表150余人。

4月10日　中共代表博古、董必武与国民党代表李济深就河北等地国共军队发生摩擦一事举行会谈。中共代表提出要求4项。

重庆电话局从美国进口的1000门自动电话交换机投入使用。

"重庆市疏建委员会"成立。

4月11日　国民政府明令公布《县政计划委员会组织条例》。

国民政府行政院会议决议：①6月26日召开第三次全国内政会议；②通过重庆市1939年度地方预算。

4月14日　重庆文化界为拥护国民精神总动员，是日举行"国民公约宣誓"，到41个文化团体之代表，由陈立夫、蒋志澄分别监誓。

4月15日　"中华全国文艺界抗敌协会"在中国文艺社举行第二届理事会第一次会议，邵力子主持。

4月16日　"重庆市疏建委员会"在重庆警备司令部举行第一次全体委员会议，到刘峙、李根固、蒋志澄、洪兰友等40余人。会议讨论有关提案20余件，决议9件。

4月17日　蒋介石为国民公约宣誓于晚7时广播讲演《精神总动员与第二期抗战意义》，宣布自5月1日起，全国各地一律实行国民精神总动员。

蒋介石在重庆就中日战争接待中外记者并发表谈话,严斥投降理论,同时指出:我国既已抗战,就必须贯彻到底。

"迁川工厂联合会"举行第二次会员大会。

重庆市党员及公务员国民公约宣誓典礼于下午3时在夫子池公共体育场举行,到叶楚伧、覃振、何键、刘峙、吕超、郭一予、洪兰友、蒋志澄等及中央地方机关主席团100余人,公务员1万余人,党员3000余人,典礼由刘峙主持,叶楚伧监誓。

4月20日 国民政府经济部设立"煤矿管理处",统制煤炭的生产及运销。

"重庆市总工会"举行成立大会,到46个行业之代表,会议通过讨汪宣言,并通过组织工人福利委员会等8项议案。

4月21日 "重庆市党务推进委员会"成立,刘峙、贺耀组、蒋作宾为常务委员。

"迁川工厂联合会"举行委员会议,通过《招募技工委员会章程》。

"中国劳动学社"在重庆成立。

4月22日 国民政府军事委员会任命王俊为第12集团军副总司令,马鸿宾为第17集团军副总司令。

英国驻华大使卡尔下午5时晋谒蒋介石。

国民政府财政部成立"外汇审核委员会"。

"中国地政学会"在重庆川东师范学校举行第五届年会,陈立夫、邵力子等及各省地政机关代表、该会会员70余人到会,萧铮主持,蒋介石、陈立夫分别颁致训词。会议通过5项决议:①建议政府积极实行"耕者有其田"政策;②非常时期地政垦殖应由地政机关主办;③从速成立地政机关;④划陕北第二区为"平均地权"实验区;⑤通过战区减免土地租税及补救耕地荒废暂时办法草案。

4月23日 "重庆市文化界精神总动员协进会"在市商会举行成立大会。

4月24日 国民政府特派白崇禧兼广西绥靖副主任。

"重庆市物价评定委员会"于是日下午在市社会局大礼堂举行成立会。

4月25日 蒋介石致电在莫斯科访问的孙科,请其面促斯大林与英法交涉时,应特别提出远东方面集体安全问题。

4月29日 蒋介石接见英国驻华大使卡尔,嘱其建议英政府,对于英、苏谈判所获谅解,宜使其推广至远东。

"中国翻译学会"在重庆成立。

4月30日 "中国纺织学会"在重庆举行第七届年会。

"中苏文化协会重庆分会"(原四川分会)于下午2时假银行公会举行年会,吕超主持,该会秘书刘舫西报告会务,邵力子、王昆仑等分别致词,决议设立中苏文化图书馆。

5月

5月1日 国民精神总动员,全国各地于是日起一律开始实施。重庆市各机关3000余人举行第一次国民月会,蒋介石、孔祥熙等党政要员出席,国民政府主席林森致训词。

晚7时,重庆各界在军事委员会广场举行盛大集会,到党政军、青年、妇女、农工商各界人士10余万人。蒋介石、孔祥熙、戴传贤、于右任等人到会,蒋介石主持并致训词,勉励全国同胞以焕然一新的精神,力行"国家至上,民族至上;军事第一,胜利第一;意志集中,力量集中"的信条。

"五一劳动节",重庆市各工会、工厂、报馆及各机关工友1万余人于夫子池广场举行盛大集会,洪兰友主持,马超俊讲演。

"战时书报宣传品展览会"在武库街字水小学开幕。

5月2日 国民政府明令:①任命何键兼县政计划委员会主任委员,李宗黄为副主任委员;②陆军中将陈诚、卫立煌,晋升陆军二级上将;陆军中将张自忠、孙震,特加陆军上将衔。

5月3日 是日中午12时55分,日机26架轰炸重庆市区,投爆炸弹98枚,燃烧弹68枚,炸死市民673人,炸伤市民350人,毁房屋846栋又222间。

"中华全国工业合作协会"于下午2时假社交会堂举行各合作社产品展

览,6日结束。

5月4日 下午6时20分,日机27架轰炸重庆市区,投爆炸弹78枚,燃烧弹48枚,炸死市民3318人,炸伤市民1973人,毁房屋2840栋又963间。

蒋介石率夫人宋美龄慰问重庆遭轰炸的被灾难民,并记其所感云:"昨夜为救护难民事,通宵筹划督行,观我民众,遭此惨痛,仍无一怨恨抗战之言,余思之更难自安,对此纯洁之同胞,其行动虽多难约束,然其精神之可爱,使余铭感无涯。遭此残惨不能忍受之艰难,惟见我民众如此,更增余乐观与勇气也。"

5月5日 国民政府明令:改重庆市为行政院直属的特种市。令曰:"重庆市着改为行政院直辖市,此令!"

国民政府任命叶元龙为四川省立重庆大学校长。

蒋介石以重庆"五三、五四"大轰炸损失惨重,特于是日借举行"五五"纪念会之机,勖勉党政军全体工作人员,努力从事难民救济工作。会后,蒋介石又召集党政军各机关首长谈话,商讨动员人力物力,实施紧急救济的措施,当即决定:①开辟火巷,应从速进行;②集中一切公私车辆船舶,输送难民;③由政府迅拨巨款,办理一切救护事宜,党政军各机关文官荐任以上、武官校官以上之职员,至少捐薪1月,作救济难民之用;④动员全市党员及三民主义青年团团员、公务员及各属士兵,协助防护救济工作;⑤由参谋总长何应钦负责一切。

国民政府军事委员会参谋总长何应钦,受蒋介石之命负责全权指挥重庆"五三、五四"大轰炸后的救济事宜。

重庆《时事新报》《大公报》《新蜀报》《新华日报》《国民公报》《扫荡报》《中央日报》《商务日报》《新民报》《西南日报》等10家报社,因日机轰炸,水电、交通及印刷发生故障,奉国民政府军事委员会令于是日起一律停刊,暂由各报组成联合版发行,并组织"联合委员会"主持其事,公推《中央日报》社社长程沧波为主任委员。同时于联合委员会之下设经理委员会,以黄天鹏为主任委员;编撰委员会,以王芸生为主任委员。

5月6日 周恩来写信给国民党中央宣传部部长叶楚伧,说明《新华日报》为尊重紧急时期最高当局关于紧急处置的意见及照顾友报迁移筹备的困难,特牺牲自己出版之便利,同意参加重庆各报暂时联合版,以利团结。同时声明一俟各报迁移有定所,筹备有头绪,《新华日报》即宣布复刊。

由重庆10大报纸共同组成的《重庆各报联合版》是日正式出刊,发刊词中说:"联合版所表现的精神,最显著的是团结。……我们的全国团结一致,多半是敌人帮助我们的,敌人对我们多压迫一分。我们的团结更加深一层。"又称:"敌人对我们的各种手段,我们的回答,是加紧我们的组织,我们要拿组织的力量,去破碎敌人一切的阴谋诡计。"

5月7日　由国民政府行政院召集的"全国生产会议"在重庆开幕。

自"五三、五四"大轰炸后重庆开展大规模地疏散市区人口以来,至是日止,3天内疏散的人口多达25万余人。

5月8日　国民政府任命李迪俊为驻古巴特命全权公使。

国民政府行政院拨款200万元,作重庆市的救济经费及开辟火巷费用。

5月9日　蒋介石出席"全国生产会议"并申诉暴日空袭民居街市。

蒋介石率随员巡视重庆灾区。

5月10日　"重庆空袭紧急救济联合办事处国际服务组"成立,以美国人梅福林为组长,内分救伤、抢救、收容、疏散、询问、总务6股。

5月11日　国民政府任命贺国光为重庆市市长(原任蒋志澄免职)。

国民政府军事委员会任命薛岳兼第15集团军总司令,关麟征为副总司令。

5月12日　下午6时30分,日机3批27架轰炸江北县属各地,投爆炸弹65枚,燃烧弹51枚,炸死市民348人,炸伤市民62人,毁房屋362间。

5月13日　国民政府明令:程潜晋升陆军一级上将,卢汉加陆军上将衔。

国民政府军事委员会发布《游击队调整办法》34条,其目的是"为使全国游击队统一化、军队化、纪律化,俾在一个主义、一个政府、一个领袖指导之下,辅助正规军作战,争取最后胜利"。

5月14日　国民政府军事委员会任命缪培南为第9集团军副总司令。

国民政府外交部部长王宠惠就日本占领鼓浪屿一事发表谈话,内称:日本轻蔑第三国利益已非一日，今在鼓浪屿登陆，说明列强欲维护其在远东利益，必须对日本侵略者立即采取强硬措施。

5月15日　国民政府特任徐源泉为军事参议院参议。

贺国光就任重庆市市长职。

四川公路局奉命开通重庆至北碚、歌乐山、青木关及青木关至北碚、丁家坳各段迁建区公务班车。

5月17日　蒋介石以日机狂轰滥炸大后方各城市，是日发表《告各省市政府及全国军民书》，谴责日本帝国主义轰炸大后方不设防城市及其制造的罪行——"血债遍地，火光流天，惨毒之状，罄竹难尽"。揭露日本帝国主义轰炸后方城市的罪恶目的——"其一，欲以不断的轰炸，威胁吾全国民众之抗战精神，希冀吾同胞向之屈膝求降。其二，欲以猛烈的轰炸，断绝吾同胞之生活，企图吾同胞于流离失所之中减少生产，影响我抗战之前途。其三，欲以集中的轰炸，妨害我社会之安宁，妄想扰乱吾后方之秩序。"同时号召全国军民"倍增团结，誓死雪耻，亲爱精诚，共报国仇。"

5月19日　国民政府明令：免钮永建考试院副院长兼铨叙部部长兼职，特任李培基为铨叙部部长。

5月20日　国际反侵略运动中国分会致电国联，请停止供给日本可借以侵略我国的一切原料。

5月21日　国民政府外交部部长王宠惠向国联行政院声明：国联会员国应以集体行动援华制日。

"国际反侵略运动大会中国分会"在重庆举行第二次常年大会，林森、蒋介石呼吁和平国家一致遏制日本侵略野心。

5月25日　下午6时33分，日机39架中的27架空袭重庆，另12架空袭巴县的广阳坝及双河等地，其中空袭重庆市区的日机，投爆炸弹91枚，燃烧弹19枚，炸死市民404人，炸伤市民516人，毁房屋126栋又400间。

5月26日　国民政府明令：①改派内政部部长何键为国民政府军事委员会抚恤委员会主任委员，特任周钟岳为内政部部长；②派李平衡、杨荫溥为出席第25届国际劳工大会正、副代表，林良桐为顾问兼秘书，徐传保为雇主方面代表,杨和庆为雇主方面顾问,朱学范为劳工方面代表,张天开为劳工方面顾问。

蒋介石手谕重庆卫戍总司令刘峙、重庆市市长贺国光,传令嘉奖重庆市防空救护人员。

5月29日　国民政府经济部成立"合作事业管理局",以寿勉成为局长。

国民政府军事委员会副委员长冯玉祥发表讲演,痛斥汪精卫的卖国行径。

5月30日　国民政府明令:派李书华、叶恭绰、李四光、曾镕浦、施乐诗为管理中英庚款董事会董事。

5月31日　国民政府特派孔祥榕为黄河水利委员会委员长。

中共代表周恩来应国民党中央宣传部国际宣传处之邀,向中外记者作题为《二期作战之敌我新战略与前途之展望》的讲演,指出二期抗战的重心在敌人后方,任务是建立游击根据地,消耗敌人有生力量。

6月

6月1日　国民党中常会通过《战时新闻检查法》《战时新闻局组织大纲》及《非常时期人民团体组织纲领》。

6月3日　蒋介石于禁烟100年纪念日发表文告,指示肃清烟毒工作要点,限来年(1940年)禁绝。

重庆市举行禁烟纪念大会,限令各土膏行、店于6月15日前关闭,烟民于6月30日前一律自行戒绝。

6月4日　国民政府军事委员会任命俞济时为第19集团军副总司令,霍揆彰为第20集团军副总司令。

中央银行发行"无线本票",分5000元、10000元、20000元、30000元、40000元、50000元6种,与现钞同时使用,凭票可兑换现金。

6月5日　国民政府军事委员会设立"战时新闻检查局"。

6月6日　国民政府派梁龙为议定中罗(罗马尼亚)友好条约全权代表。

国民政府军事委员会委员长行营别动总队在重庆浮图关开会,会议决议结束该别动总队,改编为国民革命军陆军第28、29两师的正规部队。

6月7日　迁川工厂联合会设立"编辑委员会",推胡厥文、崔唯吾、庄茂如为委员,负责编撰《迁川工厂会讯》。

6月8日　汉奸汪精卫叛国投敌,国民政府是日明令通缉。

国民政府明令公布《都市计划法》32条。

6月9日　中共代表、国民革命军第八路军参谋长叶剑英抵达重庆。

下午6时28分,日机27架于重庆市区投爆炸弹37枚,燃烧弹20枚,炸死市民25人,炸伤市民的19人,毁房屋48栋又57间。敌机被我击落3架。

6月10日　蒋介石召见周恩来、叶剑英,要求共产党军队要信守诺言,服从命令,不得在各地制造纠纷。

6月11日　下午6时38分,日机27架于重庆市区投爆炸弹116枚,燃烧弹17枚,炸死市民180人,炸伤市民85人,毁房屋42栋又69间。

6月12日　国民政府明令:"七七"抗战建国周年纪念日,全国照去年办法举行。

6月14日　由"中华全国文艺界抗敌协会"组织的"作家战地访问团"在牛角沱生生花园举行出发式,周恩来、郭沫若、邵力子等参加出发仪式并致词勉励,该团共13人,以王礼锡、宋之的为正副团长。

6月15日　国民政府财政部令各省银行暨中、中、交、农四行增设分支行处,以完成西南、西北金融网。

"重庆卫戍司令部总动员委员会"成立,以刘峙为主任委员。

6月16日　中共代表周恩来、叶剑英会见蒋介石,商谈国共两军在河北发生冲突问题,双方决定派人进行调查。

6月18日　"作家战地访问团"一行13人,是日离重庆赴前线访问。

6月19日　国民政府公布《经济部合作事业管理局组织条例》。

蒋介石接见"中英平准基金委员会"英籍委员罗杰士,告以此次法币贬值风潮,乃因平准基金运用不当之故,并嘱其依照审查外汇办法严格实施。

6月20日　"恒顺机器厂股份有限公司"在重庆李家沱开工生产。

6月24日　蒋介石接见法国驻华大使戈斯默,谈中、法远东合作问题。

6月25日　国民政府财政部发言人发表谈话称：限制上海市提存，系暂时办法。

6月26日　国民政府教育部决定本年度国立各大学及独立学院统一招考新生，聘罗家伦、王星拱等19人组成招生委员会，并在重庆、成都等15处设置招生区。

6月28日　由迁川各工厂组建的"第一区机器同业公会"正式在重庆成立，有会员工厂69家。

全国慰劳总会组织的"北路慰劳代表团"是日离重庆赴前方慰问。

6月29日　蒋介石在重庆浮图关中央训练团第三期党政训练班上作题为《确定县各级组织问题》的讲演。

国营招商局所属江新轮船（3300吨）上驶长江，是日安全抵达重庆。此为巨型江轮首次上驶至重庆。

国民政府外交部部长王宠惠对欧广播讲演，揭露日寇企图夺取各国在华利益之野心。

6月30日　国民政府明令公布《限制异党活动办法》。

重庆白市驿机场竣工，开始使用。该机场于1938年11月5日动工修建。

7月

7月1日　中共中央代表、八路军参谋长叶剑英致电国民政府军事委员会副参谋总长白崇禧，严正抗议国民党当局制造"平江惨案"，并要求迅予彻查。

重庆、沅陵间长途电话完成。

7月2日　中共中央代表周恩来致电国民政府军事委员会政治部部长陈诚，抗议国民党当局制造的"平江惨案"，要求查明事件真相，抚恤死难者，严惩肇事者，并保证以后不再发生类似事件。

7月3日　国民政府任命周钟岳兼县政计划委员会主任委员，原兼任何键免兼职。

7月5日　夜间0时10分,日机21架中的18架轰炸重庆市区,另3架轰炸巴县的广阳坝,共投弹104枚,其中爆炸弹89枚,燃烧弹15枚,炸死市民64人,炸伤市民121人,毁房屋731间。

7月6日　国民政府主席林森以蒋介石领导抗战有功,特致专电慰勉。

蒋介石在中央广播电台广播讲演《告战地民众书》,勖勉战地同胞在敌寇迫害下,应一致奋起,不惜牺牲,拼死奋斗,自救救国,与全国军民共同奋斗。

夜间0时30分,日机18架分2批轰炸重庆,共投弹118枚,其中爆炸弹93枚,燃烧弹25枚,炸死市民33人,炸伤市民46人,毁房屋429间。

7月7日　蒋介石为抗战二周年纪念,分别发表《告全国军民书》《告日本民众书》及《告友邦人士书》,勖勉全国同胞贯彻精神总动员,拥护国家法令,提高战斗精神,加强战斗力量,人人竭能尽责,以争取国家民族的生存。

蒋介石通电抚慰抗战阵亡将士家属,并手订《抚恤补充办法》。

抗战二周年纪念,重庆市各界举行盛大纪念会并公祭抗战阵亡将士暨死难同胞。国民政府军事委员会参谋总长何应钦在会上讲话称:抗战以来,敌军伤亡总数为917800余人,俘虏日伪军为8555人,毁敌机716架,击沉击伤日舰644艘。

7月8日　蒋介石致电青海省政府主席马步芳,指示此次担任护送灵儿入藏的马元海师长,沿途应缜密照料,抵藏后尤应妥为因应。

国民政府财政部外汇审核委员会成立,规定各业申请购买外汇,必须经该会核准后,再由中国、交通两银行售给。

7月9日　国民政府举行北伐誓师十三周年纪念大会,蒋介石主持并作题为《纪念之意义》的讲演。

7月10日　由华联钢铁公司、中国无线电公司、华西公司全组的"中国兴业公司"在正式成立,厂址设重庆江北香国寺,拥有资本1200万元。该公司董事长为孔祥熙,副董事长为翁文灏,总经理为傅沐波(即傅汝霖)、协理为胡子昂。

7月11日　新任重庆市市长贺国光,是日发表市政府施政方针。

7月12日　国民政府明令产:①派王缵绪督办四川省肃清私存烟土事

宜,刘文辉督办西康省肃清私存烟土事宜,吴鼎昌督办贵州省肃清私存烟土事宜;②派贺国光会办四川省肃清私存烟土事宜,张笃伦为会办西康省肃清私存烟土事宜。

7月14日 国民党中央常务委员会议决议:永远开除褚民谊、周佛海、陈璧君等逆的党籍。

国民政府军事委员会军令部部长徐永昌、军政部部长何应钦复电中共代表周恩来、叶剑英,对国民党军队制造的"平江惨案"予以抵赖。

7月15日 国民政府明令:任命梁龙为驻罗马尼亚特命全权公使。

中国第一个记者招待所在重庆成立。

7月17日 蒋介石出席三民主义青年团中央团部的聚餐并作题为《今后发展团务与指导的方针》的讲演。

国民政府交通部为统筹各省公路干线运输及特约业务,设立公路运输总局,由部长张嘉璈兼任局长。总局下设业务组、工务组、材料组、秘书室、会计室。

7月19日 国民政府特任臧启芳为国立东北大学校长。

蒋介石召集三民主义青年团干事会议,发表该团干事、监察两会人员名单。

国民党中央图书杂志审查委员会制定《抗战时期宣传名词正误表》,呈国民党中央宣传部核定施行。

国民政府财政部发言人就"外汇平准基金管理委员会"限制外汇供应,以致黑市猛涨,赞成上海外汇风潮一事发表谈话,认为不影响中整体经济。

7月20日 国防最高委员会举行第11次常务会议。

蒋介石致电美国总统罗斯福,对九国公约之维护,对华物质之援助与欧洲大势对于远东全局之影响三事申述所怀并提出美国当前所可采取之制日援华方法。

国民政府财政部规定:桐油、猪鬃、茶叶、矿砂4类物资由财政部贸易委员会统购统销。

7月21日 国民政府特派顾维钧、郭泰祺、钱泰为出席国际联合会第20

届大会代表。

7月22日 "中国工业合作社"在重庆召开总结会议。

在中共中央南方局的支持下，由生活教育社出面在重庆北碚草街子古圣寺（今属重庆合川）创办"育才学校"，由著名教育家陶行知任校长，学校内设音乐、舞蹈、戏剧等组，分别由贺绿汀、吴晓邦、章泯任主任。

7月23日 "中国边疆学会"在重庆成立，张西曼、张鹤天、黄奋生等9人当选为理事。

7月24日 蒋介石在国民党中央纪念周上致词昭告全国：抗战形势更稳固，决不受外围环境变迁影响，敌利用汉奸阴谋必遭粉碎。同时勖勉与会者创造时代，改造环境，竭尽智能，笃实力行。

下午7时20分，日机18架轰炸重庆市区，共投弹133枚，内爆炸弹104枚，燃烧弹29枚，炸死市民28人，炸伤市民78人，毁房屋538间。

7月25日 国民政府外交部发言人对英日东京会谈发表重要声明称：盼英政府对于所谓天津局部问题之讨论，所取之态度，应符合其法律上及道德上对华之责任。并以行动表明其对于日本在华侵略造成之局势，决不变更其固有之政策。

7月26日 国民政府明令：选定康心如为重庆市临时参议会议长，文化成为副议长，杨灿三等23人为参议员，胡叔潜等13人为候补参议员，龙文治为重庆市临时参议会秘书长。

"中国回民救国协会"在重庆举行首次全体会员代表大会。蒋介石出席并致词，勖勉与会者精诚团结，共御外侮，振扬民族精神，达成建国使命。

7月27日 蒋介石接见英国伦敦新闻记者报记者，发表对英、日东京会谈之感想，指出英国政府任何对日本之让步，都将违背九国公约之规定，无异于帮助侵略者。同时希望英国政府尊重国际法律与条约，忠于诺言，勿变更其向来之根本政策而与暴日妥协。

7月28日 蒋介石致电驻英大使郭泰祺，嘱其继续向英政府洽商增援平衡基金1000万镑。

国民政府外交部部长王宠惠呈文蒋介石，报告英国大使对于英日东京会谈之意见——"为寻觅关于天津谈判之约略背景起见,英方不得不与日政府约定一方案,……此项方案承认现有之事态,并承认成立一适当机构,以应付租界与日当局日常间所遇困难之必要。"

蒋介石致电伦敦《新闻纪事报》,发表其对于英日东京谈判之感想及对英国之期望。文中称,英国牺牲中国利益,对日本让步,无异于"以血肉喂猛虎",是不能保障和平的,也是不能阻止日本的侵略的。

英国驻华大使卡尔向我外交部声明:英国政府不因东京会谈而变更其对华政策。

国民政府交通部公布《四川木船丈量检查登记暂行办法》6条,规定"为适应抗战需要,增进运输效率起见,所有行驶四川省各江之木船,其容量在200担以上者,均由汉口航政局或其办事处",进行丈量、检查和登记,并发给证书。

7月29日 国民政府外交部部长王宠惠就美国废止美日商约(7月27日美国宣布)一事,发表谈话,对美国此举表示欢迎。

"中国回民救国协会"全体会员代表大会选举白崇禧等77人为理事,达浦生等33人为监事。

7月30日 蒋介石接见美国驻华大使詹森,对美国罗斯福总统决定废止美日通商航海条约,奠定太平洋和平基础政策之成功,表示赞佩。

蒋介石致电驻美大使胡适并请转驻美代表陈光甫,嘱其密视美方实际情形,研究美国有无不经国会而经由政府或金融界积极增援我外汇基金之办法。

7月31日 蒋介石于中央警官学校作题为《现代警察的要旨》的讲演。

晚上9时15分,日机18架轰炸重庆,共投弹38枚,其中爆炸弹33枚,燃烧弹5枚,炸死市民6人,炸伤市民5人,毁房屋8栋又14间(广阳坝损失不明)。

是月 蒋介石致电驻苏大使杨杰,请转伏罗希洛夫元帅,询问苏方所允接济之武器何日起运。

国民政府教育部公布《侨民教育设计委员会组织章程》12条。

"中华全国木刻界抗敌协会"由重庆迁往桂林。

由胡风主编的《七月》月刊在重庆复刊(1941年10月停刊)。

8月

8月1日 蒋介石致电四川省政府主席王缵绪、西康省政府主席刘文辉、贵州省政府主席吴鼎昌,饬令"一秉中央禁绝烟毒之决心,认真负责,切实执行",加重权责,务期肃清三省私存烟土。并指示具体办法两项。

国民政府军事委员会为统制后方军事运输,将铁道运输司令部改为运输总司令部,兼管水道及公路运输。该总司令部设于重庆,以钱宗泽兼任总司令。

国民政府交通部"公路运输总局"正式成立,以适应形势需要,统筹运输业务,增进工作效率。

8月2日 晚22时50分,日机18架中的12架轰炸重庆市区,另6架轰炸广阳坝,共投弹107枚,内爆炸弹89枚,燃烧弹18枚,炸死市民165人,炸伤市民163人,毁房屋89间。

8月3日 蒋介石致电苏联斯大林委员长、伏罗希洛夫元帅,请其尽力主持帮助美国废除美日商约之声援,与裁抑侵略势力,使英苏谈判早日成功。

国民政府行政院院长孔祥熙电呈蒋介石,报告为中苏通航事关于双方合设哈密——阿拉木图航线所订合约提经院会决议再与苏方磋商。

凌晨1时42分,日机18架中的9架轰炸重庆市区,另9架轰炸广阳坝,共投弹83枚,其中爆炸弹77枚,燃烧弹6枚,炸死市民12人,炸伤市民10人,毁房屋7栋又18间。

8月4日 蒋介石指示国民党中央宣传部部长叶楚伧,应将汪精卫甘心投敌之卖国行为与事实,及其与日敌媾和、阴谋灭华之毒计,分段分篇,编印小册,昭示全国,以正视听。

国民政府军事委员会任命胡宗南为第34集团军总司令。

国民政府经济部公布《非常时期工矿业奖励审查标准》,规定奖励的主要工矿业为电气、机械、化学、纺织、农产制造、采矿、冶炼等。

夜间 0 时 25 分，日机 18 架中的 9 架轰炸重庆市区，另 9 架轰炸广阳坝，共投弹 172 枚，其中爆炸弹 138 枚，燃烧弹 34 枚，炸死市民 41 人，炸伤市民 47 人，毁房屋 251 间。

8 月 6 日 三民主义青年团第一届夏令营在南温泉举行开学典礼，蒋介石亲临致训，勉以养成服务牺牲、团结奋斗精神，作现代青年革命先锋，家庭社会的典范，共同为救国建国和实现三民主义而努力。

8 月 7 日 蒋介石出席国民党中央扩大纪念周并作题为《对于最近政情的感想与勖勉》的讲演。

8 月 8 日 国民政府行政院于上午举行第 426 次会议，会议决议：改"国立西北联合大学"为"国立西北大学"，任命胡庶华为国立西北大学校长，并将原国立西北联合大学所属之医学院与师范学院独立设置，分别改组为国立西北医学院、国立西北师范学院，以奠定西北高等教育之基础。

8 月 10 日 国民政府军事委员会政治部部长陈诚针对汪精卫在广州所发表的《怎样实现和平》之讲演，特发表谈话，对之加以痛斥。

8 月 11 日 蒋介石特令重庆市市长贺国光赴成都调解四川省政府主席王缵绪与川康绥署副主任潘文华之矛盾，并电川康绥署主任邓锡侯返省负责处理。

8 月 12 日 蒋介石发表《再告士绅及教育界人士书》，要求各地士绅及教育界人士，实行国民精神总动员，实践国民公约，协助地方整理财政，奠定自治基础，剔除各种积弊，帮助政府实行"管、教、养、卫"。

蒋介石接见川康视察团团员并听取其视察报告。

8 月 13 日 蒋介石为"八一三"两周年纪念日，特发表《告上海同胞书》，赞誉上海同胞在"八一三"战役中的伟大贡献，表示要在艰难困苦中坚韧奋斗，尽量巩固精神堡垒和经济堡垒。

国民政府外交部就天津英国当局将程案 4 同胞移交敌寇（8 月 11 日宣布）一事，发表重要声明，严斥英对敌屈服，听任敌寇任意蹂躏其在华权益。

中共中央南方局、八路军驻重庆办事处在重庆红岩嘴 13 号举行"追悼新四军平江留守通讯处被害烈士大会"。

中共在国统区唯一公开发行的报纸——《新华日报》因"五三、五四"大轰炸停刊 3 个月后,是日在重庆化龙桥新址单独出版发行,参与"重庆各报联合版"的其他各报,也相继恢复单独出版。

8 月 15 日 中共参政员董必武与张澜、李璜、邹韬奋、江恒源、曾琦、黄炎培等会商向第一届四次国民参政会提案问题,决定由董必武负责起草民众问题提案,李璜负责起草党派问题提案,邹韬奋负责起草文化问题提案,江恒源负责起草地方行政问题提案,曾琦负责起草财政金融问题提案,黄炎培负责起草游击队问题提案。

重庆至香港间无线电话通话。

8 月 16 日 蒋介石致电江防军总司令郭忏,指示荆宜防务,应昼夜巡防,勿稍怠忽,以严密监视敌军之行动。

国民政府就天津英国当局将程案 4 同胞移交敌寇一事,向英国提出抗议。

重庆市临时参议会秘书处正式成立并开始办公。

8 月 17 日 蒋介石致电立法院院长孙科,请其与斯大林、伏罗希洛夫元帅磋商,要求中国政府对远东协商亦正式派代表参加。

重庆市各治安机关 3000 余人于晚 11 时半总出动,进行全市户口总检查。

8 月 18 日 蒋介石以成都驻军反对四川省政府主席王缵绪的风潮已告平息,是日电令川康绥署主任邓锡侯,指示其督令所属,"宜尊重纪纲,恪守职分",不得干政,以达到"纪纲可肃,国本得安"的目的。

8 月 19 日 国民政府外交部发表声明,要求上海公共租界工部局继续保护四行仓库"孤军",不得听任日方要求,妄事引渡。

8 月 20 日 国民政府军事委员会副委员长冯玉祥应军委会政治部之邀,于晚 7 时 30 分在中央广播电台作题为《怎样争取二期抗战的胜利》的讲演,号召全国人民"破釜沉舟,砸锅卖铁,团结自己的一切力量,消灭敌人和汉奸的一切阴谋"。

8 月 21 日 国民政府据教育部呈请,明令禁用苗、蛮、夷、猓、獞等名词,以示民族平等。

由中华职业教育社邀请重庆市金融、实业界人士组织的"职业互助保证协会"在重庆成立,康心如、蒲心雅、谢秉之、黄炎培、江问渔5人为常务委员,其主要业务为为失业者就业担保。

8月22日 蒋介石以本年四川农产丰收,特致电行政院院长孔祥熙,救济四川农村,以防"谷贱伤农"。

8月23日 印度国大党主席尼赫鲁访问中国,于是日下午抵达重庆,朱家骅、陈铭枢等前往机场迎接。重庆各界举行盛大欢迎会,吴敬恒致欢迎词,尼赫鲁致答词称:"中国现在正和一个强暴的国家进行剧烈的战争。我个人到中国来希望能完成两件任务:第一是能够把甘地等先生的意思转达给中国的领袖,第二是希望使全印度人民的援华行动更实际而具体,使中国这次正义的抗战得到胜利。"

傍晚7时15分,日机26架轰炸巴县所属的大堰塘、马家岩等地,投弹95枚,其中爆炸弹85枚,燃烧弹10枚,炸死市民7人,炸伤市民16人,毁房屋30间。

8月24日 国民党中央常务委员会议决议:永远开除汉奸梅思平、高宗武、丁默村、林柏生、李圣五5人之党籍。

国民政府明令:任命潘宜之为经济部常务次长。

8月25日 国民党中央常务委员会以近日侵华日军决堤放水,致河北各地沦为泽国,决议除由政府切实赈济外,并由国民党中央拨款10万元,赈济河北水灾。同时通饬各地党部发起募捐运动,以作赈灾之用。

蒋介石约见苏联驻华大使潘友新,听取苏德签订互不侵犯条约的有关情况。潘友新称:苏德互不侵犯条约,不至于对波兰有害。因苏联向来扶助弱小民族,决不肯使之牺牲。

蒋介石致电驻苏大使杨杰、立法院院长孙科,嘱其暂驻莫斯科,待苏联政策决定后再行返国。

全国慰劳抗战将士委员会总会、全国征募寒衣运动委员会总会,是日联合发出通电,声讨汪精卫卖国集团。

8月26日　国民政府明令：严缉周佛海、陈璧君等附逆降敌之汉奸。

蒋介石夫妇于午间邀宴印度国大党领袖尼赫鲁，并邀国民政府行政院院长孔祥熙、副院长张群、外交部部长王宠惠，国民党中央党部秘书长朱家骅、宣传部部长叶楚伧以及吴稚晖、李石曾等作陪。

国民政府行政院院长孔祥熙于下午5时茶会招待印度国大党领袖尼赫鲁，并邀行政院各部部长、次长等作陪。

印度国大党领袖尼赫鲁参观各大学并出席各大学教授为之举行的茶会，茶会由罗家伦致欢迎词，尼赫鲁致答词，希望中印两国今后能交换教授，在文化上促进更密切的联系。

战地党政委员会秘书长邵力子于晚间假外交宾馆招待印度国大党领袖尼赫鲁，并邀拉西曼、李石曾等作陪。

8月27日　蒋介石通电各省军政长官，阐明国际形势最后演变，必与我抗战目的完全符合。勖勉前后方各军政负责人，应把握时机，加紧准备，艰苦努力，导引国际形势入于对我更有利之地位，以完成抗战建国之使命。

孔子诞辰纪念日，国民党中央、国民政府联合于上午8时在国民政府大礼堂举行纪念会。

国民政府就津案再次向英国政府提出要求：将津案4同胞移交中国政府。

8月28日　蒋介石接见新闻记者并发表谈话称：国际演变不影响我国抗战，我决贯彻既定方针，奋斗到底，达成最后胜利。

蒋介石约见印度国大党主席尼赫鲁，畅谈中印合作及印度革命方略等问题。

晚8时45分，日机36架分2批轰炸巴县之小龙坎、沙坪坝等地，投弹102枚，其中爆炸弹92枚，燃烧弹10枚，炸死市民33人，炸伤市民47人，毁房屋42栋又95间。

8月29日　蒋介石约见美国驻华大使詹森，请其电告罗斯福总统，慎防英、法两国政府与日寇妥协，而危及远东。

蒋介石致电驻英大使郭泰祺，指示郭在英对日方针未决定前，应特别运用,以防止东京会议与日英同盟之复活。

蒋介石致电驻美大使胡适,嘱其面陈美国罗斯福总统,希望美国能出面领导远东问题。为英苏作中介,使英、美、法、苏能共同一致对日。

8月30日 国民政府明令:任命雷殷为内政部常务次长。

蒋介石手令军令部部长徐永昌,嘱即电令鲁苏战区将领沈鸿烈、于学忠等,督饬所部负责破坏津浦、胶济两铁路之交通运输,以利歼敌。

宁夏阿拉善旗王达理扎雅,是日由兰州飞抵重庆并晋谒蒋介石,报告边情并往蒙藏委员会述职。

宁夏阿拉善旗王达理扎雅在重庆对记者表示:阿拉善旗位处边陲,在我国西北国防地位上,至为重要。目前阿拉善旗正动员所有人力物力,支持抗战建国工作。

夜间11时59分,日机24架中的18架轰炸巴县之白市驿、广阳坝等地,投弹151枚,其中爆炸弹108枚,燃烧弹43枚,炸死市民24人,炸伤市民29人,毁房屋32栋又61间。

8月31日 全国征募寒衣运动委员会总会决定:自9月1日起,全国各地一致开始为前线将士募寒衣,限2月内募足300万件。

是月 中共中央青委在重庆召开"大后方青年工作会议",到中共中央南方局和各省委、特委的青委负责人10余人。中共中央南方局常委兼宣传部长凯丰主持会议,中共中央青委副书记冯文彬、中央青委委员胡乔木参加会议并分别作了关于形势问题的报告、关于宣传问题的报告。会议主要传达了中共中央关于精干组织、隐蔽力量的方针。

中央电工器材厂重庆制造厂成立。

9月

9月1日 "三民主义青年团"中央干事委员会及中央监察委员会在重庆成立,该团以蒋介石为团长,陈诚为中央干事委员会书记长,朱家骅任中央监察委员会常务监察。该团于是日上午9时举行中央干事会、监察会联席会议,由团长蒋介石主持并对组织发展及工作开展,有所指示。

"三民主义青年团"中央干事委员会书记长陈诚,于下午3时假生生花园招待重庆教育、文化、新闻界人士,到中外记者及各大学校长、各文化团体代表150余人。陈诚发表谈话,说明三民主义青年团成立之意义。

苏联新任驻华大使潘友新于正午12时晋谒国民政府主席林森并呈递国书。

中共代表王明、博古、林伯渠、吴玉章会见在重庆进行国事访问的印度国民大会领袖尼赫鲁,双方就中国抗战形势、国共合作情形、苏德协定及其对欧洲和远东的影响等问题交换了意见。

全国各大学及专科学校校长,联名致电蒋介石,对汪逆精卫叛国通电,痛予申讨。

重庆100余文化团体之代表于上午8时在国泰大戏院举行国民月会,到各文化团体、报社、通讯社、杂志社、戏剧界代表陈立夫、叶楚伧、潘公展、洪兰友等500余人,陈立夫主席,叶楚伧报告,会议通过了声讨汪精卫宣言。

夜间0时29分,日机27架分3批,其中第2批9架进袭巴县之广阳坝,投爆炸弹28枚,炸死市民2人,炸伤市民1人,毁房屋8间。

9月2日　蒋介石以第二次世界大战爆发,特约见行政院长孔祥熙、外交部长王宠惠、国防最高委员会秘书长张群、国民政府军事委员会参谋总长何应钦等,研究我国今后的外交方针及对策。

国民党中央通告:周佛海、陈璧君、梅思平、高宗武、丁默村、林柏生、李圣五、陈群、缪斌叛党附逆,一律永远开除党籍。

为统制国内汇兑业务,防止内地资金外流,鼓励资金流入内地,国民政府明令中、中、交、农四行联合组织的"国内汇兑管理委员会"是日在重庆成立,并于全国各地设立分会。

9月3日　凌晨3时20分,日机54架轰炸巴县之小龙坎、沙坪坝等地,共投弹88枚,其中爆炸弹65枚,燃烧弹23枚,炸死市民8人,炸伤市民27人,毁房屋2栋又18间。

9月4日　在重庆进行国事访问的印度国大党主席尼赫鲁约见中共代表王明、博古,双方就印度民族在北欧战中应取的态度,中印两大民族联合、共求解放等问题进行了会谈。

9月5日　国民政府立法院通电讨汪。

国民政府行政院任命张嘉璈兼水陆运输联合设计委员会主任委员,宋子良、钱宗泽等为常务委员。

印度国民大会主席尼赫鲁以欧战爆发,不得不缩短其访华行程(原拟1个月),于是日晨乘机离重庆返国。

国民政府教育部决定在豫、陕、甘、川、湘、黔6省设立国立中学12所,分别收容各战区中等学校退出之员生。

9月5日　美国驻华大使詹森晋谒蒋介石,重申美国政府反对日本侵略之一贯立场,并声明英、法未向美方提议与日妥协。

9月6日　国民政府行政院院长兼财政部部长孔祥熙对记者谈欧战爆发后形势,认为对抗战前途并无不利影响,今后当以从容谨慎态度,应对财政金融上的一切演变。并表示抵抗日本侵略,不达目的不止。

9月7日　国民党中常会决议:凡参加汪伪代表大会者,有党籍者开除党籍;褚民谊、何世桢永远开除党籍,并交政府通缉法办。

国民政府修正公布《外交部组织法》24条。

苏联驻华大使潘友新晋谒蒋介石,面陈斯大林复电,内称:"未与日本商谈妥协,远东有事,当先通知。"

川康绥靖主任邓锡侯、副主任潘文华及四川省政府主席王缵绪,奉蒋介石之命,是日下午1时30分联袂抵达重庆,向蒋介石述职并请示今后方略。四川省政府财政厅厅长甘绩镛,也同机抵达。

9月8日　蒋介石主持国防最高委员会议。

国民政府明令公布《战时健全中央金融机构办法》及《巩固金融办法纲要》,改组并加强原"中、中、交、农四行联合办事总处",并增设"中、中、交、农四行联合办事总处理事会",理事会由中、中、交、农4行首脑人物及国民政府财政部代表组成。

国民政府明令:"特派中国农民银行理事长蒋中正为中央、中国、交通、中国农民四银行联合办事处总处主席;中央银行总裁孔祥熙、中国银行董事长宋子文、交通银行董事长钱永铭，为中央、中国、交通、中国农民四银行联合办事处总处常务理事。"

国民政府明令：黄河水利委员会委员王郁骏、郑肇经等均免本职，另派彭济群、鲁佩璋、茅以升、万辟、张含英等为委员。

国民政府行政院是日撤销水陆运输联合委员会，另设"水陆运输联合设计委员会"并公布《水陆运输联合设计委员会组织规程》10条，规定该会主要职掌为："①关于水陆运输路线之调查设计事项；②关于水陆运输工具运用效率之研究事项；③关于水陆运输工具减少消耗、降低成本之调查计划事项；④关于进出口物资运输设备之设计促进事项；⑤关于军运民运及国外运输机关之联络协助事项。"

国民党中央宣传部部长叶楚伧就部分国民党党员参加汪伪在上海召开的全代会一事回答记者提问时称：参加伪全代会者，"其中固有不少是真正附逆的人，但一定有多数是别人冒签的，或是逼于威胁，一时不得脱身而勉强附和；或是出于利诱，一时糊涂而从逆，终必会后悔的。中央对这些人，自然要加以详细调查，分别处置，不绝他们自新之路，也不让国家养姑息之奸。"

中国国民党军事委员会特别党部通电声讨汪逆，内称："汪逆兆铭受国家厚恩，不思图报，竟背叛党国，奴颜事仇，为虎作伥，始则妄发谬论，淆惑听闻；继竟南北鼠逃，争夺汉奸首领，冀分傀儡残羹，并纠合败类，谋组伪政府，串演丑剧，媚敌求荣，实为罪大恶极；近更变本加厉，在敌人卵翼之下，召集伪代表大会，企图僭窃本党名义，以遂其出卖祖国，危害民族勾当，消息传来，尤堪发指。……本部全体党员，誓本赤忱，在我总裁领导之下，奉行既定国策，贯彻抗战主张，誓灭此獠，清除汉奸，以完成抗战建国之伟大使命。"

川康绥靖主任邓锡侯、副主任潘文华及四川省政府主席王缵绪，于正午12时晋谒蒋介石述职并请训。

中法比瑞文化协会通电声讨汪精卫，并请通缉严办汉奸褚民谊。

9月9日 国民参政会第一届第四次大会于上午10时在重庆大学礼堂开幕。

国民政府交通部与苏联中央民用航空管理局在重庆签订《组设哈密——

阿拉木图定期飞航协定》,规定由中苏双方合组"中苏航空公司",以主办飞行业务,有效期10年。公司股本为100万元,由双方平均认购。

9月11日 国民政府财政部部长孔祥熙在国民参政会第一届第四次大会第二次会议上作财政报告时称:本年收支不敷之数不下25亿元。抗战以来,政府在25个月内增加的内外债为346490余万元,人民负担不为不重,但与敌方公债2年间增加140亿元相比,仍不过1与4之比。由此可见,敌方财政困难较我更甚。

9月12日 国民政府明令通缉卖国投敌的汉奸褚民谊、陈群、缪斌、何世桢、梅思平、高崇武、丁默村、林柏生、李圣五。

9月13日 国民政府军事委员会军政部部长何应钦对重庆报界报告最近战况时称:现在日军侵占之12省内共有933县,日军仅占有521县。

9月14日 国民参政会第一届第四次大会第五次会议讨论通过了由"川康建设期成会"及"川康建设视察团"制定的《川康建设方案》及其审查报告。

9月15日 国民参政会通电声讨汪逆。

"中苏文化协会"于下午3时假生生花园举行茶会,欢迎苏联新任驻华大使潘友新,到冯玉祥、周钟岳、翁文灏、刘峙、吕超、张冲、陈绍禹、张西曼等中外来宾300余人。邵子力主持致欢迎词,呼吁中苏团结,打倒暴日;冯玉祥等讲演。苏联驻华大使潘友新致答词,盛赞中文化。

"重庆市日用必需品公卖处"正式成立,该公卖处系官督商办,拥有资本100万元。

9月16日 美国公路运输技术顾问团薛恒、鲍西、范百德3人应国民政府之邀,来华视察公路建设,是日抵达重庆。

四川省政府主席王缵绪,以在渝公毕,是日偕同甘绩镛等由渝返蓉。并发表谈话称,其有意辞去四川省政府主席职,而请缨赴前线抗战。

由周恩来、凯丰、肖三、艾思奇、冯文彬、徐冰、罗世文等组成"中国青年运动史编辑委员会",开始在重庆征集青年运动史资料。

9月17日 宋美龄以全国妇女慰劳抗战将士总会主席的名义,致电各省省政府主席夫人、各地妇女工作委员会、妇慰总会各地分会、各妇女团体及海外侨胞,发起征募棉衣 50 万件运动。

9月18日　国民参政会第一届第四次大会于下午 3 时在重庆举行闭幕典礼。

黄炎培、张澜、林虎、梁漱溟、冷遹、江恒源等人通电声讨汪逆,电称:"有从逆者,惟我全国国民共弃之。"

重庆市妇女界自发动反汪签名及"一角征募"运动以来,截至是日,已有 13000 余人签名,收款 2000 余元。

9月19日　国民政府公布《县各级组织纲要》60 条,确定县为地方自治单位,县以下分设乡(镇)、保、甲。并规定:甲之编制,以 10 户为原则,不得少于 6 户,多于 15 户;保的编制,以 10 甲为原则,不得少于 6 甲,多于 15 甲;乡(镇)之划分,以 10 保为原则,不得少于 6 保,多于 15 保;县之面积过大或有特殊情形者,得分区设署,区之划分,以 15 乡(镇)至 30 乡(镇)为原则。且县与乡(镇)均为法人。

国民政府以四川省政府主席王缵绪率部驰赴前线抗敌,其四川省政府主席职务,特派国民政府军事委员会委员长蒋介石兼任,同时局部改组四川省政府。

"中国西南实业协会"在重庆交通银行召开各分会代表会议。

9月20日　国民政府明令改组河南省政府,任命卫立煌为河南省政府委员兼主席(原任主席程潜、代理主席方策免职)。

蒋介石会见美国公路运输技术顾问团薛恒、鲍西、范百德 3 人,表示希望美国对中国公路运输技术问题及其他建设事业,多予协助。

国民政府交通部部长张嘉璈会见美国公路运输技术顾问团薛恒、鲍西、范百德 3 人,讨论有关交通运输问题。

9月21日　国民政府军事委员会任命庞炳勋为第 24 集团军总司令。

国民政府交通部举行"运输改进问题讨论会"。

9月22日　蒋介石致电斯大林,告以特派贺耀组将军搭乘中苏通航首班飞机赴苏致敬,并谈抵抗日本侵华事宜。

9月23日 蒋介石致电驻法大使顾维钧：商请法总理达拉第，暂缓召回在华法籍顾问。

9月24日 国民政府军事委员会就日军进攻长沙举行最高幕僚会议，拟定两个方案：①袭击侧后；②敌深入时予以打击。

蒋介石特派蒙藏委员会委员长吴忠信赴西藏协助筹备达赖喇嘛转世灵儿掣签大典。

9月25日 国民参政会对外公布经该会第一届第四次大会讨论通过的《川康建设方案》。

国民政府外交部部长王宠惠对美国合众社远东部总经理毛勒士发表谈话称：中国"自开战以来，从未拒绝和平"，"只要合符光荣的和平条件，中国无不乐于接受"。

"国际反侵略运动大会中国分会"在重庆举行第二届理事会首次会议，研讨反侵略运动工作方针，会同有关机构组织中国抗战国际宣传团，赴欧美各国访问宣传。

9月26日 国民政府行政院发布命令：救济谷贱伤农。

9月28日 国民政府军事委员会任命刘和鼎为第11集团军副总司令。

上午9时，重庆卫戍总司令部、重庆市警察局、宪三团的便衣警察多人，突然闯入《新华日报》西三街营业部及化龙桥营业分部，将该两处的9月28日的《新华日报》悉数没收，并拘捕报丁傅三卿等3人。

傍晚7时42分，日机48架分5批，其中第1、2批各9架，第4批12架共30架轰炸巴县之广阳坝，投弹53枚，其中爆炸弹48枚，燃烧弹5枚，炸死市民2人，炸伤市民4人，毁房屋12间。

9月29日 迁川工厂联合会组织"征募寒衣委员会"，推颜耀秋、庞赞臣、潘仰山、崔唯吾、吴羹梅、陈容贵、徐佩镕、高功懋、庄茂如等为委员。

晚8时24分，日机36架分2批，其中第2批18架轰炸巴县之广阳坝，投爆炸弹29枚，伤市民1人，毁房屋2间。

9月30日 国民政府明令公布《异党问题处理方案》。

国民政府明令通缉汉奸杨揆一，并撤销其军事参议院参议、陆军中将职务。

三民主义青年团中央干事会颁发《各级团部工作之指导方针》，确立三民主义青年团的工作指导方针8项。

国民政府军事委员会发言人就湘北会战发表谈话称："敌军此次进攻之目标，显在长沙、常德与宜昌之线。我军战略，早已决定为全面战争，而以消耗敌军、打击其主力为目的，绝不争一城一地之得失。"同时指出："自去冬放弃武汉以后，长沙已非我战略上之要点"。

重庆市临时参议会议长康心如对记者发表谈话称："本会之任务，在沟通政府与市民间之意见，集思广益，精诚团结，以求现代化大重庆之实现，并为他日宪政实施奠一巩固之基础。"

"重庆市赈济委员会"成立，戴经尘、吴人初、李奎安、邓子文、陈智若5人为常务委员。

是月 根据《重庆市改进保甲养成人民自治实施程序》的规定，重庆市废除联保制，实行警保联系制。全市12区、45镇的划分，全部按照警管区范围进行，并由同级警察人员担任区长、镇长。

10月

10月1日 国民政府军事委员会决定将第九战区划分为第六、第九两个战区。

蒋介石接见中外记者并回答其提问，痛斥汪精卫召开的伪代表大会。

国民参政会参政员褚辅成、江恒源、莫德惠、张澜、章伯钧、沈钧儒、李璜、左舜生、张君劢、张申府、王造时等10余人在重庆市银行公会邀请关心宪政的人士举行"宪政问题座谈会"。会议除对如何促进宪政之实施等问题进行座谈外，并一致决议继续经常举行座谈会，并组织一民众团体，协助宪政的实施。

重庆市临时参议会首次大会，于上午9时在该会会场举行开幕典礼。

10月2日 国民政府军事委员会任命陈诚、商震为第六战区正、副司令长官，薛岳、王陵基为第九战区正、副司令长官，黄琪翔、李默庵为第26集军正、副总司令,关麟征为第 15 集团军总司令。

10 月 3 日 蒋介石离重庆飞成都(驻节中央军校),处理四川省政务。

《新华日报》社社长潘梓年、总编辑吴克坚致函国民政府军事委员会战时新闻检查局局长熊斌、副局长潘公展,为 9 月 28 日《新华日报》被没收一事表示强烈抗议,并要求熊斌、潘公展保证"以后不得再有此类事件发生"。

10 月 5 日 国民政府军事委员会任命杨森为第六战区副司令长官。

10 月 7 日 "重庆市疏建委员会"于上午 9 时在巴蜀小学举行结束会议,会议决定:重庆市疏建委员会结束后,其原有的疏散部分移交重庆市政府办理,建设部分移交营建委员会办理。

新四军军长叶挺日前抵达重庆,是日对《新华日报》记者发表谈话,说明新四军抗日经过情形,并希望与"友军及地方行政机构取得更灵活、更有效的配合"。

10 月 8 日 国民政府军事委员会任命李汉魂、邓龙光为第 35 集团军正、副总司令。

重庆市各界于上午 9 时举行作家王锡礼追悼大会,到叶楚伧、陈果夫、陈立夫、陈铭枢、彭学沛及各界代表 200 余人,陈铭枢主持,叶楚伧讲演。

10 月 9 日 "中华全国戏剧界抗敌协会"招待文艺界、新闻界人士,公布从明日起至 15 日止第二届戏剧节的活动内容。

"中华全国戏剧界抗敌协会"举办的"第二届戏剧节"在重庆开幕。

中央政治学校新闻研究会主办的"世界报纸杂志展览会"在小温泉开幕,共展出中外 30 多个国家、20 余个语种的报刊 1000 余种。

10 月 10 日 国民政府发表不承认伪组织与他国订立条约的宣言。

国民政府军事委员会及所属军政部等 339 个特别党部联名通电,声讨汪精卫。

重庆市各界联合举行"庆祝国庆暨庆祝湘北大胜利"大会,并扩大举行宣传及慰劳活动。

10 月 13 日 国民政府任命韩德勤兼任江苏省政府主席(原任顾祝同免本兼各职)。

10月14日 "中国青年记者学会总会"召开宪政问题座谈会。

重庆市临时参议会第一次大会第十一次会议于午后1时半在该会会场举行。

10月15日 国民党中央宣传部副部长董显光率驻重庆的合众社、美联社、《纽约时报》、塔斯社、路透社等报社、通讯社的外国记者,离渝前往长沙采访"湘北大捷"战地新闻。

重庆市临时参议会第一届第一次会议闭幕。此次会议共开14日,举行全体会议12次,所收参议员提案及市政府交议案共49件,除保留及撤销各1件外,余均决议通过。

10月16日 国民政府行政院院长孔祥熙对美联社记者发表谈话称:中日和平"问题之中心不在中日能否媾和,而在日本能否放弃对华之侵略"。

国民政府经济部部长翁文灏对记者谈物价上涨原因及政府之对策。

10月17日 蒋介石自本月3日离重庆飞成都处理川政,工作暂告一段落,是日由成都飞返重庆。

重庆市文化界发起鲁迅逝世三周年纪念大会筹备会第二次会议在中国文艺社举行,10余个文化团体之代表到会,王平陵主持并致词。

10月18日 国民政府外交部部长王宠惠在中央广播电台作题为《我们的外交方针》的讲演。

国民参政会参政员褚辅成、沈钧儒、秦邦宪等在重庆举行"第二次宪政座谈会",到70余人,讨论宪政与抗战建国等问题,与会者认为:只有民主,才能动员全国人民。

由重庆市党部召集的"重庆市文化界联欢大会"于下午5时在青年会举行,到各文化团体代表100余人,洪兰友主持并致词,希望全市文化界踊跃参加抗战宣传,潘公展作题为《抗战建国工作文化界负有重要任务》的讲演。

10月19日 国民党中央常务委员会会议决定:11月12日召开国民党五届六中全会。

国民党中央党部秘书处颁发《中央训练团各期受训人员调训办法》,规定调训人员分别为:"民、教两厅厅长,市长、专员及县长,各省市党部委员、书记长,青年团各支团部筹备主任、书记、干事,各省国民军训处处长及主要公私立高中以上学校训导官。"

国民政府经济部资源委员会在重庆举行"水力发电审议会",商讨水、电两界合作开发水力办法。

新任重庆防空司令部司令刘峙正式就职,并召集该部职员训话。

重庆市各界(包括中国文艺社、七月社、中苏文化协会、国际反侵略大会中国分会、中华全国文艺界抗敌协会、中华全国戏剧界抗敌协会、中华全国木刻界抗敌协会、中华全国音乐界抗敌协会、中华全国美术界抗敌协会等)在大梁子举行"鲁迅先生逝世三周年纪念大会",到各界代表1000余人。

10月20日 "战时儿童保育院第一届院长会议"于上午8时半在新运会妇女指导委员会礼堂举行开幕典礼。李德全主持并致开会词,称该会在全国各地设有保育院46所,收容儿童2万余人。宋美龄致训词。

10月21日 国民政府明令公布《修正中华民国战时军律》21条,规定除通敌叛国、临阵退却等罪处死刑外,对于"主谋要挟或指示不利于军事上之叛乱行为者","意图妨害抗战、扰乱后方者","意图妨害抗战,而造谣惑众,摇动军心者",均处死刑。

国民政府军事委员会任命冯钦哉为第一战区副司令长官。

"国民精神总动员会秘书处"于上午9时假国民政府军事委员会大礼堂举行各月会主持人及督导员会议,会商一切进行事宜。

中央银行经济研究处在中央银行办事处邀请重庆市政、商、学各界经济研究及调查机关负责人举行谈话会,商讨策动后方经济建设问题。

10月22日 国民政府发言人否认外传日方派人在重庆作和平谈判之谣言。

10月23日 国民政府公布《公务员服务法》25条。

国民政府行政院院长孔祥熙在中枢纪念周上作题为《最近内政外交之演变》的报告。

国民政府经济部资源委员会召集的"水力发电审议会"闭幕。

10月24日 国民政府军事委员会任命刘茂恩为第14集团军总司令,李家钰为第 36 集团军总司令。

国民政府行政院举行第 437 次会议,通过华北水灾救济实施方案及《重庆市政府组织规程》等案。

重庆市政府布告全市商民,如敢有操纵铜元兑价或暗中囤积镕化牟利者,除全数没收外,并分别情形予以惩处。

10 月 25 日 蒋介石接见英国驻华大使卡尔,嘱其转告英国政府,对于远东问题,勿斤斤于目前利益,而应注重未来情形。

国民党中央党部秘书长朱家骅对路透社记者发表谈话称:外传英国正劝告中国与日本及苏联向国民政府提和平条件,非特无丝毫根据,且为极无常识之可鄙宣传。并称:除非日本军阀彻底悔悟,扫数自动撤退我国境内之军队,则断无考虑之余地。

渝港航线前因欧战爆发停航,是日复航。

10 月 26 日 重庆卫戍总司令部布告市民:无论何人,有贩运或囤积铜元及一分辅币,意在图利者,一律以扰乱金融危害治安论罪,从严惩办。

10 月 27 日 国民政府定"八一四"为空军节,前定"九二〇"空军节、"三二九"航空先烈纪念节,一并废止。

国民政府军事委员会任命李品仙为第 21 集团军总司令。

国民参政会公布《川康建设期成会组织条例》17 条。

国民政府财政部规定外币定期储蓄存款办法,由中、中、交、农四行办理。

重庆市各级区镇保甲长于上午 9 时在巴蜀小学集会聆训,内政部部长周钟岳、重庆卫戍总司令刘峙(陈伯嘉代)、重庆市党部主任委员洪兰友以及龙文治、刁培然等先后训话。

10 月 28 日 国防最高委员会决议:《川康建设方案》交行政院采行。

蒋介石离重庆飞桂林,转南岳举行军事会议。

10 月 29 日 国民政府行政院院长孔祥熙召集中国工业合作协会高级干部刘广沛、陈立廷、艾黎等开会,指示该会今后工作方针甚详。

"战时儿童保育院第一届院长会议"闭幕,宋美龄到会并致闭幕词。

全国慰劳总会南路慰问团一行返抵重庆。该团历经 4 月,行经贵州、广西、湖南、江西、福建、浙江、安徽、广东8省。

10月30日 国民政府任命韩德勤兼江苏全省保安司令。

重庆至仰光间航线正式通航,飞机每周往返一次。从此,重庆通过仰光与世界各大城市建立了空中联系。

10月31日 国民政府行政院举行第438次会议,会议听取了行政院秘书、政务两处关于重庆市政府为营建郊外市场住宅工厂所订的《重庆郊外市场营建委员会组织规程》及《重庆郊外市场营建计划大纲》的报告。

国民政府财政部贸易委员会改组设立"复兴商业公司",总公司设重庆,专门办理收购桐油运销美国的业务。

"国际反侵略运动大会中国分会"举行第二届常务理事会,通过促进太平洋各主要国家反侵略大纲及致电国际反侵略大会与美国驻日大使格鲁,请督促美国政府实施对日制裁等决议案。

由中华自然科学社主办的"西康科学考察团"于7月底由渝出发,赴西康进行科学考察,历时3月,考察结束后,于是日返抵重庆。

11月

11月1日 蒋介石对四川全省专员会议颁发训词,指示今后工作:①厉行禁绝烟毒;②整理各县财政;③切实整顿保甲组织;④推进地方自治;⑤迅速筹备训练联保主任及保甲长;⑥纠正兵役积弊;⑦推广合作事业。

国民政府军事委员会任命蔡廷锴为第16集团军总司令,韦云淞为副总司令;夏威为第11集团军总司令。

重庆市政府秘书长吴泽湘(代行重庆市市长贺国光)赴行政院谒行政院院长孔祥熙,请示重庆市今后施政方针。孔祥熙指示要点。

"西南国货运销公司"是日开始营业。该公司资本12万元,周佩箴任董事长,马积祚任经理。

11月2日 国民政府明令:李品仙为安徽省政府主席。

国民政府财政部召集重庆市银行公会、重庆市钱业公会及重庆市商会等主要公会主席开会,讨论救济重庆市铜元问题,决定由财政部发行一分、二分之辅币券,以资流通。

重庆市政府秘书长吴泽湘、重庆市警察局局长徐中齐、财政局局长刁培然等联袂由重庆飞成都,谒重庆市市长贺国光,请示重庆市政诸问题。

新运妇女指导委员会战时乡村服务团在湖南工作已一年,上月奉该会指导长宋美龄令,全团来川。该团一行65人,是日抵达重庆。

11月3日 国民政府军事委员会战时新闻检查局令重庆新闻检查所:"以后《新华日报》如发生重要违检情事,不及报告请示办法时,该所得会同军警机关,暂时停止其印刷,或扣押其违检之报纸。"

重庆市各界100余机关团体之代表300余人假青年会大餐厅举行盛大茶会,欢迎最近由前线归来的全国慰劳总会南路慰问团一行。

11月4日 国民政府军事委员会任命张发奎为第四战区司令长官。

国民党中央执行委员会秘书处令战时新闻检查局:"对于该报(即新华日报——编者注)严密检查,即社论、广告,亦不容其或有例外。"

11月5日 重庆各界举行"第三次宪政座谈会",讨论"五五宪草"如何征求民意。

11月7日 蒋介石于南岳举行军事会议事毕,是日携夫人宋美龄自桂林返抵重庆。

苏联十月革命22周年纪念日。苏联驻华大使潘友新假大使馆举行茶会,招待中外来宾,到英国驻大使卡尔、美国驻大使詹森及孔祥熙、张群、朱家骅、何应钦、贺耀组、吕超、张伯苓、周钟岳、翁文灏、张嘉璈、陈立夫、许世英等100余人。

重庆市政府秘书长吴泽湘等在成都事毕,是日由成都返回重庆,在与记者谈重庆市政计划时称:将侧重于增加预算与省市划界两方面。

"重庆市银行商业同业公会"新公会成立,康心如、徐广迟、潘昌猷等15人当选为执行委员,周季悔等5人为监察委员。

11月8日 国民政府明令褒扬已故国民政府委员马相伯(本月4日在越南谅山病逝),称其"学识宏通,神明贞固"。

上午11时,蒋介石在其官邸接见苏联驻华大使潘友新,商谈关于苏日妥协及苏日商务谈判等问题。蒋介石认为:远东问题之解决,不能离开苏联。并盼苏联与美国之政策、态度一致。

"中苏文化协会"于下午6时假国泰大戏院举行大会,庆祝苏联十月革命22周年纪念,到中外来宾苏联驻华大使潘友新、冯玉祥、王宠惠、吕超、刘峙、张治中等2000余人。邵力子主席并报告开会意义,冯玉祥讲演,强调中苏友好。

11月9日 蒋介石手令航空委员会主任周至柔,指示研究扰敌空军夜袭时与其空军基地联系之无线电波,以达到"使之混杂不清,迷失方向,引其到我阵地而捕捉"的目的。

国民党中央监察委员、国民政府委员、蒙旗宣传使章嘉呼图克图抵达重庆。

"重庆市银行商业同业公会"于上午10时举行第一次执监委员联席会议。

11月10日 国民政府公布《节约建国储蓄券条例》,由中国银行、交通银行、中国农民银行及中央信托局、邮政储金汇业局发行。

"全国节约建国储蓄运动委员会"在重庆成立,叶楚伧为主任委员。

11月11日 "中国国民外交协会"在国民党中央宣传部召开第一次宣传委员会议,到60余人,由该会主席陈立夫主持并报告开会意义。

苏联、美国、英国、法国等国驻华使节,纷纷捐款赞助寒衣征募运动。

11月12日 中国国民党第五届中央执行委员会第六次全体会议于上午9时在重庆开幕。蒋介石主持大会并致开会词。

由新生活运动妇女指导委员会、全国慰劳总会妇女慰劳会、中国回教救国协会、重庆市妇女会等重庆妇女界27个妇女团体发起的"宪政与妇女座谈会",是日在曾家岩新运妇女指导委员会大礼堂举行首次座谈会,到27个妇女团体之代表100余人,史良主持会议并致词,刘清扬、曹孟君、廖似光、张玉琴等分别发言。

11月13日 国民党五届六中全会举行总理扩大纪念周,蒋介石宣讲国民党第五次代表大会宣言。

苏联驻华大使潘友新晋谒蒋介石,转达斯大林复蒋介石电,表示苏联对华友好关系不变。

重庆防空司令部副司令胡伯翰等,自是日起分别检阅重庆市防护团(队),并训示防护责任的重大,至22日结束。

重庆市政府为肃清仇货,特召集重庆市各机关团体负责人开会,到各机关团体20余单位之代表。

邮政储金汇业局局长刘攻芸由成都飞抵重庆,主持全国节约建国储蓄运动委员会事宜。

11月14日 苏联驻华大使潘友新于晚间宴请行政院长孔祥熙等,商谈改善中苏贸易问题。

国民政府军事委员会战时新闻检查局令《新华日报》:"凡被检查删去之新闻,不得留出空白",而"务须设法排接"。

11月15日 国民政府军事委员会参谋总长何应钦在中国国民党五届六中全会作军事报告时称:1938年12月,全国征兵月配征为16万名,其中四川4万名;1939年元、二月,为编练新军,依照月征额加倍特征,共计32万名,四川为8万名。

11月16日 国民党中央决定筹款6000余万元,购储战区食粮。

11月17日 蒋介石在国民党五届六中全会上作题为《目前党的要务》的讲话。

11月18日 国民政府行政院设"购储监理委员会",筹拨巨款购储战区粮食。

由国民党中央宣传部编印、《中央周刊》发行的《总裁言论》出版发行,共8卷本,100余万字。

11月19日 国民政府军事委员会为加强对武汉方面的攻势,是日核颁冬季攻势命令,决定以该会直辖整训部队主力加入第二、第三、第五、第九各战区并实行主攻,第一、第四、第八、第十及鲁苏、冀察各战区向当面之敌实施助攻,以牵制敌之兵力,而策应主攻方面的作战。

重庆各界举行"第四次宪政座谈会",决定成立宪政促进会,并推黄炎培、沈钧儒、李璜、董必武等84人为筹备委员。

11月20日 国民党五届六中全会举行第七次大会后,于下午举行闭幕式,戴传贤宣读大会宣言,蒋介石致闭幕词。宣言重申坚持抗战建国的基本国策,限于1940年召集国民大会,以期早日制定宪法。此次全会共举行9天,召开全体会议7次。会议决定:蒋介石兼行政院院长,孔祥熙为副院长。通过以国民政府五院院长为中央执行委员会常务委员会当然委员,并推定王法勤、丁惟汾、邹鲁、孔祥熙、冯玉祥、阎锡山、陈果夫、李文范、何应钦、白崇禧、陈济棠、陈树人、张厉生、王泉笙、邓家彦15人为中央执行委员会常务委员;叶楚伧为秘书长,朱家骅为组织部部长,王世杰为宣传部部长,谷正纲为社会部部长,吴铁城为海外部部长。

国民政府军事委员会任命叶肇为第37集团军总司令,张义纯为第21集团军副总司令。

11月21日 由国民党中央社会部发起组织的"战时社会事业人才调剂协会"在重庆成立。

11月22日 蒋介石致电军事委员会委员长昆明行营主任龙云,指示从速进行滇黔防务。

国民政府军事委员会任命宋希濂为第34集团军副总司令。

国民政府经济部农本局决定在重庆市及周围产米区增设仓库,扩大囤储,以抑米价。

11月23日 三民主义青年团举行中央常务干事与常务监察联席会议,在渝各常务干事与常务监察均出席会议,蒋介石以团长的身份参加会议并于会中作题为《对于青年组训的指示》的讲演。该团两会之成员名单,均由团长蒋介石派定。

国民参政会中一部分参政员及部分社会知名人士黄炎培、张澜、梁漱溟、江恒源、章伯钧、冷遹、沈钧儒、邹韬奋、张申府、章乃器等10余人在重庆青年会餐厅集会,组织成立"统一建国同志会",选举黄炎培、章伯钧、左舜生、梁漱溟等人为常务干事,黄炎培为主席,并订有简章8条,信约12条,宣布该会宗旨在"集合各方热心国事之上层人士,共就国事探讨政策,以求意见之统一,促成行动之团结"。

11月24日 由国民政府主计处召集的"全国主计会议"预备会议在重庆开幕。

上午10时,由重庆市临时参议会筹备组织的"重庆市地方自治促成会"成立大会在市参议会举行,议长康心如主持并报告该会成立的经过与目的。

中国航空公司重庆至哈密线复航,与中苏航线联运欧亚邮件。

11月25日 国民政府明令:特派叶楚伧为"国民大会代表选举总事务所"副主任。

蒋介石电令云南省政府主席龙云,加强守备滇越铁路及重要桥梁。

西南实业协会与中央银行、中国银行、交通银行、中国农民银行、中国工业协会、经济部工矿调整处、迁川工厂联合会等80余团体之代表举行"实业家座谈聚餐会",到各团体代表180余人。张群、翁文灏分别讲话,会议决定举办"星五聚餐会",照例于每周星期五举行,由西南实业协会主办。

11月26日 国民政府军事委员会任命孙连仲为第五战区副司令长官,黄琪翔为第11集团军总司令,夏威为第16集团军总司令,蔡廷锴为第26集团军总司令。

晏阳初、梁漱溟、黄炎培等在重庆聚会,商定"乡村建设学会"理事为晏阳初、梁漱溟、黄炎培、梁仲华等11人,常务理事为晏阳初(主席)、黄炎培、梁漱溟,书记为梁仲华。

11月27日 蒋介石出席中枢纪念周并作题为《六中全会后党政军当前的急务》的讲演。

国立重庆商船学校是日正式开课。

"战时社会事业人才调剂协会"举行第一次理监事联席会议,讨论该会工作计划、经费预算书,并推定许世英、陈立夫、李济深、陈诚、江恒源、谷正纲、马超俊、陈郁、黄伯度、李翼中、戴经尘等11人为常务理事。

11月28日 国民政府任命李品仙兼安徽全省保安司令,胡庶华为国立西北大学校长。

11月29日 蒋介石召见"统一建国同志会"发起人之一的梁漱溟,提出以不组织正式政党为条件,准许"统一建国同志会"成立。

蒋介石出席中央训练团党政训练班第五期开学典礼并作题为《党政班训练之目的与方针》的讲演。

"川康建设协会"在重庆举行成立大会。

"中国妇女慰劳自卫抗战将士总会"于下午6时举行执行委员会议,宋美龄主持,通过总会及各分会1940年度工作大纲等案。

四川省政府财政厅厅长甘绩镛假重庆市银行公会邀请中、中、交、农四行经理,重庆市银钱两业公会主席及各银行、钱庄债权人开会,讨论整理四川省新债问题,决定依照中央意旨,发行债券偿还。

11月30日 "全国主计会议"预备会议闭幕。

由沈钧儒、董必武、张申府等召集的"宪政促进会"首次筹备会在巴蜀小学举行,到50余人。

由国民政府与四川省政府合组的"四川兴业银行",由蒋介石指定张群、徐堪、陈筑山、甘绩镛、杨晓波、康心如、何廉等7人为筹备员。筹备员于是日举行第一次筹备会议,公推张群为召集人。

12月

12月1日 新任国民党中央党部秘书长叶楚伧、组织部部长朱家骅、副部长马超俊、代副部长曾养甫,宣传部部长王世杰,社会部部长谷正纲、副部长王秉钧、洪兰友,海外部部长吴铁城,是日分别到部视事,并参加各部的"国民月会"。

国民政府军事委员会任命谷正伦兼任第六战区副司令长官。

国民党中央图书杂志审查委员会第20次会议通过《处理汉奸汪精卫等以前著作办法》。

"宪政促进会筹委会"举行首次常务委员会议。

基督教青年会在重庆举行"全国青年会干事会议"。

由重庆市临时参议会筹备组织的"重庆市建设期成会"成立,以康心如为会长。该会的主要任务是谋划大重庆之建设。

华西垦殖公司在重庆召开创立会,会议通过该公司章程,决议改华西垦殖公司为"华西建设公司",并选陈果夫为董事长。

12月2日 国民政府军事委员会战地党政委员会正副主任委员蒋介石、李济深签发国民政府教育部所呈的《文化粮食供应计划大纲》和《战地书报供应办法草案》。

12月3日 "川康建设协会"于上午9时假重庆川东师范学校举行第一次理事会议,到吕超等30余人,吕超主持。

12月4日 "大华实业公司"举行第二次董事会议,推甘典夔为董事长,潘昌猷、唐子晋、邓华民、康心如为常务董事,唐棣之为总经理。

12月5日 国民政府经济部明令公布《取缔囤积日用必需品办法》14条及《日用必需品平价购销办法》18条。

中苏航线(重庆—莫斯科)正式通航,全程4日可达。

12月6日 国民政府明令派张道藩为国民大会代表选举总事务所总干事(原任叶楚伧免职)、张维翰为副总干事(原任张道藩免职)。

"全国青年会总干事会议"在重庆闭幕,会议期间,孔祥熙、冯玉祥等到会讲话,蒋介石派员宣讲训词。

新任重庆市市长吴国桢晋谒行政院副院长孔祥熙,请示今后重庆市政施政方针。

12月7日 国民政府明令:①重庆市市长贺国光另有任用,贺国光应免本职;②任命吴国桢为重庆市市长。

12月8日 "中国劳动协会第二届年会"在重庆中法比瑞文化协会礼堂举行,到100余单位、团体的代表。

12月9日 国民政府发表国民党五届六中全会关于定期召集国民大会决议案,通饬所属"查照办理"。

国民政府明令褒扬吴佩孚(12月4日在北平逝世),称其"秉性刚直,志行坚贞","疾恶黜邪,持正不阿","英风亮节,中外同钦",特追赠陆军一级上将,并给予治丧费1万元,生平事迹,存备宣付国史。

全国慰劳总会北路慰劳代表团于下午4时返抵重庆。该团于6月底由重庆出发,历时近半年,行程9000余公里,在南起襄樊、北迄五原、东达洛阳、西抵青海的广大地区进行慰问。

12月10日 重庆举行"青年宪政问题讨论会",到潘公展、邹韬奋、方采芹等及各界青年500余人。会议决定筹组"中国青年宪政促进会"。

"华西建设公司"在重庆正式成立,该公司拥有资本500万元,萧铮任总经理,萧吉珊、甘绩镛、戴经尘为常务董事。

重庆妇女界于新运总会妇女指导委员会礼堂(位于上清寺求精中学内)举行李峙山女士追悼大会。

12月11日 新任国民政府行政院院长蒋介石、副院长孔祥熙于上午9时在国民政府大礼堂举行宣誓就职典礼,到林森、吴敬恒及各部会长官200余人,由吴敬恒主持并监誓。

国民政府军事委员会任命徐庭瑶为第38集团军总司令,李默庵为副总司令。

新任国民政府军事委员会办公厅主任熊斌(原任贺耀组免)到厅视事。

新任重庆市市长吴国桢到职视事,重庆市政府原任秘书长吴泽湘、警察局长徐中齐、卫生局长梅贻琳、工务局长吴华甫、财政局长刁培然均未变动,另委包华国为社会局局长。

12月12日 新任国民政府行政院院长蒋介石到院视事。

重庆卫戍总司令部第二次会议于上午9时召开,到国民政府军事委员会、行政院、军政部代表及卫戍区内各部队机关长官、总部高级官佐等,刘峙主席。

"缅甸访华团"一行9人,由团长宇巴伦、副团长都弥亚辛女士率领,于下午3时乘机抵达重庆,重庆各界党政军首长吴铁城、刘峙、洪兰友、邵力子、朱学范及各界代表5000余人到机场欢迎。

"作家战地访问团"团员宋之的、罗烽、杨骚、方殷、陈晓南5人返抵重庆。该团历时半年,先后在河南、山西等5省访问,行程10000余里,其间团长王礼锡病故,部分团员因各种原因已先返回。

"重庆妇女赈济工业院"成立,是日在江北香国寺任家花园举行开幕典礼。

12月13日　"缅甸访华团"一行于下午分别拜会林森、叶楚伧、孔祥熙、王宠惠、何应钦、张嘉璈等党政军要员及英国驻华大使馆代办哈特尔、英国驻重庆总领事庞斯德等。

12月14日　国民政府明令公布《交通部公路总管理处组织条例》17条，规划建设及管理全国公路。

12月15日　重庆卫戍总司令部召开的第二次卫戍会议闭幕。会议决议实施清乡、统一整编保甲、平抑物价、注重防空疏散等要案多项。

重庆卫戍区总动员会举行第二次全体委员会议。

"缅甸访华团"一行于上午赴沙坪坝，分别参观南开中学、中央大学和重庆大学。

12月16日　李济深、陈诚奉蒋介石命由重庆飞广西，协助白崇禧作战。

"中国劳动协会"举行第一届理监事联席会议，到理监事共50余人。

"中华全国文艺界抗敌协会"于晚6时假国泰饭店欢宴全国慰劳总会南、北两路慰劳代表团及作家战地访问团团员，到邵力子、罗果夫、老舍、姚蓬子、宋之的等70余人。

国民政府立法院院长孙科，于是年1月奉命赴苏联，并遍访欧洲各国朝野，事毕后于本月初起程回国，于下午1时30分左右返抵重庆。

国民政府立法院院长孙科于下午晋谒蒋介石并报告欧洲局势及英、法、苏等国对我国的支持仍无殊曩昔，而朝野亦皆一致认为中国为反侵略之奋斗，已步入胜利之途。

12月17日　缅甸访华团于正午晋谒蒋介石夫妇致敬并献锦旗和颂词，蒋介石致答词。

国民大会第一次座谈会于上午9时在川东师范学校举行。

"东北抗战建国协会"在重庆成立。

12月18日　国民政府军事委员会颁布《战时新闻违检惩罚办法》9条，规定各通讯社之稿件，未经检查先行发表者，不遵照删改刊登者，或对删免稿件之地位不设法补足，于稿件文字内故留空白，或另作标记易致猜疑者，均属违检。违检惩罚为"忠告、警告、严重警告、定期停刊、永久停刊"5种。

晚7时,在重庆的外国通讯社——哈瓦斯社、美联社、德国新闻社、纽约时报社、路透社、塔斯社、海通社、合众社等驻重庆记者,假行政院礼堂公宴国民党中央宣传部部长王世杰等,到宾主80余人。

"中国计政学社"在重庆成立。

12月19日 蒋介石接见苏联驻华大使潘友新,告以12月1日致斯大林函之大意,并称:"现在国联开会,以后情形与前不同,然中仍愿照此旨进行,以期英、美、法、苏先在远东合作,以为将来在欧复合之先声。如史先生赞同此意,中愿效绵力试行,惟须视史先生之意而决可否也。"

"缅甸访华团"一行上午赴南泉参观中央政治学校,下午出席国民党中央宣传部国际宣传处召开的座谈会,讨论组织"中缅文化协会"事宜。

据是日重庆《新华日报》载:由上海、武汉等地内迁到重庆的工厂,至是时完全开工者已达200余家,占内迁工厂总数的80%左右。

12月20日 "中缅文化协会"于下午4时假国际联欢社举行成立大会。

12月21日 国民政府特派龙云为军事委员会委员长昆明行营主任。

新任土耳其驻华特命全权公使席拨斯偕夫人及使馆秘书隋德思等于上午8时许抵达重庆,邵力子、陈铭枢、洪兰友等前往迎接。席拨斯并对记者发表谈话称:"中国为文化最高、历史最久之东方大国,本人至愿尽全力增进贵我两国邦交",并表示全土民众,均同情中国抗战。

缅甸访华团一行9人离渝飞蓉,赴成都等地访问。

12月23日 "中华全国文艺界抗敌协会"假青年会礼堂举行茶会,招待新近由前线返抵重庆的作家老舍、姚蓬子、宋之的等,到各界代表140余人。

重庆市妇女界举行妇女大会,到各界代表60余人,会议决定组织"妇女宪政研究会"。

12月24日 全国慰劳总会与三民主义青年团合编的《士兵读物》5类24种,由全国慰劳总会印行完毕,是日起发往全国各战区。

重庆妇女界举行第四次宪政座谈会,会议主要讨论"我们需要哪种宪政?"的问题。

缅甸访华团一行9人于下午2时许由成都飞抵重庆,假机场休息室举行"中缅文化协会"第一次理事会后,旋即离重庆飞昆明返国。

12月25日　国民党中央及国民政府于上午9时在国泰大戏院举行云南起义暨肇和兵舰起义纪念大会。

12月26日　国民政府委员会于下午3时30分在国民政府举行临时会议,会议由国民政府主席林森主持,讨论决定"设国史馆筹备委员会,由国民政府委员七人组织之,并以其中之一人为主任委员"。同时决议"清史稿中纰缪之处,交该筹备委员会详细签注,以备删除"。

国民政府行政院第445次会议通过内政部呈重庆市新市区,业经重庆市政府会同四川省政府,依照勘界条例,勘定界限的决议。同时决议组织"中国毛纺织厂股份有限公司"。

"全国所得税业务人员会议"在重庆举行,会期7日。

12月27日　新任土耳其驻华特命全权公使席拨斯晋谒国府主席林森并呈递国书。

国民政府行政院副院长兼财政部部长孔祥熙出席"全国所得税业务人员会议"并训话。

12月28日　"中国统计学社"在重庆举行第九届年会,社长吴大钧致开会词。

12月29日　蒋介石致电泰国政府,请充分保护华侨利益。

12月30日　国民政府军事委员会发言人招待重庆新闻界,就目前的敌情问题发表谈话。

重庆市各界妇女在国泰大戏院举行招待抗战军人家属及缝制棉衣妇女联欢大会。

12月31日　"全国所得税业务人员会议"闭幕。

是年　国民政府统计,自抗战爆发至本年年底,日机炸死中国公民51601人,炸伤65846人,毁房屋216546间,约合法币144829元。

有关方面统计,本年度全国专科以上学校101所,在校学生44422人,毕业学生5622人,在校教师6514人,职员4170人,岁出教育经费为3738870

元。

有关方面统计，1939年度国家普通岁入岁出总预算及追加数各为：2118084120元。

有关方面统计，1939年度国库收入总额为3062451985.06元，支出为2995370276.80元。

有关方面统计，1939年度各银行收兑生金为314917370335市两，生银为141864475.20公两，辅币6652437.30枚，银币3146230.80元。

有关方面统计，1939年度国营金矿产金量为1000两，民营金矿产量达313015两。

有关方面统计，1939年度黄金进口量为840元，出口量为3482160元；白银进口量为824元，出口量为1966873元。

海关统计，1939年度输入我国的农产品价值为85874678元，矿产品价值为175267442元，工业品价值为72511776元；我国输出的农产品价值为657693618元，矿产品价值为141077146元，工业品价值为228475744元。

发行准备会公布检查国家四行准备数字：①中央银行发行总额1346979745元，准备金与发行额相同，内现金准备658058986.47元，余为保证准备；②中国银行发行总额771997105元，准备金与发行额相同，内现金准备392648460.03元；③交通银行发行总额597378285元，准备金与发行额相同，内现金准备293550448.62元；④农民银行发行总额365432160元，准备金与发行额相同，内现金准备211901243元。

1940 年

1月

1月1日 蒋介石以"国民精神总动员会"会长的身份,向全国播讲,勖勉全国民众自发的实施精神总动员,以打破日寇更猛烈的精神攻势。

国民党中央党部、国民政府举行元旦庆典。

国民政府行政院通令:《新县制各级组织纲要》自是日起开始在全国实施。国民政府行政院政务处处长蒋廷黻对记者说明实行新县制的三大意义。

国民政府军事委员会公布:自抗战以来,日军在中国伤亡达146.44万余人,每月平均死伤约5万余人。

国民政府行政院在重庆设立的"中国运输公司"正式成立,以粤汉铁路管理局局长陈延炯兼任总经理。除一般军运及西南运输处仍照旧保留外,该公司专办西南各公路货运及国际贸易运输业务。下设运务、业务、稽核3部,综理各该部事务。

国民政府财政部宣布:自元旦起,发行全国金属新辅币,计分1分、2分、5分、1角4种。

中央银行重庆分行业务,自是日起并入中央银行总行业务局。

重庆市自是日起实施《公库法》,同时实施的还有广东、福建两省。

中央大学校长罗家伦、重庆大学校长叶元龙、南开大学校长张伯苓等22所大学校长,联名致电美国参议院、众议院,呼吁对日本实行经济制裁。

1月2日 国民政府监察院公布新视察工作方针,分为一般视察、特别视察、机关视察与分区视察四类。

国民政府外交部部长王宠惠发表广播讲演,指出随着时局的变化,美国在远东之发展将无限量,美国之物资与道义已对于远东之命运发生巨大之影响。切望中美关系愈益增进,粉碎日本之所谓"东亚新秩序"。

1月3日 蒋介石接见新任土耳其驻华特命全权公使席拨斯,并慰问该国最近发生的大地震和火灾。

重庆市市长吴国桢对美国广播讲话,详述重庆市的新建设,并欢迎美国友人来重庆观光。

由重庆市各界纪念中华民国成立29周年纪念筹备会主办的"市民体育表演大游行"隆重举行。

《新华日报》在化龙桥总馆举行会议,欢迎参加中华全国文艺界抗敌协会南北慰劳团的作家老舍、陆晶清、宋之的、葛一虹等人从前线归来,并征求他们对《新华日报》创办两年来的意见。

1月4日 中共中央代表、八路军参谋长叶剑英与国民政府军事委员会参谋总长何应钦就中共军队及边区问题进行商谈,未获结果。

"中华全国音乐界抗敌协会"举行年会。

国民党中央社会部部长谷正纲、副部长王秉钧于下午6时在青年会餐厅招待作家战地访问团暨参加南北两路慰劳团之作家,到张道藩、宋之的、方殷、陈晓南、钱新哲、葛一虹、老舍、姚蓬子等50余人。

1月5日 蒋介石接见英国驻华大使卡尔,谈中英合作问题。

土耳其驻华特命全权公使席拨斯晋谒国民政府外交部部长王宠惠,转达其对蒋介石慰问土耳其地震之谢意。

重庆市临时参议会致电美国总统罗斯福,请贯彻初衷,不再与暴日续订商约。

1月6日 国民政府军事委员会任命邓龙光为第35集团军总司令。

国民政府军事委员会参谋总长何应钦呈文蒋介石,报告其1月4日与中共代表、八路军参谋长叶剑英会谈经过及要点。

中共在国统区公开发行的机关报——《新华日报》为抗议重庆新闻检查所无理扣压社论,是日首次开天窗。

1月7日　蒋介石离重庆飞桂林,往晤白崇禧、张发奎等军政要员,并亲自指导南宁作战。

1月8日　全国慰劳总会于下午3时假青年会茶会招待日前赴各战区劳军的慰劳总团团长张继,北路慰劳团团长贺衷寒及该团团员,到各界代表200余人。简泰梁主持致开会词,张继报告沿途观感,贺衷寒报告劳军经过。

1月9日　国民政府行政院举行例会,讨论有关解决天津存银问题,结果,"以为本问题应维持不动用之原则,但可循下列两步骤试行交涉,以示我政府对英解决此困难问题之诚意:①改由第三国银行保管,至中日战事结束时止,政府可拨中国法币二百万至三百万元,交国际团体办理难民救济事项;②以一部分换购英汇,存放伦敦,然后由政府以相当数目之中国法币,交国际团体充赈济之用。"当天,孔祥熙将此意见电告在桂林的蒋介石。

1月10日　国民政府立法院院长孙科发表题为《论实施宪政》的讲演。

"重庆市妇女宪政研究会"成立,沈慧莲、朱伦等27人为理事。

"重庆市保险商业同业公会"成立,罗北辰、周蔚柏、杨经才等9人为执行委员,范厚甫、陈孔生等3人为监察委员。

1月11日　国民党第五届中央常务委员会第138次会议通过《中央文化驿站设置办法》9条,规定该驿站是为"宣传本党主义,向全国各地传递并散发有利抗战建国之书刊"而设置。

国民政府军事委员会任命樊崧甫为第34集团军副总司令。

《新华日报》在化龙桥总馆举行创刊两周年纪念会,晚上,《新华日报》又举行游艺晚会。

1月12日　蒋介石在桂林事毕,是日返抵重庆。

国民党中央调查统计局兼局长朱家骅、副局长徐恩曾联名呈文蒋介石,报告国民党军队北上河北时中共军队之对策。

国民政府经济部平价购销处奉令执行《取缔囤积居奇办法》。

1月14日　国民参政会参政员孔庚等25人召集的"宪政座谈会"在重

庆市银行公会举行第6次讨论会,到各界代表180余人。

国民党中央宣传部副部长兼全国节约建国储蓄运动委员会常务委员潘公展,是日对记者发表谈话,阐述节约建国储蓄运动的意义。

"中华全国音乐界抗敌协会"于下午2时举行第一届年会。

1月16日 蒋介石以国民政府行政院院长的身份,电勉全国小学教师,并手令教育当局,充裕教育经费,尊重小学教师,迅谋补救小学教师生活。

国民党中央社会部、国民政府军事委员会政治部组织"行都各界慰劳粤桂前线将士代表团",决定推张继、张伯苓、马超俊(或沈慧莲)、洪兰友、郭沫若、老舍及全国慰劳总会代表1人,中央通讯社代表1人为慰劳团代表。

1月17日 国民政府令免鹿钟麟河北省政府主席职,任命庞炳勋为河北省政府主席兼冀察战区副总司令。

蒋介石在重庆召见炮兵部队团长级军官,并作题为《炮兵训练的基本要务》的讲演。

湖南劳工会领袖黄爱、庞人铨殉难18周年纪念日,中国劳动协会、中国劳动学社、重庆市职工俱乐部等联合举行纪念会。

1月18日 蒋介石接见康王及策觉林禅师,对边疆情形垂询甚详。

国民政府军事委员会调查统计局兼局长贺耀组、副局长戴笠,联名呈文蒋介石,报告中共第十八集团军所属129师1939年在河北活动情形。

1月19日 由川康金融、实业界人士发起组织的、以发展西南毛纺事业为宗旨的"川康毛织公司"在重庆成立,杨灿三、刘文辉、邓华民等9人为董事。

重庆市之田赋税、附加税及营业税,由四川省政府移交重庆市政府办理,并收归市有。

1月20日 蒋介石于上午11时在曾家岩德安里官邸会见法国驻华大使戈斯默,与之谈日本轰炸滇越铁路事。

1月21日 晚,蒋介石与国民政府苏联顾问就中苏间的有关问题进行谈话,蒋介石首先否认了苏联指责中国对于国联开除苏联会籍一事事前不反对,事后无任何表示之说。认为国联开除苏联会籍,不仅中国代表事前不知,苏联及其他各国代表亦不知道,且在中国代表与苏联代表之接洽中,苏联代表"始终未表示中国代表应采何态度,此为最大遗憾"。事后,中国政府不是没有任何表示,而是多次延见苏驻华大使,说明国联之决议,非中国设想所及,并表示中国仍将协助苏联,"如国联今后有制裁苏联之行动,中国必尽力打消之,使不成立。"

由行都重庆各机关团体首长发起的"吴佩孚将军追悼大会"于下午2时假重庆市银行公会大礼堂举行,到蒋介石、丁惟汾、于右任、孔祥熙、何应钦、叶楚伧、朱家骅、陈立夫、吴稚晖、邵力子等党政军首长及各界代表200余人,丁惟汾主祭,孔祥熙讲演,吴稚晖致词。孔祥熙在讲演中称吴佩孚是一个爱国者,"其晚节忠亮,不受敌人所威胁利诱……已为国家尽忠,为民族尽孝。"

"重庆市各界空军慰劳团"由张继、马超俊、吕超、郭沫若领队,各机关团体各派1人参加,共100余人,于上午8时出发,分赴各空军驻地慰问。

"中华全国音乐界抗敌协会"在市党部举行第二届第一次理事会。

民生公司"建兴轮"与合众公司"义隆轮"在重庆下游的广阳坝江面相撞,义隆轮被撞沉,乘客遇难者达200余人。

1月22日 "国际反侵略运动中国分会辽吉黑热四省支会"在重庆成立。

中央银行发行的1分、2分新辅币,是日正式在重庆市面流通。

1月23日 国民政府批准《中苏通商条约》(1939年6月签订),条约规定双方在互惠原则下,发展两国商务关系。

"国际反侵略运动中国分会"于晚7时假社交会堂举行成立2周年纪念会。

1月24日 蒋介石在重庆发表《为日汪协定告友邦人士书》《为日汪协定告全国军民书》,说明《日汪协定》证明了日本企图独霸太平洋的野心,中国决加倍努力,驱逐日寇,并盼各友邦合作,切实援华,对日禁运,"共谋中国及远东之正义、和平与安定"。

1月25日 重庆各大学教授,一致通电声讨汪逆签订卖国条约。

1月27日 国民政府明令督办四川省肃清私存烟土事宜公署改为"四

川省禁烟督办公署",派蒋介石兼四川省禁烟督办,贺国光、徐孝刚为会办。

"中华全国文艺界抗敌协会"为改善作家的经济困境,在重庆发起"保障作家生活运动",老舍、阳翰笙、葛虹、华林、胡风、陈白尘、凤子等26人于是日举行座谈会,就提高稿费、版权、版税等问题交换意见。

1月28日 重庆嘉陵宾馆于下午3时半举行开工典礼,孙科、何应钦、陈立夫、董显光、潘公展、蒋作宾、英国驻华大使卡尔、苏联驻华大使潘友新、美国驻华大使馆参赞贝克等300余人到会。

1月29日 由国民党重庆市党部主办的"三民主义文化展览筹备会"于下午2点在青年会举行。

1月30日 国民参政会"华北慰劳视察团"成立,参政员李元鼎为团长,邓飞黄为副团长,梁实秋、于明洲、余家菊、卢前为团员。该团于是日自重庆出发,前往河北、河南、山西、陕西等地进行慰劳与视察。

1月31日 国民政府军事委员会任命夏威、吴奇伟为第四战区副司令长官,缪培南为第9集团军代总司令。

2月

2月2日 全国报界联名声讨汪精卫卖国投敌,并展开除奸运动。

2月3日 国民政府军事委员会任命商震为第六战区司令长官。

"中华全国文艺界抗敌协会"在重庆举行第一次诗歌座谈会。

2月5日 国民政府明令:特准青海灵童拉木登珠继任第十四达赖喇嘛,并令财政部拨款40万元,作为其坐床大典所需经费。

"新生活运动促进会总会"为纪念该会成立六周年,特发起扩大征集"伤兵之友"10万人,并组织征求队10队,以宋美龄担任名誉总队长,行政院副院长孔祥熙为总队长,另聘叶楚伧、张群、何应钦、陈立夫、谷正纲之夫人及张公权、陈诚、王宠惠10人为队长。

2月8日 中国青年党是日通电声讨汪精卫叛国集团。

2月9日 国民政府明令通缉汪派汉奸鲍文樾、叶蓬等。

国民参政会秘书处制定《华北战区慰劳视察团组织规则》。

国民政府教育部通令各院校：为发扬中国固有文化,应进行下列各项工作：广搜中国通史、断代史、专史教材,充实教学内容；与海外友邦有联系的学校应密切合作,整理中国材料,研究中国问题,翻译中国典籍。

国民政府军事委员会办公厅密电战时新闻检查局,告以《新华日报违检案件处理步骤方案》。

2月10日 重庆市各界发起组织的"春礼劳军运动",自是日开始,国民政府、国民党中央党部及各界代表2000余人举行春礼劳军大会,由谷正纲主持并致词,会后举行劳军送礼,礼金达100万元以上。

上旬 英国戴尼斯少将抵渝,拟与中国政府商讨中英军事合作之具体办法。

2月12日 国民党中央发布《国民大会与宪政的指示》。

蒋介石在国民党中央总理纪念周上作题为《中央干部目前应有的认识和努力》的讲演,指出抗战建国大业能否成功,全视中央机关能否建设成为现代国家机构而定。

2月13日 蒋介石召集何应钦、程潜、徐永昌等研究国民党对于陕甘宁边区问题及国共军事问题的方案,决定同意给陕北行政区14县,最多16县,或者以察、绥两省及晋省之三分之一来交换陕北行政区。至于军队,只同意第18集团军扩充为3军6师并加若干补充团。同时要求中共军队担任归德、绥远的防务。

国民政府内政部"县政计划委员会"副主任委员李宗黄在中央广播电台作题为《新县制之实施》的讲演。

"行都各界慰劳前方将士代表团"团长蒋作宾、副团长洪兰友及团员李文范、刘纪文等,携带慰问金30万元、锦旗70面,离重庆赴粤、桂、湘等前线劳军。

2月15日 "中国茶叶公司"改隶财政部贸易委员会,以潘宜之为董事长,庞松舟为副董事长,专门负责茶叶的对外贸易。

2月16日 嘉陵江、綦江流域及川东各县200余煤矿商集会重庆,商讨增产及燃料管理诸问题,并正式组建"川东煤矿业产运销联合办事处",在各码头设立办事处。

2月17日　国民政府经济部部长翁文灏在"迁川工厂联合会"举行的春节同乐会上演说,称迁川工厂资本约值2亿元,对内地工业已树坚固基础。并勖勉各工厂应帮助政府共同发展新兴事业,政府当从各方面予以便利。

2月18日　"新生活运动"六周年纪念前夕,蒋介石特发表讲演,对新生活运动所推崇的"礼、义、廉、耻"的意义作了新的解释,并提出了新生活运动第7年的5项工作。

"全国县政学会"成立,蒋介石任名誉会长。

2月19日　蒋介石在中央训练团党政班第六期毕业典礼上作题为《建国之非常精神与基本要务》的讲演,要求学员养成法治精神,绝对遵行上级命令;实行业务竞赛,充分发挥人、时、地、财、物的效用,注重实际的基本工作等。

"新生活运动总会"举行新生活运动六周年纪念大会。

"重庆市长途汽车商业同业公会"成立,计有会员70余家,汽车2000余辆。

2月20日　蒋介石勖勉全国教育界:树立建国精神。

2月21日　蒋介石以寒假届满,学期更始,是日通电全国各在中学学校校长及教职员:切实"负责指导学生思想品性,增进学生体格精神,俾造成有志气、有作为之青年,为国家开拓新命运"。

蒋介石离重庆飞柳州,召集华南地区军事长官举行军事会议。

国民政府军事委员会任命罗卓英为第九战区副司令长官。

国民党中央宣传部处长彭革陈报告全国新闻事业状况时称:抗战前全国有报纸873家,通讯社375家。抗战以来,全国有报纸410余家,通讯社29家;全国广播电台较战前有所增加,计有30余家。

2月22日　第十四世达赖喇嘛拉木登珠在拉萨举行坐床大典,重庆各界于下午3时在长安寺举行庆祝活动。

2月24日　国民政府明令:派王宠惠为互换《中苏通商条约》全权代表。

2月25日　"抗战建国无名英雄墓暨汪逆夫妇长跪铁像建墓铸逆委员

会筹备会议"在重庆召开,到国民党元老吴敬恒、张继及夫人崔振华,国民参政会参政员孔庚、胡文澜、沈钧儒、王卓然,社会名流郭沫若、张万里及重庆市市长吴国桢等人。

"行都各界慰劳前方将士代表团"赴粤、桂、湘等前线劳军事毕,是日返回重庆。

2月27日 何应钦在行政院报告国共谈判中中共方面提出的要求及国民党中央的原则。

2月28日 蒋介石在柳州事毕,是日返抵重庆。

2月29日 国民党中央党部通告各级党部:永远开除樊仲云、陈中孚、陈春圃等27名汉奸之党籍。

美国驻华大使詹森偕秘书赖丰、海军副武官麦克林、法国海尔默克一行4人飞抵重庆。

重庆举行市民爬山比赛,参加者有48镇民众代表2000余人,起点为嘉陵新村,终点为浮图关,黄仁霖为总裁判。

2月 国民政府交通部撤销驮运管理所,其原有的各线业务,改隶公路运输总局。

由吴晋航等组织的"中国毛纺公司"在李家沱动工修建厂房,该公司有资本400万元。

3月

3月1日 蒋介石主持中央政治学校高等科第一期开学典礼,并作《现代公务人员之要件》的讲演,提出有实际的知识和技能、正确的人生目标和热诚的责任心、健全的体格和振奋的精神,乃为现代公务人员的三大要件。

"中国回教救国协会"举行招待晚宴,郭沫若、老舍、宋之的、阳翰笙、马彦祥、郑用之、王瑞麟、姚蓬子等出席,商讨戏剧《国家至上》的演出事宜。

韩国旅渝革命团体于上午9时举行纪念大会并发表《告中国同胞书》,大会确认全民族反日统一战线的结成和巩固,为现阶段朝鲜革命的唯一战略任务。

3月2日 由新生活运动总会发起的"伤兵之友"征求运动第二次揭晓大会在社交会堂举行。

国民政府军事委员会战地党政委员会在两路口巴县中学内举行"敌伪及我方战地资料展览",共展出各种展品3000余件。

3月3日 "中苏文化协会"在重庆举行第三届年会,会议通过了致蒋介石、斯大林及苏联对外文化协会之致敬电,致前方将士慰问电,讨论修改了会章。

3月4日 "中央人事行政会议"与"第二次全国参谋长会议"在重庆合并举行开幕典礼。

国民政府军事委员会召集的"第二次全国参谋长会议"在重庆开幕,参加此次会议的有各行营、各战区及各集团军参谋长数十人,国民政府军事委员会有关部会负责人列席会议。蒋介石到会并致训词。

"中央人事行政会议"于上午8时在重庆举行开幕典礼,到国民党中央、国民政府各院部会代表及有关专家近150人。蒋介石亲临会议并致训。

3月5日 国民政府明令:通缉樊仲云、陈中孚等附逆汉奸25名,着"全国军政机关一体严缉务获,归案惩办"。

"重庆市建设期成会"召开分组会议,讨论制作新重庆建设方案问题。

3月7日 国民政府司法院院长居正发表广播讲演,指出国民当前努力的目标是:"第一,不要忘记总裁提倡的新生活运动。第二,不要忘记厉行节约运动。第三,希望大家服行兵役,踊跃从军。"

3月8日 国民政府明令:任命马君武为国立广西大学校长。

国民政府行政院"县政计划委员会"为谋集思广益,与各界交换改进县政意见起见,特组设"县政座谈会",由该会邀请各界专家出席,每两周开会1次。是日举行第一次座谈会。

新运妇女指导委员会、全国妇女慰劳总会、战时儿童保育会等67个妇女团体通电讨汪。

"三八"妇女节。重庆各界妇女4000余人在川东师范广场举行纪念大会。

中国妇女慰劳自卫抗战将士总会委员吴贻芳、谢兰郁、唐国桢、陈逸云等20余人组成代表团，携带慰劳金、锦旗、慰劳丛书等，分赴重庆附近各郊县慰劳新兵（15日返渝）。

3月9日　国民政府军事委员会召集的"第二次全国参谋长会议"下午在重庆举行闭幕式，蒋介石、冯玉祥、何应钦、徐永昌及苏联驻华总顾问分别训话。

"战时社会事业人才调剂协会"招待新闻界。

3月10日　由国民政府考试院召集的"中央人事行政会议"闭幕，戴传贤致闭幕词。

由杨云竹、雷震、陈豹隐等170余人联合发起组织的"中国农民经济研究会"在重庆成立。

3月11日　由国民政府教育部召集的"全国国民教育会议"，于上午10时在教育部召开。会议主要讨论推进国民教育问题。

国民政府外交部部长王宠惠假嘉陵宾馆招待外宾及政府长官，到英国驻华大使卡尔夫妇、美国驻华大使詹森、法国驻华大使戈斯默、苏联驻华大使潘友新及各国驻华大使馆武官、记者60余人，中方出席者有孙科、于右任、孔祥熙、张群、何应钦、冯玉祥等党政首长100余人。

"中苏文化协会"会长孙科接见重庆、成都、长沙、贵阳等分会的代表，询问并指示各地工作甚详。

3月12日　蒋介石为"国民精神总动员周年纪念"广播讲演，指示目前推行国民精神总动员之要点。

总理孙中山逝世15周年暨国民精神总动员一周年纪念日，国民党中枢各机关联合举行扩大纪念周，到国民党中央委员、国民政府委员及各院部会长官、党政军各机关高级职员600余人。

国民精神总动员一周年纪念，重庆各界民众于晚间举行盛大火炬游行。

重庆各界举行孙中山逝世纪念大典，德国留学生、中国滑翔事业创始人韦超，驾驶国产"航空一号"滑翔机作公开表演，滑翔机因故坠毁，韦超不幸身亡，时年28岁。

3月13日 蒋介石以运输问题严重,特在重庆召集49个相关单位的负责人,举行"全国交通会议",决定统一运输事权,调整运输机构。

国民党中央宣传部、社会部,国民政府赈济委员会及新生活运动促进总会、重庆卫戍总司令部等机关举行会议,商定加强行都力量办法三项:①救济服务机关一元化;②充实及集中服务队之组织,并统一其指挥;③扩大空袭紧急救济联合办事处之组织及职权。

国民参政会宪政期成会草就《中华民国宪法草案》(即五五宪章)修正案,对五五宪章颇有增删,该修正案共8章,138条。

3月14日 冯玉祥、张继以"抗战建国无名英雄墓暨汪逆夫妇长跪铁像建墓铸逆委员会筹委会"正副主任委员的名义,假重庆巴县中学举行重庆各界及美术工程师、新闻记者招待会。

"中国地质学会第十六届年会"在重庆大学礼堂举行。

3月15日 国民政府明令:特任陈济棠为农林部部长。

蒋介石以成都近日米价剧涨,是日手令军事委员会成都行辕主任兼四川省政府秘书长贺国光、川康绥署主任邓锡侯,制止米价上涨,以期平民生活不受影响,同时通饬各县一律遵照办理。

"全国交通会议"闭幕。

3月16日 国民政府明令褒扬蔡元培(3月5日在香港去世),称蔡元培"道德文章,夙负时望……研贯中西学术……推行主义,启导新规,士气昌明,万流景仰……提倡文化事业,绩效弥彰……高年硕学,永为党国仪型"。并发给治丧费5000元,派许崇智前往致祭,生平事迹存备宣付国史馆。

蒋介石在陆军大学作题为《今日高级军官之急务》的讲演。

"全国国民教育会议"举行闭幕典礼,孔祥熙、周钟岳、卢作孚等人与会。

中国国民外交协会决议联合各团体电请美国不参加日本侵略活动,并请即日对日实施禁运。

下午2时,陆子冬假交通人员训练所车场举行"煤炭汽车"(以大中式煤炭代油炉)表演并报告发明经过。陈果夫、陈立夫、潘公展、洪兰友、何应钦、张公权等100余人到会,陈果夫主持并致介绍词,陈立夫、张公权、何应钦等相继讲演,对此发明勖勉有加。

"中国地质学会第十六届年会"闭幕。

由中华自然科学社及边疆问题研究会联合举办的"西康文物展览会"假大梁子青年会举行,内分摄影、博物、器皿、文教四类。

3月17日　郭沫若应青年新闻记者协会之邀,于晚7时作题为《写作的经验》的讲演,提出三点希望:"多写作,少发表;快写作,晚发表;多接受,晚批评。"

3月18日　国民政府教育部在重庆召开"社会教育会议",由教育部次长顾毓琇主持。

"中国国家社会党"在重庆发表宣言,斥责汪伪政府假借该党名义发表附逆谬论,申明该党"坚决抗日",决不与汪伪"同流合污",对汪逆卖国集团,当与国人共起而诛之。

3月19日　蒋介石设宴招待出席全国国民教育会议之代表,并于席间致词,勉以讲求礼、乐、射、御、书、数六艺之教育,师法曾国藩考、宝、早、扫、书、蔬、鱼、猪八字格言,以培养健全强壮的国民。

国际反侵略运动大会中国分会致电视贺印度五十三届国民大会。

由新运总会发起的"伤兵之友"运动于下午4时假社交会堂举行总揭晓。

国民党中央社会部部长谷正纲,于晚间邀请中央各机关负责人在外宾招待所座谈,商讨有关保障作家生活之意见。

中国驻苏大使杨杰返国述职,是日抵达重庆。

3月20日　蒋介石在重庆中央训练团役政人员训练班讲演目前役政改进之要点。

全国兵役会议在重庆开幕。

3月21日　国民党中央常务委员会议决议:尊称总理孙中山为中华民国国父,并修正通过《党国旗升降办法》。

蒋介石接见中央政治学校新闻专科毕业学生并致训词。

国民政府教育部公布《国民教育实施纲领》9章41条。

"宪政座谈会"及"宪政促进会筹备会"在重庆银行公会举行茶会,招待宪政期成会会员,交换对宪政问题的意见。与会者一致认为:实施宪政已成为全国一致的要求,促成宪政是抗战胜利的保障。

"国民参政会华北战区视察团"结束对陕西、山西、河北、河南四省的视察,是日返抵重庆。视察团团长李元鼎对记者发表谈话称:"前线军民合作实为水乳交融……各地建设亦有进步"。

3月22日　国民政府主席林森是日发表声明,严斥日本利用汪伪政权分裂中国的阴谋。

国立中央研究院首届评议会第五次评议会于上午8时在嘉陵宾馆举行。

"全国国民教育会议"发表《敬告全国人士书》,说明今后教育应采取的步骤。

3月23日　国立中央研究院首届评议会第五次评议会闭幕。

3月24日　全国兵役会议在重庆闭幕。

重庆各界假国民党中央宣传部礼堂举行"公祭蔡元培先生大会"(蔡元培于本月5日在香港病逝),蒋介石、吴敬恒、王宠惠、孔祥熙、戴传贤、于右任、张继等亲临致祭,张继、吴敬恒分别报告蔡元培的生平事迹与学术成就,并宣读国民党中央与国民政府的祭文。

3月25日　国民政府经济部呈文蒋介石,报告其研拟的平抑物价处理办法。

"中苏文化协会妇女委员会"举行第一次委员会议。

3月26日　国民政府明令:公布修正《财政部组织法》30条及《财政部直接税处组织法》16条、《财政部国库署组织法》16条。规定财政部内设关务、税务、国库3署及总务、盐政、赋税、公债、钱币5司,以及直接税、会计2处。

南洋侨胞归国慰问团发起人、华侨筹赈总会主席陈嘉庚、副主席庄西言,慰劳团团员、霹雳侨胞领袖王振相,槟榔屿侨胞领袖陈清虎及陈嘉庚的秘书李铁民等一行5人,于下午4时许乘机抵达重庆,重庆市200余个机关团体之代表500余人到机场欢迎。

3月27日　国民党中央海外部部长吴铁城假嘉陵宾馆欢宴南洋侨胞归国慰问团陈嘉庚、庄西言、王振相、陈清虎、陈仲懿、庄怡生、庄明理、王金兴、陈云芳、李铁民等,并邀叶楚伧、陈树人、谷正纲、高凌百等作陪。

3月28日 "国民参政会川康建设期成会"在国民参政会秘书处举行第二次全体委员会议,到张澜等22人。

陈嘉庚、庄西言等由吴铁城、陈树人、朱家骅、高凌百等陪同,分别晋谒林森、蒋介石。

燕京大学校长司徒雷登月前抵达重庆,是日在嘉陵宾馆讲演华北现状,孔祥熙、陈立夫、吴铁城及燕京大学旅渝学生200余人。

香港《南华》《天演》《自由》三报社工友自去年"八一三"举行反汪总罢工、打击汪逆言论机关后,即组织"回国服务团",回国作扩大反汪运动工作。经过辗转迁徙,该团一行20人是日抵达重庆。

3月29日 国民党中枢举行革命行列纪念会,由国民政府主席林森主持并致词。

汪精卫在南京成立伪"中华民国国民政府"并举行"还都"典礼。国民政府主席林森于晚7时向全国同胞及友邦人士讲演,痛斥汪逆叛党叛国之罪恶,严正表示与蒋介石同心同德,督率全国文武官吏和人民,护卫国家民族整个的领土主权、自由平等,目的一日不达到,奋斗一日不终止。同时希望各友邦,自今以往,始终给我们以一贯之同情与更多之援助。

国民党中央宣传部为声讨汪逆伪组织,以正视听,特邀请林森、吴铁城、陈立夫、居正、于右任、戴季陶、孔祥熙、翁文灏、何应钦、王世杰、邵力子、李德全等自是日起至4月11日止,向国内外作反汪广播讲演。

由台湾独立革命党、台湾民族革命总同盟合组的"台湾革命团体联合会"在重庆成立,并发表成立宣言称:"台湾独立革命党、台湾民族革命总同盟,为集中力量,加强推动台湾革命运动,响应祖国抗战,谨择于我民族革命史上具有重大意义之黄花岗纪念日,结成台湾革命团体联合会。"并称:"台胞之解放,必须于整个中华民族复兴之前提下,始有实现之机会"。该会的基本任务为:①促进成立革命政党;②建立祖国与台湾的正常关系;③发展台湾内部革命斗争;④开展前方及沦陷区台胞的革命工作。

下午1时,重庆各界数千人齐集繁华的都邮街露天广场,举行盛大的建墓铸逆开工典礼,国民参政会副议长张伯苓、重庆市临时参议会议长康心如以及回国慰劳抗战将士的著名南洋侨胞领袖陈嘉庚分别代表中华民国全体国民、重庆市全体市民及全体旅外侨胞发表演说,一致声讨汪精卫叛国投敌集团的卖国罪行。

国立戏剧校(校址江安)师生100余人,应教育部妇女工作队之邀,来重庆举行劳军公演,来渝所有人员,是日到齐,拟于重庆公演《岳飞》《从军乐》《蜕变》三大名剧。

3月30日 国民政府明令:悬赏10万元缉拿汪精卫并通缉卖国投敌之汉奸陈公博、梁鸿志、王揖唐、江亢虎、王克敏等77人。

国民政府外交部照会各国驻华使节,郑重声明日寇所制造及所控制的南京伪组织,其任何行为不生效力。

全国慰劳总会举行会议,决议聘请陈诚为该会会长,谷正纲、马超俊、郭沫若为副会长。

国民政府外交部部长王宠惠、教育部部长陈立夫、侨务委员会委员长陈树人假国际联欢社欢宴陈嘉庚及全体成员。

3月31日 国民党中央常务委员会会议决议,通过《关于国大代表产生问题的决议》。该决议规定:国民大会代表之区域选举及职业选举,如确有变动或事实上之窒碍,不得依法完成时,应由国民政府遴选另定。

国民政府外交部照会各友邦,郑重否认汪逆傀儡组织者乃敌阀制造之侵略工具,我政府人民决抗战到底。

国民政府监察院院长于右任于晚7时30分在中央广播电台作题为《以胜利击破汪倭的毒谋》的讲演。

"国民大会全国妇女竞选会"在重庆成立。

宋庆龄、宋霭龄在宋美龄的陪同下,是日由香港飞抵重庆。

4月

4月1日 国民政府于是日明令全国:尊称孙中山先生为国父。

国民参政会第一届第五次大会在重庆开幕,到参政员145人,政府各院部会长官到会者30余人。议长蒋介石主持并作题为《集中力量推进政治经济建设》的讲演。

"重庆市临时参议会第二次大会"于上午8时在该会议场举行开幕典礼,参议员到会者20人,党政机关莅会者有行政院孔副院长孔祥熙、重庆卫戍总司令刘峙、重庆市市长吴国桢及各局处会室长官,市党部主任委员洪兰友暨各委员。

"中国万岁剧团"(由中国电影制片厂所属怒潮剧社改组而成)在重庆成立,郭沫若、郑用之分任正副团长。

"中国青年新闻记者学会总会"于下午3时在该会会所举行第二周年纪念茶会。

4月2日　国民参政会第一届第五次大会于下午举行第二次会议,到参政员128名。

国民政府军事委员会军政部部长陈诚发表《粉碎汪逆伪组织》一文。

国民政府经济部和重庆市政府奉蒋介石之令,就平抑重庆物价(尤其是衣、食两项物价)问题,召集各业公会主席举行座谈会,商讨解决办法。

4月3日　国民政府行政院副院长孔祥熙在中央广播电台作题为《汪逆伪组织与日阀末路》的讲演。

宋庆龄、宋美龄等视察新运妇女指导委员会,并接见妇指会高级训练班学员。

《新华日报》社和"八路军驻重庆办事处"在化龙桥《新华日报》总馆举行晚会,欢迎来自香港《南洋》《自由》《天演》三报反汪工友组成的"回国服务团"一行22人。《新华日报》总编辑吴克坚和回国服务团团员邓其先分别讲话,一致声讨汪精卫集团的卖国罪行,决心抗战到底。

4月4日　国民政府明令:①任命盛世才为新疆省政府主席;②褒扬新疆省政府故主席李溶(3月21日病逝于迪化),称其:"筹维省治,安定边陲,六载以还,勋勤懋著"。

4月5日　国民参政会第一届第五次大会第五次会议,立法院院长孙科报告关于宪草起草经过及内容,会议开始讨论《五五宪章》,并决定组织特种委员会,审查平抑物价提案。

国民大会全国妇女竞选会举行第一次理事会,到理事27人。

国民政府军事委员会副委员长冯玉祥在中央广播电台作题为《全国民众都应努力铲除卖国汉奸汪兆铭》的讲演。

"重庆市空袭服务救济联合办事处服务总队部"正式成立。

中国文艺社、中华全国美术界抗敌协会、中法比瑞文化协会联合主办的"重庆市美术劳军展览会"开幕。

宋庆龄、宋霭龄、宋美龄于下午相偕参观重庆郊外各工业合作社和重庆市区。

4月6日　国民政府特聘姜立夫、吴有训、李书华、侯德榜、曾昭抡、庄长恭、凌鸿勋、茅以升、王宠佑、秉志、林可胜、陈桢、戴芳澜、陈焕镛、胡先骕、翁文灏、朱家骅、谢家荣、张云、吕炯、唐钺、王世杰、何廉、周鲠生、胡适、陈寅恪、陈垣、赵元任、李济、吴定良为国立中央研究院评议会第二届评议员。

重庆妇女界假求精中学招待出席国民参政会第一届第五次大会的女参政员,到史良、吴贻芳、张肖梅、刘蘅静、邓颖超、伍智梅、陶玄、罗衡等及各妇女团体代表60余人。

4月7日　国民政府军事委员会军政部部长何应钦在中央广播电台作题为《揭穿倭寇阴谋,努力抗战建国》的讨汪讲演。

全国铁路、公路局局长齐集重庆,是日联合晋谒蒋介石致敬。

中华全国文艺界抗敌协会在重庆国泰饭店举行第二届年会,到于右任、谷正纲、邵力子等100余人,邵力子主持致开会词,于右任、谷正纲、张道藩等相继致词,老舍报告会务。会议并决定通电讨汪及一切附逆分子。

宋美龄于下午4时在私邸举行茶会,招待孙(中山)、孔(祥熙)二夫人宋庆龄、宋霭龄,到中外妇女界代表200余人,蒋介石也亲临参加。

4月8日　国民政府令饬军事委员会、行政院遵行《调整省政军机构办法》8条。该办法规定,各省政府组织,行政部分依旧,军事部分分为战区省与非战区省两类,其中,战区省以主席兼国民抗敌自卫军总司令,非战区省以主席兼全省保安司令。

国民政府教育部部长陈立夫于晚7时在中央广播电台作题为《崇尚气节以根绝汉奸》的讲演。

4月9日 国民参政会第一届第五次大会选举孔庚、李中襄、杭立武、董必武、左舜生、张澜、王造时等25人为驻会委员。

国民政府军事委员会任命卫立煌兼任冀察战区司令长官,石友三为第39集团军总司令。

朝鲜义勇队总队部上月由桂林迁重庆,总队长金若山等第一批人员10余人是日抵渝。

重庆市临时参议会第二次大会第六次会议通过重庆市建设期成会拟定的《重庆市建设方案》、重庆市地方自治促成会拟定的《重庆市地方自治方案》。其中将重庆市建设方案建议之前提之"请政府明令定重庆市为中华民国之行都"修正为"请政府明令定重庆市为中华民国战时之行都,战后永远之陪都"。

4月10日 国民参政会第一届第五次大会于下午举行闭幕典礼,议长蒋介石致闭幕词。

国民政府军事委员会战地党政委员会秘书长邵力子于晚7时在中央广播电台作题为《妖孽必诛,中国必兴》的讨汪讲演。

宋庆龄、宋霭龄、宋美龄赴重庆郊外视察中正学校及遗族工厂。

晚,蒋介石夫妇宴请潘友新夫妇及孙、孔两夫人宋庆龄、宋霭龄,并邀孔祥熙、宋子文及英国驻华大使卡尔等作陪。

4月11日 三民主义青年团在中央团部举行第一届中央干事会、中央监察会第一次联席会议,团长蒋介石亲临主持。

国民政府立法院院长孙科接见报界人士,说明国民代表大会定于本年11月12日召集,全国代表选举事宜亦定于本年6月底以前办理完竣。并就国民大会之职权、宪法草案之内容、国民大会代表选举等问题回答了记者的提问。

由著名摄影家郎静山等人联合举办的"战时影展"在嘉陵宾馆举行预展,展品分为抗建照片、沦陷区域风光、艺术摄影3个部分,共340余幅,蒋介石、孙科、于右任等均亲临参观。

4月12日 国民政府监察院院长于右任于晚间在中央广播电台作题为《以民族正气扑灭汪逆》的讨汪讲演。

英国驻华大使卡尔、法国驻华大使戈思默、美国驻华大使詹森,于晚间共同晋见蒋介石与及王宠惠,劝告中国"及时对日媾和"。蒋介石答称:英、法、美三国的和平劝告是不可能实现的,要和平,日本必须先撤兵,否则中国就不停止抵抗,不惜任何牺牲。

国民大会全国妇女竞选会通电全国各妇女团体,努力妇女参政,并迅速成立各地分会。

4月13日 国民政府任命王懋功、刘士毅、黄琪翔为陆军中将。

法国驻华大使戈思默于晚8时设宴招待国民政府党政军要人及英、美、苏三国驻华大使及其他国家驻华使节,蒋介石、王宠惠、孔祥熙、陈立夫、于右任等及各国驻华使节出席。蒋介石在席间发表演说,对友邦竭力支持中国抗战,深致谢忱,并称日军若不全部从中国领土撤退,断不能进行和平谈判。

重庆市临时参议会第一届第二次大会闭幕,会议选举胡仲实、陈铭德、李奎安、漆中权、周钦岳5人为驻会委员。

4月14日 "国民参政会特种委员会"举行会议,会议讨论决定:①对于地方政治制度及其职权,必须经中央正式订定公布,以举统一之实。此事希望国民党中央从速解决;②民众运动应绝对遵守抗战建国纲领之规定,服从国家法令,所有政治性防制办法,应予一律撤销,以收团结之效;③关于货币,希望中央就地方需要,予以相当数量之供给,同时取消局部施行之通货,以免紊乱币制;④经济抗战,应命令各方严切执行,绝对不使敌货流通。

孔祥熙、孙科等约集中美、中英、中德、中苏、中法比瑞、中缅等文化协会、励志社、国际宣传处等机关负责人开会,商讨发起组织"中华交响乐团"事宜。

"中华全国美术界抗敌协会"在生生花园举行临时会员大会,到60余人,张道藩主持。

"中华全国文艺界抗敌协会"于晚7时在中苏文化协会举行第三次诗歌晚会,同时纪念玛雅可夫斯基逝世10周年,到40余人。胡风主持,高长虹、郭沫若、戈宝权等相继讲演或朗读。

4月16日　新任盐务总局局长缪秋杰到局视事。

"中南橡胶厂股份有限公司"在重庆成立。该公司系官商合办,总资本100万元(官3商7),寿景伟为董事长,卓君卫为副董事长,庄怡生为总经理。

"中华全国电影界抗敌协会"在重庆举行第二届年会,到香港、上海、成都各地代表及重庆市电影界同人及来宾600余人。

美国著名教育家孟禄博士抵达重庆。

4月17日　国民政府明令公布《卫生署组织法》20条,规定卫生署直隶行政院,掌理全国卫生行政事务,卫生署下设总务处、医政处、保健处、防疫处,分别负责各相关事宜。

国民政府明令褒扬宋哲元(本月5日病逝于四川绵阳),称其:"久绾军符,精娴韬略",并发给治丧费5000元,生平事迹存备宣付史馆。

"台湾革命团体联合会"于上午9时在重庆举行割让台湾46周年纪念会,会议发表宣言称:"决领导台湾同胞反对异族统治,配合祖国抗战,为整个中华民族的自由解放,为台湾同胞独立自主而牺牲奋斗。"

"迁川工厂联合会"在重庆举行第三届年会,到各机关会员代表200余人。

"南洋华侨归国慰劳团"团长潘国渠、副团长郭美丞及团员(连同前次到达者)一行54人,于上午10时半抵达重庆,重庆各界代表及党政军首长2000余人到机场欢迎。

4月18日　国民政府明令:特任邵力子为驻苏联特命全权大使。

蒋介石以国民党党政军机关人员"积习相沿,泰侈相尚,酒食征逐,日有所闻",通令实施《取缔党政军机关宴会办法》。

国民政府军事委员会根据交通会议的决议案,撤销军事运输总监部及运输总司令部,另设运输统制局,统辖西南运输处、运输总司令部及交通部等运输机构,派国民政府军事委员会参谋总长何应钦兼主任,交通部部长张嘉璈、后方勤务部部长俞飞鹏兼副主任,钱宗泽为指挥处长。

国家总动员设计委员会举行动员工作座谈会,到主任委员孔祥熙,副主任委员何应钦及委员李济深、陈斌、周钟岳、谷正纲等90余人。

"邮政储金汇业局"总局迁重庆,该局局长刘攻芸、副局长徐继庄是日抵达重庆,筹备部署一切。

南洋华侨归国慰劳团分别晋谒蒋介石夫妇及林森。

宋庆龄、宋霭龄、宋美龄3人于上午7时45分应中央广播电台及国际广播电台之请,分别向美国广播。

4月19日　国民政府赈济委员会副委员长屈映光向新闻记者报告该会成立三年来的工作概况。

4月20日　国民政府特派驻法国大使顾维钧为庆祝葡萄牙国建国第800周年纪念、独立第300周年纪念专使,派驻巴拿马国公使沈觐鼎为哥斯达黎加新总统葛典雅就职典礼致贺专使。

蒋介石对军事委员会运输统制局高级职员作题为《运输统制与运输运动》的讲演,要求军运与商运互相协助,兼筹并顾。

国民外交协会通告欧美及各国和平团体,无论汪伪政府及其主子如何欺骗世界,全中国人民决与其势不两立。

重庆市总工会举行成立大会,共有46个工会参加。会议通过讨汪及工人生活福利等决议案8项。

4月21日　国民政府明令:国民参政会第一届参政员任期,自本年7月1日起再延长4个月。

"中国社会改进研究会"在重庆成立。

蒋介石离重庆飞成都,处理川省政务。

4月22日　国民政府教育部制定奖励学生参战实施办法。

宋霭龄、宋庆龄、宋美龄等离重庆飞成都视察。

4月23日　国民政府明令:管理中英庚款董事会董事朱家骅、曾养甫等连任,并仍指定朱家骅为董事长。

国民政府行政院会议决议:切实改进川江航务,彻查民生公司两次覆轮案。

4月24日　"迁川工厂联合会"举行执监联席会议。

由国民党中央社会部发起组织的"文艺奖助基金委员会"举行第一次会议。

4月25日 国民政府教育部召集的"第二届高级师范教育会议"在教育部开幕,部长陈立夫主持报告开会意义,各师范学院院长报告各院院务推行概况。

4月26日 国民政府教育部召集的"第二届高级师范教育会议"闭幕,会议通过大学师范学院逐步独立设置、充实师范学校附属学校等案。

4月27日 国民政府明令:派胡世泽为出席国际联合会第25届禁烟会议代表,李平衡为出席第26届国际劳工大会代表。

国民政府行政院组成"政务巡视团",以陈立夫为陕、甘、宁、青路负责人,蒋作宾为滇、黔路负责人,蒋廷黻为湘、赣、粤路负责人。

4月28日 "中国经济学社第十五届年会"在重庆大学举行,到该社社员及来宾120余人,马寅初主持致开会词,陈嘉庚讲演,阐述侨胞与祖国经济实况甚详。年会上午讨论物价问题,下午讨论外汇问题及西南建设问题。

4月29日 国民政府军事委员会任命杨森为第九战区副司令长官。

陈嘉庚参观中国电影制片厂并为该厂题词:"中国制片厂:抗战胜利,端赖宣传"。

4月30日 中苏文化协会、国际反侵略运动大会中国分会等六团体举行欢送会,欢送邵力子使苏。

是月 卫生署原属国民党中央,1939年11月的国民党五届六中全会决议改隶行政院,是月正式改隶国民政府行政院。

国民党重庆市执行委员会扩大组织,委员由原来的6人增加到11人,并另设书记长1人。

郭沫若、卫聚贤、金静庵、胡小石、杨仲子、常任侠、马衡等于重庆江北发现汉砖、汉墓并组织人员进行发掘,于右任、吴稚晖、潘公展等均到场参观。

5月

5月1日 国民政府明令:任命钱昌照为经济部资源委员会副主任委员。

国民党中央党部于下午4时在国民政府大礼堂举行欢迎孙夫人宋庆龄茶会,林森主席致欢迎词,盛赞宋庆龄在香港筹款救济难民,成效卓著,此次入川,为抗战增加不少力量。

国民政府外交部部长王宠惠假中央广播电台对美作题为《维护中国文明》的讲演。

"中国劳动协会"致电苏联、英国、法国等各国工会,庆祝"五一"节,并对苏联工会等对中国抗战的援助表示感谢。

南洋华侨归国慰劳团是日晨分三路离重庆分赴各战区劳军,并约定事毕后各自解散回南洋。

国民党重庆市党部新旧任主任委员陈访先、洪兰友是日办理移交,由旧任洪兰友移交,新任陈访先接受。

5月2日　国民政府改组辽、吉、黑、热4省省政府,是日明令任命万福麟、邹作华、马占山、缪澂流为辽宁、吉林、黑龙江、热河4省省政府主席。

中央信托局与中国、交通、农民3银行自是日起联合发行节约建国储蓄券,计分甲乙两种,每种又分5元、10元、50元、100元、500元、1000元、10000元7类。

依照新商会法筹备改组的"重庆市商会"成立。

5月3日　由孔祥熙、孙科等人发起组织的"中国交响乐团"在重庆园庐举行成立大会及理事会,孙科主持。

5月4日　国民政府明令:派张彭春为中华民国驻土耳其国特命全权公使。

中央政治学校、中央大学、重庆大学、复旦大学、江苏医学院、四川省立教育学院等6校联合在重庆大学举行"第一届国语讲演竞赛"。

5月5日　国民政府军事委员会任命萧之楚为第11集团军副总司令。

"中国业余无线电人员战时服务团"于上午9时30分至下午5时30分,在无极空间举行首届年会。

中苏文化协会举行"中苏妇女联谊会",欢送新任驻苏大使邵力子夫妇赴苏,到邓颖超、唐国桢、张肖梅、刘清扬等100余人。

5月6日　中国留法比瑞同学会、中国公学会同学会、中国劳动协会、中国国际联盟同志会、中法比瑞文化协会、中缅文化协会、中国战时生产改进会、中国农民经济研究会等团体假中法比瑞同学会礼堂举行盛大茶会，欢送新任驻苏大使邵力子。

5月8日　国民政府军事委员会任命刘雨卿为第32集团军副总司令。

重庆各妇女团体在青年会举行欢送新任驻苏大使邵力子夫妇赴苏大会，到各妇女团体代表100余人，邵力子致词，阐述了中国妇女解放运动及男女平等等问题。

在华日本人民反战同盟西南支部巡回工作团坂本秀夫等17人及在华日本人民反战同盟西南支部桂林行营总顾问办公室主任林长埔、秘书李若泉等一行43人由贵阳抵达重庆，重庆各界2000余人齐集储奇门码头欢迎。

5月9日　蒋介石在成都事毕，是日返回重庆，行前召见四川省政府各厅厅长、处长，指示应各就本身业务，负责改革，完成建设工作。

宋庆龄、宋霭龄离重庆飞香港。

5月10日　国民党中央指定叶楚伧、张群、王世杰、许孝炎、李中襄等8人为宪草研究人员，俟其研究之成果，与各参政员之意见趋于一致时，再行召开宪政期成会，制定最后一次的宪法草案，提交国民大会讨论，以产生完整而切合需要的中华民国宪法。

5月11日　国民政府明令公布《农林部组织法》24条及修正《经济部组织法》25条。

国民政府教育部成立"学术审议委员会"，审议学术文化事业并促进高等教育设施。该会于是日下午3时假教育部大礼堂举行第一次会议，到陈立夫、顾毓琇、余井塘及吴稚晖、朱家骅等19人，行政院副院长孔祥熙到会并致词。

冯玉祥、陈立夫、吕超、郭沫若、陈铭德等中苏文化协会全体理事90余人假广东酒家欢宴苏联在渝高级人员并欢送邵力子夫妇赴苏。

复旦大学举行校董会，决定推副校长吴南轩为代理校长，增聘章益、端木恺、程沧波、孙寒冰、殷以文5人为校董。

5月12日 蒋介石以丘吉尔出任英国首相,特致电驻英大使郭泰祺,嘱代为致贺。

由汪日章、邱致中、徐中齐等人联合发起组织的"中国市政建设协会"在重庆成立。

"荣誉军人职业协导会"在重庆成立,选蒋介石为名誉会长,孔祥熙、宋美龄、陈立夫、陈诚为名誉副会长,何应钦为会长,许世英、谷正纲为副会长。

重庆各界于下午3时假新川电影院举行大会,欢迎日本人民反战同盟西南支部巡回工作团团长鹿地亘及团员坂本秀夫等17人,郭沫若主持致欢迎词。

5月13日 国民党中央社会部部长谷正纲对记者发表谈话,说明社会部改隶行政院后的工作重点。

国民政府财政部组设"富华贸易公司",资本1000万元,其主要业务为茶叶、桐油以外的一切输出物资的产、制、运、销。

国民政府教育部学术审议委员会闭幕,会议通过了招收研究生、充实研究所、严审研究成果等办法,讨论了有关留学生政策及如何推动对外文化交流等,决定聘请吴稚晖、朱家骅、王世杰、陈大齐、张道藩、邹树文、余井塘等7人为常务委员。

5月14日 国民政府行政院会议决议聘孔祥熙、周钟岳、陈立夫、李石曾、张静江、叶楚伧、张伯苓、吴敬恒、张继、蒋梦麟、邵力子、王世杰、翁文灏、张嘉璈、朱家骅、顾颉刚、李济、李书华、傅斯年、陈垣、马超俊、蒋廷黻等为"故宫博物院"理事会理事,并通过《小学教员待遇规程》。

5月15日 国民政府军事委员会下令撤销第六战区,其作战地域并入第九战区。

蒋介石接见美国驻华大使詹森,说明日已向我国进行经济战,希望美国能予中国以财政之援助。

蒋介石接见英国驻华大使卡尔,谈英国新内阁对远东政策及天津白银问题。

国民政府行政院政务巡视团第一组,由蒋廷黻率领,于早上7时乘车离渝,转赴湘西等地巡视。

新任国民政府农林部部长陈济棠对记者谈农林部的施政方针。

国民政府外交部部长王宠惠就国际形势发表谈话并于晚间向美国广播。

5月16日 国民党第五届中央常务委员会第147次会议修正通过《抗战图书杂志原稿审查办法》。

农林部部长陈济棠晋谒蒋介石,请示农林部成立以后的施政方针。

国民政府军事委员会政治部部长陈诚在重庆向记者谈豫鄂大捷的意义。

5月17日 第二战区副司令长官傅作义乘机抵达重庆,向国民党高层述职。

5月18日 国民政府明令:①派驻古巴公使李迪俊为议订《中多(多米尼加)友好条约》全权代表;②追赠宋哲元为陆军一级上将。

国民政府军事委员会参谋总长何应钦招待外国驻渝武官及记者,说明豫鄂大会战我军大捷的经过和意义。

由王陆一、乐景涛、毛庆祥等人发起组织的"中国边疆建设协会"在重庆成立,推于右任为会长,王陆一、毛庆祥为副会长;蒋介石为名誉会长。

"荣誉军人职业协导会第一届理监事联席会议"假国民政府军事委员会礼堂举行,到何应钦、谷正纲、洪兰友、潘公展、周钟岳等理监事,何应钦主持。

5月19日 "中华全国美术界抗敌协会第一届年会"在重庆生生花园举行,决定9月9日为美术节。

由郭沫若、卫聚贤等人发起组织的"巴蜀史地研究会"举行第一次筹备会,拟举办展览会,设立巴蜀文化馆,发行有关巴蜀文化的刊物,组织发掘采访团等。

中旬 "国立音乐学院"在巴县所属的青木关成立,以杨仲子为院长,李抱忱为教务主任。

5月20日 国民政府军事委员会参谋总长何应钦在国民党中央、国民政府联合纪念周上作题为《对于豫鄂会战我们应有的认识》的报告,指出:"倭寇必然崩溃""汪逆必然覆灭""抗战胜利的信心益坚,胜利的时间益近",是应当加强的有三点认识。

国民政府教育部部长陈立夫发表对当前教育的谈话,对已公布施行的《小学教员待遇规则》作详细说明,称小学教员地位之崇高,实不亚于前线执戈御敌之战士,政府应切实保障其生活。除此之外,陈立夫还对留学生问题也有所说明,称战时派遣留学生以不影响外汇为原则。

"中苏文化协会"致书苏联人民,称苏联人民"是世界上真正以平等待我之民族,是我们被压迫人类最真诚的朋友"。

5月21日 "川康建设协会"举行茶会,到40余人,吕超主持,会议建议迁川各工厂,勿集中于少数城市。

"中国佛教国际访问团"太虚大师等一行,前赴安南、缅甸、印度及南洋各地访问,事毕后于是日自昆明返抵重庆。

5月22日 "中国国货公司"在重庆举行第10次董监联席会议。

5月24日 国民政府军事委员会任命冯治安为33集团军总司令,徐景唐为第12集团军副总司令。

5月25日 国民政府明令:陆军中将潘文华、王缵绪、王陵基特加陆军上将衔。

5月26日 中国国民外交协会致书苏联人民,申述中苏两大民族之深长友谊,并感谢苏联人民对我抗战之诚挚援助。

上午11时43分,日机99架分3批于重庆市区化龙桥及巴县白市驿等地投爆炸弹612枚,燃烧弹12枚,炸死市民78人,炸伤市民133人,毁房屋100余间,民船65只。

5月27日 重庆大学校长叶元龙、复旦大学校长吴南轩、中央大学校长罗家伦,为日机迭炸重庆各大学、中学、医院、住宅区等,呼吁美国政府从速禁止钢铁及石油输日,以制止日军暴行。

中苏文化协会发动全国人民向苏联写信,给苏联人民传达我民众团结抗战精神,并表示对苏联援华之谢意和希望。

上午10时16分,日机99架分3批在北碚、磁器口、小龙坎等地投爆炸弹125枚,燃烧弹12枚,炸死152人,炸伤市民201人,复旦大学教务长孙寒冰,也于此次轰炸中遇难。

5月28日 蒋介石通电国民政府军事委员会办公厅主任、各战区司令长官、各绥靖主任、各集团军司令等，追述张自忠英勇抗战及殉国的事迹。

国民政府行政院决议在重庆建立"忠烈祠"一所，采录抗日死难诸烈士姓名，为位以祀，以彰国民党中央褒忠之典，而励来者响义之心。

第33集团军总司令张自忠将军（5月16日在湖北宜城壮烈殉国）遗体，由民生公司专轮——"民丰号"从宜昌运往重庆，27日晚抵达储奇门码头。是日上午9时，蒋介石、冯玉祥等党政军要员及重庆各界代表数百人前往储奇门码头迎灵，蒋介石亲自为之执绋。

中苏文化协会致书苏联全国人民，表达全中国人民的一致要求：坚持团结、民主、进步，抗战到底，为反对分裂、保守、妥协而斗争。

上午10时34分，日机99架分3批轰炸重庆，共投爆炸弹212枚，燃烧弹12枚，炸死市民227人，炸伤市民432人。

5月29日 国民政府明令：各政府机关、民众团体，一律改称孙中山为国父；在党内称国父或总理均可；民间已印就的图书文字，不必强令改易。

新任驻苏大使邵力子离重庆赴苏履新。

上午11时03分，日机63架分2批于沙坪坝、小龙坎等地投爆炸弹171枚，燃烧弹9枚，炸死市民68人，炸伤市民95人。

5月30日 中国国民外交协会以敌机肆虐，残杀我平民，特致电美国朝野，呼吁对日禁运。

是月 国民政府军事委员会撤销第十战区。

"中央图书杂志审查委员会"改隶国民政府行政院。

6月

6月1日 国民政府明令公布《非常时期人民团体组织纲领》15条，规定一切人民团体，均须经政府许可；职业团体会员及下级团体加入上级团体，以强制为原则；全国人民除受法令限制外，都要分别加入人民团体组织；各种职业团体负责人，以曾经受过特种训练合格人员担任。

国民政府重申明令：各机关严惩贪官污吏。

国民政府财政部所得税事务处改组为"财政部直接税处",高秉坊任处长。该处于是日正式成立,主办包括所得税、利得税、遗产税、印花税在内的直接税,各省办事处改为"直接税局"。

国民政府财政部贸易委员会正式改组,新任副主任委员庞松舟就职视事。

下午5时,德国驻华代办毕德晋谒蒋介石辞行,蒋介石"询以德日关系及日本是否将参加德国作战两问题"。并"举三事以告毕氏,嘱其转达德政府:①就目前形势言,德国如能使战争之范围不致扩大,则胜利当有把握。②日本参加德国作战之唯一目的,端在乘机夺取英、法、荷在东亚之殖民地。③德国如能在此时提出相当之和平条件结束欧战,则德国当可确保胜利"。

韩国在华各政党——朝鲜国民党、韩国独立党、朝鲜革命党在重庆合并组成"韩国独立党"。

6月2日 孔祥熙赴改组后的财政部贸易委员会视察,并召集各处人员训话,对于该会之使命与今后之工作,作详细指示。

6月3日 国民政府行政院颁布《川康经济建设委员会组织规程》12条,规定该会以促进川康两省经济建设及其合理发展为宗旨。

国民政府"内政部禁烟委员会第一次常会"于下午2时在重庆举行开幕式,孔祥熙、周钟岳、张维翰及该会委员甘乃光、李仲公、林翼中、张伯苓等及各机关、各省市代表40余人出席会议。孔祥熙主持并致开会词,内政部部长周钟岳宣读蒋介石的训词,内称:"倭寇与鸦片,均为我民族最大之仇敌,抗战禁烟同一重要,不可忽视。"李仲公报告该会6年来的工作。

"六三禁烟日",重庆市各界于上午9时隆重举行"六三"禁烟纪念大会,到各机关团体保甲代表500余人。

国民政府行政院副院长兼财政部部长孔祥熙在国民党中央举行的总理纪念周上作题为《贸易委员会工作概况》的报告。

重庆市空袭救济服务联合办事处召开扩大会议,并通过了相关决议。

6月5日 国民政府"内政部禁烟委员会第一次常会"于下午5时举行闭幕典礼,李仲公主席致闭幕词,会议通过1941年度禁烟行政计划等议案47

件。

蒋介石以"内政部禁烟委员会第一次常会"结束,特于晚7时在行政院宴请全体出席会议之代表。

"中华农学会第二十三届年会"于上午在重庆中法比瑞同学会举行,到该会会员及来宾100余人,会议由该会理事长梁希主持并致词,说明此次会议的特点。

6月7日 "中德文化学会第五届年会"于晚间在嘉陵宾馆举行,会员及来宾陈立夫、顾毓琇、任西萍、孟建民等130余人到会,会长朱家骅主持并致开会词,顾毓琇、孟建民相继致词,蒋复聪报告会务。会议讨论修改了会章,并通过宣言。

国际反侵略大会中国分会、中国国民外交协会等团体假中法比瑞文化协会举行欢迎会,欢迎访问归来的太虚大师一行,陈铭枢主席致欢迎词。

6月8日 晚上,"中华交响乐团"成立典礼演奏会于嘉陵宾馆举行。

《益世报》在重庆出版。

6月9日 由新运总会、体育协进会合办的"重庆市各界水上运动大会"在牛角沱江面举行。

已故第173师师长钟毅灵榇运抵重庆,蒋介石率各级军政长官及各界代表亲临江岸迎灵。

6月10日 正午12时48分,日机126架分四批,其中第2批27架、第3批27架分别于13时在沙坪坝、13时26分在重庆市区投爆炸弹95枚,燃烧弹2枚,炸死市民9人,炸伤市民20人,毁房屋5栋又184间。

"重庆市汽车公会"正式成立,刘光军、周楚翘、马绍郁、吴国源等9人为理事,蒋信友、赵泉忠等5人为监事。

6月11日 上午11时42分,日机125架分4批在重庆市区及江北投爆炸弹356枚,燃烧弹41枚,炸死市民63人,炸伤市民191人,毁房屋262栋又533间。空袭后,蒋介石、许世英、胡伯翰及空袭服务总队队长谷正纲、副总队长洪兰友,空袭救济联合办事处正副总干事黄伯度、胡仲纾等分赴各灾区视察。

国民政府蒙藏委员会委员长吴忠信主持第十四世达赖喇嘛坐床典礼事毕,是日返抵重庆。

6月12日 上午10时10分,日机117架分4批于重庆市区投爆炸弹290枚,燃烧弹28枚,炸死174人,炸伤市民185人,毁房屋61栋又1449间,木船15艘。

6月15日 国民政府军事委员会任命陶峙岳为第34集团军副总司令。

蒋介石手令重庆卫戍总司令部:清查重庆市户口。

蒋介石致函美国罗斯福总统,派代表宋子文赴美,交换时局意见。

国民政府外交部部长王宠惠发表谈话,抗议日机迭炸重庆,称日军之暴行,适不过使吾人抗日之决心为之增强。

6月16日 正午12时37分,日机117架分4批于重庆市区投爆炸弹233枚,燃烧弹72枚,炸死市民116人,炸伤市民232人,毁房屋725栋又526间,木船43艘,包车3辆。

6月17日 国民党中央党部举行扩大纪念周,到国民党中央党政军各机关首长1000余人,蒋介石亲临并致训词。

国防最高委员会秘书长张群就日机迭炸重庆对记者发表谈话。

蒋介石接见丹麦新任驻华公使高霖(6月12日抵重庆)。

下午5时26分,日机75架分3批于广阳坝、白市驿投爆炸弹169枚,毁房屋2栋。其中白市驿机场投爆炸弹104枚,几被全毁,不能使用。

6月18日 国民政府行政院以连日敌机滥炸重庆,重庆市民损害颇巨,特拨款50万元救济重庆灾民;并通过设立国立中正大学案。

丹麦新任驻华公使高霖于上午8时赴国府向林森主席呈递国书。

高尔基逝世四周年纪念日。中苏文化协会、国际反侵略大会中国分会、中国文艺社、中华全国文艺界、戏剧界、音乐界、美术界、漫画界、木刻界抗敌协会等9团体于下午3时假中苏文化协会举行纪念大会,到各界代表300余人,孙科主持并报告高尔基一生之伟大,冯玉祥、李济深分别致词。

6月19日 国民政府就英、日签订《天津协定》发表声明称:天津租界内白银问题之处理,是英、日无视中国的所有权,中国政府表示抗议。

6月20日　国民政府空军高级将领发表谈话,对近一月来日机轰炸重庆的实况作详细说明,称日机近一月来,轰炸重庆达12次,被我空军击落且已找到残骸者,为29架。敌方的损失除飞机折旧及人员飞机损伤不计外,达11003000美金,我方被炸的损失总计为461800美金。

全国慰劳总会于晨7时假一园大戏院集会,盛大慰劳重庆市防护员警。

6月21日　国民政府为英、日6月17日在东京擅订协定,解决天津英租界内白银一事,特发表重要声明称:"关于现存天津英租界内之白银,……顷该项白银系交通银行所有,且为法币准备金之一部分。中国政府拨出等于英金10万镑之数额充作华北救济经费后,英国政府对于其余全部白银,为交通银行与中国政府信托人。故现在所议定之封存该项白银办法,对于该项白银之原来状况,并无变更。"

国民政府立法院院长孙科应中央广播电台的邀请,于晚间在中央广播电台作题为《团结努力对世界负大责任》的讲演。

国民政府财政部电令上海市国家四行暨银钱业公会、市商会等,规定自6月22日起,上海银钱业支付存款,除军政需要及发放工资者外,每周支取数目在500元以内者,照付法币;超过500元者,以汇划支付,专供同业转账之用。

国民精神总动员会秘书处为发动全市艺术界宣传精神总动员,特召集重庆艺术团体举行座谈会,到各艺术团体代表数十人。

"中华全国文艺界抗敌协会"理事舒舍予、王向辰、姚蓬子等在北泉邀请留居北碚的作家举行座谈会,商讨文协在北碚建立据点、加强作家间的团结事宜。

6月23日　国民政府外交部部长王宠惠就日本威胁法国政府停止中越间一般货运事,特发表重要宣言,认为此举违反中法条约,对法深表遗憾。

6月24日　国民政府外交部就越南突然禁止物资输入中国一事,于21、24日两次向法国大使馆提出严重抗议。

正午12时47分,日机126架分4批于重庆市区及北碚投爆炸弹267枚,燃烧弹63枚,炸死市民78人,炸伤市民102人,毁房屋212栋又667间。

6月25日 国民政府明令通缉卖国投敌的汉奸汪希文、朱则等21人。

上午11时30分,日机151架分5批,其中第1、2、3、5批共计115架于重庆市区及白市驿投爆炸弹229枚,燃烧弹38枚,炸死市民20人,炸伤市民41人,毁房屋242栋又122间,船4艘,车2辆。

6月26日 国民政府令准改"江西省立中正大学"为"国立中正大学"。

国民政府经济部部长翁文灏邀请各机关及有关方面负责人在农本局礼堂聚会,报告政府平抑物价方案。

上午10时30分,日机90架分2批于重庆市区及巴县龙隐镇投爆炸弹257枚,燃烧弹18枚,炸死市民30人,炸伤市民103人,毁房屋73栋又468间,汽车1辆。

6月27日 上午10时32分,日机90架分3批于重庆市区投爆炸弹220枚,燃烧弹19枚,炸死70人,炸伤市民185人,毁房屋37栋又51间,汽车6辆。

6月28日 上午11时50分,日机90架分3批于重庆市区投爆炸弹178枚,燃烧弹19枚,炸死市民63人,炸伤市民111人,毁房屋274栋又341间,船3艘。

6月29日 上午11时15分,日机117架分4批于重庆市区及巴县之石桥铺、小龙坎等地投爆炸弹218枚,燃烧弹35枚,炸死市民10人,炸伤市民19人,毁房屋453栋又70间,木船17艘。

6月30日 "发行准备管理委员会"公布检查国家四行发行准备结果,四行合计发行总额为3962144205元,准备金额相等,内有现金准备1917526049.57元,其余均为保证准备。

重庆市临时参议会通电痛斥日本军阀轰炸重庆的暴行。

6月 兼四川省政府主席蒋介石以四川省银行负有整理省金库及调整地方金融、辅助发展地方经济之责,特调整该行人事,派潘昌猷、郭松年、梁颖文等15人为董事,潘昌猷为董事长,熊觉梦、黄季陆等8人为监察,熊觉梦为常务监察,杨晓波为总经理。

7月

7月1日 中国国民党第五届中央执行委员会第七次全体会议在重庆举行开幕式,蒋介石主持并致开幕词。

蒋介石会见黄炎培、左舜生,接受黄炎培递交的关于外交方针的意见书,听取左舜生对于内政方面的意见。并希望他们以公正人资格参与商讨中共问题。

国民政府行政院农林部是日正式在重庆成立。

国民政府军事委员会决定重设第六战区。

国民政府经济部新增电气、企业、管制3司,3司于是日正式成立。

国民政府交通部所属的公路运输总局、公路总管理处及所属各线公路工程、运输机构及其业务,自是日起全部改隶于国民政府军事委员会运输统制局。

7月4日 国民党中央海外部部长吴铁城发表谈话,驳斥"有田声明"。指出:有田倡导所谓东亚门罗主义,不过希图利用国际一时不安之局,遂其独霸太平洋之野心,蹂躏友邦之权利。

正午12时57分,日机89架分3批于重庆市郊之杨家坪、沙坪坝及江北罗湾投爆炸弹227枚,燃烧弹6枚,炸死市民6人,炸伤市民26人,毁房屋20栋又42间,船2艘,中央大学、重庆大学等高校损失惨重。

7月5日 中国国民党第五届中央执行委员会第七次全体会议决议:设置"中央设计局"及"党政工作考核委员会",并通过行政院增设"经济作战部"等要案。

国民政府军事委员会任命李文田为第33集团军副总司令。

7月6日 蒋介石出席国民党五届七中全会第五次会议,报告五届六中全会以来改进党务、政治、经济之要点及今后国民党党政军工作之急务。

晚,中华交响乐团在市区中央公园(今渝中区人民公园)篮球场草坪,举行该团成立后的首次对外公开演出——"七七前夕演奏大会",以此作为中华民族对日抗战三周年的纪念。

7月7日　抗战三周年纪念日。蒋介石发表《告全国军民书》《告友邦人士书》和《告全党同志书》，勖勉国人实行精神总动员，履行国民公约，拥护国民政府，同时表示"倘在越南或其他亚洲地域有任何武力侵略行为"，中国政府"必不惜以武力与之周旋"。并于晨6时45分对美国民众广播，重申我国抗战决心，非自日寇放下侵略武器，尊重国际条约，抗战绝不停止。

蒋介石通电全国，追述张自忠将军的抗战功勋。

国民政府明令褒扬张自忠将军。

国民政府军事委员会任命周碞为第26集团军总司令。

抗战三周年纪念日。国民政府外交部部长王宠惠对外发表重要声明。

抗战三周年纪念日。重庆各界隆重举行"七七"抗战三周年纪念。

7月8日　中国国民党第五届中央执行委员会第七次全体会议闭幕，蒋介石致训词。

国民政府军事委员会重建第六战区司令长官部，统辖湘、鄂、川、黔边地区战事，辖第20、26集团军及长江上游江防司令部，是日正式任命陈诚为该战区司令长官。

"三民主义青年团"成立二周年纪念，团长蒋介石特发表告全国青年书，希望全国青年"应认定本身应尽基本工作，精诚团结，以完成历史使命"。

"中国工业合作社出品展览会"于下午4时假嘉陵宾馆举行，共展出展品300余件，孔祥熙、孙科等党政首脑及中外来宾数百人前往参观。

上午11时，日机90架分3批于重庆市区投爆炸弹241枚，燃烧弹7枚，炸死市民63人，炸伤市民35人，毁房屋30栋又570间，汽车2辆。

7月9日　国民政府公布《修正中央公务员、雇员、公役遭受空袭损害暂行救济办法》17条。

三民主义青年团成立二周年纪念日，三民主义青年团中央团部于上午7时半在该部大礼堂举行纪念会，王世杰主席。

上午10时55分，日机90架分3批于重庆市区及鱼洞溪等地投爆炸弹257枚，燃烧弹9枚，伤市民101人，亡42人，毁房屋68栋又431间，木船12艘。

7月10日　中国工业合作协会在重庆歌乐山举行第二届工作会议,到各地代表100余人,由该会理事长孔祥熙主持。

国民党重庆市党部召集各业工会常务理事举行谈话会,到50余人,陈访先主持,会议主要商讨空袭时期各业工会工作方针。

7月11日　国民政府军事委员会军令部拟定目前各战区作战部署,要点为:第三战区应为巩固行都,截断敌后长江航运,另与第九战区配合,反攻南昌;第四战区重点置于粤桂边,威胁钦(县)防(城);第六战区与第九战区配合,负责洞庭湖之警备;第一战区陕境内应于潼关、华县间控置一个军,严加戒备;第八战区应重点临河、五原附近;第五战区应于南漳、保康间完成游击根据地之设施。

国民党中央常务委员会会议决议:任命王宠惠为中央监察委员会常务委员。

美国驻华大使詹森晋谒蒋介石,商讨滇缅公路交通被阻及日本对英宣战两问题并有所讨论。

7月12日　国民政府军事委员会副委员长冯玉祥撰文痛悼张自忠将军,国民参政会也电唁张自忠家属。

7月13日　国民政府军事委员会任命关麟征为第9集团军总司令。

重庆市总工会及全市48个职业产业工会联名发表平抑工资宣言。

7月14日　国民政府有关机关集会,商讨重庆市粮食问题,决定在重庆设一全国粮食之最高机关——全国粮食管理局,负责统制并调剂全国各地的粮食。

国民政府通知英国政府,维持缅甸运输问题,关系中英两国友谊。

7月15日　国民政府军事委员会在重庆召开"全国驿运会议",参加者有大后方15省市的代表。

国民党"三民主义教学研究会"在重庆成立,蒋介石为名誉会长,陈立夫兼任会长,甘乃光、方治为副会长。

7月16日　蒋介石就英国政府封锁滇缅路一事,对中央社记者发表谈话。

国民政府外交部发言人就英国封锁滇缅路发表谈话,严斥英国对日屈服,认为此举"不独极不友谊,且属违法",并表示任何困难不能动摇我抗战决心。

国民政府军事委员会军令部调整陆军部分战斗序列,任命冯钦哉为第一战区副司令长官,孙连仲为第五战区副司令长官,吴奇伟为第六战区副司令长官,王陵基为第九战区副司令长官,卫立煌兼任冀察战区总司令。

国民政府行政院巡视团川、滇、黔组主任委员蒋作宾,委员端木恺、王卓然等是日离渝,赴川、滇、黔3省视察行政。

中国工业合作协会第二届工作会议闭幕,会议主要检讨了过去的工作,并确定今后工作方针。

上午11时01分,日机50架分2路于重庆市区投爆炸弹140枚,燃烧弹15枚,炸死市民12人,炸伤市民38人,毁房屋144栋又299间。

7月17日　国民政府明令:定11月12日为防空节,要求各地每年于是日举行防空部队与防空设备总检阅,扩大防空宣传与训练。

国民政府军事委员会在重庆召开的"全国驿运会议"闭幕,会议决定由国民政府交通部设立驿运总管理处,各省政府内成立驿运管理处,以重庆为中心开辟10条驿运干线。

国民政府有关部门宣布:至1939年底,日机炸死中国军民51601人,炸伤65846人,毁房屋216546间,损失约合国币144829元(战区内被炸人员伤亡、财产损失,尚不包括在内)。

7月19日　国民政府明令:①褒扬雷鸣远神父;②通缉汉奸刘和性、汪美璜、何世乔等18人。

国民政府军事委员会任命霍揆彰为第20集团军代总司令。

7月20日　"在华日本人民反战革命同盟会"在重庆举行成立大会,同时举行俘虏解放式。

7月21日　陈嘉庚、侯西反等结束对甘肃、青海、陕西、山西、河南等地的考察,是日返抵重庆。

周恩来在重庆与陈嘉庚会晤,谈国共合作事宜。

陈嘉庚在国际广播电台讲演赴西北慰劳经过。

7月22日 首任国民政府农林部部长陈济棠偕该部政务次长林翼中、常务次长钱大鹤同时举行就职典礼。

国民政府行政院政务视察团结束对湖南、江西、福建、广东、广西等省的视察，是日返抵重庆。

7月24日 国民政府明令公布《非常时期维持治安紧急办法》10条，规定对违反《惩治汉奸条例》《危害民国紧急治罪法》《战时军律》《陆海空军刑法》《惩治盗匪暂行办法》等之规定条款者，"军警应严密注意，侦察逮捕，于必要时并得以武力或其他有效方法制止之"。

中共代表周恩来携国民党谈判代表7月20日交中共代表的"提示案"离重庆返延安。

陈嘉庚应中国国民外交协会的邀请，作题为《西北之观感》的讲演，称赞中国共产党"上下刻苦耐劳，努力求进"，希望国人"在如此艰苦抗战中，大家都应该有这种精神才对"，吁请中国各党派"应该加紧团结"，因为此不仅"关系国家一时之安危，而且关系民族永久的存亡"。

迁川工厂联合会为解决各会员工厂的粮食问题，特组织"迁川工厂粮食供应委员会"，以代各工厂购买粮食，颜耀秋、潘仰山、余名钰、徐佩镕、唐瀚章、熊阴村、马雄冠为委员。

7月25日 国民党中央常务委员会会议决议：推孔祥熙、孙科、何应钦、张群、陈济棠为"战时经济会议"委员，孔祥熙为召集人。

国民政府外交部为沪工部局背信弃义一事，提出严重抗议，抗议上海公共租界工部局将前上海市政府土地局交托保管之档案交给汪伪政府。

7月26日 蒋介石在中央政治学校对该校新闻班学员讲演，称改良中国新闻事业必须注重传递迅速、报道确实、定价低廉、发行普遍。

7月27日 美国驻华大使詹森晋谒蒋介石，报告美国国务卿赫尔对滇缅公路交通被阻及日本对英宣战问题之答复。内称："美国政府与人们深信中国政府与领袖目前所采取之途径，最后必能获得中国之独立与优胜。此项信念，绝不为最近任何事变所动摇。"

7月28日 蒋介石在重庆接见陈嘉庚,陈嘉庚谈赴兰州、西安、延安等地考察之观感。

国民政府行政院颁布《各级粮政管理机构组织纲要》。

国民政府外交部发表声明:日本如派兵入越,对中国领土安全构成直接威胁,我国决派遣武装部队入越自卫。

7月29日 蒋介石在国民党中央举行的总理纪念周上作题为《党政军主官目前之急务》的讲演。

蒋介石设午宴招待陈嘉庚,并邀何应钦、白崇禧、张治中、陈布雷、吴铁城等作陪。

国民政府教育部举行"国语推行委员会第二届全体委员会议"。

7月30日 国民政府明令:派卢作孚为全国粮食管理局局长,何廉、熊仲韬、何北衡为副局长。

国民政府军事委员会任命刘建绪为第三战区副司令长官。

陈嘉庚、侯西反等离渝飞滇,赴西南各省视察,行前致函蒋介石,对政治、经济、交通等要政颇多指责。

7月31日 国民政府军事委员会运输总司令、前陇海铁路局局长钱宗泽将军在重庆病逝。

正午12时28分,日机108架分3批,其中第1批36架、第3批54架共90架分别于北碚及重庆市区投爆炸弹320枚,燃烧弹8枚,炸死市民62人,炸伤市民226人,毁房屋90栋又354间,木船47只。

是月 国民政府制定《拱卫行都作战计划》。其作战方针为:以拒绝敌人入川为目的,应始终确保三峡,以为作战方案轴心,并凭依三峡及其南北山地,破路清野,加强地形之险固,并用正面韧强抵抗,节节侧击,遮断敌人补给线,歼灭进犯之敌于三峡南北连山地带。

三才生煤矿与中国兴业公司全组的"三才生煤矿股份有限公司"成立,资本总额200万元,但懋辛任董事长。

8月

8月1日 "全国粮食管理局"是日正式在重庆成立并开始办公。该局直隶国民政府行政院,内设行政管制、业务管制及财务3处以及秘书、研究2室。

"川湘、川陕水陆联运总管理处"在重庆成立,以沈仲毅、魏文翰为正、副处长。该处由招商局与民生公司合办,主要经营湖南衡阳至重庆的水陆联运和重庆至广元的嘉陵江水运业务。

妇女慰劳总会为纪念该会成立三周年,是日携大批慰劳品,由宋美龄率领,分12队前往重庆市郊慰问空军及荣誉军人。

8月3日 国民政府教育部音乐教育委员会在青木关举行盛大音乐会,特邀由欧洲来重庆的比利时国皇家音乐院钢琴教授加纳瓦特女士演奏,到各界代表1000余人。

重庆文化界假中苏文化协会举行鲁迅诞辰60周年纪念会,到郭沫若、田汉、葛一虹、张西曼、沈钧儒、吴克坚等及各界代表100余人。

8月7日 新任国民政府监察院秘书长程中行(沧波)到院视事。

国民政府军事委员会重设第七战区司令长官部,负责广东、江西一带战事,长官司令部设广东曲江,以余汉谋为司令长官任命为第七集团军总司令,下辖第63、65军。

中国国民外交协会等五团体举行欢迎大会,欢迎日前抵渝的第9集团军总司令关麟征。关麟征在会上报告湘北大捷之经过。

8月8日 国民政府通令:征收战时所得税。

"中华交响乐团"于晚8时在该团演奏厅举行第一次联谊大会,欢送在华日本人民反战革命同盟西南支部工作人员。

8月9日 正午12时10分,日机90架分2批于重庆市区投爆炸弹302枚,燃烧弹47枚,炸死市民253人,炸伤市民226人,毁房屋333栋又505间。

8月10日 "全国征募寒衣运动委员会总会"召集全体委员开会,通过1940年度征募运动计划,征募目标定为代金1000万元。

8月11日 蒋介石为实施粮食管理,特发表《告川省民众书》。

蒋介石接见中外记者并发表谈话,说明我国采取正当防范措施,破坏滇越铁路,以清除日寇假道攻击云南之口实,暴露其侵略之企图。

下午 1 时 45 分，日机 90 架分 2 批于重庆市区投爆炸弹 310 枚，燃烧弹 28 枚，炸死市民 123 人，炸伤市民 147 人，毁房屋 83 栋又 262 间。

8 月 13 日　"八一三"三周年纪念日，蒋介石发表《告沦陷区人民书》。

重庆妇女界 20 余个团体在求精中学召开纪念"八一三"暨检讨三年来妇女工作大会。

"中华交响乐团"于晚上在中央公园举行公开表演。

8 月 14 日　空军节。国民党航空委员会特别党部发表《告全国同胞书》。

空军节。全国慰劳总会分别在重庆、成都、昆明、兰州、桂林 5 处慰劳空军。

空军节。重庆市各界于上午 7 时假川东师范学校球场举行空军节纪念大会，到谷正纲、刘峙、毛邦初、陈访先、吴国桢等及市民代表 1000 余人，刘峙主席并报告空军将士的业绩，谷正纲讲演。

全国征募寒衣运动委员会总会通电海内外同胞，决定自 8 月 15 日起，全国各地同时征募寒衣，期于 10 月 31 日以前竣事。

8 月 15 日　国防最高委员会举行会议，讨论通过"明定重庆永为陪都"的议案。

8 月 16 日　国民政府行政院通令全国：取缔囤积居奇。

"中中交农四行联合办事总处"发表统计，自 1939 年 6 月起至 1940 年 2 月止，全国农贷总额共达 151324481.46 元。

8 月 17 日　蒋介石以各高级军事长官久战怠生，形成种种弊习，而以战斗意志低落、革命精神消沉及军队纪律废弛为尤甚，物手令各战区司令长官及所属各部总司令、参谋长等，切望：①加强精神之修养与指挥能力之提高，使意志益形坚定，使决心益形坚强；②切实根除对友军敷衍、对部下讨好、对上级虚伪、对命令轻忽、对报告夸妄、对公务因循之恶习；③所部官兵尤其直属官长，更应恪守纪律、崇尚道德、戒除奢侈、同甘共苦，切戒怕怨循情之恶习，扫除怕死畏敌之劣性。

8 月 19 日　"全国节约建国储蓄委员会"成立，蒋介石任主席，孔祥熙、宋子文、钱新之任常务委员，翁文灏、张嘉璈、徐堪、陈行等为委员。

凌晨3时，日机9架侵入重庆市区，投爆炸弹6枚，燃烧弹3枚，炸死市民12人，炸伤市民12人，毁房屋14栋；同一天上午11时22分，日机119架分3批于重庆市区及巴县投爆炸弹304枚，燃烧弹52枚，炸死市民180人，炸伤市民132人，毁房屋643栋又1180间；当天晚上1时42分，日机9架侵入重庆市区，投爆炸弹41枚，燃烧弹10枚，炸死市民91人，炸伤市民57人。重庆市区两浮路、大田湾、两路口、中二路、通远门、中华路、学田湾、都邮街、大梁子、储奇门、磁器街、关庙街、较场口等30余处中弹起火，市民无家可归者达2000余人。

8月20日 正午12时45分，日机152架分4批，其中第1批36架、第2批36架、第3批27架、第4批27架于重庆市区及巴县投爆炸弹426枚，燃烧弹268枚，炸死市民75人，炸伤市民208人，毁房屋988栋又2314间。重庆市区大梁子、小什字、龙王庙街、小梁子、会仙桥、苍坪街、太平门、新丰街、西大街、西二街、西三街、千厮门等处纷纷起火，市商会、青年会、银行公会、川盐银行、中央储蓄会、交通银行、川盐银行、重庆银行、新华日报营业部、商务日报报馆、中央日报营业部、时事新报营业部、开明书店等受到重创或化为灰烬，市民无家可归者达10000余人。

蒋介石以日机连日对重庆实施狂轰滥炸，声称："徒凭满腔热忱与血肉，而与倭寇高度之爆炸弹与炮火相周旋，于今三年，若非中华民族，其谁能之？"

自是夜起，新运总会为救济空袭被难同胞，特在海棠溪、太平门、桂花街、都邮街、储奇门、道门口、国泰大戏院旁、七星岗、九道门等10处设立茶粥站，供应茶粥，以应难胞急需。

8月21日 国民政府行政院公布"川康经济建设委员会"委员长及委员名单。

8月22日 蒋介石在重庆对三民主义青年团和军事委员会政治部各级干部发表训词。

国民政府军事委员会任命刘戡为第14集团军副总司令，陈铁为第5集团军副总司令。

中国国民外交协会、国际反侵略运动中国分会等135个民众团体,为日机迭炸重庆通电全国,表示宁以重庆为墟,誓当坚定奋发,以迎接抗战最后胜利之来临。

8月23日 张治中就任"三民主义青年团"中央团部书记长职。

上午11时33分,日机80架分2批于重庆市区投爆炸弹318枚,燃烧弹87枚,炸死市民23人,炸伤市民45人,毁房屋242栋又139间。

第18集团军正、副总指挥朱德、彭德怀致电慰问重庆市被炸全体市民。

8月25日 重庆市为疏散市民,以避免更大的牺牲,决定加倍发给救济费疏散难胞,该活动自是日开始办理,陆路车送璧山、綦江,水路轮运合川、长寿、江津。

8月26日 蒋介石召见回民代表纳子宜,垂询一切,对西南的回民同胞,表示关注。

国民政府教育部"医学教育委员会第五届第一次全体会议"在该部举行。会期3日。

国民党中央社会部约集国民党中央宣传部、国民政府军事委员会、军事委员会政治部、赈济委员会、重庆卫戍总司令部、全国慰劳总会、内政部、重庆市党部、重庆市政府等20余机关团体开会,商讨慰问重庆市被难同胞办法,决定共组慰问队7个大队,分别到各医院及难民收容所慰问。

8月27日 川康绥靖公署副主任兼川陕鄂边区绥靖公署主任潘文华奉蒋介石电召,是日飞抵重庆述职并请示。

孔子诞辰纪念日及老师节,重庆各界于黄家垭口国立实验剧院举行纪念大会。

8月28日 周恩来会见蒋介石、白崇禧,谈边区所属县份和八路军、新四军编制扩大问题,蒋介石、白崇禧表示:如八路军、新四军不开到黄河北岸,则一切问题都不能解决。

国民政府外交部部长王宠惠就日寇狂言进军越南,借以侵略中国一事,特发表第二次声明,表示中国坚决自卫决心:敌如侵犯,我决进兵。

"中华全国文艺界抗敌协会"以日机迭炸重庆,特致书全世界作家,痛斥日寇狂炸重庆的暴行,并期待全世界作家共予制裁。

8月30日 国民政府立法院通过《水利委员会组织法》。

重庆市各机关团体代表是日联合组织慰问队,由谷正纲、洪兰友率领,分赴各重伤医院及难胞收容所,慰问空袭被难同胞,宣达领袖德意,并散发慰问金。

8月31日 国民政府改组湖北省政府,任命朱怀冰为湖北省政府委员兼民政厅厅长,并代理省政府主席职务。

是月 国民政府军事委员会军令部制定《长江上游要塞守备计划》,规定:国军以拒敌入川为目的,应固守三峡沿江两岸要塞,始终确保三峡入川门户,以为我野战军作战轴心,歼灭敌人于三峡南北连山地带。

9月

9月1日 国民政府"战时公债劝募委员会"正式成立,蒋介石任主任委员,孔祥熙任副主任委员。

蒋介石出席陆军大学学生毕业典礼,并发表训词。

国民政府军事委员会恢复"铁道运输司令部",并将公路与水道之军事运输业务划归后方勤务部管理。

国民政府交通部成立"驿运总管理处"。

国民政府军事委员会政治部进行改组,张治中继陈诚任军事委员会政治部部长。

"记者节"。重庆新闻界于下午5时假嘉陵宾馆举行纪念大会。

9月2日 蒋介石亲临重庆各收容所视察被灾同胞。

"中德文化协会"改选,朱家骅当选为会长。

重庆市政府于下午3时召集各市属机关开会,专门研究大重庆之复兴与建设计划。

"全国节约建国储蓄劝储委员会重庆分会"成立。

9月3日 中共代表周恩来就时局问题对记者发表谈话,阐述欧战扩大对太平洋战事的影响和日军军事进攻的情况。

由郭沫若、田汉、老舍、郑用之等50余人发起的"音乐家张曙追悼会"在中国电影制片厂举行(张曙于桂林遭日军轰炸遇难)。

9月5日 国防最高委员会设立"物价审查委员会"。

著名漫画家张光宇、丁聪受中国电影制片厂之聘,担任该厂美术指导,两人于是日由香港抵达重庆。

9月6日 国民政府明令定重庆为陪都。令称:"四川古称天府,山川雄伟,民物丰殷,而重庆绾毂西南,控扼江汉,尤为国家重镇。政府于抗战之始,首定大计,移驻办公。风雨绸缪,瞬经三载。川省人民,同仇敌忾,竭诚纾难,矢志不渝,树抗战之基局,赞建国之大业。今行都形势,益臻巩固。战时蔚成军事政治经济之枢纽,此后自更为西南建设之中心。恢闳建置,民意佥同。兹特明定重庆为陪都,着由行政院督饬主管机关,参酌西京之体制,妥筹久远之规模,借慰舆情,而彰懋典。此令!"

国民政府明令公布《战时图书杂志原稿审核办法》19条。

国民参政会参政员左舜生等30余人联名上书蒋介石,请于近期召开国民参政会,以解决国是,应付艰局。

由"全国节约建国储蓄运动委员会"及"全国节约建国储蓄委员会"共同发起组织的"全国节约建国储蓄团"在重庆成立。

国民政府行政院政务巡视团川、滇、黔组视察事毕,是日返抵重庆。

9月7日 国民政府明令公布《党政工作考核委员会组织大纲》22条及《中央设计局组织大纲》16条。

蒋介石为节约建国储蓄运动,发表《告全国同胞书》。

9月9日 "全国节约建国储蓄团"总团长孔祥熙通电各省政府主席及各市市长,请一律于9月15日以前完成各省市储蓄团的设立。

"美术节"。中华全国美术会邀集在重庆的美术家于下午6时在一心饭店举行聚餐会。

9月10日 国民政府行政院举行会议,详细讨论越南问题及其对付办法。

重庆市警察局局长唐毅于下午2时假山东省立剧院召集重庆市各区正

副区长、镇长、保甲长，区署及镇公所干事、职员等 600 余人训话。

德丰企业公司、中国国货公司联合组织的"临时联合会场"开业，此为重庆市自"八一九、八二〇"大轰炸后，复兴市面之先声。

9 月 11 日　国民政府军事委员会任命刘和鼎为第 33 集团军副总司令。

蒋介石为实施粮食管理，发表《为实施粮食管理告川省同胞书》。

蒋介石就"百团大战"所取得的胜利致电嘉奖朱德、彭德怀。

全国粮食管理局为抑制重庆米价上涨，是日制定救济办法 3 条。

9 月 12 日　国民政府军事委员会发言人发表声明，称：为阻止日军假道越南攻击我国领土，我国破坏河口铁桥和铁路，实为正当之防范措施。并称："如日本武装队伍侵入越南，我方必在越采取自卫措施"。

重庆市商会举行会员代表大会，到各业公会代表 100 余人。

上午时 45 分，日机 45 架分 3 批于重庆市区投爆炸弹 93 枚，燃烧弹 5 枚，炸死市民 30 人，炸伤市民 41 人，毁房屋 29 栋又 138 间；傍晚 7 时 26 分，日机 3 架于重庆市区投爆炸弹 34 枚，炸死市民 9 人，炸伤市民 12 人，毁房屋 3 栋又 88 间。

9 月 13 日　重庆市市长吴国桢在重庆市临时参议会驻会委员会上宣布：蒋介石已批准拨款 200 万元，作为恢复重庆市面之经费。

上午 11 时，日机 53 架分 2 批，其中第 1 批 27 架、第 2 批 15 架于重庆市区投爆炸弹 82 枚，燃烧弹 7 枚，炸死市民 2 人，炸伤市民 2 人，毁房屋 21 栋又 333 间。

9 月 14 日　"重庆市节约建国储蓄团"正式成立，吴国桢任团长，下属 9 个分团。

上午 11 时 37 分，日机 36 架分 2 批于巴县人和乡、大渡口等地投爆炸弹 103 枚，燃烧弹 17 枚，炸死市民 26 人，炸伤市民 77 人，毁房屋 44 栋又 103 间；晚上 8 时 28 分，日机 21 架分 2 批，其中第 1 批 3 架于晚 21 时 16 分在重庆市区投爆炸弹敌机投爆炸弹 6 枚，燃烧弹 7 枚，炸伤市民 7 人，毁房屋 2 栋又 25 间。

9 月 15 日　上午 8 时 58 分，日机 39 架在重庆市区投爆炸弹 34 枚，燃烧弹1枚,毁房屋25栋又66间;同一天上午11时48分,日机31架分2批分别于重庆市郊之小龙坎、小温泉投爆炸弹31枚,燃烧弹6枚,炸死市民19人,炸伤市民38人,毁房屋13栋又1间。

9月16日　全国慰劳总会是日分重庆、长沙、兰州等9处举行中秋节劳军大会,赠送前方将士月饼代金100万元。

凌晨2时14分,日机16架在重庆市区投爆炸弹11枚,燃烧弹2枚,毁房屋3栋又15间;同一天上午11时20分,日机68架分4批于巴县南温泉、大渡口等地投爆炸弹157枚,燃烧弹14枚,炸死市民38人,炸伤市民38人,毁房屋8栋又181间。

9月17日　蒋介石为"九一八"九周年纪念广播讲演《九一八第九周年纪念日告全国同胞》。

蒋介石出席中央政治学校高级科第一期毕业典礼并发表演讲。

国民政府行政院第482次会议决议:组织"陪都建设计划委员会",详细规划大重庆的建设事宜。

"韩国光复军总司令部"成立典礼在嘉陵宾馆举行,到陪都各界政要200余人。刘峙代表国民政府军事委员会宣布有关人事任命事项,由李青天任总司令。

9月18日　国民党中央常务委员会会议决议:国民大会召集日期,再予延缓,所有未完选举事项,仍由选举总事务所依法继续办理。并决议设立国民大会筹备委员会,负责国民大会的筹备事宜。

国民政府明令:派朱家骅代理国立中央研究院院长。

旅渝东北同胞300余人举行"九一八"九周年纪念大会。

全国各地自是日起举行"节约建国储蓄"扩大运动。

9月19日　国民政府外交部发表声明,指出:日本要求越南准其以越南为军事根据地,"假道攻我,我方在军事上自不得不采取必要之措置"。并称:中国"轰炸河口铁桥,即纯系正当自卫。至于滇越路之昆河段,本完全在我国境内,在紧急必要时,我方有权自行调度"。

9月20日　国民政府明令:公布《水利委员会组织法》。

国民政府军事委员会任命蒋光鼐为第七战区副司令长官。

9月22日 重庆市临时参议会发出通电,拥护政府的粮食管理政策,并劝存积粮食富户,遵照政府指示,发挥爱国热忱,将存粮平价出售,以调民食。

9月23日 国民党中央常务委员会会议商讨修订《国民参政会组织条例》,并通过决议三项。

国民政府外交部向法国严重抗议有关越南事件之《法日协定》,称中国政府将自由行使自卫权。并声明因此而产生的损失及影响,法方应完全负责。

9月24日 国民政府行政院第483次会议,讨论越南问题,决定在军事外交各方面,均照屡经决定之步骤进行,并告国人密切注意。

在华日本人民反战同盟西南支部鹿地亘一行,应陈诚之邀,于是日离重庆赴前线从事对敌宣传工作。

重庆市商会及各同业公会发表通电,拥护政府的粮食管理政策。

9月25日 国民政府通令全国:嗣后所有公私文件,对于信仰回教之人民因宗教而必须辨别时,应一律称之为"回教徒";各省编纂地方志书,涉及回教事件,亦应改善其称谓,以正视听而利团结。

国民政府就法国政府与日本缔结允许日军进驻印度支那的协定提出抗议。

9月26日 国民党中常会临时会议决定:国民大会延期召集,同时修正《国民参政会组织条例》。

国民政府明令:①国民大会延期举行;②公布《修正国民参政会组织条例》18条,该条例规定:改进国民参政会参政员产生办法,将参政员名额增至240名,改国民参政会议长制为主席团制。

重庆各民众团体致电英国国会,请求开放滇缅路。

9月27日 国民政府行政院院长兼川康经济建设委员会委员长蒋介石,指定张群、邓锡侯、刘文辉、潘文华、徐堪、卢作孚、何廉、陈筑山、刘贻燕、邓汉祥为"川康经济建设委员会"常务委员。

9月28日 国际反侵略大会中国分会于下午6时假枣子岚垭42号请朝鲜义勇队队长金若山作题为《中国抗战与朝鲜革命》的讲演。

9月29日 蒋介石致电斯大林,请共商德、意、日三国同盟协定成立后,中、苏应取如何方针。

蒋介石为德意日三国同盟协定签订(9月27日签订)致电各将领,称德意日三国同盟协定的签订,"于我抗战,则为绝对有利。此后英、美、苏与我之积极合作,为极自然之趋势。而我国则敌友分明,应付简单,更易收得道多助之效。"

国民政府外交部为日、德、意三国本月27日在柏林签订协定,德意两国"承认并尊重日本在建立大东亚新秩序中之领导地位"一事,是日致电德意两国政府,就此提出严重抗议。

中共代表周恩来应中华职业教育社之邀,在重庆巴蜀学校广场作题为《国际形势与中国抗战》的讲演,到各界听众3000余人。

是月 国民参政会参政员张伯苓、孔庚、傅斯年、罗隆基等30余人联名致电英国上、下议院议员薛西尔等,呼吁在英国战争趋缓和之局势下,勿作不必要之顾虑,毅然决然无条件开放滇缅路。

韩国临时政府(1939年3月迁四川綦江)由四川綦江(现属重庆)迁重庆市区办公。

是年秋 "私立中国乡村建设育才学院"于巴县歇马场成立,董事长张群,康心如、甘乃光、黄炎培、张伯苓、吴鼎昌、翁文灏、熊式辉、张治中、卢作孚、陈布雷、晏阳初、梁漱溟等为董事。

10月

10月1日 国民政府发表宣言,阐明中国政府对日、德、意三国同盟之态度,内称:"中国政府与人民,决定继续为世界合法之秩序努力奋斗,中国政府决不承认所谓'大东亚新秩序',尤不能承认日本在所谓大东亚之领导地位。"

国民政府行政院会议通过《陪都建设计划委员会组织规程》及《驿运总管理处组织规程》。其中《陪都建设计划委员会组织规程》共12条。

"中央设计局"正式成立,为行政三联制之权舆,蒋介石兼任该局总裁。

重庆各界30000余人举行"重庆陪都建立庆祝大会"。

10月2日 国民党中央常务委员会会议决议：免陈诚中央训练团教育长职，遗缺由王东原充任。

国民政府发言人接见国际社记者，表示如果越南决定"抵抗日本之侵略，则中国将毫不犹豫地予以最大的援助"。

中国国民外交协会致函各国际团体，说明重庆建立陪都之重大意义——"足表我国对于抗建之坚强信心"。

10月3日 国民政府外交部部长王宠惠约见英国驻华大使卡尔，催促英国政府勿再犹豫，迅速开放滇缅路。

国民政府外交部发表声明，抗议天津各租界工部局特别委员会将中国电话局管理权移交伪天津市政府。

10月4日 国民党中央执行委员会秘书处、国民政府行政院电令各省市，限11月5日选出第二届国民参政会参政员候选人。

中共中央南方局举行会议，讨论南方局内部机构设置及人员分工问题，决议南方局内设统一战线工作委员会（统委）、文化工作委员会（文委）、宣传部、组织部、国际问题研究室、华侨工作组、社会部、秘书处等。

著名画家张善孖前往国外举行画展筹款，是日由香港抵达重庆。

10月5日 国民政府监察院决定成立战区视察团，第一团巡视江南各战区，第二团巡视江北各战区。

"中国电影出版社"邀请电影界知名人士40余人，在中国电影制片厂座谈，就抗战电影创作亟待解决的一些问题交换意见。

10月6日 国民政府军事委员会副参谋总长兼军训部部长白崇禧于8月底赴长江以北各战区巡视军事，事毕后于是日返抵重庆。

上午11时40分，日机42架分2批，其中第1批27架，第2批中的9架于重庆市区投爆炸弹180枚，燃烧弹11枚，炸死市民74人，炸伤市民156人，毁房屋30栋又339间。

10月9日 韩国临时议政院在重庆举行会议，并选金九为临时政府主席。

朝鲜义勇队于上午8时在黄家垭口实验剧院举行成立两周年纪念大会。

10月10日 "双十节"。蒋介石发表《双十节告全国同胞书》。

蒋介石为推进"节约建国储蓄运动"通电全国。

国民党中央、国民政府联合举行国庆纪念会,国民政府主席林森于会上致词。

"双十节"国庆纪念日,陪都各机关、团体300余单位近50000人于下午7时在夫子池广场举行庆祝大会,会后举行盛大游行。

"全国国民体育会议"在重庆开幕。

上午11时08分,日机31架于北碚投爆炸弹60枚,燃烧弹11枚,炸死市民7人,炸伤市民9人,毁房屋54栋又85间。

10月11日 国民政府明令公布《社会部组织法》22条。

10月13日 蒋介石出席"全国国民体育会议"并训话。

蒋介石出席国民党中央党政训练班第10期毕业典礼并发表讲演。

10月14日 蒋介石接见英国驻华大使卡尔,商谈中美英三国合作问题。

"全国国民体育会议"第四次大会决议:①国民体育应以教育部为主管机关;②充实教育部体育行政机构;③创设五年制体育师范专科学校;④设立造就体育师资人才的训练班。

国民政府教育部在重庆举行中等以上学校训导会议。

"陪都建设计划委员会"招待中外新闻界人士,报告陪都重庆的建设计划,宣布陪都重庆在抗战时期为全国政治、军事、经济、文化中心,战后亦将为西南政治中心。

10月15日 蒋介石与航空委员会美籍顾问陈纳德晤谈,商讨美国空军援华办法。

"全国国民体育会议"闭幕。定9月9日为国民体育节等。

因是日大雨,陪都各界400余人于下午3时假实验剧场举行反轰炸大会。

10月16日 中国国民党中央执行委员会会议决定:将原隶国民党中央的社会部改隶国民政府行政院。

国民政府明令公布《国立中央图书馆组织条例》13条。

10月17日 蒋介石分别接见英国驻华大使卡尔、美国驻华大使詹森，商谈中美英三国合作问题。

国民党中央宣传部令派中央通讯社总编辑陈博生任《中央日报》社社长。

正午13时，日机18架在重庆市区投爆炸弹50枚，燃烧弹7枚，炸死市民25人，炸伤市民79人，毁房屋49栋又200间，木船19艘。

10月18日 蒋介石在重庆接见美国驻华大使詹森。

宁夏省政府主席马鸿逵抵达重庆述职，并对记者发表谈话，称抗战以来，宁夏"人民抗战情绪高涨，回胞参加抗战建国工作，尤多贡献，人民不论宗教、职业之异同，感情均甚融洽"。

国民党中央宣传部部长王世杰发表声明称：滇缅路开放后，日本必将继续实施轰炸，且将变本加厉。吾人必须继续努力，并吁请各国对中国加以及时有效的援助。

"重庆市征募寒衣运动委员会"主任委员刘峙，副主任委员吴国桢、陈访先及谷正纲、黄伯度、康心如等于晚6时假嘉陵宾馆联合欢宴在重庆的中、中、交、农四行经理及重庆市各同业公会、迁川工厂联合会负责人，商讨劝募寒衣事宜，到100余人。

10月19日 国民政府明令公布《陪都建设计划委员会组织规程》12条。

蒋介石出席军事教育会议闭幕典礼并发表讲演。

何应钦、白崇禧以国民政府军事委员会正、副参谋总长的名义，向朱德、彭德怀、叶挺等发出电文，着黄河以南的八路军、新四军部队，于1940年11月底以前一律开赴黄河以北。

鲁迅逝世四周年纪念日，中华全国文艺界抗敌协会、中苏文化协会、中国文艺社、国际反侵略运动中国分会、国民外交协会、中华职业教育社等13个文化团体共同发起纪念大会。

国民政府考试院院长戴传贤是日离渝出国，赴缅甸、印度及南洋各地访问。

10月20日 国民政府财政部制定全国桐油统购统销办法，呈奉行政院核准,是日公布实施。

著名画家张善孖自海外归来,因路途劳顿,抵重庆后即感不适,复因应酬频繁,积劳成疾,是日晨在重庆歌乐山宽仁医院逝世,享年62岁。

10月21日 蒋介石手令八路军、新四军部队,限11月底以前撤至黄河以北。

10月24日 国民政府明令:派谷正纲为社会部部长。

国民政府经济部钢铁管理委员会招待重庆市钢铁公会及各区钢铁厂商开会,商谈今后工作进行计划。

10月25日 由西南实业协会组织的"实业界聚餐座谈会"在牛角沱生生花园举行第一次集会。

上午10时52分,日机42架分2批于重庆市区投爆炸弹102枚,燃烧弹15枚,炸死市民46人,炸伤市民42人,毁房屋252栋又22间,木船13艘,汽车4辆。

10月26日 上午10时54分,日机32架分2批,其中第2批18架于重庆市区投爆炸弹73枚,燃烧弹5枚,炸死市民15人,炸伤市民33人,毁房屋172栋又78间。

下午5时,蒋介石在曾家岩官邸接见法国驻华大使戈思默,听其报告日法间签订关于日本在越南军事便利协定之经过。戈思默向蒋介石解释了日法签订关于日本在越南军事便利协定之经过,自觉十分抱歉,希望蒋介石及国民政府对法方处境之困难加以原谅。

10月27日 国民政府外交部部长王宠惠宴请苏联驻华大使潘友新。

"中华自然科学社第十三届年会"在中央大学举行。

"中国回教救国协会"在十八梯清真寺举行盛会,欢迎该会名誉理事长马鸿逵,到白崇禧、唐柯三及回族同胞400余人。

"中华全国文艺界抗敌协会"在中苏文化协会举行诗歌晚会。

10月28日 国民党中央常务委员会决议:①各省市临时参议会参议员,如被选为参政员,只能自行决定择任一职,不能兼任参议员(包括议长、副议长)及参政员;②由张继、刘文岛、贺耀组等组成"中央党务工作考核委员会"，以张继为主任委员。

蒋介石电令国民党中央宣传部及战时新闻检查局：严禁各报刊登各机关、学校、工厂请愿加薪等消息。

10月29日 国民政府颁布《非常时期取缔集会演说办法》，规定：集会前，应将集会召集人及演讲人姓名、职业、住址、集会目的及集会地点，预计参加人数与其职业、演讲要旨等，应详报当地警察机关；集会及演讲时，应由当地警察机关派员莅视，召集人与演讲人应接受其指导与纠正。同时规定此办法先在重庆市施行。

"重庆市党政联席会议"在市党部举行首次会议。

10月30日 国民政府明令嘉奖投资10万元创办"树人小学"的杨若愚。

下午4时30分，蒋介石接见美国驻华大使詹森，听其转达美国政府对蒋介石谈话之答复：①对中国三年之抗战表示钦佩；②对苏联中止援华之说，感到惊异；③增加美国对华借款问题，美正在考虑之中；④关于美国飞机援华事，目前正有大量美国制造之飞机援华；⑤关于欧洲局势与远东问题，"美国政府应付远东关系之时，于保护美国利益外，常求勿伤中国之利益。"

10月31日 国民政府特派叶楚伧、张群、王世杰、魏怀、周钟岳、蒋作宾、陈立夫为"国民大会筹备委员会"委员，并指定叶楚伧为主任委员，蒋作宾为副主任委员，张道藩为秘书长。

国民政府明令：派内政部部长周钟岳视察昆明被炸灾情，并拨款20万元赈济灾民。

蒋介石分别向英、美政府提出中、美、英三国合作方案，以冀三国团结协力，共同应付暴日之威胁。

英国驻华大使卡尔于上午11时晋谒蒋介石，双方就中、英、美三国同盟及派遣军事与经济使节团来华等问题作长时间会谈。

是月 国民政府蒙藏委员会60余人联名向国民政府呈文，提出改善边政意见。

重庆卫戍总司令部奉令将川东的垫江、邻水、涪陵、南川、丰都5县划为该部辖区。至此,该部辖区增加到16个县市。

国民政府教育部设立"三民主义教学研究会"。

国民政府教育部设立"学术审核委员会",审查教员资格。

韩国临时政府议政院在重庆修正宪法,设国务委员会主席并提高其职权,金九担任国务委员会主席,同时发表各部部长人选。

11月

11月1日 "国民政府军事委员会政治部文化工作委员会"在重庆成立,郭沫若为主任委员。

依据国民党五届五中全会决议,"三民主义丛书编纂委员会"正式在重庆成立,戴传贤为主任委员。

重庆文化界于下午4时在广东酒家举行国民月会,潘公展、梁寒操、张道藩、黄炎培、沈钧儒、王芸生、叶青、胡秋原等200余人出席,陈访先主持并致词,梁寒操作题为《建立三民主义文化》的讲演。

"陪都商场"是日正式开始营业,是为重庆最大的商场,也是大轰炸后重庆市面恢复之表现。

11月2日 国民政府明令:①褒扬赈济委员会委员张善孖,称其"早岁游学海外,参加革命。乃后精研丹青,声誉斐然。抗战以来,先在国内以艺术宏作,激励民众;继赴欧美举行画展义卖,阐扬文化,赈济灾黎,弥引爱国之思。"②财政部政务次长邹琳、常务次长徐堪,另有任用,均免本职,任命徐堪为财政部政务次长。

中共代表周恩来会晤苏联驻华大使潘友新,就国民党当局加紧反共一事交换意见。

11月4日 国民政府军事委员会副参谋总长兼军训部部长白崇禧在总理纪念周上作题为《敌人为什么撤退南宁》的报告。

朝鲜义勇队在重庆举行扩大会议,总结过去两年的工作及经验教训,制定今后工作计划。

11月5日 国民政府行政院第489次会议,决定特派孔祥熙为"陪都建设计划委员会"主任委员,周钟岳、杨庶堪为副主任委员;洪兰友为社会部政务次长,黄伯度为社会部常务次长。

国民政府军事委员会任命王仲廉为第31集团军副总司令。

11月6日 "重庆卫戍总司令部第三次卫戍会议"开幕,到140余人,刘峙主持。

晚,蒋介石在军事委员会设宴招待苏联在渝外交、军事及塔斯社在渝工作人员数十人,并邀何应钦、白崇禧及其他高级将领数十人作陪。

"中苏文化协会"于下午4时举行盛大茶会庆祝苏联国庆,到中苏各方长官200余人,孙科主持并致祝词。

"中美文化协会"会长孔祥熙于下午6时假嘉陵宾馆举行茶会,招待美国驻华大使詹森,到党政军长官300余人。孔祥熙、詹森分别致词。

11月7日 苏联驻华大使潘友新为庆祝苏联国庆,于上午11时在官邸举行茶会,招待国民政府有关部门长官及中外各界人士,到200余人。

11月8日 国民政府明令:①任命洪兰友为社会部政务次长;②任命孔祥熙为陪都建设计划委员会主任委员,周钟岳、杨庶堪为陪都建设计划委员会副主任委员。

"重庆卫戍总司令部第三次卫戍会议"闭幕。

国民政府外交部抗议法国政府将上海法院移交敌伪。

国民政府外交部发言人发表谈话,对日传德、意、法三国驻华大使向我建议和平一事,予以驳斥。

全国慰劳总会招待陪都医药界,商讨为抗战军人家属义务诊病一事,到重庆医药界代表200余人。

11月9日 蒋介石分别接见英、美驻华大使,面授《中英美三国合作方案》,并分电中国驻英、美大使知照。

"重庆卫戍区总动员委员会第三次全体委员大会"在重庆举行。

"中华交响乐团"于晚8时在嘉陵宾馆举行我国音乐界的首次俄罗斯名曲演奏会,招待党政及新闻界、外国驻渝使领馆人员。

11月10日 全国各地一致举行的"节约建国储蓄运动扩大宣传周",是日起正式在全国各地举行。

马寅初应中华职业教育社邀请,在山东剧院演讲,斥责达官显宦"挟政治上之努力,以统治为名,以大发其财为实"。

11月11日 国民政府公布:本年1月1日至9月30日,全国对外贸易入超为10000万元,进口货共值3500万元。

11月12日 "全国粮食会议"在重庆开幕。

重庆市国民兵团于晨6时在珊瑚坝举行授旗与阅兵典礼。

国民政府军事委员会政治部主办的"庆祝国父诞辰展览"在新运会开幕。

中法比瑞文化协会、中苏文化协会、中国国民外交协会、国际反侵略大会中国分会、中国边疆建设协会、中华全国美术界抗敌协会、中国青年新闻记者协会、重庆各报联合委员会假临江路留法比瑞同学会联合举办盛大音乐会,到各界代表及上述各会会员等300余人,由中华交响乐团演奏中外名曲,中国电影制片厂播放新片《白云故乡》。

"中英文化协会"于下午4时假嘉陵宾馆举行茶会,招待英国来华医疗队队员巴哲、任根斯、鄂文思、莱特、索利文等,到英国驻华大使卡尔、于斌、杭立武等60人。

重庆市20余个妇女团体100余名代表在求精中学开会,讨论妇女职业问题。

11月13日 国民政府行政院第490次会议决议:兼理四川省政府主席蒋介石请辞兼职,拟照准,任命张群兼理四川省政府主席,任命谷正伦为甘肃省政府委员兼主席;派张群为国民政府军事委员会委员长成都行辕主任,贺国光为宪兵司令兼重庆卫戍副总司令。会议同时还通过了财政部所呈各省田赋酌增实物案,决定全国田赋改征实物,以调剂军糈民食、平均人民负担为原则。

国民政府教育部部长陈立夫发表谈话,指示对国立各校教职员、学生膳食问题发放补助金问题。

11月14日 国民政府军事委员会军令部拟定《黄河以南"剿灭"共军作战计划》,其主要内容是:以第三、五战区主力避免与日军作战,集中力量,迫使新四军撤至黄河以北。

11月15日 国民政府明令：准蒋中正辞兼理四川省政府主席职，派张群兼理；派张群为国民政府军事委员会委员长成都行辕主任；任命贺国光为宪兵司令，仍兼重庆卫戍副总司令。任命谷正伦为甘肃省政府主席（原任朱绍良免职）。

国民党中央社会部，前经国民党五届六中全会决议改隶行政院，并于1940年10月11日颁布社会部组织法。该部于是日正式改隶行政院，内设组织训练、社会福利两司及合作事业管理局。

11月16日 国民政府明令：①上海伪法院为非法组织，其裁判及行动一律无效；②云南省分置13个行政区，设行政督察专员公署与区保安司令部；③任命赵士卿署国立同济大学校长。

已故上将张自忠将军灵柩，是日在北碚梅花山移厝新建坟墓，举行典礼仪式。蒋介石、姚琮、冯治安等军政高级官员均前往参加，蒋介石主祭。

11月17日 孔祥熙视察教育部，并召集全体职员训话，详述"天下为公"的教育宗旨。

"中华全国文艺界抗敌协会"在中苏文化协会举行小说晚会。

11月18日 蒋介石电令全国各军政长官：加紧督率所部，争取最后胜利。

首任国民政府行政院社会部部长谷正纲、政务次长洪兰友、代理常务次长黄伯度就职。

蒋介石接见英国驻华大使卡尔，商讨中英军事合作及商榷中国币制与经济现状诸问题。

重庆市临时参议会第一届第三次大会，于下午1时在川东师范学校内该会临时会场举行开幕典礼。

11月19日 国民政府下令封锁滇越铁路，所有人、货、邮件，概不准出入；入境与过境护照，同时停止签发。

国民政府行政院第491次会议决议：①任命张群兼任四川省保安司令及四川军管区司令，任命李肇甫为四川省政府委员兼秘书长；②公务人员供给平价米;③增拨经费 50 万元,添凿重庆市公共防空洞。

国民政府外交部次长徐谟于下午 5 时 30 分访晤美国驻华大使詹森,互谈关于松冈对美驻日大使所提拟向中国提出议和办法之消息及德外长对陈介大使谈话希冀中日议和等情形。

陪都各界首届防空节纪念自是日开始。

11 月 20 日　国民政府发言人发表声明,重申中国决继续作战,收复汉口及其他重镇,使日军不能作南进之举动。

11 月 21 日　国民政府军事委员会宣布:抗战 40 个月以来,中国军民击落及炸毁日机 986 架,其中被空军击落者 308 架,炸毁者 236 架;被高射炮击落者 164 架;被陆军击落者 136 架,炸毁者 97 架;日机自行坠毁者 45 架。

蒋介石接见美国驻华大使詹森,商谈关于日本承认汪伪组织对中国与国际之影响及日本承认汪伪组织时,英、美应如何表示等问题。

"陪都各界首届防空节纪念大会"于上午 7 时在川东师范学校广场举行。

中共代表周恩来就新四军北移问题与国民党代表张冲会谈。

11 月 23 日　国民政府任命张群兼四川全省保安司令。

中共代表周恩来致函国民党谈判代表张冲,请其转达蒋介石,制止陕北、苏北、皖北、鄂北和山西正在调动并企图进攻边区的国民党军的军事行动。

11 月 24 日　"中国航业协会"在重庆成立。

11 月 25 日　国民党中央常务委员会议通过《党与团之关系办法》。

11 月 26 日　重庆防空司令部召集所属有关机关及各防护区团举行 1941 年度工作准备会议,研讨 1941 年度的防空、防护工作。

11 月 28 日　全国粮食会议闭幕,蒋介石到会并指示粮食管理要点与县长的重大责任。

11 月 29 日　蒋介石对宪兵干部作题为《宪兵协助粮食管理之要务》的讲演。

国民政府军事委员会任命廖震为第 29 集团军副总司令。

韩国光复军总司令部由重庆移往西安。

11 月 30 日　国民政府明令:悬赏 10 万元,严缉汉奸汪精卫。同时明令通缉查办陈公博、温宗尧、梁鸿志、王揖唐等77名汉奸。

蒋介石致电美国总统罗斯福及赫尔、摩根索、琼斯等，对美国给予中国1亿美元贷款表示感谢，称其"扶弱抑强，维持正义之精神，……已辟太平洋上和平光明之大道"。

国民政府外交部长王宠惠发表声明：日寇与汉奸汪精卫所订之非法条约完全无效，倘有任何国家承认该伪政权，我政府与人民当认为是最不友谊之行为，不得不与该国断绝通常关系。

中共代表周恩来、叶剑英就新四军北移问题与国民党代表、军令部次长刘为章会谈。

国民政府财政部直接税处1941年度业务会议在重庆举行开幕典礼。

重庆市临时参议会第三次大会举行闭幕典礼。

是月 重庆市区范围扩大，由原来的12区增加到17区，水陆面积共计328平方公里。

香港天厨味精厂经理吴蕴初捐寿筵国币10000元，作救济重庆市贫民之用。

12月

12月1日 国民政府行政院规定：自是日起开始对重庆市贫苦市民及各机关学校员生及其直系亲属供给平价米，每人2斗(60斤)。

国民政府外交部为日汪签订伪约特发表声明称："汪兆铭为中华民国之罪魁，其伪组织全属非法机构，为中外所共知，无论其任何行动，对于中国人民或任何外国完全无效；其所签订之条约，亦属非法，全无拘束。倘有任何国家承认该组织者，我政府与人民当认为最不友谊行为，不得不与该国断绝通常关系。"

蒋介石接见美国驻华大使詹森，听其报告对日汪协定全文之批判及美政府对德苏会谈之观察。

国民政府经济部"合作管理局"改隶社会部，局长寿勉成。

中国地政学会所属的"中国地政研究所"正式在重庆成立，孙科为董事长,萧铮为所长,所址在南泉文钦路14号。

"中华全国文艺界抗敌协会"诗歌朗诵队在天官府国民政府政治部文化工作委员会举行联欢大会。

12月2日 蒋介石在国民党中央纪念周上作题为《严斥敌阀承认伪组织》的训词。

国民政府军事委员会任命许绍宗为第31集团军副总司令。

12月4日 孔祥熙在嘉陵宾馆宴邀各经济专家,讨论当前重要的经济问题。

由重庆市总动员委员会、中央国术馆、重庆市国术馆联合举办的"陪都国术表演比赛",于上午9时在川东师范大操场举行。

12月5日 国民政府财政部直接税处1941年度业务会议闭幕。

西南实业协会假农林部大礼堂举行第二次实业界座谈会。

12月6日 国民党当局是日以派马寅初赴第三战区考察经济为名,秘密逮捕著名经济学家、重庆大学教授马寅初。

12月7日 蒋介石核准国民政府军事委员会军令部11月14日拟呈的《剿灭黄河以南匪军作战计划》,并密令各部执行。

中共代表周恩来致函国民党谈判代表张冲,要张冲代向国民参政会秘书长王世杰声明:中共不同意张国焘和叶青出席国民参政会,并请张冲将此意转达蒋介石。

国民政府军事委员会政治部部长张治中,副部长梁寒操、王东原及郭沫若、何浩若等假中国电影制片厂举行盛大集会,招待陪都文化界。

"中华全国文艺界抗敌协会"假中法比瑞同学会举行茶话会,欢迎茅盾、冰心、巴金等作家来渝,到周恩来、郭沫若、老舍、田汉、张西曼、冯乃超等70余人。

12月8日 何应钦、白崇禧再次向朱德、彭德怀、叶挺、项英等发出"齐电",强迫中共接受国民党的揭示案。

中共代表周恩来、叶剑英与国民党代表刘斐就新四军北移问题进行谈判。

12月9日　蒋介石致电朱德、叶挺等,要求"凡在长江以南之新四军,全部限本年十二月三十一日开到长江以北地区,明年一月三十一日止开到黄河以北地区作战。现在黄河以南之第十八集团军所有部队,限本年十二月三十一日止开到黄河以北地区,毋得再误"。

国民政府军事委员会参谋总长何应钦在中央纪念周上报告鄂北大捷。

刘斐约见中共代表周恩来、叶剑英,告之蒋介石对于项英来渝表示拒绝,并称新四军北移问题已电顾祝同负全责就地解决。

蒋介石接见英国驻华大使卡尔,商讨中国向英国借款数额等问题。

12月10日　蒋介石密令第三战区司令长官顾祝同:"按照前定计划,妥为部署",将皖南新四军部队"立即解决"。

国民政府行政院会议决议拨款100万元,救济战地迁川各私立大学及高中员生。

12月11日　蒋介石接见美国驻华大使馆海军参赞、美国海军部长诺克斯之私人代表麦区中校,商讨关于请美国接济大量飞机予中国及在美国或菲律宾训练中国空军人员诸问题。麦区主张在美国或菲律宾训练中国空军人员,并由中国有关部会,在美国默许之下,招募美国志愿人员来华助战。蒋介石表示赞同。

12月12日　蒋介石接见英国驻华大使卡尔,商讨中英军事合作及派遣军事与经济使节诸问题。

12月13日　蒋介石致电美国总统罗斯福,告以必须获得美国最新式飞机至少500架整批之供给,才能阻止日本南进军事之扩大。

孔祥熙假嘉陵宾馆召集各部会长官、专家举行"食物营养研究会"。

12月14日　"中苏文化协会"举办"伟大中国音乐会",由国民党中央训练团音乐干部训练班师生参加演奏。

12月16日　孔祥熙召集第二次食物营养问题讨论会。

国民政府外交部部长王宠惠在中枢纪念周上报告国际形势与我国外交。

12月17日　国民政府明令:广西省分置13个行政区,设行政督察专员与区保安司令部。

国民政府军事委员会任命郭勋祺为第32集团军副总司令,刘雨卿为第33集团军副总司令。

重庆市政府邀集各机关团体代表100余人开会,讨论粮食等日用品涨价问题及其对策。

12月18日 国民政府明令:①公布《契税暂行条例》17条;②兼甘肃省保安司令朱绍良免兼职,任命谷正伦兼甘肃省保安司令。

著名电影剧作家沈西苓在重庆病逝,享年37岁。

12月19日 重庆市临时参议会议长康心如、副议长文化成为加强农事联袂密呈国民政府军事委员会委员长蒋介石。

"中央制药厂股份有限公司"在重庆成立并举行首次董事会,推孔祥熙为该公司董事长,颜福庆为副董事长兼总经理,陈宗仁为协理兼渝厂厂长。

由"中苏文化协会"举办的运苏中国战时绘画展览在该会举行,有林凤眠、李可染、丰中铁、王朝闻、吴作人、丁聪等人的作品100余件。

12月20日 重庆文化界于下午3时假中苏文化协会举行第七次座谈会。

重庆《国民公报》是日报道:重庆市劝储成绩已达1300余万元。

12月21日 中共代表周恩来致函国民党谈判代表张冲,告以最近各地的反共事件7起,并要张冲呈报蒋介石予以制止。

"中华全国漫画作家抗敌协会"在中苏文化协会举行成立大会。

12月22日 "全国慰劳总会"发起的向前线将士、荣誉军人、抗战军人家属书寄"贺年信运动",是日在重庆分8处举行签名仪式,市民签名者约在20万人以上。签名大会于上午9时在新运广场举行。

国立中央大学艺术系教授张书旂,自张自忠将军英勇殉职后,即努力作画,拟以画作所得,建立张自忠国防奖学金,经3月余之努力,其画作100余件是日在嘉陵宾馆展出。

12月23日 国防最高委员会会议通过第二届国民参政会参政员名单,即请国民政府公布。

周恩来、张君劢、梁漱溟、左舜生、陶行知、章伯钧、黄炎培、邹韬奋等在沈钧儒家会见美国进步女作家安娜·路易斯·斯特朗,并与之进行广泛交谈。

中央大学艺术系教授张书旂为庆祝美国总统罗斯福第三届连任,特绘制《百鸽图》一幅,是日下午在嘉陵宾馆举行献赠仪式。美国驻华大使詹森代表罗斯福总统接受。

"东方文化研究社"举行改组会议,决定改东方文化研究社为"东方文化协会"。

12月24日　国民政府公布第二届国民参政会参政员名单240人。

国共两党谈判代表张冲、刘为章、周恩来、叶剑英就两党关系问题在重庆举行谈判。

黄炎培、梁漱溟、张君劢、左舜生以"统一建国同志会"人数太少、组织松懈、力量不够,是日商议酝酿成立"中国民主政团同盟"。

12月25日　蒋介石邀见中共代表周恩来,告以朱德所部的渡河日期,不得再行拖延。并称他要中共军队开到黄河以北,是为中共着想。如果共军非留在江北不可,冲突绝难避免,共军必失败。

周恩来与张君劢、左舜生、梁漱溟、沈钧儒、邹韬奋、张申府等在章伯钧家会商当前时局,并就如何缓和国共间的紧张关系进行了长时间的商谈。

重庆市国民兵团33000余人于下午2时在珊瑚坝机场举行总检阅。

"东方文化研究社"于晚7时在广东大酒家招待新闻界。

12月26日　国民政府考试院院长戴传贤返国抵渝,是日晋谒蒋介石,报告访问印度及缅甸情形。

重庆《国民公报》是日报道:"重庆直接税本年度总额已达2000余万元,已超过去年4倍"。

12月28日　国民政府军事委员会政治部文化工作委员会在国泰大戏院举行首次文艺演讲大会,检讨一年来文艺界各部门之活动与成绩,并展望来年工作,到各界、各部门代表1000余人,郭沫若主持并致开会词。

缅甸记者访华团一行8人,由团长宇巴格里、副团长宇敦丹率领,乘机由昆明抵重庆,陪都各界举行盛大欢迎。

12月29日　蒋介石手令登记囤积粮物,限期出售,以彻底平抑物价。

陈庆云晋谒蒋介石,报告赴美进行航空救国捐运动的经过。

缅甸记者访华团一行8人晋谒蒋介石致敬并献祝词。

"东方文化协会"于下午3时假留法比瑞同学会举行成立大会。

12月30日 国民政府行政院副院长孔祥熙在中枢纪念周上报告一年来的施政经过,并提出1941年经济、财政工作的9项要求。

缅甸记者访华团分别拜会何应钦、翁文灏、张嘉璈等。

重庆各妇女团体在求精中学举行工作报告及检讨会,到17个妇女团体的代表40余人,会议推新生活妇女指导委员会、中苏文化协会妇女委员会等6个妇女团体负责起草1941年度妇女工作计划。

12月31日 国民政府1934年公布的"六年禁烟计划"期满,国民政府公布《肃清烟毒善后办法》,以六年禁烟期满,成效彰著,规定今后所有善后工作,由行政院饬主管部门执行。

"六年禁烟计划"期满,蒋介石于是日发表谈话。

缅甸记者访华团分别拜会陈立夫、张治中、谷正纲、陈树人、刘峙、陈访先、吴国桢等。

是月 国民政府行政院"经济会议"成立,以行政院院长及军事委员会有关部会负责人组成,蒋介石兼该会议主任。

是年 有关方面统计,1940年度全国高等院校共有113所,教员7598人,职员5230人;学生52376人,毕业学生7710人,年支经费5829余万元。

有关方面统计,1940年度国家岁入岁出总预算及追加数各为3107235403.31元。

有关方面统计,1940年度国库收入总额为5424701887.21元,支出为5388454415.07元。

有关方面统计,1940年度各银行收兑生金数量为267148850864市两,生银为29211646.1公两,辅币1009284.20枚,银币107283900元。

有关方面统计,1940年度国营金矿产量为6500两,民营矿产量为256423两。

有关方面统计,1940年度全年黄金无进口,出口总数为27425050元;白银进口为 16794640 元，无出口。

海关统计：1940 年度我国输入的农产品价值为 1133771442 元，矿产品价值为 287605535 元，工业品价值为 605766071 元；我国输出的农产品价值为 1259292077 元，矿产品价值为 212572196 元，工业品价值为 498256374 元。

1941 年

1 月

1 月 1 日　蒋介石主持中枢纪念周并发表《三十年元旦告军民书》。

国民政府主席林森发表元旦广播讲演。

国民政府行政院会议决议：自本年度起，于各省政府下设社会处，或于民政厅内设社会科，主管地方社会行政。

国民政府财政部决定：各省所得税处改称直接税局，所得税重庆区分处更名为川康直接税局重庆分局。

国民政府军事委员会军政部部长何应钦发表《元旦献词》，称自战事发生以来，日方伤亡逾160万人，消耗战费160亿元。

国民政府任命潘公展为"中央图书杂志审查委员会"主任委员。

"中华全国文艺界抗敌协会"发表《致苏联文艺界书》，详细介绍了中国文艺工作者在抗战中的情况。陪都各界举行体育大游行，参加者计100余单位10000余人。游行队伍自川东师范出发，经七星岗、都邮街、南纪门，至两路口解散。

重庆市三民主义青年团团员及江巴渝童子军共5000余人，于上午8时假川东大球场举行大检阅。

1 月 2 日　"缅甸记者访华团"于上午10时赴国民政府向国民政府主席林森致敬。

四川省政府主席张群于下午2时由成都飞抵重庆,旋即晋见国民政府行政院院长蒋介石,报告四川省施政情形。

陪都各界为慰劳荣誉军人及抗战军人家属,特组强慰劳队28队,每队3人,分携慰劳品及慰劳金,于上午8时于妇女慰劳总会出发,分赴江北、南岸及市区各地慰问。

1月3日 蒋介石致电新四军军长叶挺,令新四军在无为附近地区集结,而后沿其所指定的路线渡江,再北渡黄河进入指定地区,并称:"沿途已令各军掩护"。

蒋介石接见英国驻华大使卡尔,商讨德苏战争之可能性及日苏关系诸问题。

1月4日 国民政府军事委员会发表公报:公布自1937年"七七事变"以来,日军伤亡总数为1794402人。

国民政府教育部美术教育委员会在该会举行全体委员会议。

由新生活运动总会与重庆市体育协进会联合举办的"新年体育大表演",于上午9时在国泰大戏院举行,到各机关团体代表及各界来宾2000余人,刘峙主持并致词。

1月5日 国民党中央常务委员会会议决议:中央执行委员会所属之社会部改隶后,其原属之妇女运动委员会、文化运动委员会,分别划归国民党中央组织部、宣传部接管。

蒋介石以兼行政院院长的身份,手令各主管机关,限10日内登记重庆各商店、行号及民户之积存,其有积存违令不报或不销售者,以囤积居奇论罪,除没收其所有积存外,并按军法惩治。

蒋介石对驻川部队及补训处长官发表题为《后方部队整训之要务》的讲演。

1月6日 陪都文化界1941年度首次国民月会于下午4时假广东酒家举行。

1月7日 国民政府行政院副院长孔祥熙在嘉陵宾馆宴请经济部部长翁文灏及平价购销处、农本局、燃料管理处等各机关主管人员吴闻天、蔡承新、朱谦等并开会,会商平抑物价问题。

平价购销处自是日起开始办理重庆市棉花、棉纱、棉布、麻布、皮革、煤炭、纸张、肥皂、火柴、油类等物品的存货登记,至26日结束。

1月8日 重庆市政府于下午3时召集重庆市商会及各同业公会在市政府礼堂开会,商讨如何确定合法利润的标准。

1月9日 社会部合作事业管理局、全国合作社物品供销处联合召集重庆市、江北、巴县及三峡实验区各消费合作社负责人举行会议,到代表100余人,寿勉成主持并报告称:重庆市已登记的消费合作社计128单位,拥有社员14万,资金1200余万元。

1月10日 蒋介石训令社会部并通令所属:八路军已改为"第十八集团军",以后不得沿用"八路军"名义。

重庆市临时参议会举行驻会委员会常会,议长康心如主席,市长吴国桢报告市政设施情形及省市划界问题。

1月11日 蒋介石接见美国驻华大使馆海军参赞麦区,听其报告如何改善滇缅路上之交通组织及交换关于中国空军人员驾驶能力与美国空军志愿人员派遣来华问题之意见。

四川省政府主席张群在重庆召见稽祖佑、巴县县长张遂能及该县士绅,询问省市划界诸问题。

国民党中央宣传部、重庆市党部及《中央日报》《扫荡报》有关人员在重庆市党部开会,共同商定限制中共《新华日报》办法6项。

《新华日报》举行创刊三周年纪念会,周恩来、叶剑英等中共中央南方局、八路军驻重庆办事处的同志到会祝贺,周恩来在会上宣布了"皖南事变"真相。

1月12日 全国粮食管理局召集出席四川省第一次行政会议重庆区会议的第三、六、七、八、九区全体人员举行"粮食问题检讨会议",四川省政府主席张群到会并指示一切。

重庆团管区司令胡佛于上午10时在该部召开1941年度兵役会议。

"中国药物自治研究会"在重庆成立。

陪都面积最大的"大众商场"开幕营业,地址在中华路杨柳街4号。

重庆江北廖家台新码头举行落成及开工典礼,参加者10000余人。

1月13日 蒋介石在官邸召见菲律宾中菲国民协会总会代表吴九如,听取吴氏报告菲律宾华侨国民外交工作及当地友邦人士对我抗战之同情。

四川省第一次行政会议重庆区会议在重庆举行。

缅甸记者访华团副团长宇敦丹一行由成都飞返重庆,随即转飞昆明回国。

1月14日 中共代表周恩来根据中共中央的指示,是日致函蒋介石,要求蒋介石速令包围新四军的国民党部队立即停止攻击并撤围、让路。

四川省第一次行政会议重庆区会议全天讨论粮食问题,由全国粮食管理局局长卢作孚主持。粮食问题为本次会议的中心问题,讨论时间最长。

至是日,重庆市商店行业登记者已达8000余家。

1月15日 国民政府军事委员会参谋总长何应钦召集会议,讨论对新四军的处置办法,通过了撤销新四军番号等决议。

国民政府财政部缉私处正式成立并开始办公,处长由戴笠兼任。

缅甸政府代表团团长考罗(缅甸总督府参事)偕团员宇巴丹(缅甸商务实业部长)、尼可生(工务长)及秘书潘祺一行4人,下午8时飞抵重庆。

"中国劳动协会第三届年会"在重庆举行,到江苏、浙江、广东、广西、湖南、湖北、四川、云南、上海、南京、重庆等省市的代表300余人。理事长朱学范主持并致开会词。

1月16日 蒋介石赴四川省第一次行政会议重庆区会议训话,对粮食管理、禁烟、兵役等要政均有指示。

苏联驻华军事总顾问崔可夫晋谒蒋介石,告以苏联援华物资已运华,计有CB飞机100架、H—6飞机75架、153驱逐机75架、7.6cm野炮200门(炮弹20万发)、7.6cm高射炮20门(炮弹3万发)、3.7cm高射炮30门(炮弹3万发)、装甲炮拖200套、重机关枪500挺、轻机关枪800挺、3吨载重汽车300辆。会谈中,崔可夫并询问"皖南事变"之真相,蒋介石搪塞道:"此事真相尚待调查。"并称:"只要大家能服从命令,遵守纪律,即可不致再发生冲突。"

"全国慰劳总会"会长陈诚,副会长谷正纲、马超俊、郭沫若,公宴出钱劳军运动各名誉主席及主席团成员,决定此次劝募运动分党政、金融、工商、侨胞、妇女、青年、交通、文化、农工等组进行。

缅甸政府代表团团长考罗偕团员在英国驻华大使卡尔的陪同下,于上午10时半晋见孔祥熙,下午分别谒见王宠惠、张嘉璈、翁文灏等。

1月17日 国民政府军事委员会发布命令,称"新四军"为"叛军",宣布取消"新四军"的番号,将军长叶挺革职,交军法审判,并通令严缉在逃的副军长项英。

中共代表周恩来为国民政府军事委员会发布取消"新四军"番号的通令向国民党谈判代表张冲提出抗议。

四川省第一次行政会议重庆区会议闭幕。

缅甸政府代表团上午与张嘉璈会谈有关中缅交通促进问题,下午晋谒蒋介石。

"全国邮务总工会第四届代表大会"在临江门中国留法比瑞同学会礼堂举行,到全国各省市代表51人,朱学范主持致开会词。

1月19日 全国慰劳总会代会长谷正纲招待陪都文化界,报告该会自1939年4月起至1941年1月15日止的收支概况:计捐款总计收入2242096.73元,支出总计2126462.93元,均系慰劳及采购药品之用。

全国慰劳总会为扩大真正有钱出钱劳军1000万元运动,于晚6时假广东大酒家邀宴陪都舆论界人士,由该会代会长谷正纲,副会长马超俊、郭沫若分别说明此项运动的意义。

"粮食问题座谈会"在重庆举行,到国民政府立法院院长孙科等50余人,董时进主持,集中讨论当前的粮食问题及其对策。

"全国邮务总工会第四届代表大会"闭幕,朱学范、王宜声、朱英华等35人当选为执行委员,孙大堃、姜宇寰、伍亚雄等17人当选为监察委员。

中国、印度间航空线举行第一次试航,中国航空公司派出飞机1架,由陈文宽驾驶,于下午3时自重庆起飞,经腊戍、吉大港,前往印度(20日凌晨抵达印度的加尔各答)。

1月20日　国民政府明令:特派朱家骅为1940年度高等考试初试典试委员长。

"全国邮务总工会"第四届执监委员举行第一次联席会议,决议自本月起通令全国邮工,在薪水项下扣收1%为邮工献机捐款,时间为一年。

重庆市市长吴国桢偕市府所属各局局长前往歌乐山,接收歌乐山地区为重庆市区。

1月21日　国民政府行政院第500次会议决议:任命蒋复聪为国立中央图书馆馆长。

1月22日　国民政府行政院副院长孔祥熙于中午假嘉陵宾馆宴请"中华交响乐团"成员,指示以"大同篇"为将来的国歌,并嘱马思聪试拟谱曲。

1月23日　国防最高委员会命令:重庆市在三月底以前完成重新换发居住证工作,并指定新"居住证"由重庆卫戍总司令部监制,由重庆市警察局根据户籍编造名册颁发。

国民党中央宣传部、国民政府军事委员会政治部、三民主义青年团中央团部联合向所属各级组织发出关于"皖南事变"的宣传要点:"①此事件纯出于皖南新四军不遵命令,攻击友军,在纪律上自应受相当之制裁,乃纯粹军纪问题,绝不含政治或党派斗争的意义;②军纪之执行,以行为为根据。此次违抗命令、破坏军纪者,只新四军。各言论机关如有评述,应以新四军为范围予以评述,对中共及十八集团军,可勿涉及。"

重庆市民换发居住证,是日起开始户籍登记。

1月24日　蒋介石向全国出钱劳军运动总会颁发训词,要求"高级官吏、富商巨室,应该自动参加,不待劝募"。

国民政府行政院副院长兼财政部部长孔祥熙为出钱劳军运动发表广播讲演,称:"出钱劳军是有钱人应尽之责任"。

缅甸政府代表团分别向戴传贤、王宠惠、张嘉璈辞行。

重庆市保甲行政会议举行第二次会议,到各区正副区长、各镇正副镇长等100余人,会议由警察局局长唐毅主持。

1月25日 下午4时,蒋介石在曾家岩官邸接见苏联驻华大使潘友新,潘友新询问皖南新四军被围歼事实并表示"苏联政府对于此次之冲突与斗争,非常关怀。深恐由此引起内战,因而损及贵国抗战之力量也。"蒋介石告之称:此次事变系新四军首先进攻"邻近之友军,故顾司令长官乃不能不予以纪律之制裁,"并声称:"此次中央处理新四军,完全在整饬军纪之一点",此"纯为一军纪问题,而绝非政治问题,更非党派问题。"

中共代表周恩来将中共中央20日提出的解决皖南事变、挽救时局危机的12条办法面交国民党代表张冲转国民党中央。

重庆市与巴县划界问题,至是日止全部解决。

1月26日 缅甸政府代表团在重庆与国民政府的有关商谈圆满结束,是日离重庆飞腊戍。

1月27日 蒋介石在国民政府扩大纪念周上作题为《制裁新四军是为了整饬军纪,加强抗战》的训词。

国民政府派驻葡萄牙特命全权公使李锦纶为互换《中国利比里亚国友好条约》批准约本全权代表。

1月28日 国民政府明令:立法院秘书长梁寒操免职,遗职由吴尚鹰继任。

国民政府行政院经济会议扩大充实内部组织,内设政务、粮食、物资、工资、运输、金融、贸易、合作、调查、检察、军事等11组。

有关方面统计:自去年9月18日蒋介石手令发动节约建国储蓄运动以来,至是日止共得20900万余元,其中以重庆市为最多,共3183万余元。

中国国民外交协会假广东酒家欢宴英、美、苏三国驻华大使,到60余人。

1月29日 蒋介石发表谈话称:美国应迅速经济援华,以抵抗侵略。

蒋介石接见美国驻华大使詹森,洽谈有关居里来华之行程问题,并称国民党制皖南事变是"纯为一整饬军纪问题,绝不牵涉政治",在谈话中,蒋介石还对中国共产党及八路军、新四军进行了诋毁。

国民政府社会部"社会行政计划委员会"举行第一次大会。

国民政府军事委员会会同行政院,正式颁布《陪都空袭救护委员会组织规程》15 条。

1月30日　蒋介石接见英国驻华大使卡尔,讨论英美合派经济使节来华诸问题,顾孟余、孔祥熙在座。蒋介石表示欢迎英国及早组织经济使节团来华。

蒋介石接见美国记者莫理斯,称:"建立远东永久和平,须中、苏、美合作",中国需要美国更大的财政援助及军用品供应。

1月31日　国民政府外交部部长王宠惠接见合众社记者,对美国援华表示感谢。

2月

2月1日　国民政府军事委员会任命卫立煌兼任第39集团军总司令,高树勋、孙良诚为副总司令;任命王懋功为鲁苏战区副总司令。

国民政府军政部发表全国各省市防空避难设备统计表:计重庆市共有防空壕15个,避难室19个,防空洞664个,掩体38个,共可容纳223695人。

国民政府教育部召集所属各机关、学校会计人员在青木关举行会议。

重庆至广元实行直达通车,沿线分设重庆、内江、成都、梓潼、广元5站,暂定隔日对开客车一辆,日后视业务情形,再增加班次。

2月2日　由白云梯率领的"蒙回藏三族联合慰劳抗战将士代表团"一行70余人于上午9时在中央训练团大礼堂向蒋介石献旗,旗上书有"东亚救星"4字。

2月3日　国民政府明令公布《非常时期取缔日用重要物品囤积居奇办法》26条。

朱家骅在重庆就任中央研究院院长职。

2月4日　"全国粮食会议预备会议"在重庆举行,到国民政府内政部、财政部、交通部、农林部、经济部、社会部、后方勤务部及中中交农四行联合办事总处、全国合作社物品供销处、行政院经济会议等单位的代表。

2月5日　"战时公债劝募委员会"成立,蒋介石兼任主任委员,孔祥熙任副主任委员,黄炎培为秘书长,国民参政会全体参政员、各省省政府主席、省市临时参议会议长为委员。决定于下月开始，劝募民国二十九年军需公债法币12亿元、建设公债1000万镑又5000美元。

全国慰劳总会招待陪都各妇女团体领袖，讨论动员妇女参加出钱劳军运动事宜。

"东方文化协会"举行常务理事会议，会长于右任主持，决定聘请郭沫若为该会研究委员会主任委员，王芸生为该会宣传委员会主任委员，朱世明为该会联络委员会主任委员，郭春涛为该会组织委员会主任委员。

著名剧作家洪深及夫人、女儿一家三口因生活困难，被迫服毒自杀。郭沫若等闻讯后，偕医生急往，方得脱险。

2月6日　陪都空袭救护委员会举行第二次筹备会议，会议调整并最终确定了该会秘书长及各组组长人选。

2月7日　美国总统罗斯福之私人代表、白宫行政助理居里，偕美国中央储蓄局董事部研究统计股经济专家戴普莱于上午8时半乘机抵重庆，考察中国的军政及经济情况。下午3时，居里晋谒蒋介石并面呈罗斯福总统致蒋介石亲笔函，随后分别拜见了孔祥熙、王宠惠。

国民党中央宣传部文化运动委员会成立。

2月8日　国民政府行政院经济会议正式成立并开始办公。蒋介石兼任该会议主席，孔祥熙为副主席，贺耀组为秘书长，谷正纲、蒋廷黻为副秘书长。

蒋介石接见居里，听其报告来华之原因经过，居里并向蒋介石转达罗斯福总统致蒋介石的口信，信曰："予自万里外观察中国之共产党员，似与我们所称之社会党员，无甚差别。彼等对于农民、妇女以及日本之态度，足值吾人之赞许。故中国共产党与国民政府相类者多，相异者少，深盼其能排除异见，为抗日战争之共同目标而加紧其团结，双方之距离，如为二与八之比，殊少融和之望，如其距离为四与六之比，则接近易矣。后者亦可引为中美两国之比拟，盖此二国共同之点甚多，可以心神印证，谈笑无猜。而日美间距离之遥远，则非可同日语矣。我人深信，中国必获最后之胜利，并深信中国与英、美为一共同目标而作战，他日战胜侵略国家，我等将同沾其利益。"

孔祥熙、蒋介石分别于中午、晚上宴请居里一行，并邀中国官员作陪。

"中国劳动协会"举行第一次理监事联席会议,推朱学范为理事长,张廷灏为书记长。

国民党中央海外部部长吴铁城于上年9月奉令出访菲律宾、印度尼西亚、马来西亚及缅甸等国,事毕后于是日返抵重庆。

2月9日 国民政府行政院指令重庆市临时参议会,定9月6日为"重庆陪都建立纪念日"。

"中国围棋会"在重庆成立。

2月10日 国民政府明令:驻巴西特命全权公使熊崇志免职,调任原驻墨西哥特命全权公使谭绍华为驻巴西特命全权公使,任命程天固为驻墨西哥特命全权公使。

蒋介石接见英国驻华大使卡尔、英国驻华大使馆陆军参赞戴尼斯,讨论中英军事合作办法之实施及空军志愿军之派遣等问题。

蒋介石接见居里,就下列问题进行商谈:①共产党问题。居里称,美国人民对共产党已形成下列二种印象:"中央对彼等态度强暴,彼等备受压迫,史诺在报端发表,谓新四军在皖北死伤九千人之多,此其一。共党对一般农民则爱护备至,此其二。"并称美国人因此已对中共发生同情心理。②建设中国问题。蒋介石希望居里将中国当前重大的五个问题转告罗斯福总统,并企求能得到美国帮助而将之解决。这五个问题是:a.经济困难问题;b.抵抗自由主义之公敌日本帝国主义问题;c.消灭"汉奸"余孽,卖国求荣者如汪精卫以及其他在东三省、南京伪组织中之汉奸败类问题;d.共产党问题;e.中国缺乏训练与组训的问题。

由台湾民族革命总同盟、台湾革命党、台湾青年革命党、台湾独立革命党、台湾国民党、台湾光复团等6革命团体联合改组而成的"台湾革命同盟会"在重庆举行成立大会。大会通过的行动纲领表示:"①台湾乃中国失地,台湾革命为中国国民革命之一环,中国抗战胜利之日,即台湾人民获得自由解放之时。……②本会确信打倒日本帝国主义,乃光复台湾之唯一途径,坚决加强团结台湾各界反对日本帝国主义之革命力量,积极参加祖国抗战,以促使日寇早日崩溃。"该会总会设重庆,由主席团领导,在闽南设南方执行部,在浙江设北方执行部。

中共代表周恩来与各民主党派人士沈钧儒、邹韬奋、章伯钧、张申府、左舜生、黄炎培、张君劢等在玉皇观商谈中共出席国民参政会第二届大会诸问题。周恩来说明中共以"十二条"为出席条件,不满足十二条就不出席会议。

2月12日 詹森、居里、戴普莱等于上午9时在国民政府晋谒国民政府主席林森。

"国民精神总动员会"召开首次重庆市各区视导会议。

2月13日 蒋介石手题"复兴关"三字,以刊刻于重庆市西南之浮图关右边(靠长江面)的岩石上,并谕示今后"浮图关"即改为"复兴关"。重庆市政府于是日通知各机关知照。

2月14日 国民政府明令:国立西北大学校长胡庶华、国立湖南大学校长皮宗石免职,任命胡庶华为国立湖南大学校长。

中共代表周恩来与美国总统罗斯福的特别代表居里举行会谈,周恩来向居里提供了国民党制造"皖南事变"的相关材料并表示:中国共产党向中央政府所提要求有以下四点:"①在中央指定彼等作抗日工作活动之区域内,勿加以政治及经济之封锁;②国民党提供实行三民主义之证据;③中央政府中,共产党得较大规模之代表参加;④言论自由。"会谈中,周恩来并对居里提出的各项问题给予了答复。居里表示:美国赞成中国统一,反对日本,不愿内战扩大,主张政府改革。

2月15日 蒋介石接见居里,听其报告与周恩来会晤情形,双方并就有关控制外汇与稳定币制的问题进行了商谈。

晚,蒋介石与居里会谈,讨论中国战后之经济建设诸问题。

中国国民党"党政工作考核委员会"正式成立,并举行第一次会议。

国民党党政军联席会议决定设立"战时青年训导团",隶属国民政府社会部,由三民主义青年团主办,国民政府军事委员会政治部、调查统计局,国民党中央执行委员会调查统计局协助。会议并通过该团组织大纲14条、训练纲要10条。

"中国统计学社第十四届年会"在重庆求精中学举行,主要讨论统计与物价、统计与粮食诸问题,16日闭幕。

2月16日 蒋介石与居里会晤,双方就粮食管制、银行制度、走私征税及有关币制诸问题举行讨论。

"陪都空袭救护委员会"正式成立并开始办公,原设的"重庆市空袭服务救济联合办事处"撤销,陪都空袭救护委员会开始履行陪都重庆的空袭救护事宜。

"重庆市空袭服务救济联合办事处服务总队"随陪都空袭救护委员会的成立,正式更名为"陪都空袭服务总队部",仍以谷正纲为总队长,洪兰友、黄伯度、陈访先、毛嘉谋、唐毅为副总队长。

国民政府教育部"学术审议委员会"会议通过大专学校规则、部聘教授要点及著作、发明、美术作品奖励规则等。

2月17日 国民政府以高宗武已知悔过并戴罪立功(指与陶希圣将汪精卫与日本签订的密约——《日华新关系调整要领》予以公开),是日特令:"高宗武着即撤销通缉"(1939年9月12日国民政府曾予通缉)。

国民政府主席林森于下午4时在郊外别墅举行茶会,欢送詹森,欢迎居里、戴普莱。

蒋介石接见居里,讨论英美共同派遣经济使节来华之计划及战后中国经济建设等问题。居里认为:①中国不能因等待外国经济使节之到来,而拖延解决某些重要事件;②倘外国经济使节人选失当,"中国政府应保留拒绝其任用之权,盖不良顾问之影响较无顾问尤劣。"

国民政府卫生署邀集各地营养学专家、生物化学家及农业部门专家在该署举行第一次营养学研究会议,会期5日。

由全国慰劳总会发起的"出钱劳军运动"在重庆开展,献金仪式在实验剧场举行,是日共收献金612799.56元。

2月18日 国民政府修正公布《军政部组织法》45条。

蒋介石为新生活运动七周年纪念,特邀请新运总会干事和工作人员在新运服务所聚餐,到党政军各机关首长及新运总会干事、工作人员等130余人。

晚8时,蒋介石为新生活运动七周年纪念向全国广播讲演,说明当时发起新生活运动的目的、意义,并以戒除赌博、肃清烟毒、普及节约储蓄及推进卫生体育勖勉国人。

中共代表周恩来会见国民党谈判代表张冲,指出国民党当局近一个月来对中共的种种政治压迫事件。

为加强同业的联系,由华府、上海、大陆、陪都、青年、新华、重庆、联营、华华、永安、大众、南京等12商场及华中、京安2市场联合筹组的"商场业联合会"成立。

2月19日 中共代表周恩来将中共为解决"皖南事变"的12条分送给各民主党派代表张澜、沈钧儒、张君劢、左舜生、罗隆基、李璜、邹韬奋等20余人,并希望大家一起,动员力量,争取民主,调解纠纷。

新任农本局总经理穆藕初接见记者并发表谈话。

由全国慰劳总会发起的重庆各界"出钱劳军运动"结束,3日来共献金398万元,超过预计100万远近4倍。

美国驻华大使詹森及罗斯福总统之私人代表居里离重庆飞成都访问。

2月20日 由全国粮食管理局召集的"全国粮食会议",于上午8时在重庆召开,到河南、山西、陕西、江苏、浙江、江西、湖南、湖北、广东、广西、贵州、安徽、四川、西康、甘肃15省粮食管理局局长暨国民政府内政、财政、经济、农林、社会、军政、后方勤务、交通9部,中中交农四行联合办事总处、国民党中央调查统计局、国民政府军事委员会调查统计局、中央农业试验所、卫生署、合作管理局、军粮□委会、军粮总局、屯垦监委会等单位的代表100余人。会议由卢作孚主席,孔祥熙等人致词,希望此次会议"少谈理论,注意解决实际问题。第一要安定人心,第二要增加生产,第三要管制消费"。

由国民政府主计处召开的"第一次全国主计会议"于上午8时在重庆举行开幕典礼。

美国驻华大使詹森及罗斯福总统之私人代表居里由成都返回重庆。

2月21日 蒋介石接见英国驻华大使卡尔、武官戴尼斯中将及奥菲塞上校等,讨论德国在欧洲之企图及中英军事合作诸问题。双方还就中国共产党问题进行了讨论。

中共代表周恩来应约与国民政府军事委员会副委员长冯玉祥会谈,周恩来将近20天来国民党当局政治压迫14件事及军事进攻3件事告诉冯玉祥,并请冯玉祥转告蒋介石解决。

商震、林蔚谒见蒋介石,报告军事考察团在缅甸考察情形。

国民政府外交部部长王宠惠对合众社记者发表谈话称:"余可向君保证,苏联政府对于中国政府与中国共产党间之关系,绝未提出要求和抗议",并称苏联援华物资依旧充量运入。

南洋华侨领袖胡文虎由香港飞抵重庆,并称此行的主要目的是向蒋介石报告南侨状况,考察祖国建设,以便策动侨胞回国投资、兴办实业,以增强抗战力量。

"重庆市战时消防总队"成立,由警察局局长唐毅兼任总队长,划全市为8个消防区。

"重庆市名胜古迹保管委员会"举行第一次会议,推市长吴国桢为该会主任委员,包华国为副主任委员。

"重庆市志筹备委员会"举行第一次会议。

2月22日 "中央设计局"成立,并举行第一次会议,蒋介石到会并发表谈话,要求以70%以上的人力、财力和时间,用在经济建设方面,并着眼国防,兼顾民生,制定经济建设的总方案,为国家树立永远的规模。

晚,蒋介石会晤居里,讨论滇缅公路委员会之组织问题并听取居里报告有关中国经济现状的各项统计材料及其解决中国币值的问题之建议。

中共代表周恩来就黄炎培、褚辅成、左舜生、梁漱溟、张君劢等所提议的在国民参政会下设立"特别委员会"一事向黄炎培表示:①此委员会附属于参政会,绝对不能接受;②此委员会必须成为各党派联合委员会,既不属于参政会,也不属于政府,应成为各党派的一种协议机关;③最好各党派出1人或2人,国民党不能太多,并不要军人。

国民政府教育部美术教育委员会在该部举行第二次会议,张道藩主持,讨论该会1941年度工作大纲及其他要案多项。

重庆区专科以上学校校长在教育部举行谈话会,讨论校务进行情况及改进意见。

中国回教救国协会组织的"南洋访问团"经香港、仰光、新加坡、马来各邦、婆罗州各地后,是日乘机返抵重庆。

南洋华侨领袖胡文虎分别谒见林森、孙科、于右任、冯玉祥等人。

由邹韬奋主编的《全民抗战》被迫停刊。该刊于1938年7月7日在汉口创刊,同年10月30日在重庆出版。

2月23日 蒋介石宴请国民参政会部分参政员,表示同意成立"各党派委员会",并且允诺增加委员人数,同时要张群、宋美龄做好中间党派的工作。

蒋介石接见居里,告以中国自1924年以来的各种情形。

蒋介石会见居里,讨论中国地税改革问题,并告以其致罗斯福总统之函札与备忘录等文件之内容。

国民政府经济部规定粮食、棉、铁、水泥、石油、化工等14种商品,不论何国何地,一律准予进口。

2月24日 蒋介石出席"全国粮食会议"并作题为《管理粮食应注意之事项》的训话。

2月25日 全国粮食会议闭幕,此次会议共开6天,通过粮食行政、运输、增产等议案63件。

全国主计会议闭幕。

中共代表周恩来与国民党谈判代表张冲就中共参政员是否出席国民参政会第二届一次会议一事举行谈判。

生活书店负责人邹韬奋以国民党当局查封其经营的生活书店及其分店50余处,是日夜愤然秘密离重庆赴香港。

2月26日 蒋介石会晤居里,说明关岛设防的重要性,并希望美国对以飞机数百架与空中堡垒12架供给中国一事,特加注意,使其早日供给中国。

蒋介石与居里会晤,首先将其致美国之备忘录向居里宣读并请居里转交美国。蒋介石并声明,此备忘录十项中最重要者为第八项即关岛设防与中国空军同时袭击日本之配合行动。旋即讨论经济、政治顾问与经济使节的派遣和委派外籍交通顾问两问题,双方商定:①政治顾问,"该顾问或可有少数外国助手,为敷行内政之专家,使得负责计划改善中国内政机构。"②经济顾问,"其职责应集中注意立即措施之当前问题,惟同时可有助手若干人研究战后问题。"③经济使节,以研究战后问题为主,此项使节当为临时性而非永久性的。此外,双方还就交通顾问问题、滇缅铁路问题、外汇问题进行了商谈。

蒋介石致函美国总统罗斯福,赞扬居里来华之贡献并告之一切详情皆请居里面达。

中共代表周恩来与国民党谈判代表张冲会晤,再次就中共参政员是否出席国民参政会一事交换意见。

陪都各界180余团体之代表1000余人在国泰大戏院举行欢迎会,欢迎胡文虎和邝炳舜,吴铁城主持致欢迎词,胡文虎讲演并当场献巨资200万元,以救济难民、难童、伤兵及抗战殉国者之遗族。马超俊致词,感谢华侨对祖国抗战的贡献。

2月27日 蒋介石为冻结我国在美之私人存款,致电美国总统罗斯福,请其予以协助。

蒋介石接见张澜、黄炎培、沈钧儒、张君劢、褚辅成、左舜生等6人,商谈中共参政员出席本届参政会问题。张澜向蒋介石提出意见4项:①参政会开会,中共参政员必不可少;②军队国家化,与党派绝缘;③检讨抗战建国纲领及一切决议案之执行;④成立各党派委员会,以讨论并保证以上各项之执行。蒋介石表示原则上同意。

居里、戴普莱离重庆飞香港。居里此次访华,在重庆停留了20天,与蒋介石会见了10次以上,商讨了中国的政治、经济、军事诸问题,同时和中国政府官员及美国侨民也进行了会晤。

2月28日 国民党中央召集国民党方面参政员开会,提出主席团候选人为蒋介石、张伯苓、张君劢、左舜生、周恩来5人;如中共不出席,则以吴贻芳代周恩来。

黄炎培、左舜生、沈钧儒、梁漱溟分别晤见蒋介石、周恩来,就中共出席国民参政会一事交换意见。

"陪都建设计划委员会"假行政院会议厅举行首次会议。

国民政府军事委员会成立"戏剧指导委员会",以张治中为主任委员,郭沫若、何浩若为副主任委员,洪深、田汉、熊佛西、郑用之、鲁觉吾、马彦祥、应云卫等为常务委员。

"中国宪政学会"在重庆举行第一次年会,到50余人,孙慕迦主持并报告会务。

由社会部办理的"重庆市工人消费合作社"成立,洪兰友、卢建人、余琪等12人为理事,王家树、曾觉先等7人为监事。

3月

3月1日　第二届国民参政会第一次大会于上午9时在重庆国民大会堂开幕,出席此次会议的有参政员193人(中共参政员未出席),国民政府党政军各部门负责人80余人。张伯苓主持,国民政府主席林森致训词,勖勉参政员"竭尽所知,贡献政府,宣达政府意旨于全国民众"。蒋介石致训词。

国民政府军事委员会决定:自是日起,全国交通线路检查所、站的运输检查等工作,均由运输统制局监察和统一设置,其他各检查机关或类似组织一律撤销,实行交通检查的一元化。

蒋介石派张君劢、左舜生、黄炎培等赴第十八集团军驻重庆办事处,敦请董必武、邓颖超出席国民参政会,董、邓表示:延安无回电,不便自由行动。

中共代表周恩来与国民党代表张冲会谈,张冲仍要求董必武、邓颖超出席国民参政会二届一次会议。

"四川省党政军前线慰劳团"南路组代表曹叔实等5人,于下午5时在军事委员会向蒋介石暨何应钦献旗致敬。

3月2日　中共代表周恩来写信给国民党谈判代表张冲并转蒋介石,书面提出中国共产党的临时解决办法12条,并称:"倘能蒙诸采纳,并获有明确保证,则敝党参政员届时必能报到出席。"

周恩来、董必武、邓颖超联名写信给黄炎培、张澜、江恒源、冷遹、张君劢、章伯钧、沈钧儒、褚辅成、张申府等,告以中共为顾全大局起见,决改定"临时解决办法十二条",并称此举"实已委曲求全,如仍被拒绝,局势恶化,也问心无愧。"

中共参政员董必武、邓颖超致函国民参政会秘书处，正式提出中共解决"皖南事变"的12条临时办法，国民参政会拒绝接受。

3月3日　周恩来、董必武、邓颖超联名写信给各党派领袖，说明中共参政员不出席国民参政会的理由。

新任宪兵司令兼重庆卫戍总司令部副总司令贺国光、宪兵副司令兼宪兵学校教育长张镇在重庆宣誓就职。

3月4日　何应钦、孔祥熙分别在国民参政会第二届第四次大会上报告军事、财政，其中何应钦的军事报告对第十八集团军及新四军事件有所涉及。

"劝募战时公债运动"是日开始。

3月5日　蒋介石设晚宴招待国民参政会参政员，并于席间致词称：中国力能自立，最危险的去年业已过去。

重庆市屠宰税自是日起在原有基础上增高1倍，其中牛一头10元（原5元），猪一头8元（原4元），羊一头2元（原1元）。

3月6日　蒋介石出席国民参政会第二届第一次大会并致词，说明国民政府对中共参政员不出席参政会的处置意见及方针，并称：军令只有一个，政府只有一个，党派精神一律平等。

蒋介石设午宴招待美国华侨参政员邝炳舜，邝炳舜代表旅美华侨统一义捐救国总会向蒋介石呈献慰劳抗战将士国币10万元，医院解剖仪器10副。

国民政府立法院院长孙科对合众社记者发表谈话称：在过去数月中，"苏联物资援华较前更为积极。中国最近一次所订购之军事用品，其数量已较中国以前从美国获得者为多"。

国民政府军事委员会任命梁培璜为第6集团军副总司令，彭毓斌为第7集团军副总司令，楚溪春为第8集团军副总司令，刘奉滨为第13集团军副总司令。

3月7日　国民政府行政院拨款100万元，救济迁川之复旦、金陵、南开、朝阳等51所私立大、中学校。

3月8日　陪都各界妇女隆重纪念"三八妇女节"。

"中国地质学会第十七届年会事务会"在重庆大学举行。

由中华全国美术会主办的"妇女美术家作品劳军展览会"在中央图书馆分馆举行,共展出作品450余件。

3月9日 国民参政会通过国民政府1941年度施政方针及有关军事、财政、经济、交通、农林、教育各部报告的审查意见,并推定褚辅成、孔庚、黄炎培、林虎、邓飞黄、许孝炎、董必武、李璜等25人为驻会委员会委员。同时通过《第二届国民参政会第一次大会宣言》。

3月10日 国民参政会第二届第一次大会在完成各项议程后,于上午8时举行闭幕式,到蒋介石、张伯苓、王世杰等及参政员178人,国民党党政军各机关负责人等60余人,会议由议长蒋介石主持并致闭幕词。大会并发表会议宣言称:"中国抗战,本为历史之宿命,具必胜之条件,最要则为民族战志,四年以来,业已证明其效果矣。"

3月11日 三民主义青年团中央干事会书记长张治中偕中央团部各处室处长、主任康泽等10余人,视察重庆支团部及重庆市区各分团。

3月12日 "国民精神总动员"二周年纪念日,蒋介石特为此发表演说。

下午3时,陪都各界假新运模范区举行国民精神总动员二周年纪念大会。

由农林部召集的"第一次全国农林行政会议"在重庆举行。

"中山学社"在重庆举行第二届社员大会。

3月13日 "中央研究院第二届评议会第一次年会"在中央图书馆举行。

中共代表董必武与各民主党派代表李璜、张申府、章伯钧、张澜、沈钧儒、罗隆基等15人在重庆一心餐厅聚会,讨论国共两党问题、党派委员会问题及成立中国民主政团同盟等问题。

3月14日 蒋介石约见周恩来,表示现在情形缓和了,可以谈谈了,并要周恩来打电话给延安,询问中共中央最近的意见。

川籍著名画家张善孖追悼大会,于下午在张家花园巴蜀礼堂举行,于斌主持致开会词,王世杰、陈其采等分别演说,最后由张氏家属致答词。

3月15日 "中央研究院第二届评议会第一次年会"闭幕,会议通过了设置数学研究所等决议案。

3月16日 "中国新闻学会"于上午9时假重庆上清寺广播大厦举行成立大会。

"中华农学会第二十四届年会"在磁器口四川省立教育学院举行,到会员200余人,孙科、陈立夫到会并演说。

3月17日 "中央农村建设委员会"在重庆成立。

中共代表周恩来、董必武、邓颖超等宴请各界人士,说明中共对于国共关系及本次参政会的立场和态度,并与与会者讨论了时局问题。

"中国新闻学会"全体理监事在重庆举行就职典礼并召开第一次理监事联席会议。

3月18日 国民政府行政院会议通过《田赋征收实物办法暂行通则》7条。

蒋介石接见英国驻华大使馆陆军参赞戴尼斯少将,听其报告赴新加坡与波普翰(英国远东军总司令)讨论中英军事合作与保卫滇缅路以及英国在华空军之合作问题、英国与中国游击战之合作等问题。

蒋介石接见合众社记者并发表谈话称:中国如能获得美国充足的物资援助,即能单独与日本相周旋,亦可解除太平洋之国际紧张,甚至使欧洲早获和平。

"第一次全国农林行政会议"在重庆闭幕。

上午11时15分,日机18架分2批于重庆市郊之小龙坎等地投爆炸弹22枚,燃烧弹2枚,炸死市民24人,炸伤市民1人,毁房屋12间,船1艘,豫丰纱厂被炸毁洗纱机6部。

1941年迁重庆的大同乐社继续在重庆会府曹家庵16号工作,该社以整理国乐为宗旨,该会事务主任潘公展,乐务主任王晓籁。是日举行迁渝后的第一次理事会议,康心如等被加聘为该会理事。

3月19日 "中国民主政团同盟"在重庆上清寺特园举行成立大会。会议通过了组织简章,选举黄炎培为中央常务委员会主席,左舜生为总书记,章伯钧为组织部长,罗隆基为宣传部长,并订有《中国民主政团同盟初拟纲领草案》12条(未发表)。

国民政府军事委员会任命孙良诚为冀察战区副总司令。

3月20日 重庆市社会局召集全市中等学校校长会议,到各中学校长40余人。会议由重庆市社会局局长包华国主持并致词,对各学校今后工作颇多指示,尤望各学校对录取新生及聘请教师多加注意。

四川省政府主席张群偕省党部主任委员黄季陆、四川大学校长程天放由成都飞重庆述职。

3月21日 国民参政会驻会委员会拟定该会规则12条。

蒋介石约集孔祥熙、卢作孚、陈伯庄、顾翊群等讨论经济问题。

蒋介石为顺应舆情,并谋劝募战时公债能获得更大的成效起见,是日特指示战时公债劝募委员会:"城市以公平摊派为原则,乡村以劝募认购为原则"。

3月24日 中国国民党第五届第八次中央全会在重庆开幕。

"中国农民经济研究会"在重庆举行第二届年会,该会留渝会员及各机关代表出席。

3月25日 国民政府设立"国共关系调整特别委员会"。

蒋介石、宋美龄宴邀周恩来、邓颖超,贺耀组、张冲作陪。商谈组织各党派委员会、停止军事进攻、制止政治压迫等事宜。

全国粮食管理局制定的《重庆市食米统购统销办法》,自是日起在重庆实施。

重庆卫戍总司令刘峙对记者发表谈话称:自4月中旬起,本市实行强迫人口疏散,凡无居住证者,均在疏散之列。疏散地点在沿长江与嘉陵江两岸交通方便而有余粮的乡村。

3月26日 由国民政府教育部主持召开的"学术名词审查会"在重庆举行,到教育、社会审查会、经济、统计、化工、机械、电机等学科的专家90余人。

国民政府财政部负责人对新闻记者发表谈话,痛斥敌伪在上海绑架杀害银行从业人员之行为。

3月27日　国民政府行政院公布《田赋征收实物办法暂行通则》7条。

"中华全国文艺界抗敌协会"在中法比瑞同学会举行该会成立三周年纪念会,到老舍、胡风、巴金、阳翰笙、姚蓬子等50余人。

由美国红十字会捐款并委托重庆市政府修建的望龙门平民住宅竣工,是日举行落成典礼,到美国驻华大使詹森及中外来宾100余人。

3月29日　国民党五届八中全会举行第六次大会,大会主席团发起为革命先烈邹容、张培爵建立纪念碑。

"三二九"革命先烈纪念日,国民党中央在重庆举行隆重的纪念会,纪念革命先烈。

自是日起,在重庆的豫丰、裕华、渝华三大纱厂均平价抛出各厂全部产品,以供社会需要。

3月30日　"中国政治建设学会"在重庆举行第三届年会。

重庆各界人士和重庆大学师生在重庆大学热烈庆贺原重庆大学商学院院长、著名经济学家马寅初60寿辰(是时马寅初已被国民党当局秘密逮捕),沈钧儒、邹韬奋、潘梓年、张西曼等出席祝寿会。

3月31日　蒋介石于国民党五届八中全会举行的总理纪念周上发表讲演。

是月　"中华全国木刻界抗敌协会"被迫解散。

4月

4月1日　国民党五届八中全会通过《战时党政三年计划》《国防工业战时三年计划纲要》及《各省田赋暂归中央接管》等要案。

蒋介石在国民党五届八中全会举行的国民月会上作题为《党员对于国民精神总动员之责任》的讲演。

由中国电影制片厂修建的"抗建堂"是日举行落成典礼,到中外来宾700余人。

4月2日　国民党五届八中全会是日决议:①中央执行委员会秘书长叶楚伧辞职,推吴铁城继任;②推刘维炽为海外部部长,陈庆云、戴块生为副部长,周启刚专任侨务委员会副委员长,萧吉珊专任侨务委员会常务委员;③中央组织部代理副部长曾养甫另有任用,推张冲继任中央组织部代理副部长;④国防最高委员会秘书长张群另有任用,推王宠惠继任国防最高委员会秘书长;⑤调郭泰祺为国民政府外交部部长;⑥开除柳亚子党籍。

国民党五届八中全会闭幕,会议并发表宣言,以驱逐敌寇出境,拥护建军、统一军政军令,促成宪政,建立战时经济四点,慰勉全国军民,一致努力,争取胜利。

4月3日 国民党中央发表国民党五届八中全会通过的战时三年建设计划大纲,定1942年1月开始实施。

由国民政府社会部召开的"全国合作会议"于上午9时在重庆举行。

4月4日 "中国滑翔总会"于下午4时在重庆嘉陵宾馆举行成立大会。

由国民政府教育部与中国科学化运动协会合办的"青年儿童科学教具展览会"在重庆中央图书馆揭幕,展期3天。

"儿童节"。由三民主义青年团中央团部女青年处发起的"儿童智力和健康比赛"决赛在巴县中学举行。

为庆祝儿童节,中苏文化协会妇女指导委员会举办"中苏两国儿童作品展览",展品多达2500余种。

4月5日 国民政府内政部召集重庆市党部、重庆市政府及所属各局处、重庆市临时参议会开会,会商组织"重庆市地方自治巡回视察团"等事宜,决定到会各机关派高级职员组成视察团,视察内容为地方各级组织、户口异动、民众训练、新生活运动推进、合作社筹设等。

"中国合作学社"在重庆嘉陵宾馆举行第六届年会。

4月6日 国民政府军事委员会参谋总长何应钦于晚间对英、美播讲中国战况。称:中国抗战四年,实力日强,今前线有500万以上士兵,后方有1000万后备战斗员,沦陷区有60万以上正规军、80万游击队与敌搏斗,每日约毙敌2000人。战线自南至北,长9000余里。并表示:在敌军未退出我国土及敌国不视我为独立自主国而尊重其权益时,"不屈服、不妥协,也绝不考虑和平"。

辽宁省政府主席万福麟奉命改组后,在重庆组织"省政研究会",该会于是日举行第一次会议,决议抚慰本省民众,救济后方失业、失学青年等。

美国著名作家海明威夫妇于下午5时由桂林飞抵重庆访问。

4月7日 由国民党中央组织部召集的"全国各省市妇运干部工作讨论会"于上午8时在重庆开幕。

4月8日 国民政府主席林森,于下午召见荷印华侨领袖丘元荣,对丘氏在海外为国努力之情形,慰勉有加。

"管理中英庚款董事会"成立10周年纪念。

海明威夫人在重庆对记者发表谈话,对大轰炸下的重庆及中国表示敬佩,她说:"我说什么好呢?对于中国,要说的话太多了。无论是韶关、桂林或是伟大的重庆,在残暴的日本人不顾人道轰炸之下,中国人民仍能各就着各人的岗位,努力工作。尤其是在重庆,你看许多炸过轰过的地方,都已修建了小巧玲珑的房子。这种精神,使着我们非常钦佩。"

荷印华侨领袖丘元荣偕中华学院院长钟鲁斋于是日晨由香港飞抵重庆,吴铁城、曾养甫等前往机场迎接。

4月9日 国民政府经济部公布《管理重庆市棉纱棉布买卖办法》。同时公布《检举重庆市纱布商人不法行为给奖办法》。

"全国合作会议"于上午10时在重庆举行闭幕典礼。

"中国滑翔总会"在重庆举行首次理事会。

"中华全国体育协进会"在重庆举行第一次常务董事会议,决议要案多项。

"中国回教救国协会"举行穆圣诞辰纪念大会,到回胞1000余人,由该会理事长白崇禧主持并致词。

4月10日 国民政府明令:①外交部部长王宠惠另有任用,王宠惠应免本职;特任郭泰祺为外交部部长;②追赠故空军驱逐司令兼第四大队队长高志航为空军上将。

全国粮食管理局为讨论今后粮食购运之各种重要办法,特于是日召集"四川粮食购运处各区督察长会议"。

较场口至南纪门马路于昨日(4月9日)全部竣工,是日正式通车。该路为重庆城中心区沟通南区马路之要冲,系利用1939年开辟的15公尺太平巷兴筑而成,全长73公尺,宽15公尺。

重庆都邮街至会仙桥公路的改直拓宽工程,于1940年12月开工,是日全部完成,计宽22公尺,长120公尺。

4月11日 国民政府财政部设立"国家专卖事业设计委员会",以孔祥熙兼任主任委员。

国民政府财政部负责人发表谈话,表示日用必需品专卖约在4个月后实施。

苏联驻华大使潘友新告知国民政府外交部部长王宠惠:苏日谈判决不牺牲友邦利益,苏对松岗洋右之接待乃例行接待。

4月12日 蒋介石接见荷印侨领丘元荣。

"中华全国体育协进会运动裁判会",于下午1时在重庆举行首次会议。

上海巨商虞洽卿于上午8时乘中国航空公司"峨眉号"飞机抵达重庆,并称:"在沪办理难民救济工作已3年余,对抗战以来大后方情况极为关切,故决定前来观光考察,并向中枢当局报告一切。"

4月13日 国民政府教育部"音乐教育委员会"召开第六届全体委员会议,陈立夫主持。会议决议以三四八振动数为黄钟之标准音,规定4月5日黄帝诞辰日为音乐节,并决议各国立师范学院一律增设音乐系。

广东省政府主席李汉魂因公来渝,是日在嘉陵宾馆举行茶会,招待广东省旅渝同乡并报告最近广东省的政治、党务、经济、军事、教育情形,到吴铁城、梁寒操、刘纪文、萧吉珊、邹鲁、陈铭枢等300余人。

4月14日 国民政府外交部部长王宠惠为《苏日共同宣言》(4月13日)发表谈话,称:"东北四省及外蒙之为中华民国之一部,而为中华民国之领土,无待赘言。中国政府与人民对于第三国间所为妨害中国领土与行政完整之任何约定,决不能承认,并郑重声明:苏日两国公布之共同宣言,对于中国绝对无效。"

下午5时,蒋介石夫妇在曾家岩官邸接见英国驻华大使馆陆军参赞戴尼斯,讨论苏日中立条约及日本南进动向与中英军事合作之实行等问题。

中国新闻学会、重庆各报联合委员会、中国国民外交协会、国际反侵略大会中国分会、中华全国文艺界抗敌协会、中国国际联盟同志会、中央文化运动委员会、军事委员会政治部文化工作委员会等9个文化团体,于下午4时假嘉陵宾馆举行茶会,欢迎美国著名作家海明威夫妇,到孔祥熙、陈铭枢、张道藩、潘公展、萧同兹、陈博生、许世英、董显光、吴国桢、陈访先等300余人。孔祥熙主持致欢迎词,旋由著名古琴师黄锦培演奏"阳关三叠",琵琶名家杨大钧弹"蜀道行"及"十面埋伏"。

4月15日 由国民政府战地党政委员会召开的"战地党政会议"在重庆举行开幕典礼,到国民党中央各院部会代表及各战区长官代表100余人,会议由程潜主持,陈立夫致词强调战地党政一元化。

美国著名小说家加德威尔夫妇由香港抵达重庆。

4月16日 蒋介石接见美国驻华大使詹森,讨论苏日中立协定、德国攻击苏联之可能性及美国军事、经济援华等问题。

"中国警察学术研究社第一届年会"在重庆举行,会议决定以9月1日为"警察节"。

"陪都空袭服务总队"假川东师范大操场举行全市空袭服务队员总检阅。

4月17日 中共代表周恩来、董必武与黄炎培、左舜生、章伯钧等在黄炎培寓所商讨苏日签订中立协定问题。

"迁川工厂联合会"在重庆举行第四届会员大会。

4月18日 国民政府外交部部长王宠惠出席国民参政会驻会委员会第三次会议并报告苏日中立条约及上海公共租界工部局董事会改组等问题,各委员提出询问及陈述意见甚多。

4月19日 "战地党政会议"举行闭幕典礼,到100余人,蒋介石亲临训话。

国民政府经济部平价购销处为实行管理重庆市纱布市场起见,于昨、今两日先后在夫子池新运服务所召集重庆市纱商及绸布业两同业公会会员谈话,到两同业公会会员400余人。由该处处长吴闻天说明政府此次颁布管理重庆市棉纱棉布买卖暂行办法,其唯一之目的在稳定纱布市场及维护商人利益。

国民政府外交部部长王宠惠就上海公共租界设置"临时董事会"一事,发表声明如下:"中国政府不参与上述决议案所包括之计划,兹并声明:'临时董事会'之设置及地皮章程任何条款之变更,均未经中国政府予以同意。"

苏联驻华大使潘友新声明:《苏日中立条约》成立,但对华政策不变。

4月20日 缅甸国防部长司徒悦德,印度农林部委员史歌德二人抵重庆观光。

重庆市加紧疏散工作,本日起由市警察局分别发给疏散证,25日起强迫疏散出境。疏散交通工具,上水以轮船为主,下水以木船为主,乘汽车者自本日起持疏散证向重庆及海棠溪车站办理登记,分配车位。

4月21日 新任国民党中央海外部部长刘维炽,副部长陈庆云、戴块生于下午3时到部就职,由前部长吴铁城介绍给该部职员。吴铁城、刘维炽分别致词,希望"将1000万侨胞组成一股巨大的力量"以贡献于国家。

"战时公债劝募委员会"于下午3时举行劝募成绩检讨报告会,黄炎培主持并致词,对各劝募人、购债人及银行工作人员的努力工作表示感谢,继由副秘书长王家桢、处长杨卫玉、秘书阎宝航报告开会意义及奖励办法。据悉,此次募债已达1亿余元,超过原比额68%。

4月22日 国民政府行政院第511次会议,讨论通过了"陪都建设计划委员会"呈请的修正该会组织规程案。

"总理实业计划研究会"在重庆举行第二次会议,到陈立夫等30余人,讨论关于铁路、公路、电讯建设之标准数字及食品棉织物之供给标准。

"中国佛教会重庆分会"举行成立大会,并决定在江北相国寺创办佛教小学1所。

"重庆市文化运动委员会"举行第二次全体会议,讨论现阶段国际形势,会议由刘百闵主持,潘公展、梁寒操、陈访先到会并致词。

美国著名教育家孟禄博士由香港飞抵重庆。

4月23日 国民政府经济部钢铁管理委员会为增加钢铁产量,提高品质,调整产销关系起见,于是日召集产销双方及钢铁专家开会,到 30 余人,会议由该会主任委员李景潞主席并致开会词。

"迁川工厂联合会"举行执监联席会议。

国民政府行政院副院长、北平燕京大学董事长孔祥熙于晚 7 时假嘉陵宾馆,宴请日前抵重庆的该校校长司徒雷登,并邀请中华教育文化基金董事会副董事长孟禄博士及在重庆的该校校友作陪,到 200 余人。

4 月 24 日 出席"全国各省市妇运干部工作讨论会"之代表于午后赴国民政府晋谒林森并献旗致敬,林森亲自延见并致训词,并对各地妇女生活有所垂询。

重庆市市长吴国桢召集各米商业商讨重庆市食米供应问题,全国粮食管理局局长卢作孚应邀出席。

4 月 25 日 国民政府明令:派张兆为重庆市图书杂志审查处处长。

蒋介石通电悼念上海孤军团长谢晋元(24 日被刺杀),并发给特恤金 5 万元。

4 月 28 日 由国民党中央组织部召集的"全国各省市妇运干部工作讨论会"在重庆闭幕,蒋介石亲临训话。

国民政府军事发言人发表谈话,驳斥敌寇诬蔑我军开入缅甸之谣言。

宋美龄应英国广播公司(BBC)之请,于凌晨 2 时 40 分以英语对英国广播,并由该公司转播全国及全世界。讲演中,宋美龄对英国对中国的救助表示感谢。

新任国民政府行政院经济会议副秘书长何浩若到会视事。

康心如以重庆市银行公会主席的身份,召集该会各会员银行在美丰银行开会,讨论陪都金融界对重庆市目前粮食问题的应对办法,决定成立"重庆市粮食协助社",暂定资本 300 万元,到重庆以外的其他地方购存粮食,"俾米源偶有阻塞时调剂之用"。同时推康心如、刘航琛、宁芷村、潘昌猷、杨晓波、徐广迟、黄墨涵、李其猷、邓子文、楚湘涵、尹志陶等 11 人为筹备委员。

4 月 29 日 美国罗斯福总统长子杰姆士·罗斯福偕汤姆斯少校由香港飞抵重庆。下午,杰姆士·罗斯福晋谒蒋介石,面交罗斯福总统亲笔函件。

4月30日　蒋介石接见美国驻华大使詹森,听其报告美国政府对平准基金借款,绝无故意留难中国之意。

国民政府行政院经济会议召集各有关机关举行"节约运动设计会议"。

"迁川工厂联合会"组织"会员工厂出品展览会"。

国民政府外交部部长王宠惠于晚7时假外部宾馆宴请美国驻华大使詹森以及罗斯福总统长子杰姆士·罗斯福上尉、汤姆斯少校。王宠惠致词,詹森致答词,"深信中国之抗战,必获最后之胜利"。

5月

5月1日　行政院经济会议以重庆市粮食供应紧张,抢购严重,人心恐慌,特制定《渝市粮食紧急措施办法》。

国民政府财政部为减轻人民负担,特选择人民日常生活有关的土货共计11种,一律免征转口税,即日实施。

国民政府军事委员会发言人对中央社记者发表谈话称:日军进犯闽、浙沿海之举,是日本"无法结束侵华战争,而在军事上是一种极度苦闷行为"。

国民政府外交部发言人发表谈话,宣称:上海公共租界新近成立的临时董事会,我政府决不承认。

陪都各界于上午8时在国泰大戏院举行纪念大会,隆重纪念"五一节"。

重庆市临时参议会第一届第四次大会于下午1时在川东师范该会临时会场举行开幕典礼。

重庆经广元、汉中至宝鸡的公路直达客车通车。

5月2日　蒋介石在全国政工会议上发表讲演,宣示部队政训工作的要点。

"陪都建设计划委员会"举行成立后的第一次委员会议。

重庆市市长吴国桢于下午2时出席重庆市临时参议会第四次大会第一次会议并报告半年来的市政工作。

5月3日　美国罗斯福总统长子杰姆士·罗斯福偕汤姆斯少校离渝飞仰光。

日机63架分2批于上午11时54分轰炸重庆市区,投爆炸弹83枚,燃烧弹36枚,炸死市民6人,炸伤市民18人,毁房屋127栋又269间。

5月4日 "五四青年节",国民政府军事委员会政治部假广播大厦举行首次文化界辩论大会,题目为"日本南进与否?"。

国民政府军事委员会政治部于晚间在中国电影厂举行盛大宴会,招待陪都文化界人士,到各界代表400余人。张治中主持并致词,指出今日是抗战最严重阶段,也是将达最后胜利的阶段,要求文化界加强自信。并称苏日中立条约,对我并无影响,但"中国对抗战决不存侥幸心,不管国际任何变化,我们仍是要靠自己"。冯玉祥、张道藩等分别致词。会毕在抗建堂举行盛大的游艺会。

陪都各界在实验剧院聚会,隆重纪念"五四青年节"。

5月5日 国民党中枢举行革命政府成立纪念及总理扩大纪念周,于右任作题为《革命政府成立之经过及其意义》的讲演,讲述革命政府成立的史实及意义。

国民党中央宣传部文化运动委员会于上午9时假广播大厦举行第二次全体委员大会。

"空军第三次干部会议"及航空委员会委员会议在重庆合并举行,蒋介石亲临会议并致词。

"营养改进运动宣传大会"在重庆举行开幕典礼。

由新加坡华侨领袖胡文虎领导国内外实业界,集资1000万元创办的"华侨企业公司"在重庆交通银行召开创立会,会议通过公司章程,选举胡文虎为该公司董事长。

"建国银行"在重庆开幕营业。该银行由上海及华侨金融巨子创办,旨在集中游资,开发生产。

5月6日 国民政府军事委员会任命何柱国为第15集团军总司令,李仙洲为副总司令。

"空军第三次干部会议"及航空委员会委员会议闭幕,会议听取了各部门的工作报告,讨论了各方提案。蒋介石于会议闭幕前亲临会议并致词,对各部门的工作进行讲评,对空军的各项业务加以指示,希望与会者实事求是,精益求精,切实执行会议的决议,完成建国建军的使命。

5月8日　国民政府明令:①褒扬故第88师团长谢晋元,并追赠其为陆军少将;②公布《财政收支系统实施纲要》。

美国援华委员会委员、美国《时代周刊》兼《幸福杂志》编辑鲁斯夫妇由香港飞抵重庆。

5月9日　国民政府明令:特任顾维钧为中华民国驻英吉利国特命全权大使(原驻英大使郭泰祺另有任用,应免本职),魏道明为驻法兰西国特命全权大使。

国民政府行政院发表"川康兴业公司"筹备委员会名单,以张群为主任委员。

中共代表周恩来与国民党代表张冲会谈,周恩来就蒋介石要求华北八路军配合对进犯中条山的敌人作战问题时指出:坚持团结抗战,打败日寇,是我党我军的一贯主张,与友军配合作战,"当然如此,不成问题"。同时转达了中共中央8日来电中对国民党所提的四项要求。

蒋介石出席陆军大学第18期开学典礼并发表讲演,阐述武德的重要意义在于"智""信""仁""勇""严",而其中最重要者为"仁",是武德之本。

英国驻华大使卡尔接见中外记者并发表谈话称:"敝国政府与中国之友谊,已由开放滇缅路早日明示,这种友谊仍旧继续不变,并且保证滇缅路亦将依旧开放。"

日机80架分2批于正午12时56分及下午1时22分轰炸重庆市区,共投爆炸弹205枚,燃烧弹36枚,炸死市民45人,炸伤市民57人,毁房屋142栋又182间。

5月10日　蒋介石夫妇于晚7时在军事委员会宴别美国驻华大使詹森(调任美国驻澳洲大使),并邀请美国驻华大使馆全体馆员,国民政府各院部会高官40余人作陪。蒋介石致词申述中美两国利害与共,休戚相关,应共同努力奋斗,以完成维护世界和平之使命,蒋介石称:中美两国合作,乃世界大同之基础。詹森致答词。

中共代表周恩来与国民党代表刘为章会谈，刘为章要求华北八路军配合对敌作战。周恩来表示，如敌进攻中条山，我必打无疑。

国民政府财政部"整理田赋筹备委员会"正式成立，由财政部部长、次长分别兼任主任委员、副主任委员，下设秘书处分5组办事。

陪都各界 10000 余人于上午 8 时假新运服务所礼堂举行"孤军团长谢晋元将军追悼大会"，由贺耀组代表蒋介石主祭，何应钦、谷正纲、张治中、潘公展、刘峙、王宠惠、吴国桢等人陪祭；午后由市民公祭。

"陪都市民运动大会"在新运模范区举行开幕典礼，11 日闭幕。

日机 54 架分 2 批于上午 10 时 56 分及 11 时 25 分在重庆市区投爆炸弹 271 枚，燃烧弹 9 枚，炸死市民 33 人，炸伤市民 40 人，毁房屋 15 栋又 257 间。

5月11日　中共代表周恩来应邀与蒋介石会谈，蒋介石要求八路军配合友军中条山作战。周恩来告以中共中央已电八路军拟制配合作战计划，并要蒋介石通知卫立煌、阎锡山与八路军总部联络。

5月12日　国民政府明令公布《非常时期违反粮食管理治罪暂行条例》16 条，严禁囤积居奇。

美国驻华大使詹森晋谒国民政府主席林森并辞行。

"荣誉军人职业协导会"于午后 1 时假黄家垭口实验剧场举行成立一周年纪念大会，谷正纲主持致开会词。

"中华护士会重庆分会"于下午 7 时假戴家巷福音堂举行"南丁格尔诞辰纪念会"，到国民政府卫生署署长金宝善及陪都各机关代表、各卫生团体、公私立医院男女护士 200 余人。

5月13日　国民政府外交部就中澳（大利亚）即将交换使节发表公告。

美国驻华大使詹森晋谒蒋介石并辞行。

重庆市临时参议会第四次大会举行闭幕典礼，议长康心如致休会词，详述此次大会的特点及其成就。此次会议共举行全体会议 8 次，讨论通过提案 30 件。

5月14日　美国驻华大使詹森偕秘书魏乐、武官麦克猷于上午 11 时乘机离渝飞香港转返美国。

5月15日　中国新闻学会、重庆各报联合委员会为庆祝《大公报》获得美国米苏里大学新闻学院1940年度"全世界最优秀报纸"荣誉奖章，于下午4时在国民党中央党部举行庆祝大会，到蒋介石之代表贺耀组、于右任、吴铁城、王世杰、潘公展等及各国在渝之代表200余人。

全国慰劳总会假新运服务所举行"陪都各界出钱劳军竞赛"。

社会部重庆社会服务处两路口新址全部落成，是日正式开放。

重庆市粮食管理委员会通过《渝市凭证购粮暂行办法》18条，规定从6月1日起，重庆市实行凭证购粮。

5月16日　国民政府颁发国民党五届八中全会决议案实施督导办法8条，并推定督导委员8人，其中党务组为邓家彦、邹鲁，政治经济组为陈果夫、白崇禧、蒋作宾、张厉生，军事教育组为丁惟汾、冯玉祥。

"中英文化协会"于下午4时假广播大厦举行茶会，欢迎英国驻华大使卡尔及新近来渝之香港何明华主教。

日机62架分2批于上午9时55分在重庆市区投爆炸弹68枚，燃烧弹18枚，炸死市民10人，炸伤市民8人，毁房屋24栋又80间。

5月18日　本日为陈英士殉国25周年纪念日，湖州旅渝同乡会于上午9时假广播大厦举行纪念会，到戴传贤、朱家骅、王宠惠、陈立夫、潘公展、陈其采等80余人，戴传贤主祭，朱家骅报告陈英士生平事迹。蒋介石也亲临致祭。

"西藏文化促进会"在重庆玄坛庙1号西藏班禅驻京办事处举行成立大会，出席者有西藏旅渝人士、国民党中央委员罗桑坚赞、盛努佛爷，班禅秘书长刘家驹、班禅驻京办事处处长罗友仁等30余人。罗桑坚赞主持并报告成立西藏文化促进会的意义。

重庆市政府、重庆市空袭服务队发布《告市民书》，要求市民尽快疏散。

5月19日　宋美龄以美国名记者鲁斯夫妇即将返国，于是日晚间在夫子池新生活运动促进总会设宴款待鲁斯夫妇惜别，并介绍各新运妇女工作队队长以及各妇女团体负责人与鲁斯夫人见面。

中国汽车制造公司总工程师张世纲，最近驾驶该公司改用桐油的汽车来渝，在军事委员会、交通部、公路总局各机关表演成功后，是日复驾驶该桐油车在化龙桥与北碚北温泉间试车。两地距离约60公里，往返均为1小时30分。

5月20日　国民政府行政院增设粮食部，国民政府是日明令：特任徐堪为粮食部部长。

"中央政治学校"成立14周年纪念，该校举行盛大庆祝会，蒋介石于下午2时亲临该校并主持纪念大会，作题为《政校学生应有之精神修养》的讲演。

国民政府行政院副院长兼中美文化协会会长孔祥熙以鲁斯夫妇即将返国，于下午4时假嘉陵宾馆举行茶会为之饯行，并邀请各界艺人作陪，到黎莉莉、舒绣文、应云卫、安怡、郑用之、马思聪等100余人。孔祥熙于席间致词，鲁斯夫人及鲁斯先后讲演，称："此次在重庆短期之旅居，所得种种印象中之最深刻者，乃为中国人士抗战之英勇。此种英勇精神由前方直至大后方，到处都有充分之表现，至堪钦佩。"

5月22日　美国新任驻华大使高思偕参事白居里、陆军武官梅迩中校、海军武官麦克猷少校，于晨6时40分由香港飞抵重庆，董显光等到机场迎接。随后乘美国驻渝海军特备的汽艇赴南岸美国大使馆休息。

5月23日　国民政府行政院副院长孔祥熙接见苏联驻华大使潘友新，商谈两国物资交换协定及其实施细则。

美国新任驻华大使高思偕参事白居里于上午9时往访国民政府外交部部长王宠惠，并呈递国书副本。

5月24日　国民政府明令公布修正《重庆陪都建设计划委员会组织规程》第7、8、10条条文。规定该会"于必要时得聘用专家为设计委员，或呈请设立专门会处"，该会主任委员、副主任委员、委员，皆为无给职。

国民政府行政院召集"粮食会议"，决定征收实物纲要。

蒋介石于中午宴请新任粮食部部长徐堪、全国粮食管理局局长卢作孚，垂询粮食部的筹设及今后粮政大计甚详。

5月25日　国民政府财政部公布《全国猪鬃统购统销办法》。

"三民主义青年团沙磁区各学校分团"在重庆大学礼堂举行分团部正式

成立典礼,该分团部各干事亦同时举行宣誓典礼,由张治中监誓。

"中国地政学会"在求精中学举行"战时土地政策讨论会",到专家及该会会员四五十人,萧铮主持,首由祝平解释《土地自然收益应如何收归国有》,主张田赋改征实物。教育部部长陈立夫致词称:土地与人口实政治之基本,对此革命之基本问题,务必努力推行。并称田赋改征实物,必须有一良好的组织相配合。

5月26日 蒋介石以苏俄顾问在华工作即将满合同,是日面谕顾问事务处处长卜道明:"俄顾问服务期间,已满合同规定者,应速办续订合同手续,并于十五日内办妥具报。"

美国新任驻华大使高思于下午6时在国民政府大礼堂向国民政府主席林森呈递国书。

中国国民外交协会主席吴铁城就美国举行"中国周运动"圆满结束一事,于晚10时在广播大厦用英语对美广播,代表中国人民对美国友人为我赈灾募款表示谢意。并表示"中国将不顾一切困难,继续作战,非至最后胜利之日不止"。

上午8时38分,日机27架分3批,其中第1批4架于9时18分蹿至重庆上空,内有1架用机枪扫射。

5月28日 美国新任驻华大使高思由外交部部长王宠惠陪同,于下午5时半晋谒蒋介石,并面呈罗斯福总统亲笔函一件。

国民政府外交部部长王宠惠接见美国合众社记者,并就美国总统罗斯福之"炉边闲话"发表评论称:"中国政府当局认为美国罗斯福总统之演说,乃世界史中最重要文献之一。……中国抵抗日本侵略所予世界之贡献,美国方面已有充分之认识,此为中国朝野所尤为感佩者也。"

国民政府教育部部长陈立夫就教育部改订专科以上学校毕业考试办法发表谈话称:"战时国家财政困难,学校之增设与扩充,不能不按部就班,徐图发展,素质之提高,则为当前之要图。年来大学课程之整理,教员资格之审查,院系之调整,教材设备之充实,均已次第举办,且获相当成效。至学生方面,自应积极设法提高其程度,俾获实质之改进。"

5月29日　美国新任驻华大使高思于上午10时晋谒行政院副院长孔祥熙。

5月30日　国民政府明令公布《航空法》67条。

美国驻华大使高思以居里致蒋介石电转达蒋介石,告以罗斯福总统经过"慎加考虑",决定推荐约翰霍布根大学国际政治学院导师拉铁摩尔来华担任蒋介石的政治顾问。

"中华全国文艺界抗敌协会"假中法比瑞同学会举行首届"诗人节"庆祝会,到于右任、郭沫若、阳翰笙、老舍、姚蓬子等200余人。于右任主持并致词,说明诗人节的意义,老舍报告诗人节的筹备经过,郭沫若报告我国古代伟大诗人屈原之生平。

由全国慰劳总会举办的"陪都端午节劳军大会"于晨6时假国泰大戏院举行,到重庆卫戍区宪军警防空部队及荣誉军人代表2000余人,谷正纲主持并致词。

5月31日　国民政府军事委员会军政部部长何应钦接见美国合众社记者并发表谈话称:中国已将其命运与英、美之命运联系,无论欧洲情况如何,中国将坚持其政策不变。并称:"如美国与日本作战,则在战争存续中,中国愿意任美国尽量使用中国所有之航空场及其他一切航空设备。"

"中苏文化协会"举行文化界联合晚会,到苏联驻华大使潘友新及陪都文化界人士800余人,国民党中央宣传部部长梁寒操在致词中称:苏日中立协定,无碍中苏邦交。

是月　蒋介石致函英国首相丘吉尔,对中英批准基金协定的签订(4月1日签订)表示谢意。

6月

6月1日　黑龙江省政府在重庆成立,马占山宣誓就任省主席。

"陪都节储实践会"于是日起开始征求会员,蒋介石为此特发表通电,勖勉国人一致奋起,参加节储实践会。

"中国边疆学会"在重庆成立,赵守钰、顾颉刚、拉德那伯等17人为理事,张廷休、王殿之、孙元良等9人为监事。

"中苏文化协会重庆分会"举行第三届会员大会,到各界代表及会员100余人,会议选举吕超为连任第三届会长,冷融、陈长蘅为副会长,邓锡侯、刘文辉、张群为名誉会长。

日机24架于上午11时18分在重庆市区投爆炸弹158枚,燃烧弹11枚,炸死市民32人,炸伤市民59人,毁房屋19栋又364间。

6月2日 日机32架于上午10时29分在重庆市区投爆炸弹262枚,燃烧弹16枚,炸死市民124人,炸伤市民86人,毁房屋150栋又660间。

6月3日 国民政府明令:①特任吴尚鹰为国民政府立法院秘书长;②任命蒋复聪为国立中央图书馆馆长。

"六三"禁烟纪念日,蒋介石为此特颁训令,切望彻底遏灭烟毒。内称:"本年六三禁烟纪念举行于政府六年禁烟计划完成后实施断禁之时,此其意义特为重大。抗战建国,所以济斯民于康宁,而雪耻图强,尤贵有力行之觉悟。然或稍存怠忽,致使余孽复滋,不唯贻诟万邦,实亦有负天职。切望我党政军各级人员与地方贤达及全国同胞,本除恶务尽之志,禀匹夫有责之义,一面为残余潜伏之遗毒,继续铲除,以谋根本之肃清;一面对敌寇之毒化政策与奸伪之助虐殃民,更应强毅奋斗,予以彻底之遏灭。务使庄严禹域,永无恶卉之存在,神明华胄,咸成身心强达之新民,扬先哲之绪烈,致民族于复兴,群策群力,有厚望焉。"

"六三"禁烟纪念日。陪都各界于晨7时假国泰大剧院举行纪念大会,到内政部部长周钟岳、次长冯兰友、重庆市市长吴国桢、军事委员会政治部厅长黄少谷等及各机关团体代表数百人。周钟岳宣读蒋介石训词并演讲,说明开会的意义。下午5时,禁烟纪念会于都邮街广场焚毁烟毒烟具,计焚毁鸦片1300余两,吗啡26两,毒具8大箱24000余件。晚上举行游艺及宣传大会。

6月4日 国民政府明令:特任程中行为国民政府监察院秘书长,张知本为国民政府司法院秘书长,任命曾彦为立法院立法委员。

粮食部部长徐堪、全国粮食管理局局长卢作孚,以粮食部定日内成立,全国粮食管理局即将结束,特联衔于是日向有关各粮食管理部门发出电令,通饬所属在此交接时期,对于一切工作,均应切实办理,不得稍懈。

6月5日 国民政府明令：①财政部政务次长徐堪另有任用，免职；任命俞鸿钧为财政部政务次长，派顾翊群为财政部代理常务次长；②四川、湖南、江西、贵州、广西五省，现将实行中央粮食管理办法，应即以各该省区为非常时期违反粮食管理治罪暂行条例实施区域。

日机24架分3批，于傍晚7时28分、8时47分、10时35分在重庆市区投爆炸弹82枚，燃烧弹13枚，市民死亡1019人（包括大隧道惨案中死亡的1008人），伤市民173人（包括大隧道惨案中所伤的165人），毁房屋117栋又73间。

"陪都建设计划委员会"原在市区杨柳街办公，因遭日机轰炸，是日起全部疏散下乡，移至山洞继续办公，市区内仅在管家巷设办事处。

6月6日 中共代表周恩来、董必武在冠生园邀请中国民主政团同盟负责人黄炎培、章伯钧、左舜生、褚辅成、沈钧儒等会谈，商讨时局问题。

重庆防空司令部发布公告，称5日晚敌机袭渝，为本年来的第一次夜袭。四乡人士，因狃于固习，傍晚来城者甚多，以致较场口隧道避难之人数，竟超出该洞容量一倍以上；适该洞通风机又临时发生故障，以致秩序骚乱，发生拥挤。经事后调查，除轻伤者各自回家外，计死亡992人，受重伤待医治者151人。

蒋介石赴较场口"六五大隧道惨案"发生地视察。

重庆市临时参议会驻会委员会举行会议，市长吴国桢报告"六五大隧道惨案"死伤情形。议长康心如提出临时紧急动议四点：①请市府迅速查明肇事原因及真相，报告本会；②查明肇事责任者，请市府严加惩办；③请政府密切注意，勿使此类事件再次发生；④请政府从优办理善后及死伤者抚恤。会后，全体与会者由吴国桢引导前往肇事地点视察，并慰问死伤者家属。

首届"工程师节"。中国工程师学会第一届工程师节于晚6时在广播大厦盛大举行，并展览各项工程模型及发明品。

6月7日 蒋介石为重庆发生"大隧道窒息惨案"，手令惩办主管防空人员，将刘峙、胡伯翰、吴国桢革职留任。同时又令救济机关对空袭被灾难民加倍发放急赈：死亡者120元，重伤者80元，轻伤者40元。

"中国滑翔总会"第一届常务理事会第一次会议在青年会举行,到陈立夫、张治中、周至柔、张忠仁等。会议决定本年内成立滑翔机制造厂,开辟滑翔机场,建筑练习降落伞设备等。

日机34架分2批,于下午1时48分及2时07分在重庆市区投爆炸弹65枚,燃烧弹17枚,炸死市民14人,炸伤市民9人,毁房屋15栋又427间。

6月8日 蒋介石为重庆6月5日发生"大隧道窒息惨案",于昨日手令彻查惨案真相后,是日又令组织"大隧道惨案审查委员会",以国民党中央党部秘书长吴铁城、国民参政会副议长张伯苓以及康心如(重庆市临时参议会议长)、张厉生(党政工作考核委员会秘书长)、谢冠生(司法行政部部长)、蒋廷黻(行政院代理秘书长)、程中行(监察院秘书长)等7人为委员,吴铁城、张伯苓、康心如为主席团,要求彻查事件真相,以明责任。此外,关于改进防空洞设备管理事项,亦令饬组织委员会分别负责,"防空洞管理改进委员会"以谷正纲为主任委员,刘峙、贺国光、吴国桢等7人为委员;"防空洞工程技术改进委员会"以陈立夫为主任委员,翁文灏为副主任委员,曾养甫、徐恩曾、孙越崎等8人为委员。

国民政府军事委员会发言人对外发表谈话,辟斥日方谬报的中条山战果。

6月9日 国民党中央党部举行总理纪念周,蒋介石出席并训话,指出重庆大隧道发生窒息惨案,为最严重的不幸事件,实由党、政、军同志怠忽职务所致。并称已对防空主要负责人明令处罚,要求对于重庆和后方各地现有之防空设备,加以彻底的研究检查,拟定具体的改进办法,切实执行。

"总理实业计划研究会"在中央图书馆举行第二次谈话会,商讨文化用品及经研究补充的铁路自动车等建设的基本数字,并分别研究其中的现有量、建设量与补充量。

6月10日 国民政府行政院第518次会议,各部会长官均出席,刘峙、胡伯翰、金宝善、吴国桢列席。会议除听取军事、外交报告外,还听取了重庆市较场口隧道发生窒息惨案之情形及善后处理经过,听取了谷正纲有关防护人员救护情形的报告。会议对今后防空洞管理设备之改进及防护人员部队之组织、指挥与分配工作之改善等,均有详尽讨论。

蒋介石手令组织的"大隧道惨案审查委员会""防空洞工程技术改进委员会""防空洞管理改进委员会"三机关,于是日同时成立。

中国国民外交协会、国际反侵略运动大会中国分会、国联同志会、中苏文化协会等陪都11个文化团体联名致函美国总统罗斯福,请禁止汽油输日,以制止日军的轰炸暴行。

6月11日 日机66架分2批,于下午1时03分及2时40分在重庆市郊及巴县投爆炸150枚,燃烧弹4枚,毁房屋9栋又7间。

6月12日 国民政府行政院经济会议连日举行会议,讨论目前的粮食问题。

国民政府教育部"边疆教育委员会"举行全体委员会议,到白崇禧、朱家骅、吴忠信、杭立武、顾颉刚等50余人。陈立夫主持并报告教育部实施边疆教育的方针及召开此次会议的意义。会议决定促进边疆教育的实施。

"防空洞工程技术改进委员会"主任委员陈立夫、副主任委员翁文灏等视察重庆大隧道工程。

国民政府内政部部长周钟岳率该部视察室主任杨君劢等到江北县各乡镇视察新县制实施情形并指示训话。

6月13日 国民政府军事委员会任命黄琪翔为第六战区副司令长官。

重庆市临时参议会为"六五大隧道窒息惨案"举行谈话会,决议四点:①各参议员尽量搜集关于本案实际材料及防空洞改进意见,于本月16日以前交付本会汇转"大隧道惨案审查委员会"及其他两会;②请审查委员会调查伤亡及脱险者人数,俾得正确之数目;③请审查委员会分别召询脱险者及死难者家属,以明真相;④本会为市民代表,应请议长于出席审查委员会时代表本会同人之意见,务期本案真相大白,责任判明,以纾民愤。

6月14日 新任国民政府粮食部部长徐堪于下午5时招待新闻界人士,报告粮食部今后的施政方针——增产、节制与管理消费,并称今后将禁止酿酒,配食杂粮。

伊克昭盟郡王旗扎萨克图布陛吉尔格勒前抵重庆,分别晋谒林森、蒋介石及国民政府各要员,并于是日在重庆发表广播讲演,呼吁团结抗战,防范日寇分化阴谋。

"大隧道惨案审查委员会"全体委员于下午7时赴出事各隧道视察。

日机34架分2批,于下午2时35分在重庆市区投爆炸弹71枚,燃烧弹6枚,炸死市民4人,炸伤市民22人,毁房屋12栋又224间。

6月15日 国民政府农林部为增加陪都附近各县粮食生产,特拟具详细计划,饬由四川省粮食增产主管机关负责办理,并为便利指导起见,于重庆设立"陪都附近各县粮食增产办公处",以巴县、江北、荣昌等24县为增产区域,积极推进,预计可增产粮食100万担。

日机27架于下午1时06分在重庆市区投爆炸弹50枚,燃烧弹9枚,炸死市民53人,炸伤市民41人,毁房屋11栋又86间。

6月16日 "第三次全国财政会议"于晨7时在国民政府军事委员会大礼堂举行开幕典礼,会议由行政院副院长兼财政部部长孔祥熙主持,蒋介石、林森均亲临致词。

"四川清乡会议"在重庆举行,到邓锡侯、潘文华、刘峙、贺国光以及国民政府军事委员会委员长成都行辕、滇黔绥署、四川省政府代表以及国民党中央有关部会长官数十人,蒋介石亲临主持并致训词。

6月17日 中英、中美平准基金委员会在重庆开始工作。

6月18日 国民政府明令:①免蒋鼎文陕西省政府委员兼主席本兼各职,任命熊斌为陕西省政府委员兼主席;②免立法院立法委员吴尚鹰本职,任命袁世斌继任。

"四川清乡会议"闭幕。蒋介石在闭幕会上训示三点:"①凡事实事求是,不要虚伪;②高级长官应亲自研究学问;③实施清乡必先整顿军纪。"并嘱各长官以身作则,俾完成抗战建国之大使命。

"中美平准基金委员会"主任委员陈光甫、委员福克斯在重庆接见中国、交通、中南、大陆、浙江、中国国货、重庆、川盐、美丰、金城等银行代表20余人,商谈平准基金的运用问题。

滇缅路南段中英划界换文,是日下午5时在国民政府外交部部长办公室举行签字仪式。中方出席者为外交部部长王宠惠、次长徐谟以及外交部欧洲司司长刘师舜,英方出席者为英国驻华大使卡尔、中文参事包克本。据此换文,中英历年所争执的班洪区域、猛角与猛董西部之猛卡、拱弄、拱勇、蛮四各乡及永广、猛梭、西盟等区,均归中方所有,面积约 2000 平方里。

  高尔基逝世五周年纪念日,国民政府军事委员会政治部文化工作委员会、中苏文化协会重庆分会、中华全国文艺界抗敌协会等 10 余个文化团体,于晚 7 时假中苏文化协会联合举行纪念大会,到各界代表 300 余人。

  6月19日 国民政府外交部部长王宠惠于下午 3 时招待外交部全体职员话别,并称:"综观我外交抗战,迄今可分为三期:第一期为我单独抗战时期,第二期为国际同情时期,目前已由国际同情进入第三期即国际援助时期。"

  中旬 国民政府行政院经济会议专门委员会聘请朱偰、厉得寅、祝世康等 10 余位经济专家为委员,专门研究战时经济并提供具体解决方案,以备政府采纳。

  6月20日 国民政府军事委员会副参谋总长白崇禧出席"第三次全国财政会议"并作演讲,中美平准基金委员会美方代表福克斯出席会议并表示该会将协助中国贸易,制止投机,维持币制,同时呼吁"中国各党派相忍为国"。

  "陪都空袭救护委员会"正式改组,原兼任主任委员刘峙辞职,另派赈济委员会代委员长许世英为该救护委员会委员长,社会部部长谷正纲为副委员长。新旧任于是日正式办理交接。

  "陪都空袭救护委员会"于下午 4 时举行改组后的首次会议,该会委员长许世英主持并报告该会改组后新旧任的交接情形。

  "陪都第二届水上运动会"于下午 3 时在牛角沱生生花园江面冒雨举行。

  6月21日 第三次全国财政会议通过《田赋征实案》。该案规定:①自 1941 年下半年起,各省田赋一律征收实物;②田赋征收实物,以 1941 年度田赋正附税总额每元折征稻谷 2 市斗(产麦区得征等价小麦,产杂粮区得征等价杂粮)为标准,其赋额较重之省份,得请财政部酌量减轻;③征收实物,采用经征经收划分制度。

蒋介石于晚7时宴请参加第三次全国财政会议全体会员及绥靖会议出席人员,并邀各院部会长官作陪。

6月23日 蒋介石约见苏联在华军事总顾问崔可夫,对苏联进行对抗德国之战争,表示关切。

6月24日 下午5时,蒋介石在黄山官邸接见美国驻华大使高思,讨论德苏战事对苏日关系之影响及美国应提早声明积极援助苏联诸问题。外交部长王宠惠、美国参赞文孙及宋美龄在座。

国民政府行政院第520次会议,各部会长官均出席,外交部部长王宠惠报告苏德战事后之国际情形,军政部部长何应钦报告国内军事,会议对欧局之发展有所讨论,并决定设立国立贵阳师范学校。

"第三次全国财政会议"于下午4时举行闭幕典礼,由兼部长孔祥熙致词,对与会者数日来的辛勤努力表示赞扬并宣读蒋介石22日之训词。

6月25日 国民政府明令:续定重庆市为非常时期违反粮食管理治罪暂行条例施行区域。

"中国地政学会"于下午3时假求精中学举行战时土地政策讨论会,到陈立夫、史尚宽等及该会会员80余人,会议主要讨论:①土地自然收益,应如何收归国有问题;②如何运用土地金融政策;实现耕者有其田问题;③出征战士复员后之士兵应如何授田问题。萧铮主持并报告开会意义,祝平、黄通、李庆尘分别就上述三大问题及其解决办法加以说明。陈立夫致词阐明总理孙中山平均地权政策的重要。

6月26日 国民政府财政部税务司整理田赋筹备委员会,于下午4时召集各省财政厅厅长及土地陈报处科长、秘书等举行赋税座谈会,由该司司长关吉玉主持并致词,希望对中央接管各省田赋、田赋征收实物及办理土地陈报事充分发表意见。

战时公债劝募委员会于下午3时假抗建堂举行"重庆市举行第一期募债报告大会",会议由"战时公债劝募委员会"副主任委员孔祥熙主持并致词,希望全国同胞踊跃认购,以尽国民天职。秘书长黄炎培报告劝募经过并报告称重庆市劝募总额已达 12000 余万元,较原定额 6000 万元超过 1 倍。其中以金融大队的 7600 余万元为最多,超过原定成绩 10 倍以上。

6月27日 中共代表周恩来、董必武与黄炎培、章伯钧、左舜生、张申府、沈钧儒等在左舜生家就苏德战争爆发及其对国际国内时局的影响以及我们应采的对策进行商讨。

新任国民政府外交部部长郭泰祺偕郭泰祯、夏晋麟等于下午 5 时乘机由昆明抵达重庆。

中国航空建设协会鉴于合川县"一元献机运动"收效宏大,决定将此运动扩大推行。该会于是日下午 3 时招待陪都新闻界,报告扩大推行一元献机运动方针。该会总干事陈庆云致词称:在此生活日高之环境下,人捐一元,并非难事。"如果此事能在全国各处普遍发动,定有意想不到之收获"。会议决定于"八一四"空军节扩大宣传,以每人出 1 元为原则,赤贫雇农由地主代交,富农则望多多乐捐。

6月28日 蒋介石接见新任国民政府外交部部长郭泰祺并有所指示,郭泰祺亦向蒋介石报告最近的国际形势。

"战时公债劝募委员会"秘书长黄炎培离重庆飞昆明,主持云南省的战时公债劝募事宜。

下午 1 时 30 分及 2 时 05 分,日机 52 架中的 27 架在巴县之南泉、太和等地投爆炸弹 34 枚,燃烧弹 9 枚,炸死市民 3 人,炸伤市民 21 人,中央政治学校消防班全部被毁。

6月29日 蒋介石致电成都行辕、川康绥靖公署,令对 28 日发生的成都抢米风潮迅筹善后措置办法。

新任国民政府外交部部长郭泰祺于下午 4 时晋见国民政府主席林森致敬。

日机 63 架分 2 批,于上午 11 时 21 分及下午 1 时 20 分在重庆市区投爆炸弹 138 枚,燃烧弹 14 枚,炸死市民 186 人,炸伤市民 64 人,毁房屋 543 间。

6月30日 新任国防最高委员会秘书长王宠惠到职视事。

新任国民政府外交部部长郭泰祺,首任粮食部部长徐堪、常务次长庞松舟,新任财政部政务次长俞鸿钧、代理常务次长顾翊群于本日晨中枢联合纪念周后,举行宣誓就职典礼,蒋介石、林森以及国民党中央委员均参加。典礼由国民政府主席林森主持并授印,吴敬恒监誓并致词,林森致训词,郭泰祺、徐堪分别致答词。

国民政府行政院副院长兼财政部部长孔祥熙召集各省财政厅厅长训话。

日机54架分2批,于上午11时11分及11时49分在重庆市区投爆炸弹126枚,燃烧弹12枚,炸死市民14人,炸伤市民34人,毁房屋8栋又309间,船40余艘。

是月 国民政府教育部设置部聘教授,受聘的资格是曾任教授资职10年以上,对于学术文化有特殊贡献的学者。

7月

7月1日 国民政府行政院公布并实施《战时各省田赋征收实物暂行通则》16条。

国民政府外交部以德、意承认汪伪组织,是日电令我驻德大使、驻意代办及驻德驻意使馆人员定期返国。

国民政府外交部部长郭泰祺首次出席行政院院务会议(第521次会议)并报告经美返国时所得各方见闻及各友邦援华情形。

全国公路再次由交通部移转军事委员会运输编制局接管,内设运输总处、工务总处及监察处,各路分设工务局及运输局;中国运输公司也改隶军事委员会运输统制局。

三民主义青年团在重庆召集全国团干部会议,决定实行全国总考核,考核内容分为思想、品行、精神、体格、学识、能力、对团工作等7项。

国民政府粮食部在重庆设立"重庆市民食供应处",专负重庆市民食供应之责,刘航琛为处长,涂重光为副处长,内部组织设4科1会计室。原在全国粮食管理局期间设置的管理重庆市粮食的统购统销处、平价米供应处及仓库督导室等机构,均由该处接收改组,以一事权而便督导。

7月2日 国民政府军事委员会发起公务员子弟当兵运动。

因德意两国政府竟已承认南京伪组织,国民政府外交部发表中国与德、意两国断绝外交关系宣言。

国民政府外交部情报司司长邵毓麟,于晚8时邀集在重庆的中外各报记者,宣读并发表外交部部长郭泰祺就德意承认汪伪事所发表的正式宣言。

6月5日重庆大隧道窒息惨案发生后奉令组织的"重庆大隧道窒息惨案审查委员会",经过近1月的询问负责人员,搜集确实证据,调查实际情况,检讨各方传说,最后拟成《重庆大隧道窒息惨案审查报告书》,呈报最高当局核示后,是日正式对外发表,计死亡992人(其中儿童146人),重伤151人。

国民政府军事委员会依据《重庆大隧道窒息惨案审查报告书》,发布有关人员处分命令三条:①兼重庆防空司令部司令刘峙应免兼职;②重庆卫戍总司令部副总司令贺国光兼任重庆防空司令部司令;③重庆防空司令部工程处副处长谢元模,对于本年6月5日本市发生之大隧道窒息一案,玩忽职守,着即撤职。

6月5日重庆大隧道窒息惨案发生后与"重庆大隧道窒息惨案审查委员会"同时成立的"防空洞工程技术改进委员会"、"防空洞管理改进委员会",均已拟定改进方案,并分别呈奉有关方面核定实施,该两改进方案于是日对外发表。

蒋介石为重庆大隧道窒息惨案发表通电,对防空及救护人员谆谆训勉,期补前失,而宏后效。

"新运妇女指导委员会"成立三周年纪念,陪都各界妇女于晚8时在夫子池新运服务所举行盛大庆祝会,蒋介石夫妇出席纪念会,并于餐后分别讲演。

7月3日 国民政府明令褒扬已故国民政府委员王法勤,称其"志虑忠纯,器识宏毅",并发给治丧费5000元,生平事迹存备宣付国史馆。

国民政府行政院经济会议及经济部、粮食部、社会部、财政部等有关机关开会,商讨非常时期工商业及工商团体管制办法及推行事宜,决议:①指定应受管制之工商业种类计有粮食、棉纱等有关民生者达20余种;②指定应实施管制的区域,计为四川、贵州、云南、广东、广西、陕西、甘肃、宁夏、西康、浙江、福建、河南、湖南、湖北等14省中的若干重要城市。

英国驻华大使卡尔访谒国民政府外交部部长郭泰祺,商谈两国间之共同问题。

7月4日 国民政府明令公布《粮食部组织法》28条。规定粮食部掌理全国粮食行政事宜,内设总务司、人事司、军粮司、民食司、储运司、财务司、调查处等机构。

英国驻华大使卡尔致函国民政府外交部部长郭泰祺,内称:"俟远东之和平恢复时,英国政府愿与中国政府商讨取消治外法权,交还租界,并根据平等互惠原则,修改条约。"

美国独立纪念日。美国驻华大使高思于下午4时在大使馆举行茶会,招待陪都各界,到孔祥熙、吴铁城、朱家骅、王世杰、郭泰祺、翁文灏等200余人,蒋介石亦亲往祝贺。

日机28架分2批,其中第2批24架于上午9时40分在重庆市区投爆炸弹55枚,燃烧弹10枚,炸死市民12人,炸伤市民12人,毁房屋104间,船22艘。

7月5日 日机22架于下午5时54分在重庆市区投爆炸弹66枚,燃烧弹14枚,炸死市民4人,炸伤市民42人,毁房屋10栋又181间。

7月6日 国民政府军事委员会发言人以抗战已届4年,特发表谈话,称自1937年"七七"抗战起至本年6月底,敌寇伤亡1994269人,被俘24082人,被我虏获及损毁战车12321辆,大炮1838门,轻重机枪7888挺,步枪165588支,弹药12260466箱。空军方面,计被我击落、炸毁与被迫降落之敌机共为2054架,敌飞行员死亡及被俘者共为2650人。

国民政府军事委员会政治部文化工作委员会在抗建堂举行"第四次国际问题讲座",总题为《四年来国际形势的演变与我抗战》,到听众600余人,郭沫若主持致开会词,颂扬四年来全国军民英勇抗战的精神,梁寒操、谢仁钊、张志让、邓初民、王昆仑、潘念之等分别讲演。

"中国航空建设委员会"为发起一元献机运动,特发表《告全国同胞书》,号召全国同胞"手擎一元钱,向攻势空军建设的途上大进军",并"用血与铁的反攻,来完成我们民族解放的历史使命"。

日机23架分3批,于傍晚7时57分、8时09分及8时22分在重庆市区投爆炸弹74枚,燃烧弹8枚,手榴弹6枚,炸死市民3人,炸伤市民13人,毁房屋11栋又151间。

7月7日 抗战四周年纪念日,蒋介石特发表《告全国同胞书》,称:"四年奋斗已开拓民族光明大道",同时发表《告友邦人士书》。

抗战四周年纪念日、中枢纪念周暨"七七"抗战四周年纪念大会于晨7时在国民政府大礼堂合并举行,到在渝全体国民党中央委员及党政军各界代表300余人,林森主持,蒋介石训话。

陪都各界纪念抗战建国四周年大会暨国民月会于晨6时半在夫子池新运模范区举行,到蒋介石之代表商震、刘峙、王世杰、谷正纲、李石曾、吴国桢、陈访先等及各机关团体代表近1000人。王世杰主持并领导全体宣读国民公约,随后致词,称:"我们应作长期抗战准备,敌不崩溃,我们就得不到最后胜利。"李石曾代表国际反侵略协会呈贺词于蒋介石,由商震代表接受。

国民政府军事委员会政治部文化工作委员会于下午2时在两路口社交会堂举行文化座谈会,检讨抗战四年来的文化。

上午9时10分,日机32架分3批,其中第1批6架、第2批17架于重庆市区投爆炸弹36枚,炸死市民47人,炸伤市民49人,毁房屋7栋又69间。

傍晚7时18分及晚上8时29分、10时44分,日机9架分3批于重庆市区投爆炸弹27枚,燃烧弹11枚,炸死市民9人,炸伤市民16人,毁房屋4栋又118间。

7月8日 国民政府行政院组织"康昌旅行团",以王家桢为团长,考察乐西公路沿途的民生状况,该团是日由重庆出发。

国民政府军事委员会政治部文化工作委员会假抗建堂举行第三次文艺演讲会,郭沫若致开会词。

中苏文化协会、国际反侵略运动中国分会、中国国民外交协会联合致电苏联人民致敬。

上午9时51分,日机25架于重庆市区投爆炸弹81枚,燃烧弹9枚,炸死市民67人,炸伤市民180人,毁房屋19栋又329间。

7月9日 是日为国民革命军誓师北伐15周年纪念日,中枢党政军各机关联合在国民政府大礼堂举行纪念大会,到党政军各机关首长及高级职员600余人,吴稚晖主持并报告纪念之意义。

国民政府外交部部长郭泰祺于晚7时在中央广播电台对全国播讲《国际反侵略战线》,呼吁全世界各民主国家联合起来,加强国际反侵略战线。

7月10日 "重庆大隧道惨案"发生后,国民党中央为调查事件真相及防空洞的改进、管理等事宜,曾相继成立"重庆大隧道窒息惨案审查委员会"及"防空洞工程技术改进委员会""防空洞管理改进委员会"。兹以该三委员会的报告书,业已发表;所有改进方案,也已经国民党最高当局分别采纳,交由主管机关迅速执行。三委员会以任务完成,于是日宣告结束。

美国驻华大使高思访晤国民政府外交部部长郭泰祺。

下午1时21分,日机51架分2批于重庆市区投爆炸弹127枚,燃烧弹22枚,炸死市民15人,炸伤市民40人,毁房屋51栋又197间。

7月11日 国民政府粮食部部长徐堪出席国民参政会驻会委员会并报告最近粮食供给情形及今后管理粮食方案。

郭沫若、茅盾、老舍、阳翰笙、夏衍等264人联名致书苏联科学院,热烈响应其向全世界文化界人士发出的"反对文化与科学最凶恶的敌人——法西斯强盗"的号召,并表示中国文化工作者将"更其奋发、更坚决地加强我们的斗争,更紧密地同苏联全体人民携起手来,扑灭我们共同的敌人"。

7月12日 国民政府外交部部长郭泰祺复照英国驻华大使卡尔:"中国政府对于英国政府此种友谊表示(指7月4日英驻华大使卡尔照会所称'候远东之和平恢复时,英国政府愿与中国政府商讨取消治外法权、交还租界'一事),深为欣感。"

7月13日 中国新任驻法国大使魏道明离重庆赴法国就职。

7月14日 国民政府明令:派徐谟为中国首任驻澳大利亚全权公使。

国民政府正式发表中英两国关于撤销不平等条约之换文,英国表示战后撤销其在中国的"治外法权"。

国民政府军事委员会参谋总长何应钦于晚7时在中央广播电台对全国

同胞、前方将士及海外侨胞作题为《抗战四年来之军事》的讲演。内称：自1939年1月起至1941年6月底止，中日双方共"发生大小战斗19660次，其中重要战斗由我们发动攻击的占47%，小战斗和游击战斗由我们发动攻击的占80%以上"。

7月15日 国民政府行政院第523次会议，决议于粮食部内设"粮政计划委员会"，同时决议任命蒋廷黻为代理行政院秘书长、顾孟余继罗家伦为国立中央大学校长。

"陪都建设计划委员会"举行第二次全体委员会议，由副主任委员周钟岳主持，讨论通过陪都土地整理计划等要案10余件。

"中苏文化协会"举行座谈会，座谈"苏德战争与中国外交"问题，到中苏各界代表及该会会员300余人。

意大利驻华大使馆代办师秉乃礼夫妇乘欧亚航空公司的飞机离重庆飞桂林转越南回国。此为德意双方首批撤退人员。

7月16日 新任重庆防空司令部司令贺国光到职视事。

7月17日 川东南区督粮特派员刘航琛、四川粮食购运处代处长康心之等，奉粮食部之命，是日离重庆飞成都，与四川省政府会商四川省田赋改征实物问题。

"中国国民外交协会"致电美国国务卿赫尔、内长伊克斯，呼吁立即采取断然行动，禁止石油输送日本，以制暴日。

7月18日 国民政府明令：特派行政院政务处长蒋廷黻代理行政院秘书长职务。

国民政府粮食部成立"粮政计划委员会"，由部长徐堪兼任主任委员，有关各司处长官担任委员。

7月19日 蒋介石接受美国政府的劝告，于是日召开"国共关系调整委员会"紧急会议，阐述对中国共产党的如下方针：在当前国内外形势下，决定此时要进行国共两党的谈判。

中共代表周恩来以第十八集团军驻渝代表的身份，发表《关于第十八集团军行动真相的谈话》，驳斥国民党中央通讯社诬陷第十八集团军"擅自行动"的消息。

国民政府外交部发言人于上午招待中外记者并发表谈话称：英、美对日全面禁运，此实为制止日本进一步行动之最迫切而有效之方法。

蒋介石之政治顾问、美国人欧文·拉铁摩尔于晨5时20分由香港飞抵重庆，蒋介石派代表蒋廷黻（行政院秘书长）偕贺耀组、商震等前往机场欢迎。

7月20日 蒋介石接见其政治顾问拉铁摩尔，拉铁摩尔面呈罗斯福总统6月23日之介绍函，并有所陈述。

蒋介石接见航空委员会顾问陈纳德，商讨美国空军志愿兵援华事宜。

"中央文化运动委员会"于晚7时假实验剧院举行文化界纪念抗战四周年扩大晚会，由张道藩、潘公展主持，张道藩报告抗战四年来的文化工作，秦德纯作题为《七七事变前后》的讲演。

"在华日本人民反战同盟"在重庆举行成立一周年纪念大会，并发表宣言，呼吁日本人民一致奋起，打倒远东各民族共同的敌人——日本军事法西斯主义。

7月21日 国民政府粮食部部长徐堪在中央联合纪念周上报告粮食部今后施政方针五点：①解放农民；②增加生产；③控制余粮；④管理分配；⑤健全机构。

"重庆市扩大市民疏散宣传周"于是日起开始举行，并于下午召集各机关团体代表组织疏散家庭访问队，分20组挨户访问劝导。

7月22日 "战时兵险审核委员会"在重庆成立，负责审核兵险业务及赔款等事宜，由陈郁任主任委员。

7月24日 上午9时，国民政府军事委员会办公厅主任商震、参谋次长林蔚、航空委员会主任委员周至柔会同英国驻华大使馆陆军参赞戴尼斯、空军武官华甫登中校在南岸亚细亚二号房举行谈话，商讨中英联合军事行动事宜。

7月25日 国民政府外交部部长郭泰祺为日寇掠取越南南部之海陆空军根据地，扩大对越南之侵略事，发表严正声明，指出：日本此举，不仅继续威胁中国西南边境，而且危及西太平洋其他国家之权益与领土。同时表示："中国政府必以全力尽其本责,厉行反抗侵略之国策,以促日本冒险行动之失败。"

中、英、美三国同时发表声明:谴责日军侵犯越南主权。

7月26日 国民政府外交部发言人招待中外记者并发表谈话,对日军侵略越南及法国维希政府所采取之态度,予以严正驳斥。

7月27日 德、意两国驻华使馆最后一批人员——德大使馆参事裴雷生率馆员4名、意大使馆主事贾乐一行6人,是日乘欧亚航空公司飞机离重庆飞越南回国。同日,国民政府外交部将该两国驻华大使馆封闭。

7月28日 国民政府财政部为英、美封存中国资金事向中央社记者发表谈话称:"友邦封存我资金,意义极为重大。从此我可彻底管理外汇,停止游资非法活动;财政经济基础,亦因而更加巩固。"

国民政府行政院副院长孔祥熙应美国哥伦比亚广播电台之请,于晨6时对美国广播,对抗战以来美国给予中国的援助,表示感谢,并重申抗战到底的决心。

上午8时及11时26分,日机108架分5批,其中第1批9架、第3批27架在重庆市区投爆炸弹45枚,燃烧弹9枚,炸死市民15人,炸伤市民5人,毁房屋6栋又77间,船1艘。

7月29日 国民政府收回欧亚航空公司自办,更名为"中央航空公司"。

国民政府行政院第529次会议,通过《重庆市防空洞工程处组织规程》,并决议派刘航琛为四川粮政局局长,彭勋武、甘绩丕为副局长。

上午8时48分、9时05分及下午2时36分、3时20分,日机101架分5批,其中第1批27架、第2批4架、第4批44架、第5批4架于重庆市区投爆炸弹231枚,燃烧弹32枚,炸死市民75人,炸伤市民99人,毁房屋750间,苏联驻华大使馆、英国驻华大使馆均被炸受损。

7月30日 国民政府行政院副院长兼财政部部长孔祥熙发表谈话,解释英美封存我国资金,系应中国政府之请求,旨在稳固我外汇基础,增进我对外贸易,并不影响正当用途。

上午7时半至午后3时半,商震、林蔚、周至柔、戴尼斯、华甫登举行第二次会谈,商震首先转达蒋介石对会谈之意见,认为在当前日益变化的国际形势下,不能用外交方式进行谈话,而应"推诚相见,能则谓能,不能即为不能,庶几或可应付此变化莫测之国际形势"。并希望英国尽速协助中国组训游击队。

"中英文化协会"于午后7时假嘉陵宾馆举行晚宴,欢迎新近返国就职的国民政府外交部部长郭泰祺。

上午8时41分、10时31分及正午12时45分、下午2时50分,日机130架分5批于重庆市区及巴县西彭乡等地投爆炸弹350枚,燃烧弹22枚,炸死市民22人,炸伤市民66人,毁房屋42栋又642间,船14艘,汽艇1艘,小汽车4辆,美舰"图图拉号"被炸。

7月31日 蒋介石接见拉铁摩尔顾问,请其建议罗斯福总统向英、苏建议,促成英、苏两国与中国成立同盟并同意中国参加太平洋联防会议。

缅甸消极防空部主任宇潭翁、督察长宇思万、国防部白理奇尔前来重庆参观陪都防空建设,是日由重庆市警察局局长唐毅陪同参观各大隧道及防护团。

是月 国民党中央图书杂志审查委员会印发《取缔书刊一览》,辑录了从1938年10月该会成立起至1941年6月止(包括1938年1至9月国民党中宣部通令查禁之书刊)的961种查禁书刊目录。

著名实业家刘鸿生在重庆创办的"中国毛纺织厂"(厂址李家沱)、"中国火柴原料厂"(厂址长寿)基本建成。

8月

8月1日 蒋介石发布命令:将陈纳德指挥下的美国志愿空军,正式组成中国武装部队(即飞虎队),由陈纳德任总指挥。

国民政府正式接管各省田赋。

国民政府财政部接管全国土地陈报工作,由各级田赋管理机关管理。

交通部汉口航政局(设重庆),遵令于是日改为"长江区航政局",由王洸任局长,管辖范围包括四川、湖北、湖南、江西、安徽、江苏6省。

"中国卫生教育社第二届会员大会"于上午7时假中央政治学校举行,到社员、来宾及各机关代表200余人。会议由该社理事长陈果夫主持并致词。

"中国妇女慰劳自卫抗战将士总会"成立四周年纪念,该会于晨6时半在重庆新运服务所举行纪念大会,到王世杰、谷正纲、吴国桢及各机关来宾、该会委员及服务队员500余人。该会主任委员宋美龄主持并致开会词,阐明"本会第五年的计划,是以安顿残废军人为中心工作"。

8月2日 国民政府外交部部长郭泰祺于上午招待中外记者并发表谈话,对目前国际局势有所阐述。称:倭刀锋深入泰国,我将考虑对策。倭加紧与轴心国合作,民主国家也应及时合作加以制裁,并劝泰国自重。

"中国卫生教育社第二届会员大会"于下午举行闭幕式,陈果夫主持致闭幕词。

"中国卫生教育社"于晚间举行第三届理监事联席会议,推举陈果夫为理事长。

"中华药学会"由上海移重庆办公,是日在国立药学专科学校举行移重庆后的首次理监事会议,决定该会设于国立药学专科学校内。

重庆市市长兼重庆防空洞管理处处长吴国桢召集重庆市防空洞管理有关机关负责人在市政府内举行首次防空洞管理汇报,各洞洞长分别报告最近工作概况。

8月4日 国民政府航空委员会改为"空军总指挥部"。

国民政府外交部部长郭泰祺在中枢纪念周报告最近国际情形时称:日本是侵略集团链锁中最为薄弱的一环,"只要民主国家坚持并加强对它的经济封锁,它就会走向崩溃之途"。并称:"民主集团的胜利,一定会从远东开始,毫无疑义"。

8月5日 "中国工业合作协会"成立三周年纪念日,该会假歌乐山青年会礼堂举行纪念大会,到100余人。

由新生活运动总会重庆市夏令卫生运动委员会主办的"夏令卫生宣传周"是日开始,宣传队员200余人分40队出发,挨户宣传并散发告市民书。

8月6日 上午9时至下午2时半,商震、林蔚、周至柔与戴尼斯、米乐少将在黄山周至柔公馆举行第三次谈话,商震告其以中国所拟中英共同防守香港作战计划要旨:"①海上作战由英国海军担任;②陆上作战由中国陆军及香港、九龙之英国守备军共同担任;③英国空军担任协助陆上及海上之作战。"英方未置可否。中国希望英方派空军志愿队支援中国,英方表示有困难,无从办到。

8月8日 国民政府行政院秘书长蒋廷黻在外国记者招待会上发表谈话,对中加、中捷两国外交关系及中国财政改革,均有涉及。

下午2时24分及2时44分,日机106架分2批,其中第1批58架、第2批48架于重庆市区投爆炸弹414枚,燃烧弹22枚,炸死市民196人,炸伤市民259人,毁房屋148栋又428间。

8月9日 蒋介石夫妇于下午5时举行宴会,招待美、英、苏、荷驻华外交人员及各国在重庆记者消夏,并邀中央党政军首长作陪,到100余人。

日机于是日凌晨、上午、正午分三次轰炸重庆:凌晨1时34分,日机3架于重庆市区投爆炸弹5枚,毁房屋2栋又28间;上午8时40分,日机9架于重庆市区投爆炸弹9枚,伤市民3人;正午12时35分,日机50架分2批,其中第1批27架于重庆市区投爆炸弹214枚,燃烧弹24枚,炸死市民46人,炸伤市民90人,毁房屋49栋又277间。

8月10日 日机是日分四次轰炸重庆:上午7时55分,日机33架分2批于重庆市区投爆炸弹124枚,燃烧弹37枚,伤市民24人,亡24人,毁房屋105栋又243间,木船5艘;下午3时16分,日机42架分2批,其中第1批27架于重庆市郊之沙坪坝、小龙坎等地投爆炸弹57枚,燃烧弹2枚,伤市民40人,亡25人,毁房屋92间;傍晚6时40分,日机18架于重庆市区投爆炸弹21枚,燃烧弹10枚,毁房屋10栋又9间;晚上10时10分及凌晨0时18分,日机6架分2批于重庆市区投爆炸弹130枚,燃烧弹11枚,市民伤22人,亡42人,毁房屋24栋又35间。

8月11日 国民党中央宣传部部长王世杰于下午招待中外记者并发表谈话,就目前国际局势、英美封存我国资金及其影响、县参议会组织条例及其重要性等,有所说明。

国民党中央执行委员兼组织部代副部长、国民政府军事委员会顾问事务处处长张冲，于凌晨6时在重庆山洞病逝。

四川省政府主席张群抵达重庆，主持即将召开的四川省第二次行政会议重庆区会议。

重庆市公共汽车管理处正式成立，自此，重庆市的公共汽车改由政府统一经营。

日机是日两次轰炸重庆：上午9时55分及正午12时55分，日机108架分6批，其中第4批27架、第6批23架于重庆市郊之磁器口、窍角沱等地投爆炸弹112枚，燃烧弹26枚，伤市民73人，亡57人，毁房屋29栋又349间，木船3艘；下午3时30分，日机18架于重庆市区投爆炸弹270枚，燃烧弹71枚，市民伤90人，亡48人，毁房屋53栋又294间。

8月12日 国民政府特派孔祥熙兼任"外汇管理委员会"委员长，派俞鸿钧、陈辉德、陈行、贝祖诒、席德懋、吴铁城、王世杰、徐堪、张伯苓、贺耀组、蒋廷黻、顾翊群、郭景琨、宋汉章、钱新之为该会委员，并指定俞鸿钧、陈辉德、陈行、贝祖诒、席德懋为该会常务委员。

上午10时至下午3时半，商震、林蔚、周至柔与戴尼斯、米乐（副武官）在黄山王家花园举行第四次会谈。

中国国民外交协会于晚7时假嘉陵宾馆欢宴蒋介石的政治顾问拉铁摩尔，到吴铁城、谷正纲、刘峙等党政军首长及中外来宾100余人。吴铁城主持致欢迎词，随后拉铁摩尔在重庆作其到华后的首次公开讲演，认为中国不但能打败日本，而且在胜利后必能建立平等自由之民主国家，此将为东亚数千年来历史极伟大之现象。并称："中美两国将来永不能分手，必合作到底"。

日机是日分五次轰炸重庆：凌晨2时07分、4时20分，日机9架分3批于重庆市区及巴县投爆炸弹32枚，燃烧弹1枚，伤市民5人，亡4人，毁房屋16栋又7间，汽车2辆；上午8时18分，日机36架分2批，其中第1批27架于重庆市区及巴县新发乡投爆炸弹35枚，伤市民10人，亡12人，毁房屋27栋又3间；正午12时18分，日机27架于巴县李家沱、张家沟等地投爆炸弹92枚，伤市民36人，亡15人，毁房屋75间；下午3时48分，日机27架于重庆市区投爆炸弹 249 枚,燃烧弹 37 枚,市民伤 100 人,亡 45 人,毁房屋 6 栋又 213 间。

8月13日 "八一三"四周年纪念日,蒋介石特发表《告全国军民书》。

"四川省第二次行政会议重庆区会议"于下午 2 时半在重庆举行开幕典礼,张群主持致开会词,说明此次会议的主要内容在讨论财政制度的改进及田赋征实问题。

四川省政府主席张群在重庆召见参加"四川省第二次行政会议重庆区会议"的第三、六、七、八、九、十、十五各行政督察区专员,对各项行政有所指示,并定于在大会期间,每日分批接见参会的各县县长。

日机是日分两次轰炸重庆:凌晨 2 时 45 分,日机 9 架于重庆市郊之歌乐山、石门等地投爆炸弹 17 枚,伤市民 7 人,亡 3 人,毁房屋 16 间;凌晨 5 时 56 分、上午 8 时 17 分、11 时 20 分、下午 1 时 50 分、2 时 52 分,日机 105 架分 5 批于重庆市区投爆炸弹 312 枚,燃烧弹 52 枚,市民伤 183 人,亡 158 人,毁房屋 5 栋又 500 间。

8月14日 国民政府军事委员会发言人就日机一周来迭炸中国大后方各城市发表谈话称:本周(8 月 8 日至 14 日)敌寇空军忽在我大后方城市,作长时间之广泛轰炸,尤以我陪都最为频繁,据敌方发言人自称,其目的在达成种种幻想,而欲使我屈服:①毁我广大后方之生产力;②打击我抗战民众之坚韧性;③动摇我抗战司令台重庆之安定与强化力等。

第二届中国"空军节"。国民政府航空委员会发表抗战 4 年来中国空军战果:计击落敌机 2000 余架,击毙敌空军有姓氏可考者 1208 名,不可考者尚多,依照敌机损失数量估计,当在 4000 名以上,俘虏 69 名。

陪都各界隆重庆祝空军节及招待空军将士晚会,于晚 7 时在嘉陵宾馆合并举行,首由国民政府社会部部长兼全国慰劳总会副会长谷正纲报告全国慰劳总会发起慰劳空军经过。

正午 12 时及 12 时 37 分,日机 100 架分 2 批于重庆市区及巴县蔡家乡投爆炸弹 332 枚,燃烧弹 35 枚,炸死市民 27 人,炸伤市民 16 人,毁房屋 40 栋又 202 间,船 5 艘。

8月15日　"四川省第二次行政会议重庆区会议"闭幕。

8月16日　国民政府社会部部长兼全国慰劳总会副会长谷正纲应中央广播电台之请,于晚间对全国作题为《建立空军国防争取最后胜利》的讲演。

8月17日　国民政府外交部为英美《大西洋宪章》发表声明,表示热忱赞成"罗邱宣言"(即大西洋宪章)中所揭示的八点计划。

8月18日　蒋介石主持中枢扩大纪念周,由国民政府司法院院长居正报告司法行政工作概况及全国慰劳总会前线慰劳团筹备情形。

国民政府发言人蒋廷黻招待中外记者并就国内外形势发表谈话称:美、英《大西洋宪章》为战后世界改造之基本纲领。并称战后世界的改造,中国继续有所新贡献。

8月19日　原四川省立重庆大学校长叶元龙辞职,国民政府行政院是日举行528次会议,决定派梁颖文(中央设计局主任秘书)为重庆大学校长,张含英为黄河水利委员会委员长,冯钦哉为察哈尔省政府委员兼主席。

8月20日　国民政府明令:财政部赋税司司长高秉坊另有任用,高秉坊应免本职,任命关吉玉为财政部赋税司司长。

国民政府外交部部长郭泰祺就丹麦政府承认南京汪伪组织及东北四省伪组织一事,是日发表严正声明:"中国政府兹依其固定政策,声明立即与丹麦断绝外交关系。"

8月21日　国民政府明令公布《考试院组织法》20条、《考选委员会组织法》11条、《铨叙部组织法》16条。

8月22日　国民政府军事委员会公布一周来日机轰炸四川各地被中国方面击落情形:共击落日机3架,部队长横田等15人殒命。

新任国立中央大学校长顾孟余到校视事。

正午12时25分、12时41分及下午2时42分,日机131架分4批,其中第2批26架、第3批27架、第4批24架于重庆市区及巴县马王乡投爆炸弹236枚,燃烧弹38枚,炸死市民39人,炸伤市民72人,毁房屋14栋又251间,木船2艘。

8月23日　上午11时40分、下午1时18分,日机135架分4批,其中第1批(27架)中的18架、第2批27架、第3批(54架)中的4架、第4批27架于重庆市区投爆炸弹130枚,燃烧弹6枚,炸死市民25人,炸伤市民43人,毁房屋115间。

8月24日　国民政府财政部解释英、美封存我国资金后,国人存款由中央银行解封办法。称:为奖励资金内移,凡国内中外人士之外汇资金,可由中央银行解封,并规定外币汇票由中央银行照市价收购;正当用途仍照市价供给外汇。

国民政府军事委员会任命李觉为第25集团军副总司令。

四川省政府主席张群、民政厅厅长胡次威、教育厅厅长郭有守在渝公毕,是日离重庆飞成都。

8月25日　国民政府明令公布修正《司法院组织法》21条,规定司法院除设置司法行政部、最高法院、行政法院、公务员惩戒委员会等机构外,并设立秘书处、参事处。

国民政府军事委员会任命王敬久为第10集团军副总司令。

国民政府外交部部长郭泰祺招待外国记者并发表谈话,对英国首相丘吉尔24日所发表的广播演说及其对日本发动进一步侵略的警告,表示欢迎。同时对陪都重庆的反轰炸斗争表示钦佩。

8月26日　国民政府明令:①任命冯钦哉为察哈尔省政府主席;②派张含英为黄河水利委员会委员长。

国民政府外交部宣布:中国承认贝乃煦领导的捷克政府(在伦敦),并派驻荷兰公使金问泗兼代捷克公使馆馆务,同意捷克政府派米诺夫斯基为驻华公使。

国民政府外交部部长郭泰祺对合众社记者发表谈话称:在美、日谈判中,美国决不至出卖中国,中国已成为世界外交舞台中之活跃分子,对现时国际局势发展有重大贡献,太平洋问题非中国合作不能解决。

"迁川工厂联合会粮食供应委员会"结束,存在期间先后采办食米6300石,麦400石。

8月27日　孔子诞辰纪念日。中枢纪念孔子诞辰大会,于晨7时在国民政府礼堂举行,到国民党中央委员、各机关首长及至圣先师奉祀官孔德成等300余人,蒋介石主持,孔祥熙作题为《孔子学说》的报告。

孔子诞辰纪念日及教师节,国民政府教育部部长陈立夫特发表告全国各级学校教师书,对抗战以来各级教师的忠贞不贰,艰苦不渝,表示钦佩。

教师节。国民政府教育部"学术审议委员会"举行第四次常务委员会议。

"中美文化协会"于下午4时在嘉陵宾馆举行茶会,欢迎美国驻华大使高思、外交部长郭泰祺、蒋介石的政治顾问拉铁摩尔等,到吴铁城、张伯苓、翁文灏、孔德成等200余人。孔祥熙主持致欢迎词,高思、拉铁摩尔分别讲演。

重庆《大公报》载:四联总处本年度向农业贷款已达50000万元,为扩大农贷以来的最高纪录,放款区域达到17省,其中以四川省最多,约占总额的三分之一;甘肃、陕西、湖南次之,约3000万元。

8月28日　国民政府明令改组福建省政府,原省政府委员兼主席陈仪另有任用,应免本兼各职,任命刘建绪为福建省政府委员兼主席。

国民政府外交部为本月4日中(广东)越边境发生法国军队越境入侵广东上义,毁我房屋,伤我人民,坏我道路,占我土地一事,特发表严重声明,提出抗议。

"韩国临时政府"主席金九,为纪念韩国亡国31周年,在重庆举行记者招待会,报告复国运动情形,外长赵素昂向英、美提出承认韩国临时政府的6项要求。

"中国访缅团"一行10人离重庆飞仰光访问。该团团长蒋梦麟,副团长曾养甫、缪嘉铭,秘书长杭立武,团员有张维桢、陈纪彝、缪培基、汤德臣、金龙章、谢仁钊。

"东方文化协会"于下午3时半在该会茶会招待来渝访问的印度国民代表大会代表卡拉黛维夫人,到陈访先、孔庚及朝鲜义勇队队长金若山以及朝鲜、越南、菲律宾等地的代表数十人。

8月29日　国民政府外交部宣布:中国与加拿大因两国关系素极友好诚挚,且日趋重要,现已同意互换使节。

朝鲜民族联盟及朝鲜义勇队在重庆联合举行朝鲜亡国31周年纪念会,

并发表《敬告中国同胞书》；韩国临时政府亦于是日发表宣言。

8月30日　蒋介石在重庆南岸的黄山官邸召开军事会议,遭到日机的猛烈轰炸,卫士被炸死2人,重伤4人。在重庆市内的国民政府大礼堂,亦被全部炸毁。

上午10时55分、11时35分、正午12时30分、12时42分及下午2时05分,日机205架分8批,其中第3批54架、第4批27架、第5批27架、第6批27架、第8批27架于重庆市区投爆炸弹146枚,燃烧弹9枚,伤市民100人,亡45人,毁房屋112栋又186间。

8月31日　"国民政府行政院康昌旅行团"一行30余人,在团长王家桢的率领下于下午5时返抵重庆。该团自7月8日从重庆出发,共经历了56日,行程3300余公里,对宁属一带的经济、交通、少数民族事务及一般社会情形,考察甚详。

上午11时50分,日机136架分7批,其中第4批25架、第5批27架于重庆市区投爆炸弹130枚,燃烧弹11枚,炸死市民42人,炸伤市民22人,毁房屋24栋又35间。

9月

9月1日　国民党中央执行委员会第183次常务委员会议决议:为改善及充实党办出版事业,分设"中央出版事业管理委员会"及"中央宣传部出版事业处"。

国民政府行政院水利委员会正式成立,主任委员薛笃弼,办公地址在歌乐山生机路。

国民政府财政部"外汇管理委员会"正式成立,该会的主要工作为与平准基金委员会取得联系,共谋管理外汇政策之实施。孔祥熙兼任委员长。假中二路纪明路房屋为办公地点。

国民政府财政部、粮食部联合发行粮食库券,定额为谷1733636市石,麦2066667市石,利率为年息5厘。自1943年起分5年平均偿还,至1947年全部还清。

孔祥熙在中枢纪念周上报告最近国内外大事,对外交、内政、水利、粮食、金融、财政各方面情况,均有详细阐述。

"记者节",国民党中央文化运动委员会通电全国新闻界慰勉。

"记者节",陪都新闻界假新运模范区礼堂举行庆祝大会,到吴铁城、董显光、潘公展、洪兰友等及各报社记者、会员200余人。

重庆市轮渡公司奉蒋介石"渝市轮渡须准备夜间航行"的手令,自是日起开始夜间航行,先开辟储海(储奇门——海棠溪)线,票价1元。

9月2日 下午1时25分,日机27架于巴县马王场、大渡口投爆炸弹85枚,燃烧弹45枚,炸死市民43人,炸伤市民68人,毁房屋67栋,木船11艘。

9月3日 国民政府明令公布《修正查禁敌货条例》45条、《禁运资敌物品条例》16条。

国民政府社会部、经济部联合制定颁发《空袭时工厂停工复工及核给工资暂行办法》10条。

国民政府经济部"省营公司监理委员会"举行第一次委员会议,到主任委员秦汾及委员多人,翁文灏出席并训话。

英国驻华大使通知国民政府外交部,经缅甸运华之美国租借物资,本日起免征一切转口税,由英国政府给予缅甸政府每吨10卢比之补助金。

9月4日 蒋介石以国民政府军事委员会委员长的身份,令派后方勤务部部长俞飞鹏兼任军事委员会运输总局局长,并派陈礼成、威尔逊(美籍)为副局长。

由国民政府粮食部、中央信托局、中国农民银行全股组建的"中国粮食工业公司"在重庆成立。该公司拥有资本400万元,主要为陪都民食供应处代加工和代销调节米。公司下分设面粉厂、胚芽米厂、干粮厂及机械修造厂。

"康昌旅行团"团长王家桢、总干事陈树玉等赴行政院向孔祥熙、蒋廷黻报告该团赴宁属地区考察经过情形。

国民党中央组织部部长朱家骅结束对陕西、甘肃、宁夏、青海、河北5省的党务视察工作,是日返抵重庆。

9月5日 国民政府明令:①公布《中国农民银行条例》28条、《中国农民银行兼办土地金融业务条例》9条;②外交部常务次长曾镕浦免职,特派为行政院驻缅代表。

四川省立重庆大学因反对新任校长梁颖文,于1日发生学潮,驱逐新任校长、殴打新任教育长。国民政府教育部为整顿学风,是日下令解散重庆大学。

9月6日 陪都各界于上午10时在南岸慈云寺举行超荐抗战阵亡将士暨死难同胞法会拈香,康心如等应邀出席。

《大公报》总编辑、国民参政会参政员张季鸾因肺病于下午4时在重庆中央医院去世,享年55岁。

9月8日 孔祥熙视察财政部贸易委员会,并召集该会职员训话,对业务开展之方针,指示甚详。

国民政府行政院秘书长蒋廷黻招待中外记者并发表谈话称:今年行政院有一重大改革,即统一各省财政,概归中央直接征收;各县税收划归县,经县参议会通过,可自由增减。

新任国民政府外交部常务次长钱泰到部视事。

"中国访缅团"一行行程结束,于下午7时许返抵重庆。

仰光侨胞领袖邱贻厥飞抵重庆,晋谒国民党中央各首长,报告缅甸侨胞近况。

9月9日 国民党党政军各长官及高级职员500余人在重庆举行纪念孙中山第一次起义46周年纪念。

蒋介石对美国合众社记者发表谈话称:盼望美国勿与日本妥协,并表示在正义和和平未获保证前,中国必继续抗战。同时希望美国及其他友邦在中国抗战中,对暴日实行经济制裁。

美术节。中华全国美术会假生生花园举行纪念大会暨该会第三届会员大会,到40余人。汪日章主持致开会词,该会秘书陈晓南报告会务。

9月10日 国民政府明令公布《中央卫生实验院组织条例》26条,规定"中央卫生实验院"隶属于卫生署,"掌理卫生技术之研究设计及检验鉴定等事项";内设流行病预防实验所、营养实验所、医事组织组、实验医理组、化学药物组、卫生工程组、妇婴卫生组、卫生教导组、护理组、卫生资料组等机构。

美国驻华大使高思与国民政府外交部部长郭泰祺会晤。

9月13日 蒋介石接见英国驻华大使卡尔,商讨康印公路之测量、中国游击队之训练及中、英、美三国之联系诸问题。蒋介石希望从印度至西康之公路,早日着手测量,卡尔表示"尽力加以敦促"。双方还就建立中英美三国之联席交换了意见。

9月15日 国民政府"外汇管理委员会"于下午4时假行政院会议厅举行第一次会议,该会全体委员及重要职员均出席,孔祥熙主持会议。

国民政府外交部部长郭泰祺招待中外记者并发表谈话,批评美日谈判,但"深信美国绝不致违反其屡次声明之基本原则与政策"。

上午9时半,美国驻华大使高思将美国电令面达外交部部长郭泰祺,回答10日所询有关美日谈判各点。高思援引美国务卿赫尔之谈话称:凡涉及到与中国有关之问题,希望与中国作全盘之讨论。还称:"侵略若继续进行,而各国亦仍抵抗不懈时,则各该国家均可望继续尽量得到美国物质上、精神上暨政治上之援助。"

9月16日 国民政府明令:特派许崇灏为考试院秘书长。

国民政府外交部为促进中缅邦交,特派代表团驻缅甸,以曾镕浦为首席代表,涂允檀、李铁铮、李炳瑞为代表。该代表团的主要任务,是与缅甸方面商讨中缅货运、护照及移民等问题。

重庆市政府、国民政府军事委员会运输统制局、重庆卫戍总司令部、宪兵司令部等机关在市政府举行会议,商讨空袭时期维持轮渡办法,决定由重庆市警察局专门负责。

"重庆市粮政局"是日正式成立并开始办公,局长涂重光,局址设市政府内。该局的主要任务是继续前粮食管理委员会的工作,主持全市粮食的运输、管理事宜;粮食供应方面,仍由陪都民食供应处办理。

9月18日 国民政府明令:派顾维钧为伦敦购料委员会委员长,原任郭泰祺免职。

蒋介石为"九一八"10周年纪念发表《告全国国民书》。

陪都各界于下午3时在夫子池新运广场隆重举行"九一八"10周年纪念。

"旅渝辽吉黑热同胞"联名发表纪念"九一八"10周年宣言,表示:"东北领土为我整个国家不可分离之一部,东北人民皆我整个民族不可割裂之一体,休戚相关,存之与共。"

国民政府粮食部致电四川省政府,重申蒋介石前令,对阻挠征购粮食及从中舞弊者,"不论其人地位如何,并准由督粮特派员、督粮委员送由有军法审判权机关,审讯明确,就地以军法从事,藉树威信,而促实效。"

9月19日　"中国民主政团同盟"在上清寺特园举行第二次会议,到张澜、张君劢、左舜生、李璜等17人。会议批准黄炎培辞去中央常务委员会主席职务,改选张澜为继任主席,左舜生为总书记,章伯钧为组织部长,罗隆基为宣传部长;会议还讨论了中国民主政团同盟由秘密状态转为公开的办法,通过了《中国民主政团同盟对时局的主张纲领十条》及《中国民主政团同盟成立宣言》。

9月20日　国民政府教育部通令各级学校整饬学风,要求师生当懔时代之艰危,期副国家之厚望;立明礼义、知廉耻之教,树负责任、守纪律之风,俾政令借以推行,纲纪赖以维系。

中国出席本年国际劳工大会之劳方代表朱学范,顾问刘选萃,秘书朱向荣及资方代表寿景伟,是日离重庆飞香港转美国。

重庆市临时参议会驻会委员会举行会议,决定由重庆市政府、重庆市党部、重庆市临时参议会联合发起,于10月1日举行重庆陪都建立周年纪念大会。

9月21日　蒋介石以重庆市物价飞涨,手令主管当局重订合理价格,严禁商人擅自抬高。

"日食"奇观。陪都重庆虽在"全食带"外,但久雨天晴,亦能窥现九分,数十万市民观察"日食"奇观,莫不兴高采烈。

9月22日　国民党中央宣传部部长王世杰招待中外记者并就美日谈判、苏德战争发表谈话,称美国政府不但积极协助中国,而且计划进一步加强中国反侵略战争的力量。同时对苏联之英勇抗战表示钦佩,表示德国对苏联的"闪击战"业已失败。

由国民政府行政院经济会议编印的《重庆市粮物工价指数周报》第一号是日出版,内容丰富,并附录有五年来重庆市粮物工价总指数之比较。

9月23日 国民政府行政院经济会议根据蒋介石有关限价手令举行会议,决定函请有关部会就其主管部分之物价,拟具平抑办法,送该会议审核。

9月24日 "国父实业计划研究会"举行会议,由会长陈立夫主持。

国民政府财政部发言人就中央银行解封外汇资金办法等,特对中央社记者发表谈话,称:"我国政府为奖励资金内移起见,凡国内中外人民之外汇资金,可由中央银行解封。"

9月25日 国民政府明令:任命连声海、朱学范为立法院立法委员。

"全国运输会议"在重庆召开,讨论当前运输之调整、吨位之分配以及汽油之供应等问题。

国民政府外交部部长郭泰祺于晚7时在私邸宴请苏联驻华大使潘友新,并邀冯玉祥、商震、贺耀组等人作陪。

9月26日 国民党中央社发表消息称:沿海内迁工厂已达400余家,器材约70000吨,工人近10000人。

《大公报》总主笔张季鸾于本月6日病逝,是日在嘉陵宾馆开吊,陪都各界前往祭奠者,自晨至暮,络绎不绝,蒋介石于下午3时半亲临吊奠,并送挽联云:"天下慕正声,千秋不朽;崇朝嗟永诀,四海同悲。"

9月27日 国民政府嘉奖民生公司军运有功船只及人员。

英国财政经济代表团团长倪米亚爵士及美国财政专员柯克朗,于上午10时接待陪都中外记者,阐明其来华之任务,倪米亚爵士称:"吾人希望提供在欧洲及其他各地所得之经验,以助解决中国之问题。"

重庆市自是日起举行"一元献机运动"扩大宣传周。

私营四川美丰银行增加资本,由原来的500万元增至1000万元。

9月29日 国民政府行政院秘书长蒋廷黻在中外记者招待会上发表谈话称:本年度我财政上之大改革及地方自治之推进,现已到县政府阶段。县政府为自治单位，为供给县政府推进自治之必需经费，行政院将增加田赋之收入及省政府补助县政府之款项。

"中国边政学会"在重庆成立，该会以研究边疆政治、经济、文化，介绍边疆实际情形，促进边疆建设，加强中华民族之团结为宗旨。

9月30日 "季鸾新闻奖学金管理委员会"在重庆成立，陈博生、萧同兹、康心之、胡政之、曹谷冰5人为委员，陈博生为主席，曹谷冰为书记，康心之兼会计。

四川省立重庆大学校舍，在本年8月份迭遭日机轰炸，主要房屋，大部震毁，经该校监理委员会电请四川省政府拨款修复。本日四川省政府会议，决议拨款10万元，以资修复。

是月 由国民政府侨务委员会、教育部，国民党中央海外部以及三民主义青年团中央团部合办的"侨生接待所"在南岸龙门浩周家湾90号成立并开始办公，该所以余俊贤、翁之达、陈容周、林作民为管理委员会委员，周东维为总干事。内设有图书室、俱乐部、课室、膳堂、浴室、男女生宿舍等，主要为海外华侨学生回国升学服务。

10月

10月1日 国民政府明令：①任命李肇甫兼四川省政府秘书长；②任命李荣凯为财政部川康区税务局局长；③任命包华国为重庆市社会局局长。

国民政府财政部公告：取消中央、交通两银行的商汇牌价，规定今后悉依外汇管理委员会之规定办理。

陪都重庆建立周年纪念日。陪都重庆热烈庆祝：全市遍悬国旗、标语，午前飞机临空散发大批传单；午后3时，陪都各界假夫子池新运模范区大操场举行庆祝大会，到党政机关各民众团体代表10000余人，市长吴国桢主持，国民政府行政院副院长孔祥熙以陪都建设计划委员会兼主任委员的身份致训词，称：今后建设陪都，在政治上须完成地方自治，以健全政治基层；在心理上尤应坚持必胜必成之信心，以求一切建设事业之发展。大会并发表《敬告陪都各界同胞书》。

由前四川粮食购运处改组的"四川粮食储运局"在重庆成立,局长康心之、副局长赵述言同时就职。

10月2日 蒋介石在重庆召开军事会议,决定收复长沙后对日寇之战略。

国民政府军事委员会发言人发表"长沙保卫战"经过概况,称本周(9月26日至10月2日),举国上下与国际人士都把目光集中于长沙保卫战之一点上。我前线英勇将士苦斗经旬,卒予日寇以重创,使其不得不迅速退回,此为我抗战四年来所获得最大之战果。此后中日战争胜败之决定,与太平洋上局势之安定,均可由此一战以为转变之契机。

国民政府粮食部召集重庆市碾米厂、坊代表谈话,指示各厂、坊应行改进设备及技术各点。

韩国议政院议长金起元,假中苏文化协会茶会招待新闻界,报告韩国组织政府情形,宣布于本月15日召开定期会议,望舆论界督促各友邦政府早日承认韩国并予以援助,使韩国恢复独立。

湘北我军再度大捷的消息于午间传到陪都重庆,全市市民欢欣若狂,爆竹声不绝于耳,商店住户各在门前张贴大红土纸,上书"庆祝湘北大捷"联语,并自动高悬国旗,以示热烈庆祝。各报之"号外",满城飞舞,市民争相阅读,莫不以先睹为快。

10月3日 全国慰劳总会通电全国及海外侨胞,为庆祝湘北大捷,"特发起全国扩大出钱劳军运动"。

"中国人事行政学会"在重庆成立,推举戴季陶为名誉会长,陈果夫、李培基、吴铁城为名誉副会长,并选出明仲祺等20人为理事。

美国助理国务卿格拉第于下午3时半由昆明飞抵重庆,4时半访晤行政院副院长孔祥熙,5时晋谒蒋介石。

10月4日 "中央建教合作委员会"假教育部举行第16次全体会议,由该会主任委员顾毓琇主席。会议讨论决定:①由蒙藏委员会、教育部、中央建教合作委员会会同派人设置边务人才登记处;②恢复人才登录机构,分别调查登记全国专科以上学校教职员、毕业生、留学生及在校生;③增强中央与地方建教合作工作联系。

"中国航空建设总会"为推动一元献机运动,于下午4时假中法比瑞同学会茶会招待新闻界及文化界人士,到各方代表数十人。由该会秘书唐静代表总干事陈庆云致词,说明中国必须建立强大空军之必要及开展一元献机运动的意义。

在渝各国驻华大使馆武官及各外籍报社、通讯社特派记者一行12人,是日乘专机离渝,飞赴湘北前线,参观湘北大捷战绩并作实地采访。

10月5日　"越南华侨归国考察团"团长陈立人一行21人,由海外部部长刘维炽等人陪同,晋谒国民政府主席林森。

10月6日　国民政府外交部部长郭泰祺招待外国记者并发表谈话称:"此类团体及个人之访问(指当时不断来渝的外国政府代表及团体),皆足以表示ABCD诸国间全面合作之进步。"

美国助理国务卿格拉第于晚7时离重庆飞香港,平准基金会美籍委员福克斯,财政部顾问杨格同行。格氏在重庆共滞留3天,与国民政府财政、经济方面人士有所晤谈。

"嘉陵江区矿业公会"召开会员大会,要求政府解决煤炭业之困难。

10月7日　党政工作考核委员会为考察各地工作,依照规定组织川康(以吴挹峰为团长)、滇黔(以罗家伦为团长)、甘宁青(以吴忠信为团长)、陕豫(以方觉慧为团长)4个地方党政工作考察团,分赴各省区进行考察,其中"各省市党政工作考核团川康团",由团长吴挹峰、副团长萧忠贞率领,是日离重庆赴成都等地视察,预计行程3个月。

"中国妇女慰劳自卫抗战将士总会"以抗战以来,全川步哨,风餐露宿,备尝艰苦,每于敌机来袭之时,坚忠守职,其任务不亚于前线将士与敌肉搏,特发起组织慰劳全川防空步哨运动,并拨款15万元,专作该项慰劳之用。该运动于是日正式开始,晨8时,该会委员沈慧莲、唐国桢等赴重庆城郊各哨驻守地点进行慰劳。

"重庆大学整理委员会"主任委员张洪沅,偕委员何廉、冯简、段调元等,到校视事。该整理委员会的主要任务为:①关于学生之登记、审查及续学事项;②关于教职员之聘用、进退事项;③关于校产之接收、管理及修理事项;④关于经费之支配及预算之编拟事项;⑤关于校务整顿恢复之计划筹备事项。

10月8日 "国际反侵略运动大会中国分会"在重庆举行理事会。

10月9日 国民政府明令:兼福建省保安司令陈仪另有任用,应免本职;任命刘建绪兼福建省保安司令。

"美国军事代表团"一行8人,由团长马格鲁德少将率领,于晚11时半由香港飞抵重庆,蒋介石派代表前往机场欢迎。

10月10日 国庆节。蒋介石发表《告全国军民书》。

国庆节。国民党中央党部与国民政府于上午8时联合在国民政府大礼堂举行纪念会。

国庆节。陪都各界纷纷集会庆祝。

国民政府行政院副院长孔祥熙发表广播演说,申述1941年中央财政金融四大革新,并相信今后战时财政,更能发挥效能,配合军事外交,争取最后胜利。

国民政府财政部公布:全国节约储蓄运动开展一年来,储蓄总数共计5.6亿元,其中以重庆市8496万元成绩为最优,广东4600万元次之,云南、四川分别以3613万元、3367万元排名三、四。

"戏剧节",陪都戏剧界人士于下午4时举行"第四届戏剧节纪念大会"。

10月11日 "中华剧艺社"在重庆成立,应云卫任理事长兼社长,陈白尘、陈鲤庭、贺孟斧等为理事。

10月13日 国民党中央宣传部部长王世杰招待外国记者并发表谈话,阐述长沙大捷与反攻宜昌的意义,并对日军在宜昌使用毒气一事有所报告,促各国记者注意。

"全国慰劳总会"代表荷印华侨捐献"奎宁丸"大会,于上午10时在国民政府军事委员会大礼堂举行,到各机关团体、侨胞代表500余人,由全国慰劳总会代会长谷正纲及华侨代表谢作民、李朴生等代表捐献,何应钦代表政府接收。谷正纲并报告征募经过,何应钦致答词。

英国驻华大使卡尔与国民政府外交部长郭泰祺会晤,讨论有关两国利益问题。

10月14日　国民政府社会部"社会行政计划委员会第三次会议"在重庆举行。

国民政府军事委员会办公厅主任商震、参谋唐保黄与英国驻华大使馆陆军参赞戴尼斯少将、副武官米乐少校在南岸亚细亚煤油公司举行会谈,商讨中英联合军事行动有关事宜。

"陪都建设计划委员会"在山洞该会办公处招待陪都新闻界,由该会主任秘书许大纯报告该会成立经过、内部组织及目前工作概况,该会技术组组长丁基实报告陪都建设计划,称:陪都重庆在战时为全国政治、军事、经济、文化中心,战后亦必为西南政治、经济之中心,故建设陪都,为配合战时、平时两重性之建设。目前进行之步骤,第一期为调查工作与材料整理工作,借以预计陪都之发展前途,进而订定陪都之范围与地位。第二期为陪都土地使用的布置设置、交通网的规划以及各区段的设计。第三期即进入具体设计阶段。目前正开始调查测量工作。

"战地党政委员会"组织战地党政工作视察团,计分3团,每团10余人。一团团长由党政工作考察团陕豫区团团长方觉慧兼,负责视察豫鄂战区;二团团长黄维国,负责视察浙赣湘战区;三团团长廖和清,负责视察鲁苏战区。各团于是日离渝,分赴各地视察。

"中国妇女慰劳自卫抗战将士总会"主任委员宋美龄,以湘北会战,英勇将士卫国有功,特拨款50万元,并率领该会委员张蔼真、唐国桢、吴淑真等,是日离重庆赴湖南,慰问湘北将士。

10月15日　韩国临时议政院在重庆举行第33次议会,到副议长崔东旿及全体议员20余人。崔东旿主持致开会词,临时政府金九致词,赵素昂代表议员致答词。会议讨论并改选议长,决定前任议长金明濬免职,改选宋秉裕为议长。

陪都戏剧界为纪念第四届戏剧节,于下午2时假实验剧院举行演讲会,公开检讨一年来的工作成绩。

10月16日　英国财政经济代表团团长倪米亚爵士、团员巴克思德及美国财政部代表柯克朗由香港飞抵重庆。

10月17日 国民政府行政院副院长兼财政部部长孔祥熙出席国民参政会驻会委员会第6次会议,报告国家最近财政收支、田赋征实及外汇管理等方面的情况。

苏联驻华大使潘友新与国民政府外交部部长郭泰祺会晤。

英国财政经济代表团团长倪米亚爵士及美国财政部代表柯克朗接见陪都中外记者并发表谈话,阐述该团来华之任务——解决中国外汇平准基金等问题。

10月18日 韩国临时政府外交部部长赵素昂在重庆招待新闻界,吁请中国政府即刻承认韩国临时政府。

"重庆市宣传委员会"假市党部举行第一次常务委员会议,推陈访先、吴国桢为该会正、副主任委员。

10月19日 "中国人事行政学会"举行第一次理监事联席会议,到30余人。会议由明仲祺主持,推谷正纲、陈立夫等10人为名誉理事,选举明仲祺等7人为常务理事,黄维瑄等5人为常务监事,并决定于会内设立研究委员会、编辑委员会及资料室。

10月20日 国民政府行政院秘书长蒋廷黻招待中外记者并发表谈话称:日内阁改组,其侵略政策决不会改变,并指出东条内阁的组成,具有两个意义:一是加紧日本内部之统一;二是对英、美表示法西斯内阁之姿态。

国民政府财政部次长俞鸿钧于记者招待会上发表谈话称:我财政当局最近曾与英国财政经济代表团团长倪米亚爵士及美国财政部代表柯克朗等会谈多次,对有关问题,彼此均能一致。并深信通过此次会谈,有关各国对敌经济作战,当取得更密切之合作,同时促进加强外汇政策之实现。

"中华全国美术会"第三届理监事选举是日揭晓,结果张道藩、徐悲鸿、汪日章、吴作人等31人当选为理事,华林、刘海粟等15人当选为监事。

山东省政府主席沈鸿烈、陕西省政府主席熊斌同机抵达重庆,向国民党中央述职。

澳大利亚首任驻华公使艾格斯顿爵士偕同该馆二等秘书华乐、中文秘书李桂芳于下午7时50分乘机由仰光飞抵重庆。

中旬 国民政府有关部门为保护侨民财产,并指导回国侨民经营事业,特在重庆成立"回国侨民事业辅导委员会"。该辅导委员会隶属于国民政府侨务委员会,其主任委员由侨务委员会委员长兼任。

新任中央气象局局长黄厦千(原任国立中央大学气象学教授)对记者谈该局工作。

10月21日 澳大利亚首任驻华公使艾格斯顿爵士偕秘书拜访国民政府外交部部长郭泰祺,商洽呈递国书事宜。

黄炎培前赴香港、菲律宾等地劝募战时公债,事毕后于是日返抵重庆,共募得3500万元。

10月23日 国民政府行政院"县政计划委员会"于上午8时举行最后一次委员会议,到正、副主任委员周钟岳、李宗黄及全体委员、各部会代表、专门委员会正副组长等,通过县行政管理办法并对该会成立以来的各项工作详加检讨。

蒋介石以国民政府行政院院长的身份发布训令,规定"各省市图书杂志审查处隶属中央图书杂志审查委员会,办理各该省市之图书杂志审查事宜","省市图书杂志审查处同系隶属省市政府,自应指挥监督"。

国民政府财政部次长顾翊群,平准基金会美方委员傅克斯、英方委员霍伯器于下午3时联袂离重庆飞香港,参加中英美在香港举行的三国金融会议。

国民政府教育部通令专科以上各学校:今后院科系组的设置与调整,应本各科均衡发展之原则。

美国军事代表团团员苏得贺姆、巴顿哈根、齐斯莱、范斯基4人由香港乘机抵达重庆。

10月24日 "中华交响乐团"于下午4时在嘉陵宾馆举行音乐会,招待在重庆的外宾及各界首长,共到中外来宾200余人,由该团名誉团长孔祥熙主持。

10月25日 蒋介石在南岳举行军事会议事毕,是日自桂林返抵重庆。

蒋介石召集军事干部会议，商讨军事及国际问题，决定于昆明方面增加3个军，准备与敌决战。

比利时驻华大使纪佑穆访晤国民政府外交部部长郭泰祺及傅秉常、钱泰二次长。

"中国妇女慰劳自卫抗战将士总会"主任委员宋美龄，委员张蔼真、唐国桢、吴漱真等赴湘北慰劳抗战将士事毕，是日返抵重庆。

10月26日　蒋介石于中午约见并设宴招待山东省政府主席沈鸿烈、陕西省政府主席熊斌，询问山东、陕西两省军政情形。随后又亲拟昆明作战准备计划，又手令研讨湘北"战后国军改革事项"及对西南之作战部署。

山东省政府主席沈鸿烈来渝述职，是日下午赴嘉陵宾馆出席鲁省旅渝同乡会之欢迎茶会并作题为《抗战期间的山东》的报告，对抗战以来山东的政治、军事、经济等各种情形有详细报告，内称：山东全省共107县，完全沦为日伪宰割者只有3县，完全在我手中者4县，其余100县中，日伪仅据县城，而乡镇仍然为我控制；并称全省目前已有30县推行新县制。

10月27日　蒋介石接见美国军事代表团团长马格鲁德，听其报告美国军事代表团来华之目的与任务，并商谈如何阻止日本军队南进与改善滇缅公路交通诸问题。宋美龄及美军事代表团参谋长麦克莫伦上校在座。马格鲁德称，该团之目的是"供给贵国所需之军用器材"。

国民政府财政部整理田赋筹备委员会于下午2时在该会新建办公室举行第一次会议，会议主要讨论战时田赋管理人员任用程序及田赋征实、田赋整理、征收制度等问题。

英国财政经济代表团团长倪米亚与邮政储金汇业局局长刘攻芸会晤，商谈经济问题。

中国劳动协会宣布：美国招募华工一说，全系谣传，切望后方工友，努力生产，勿轻信谣言。

10月28日　国民政府行政院第538次会议，通过《非常时期奖励资金内移兴办实业办法草案》。

蒋介石接见美国驻华军事代表团团长马格鲁德，对美国于此险恶局势之下派遣军官团到华表示感谢并对马格鲁德等表示欢迎,双方还就日本最近之动态进行了讨论,蒋介石认为日本将于11月中旬进攻云南。

澳大利亚首任驻华公使艾格斯顿爵士于上午11时赴国民政府向国民政府主席林森呈递国书。

10月29日 国民政府主席林森于下午4时在郊外官邸接见英国财政经济代表团团长倪米亚及随员巴克斯德。会谈时英国驻华大使卡尔、国民政府外交部秘书凌其翰在座。

国民政府行政院"县政计划委员会"副主任委员李宗黄于上午11时招待记者并发表谈话称:全部县政计划(包括新县制之计划)大体完成,该会定于本月31日结束。

本年度全国募债成绩,截至是日,已募得40067余万元。

10月30日 国民政府行政院成立"审核委员会",专门负责审核中央各部会及各省市之工作计划与工作报告。该会由委员7人组成,以行政院秘书长蒋廷黻兼任主任委员。

蒋介石接见英国驻华大使卡尔,说明日本即将攻滇,中国亟盼新加坡空军协助御敌。

蒋介石接见英国财政经济代表团团长倪米亚。

孔祥熙于下午4时在私邸举行茶会,招待澳大利亚首任驻华公使艾格斯顿。

10月31日 国民政府财政部国家专卖事业设计委员会设计工作完成,决定先就食糖、火柴、烟类三项物品分别举办。

蒋介石接见美国驻华军事代表团团长马格鲁德,讨论新加坡英国空军参加保卫云南及空军作战与训练等问题。

"中美文化协会"于下午7时假嘉陵宾馆欢宴美国军事代表团团长马格鲁德少将及全体团员,马格鲁德致答谢词,表示:美国将运用租借法,尽量援助中国反抗侵略。

是月 重庆银行界同人发起成立"银行界同人进修服务社",以"提倡金融业同人进德修业,服务社会为宗旨"。该社地址在新街口美丰大厦5楼。

11 月

11 月 1 日 国民政府行政院"审核委员会"开始工作。

由国民政府交通部召集的"全国电政会议"于上午 8 时在重庆开幕,出席会议的有各区特派员、局长、工程师及交通部主管人员 50 余人。

11 月 2 日 蒋介石致电美国总统罗斯福,指出日军集结越南,将进攻云南,切断滇缅公路,并请罗斯福利用影响,使英国与中国通力合作。

"国际反侵略运动中国分会"为响应该会总会及自由世界协会联合号召的预祝民主国家胜利大会,于下午 3 时在夫子池新运广场举行"预祝民主国家胜利大会",同时举行该会第三次年会。

国际反侵略大会中国分会邀请国民党中央党部秘书长吴铁城,于晚 8 时用英语对南洋广播,内称:"世界今日已认识中国抗战,是世界斗争之一部分,并非一事变。若不是中国抵抗日本,日本今日将更不堪设想!南洋一带还能有今日之这样安静与和平么?毒瘤之为患不会自灭的,是要割治的。日本正在积极完成其最后行动的一切准备,它是一个有害的毒素,无论它是想先达到结束中国事变的幻想,还是想先用其惯用的恐吓手段,从南方或北方获得权益。中国在四年之久的抗战中,用血和肉来抵抗敌人的钢和铁,已使其挫钝。但是我们需要坦克和飞机,我们需要坦克和飞机来割治这个毒瘤。如此,你们方能安枕无忧,此毒素方不致蔓延至南方或北方。"

11 月 3 日 国民党中央宣传部部长王世杰于下午在国际宣传处招待中外记者并发表谈话,对近来敌军之动向、芳泽之赴越南以及国内粮政之推行,均有论及。

国民政府外交部部长郭泰祺于午后 1 时假军事委员会会议厅宴请澳大利亚驻华公使艾格斯顿,并邀请各部会长官作陪。

四川省粮政局局长刘航琛晋谒国民政府粮食部部长徐堪,报告出巡川西北各县征购粮食情形和经过。

11 月 4 日 国民政府明令公布《重庆市地方二十九年度普通岁入岁出追加预算书》。

蒋介石接见澳大利亚首任驻华公使艾格斯顿。

国民政府交通部召集的"全国电政会议"于下午举行闭幕典礼,由部长张嘉璈主持并致词,对与会各代表缜密之研究精神,表示嘉许。

四川省政府民政厅厅长胡次威、教育厅厅长郭有守晋谒国民政府粮食部部长徐堪,报告巡察粮政情形。

11月5日 国民政府主席林森以7日为苏联十月革命纪念日,是日特致电苏联最高主席团主席加里宁表示祝贺。

蒋介石召集各战区司令长官在重庆举行紧急会议,商讨保卫滇缅路计划、原料入口及各国军事合作等问题。

蒋介石接见外国记者并发表谈话,希望各国团结一致。

国民党中央宣传部部长王世杰为便于陪都中外记者与美国军事代表团、英国财政经济代表团及各使馆人士会晤起见,于下午4时假嘉陵宾馆举行茶会。

"重庆市合作金库"在张家花园巴蜀小学大礼堂举行成立大会。

11月6日 国民政府明令公布《非常时期奖励资金内移兴办实业办法》14条。规定对于资金内移者,各主管部、会应予以协助便利及保护。

国民政府行政院经济会议临时召集各有关部会长官举行联席会议,讨论当前的物价问题及平抑对策。

美国军事代表团团长马格鲁德少将偕团员涂特上校离重庆飞昆明,赴滇缅路一带考察。

宋美龄、宋霭龄赠送给美国救济中国难民协会之熊猫两头(一雄一雌),由纽约博物院专家史蒂文用专机由成都运抵重庆。

11月7日 蒋介石夫妇于下午5时在私邸招待外国在重庆之报社及通讯社记者,董显光、季泽晋、沈剑虹、汤德臣等作陪。蒋介石发表谈话,说明反侵略国家的联合阵线,必须把握时机,加紧合作,争取主动,以打击敌人的新攻势。

苏联驻华大使潘友新,为纪念苏联十月革命24周年,于上午11时在大使馆举行茶会,招待各国来宾及国民政府各院部会长官,蒋介石、商震、吴铁城、何应钦、冯玉祥、朱家骅、陈立夫、徐永昌、王世杰、拉铁摩尔、高思、卡尔、纪佑穆等200余人参加。

11月8日 蒋介石接见美国财政部代表柯克朗，听其报告上海之观感及对上海外汇市场之意见，并嘱其研究救济中国经济危机之具体办法。

"中苏文化协会"为纪念苏联十月革命24周年，于下午2时假抗建堂举行盛大庆祝会。

美国派赴中国滇缅路抗痢团团长哈斯博士于晚9时半应邀在国际广播电台对美国发布"来华观感"。哈斯博士在讲演中称："本人系由昆明乘飞机来重庆。战时首都，一切都能表现中国民族抗战到底之决心，虽不断遭受日本飞机之狂炸，但商业交通，依然如常轨进行，未受丝毫影响。此地有不少自各地流亡之人民，离乡背井，然均能泰然与其政府共处，尤足表示坚强不屈之决心。本人来华未久，惟对中国人之优美的民族性已获得深刻之印象。……彼等所表现者全系英勇之事实，可歌可泣，可感天地而动鬼神。"

国民政府侨务委员会委员兼侨民教育处处长佘俊贤，于本年6月奉命出国巡导海外侨务，遍历澳门、香港、菲律宾、新加坡、澳洲、缅甸各地，历时4月，事毕后于是日抵达重庆。

11月9日 下午7时半，蒋介石在曾家岩官邸接见美国代表柯克朗，详陈中国经济危机之严重性，嘱其回美后转陈美国政府，务使美国对华经济援助能有一整个的、固定的具体方案。

中国赠送美国熊猫典礼于晨4时3刻在广播大厦举行，宋美龄、宋霭龄亲自主持并同时对美广播，美国驻华大使高思出席典礼。

国民党中央执行委员、国民党中央组织部代副部长、国民政府军事委员会办公厅顾问事务处处长张冲之追悼大会，于上午8时在新运服务所大礼堂举行。

11月10日 国民政府行政院秘书长蒋廷黻招待记者并发表谈话称：日军一面在越南增兵，一面又派来栖赴美谈判，其目的一为维持美日之间的和平，二为建设"东亚共荣圈"。并称：日本对美之和平攻势，亦想取得太平洋沿岸各国之控制权，所谓"东亚共荣圈"，实为"共苦圈""共死圈"。

重庆市图书杂志审查处会同国民党重庆市党部、三民主义青年团重庆支团部、重庆卫戍总司令部、宪兵第三团、宪兵第十九团共同对重庆市区各书店出版社进行突击总检查,清除违禁及未送审书刊,凡1940年9月6日以后出版而不合规定之书刊,概予封存,听候处理。

11月12日 国民党中央与国民政府于上午8时在国民政府大礼堂联合举行总理纪念周,到蒋介石、林森及国民党中央委员、各院部会长官300余人,林森主持,司法院院长居正报告国父孙中山生前致力于革命之精神。

中共代表周恩来与蒋介石会谈,蒋介石希望中共自动出席参政会。周恩来告诉蒋介石:如释放叶挺,中共参政员就出席参政会,并要求给八路军发饷。

国民政府教育部部长陈立夫于国父诞辰纪念日发表《开展社会教育以普及文化建设运动》讲演。

孙中山诞辰75周年纪念,陪都各界热烈庆祝,国民政府军事委员会政治部文化工作委员会在抗建堂举行"孙中山先生诞辰七十五周年纪念大会",郭沫若致开会词,并作题为《纪念孙中山先生两大任务——加强国际国内的团结》的讲演。

华侨领袖胡文虎分别晋谒林森、蒋介石。

中英、中美、中苏、中法比瑞、中缅文化协会,国际反侵略运动中国分会、东方文化协会、中国国民外交协会、中国国际联盟同志会、中国回教救国协会等十大国际文化团体,于晚6时半联合欢宴各国驻渝使节及美国军事代表团、英国财政经济代表团等。

重庆市记者"自贡访问团"一行16人是日从重庆出发,将参观自贡之盐业、内江之糖业并考察沱江流域的工矿业。

11月13日 国民政府明令褒扬著名学者许地山、小麦育种专家沈骊英、绅耆王清穆。

蒋介石向英、美两国呼吁:"如日本进攻滇缅路,请予中国以军事援助"。

11月14日 国民政府财政部次长顾翊群对中央社记者发表谈话称:美国财政部之《修正管理中国在美基金条例》,实为美国协助中国资金循正当途径流入中国之又一新的努力,并将加强中国的作战及经济力量。

宋美龄、宋霭龄两夫人赠送给美国救济中国难民协会之熊猫2头,于下午3时由史蒂文押送离重庆飞香港。

冯玉祥六十寿辰,其好友鹿钟麟等先前曾征求冯氏好友、部属诗画约1000余幅,是日选一部分在冯氏办公室陈列,蒋介石、吴铁城、贺耀组、陈布雷、陈立夫、甘乃光、周恩来、董必武、郭沫若等及中外记者多人均往致贺。

四川省政府主席张群以川康兴业公司筹备就绪,即将成立,特于是日由成都飞抵重庆。

11月15日　中共代表周恩来、董必武与国民党代表张群、王世杰会谈,张、王坚持要中共参政员出席国民参政会第二届第二次会议。周恩来、董必武答应将意见转达延安,同时说明坚持请假的理由。

11月16日　"中国民主政团同盟"第一次以组织名义茶会招待各界参政员,张澜、罗隆基、章伯钧、左舜生等在会上向大家宣布了中国民主政团同盟的成立,并就有关民主政治问题征求意见。

陪都文化界热烈庆祝郭沫若先生创作25周年及诞辰50周年。

11月17日　"国民参政会第二届第二次大会"于上午9时在重庆举行开幕典礼。

国民政府外交部部长郭泰祺招待外国记者,对国民参政会之召集,日本代表来栖之访美,美国中立法之修正及滇缅公路等事均有所论及。称:目前有缔结A、B、C、D同盟趋向,侵略者既已同恶相济,缔结同盟,反侵略国家岂反不应团结一致。同时指出:日本为轴心国中最薄弱的一环,应当首先解决日本,再集中全力应付欧洲。

新加坡合作事业管理局局长波伊德、警察总监狄金森、华民政务司副司长洁夫自仰光飞抵重庆。

11月18日　国民党中央召集国民参政会中国民党籍参政员举行谈话会,检讨各地党政情况及中央法令实施状况。

国民政府明令:免外交部欧洲司司长刘师舜本职,特任刘师舜为驻加拿大特命全权大使。

四川省立重庆大学自整理以来，校务业已就绪，该校新生已于昨、今两日注册，入校后并照章受训两周。

美国芝加哥华侨领袖、国民参政会参政员谭赞抵达重庆，出席国民参政会第二届第二次会议。谭此次来渝，携有芝加哥侨胞春节献金50万元（法币，下同）、"七七献金"16万元以及谭氏本人捐款15万元，以作慰劳、赈灾及保育儿童之用。

11月19日 国民政府粮食部部长徐堪为拟定粮食部三年施政计划，是日特手订8项要点：①厉行积谷制度，三年必有一年余粮，以防备灾害；②统筹粮政，作合理之分配；③改善加工及运输条件，以盈济虚，调节供应；④管制粮商，以减除对市场之扰乱；⑤节约粮食，提倡食杂粮，以广储备；⑥建立粮情报告网，以为施政之准备；⑦建立粮政机构；⑧与有关机关努力增产，求农产之自给自足，并促土地政策之早日实现。

11月20日 国民政府军事委员会发言人对报界人士发表谈话称：现集中于越南南部（包括泰国边境）的日军，约10万人。

陪都戏剧界为纪念郭沫若创作25周年及诞辰50周年，是日在抗建堂上演郭沫若编著的历史剧——《棠棣之花》。

中旬 国民政府教育部为奖励专科以上学校清寒优秀学生，在1940年度设置"中正奖学金"400名的基础上，又奉命增设400名，命名为"林主席奖学金"，其申请办法，仍照中正奖学金办法办理。

国民政府教育部为统一筹划专科以上学校各种奖学金设置事宜，专门设置"专科以上学校清寒优秀学生奖学金管理委员会"，以统筹规划公私机关设置或私人捐助之奖学金。

11月21日 国民政府明令：派尹明德为中英会划滇缅南段界线委员会中国委员。

重庆卫戍司令部第四次卫戍会议在重庆举行，参加者有卫戍区各专员、县长、各清乡司令、各机关部队长官及代表80余人，刘峙主持。

第二届防空节，陪都各界于上午8时在都邮街新运模范区广场举行重庆市各区防护团、消防队及宪军警等部队检阅，康心如等任大会主席团成员，重庆防空司令部司令贺国光任检阅官。

由国民政府军事委员会政治部文化工作委员会主办的"第二次木刻展览会"在夫子池励志社正式展出,展期3天。

11月22日　由陪都新闻记者组织的"自贡访问团"考察事毕,是日返抵重庆。

11月23日　国民政府主席林森于下午4时在国民政府茶会招待全体参政员,并邀各院部会长官作陪。

11月24日　国民政府明令公布《修正财政部组织法》29条及《经济部组织法》《社会部组织法》部分条文。其中《财政部组织法》规定:财政部掌理全国财政事务,下设关务署、税务署、国库署、总务司、盐政司、赋税司、公债司、钱币司、直接税处等机构。

国民政府财政部公布《全国猪鬃统购统销办法》。

蒋介石出席重庆卫戍总司令部举行的第四次卫戍会议并发表谈话,指出禁烟、禁娼、禁赌与清除匪盗4项工作,为目前卫戍之要务。

国民党中央宣传部部长王世杰举行中外记者招待会并发表谈话:A、B、C、D国家之意见完全一致,彼此之间并能充分地相互信赖。

11月25日　国民政府军事委员会任命宋希濂为第11集团军总司令,张轸为副总司令;吕瑞英为第6集团军副总司令。

国民参政会通过《促进民治加强抗战力量案》及《三十一年度政府对内对外重要方针》等案。

蒋介石之政治顾问拉铁摩尔自重庆致电罗斯福总统之秘书居里:蒋介石反对中日休战三个月之议。

11月26日　国民政府明令:特派朱家骅为1940年度高等考试、普通考试再试典试委员长,派余井塘、夏勤、金宝善、端木恺、杨云竹、高秉坊、关吉玉、张金鉴等为委员。

"国民参政会第二届第二次大会"在重庆闭幕,蒋介石致闭幕词。

重庆卫戍司令部第四次卫戍会议闭幕,此次会议共开6天,对于卫戍区内的治安、防空、通讯及军队训练诸问题,均有讨论。

"中国兴业公司"钢铁部炼铁炉举行开炉典礼。

11月27日 国民政府行政院经济会议举行会议,讨论严格执行平价办法及禁止囤积居奇等问题,蒋介石亲临主席。

国民政府外交部部长郭泰祺分别接见英国驻华大使卡尔、美国驻华大使高思。

重庆各妇女团体在求精中学招待女参政员,到参政员吴贻芳、史良、刘王立明、张肖梅等及来宾100余人。

11月28日 国民政府行政院"水利委员会"主任委员薛笃弼对记者发表全国水利建设概况。

11月29日 美国驻华大使高思往访国民政府外交部部长郭泰祺,交换关于华盛顿谈话之最近发展情报。

中央文化运动委员会、国立中央研究院、国立中央大学、国立中央图书馆、中印学会等团体,于下午2时在中央图书馆举行公祭印度诗人泰戈尔大会。

重庆市党部文化运动委员会重庆文化会堂筹委会在国民党中央党部举行第三次会议,到谷正纲、潘公展、张道藩、包华国、陈访先、郑用之等,张道藩主持并发表报告。

陪都民食供应处负责人称:渝市米源充足,截至目前为止,存粮已超过20万石。

11月30日 国民政府军事委员会任命刘多荃为第10集团军副总司令。

下午3时半,美国驻华大使高思至国民政府外交部,口头报告美国对日所提出之远东与太平洋问题解决办法:"一、基本原则:a. 不以武力推行国策,国际问题应以和平方法解决;b. 领土完整与主权之不得侵犯;c. 不得干涉他国内政;d. 机会均等。二、经济原则:a. 国际财政机构之设立;b. 商业待遇之不歧视;c. 对于原料之取得不得有歧视之待遇;d. 放弃商业之极端国家主义(如取消种种商业之限制)。三、多方互不侵犯条约:应由泰、日、荷、印、中国、苏联、美、英等国家共同订立互不侵犯条约。四、a. 美、日与任何第三国所订任何条约,不得与本协定有冲突之解释;b. 日本在越南不得享受商业上、经济上及原料取得之优先权或特殊权利；c. 担保越南之领土完整。五、a. 日本须撤退在中国及越南所有海、陆、空军及警察；b. 取消在华领事裁判权。六、美日订新商约，取消封存资金平准汇兑。七、承认现在重庆之国民政府为中国唯一合法政府。"

"中国人寿保险学社"在重庆成立。

"中华自然科学社"于上午9时在重庆大学举行第14届年会，到胡焕庸、张洪沅、杜长明等100余人，陈立夫、朱家骅均到会并致词，蒋介石颁致训词。

由国民党中央党史史料编纂委员会主办的"党史史料展览会"，自是日起在山洞亚光寺该会内开展，展期2日。

"中华实验歌剧团"在重庆成立，周贵德、臧云远、李嘉等11人为理事，黄友葵等5人为监事。

12月

12月1日 国民政府行政院秘书长蒋廷黻发表谈话，表示美国如与日本作战，中国亦将对日宣战。并表示无论在任何情况下，中国决不与日本单独媾和。

国民政府粮食部部长徐堪对中央社记者发表谈话称：全国征购粮食均按程序开始办理，征购总额为6000万石，其中四川省征购总数为1200万石。自9月16日开征以来，至11月底止，四川全省征购额已达800万石，尚余400万石，在年内可望如数征足。

蒋介石接见美国驻华军事代表团团长马格鲁德，听其报告此次赴新加坡之任务及其与英国远东军总司令波普翰之谈话情形，双方并商谈了关于英国派遣志愿军来华及美国派员协助中国训练空军等问题。

全国慰劳总会通电各省市动员委员会：一致发动全国各界敬向抗日将士庆贺新年运动。

国际反侵略运动中国分会召集中国国民外交协会、中国国际联盟同志会、中苏文化协会、中英文化协会、中美文化协会等团体举行联席会议，一致决议："以加强民主国家之互助援助为中心意义，于明年元旦起至一月七日止,举行反侵略运动周。"

宋美龄应美国联合救济中国难民协会之请对美广播,表示"我们跟全世界的民主国家是存亡相共的","我们毅然担任民主国家的第一条阵线,与强暴敌人相周旋"。

韩国临时政府以国民政府军事委员会正式承认韩国"光复军"在中国境内的合法地位,是日特发表宣言,命令"在中国国境以内所有光复军,于中国抗战期内,暂归中国统帅管辖,受其节制,一遵战时法规,所以恪守军令,严饬纪律,同心同德,克斗克勇,胥期有联军之实,而铲共同之仇"。

自由法国政府所派青年代表12人抵重庆观光。

12月2日　国际反侵略运动大会中国分会第三届常年大会暨预祝民主国家胜利大会在重庆召开,到各界来宾及该会会员2000余人,吴铁城主席,蒋介石颁发训词。大会并致电国际劳工大会,吁请世界劳工加紧援华。

郭沫若应中国国际广播电台邀请,发表对日广播讲演,呼吁日本人民振奋自救"民族切腹"之厄运。

12月3日　国民政府行政院"经济会议"开会,蒋介石亲临主持,会议对目前各项重大经济问题,均有所讨论,并决定限制设立银行、商号,对囤积居奇者严厉制裁。

四川省立重庆大学整理竣事,是日开始上课。

12月4日　"战时人才调剂学会"举行全体理监事会议,会议通过积极内移沪港人才及侨胞技术人员回国办法等要案多项。

12月5日　为推进基层政治,加强建国工作,由国民政府内政部召集的"第三次全国内政会议"于上午9时在重庆召开,参加会议的有国民党中央各机关代表、各省民政厅厅长、地政局局长、省政府统计长,省会警察局局长、市长,行政督察区专员,特别市各局局长、省政府代表及内政部高级专员,有关专家等180余人,内政部部长周钟岳主持致开会词,指出目前内政工作应行注意之点为:①新县制之实施;②地方警卫力量之充实与调整;③土地政策之实施;④民族意识之提高;⑤禁烟善后工作等。戴传贤、蒋作宾分别致词。内政部次长张维翰报告内政部自第二次内政会议(1931年召开)以来的施政情形。

国民政府财政部令饬重庆市银钱业公会:凡在重庆市开业尚未呈报之银钱行庄,统限两星期内补办注册手续,逾限者由部严加取缔。

12月6日 蒋介石令其政治顾问拉铁摩尔致电美国总统罗斯福:中国决不放弃东北,否则世界战争将循环不已。欲求长期和平,唯有助中国独立,不被他国侵略。

西藏代表罗桑扎喜(本届国民参政会参政员)、图丹生格、图丹承烈偕西藏驻京办事处处长仑珠、藏文秘书邓春秀等于下午3时由成都飞抵重庆。国民政府军事委员会、蒙藏委员会、班禅驻京办事处、国民党中央组织部、边疆建设协会等机关派代表在机场迎接。

"中国航空协会"秘书长陈庆云宣布:全国"一元献机运动"结束,可募集资金6000万元,以购机作中国空军之用。

12月8日 日本突然攻击美英、扩大侵略战争的消息,于是日晨传抵陪都重庆后,国民党中央社及各报均刊发"号外",各界人士闻讯,"莫不极端惊愤,与在七七事变发生时所表示之激昂情绪不相上下"。"陪都舆论佥主民主国家应一致对轴心国宣战,彻底强化反侵略阵线。"

国民党中央常务委员会于上午8时召开特别会议,讨论太平洋战争爆发后中国应取之态度,蒋介石亲临主持,讲话,称:由于英美对日宣战,中国对日宣战,已无问题。会议决定:"①太平洋反侵略各国,应即成立正式同盟,由美国领导,并推举同盟国联军总司令;②要求英、美、苏与我国一致实行对德、意、日宣战;③联盟各国应相互约定:在太平洋战争胜利结束以前,不对日本单独媾和。"同时还决定向美国建议,以美国为领导,组成中、美、英、荷、澳等国的同盟军。

下午3时,蒋介石分别约见美国驻华大使高思、英国驻华大使卡尔、苏联驻华大使潘友新,表示中国决不避任何牺牲,竭全力与英、美、苏及其他友邦对侵略者共同作战。并于晤谈时交各大使电文一件,嘱其分别转致罗斯福、丘吉尔、斯大林三领袖。电文中声明:反侵略战线的各个国家,必须认为各个轴心国家是公敌,建议中、英、美、澳、荷、加拿大和纽西兰应该结成军事同盟,互订不单独媾和条约,并促苏俄对日本宣战。

晚,蒋介石约见英、美驻华大使馆武官,告以中国对太平洋战争之态度,蒋介石表示:"我必尽我全力与责任,决与美、英共存亡,同成败,毫无所犹移(豫)。"

蒋介石邀晤苏联驻华大使潘友新及军事总顾问崔可夫,蒋介石示以其致史大林之电稿,并要求苏联对日宣战,美国对德、意宣战。苏大使阅示后,无所表示,崔可夫则称:苏联参战为一复杂问题,盖苏方戒惧民主国家之团结不坚,恐将缺乏合作与联系。

国民党中枢于是日晨在国民政府礼堂举行总理纪念周,林森主持,立法院院长孙科讲演,主张中国应向德、意宣战,以共同击败侵略集团。

下午6时半,国民政府外交部部长郭泰祺接见中外记者并宣称:中国政府已决定对日、德、意三国宣战。并宣称:中国将"不顾一切更大之牺牲,准备用其全部力量及资源,与各友邦合作,击败日本及其他轴心国家"。

重庆防空司令部公布:日机轰炸重庆及重庆防空司令部监视区域已达数百次,共炸死9218人,炸伤13908人,分别占全四川省轰炸死伤人数的41%和53%。

因太平洋战争爆发,重庆至上海之电报,自是日晚起暂停收发。

12月9日 国民政府正式发布文告:中国政府正式对日宣战,同时宣告对德国、意大利两国立于战争地位。

蒋介石以中国最高军事长官的身份,分别致电美、英、苏三国首脑罗斯福、丘吉尔和斯大林,建议立即在反轴心各国间组织某种联合军事会议。

蒋介石以太平洋战争爆发,特致电西安行营主任蒋鼎文、桂林行营主任李济深及各战区司令长官,告以太平洋战争爆发,国民政府对日正式宣战之际,我前方将领对于训练、经理、卫生、政工以及作战精神与爱护物力等重要业务,皆应彻底检讨缺点,及时改正,以充实我实际抗战之力量。

国民政府外交部部长郭泰祺于下午7时特别接见中外记者,以严肃之态度,宣读国民政府对日本宣战布告及对德国、意大利宣战布告,并就此发表讲话。

国民政府军事委员会参谋总长何应钦会晤英国驻华军事代表团团长戴尼斯,商谈有关中英军事合作事宜。

国民政府经济主管当局召集有关机关举行会议,商讨美日战事爆发后我方应采之经济政策,决议组织经济检查队,实行经济检查。

国民政府财政部公布《修正非常时期管理银行暂行办法》,规定"取缔银行经营商业与囤货,限制抵押放款";并特别申明:"未经财政部特准,一概不得设立银行"。

旅渝韩国独立党以韩国临时政府名义发表声明:表示愿领导3000万韩人,与中、英、美、荷、加、澳等国共同抗日。

12月10日 蒋介石为中国对日、德、意宣战事,发表《告全国军民书》,并望全国军民作最大最后之奋斗,消灭共同之公敌。

蒋介石接见美国驻华军事代表团团长马格鲁德,商谈关于由美国建议五国联合军事行动之具体计划等问题。双方首先讨论了苏联对日是否宣战的问题,蒋介石认为:苏联"将待军事合作计划具体完成之后,始考量宣战问题"。马格鲁德对此表示赞同。接着双方对中、美、英、苏、荷五国军事合作问题进行讨论,蒋介石对英国不愿与中国在军事上进行合作与讨论表示不满,并对马格鲁德称:"予愿将军亟向贵国政府要求,即由贵国政府建议中、英、美、苏、荷五国军事合作之具体计划,并由贵国为其领袖。"蒋介石还称:"在苏联未能决心参战以前,应由华盛顿先行拟具南太平洋、香港、菲律宾、新加坡及缅甸各区域中军事合作之具体计划,即由将军代表贵国政府参加拟具实施之详细步骤。予复建议,拟具实际步骤之集议地点应为重庆,至四国联合之总司令部应设何处,即可予事后决定之。"

晚,蒋介石接见英国驻华军事代表团团长戴尼斯将军。商谈关于拟具军事联系与合作之具体计划等问题。

蒋介石分别复电美国总统罗斯福、英国首相丘吉尔:表示对美国的援助与友谊永志不忘,并愿贡献所能,与友邦共同奋斗到底;中英两国人民并肩战斗,誓必扫除共同之仇敌。

国民党中央宣传部部长王世杰于下午对外国记者发表谈话,就太平洋战事、苏联军事形势、即将召开的国民党五届九中全会以及当前粮政等问题,有所述及。

"第三次全国内政会议"闭幕,内政部部长周钟岳致词,说明此次会议成绩有二:①各省制宪之报告足为今后改进县政之参考;②会员提案200余件,皆经虚心讨论,获得相当解决。此次会议共举行6天,召集大会8次,其间各省市代表曾报告实施新县制情况,讨论通过有关民政、警政、地政、统计等方面的要案270余件。

国民政府财政部举行会议,商讨今后贸易机关调整及有关财政各项问题。

中英文化协会、中美文化协会、中苏文化协会、中国国民外交协会、国际反侵略运动大会中国分会、中缅文化协会、中法比瑞文化协会、中国国际联盟同志会、中国回教救国协会、中国劳动协会等在渝国际文化团体共同发表反侵略宣言:欢迎所有反侵略国家加入共同战线,并肩作战到底,决不单独言和。

12月11日 蒋介石为中国对日、德、意宣战事,发表《告海外侨胞书》。

蒋介石对太平洋战局发表谈话,称:"英、美、荷在太平洋上早已成立共同作战计划,而始终不通知中国,是其视中国为无足轻重,徒利用我以消耗日本之实力。……今日日本闪电击英、美,我国对之,更无足为歉也！我国抗战,以后如能自强不息,则危险已过大半。往者美国限制日本,不许南进、北进,独不反对其西进;而今,则日本全力侵华之危机,已不复存在。"

蒋介石再次邀集美、英两国驻华大使及武官会晤,商讨中、英、美、荷、澳五国联合制敌的具体计划,并请美国军事代表团团长马格鲁德准将将下列四点意见转告罗斯福总统:①请华盛顿提出五国联合军事行动的具体计划,并以华盛顿为联军政治与经济的中心;②在苏俄未对日本宣战以前,请华盛顿提出香港、菲律宾、新加坡、缅甸、荷印区域间的联合军事行动的具体计划;③五国初步谈判的地点应为重庆,其永久地点待讨论决定之;④由华盛顿提出五国军事互助协定的方案。

蒋介石分别致电罗斯福、丘吉尔、斯大林,建议美、英、苏三国首脑,在反轴心国各国组织某种联合军事会议。

美国驻华大使高思访晤国民政府外交部部长郭泰祺。

中国国民外交协会主席吴铁城分别致电美国总统罗斯福、英国首相丘吉尔、荷兰女王威廉明娜及美大使高思、英大使卡尔，对美、英、荷对日宣战表示敬意，并深信 ABCD 之共同目的，终必实现。

国民政府财政部直接税处自是日起接管各省营业税。

四川省政府主席张群、西康省政府主席刘文辉联袂由成都飞抵重庆，出席即将在重庆召开的国民参政会川康建设期成会第三次会议。

12月12日 蒋介石接斯大林电，说明苏联现在的主要任务是对德作战，不能分散力量于远东，故不能即刻对日宣战。

国民参政会驻会委员会于上午 8 时举行第二届国民参政会第二次大会休会后的首次会议，到主席团张伯苓、左舜生、张君劢，秘书长王世杰以及各驻会委员，张伯苓主持，会议听取了外交部部长郭泰祺的外交报告，讨论通过了国民政府对日、德、意之宣战及反侵略国家合作互助案，一致主张中、英、美、荷必须患难与共，获取最后之胜利。

国民党中央宣传部部长王世杰以德意日三国再订同盟新约及德意对美宣战一事，是日特发表声明，阐明中国政府对于目前世界大战之态度，称"现在已无所谓区域战争，现在只有一个战争，即世界战争。因此之故，凡被轴心国中一国或数国攻击的国家，一切反侵略国家，均应视之为同盟国，密切的军事同盟之订立，为反侵略国应付目前危机之必要条件"。同时希望反侵略国家订立军事同盟，成立统一指挥机构。并称中国政府与中国领袖对于此点，已在考虑之中。

"台湾革命同盟会"在重庆发表宣言，号召同胞一致抗日。

"国民参政会川康建设期成会"于上午 10 时在重庆举行第三次全体会员会议。

12月13日 国民政府行政院水利委员会于上午 9 时在行政院会议室举行第一次全体委员会议。

"中国地政学会第六届年会"于上午 9 时在中央图书馆举行。

12月14日　国民政府内政部部长周钟岳,次长张维翰、雷殷于晨7时率领出席第三次全国内政会议的各省民政厅厅长、地政局局长、省会警察局局长及各市市长等60余人,晋谒国民政府主席林森,林森致训词,对各省市内务、行政设施,指示颇多。随后又晋谒国民政府行政院副院长孔祥熙。

英国驻华大使卡尔致函蒋介石,转呈英国外相艾登来电,电文除对中国人民长时期的独立抗战表示钦佩,对中国军队在人力、物力上给英国的援助表示感谢外,并表示英国政府愿对蒋介石有关"缔结同盟"的建议,"予以慎重与同情之考虑"。

"中央政治学校"公务人员训练部高等科、普通科毕业典礼及大学部、专修部人事人员训练班开学典礼联合举行,蒋介石亲临主持并训话,阐述政治与行政之关系以及用人、用权之道,希望学员应立志作政治家,作中国历史上的人物。

"陪都国际文化团体扩大反侵略大会"于下午2时假新运模范区广场举行。

12月15日　中国国民党第五届中央执行委员会第九次全体会议于上午9时在重庆举行开幕典礼,到中央执行委员150余人,各省市党部主任委员、书记长,省政府主席、青年团中央团部干事处长等列席会议。蒋介石主持,国民党中央党部秘书长吴铁城宣读国民政府对日宣战布告、国民政府对德、意宣战布告以及蒋介石的《告全国军民书》,随后由蒋介石致开幕词,指出太平洋战争爆发,"此诚我中国转危为安,转败为胜的重要时机",并说明此次会议的任务有二:一为增强抗战力量,一为确立建国基础。

蒋介石接见美国驻华军事代表团团长马格鲁德和英国驻华大使卡尔、英国驻华军事代表团团长戴尼斯等,商谈关于订定军事合作之全盘计划与保卫缅甸等问题。戴尼斯以缅甸军事紧急,特向蒋介石请求:"①下令全师兵力开入缅甸;②命令驻云南军队抽一师待命,于必要时立即开入缅甸;③令希诺德所属志愿军留缅作战;④准许英国动用一部分美国租借法案下留在仰光的军用器材。蒋介石告称:"昆明附近今调有一军,随时可以调用。"并称目前发生此类现象,令人十分不满意,其原因都是因为"头痛医头,脚痛医脚,缺乏军事合作之通盘计划"。并称中国军队入缅作战,要与英军责权分开,还主张以中、英、美、荷印等国的人力物力,来确保新加坡不被沦陷。对于制定军事合作计划问题,马格鲁德、戴尼斯均表示同意蒋介石之建议。

英国驻华军事代表团团长戴尼斯转呈英国参谋本部给蒋介石的回电,内称:"麾下慨然以贵国全部物资协助本国政府及美国政府推进战争,本国统帅部至深感谢。彼等深信:得此与国共同作战,对抗我等之暴力必败无疑。已嘱印度军总同令威佛尔将军与麾下取得联络,互派高级军官,尽速讨论两国军队如何可以合作,以完成共同的任务。"

国民政府外交部次长傅秉常接见法国驻华大使馆参事博德,听其报告法国政府对于中国军队通过越南之可能性问题之答复:"一、法政府决定对此次远东战争严守中立。二、法日所订之协定,纯系防御性质,最近为适合当地情形起见,在河内新订协定,其内容与性质亦均未变更。三、目前问题不在法律立场之如何确定,而在事态实际之考虑,越南不愿参加任何攻势行动,是以交战各国应避免采取任何足以使战争扩大至越南领土以内之行动。四、中国政府之要求,适与法政府在停战协定下所规定之义务相冲突,法国目下处境虽极困难,但仍愿维持其中立地位,盼能予以谅解,并勿对其努力加以阻碍。"

重庆市临时参议会第一届第五次大会,于下午3时在中正路该会议场举行开幕典礼,到正副议长、参议员、秘书长及党政长官、来宾等60余人,议长康心如主持致开幕词,详述太平洋战争爆发后重庆地位的重要,以及该会应继续以往之精神,策励市民,再接再厉,支持抗战,对政府动员作有效的协助。齐叙(代表孔祥熙)、胡伯翰(代表刘峙)、陈访先、吴国桢等分别致词。

"中国地政学会第六届年会"闭幕。本次会议共举行3日,分别就"粮食问题与土地政策"、"战时及战后垦殖问题"、"如何实施地价税"进行了讨论;会议讨论修改了会章,改选了理监事,萧铮当选为理事长,黄通等18人当选为理事,并推陈立夫为名誉理事长。

"中华助产协会"在重庆成立。

12月16日 国民政府成立"给勋委员会",由所属五院副院长、内政、外交、铨叙三部部长,侨务委员会主任委员以及党政工作考核委员会政务组组长等15人任委员。并规定国民政府以后颁发之勋章为采玉章、中山章、卿云章、景星章4种。

蒋介石致电各盟国,提议统一指挥,实现军事联盟。

英国驻华大使卡尔致函蒋介石,报告英国政府对蒋介石建议在重庆召开军事会议一事,愿与美、荷两国政府商讨。

美国驻华军事代表团团长马格鲁德是日将美国罗斯福总统致蒋介石电转陈蒋介石,罗斯福在电文中称:"立即发动步骤,准备一致行动以御共同敌人,应视为异常重要之举。为达成此项目的起见,本人敬建议,由麾下最迟于十二月十七日,在重庆召集联合军事会议,交换情报,并讨论在东亚战区最有效之陆、海军行动,以击败日本及其盟国。本人建议,参加该会者应为英、中、荷、苏及美国之代表,同时本人可立即派定勃兰德将军为美国代表,由马格鲁德将军副之。"罗斯福还告诉蒋介石,与重庆会议之同时,他已请英国在新加坡召集中、荷、美、英四国参加的陆海军会议,已请斯大林在莫斯科召集由美、中、英、苏四国参加的军事会议。

国民党中央宣传部部长王世杰举行外国记者招待会并发表谈话称:民主国家须各竭全力,中国对此极愿有所贡献。

12月17日 国民政府公布并实施《非常时期工矿业奖励条例》22条。

蒋介石接见苏联驻华大使潘友新,请其转达苏联政府早日派定代表参加在重庆召集的五国军事会议。

下午6时,蒋介石在德安里官邸接见荷兰驻华代表保斯,请其转达荷兰政府,速派代表参加五国军事代表团。

晚,蒋介石召集英、美、苏三国军事代表戴尼斯、马格鲁德、崔可夫举行非正式会议,就中、英、美、苏、荷五国军事代表会议交换意见。会上,蒋介石报告了此次会议之缘起,并将其拟定的对五国军事会议的建议若干条分别交马格鲁德、戴尼斯、崔可夫,请其立即将此建议电达各该国政府。马格鲁德建议:五国军事会议之主持者,应由美国改为中国。会上,蒋介石宣布,中国已决定派"参谋总长何应钦为中国出席此项会议之总代表,由徐部长永昌、商主任震副之"。

蒋介石致电苏联斯大林委员长,征询其对各友邦共同作战之具体方案之意见。电称:"史达林先生阁下:十二日尊电敬悉。电中所言贵国此时不宜即刻对日宣战一节,余自充分了解。且对阁下深远之见解与苏联对日之决心,至深钦佩。惟侵略轴心德国与日本所用之战略,无论东西,如出一辙,即以闪电战先发制人,毁灭对方之海、空军与军事要点,使其不能还击,此观于此次太平洋上日寇对英、美之战而益显。现在英、美已陷于被动地位,欲打击敌人,已感相当之困难。余意此时惟有苏联能及早先发制人,则太平洋局势尚可挽救,而苏联在远东之现状乃可获得安全,否则如任令日本对苏联先施行突击,取得主动,而吾人居于被动,则远东反侵略阵线必陷于危境,乃至于不能收拾矣。吾人今日已面对共同之敌人,苏联之成败,即为中国之成败,亦即整个反侵略战线之成败。……苟吾人能争取时间,握得主动,使日本无法还手回击,则太平洋各国尚不致为其各个击破。"

王世杰、张群在国民参政会秘书处举行午宴,周恩来、董必武、张澜、黄炎培、张君劢、王造时、左舜生等出席,并商谈参政会决议案的四条实施办法。

青海省政府主席马步芳,甘肃绥靖主任朱绍良由兰州联袂飞抵重庆,出席国民党第五届第九次中央全会。

中英滇缅路划界立桩工作即将开始,国民政府所派划界专员尹明德、顾问李国清,是日离重庆赴云南。

12月18日 中共代表周恩来、董必武与黄炎培、沈钧儒、张申府、章伯钧等在张君劢寓所商谈时局问题。

中国航空公司开辟的重庆经腊戍至加尔各答之航线开通。

12月19日 蒋介石出席国民党五届九中全会并讲话,提出调整政治机构之要点:①政治机构不宜多事纷更,而要求其充实;②应延揽全国人才,俾共同参与政治;③人事、会计、考核与设计各种机构,须力加充实,发挥功效;④充实机构必先健全人事,要做到人尽其才,事尽其功;⑤要认识中央与地方之关系,破除地方观念;⑥法令规章应力求简单明确,合乎时与地的需要;⑦高级官长要养成法治的精神,树立建国的规范。

蒋介石接见美国驻华军事代表团团长马格鲁德将军,商讨关于成立联合军事会议诸问题。马格鲁德建议:此次会议"应集中全力以创设此永久性之机构,规定其职责范围及办事程序"。并认为"苏联必将参加我等阵线,绝无不参加之理由"。

英国驻华军事代表团团长戴尼斯致函蒋介石,转陈英国参谋本部致蒋介石之电,电文称:"麾下来电主张加紧合作,令特派印度军总司令卫佛尔将军亲于下星期飞抵重庆面谒承教。麾下建议派部队协助保卫缅甸,至感盛意。本国统帅部希望麾下于卫佛尔将军抵渝之前,对于希诺脱上校部下美国志愿空军之驻防地点,暂勿作决定。"

国民参政会驻会委员会于上午8时举行临时会议,军政部部长何应钦出席并作中、英、美、苏军事合作的报告,其要点为:①苏德军队作战态势;②太平洋方面,英美与日军战斗情况;③泰缅方面,英缅军队与日军作战情形;④上海方面,日军进袭英美军舰经过;⑤中英美苏军事合作情形。并对参政员的询问进行解答。

国民政府财政部是日公告:鉴于该部上海总税务司公署被敌侵占,总税务司梅乐和已不能行使职权,特在重庆设立总税务司公署,并派周骊为总税务司。

国民政府军事委员会军政部兵役署举行"兵役座谈会",到有关各机关代表100余人,由该署署长程泽润主持,谓明年征补兵员实施办法已经确定,共分为四期。

12月20日 国民党五届九中全会通过《确定本党今后党务推进方针》《确定当前战时经济基本方针》《战时人民团体指导方针》等要案。

国民政府明令公布《优待出征抗敌军人家属条例》57条,规定出征抗敌军人因作战阵亡或受重伤致残时,除依法令呈请抚恤及褒扬外,其家属可享受以下之优待:①有子女者,至其子女成年为止;②无子女者,至其配偶死亡为止;③无配偶及子女者,至其直系血亲尊亲属死亡为止。

国民政府军事委员会军令部部长徐永昌拟就"中、美、英、苏、荷五国协同作战总方略"。

12月21日 中共代表周恩来与黄炎培、左舜生、张君劢、章伯钧、张澜等在特园商谈关于国民政府设立"国事协议机关"的意见。

国民政府教育部自是日起在中央图书馆举行"边疆文物展览"展品大小多达 7000 余件，共分 4 室展出。

著名女科学家、小麦育种专家沈骊英女士追悼大会在新运服务所举行。

12 月 22 日 国民党五届九中全会通过"授予总裁大权，以期迅速完成抗战胜利、建国成功案"。

国民党五届九中全会举行扩大总理纪念周，蒋介石作题为《政治的道理》的讲演，称《大学》《中庸》等均为中国政治哲学宝典，而《中庸》中的《哀公问政》一章，尤为政治之原理。

英国驻印军总司令魏菲尔将军、美国陆军航空总司令勃兰德将军及其随员由仰光同机飞抵重庆。当晚，魏菲尔由卡尔大使及戴尼斯将军陪同，勃兰德由马格鲁德将军、麦克莫伦上校、霍德上校陪同，一同晋谒蒋介石，作有关重庆军事会议的最后商洽。中国方面在场的还有军事委员会参谋总长兼军政部部长何应钦、军委会办公厅主任商震等。三方共同商定：先由魏菲尔、戴尼斯、勃兰德、马格鲁德与何应钦等人于 23 日上午 11 时举行预备会议，初步交换意见；下午 4 时举行正式会议，蒋介石亲自参加，主要讨论由蒋介石提出的组织军事政治密切联系之永久中心机构、中英军事合作、中美陆空军合作以及在南太平洋中美英荷军事合作等问题。

重庆市合作主管机关统计：全市共有合作社 176 个，社员 72431 人。其中生产合作社 46 个，社员 602 人；消费合作社 130 个，社员 71829 人。

12 月 23 日 中国国民党第五届中央执行委员会第九次会议，上午举行第 11 次大会，蒋介石主持。

蒋介石设宴招待出席国民党五届九中全会的中央委员，并发表讲演，阐述干部同志革命建国的要道，希望大家发扬中国固有的政治哲学，恢复中国固有的政治道德，同时要注重青年同志的领导与培植，来发挥本党的力量，完成建国的使命。

上午 11 时，英国军事专使卫佛尔、美国军事专使勃兰德将军及英国军事代表团团长戴尼斯、美国军事代表团团长马格鲁德在国民政府军事委员会与国民政府军事委员会参谋总长何应钦等人举行非正式之军事会议。三方讨论了："①空军在缅甸最妥善之分配与行动；②拨用一部分中国在缅甸之租借法案器材为保卫缅甸之用；③中国军队协助保卫缅甸"等问题。

下午4时，"中美英三国联合军事会议"在重庆曾家岩蒋介石官邸正式召开（此次会议原拟为中美英苏荷五国军事会议，因苏联未派代表参加，荷兰无军事代表驻华，澳大利亚代表虽应邀参加，但作用不大，故一般称之为中美英三国联合军事会议）。会议经过长时间的讨论、磋商乃至辩争，最后达成以下协议：

1. 同意成立一永久性的分区军事委员会（总机构设于华盛顿），地址设重庆。

2. 通过由勃兰德将军拟具的向罗斯福总统报告会议结果的电稿——《远东联合军事行动初步计划》。计划的主要内容包括："甲、使仰光及缅甸全境免受敌方攻击，为当前要着。盖中国继续抗战与从中国境内扩展联合军事行动，缅甸与仰光之关系皆甚重大。目前应尽现有实力，对日本根据地及建筑物发动空军攻势。乙、继续以器材供给中国，以支持中国之抗战，俾中国军队得作对日最后反攻之准备及训练。丙、中国军队应继续以攻击，或攻击之威胁，以及对日军交通线弱点发动军事行动，牵制日军于其战线。丁、俟实力充实之后，即发动中、英、美可以抽调之军力，对日改取攻势。戊、在重庆之联席分区军事委员会应随时开会，并将资料及建议案送交联军军事委员会，俾该会得拟定东亚战略。己、希望在美国组织之总机构能早日实现。"

国民政府军事委员会任命陶广为第32集团军副总司令。

国民政府行政院秘书长蒋廷黻招待中外记者并发表谈话称：中国朝野集中于一个问题，即如何加强对侵略者之打击。九中全会讨论之中心决议案，皆与此有关。

12月24日 魏菲尔将军、勃兰德将军在重庆的任务完成，于上午9时同机离渝飞仰光，各返原防。临行前，蒋介石赠言魏菲尔将军："中英两国不可有一国失败，如中国失败，则英领印度必危而不保。"又对勃兰德将军说："远东对日作战，端赖中国之陆军与英美海空军协同一致为主体，务望美国有一中美联合作战计划,尤望美国在远东与中国所用空军之数量以及可到之时间,必有一整个具体之方案。"

蒋介石致电美国总统罗斯福,告以已在重庆成立中、美、英军事代表会议并提议应在华盛顿组织最高联合军事总机构并从速制定作战总计划。

国民党中央文化工作委员会、中苏文化协会、国际反侵略运动中国分会等六团体在中苏文化协会开会,梁寒操主持,讨论扩大反侵略运动之办法,决议定明年一月为反侵略运动月。

"中国天主教文化协进会"在重庆成立。

重庆市临时参议会第一届第五次大会于下午1时举行第八次会议,到各参议员及市长吴国桢率领的市府各局长、市党部代表等,议长康心如主持。

12月25日 云南起义纪念日,陪都各界分别举行集会,以资纪念。

国民政府财政部直接税处在重庆举行"第四届业务会议",到该处各科科长、秘书长、股长,各省直接税局局长及各省分局代表80余人。

"中国社会服务事业协进会"在重庆成立,许世英为会长,黄仁霖为副会长,陈铁生等49人为理事,黄炎培等35人为监事,宋美龄、孔祥熙、陈果夫等9人为名誉会长。

重庆市国民兵团于上午10时在珊瑚坝举行总检阅,受检者为参加第三期受训期终学员22000余人。

12月26日 党政工作考核委员会根据蒋介石关于党政机关推行分级考核制的训示,是日举行会议,商讨并拟订《考核实施细则》。

国民政府财政部次长俞鸿钧出席国民参政会驻会委员会会议,报告最近财政金融施政情形:①改正财政收支系统;②征收实物情形;③筹备专卖概况;④太平洋战事爆发后财政金融之措施。并回答参政员之询问。

"海关总税务司"由上海移重庆办公,周骊为总税务司。

国民政府教育部于上午9时在川东师范教育部大礼堂召开"边疆教育委员会第二届第二次大会",到该会委员20余人及西康、甘肃、察哈尔等省之代表。

重庆市临时参议会第一届第五次大会,在中正路该会议场举行闭幕典礼,到正副议长、参议员、秘书长及党政长官、来宾等,议长康心如主持致休会词,说明此次会议的成就与意义。

12月27日 国民政府明令:①外交部部长郭泰祺另有任用,郭泰祺应免本职,特任宋子文为外交部长;宋子文未到任前,特派行政院院长蒋中正兼理外交部部长职务;②农林部部长陈济棠呈请辞职,陈济棠准免本职,特派沈鸿烈为农林部部长;③铨叙部部长李培基另有任用,李培基免本职,特任贾景德为铨叙部部长;④行政院秘书长魏道明另有任用,魏道明应免本职,令行政院政务处长蒋廷黻毋庸代理行政院秘书长职务,特任陈仪为行政院秘书长;⑤考试院秘书长许崇灏另有任用,许崇灏应免本职,特任李培基为考试院秘书长。

国民政府教育部召开的"边疆教育委员会第二届第二次大会"闭幕,教育部部长陈立夫致词,勉与会者注意各省教育机构之充实和今后对于边疆教育经费,应全部用在边民身上。会议通过了加强国民教育、社会教育及教材编撰等决议案52件。

"中国国联同志会"举行国际问题讲座,邀请蒋介石的政治顾问、美国人拉铁摩尔作题为《中国、美国与日本》的讲演。拉铁摩尔在讲演中称:美国向以民主领袖自夸,然过去仍不免有一面援华、一面助日之讥。迨太平洋战争爆发,美国与反侵略国并肩作战,此种矛盾始告消除。今后美国必与其他民主国家共安危,协力消灭日本帝国主义。并称中、美两大民主国家,不仅在战时合作,即战后必将继续协同建设。

12月28日 国民政府财政部通令各省地方银行驻重庆办事处:除办理汇兑外,所有存款业务一律不得办理。

"中国药物自给研究会"在重庆举行会议,讨论太平洋战争爆发后药品供应问题。

"中华国术学会"在重庆成立,吴孟侠等人为理事。

"南洋归国旅渝侨胞互助会筹备处"开会,会商救济南洋战地侨胞问题,决议恳请中央迅速抢汇华侨资金、救济侨胞眷属、救济被迫归侨、救济侨生等。

12月29日 蒋介石于上午10时莅临国民政府外交部就任兼代外交部部长职，并对外交部全体职员训话，强调革命精神，厉行新生活运动。

新任国民政府行政院秘书长陈仪到院视事。

国民政府财政部改聘邹琳为财政部贸易委员会主任委员。

12月30日 国民政府行政院第544次会议决议：经济部增设"物资局"，以何浩若为局长，同时通过《经济部物资局组织规程》16条，规定该局统辖农本局、平价购销处、燃料管理处等。

蒋介石与美国驻华大使高思商谈借款事，请求美、英各贷五亿美元。以"支持中国抗日的意志"。

国民政府外交部次长傅秉常于下午3时招待外国记者并发表谈话称：同盟国军事会议已在重庆成立，至该会议所属之机构，现正着手成立中。同时宣布由国民政府外交部起草的《处理敌国人民财产条例》及《敌产处理条例》已经立法院通过，不日即将公布。

由国民精神总动员会等四单位联合在重庆都邮街广场建筑的"精神堡垒"，是日竣工。该堡垒高7.7丈，象征"七七"抗战，共分五层，其中基底三层系同一形式，象征"三民主义"；第四层为六角形，分别题制"国家至上，民族至上，军事第一，胜利第一，意志集中，力量集中"等标语；第五层系四方形，分别题制"礼、义、廉、耻"四字；顶端悬国旗及各种标语。

12月31日 美国总统罗斯福致电蒋介石，建议成立"中国战区最高统帅部"，并请蒋介石担任中国战区盟军最高统帅。

国防最高委员会会议通过修正公布《取缔党政军各机关公务人员宴会办法》10条，自明年元旦起实行。

国民政府以"日寇南侵，弥天烽火，念我侨民，同遭祸变"，着由行政院分饬主管部会及有关各省政府，迅速妥筹救济遭蒙战祸之侨民。

"全国慰劳总会"组织前线将士慰问团，是日在重庆举行出发典礼。该团以居正为总团长，下设5个分团，分别以王用宾、程天放、刘文岛、居正、洪兰友担任团长。除携带慰问金3000万元外，并携带有荣誉纪念章、慰问书等。

是月 由西南实业协会创办的"西南物产公司"在重庆成立，张肖梅为董事长。

是年 "战时公债劝募委员会"公布本年度各省市公债劝募情况：重庆1.2亿元,广东0.32亿元,云南0.45亿元,贵州0.1亿元,湖南0.3亿元,江西0.3亿元,浙江0.3亿元,安徽0.01亿元,西康0.1亿元,河南0.03亿元,陕西0.15亿元,甘肃0.027亿元,青海0.01亿元,宁夏0.015亿元,绥远20万元,上海0.61亿元。

有关方面统计,1941年度中央岁入岁出总预算及追加数各为10732583783.64元。

有关方面统计,本年度国民政府国库收入总额为10885541375.83元,支出为10387717569.81元。

有关方面统计,1941年度国库收入总额为10885541375.83元,支出为10387717569.81元。

有关方面统计,1941年度各银行收兑生金数量为8415220047市两,生银187173267公两,辅币150883枚,银币472953元。

有关方面统计,1941年度国营金矿产量为6400两,民营金矿产量为76309两。

有关方面统计,四联总处自1937年9月至1941年12月核定的工矿事业贷款总额达367506000元。

有关方面统计,1941年度田赋共征集实物23112306市石又拆征法币36317635元。

海关统计:1941年度1~10月,我国输入农产品价值为1211069510元,矿产品价值为194467376元,工业品价值为758219111元;我国输出的农产品价值为1371156735元,矿产品价值为429724926元,工业品价值为776561309元。

1942 年

1 月

1月1日 国民党中央执行委员会、国民政府在国民政府花园举行"开国纪念"庆典并遥拜国父陵墓,林森致词。

元旦日。国民政府主席林森向海内外同胞发表广播演说,希望国民"都能奉行'国民公约',消极地不与敌伪合作,积极方面要随时随地破坏敌人的阴谋,打击敌人的毒计"。并对海外侨胞抗战以来输财输力及其对抗战的贡献表示感佩。

蒋介石以国民政府军事委员会委员长的名义在重庆对全国国民及海外侨胞广播讲演,谓抗战已进入新阶段,勉国人加强全国总动员,发扬战斗精神,贯彻胜利。

蒋介石为缅英当局强行提取我国到仰光各轮所载美国租借法案器材及物资事,向英国提出抗议,并电外交部长宋子文向在华盛顿之英、美负责者严重交涉。

国民政府粮食部部长徐堪向中央社记者发表本年度粮政方针。

国民政府财政部布告:盐专卖自即日起实施。

国民政府监察院副院长刘尚清到院视事。

国民政府财政部贸易委员会主任委员陈光甫辞职,遗职由邹琳继任。

国民政府行政院水利委员会"中央水工试验所"奉命于是日改名为"中

央水利实验所"。

"陪都建设计划委员会"在中央图书馆举行第一届陪都建设展览会,共展览各种图表、模型等1000余件。

"迁川工厂联合会"会员工厂在牛角沱举行产品展览会,参加展览的共有101家迁川工厂的49类产品,主要为生活日用品、各种机器和钢铁产品。展期15天。

全国慰劳总会前线将士慰劳团,在总团长居正的率领下,是日举行出发典礼,并上书蒋介石致敬。

1月2日 蒋介石致电美国总统罗斯福,表示接受其去年12月31日来电所嘱担任中国战区最高统帅之职,并希望美、英即派代表来渝,组织联合作战计划参谋部。

国民政府行政院"工作竞赛推行委员会"正式成立,谷正纲、李中襄分任正、副主任委员。

国民政府行政院副院长孔祥熙在中央、国际两广播电台播讲,勉励国人发扬更大的战斗精神,同时加强节约,扩大生产。

国民政府军事发言人发表谈话称:"中国军队为协助同盟军作战,已于日前奉令开入缅甸布防,同盟军方面,此后如更需兵力,中国仍可随时供给。"

1月3日 美国白宫是日下午发布公告:反轴心国之第一最高区域统帅部及西南太平洋区之统帅部业已组成,魏菲尔上将任西南太平洋陆海空军总司令,勃勒特少将副之;中国战区(包括越南、泰国及将来可为同盟国所控制之区域)陆空军最高统帅,则推由蒋介石担任。

国民政府明令:派何浩若为经济部物资局局长。

国民政府军事委员会参谋总长何应钦应中央广播电台之请,于晚7时在该台作题为《日本必败》的讲演。

"中国木刻研究会"在重庆中苏文化协会举行成立大会,选王琦、丁正献、刘铁华、罗颂清、邹恒秋等5人为常务理事,并分管总务、出版、展览、研究、供应五个方面的工作。

1月4日 蒋介石致电宋子文,洽请罗斯福总统遴选其亲信的高级将领担任中国战区联军参谋长。

1月5日 国民政府军事委员会委员长蒋介石在重庆就任同盟国中国战区最高统帅职。

国民政府训令各机关注意改进年度工作计划执行之缺失。

国民政府明令:自1941年12月8日起上海公共租界内任何非法组织之法院,其所有裁判及其他任何行动,应一律认为无效。

国民政府军事委员会任命蒋鼎文为第一战区司令长官,卫立煌为军事委员会委员长西安办公厅主任。

国民党中枢于国民政府礼堂举行总理扩大纪念周,到国民党中央委员及国民政府各院部会长官500余人,林森主持,蒋介石出席并训话,首以行政院院长的身份,报告行政院及所属蒙藏委员会、粮食部、交通部、教育部、经济部、财政部、内政部、外交部等部会1941年的重要成绩。并指出今年要实行全国总动员、增强行政三联制及党政考核工作,继续注意禁烟与缉私;常务方面要健全各地基层组织。

新任国民政府委员钮永建、监察院副院长刘尚清、考试院副院长朱家骅、农林部部长沈鸿烈、铨叙部部长贾景德、行政院秘书长陈仪、监察院秘书长程中行、考试院秘书长李培基、行政院政务处处长蒋廷黻、两湖监察使苗培成、监察委员沈尹默等,于中枢纪念周上宣誓就职。

新任铨叙部部长贾景德到部视事。

驻重庆各同盟国大使馆武官及中外记者15人组织"湘北视察团",由国民党中央宣传部国际宣传处专员魏景蒙、国民政府军事委员会军令部科长钮先铭率领,是日离重庆飞桂林转湘北前线视察。

1月6日 国民党中央宣传部部长王世杰举行中外记者招待会并发表谈话,纵谈国际局势。称26个反侵略国家,在华盛顿签订的联合宣言,造成了一种空前的国际大结合。这种结合,真可称"神圣结合"。这个宣言,不单确定了同盟国共同作战的责任,并且确定了同盟国共同的和平计划。

国民政府火柴专卖负责人刘鸿生对记者发表谈话称:火柴专卖将先在川、康、滇、黔四省实行,随后推及全国。

重庆国际电台与印度新德里直接通报。

由国民党中央宣传部与英、美、荷等国驻华大使馆代表组成的"反侵略国家联合宣传委员会"在重庆成立。

国民政府教育部部长陈立夫作题为《母教之重要》的广播讲演,称母教是国民教育的基础,下一代民族命运以今日的母教来决定。并勖勉全国妇女同胞,担当起母教的重大责任。

1月7日 国民政府明令:免兼驻哥伦比亚和委内瑞拉特命全权公使谭绍华兼职,任命驻古巴特命全权公使李迪俊兼任。

国民党中央党部秘书长吴铁城在中央广播电台作题为《本党今年的党务方针》的讲演,主要有:①充实本党干部;②吸收社会贤才;③救济民众疾苦;④加强国家动员;⑤计划今年吸收新党员至少50万,三民主义青年团团员25万。

英国驻华大使卡尔致函蒋介石,转呈英国印度军总司令来电要求补充防卫仰光之美国空军志愿队。

美国驻华军事代表团团长马格鲁德致函蒋介石,对蒋介石荣膺中国战区盟军最高统帅表示祝贺,并表示愿率所属奉行命令以达成军事胜利之共同目的。

蒋介石致电美国总统罗斯福,讨论对殖民地态度与战争之关系,并请罗斯福劝勉英、荷改变旧日对殖民地之态度。蒋介石在电文中称:此次太平洋战争,与欧洲第一次世界大战不同,它不只是单纯的军事问题,而包括有民族思想与社会状况,这种因素,在太平洋战争中,是最终将起"决定胜负之重要因素",因此,要鼓励这些地区之人民有"同仇敌忾之心,必有其本身与民族历史切肤关系之得失"。

1月8日 国民政府军事委员会发表第三次长沙大战会战经过,并勉励国人胜利勿骄。

国民政府经济部部长翁文灏出席国民参政会驻会委员会第三次会议并报告该部最近施政情形,主要有:①关于经济重要设施;②物资局之组织;③滇缅路内运商货办法;④工业设施概况;⑤矿产品出口情况。

荷兰新任驻华公使白鲁格,于上午10时偕同秘书包斯晋谒国民政府主席林森并呈递国书。

1月9日　国民政府明令:免河南省政府委员兼主席卫立煌本兼各职,任命李培基为河南省政府委员兼主席;免山东省政府委员兼主席沈鸿烈本兼各职,任命牟中珩为山东省政府委员兼主席。

蒋介石手令军事委员会军令部部长徐永昌,要求其遵照南岳会议之指示调配各战区兵力。

国民党中央宣传部部长王世杰,于下午4时以理事长的身份,应留英同学会之请在广播大厦作题为《如何重建世界和平》的讲演,到该会会员及来宾300余人。

中共代表周恩来、董必武在黄炎培寓所与张澜、张君劢、左舜生、章伯钧、沈钧儒、张申府、鲜英等交谈太平洋战争爆发后的抗战局势及应对办法。

国民政府交通部派王承黻为"中国航空公司"总经理。

国民政府外交部次长傅秉常于上午10时半在外交部接见法国驻华大使馆参事博德,商谈关于中国军队入越驱逐日军事宜。

1月10日　国民政府特任陈大齐兼任考试院秘书长(原任李培基调任河南省政府主席)。

蒋介石以兼国民政府外交部部长的身份,于下午4时在国民政府外交部首次接见各国驻华使节。

蒋介石致电在美国的外交部部长宋子文,告知美国军事代表团团长马格鲁德改组美空军志愿队为美国正式空军问题,并说明自己不甚同意的理由。

"重庆市图书杂志审查处"召集宪兵司令部、市警察局、三民主义青年团重庆支团部及重庆市党部等机关代表开会,商讨检查书店印刷所事宜,决定城区检查自1月19日开始,郊区检查自2月3日开始。

1月11日　航空委员会主任委员周至柔呈文蒋介石,报告中美第二次借贷案美方支配贷给我国之飞机种类及数目:"第二次借贷案美方支配贷给我国计:P40EQ驱逐机600架,BYC轰炸机150架,A20C攻击轰炸机50架,初级训练机150架,双发动机训练机28架,小运输机9架,双发动机运输机25

架,交货日期尚难预定。"

1月12日 国民政府财政部贸易委员会所属复兴、富华两公司合并改组,仍称"复兴公司",以席德懋为总经理,余绍光为协理。并规定凡桐油、猪鬃、羊毛等外销物资,均由该公司统购统销,各省营、民营公司不得经营。

国民政府经济部全国度量衡局会议决议:①大小数采用三位制;②大数采用个、十、百、千、十千(万)、百千、兆、十兆、百兆(亿、万万)、千兆、十千兆、百千兆、兆兆;③小数暂不命名,小数点以下仅读数字。

蒋介石致函美国总统罗斯福,推崇拉铁摩尔并对其工作表示满意,并告以中国当竭力对抗野蛮之侵略,使世界秩序得以建立在正义与仁爱之基础上。

1月13日 国民政府财政部贸易委员会主任委员邹琳(原任陈光甫辞职)就职。

中央赈济委员会代委员长许世英偕该会参事胡迈、秘书林啸谷,于午后离重庆飞桂林,与桂、粤、闽当局会商救济海外侨胞事宜,并顺道视察该会各附属机关工作情形。

由驻重庆各同盟国大使馆武官及中外记者组织的"湘北视察团"视察完毕,是日返抵重庆。

1月14日 冯玉祥、周恩来等视察渝鑫钢铁厂并题词鼓励,其中周恩来的题词是:"没有重工业,便没有民族工业的基础,更谈不上国防工业。渝鑫钢铁厂的生产已为民族工业打下了初步的基础。"

国民政府军事委员会政治部及所属文化工作委员会举行座谈会,讨论"1942年战局展望"。

1月15日 陪都文化界举行国民月会,到国民党中央宣传部副部长潘公展、中央文化运动委员会主任委员张道藩、国民政府社会部副部长洪兰友、国民政府军事委员会政治部厅长黄少谷、军事委员会政治部文化工作委员会主任委员郭沫若、国民党重庆市党部主任委员陈访先等及各界代表1000余人,大会强调文化界应加强精神总动员。

全国慰劳总会前线慰劳团所属第一、二、三团在团长王用宾(一、二团团长)、刘文岛率领下,是日从重庆出发,赴前线慰劳抗战将士。

1月16日 "宪兵司令部"在重庆举行成立10周年纪念大会,何应钦、白崇禧等1000余人出席,蒋介石颁发训词,称宪兵的任务,在各兵种中居纠导地位,要绥靖地方,协助推行禁烟和粮食等等要政。

"川康区食糖专卖局"在重庆成立。

由吴忠信率领的甘宁党政考察团,于上年10月赴西北考察,事毕后于是日返抵重庆。

1月17日 国民政府令准公布《中国利比里亚国友好条约》6条及《中多(多米尼加)友好条约》8条。

蒋介石手令军令部部长徐永昌:"对于我军进入泰、越作战,其所需之特种部队如宣传队、敌后工作队以及热带作战之训练等,应如何组织与训练,希研究设计并拟具具体办法呈报为要。"

"中国天主教文化协进会"茶会招待陪都各界,理事长于斌致词称:中国天主教徒有400万,若能团结起来,反抗侵略战争,贡献必巨。

1月18日 蒋介石手令军事委员会参谋总长何应钦、军令部部长徐永昌,拟具中、缅交界处防御工事方案。

国民政府教育部通令:①将有关注音汉字、各法令中之"汉字"一词,一律改称为"国字",以便与国文、国语并称;②从速修订全国方言注音符号总表;③今后颁布法令规章和文告,一律用注音国字印刷或书写;④各级师范及国民教育师资训练班,均设国语教程。

"中华教育基金非常时期委员会"在重庆成立,推翁文灏为主席,周诒春为名誉秘书,孙科、蒋梦麟为执行委员,杨亚德为副会计兼执行委员。

"中华儿童教育社第九届年会"在重庆举行,讨论国民教育的教材、师资、机构以及儿童教育设施等问题,并推马容谈等12人为理事。

1月19日 下午5时,蒋介石在曾家岩官邸接见美国驻华军事代表团团长马格鲁德,商讨有关中国空军美国志愿队改编为美国正式空军等问题。

1月20日 国民政府外交部次长傅秉常于下午招待外籍记者,就远东战局及中荷两国加强合作等问题发表谈话,称:"中国对于此次战争之光荣的贡献甚多,海外华侨之活动,其一例也。"并希望"美洲各国之合作,有所增进,使美洲各国组成共同战线,以更大之努力,反抗轴心"。

"中国国民外交协会"在重庆举行茶会,欢迎从香港脱险的皇家海军司令楚泰格、皇家空军大队长澳格福特、皇家重炮队队长麦克比兰等英国军官。

"中国妇女慰劳自卫抗战将士总会"举行盛大茶会,欢迎上海"八一三"抗战英雄谢晋元团长的夫人来到重庆。到各界人士100余人,宋美龄也出席会议并致词,希望谢夫人"能教养五位子女,以继谢团长之志"。

1月21日　蒋介石在曾家岩德安里官邸接见法国戴高乐将军之代表爱司加拉,商谈关于中国派员与法国驻越情报单位联络及法国拟派军事代表驻渝等问题。

下午4时,蒋介石在曾家岩官邸接见澳大利亚驻华公使艾格斯顿,听其报告其所拟的致蒋介石备忘录之内容及澳大利亚政府对太平洋战争之态度。艾格斯顿称:澳政府不同意英、美两国所持的"太平洋战事不如他处战事之重要"的说法并认为"先解决德国再解决日本之说法,实属极大错误,且甚危险"。蒋介石表示其意见与艾格斯顿相同。

1月22日　蒋介石致电宋子文,对美国推荐史迪威将军任中国战区联军参谋长表示欢迎。

1月23日　国民政府行政院令四联总处调整战区经济机构办法三项,主要内容为各战区设立经济作战处,以处理在战区内经济破坏、物资夺取及交通封锁等事宜。

国际反侵略运动中国分会举行扩大组织成立四周年纪念茶会。

1月24日　"中国工程标准协进会"在重庆成立,凌鸿勋、吴承洛分任正、副会长。

1月25日　国民政府财政部发表田赋征实竞赛第一次竞赛结果,以四川、贵州两省成绩最优,皆已超额;宁夏次之,已征99%;云南第四,已征84%。

1月26日　国民政府教育部在重庆召开国民教育、中等教育、社会教育、教育视导会议,主要检讨过去工作情况及商定今后实施计划。教育部部长陈立夫主持并致词,称国民教育的目的在扫除文盲,故首应注意量的发展,同时不可忽视师资之培养,以求质的提高。并称今后高等教育由教育部负责办理,高级中学以省办为原则,初级中学以县办为原则。

蒋介石接见美国驻华军事代表团团长马格鲁德,续商有关改编美国志愿空军以及陆军保卫缅甸等问题。马格鲁德首先表示:"志愿军改编为美国正式军队之用意,确为远东两战区之利益着想。至将来运用该项军队,规定任何办法,自必先得钧座之同意。"并称陈纳德上校有反对改编之意。宋美龄说明了陈纳德反对改编的原因,一是彼等系志愿来华,为中国抗战服务,怕改编后失其宗旨;二是现待遇优厚,怕改编后失去丰厚之待遇;三是陈纳德现为上校,但其正式军阶只是陆军少校,怕改编后"威仪不彰,有碍职务之执行"。马格鲁德表示陈纳德今后升上校,毫无问题,或可升少将,也未知也,并称蒋介石亦可以中国战区统帅之名义派其为空军司令。最后商定,召陈纳德来渝,面商改编事宜。

1月27日 国民政府明令:特任史尚宽为考试院秘书长。

国民政府主席林森、军事委员会委员长蒋介石,以1月30日为美国总统罗斯福60诞辰,特分别致电祝贺。

国民党中央宣传部部长王世杰于下午招待外国记者,并就南太平洋战局、中国空军轰炸越南敌根据地以及中国空军美国志愿队的成绩等发表谈话,内称:"同盟国如能扩增我空军志愿队,我必可迅速取得制空权,而中国生命线(滇缅路)之安全,亦即可确保无疑。"

国民政府财政部训令撤销四联总处金银收兑处,以后金银收兑事项完全归中央银行办理,金银收兑价格改按国际市场价格。

缅甸总督特派参议员马杜格由缅甸飞抵重庆,与国民政府有关部门商讨中、缅问题。

1月28日 英国驻华大使卡尔在重庆致函蒋介石,说明英国政府与印缅当局对蒋介石访问印缅之建议,均表示竭诚欢迎。

"全国劝募储蓄运动总会"发表第二届节约建国储蓄竞赛成绩,计共达72540万元,其中以重庆市的13046万元为最多。

全国慰劳总会前线慰劳团所属第四、五团在团长于斌、洪兰友的率领下，是日从重庆出发，赴前线慰劳抗战将士。

1月29日　陪都文化界假中苏文化协会举行"纪念钱亦石逝世四周年大会"。

1月30日　"川康兴业公司"筹备委员会主任委员张群、副主任委员黄季陆由成都飞抵重庆，主持2月1日在重庆举行的该公司成立大会。

1月31日　国民政府财政部明令宣布：沦陷区四行（中国、中央、交通、农民）被日寇劫持之一切业务无效。

中央文化运动委员会于下午3时在该会会议室招待新闻界，报告该会发动全国文化界举行国家总动员宣传周之筹备经过，由该会副主任委员、国民党中央宣传部副部长潘公展主持并说明该会发动全国文化界举行国家总动员宣传周之意义及议程：2月7日为开幕日，8日为文艺日，9日为电影戏剧日，10日为音乐日，11日为美术日，12日为科学日，13日为新闻出版日，14日为国际文化日，15日为宗教日。

2月

2月1日　国民政府经济部物资局正式成立，何浩若为局长。经济部所属平价购销处、燃料管理处及农本局三机关亦于是日改隶农本局；下设督导、总务、管制、财务四处，分由何浩若（兼）、陈度瑜、朱愚清、陈度平任处长，其主要任务为控制全国生产物资，调剂消费。

国民政府"行政院经济会议"秘书长贺耀组发表谈话，详述一年来经济会议的工作及未来的展望。

"川康兴业公司"于上午9时在重庆国民政府军事委员会大礼堂举行创立会，到该公司筹备委员会主任委员张群、国民政府行政院代表蒋廷黻、经济部代表庄智焕、财政部代表俞鸿钧，来宾王宠惠、贺国光、陈行等以及官商股代表钱永铭、刘航琛、顾翊群、康心如等130余人。张群报告该公司筹备经过及意义，蒋廷黻代表行政院院长蒋介石致词。会议讨论通过了公司章程，宣读了行政院派定的官股董事名单，选举了董事及监察人。结果，官股董事名单为：董事长张群,常务董事顾翊群、秦汾、卢作孚、黄季陆、邓汉祥；董事邓锡侯、俞鸿钧、庞松舟、陈行、徐广迟、许性初、梅恕曾、陈筑山、李万华；监察人潘文华、刘攻芸、甘绩镛、陈介生、丁次鹤、胡子昂。商股当选董事为钱永铭、刘航琛、潘昌猷、何北衡、戴自牧、吴晋航、杨晓波、孙越崎、沈鹏、税西恒、陈国栋、廖海涛；监察人为康宝恕、宁芷村、范崇实、李汉文、张筱波。该公司以"经营协助川康各项事业,促进川康经济建设委员会计划之实现"为宗旨,拥有资本7000万元,其中官股4000万元,商股3000万元。

"中国农业协进社"在重庆举行第四届年会,到来宾及会员100余人,董时进主持,翁文灏等讲演,称："中国自古以农立国……今后更应亟谋农业方面之改进,达成以农立国"之宗旨。

2月2日 蒋介石、宋美龄夫妇于晚8时设宴为英国驻华大使卡尔饯行(卡尔奉令调任英国驻苏联大使),并邀英使馆馆员、英国军事代表团团员及国民政府各院部会首长作陪。蒋介石致词称："最近四年来,中英两国邦交之进步,在百年来之中英外交史上实为一种空前未有之奇迹,此乃卡尔大使完全以自由平等精神促成之结果。苏联为中英两国共同之友人,吾人相信大使必以过去增进中英两国关系之精神,以增进英苏两国之关系。"卡尔致答词,"相信中国必可获得最后胜利,并且时期甚近。丘吉尔首相曾谓,必痛击及踏平日本,一定可以做到。"

重庆万隆间无线电话直接通话。

重庆市商会召开春季会员大会,到各机关及各同业公会代表130余人,周懋植主持。会议决议：①捐款10000元慰劳湘北三次大捷之将士；②通过向蒋介石及前方将士致敬电；③请求政府授权各公会代表举办商业登记；④请求政府原则上采用信用贷款制度,而辅以连带保证办法,即今后由国家银行直接贷款,贷款商号须先经各该业公会审核贷款数量,负责保证等案。

2月3日 国民政府行政院第549次会议决议：①通过重庆市政府所呈《重庆市居民身份登记办法大纲暨登记规则》；②四川省政府委员兼财政厅厅长甘绩镛、委员兼建设厅厅长陈筑山,呈请辞职,应均免本兼各职,任命石体元为四川省政府委员兼财政厅厅长,胡子昂为四川省政府委员兼建设厅厅长。

国民政府行政院政务处处长蒋廷黻在外国记者招待会上发表谈话,阐述抗战的意义。

中共代表周恩来在曾家岩 50 号为即将离任的英国驻华大使卡尔饯行,周恩来赠卡尔一把新四军缴获的日本军刀,卡尔则回赠一把英军缴获的德国军刀。

"川康兴业公司"第一届董监事举行就职典礼,同时在交通银行召开首次董监事联席会议,聘定公司负责人,商定公司的业务方针。

国民政府教育部召开的"四项教育工作检讨会议"在重庆闭幕,会议共举行 9 天,对于国民教育、中等教育、教育视导及社会教育过去推进情形,均作详细检讨,并确立将来工作方针。会议通过了《筹集国民教育经费案》《统筹中等学校教科书案》《实施师范学校新颁课程案》《推行国语教育案》等提案 50 余件。

英国驻华大使卡尔致函蒋介石,报告英国政府已同意以总数不超过五千万镑之贷款予中国,并尽量以各种军火及军备供给中国。

英国驻华大使卡尔于下午 4 时赴国民政府晋谒国民政府主席林森辞行,林森亲自接待并表示惜别之意。

2 月 4 日 蒋介石偕宋美龄、王宠惠、张道藩、董显光及英国驻华大使卡尔、英国驻华军事代表团团长戴尼斯等 10 余人由重庆飞缅、印访问。

2 月 5 日 国民政府教育部为商讨推行国民体育方法及加强体育行政力量,特召集国民体育委员会全体委员及各省市体育行政人员于上午 9 时在该部举行会议,到各委员、专家及有关机关代表 50 余人。部长陈立夫主持并致词,说明国民体育运动应行注意事项。会议讨论通过有关体育要案 10 余件。

陕豫鄂皖党政考察团考察工作结束,一行 5 人在团长方觉慧的率领下,是日返抵重庆。

2 月 6 日 国民政府明令:四川省政府委员兼财政厅厅长甘绩镛、委员兼建设厅厅长陈筑山呈请辞职,甘绩镛、陈筑山均准免本兼各职,任命石体元为四川省政府委员兼财政厅厅长,胡子昂为四川省政府委员兼建设厅厅长。

国民参政会驻会委员于上午9时在中华路该会秘书处举行第五次会议，由侨务委员会委员长陈树人报告侨胞在港、澳、越、缅及南洋各地抗日情形，侨务委员会最近工作概况及该会救济侨胞情形。并研究侨务工作及救济侨胞事宜，决议通过致侨胞慰问电并拨救济侨胞款项1000万元。

国民政府财政部规定：嗣后银钱行号、军政机关运送法币，或商旅携带法币，往来国内或出口者，一律不加限制并免予请领护照。

"川康兴业公司"在重庆举行第二届董监联席会议，董事长张群主持。

"银钱业周五聚餐会"举行第二次会议，到康心如、龚农瞻、黄墨涵、杨季谦、郭松年、张树猷、陈敦甫、沈重宇、刘汉义、卢澜康、席文光、宁芷村等人，会议决定：①各行资产、负债总表、数字，用康心如谈话方式发表；②成立中国金融研究社，推定黄墨涵为主任理事，康心如、宁芷村、曹撑宇、沈重宇为理事；③同业间往来存款利率一律为4厘，从1941年12月21日起算。

国民政府教育部召开的国民体育委员会首次全体大会闭幕。

美国驻华大使高思于下午7时假嘉陵宾馆宴请国民政府各院部会官员，并邀请美方人员作陪，到于右任、吴铁城、何应钦、王世杰、刘维炽、陈绍宽、王正廷、蒋廷黻、傅秉常、钱泰等及美国驻华军事代表团团长马格鲁德、国民政府财政部顾问杨格等40余人。

2月7日 国民政府明令：各机关不得借故禁用女职员。

中央文化运动委员会联合陪都36机关团体举行的"国家总动员文化界宣传周"是日开始，开幕典礼于上午9时假中央广播大厦举行。

重庆市教育文化界人士举行会议，拟筹建"文化银行"。

2月8日 "中国教育学术团体第二届联合年会"在中央图书馆举行，到13个学术团体之会员代表王世杰、陈立夫、陈果夫、张伯苓、黄炎培、蒋复聪、潘公展等200余人，黄炎培主持致开会词，蒋介石颁致训词，勉励与会者"大处着眼，小处着手，勿离现实，勿忘根本，群策群力，以改正吾教育界之缺陷，丕变国家社会之风气。"

"中国教育学会"举行会员大会，改选张伯苓、常道直、章益、黄炎培等15人为理事。

2月9日 国民政府军事委员会参谋总长兼军政部部长何应钦在中枢纪念周上报告一年来军政重要设施。称自1939年开始整训以来,至去年下半年止,经整训之部队已达全国军队的五分之二,并将地方兵役机构三级制改为两级制。

"中国教育学术团体第二届联合年会"闭幕。

2月10日 国民政府明令:①公布《非常时期人民团体组织法》20条,规定人民团体之主管官署,在中央为社会部,在省为社会处(未设社会处者为省民政厅),在院辖市为社会局,在县市为县市政府。同时规定"人民团体因同一业务而结合者,为职业团体",其组织区域,除法令另有规定外,以行政区域为其组织区域,且同一区域内,同性质同级的人民团体,只能组织一个;②公布《修正财政部国库署组织法》19条;③任命李培基兼河南省保安司令,牟中珩兼山东省保安司令。

国民政府以国民参政会第二届第二次大会关于抗战目的及收复失地决议案训令行政院遵照并转知各友邦政府。该决议案称:"全世界必须清楚认识东北四省是我整个领土之一部,不容分割;东北人民,与我整个民族生命是一体,不容支裂。任何伪组织,必须根本取消,我领土主权与行政完整,必须彻底恢复。此目的一日不达,则我抗战一日不能停止。此乃我全民一致之决心,无丝毫变更之余地者也。"

国民政府外交部次长傅秉常于下午举行中外记者招待会并发表谈话,对目前盟军在太平洋战场的失利有所论及。

2月11日 "中华全国体育协进会"举行第一次董事会,王正廷、朱家骅等出席,决议聘请戴季陶、陈立夫、谷正纲、张治中、黄仁霖为名誉董事。

英国驻华军事代表团团长戴尼斯少将,于下午在重庆招待中外记者并发表谈话,对中国军队入缅作战有所说明,并称:"缅甸军总司令胡敦,不仅对于在缅中国军队之行动与体力深为赞赏,其斗志之高昂,亦使胡敦将军心折"。

2月12日 国民政府在重庆珊瑚坝机场举行捐献飞机命名典礼。

战时公债劝募委员会发表劝募成绩:自募债发动以来,债款已收缴中央并已报告到会者,共达25000万元。

全国节约建国储蓄委员会重庆分会新任主任委员吴国桢、副主任委员康心如在新运服务所举行就职典礼,并召开本年度第一次全体委员会议,到谷正纲、潘公展、刘攻芸等20余人,康心如主持并报告该会过去成绩及劝募情形。

由国民党中央党史史料编纂委员会主办的"革命史绩展览"在重庆开幕,共展出兴中会、同盟会、国民党时期的各种史料10大类。

2月13日 国民政府经济部物资局局长何浩若向新闻界宣布:奉行政院命令,棉纱统筹及平价供应自次日起开始实施,纱价提高为6900元,由农本局统购统销,按原价直接售与用户;同时登记存纱,由政府定价收购,并采川花易纱换布办法。

"陪都记者联谊会"在重庆举行成立大会。

2月15日 国民政府明令公布《战时食糖专卖暂行条例》,并自是日起在四川、西康两省区域内实施。

陪都文化界假广播大厦举行签名致敬仪式,分别上书蒋介石及罗斯福、丘吉尔、斯大林致敬。内称:"五年抗战,使我们的沉沦的国运逐渐掘转复兴,使我们国际的地位受到至上的尊崇,使我们近百年来蒙羞忍辱的历史完全洗去,而写下了辉煌灿烂的新页。"

"中国滑翔总会"在北碚建筑的中国第一个滑翔机场,是日举行落成典礼。北碚各界民众捐献的"北碚号"滑翔机1架,中国电影制片厂捐献的"中国电影号"滑翔机10架,亦同时举行命名典礼。典礼由中国滑翔总会常务理事陈立夫主持,军政部部长何应钦到会并训话。

2月16日 国民党中央常务委员会会议通过《剧本出版及演出审查监督办法》,规定:①所有戏剧剧本出版或演出审查,在重庆统归中央图书杂志审查委员会办理,在地方由各地方图书杂志审查处办理;②未依法向主管机关立案之剧团,一律不准公演,更不得假借任何机关名义演出;③凡剧院公演戏剧,未经社会部或省市县社会行政机关核准,均由各该地方政府分别予以停演或罚金处分。

国民党重庆市党部主任委员陈访先辞职,由杨公达继任。杨公达于是日到职视事,并勉全体同人:①努力于本身之健全;②在工作中发扬党史的意识,以谋主义之实现。

全国慰劳总会前线将士慰劳团总团长居正,于上月28日率领第五分团赴云南一带劳军,事毕后于是日返抵重庆。

2月18日　国民精神总动员会以国民精神总动员三周年纪念即将来临,是日在该会举行筹备会议,到党政军各机关代表谷正纲、杨公达等20余人。会议由该会秘书长陈立夫主持并致词,说明此次纪念方式要一扫过去之表面形式,而侧重实际行动,一为举行学员团员检阅,二为举行体育滑翔机表演及音乐演奏,三为举行大规模植树运动。

2月19日　国民政府军事委员会政治部为检讨一年来军队的政治工作,以谋改进,特召集各级政工单位高级干部来重庆举行1942年度工作会议,会议于是日上午8时开幕,到300人左右。张治中主持致开会词,继由各战区政治部主任报告一年来的工作概况。

新生活运动八周年纪念,陪都各界在夫子池新运服务所举行盛大纪念大会。

2月20日　国民政府公布国防最高委员会与立法机关的调整办法:①国防最高委员会决定的立法原则,立法院如有意见,应尽速向国防最高委员会陈述;②法律案如无紧急或特殊情况,仍应交立法院审议;③国防最高委员会公布的法令,应令知立法院及其他院、会查照办理。

2月21日　国民政府经济部物资局拨款6000万元,充作农本局统购统销棉纱基金。

国民政府军事委员会政治部召开的1942年度全国工作会议闭幕。本次会议共举行3日,召开大会4次,讨论通过提案多项。

2月22日　国民政府军事委员会军政部妇女工作队在重庆举行成立三周年纪念大会,同时举行抗属工厂出品展览大会,到1000余人。

"中华全国文艺界抗敌协会"假重庆中苏文化协会举行会员大会,讨论改选下届理事及作家版税、版权问题,并慰勉香港脱险作家,发表致图书杂志审查委员会的公开信,要求解决版税、版权问题。

"中美文化协会"举行成立三周年纪念会,由该会会长孔祥熙主持并致词,对美国给予中国的多方援助表示感谢。同时决议为促进中美文化交流,成立"广播委员会",由曾虚白、彭乐善负责筹办,每周举行一次中美文化讲座。同时决议在成都、昆明、贵阳等城市设立中美文化协会分会。

世界著名女科学家、"镭"的发明者——居里夫人之女儿,《居里夫人》之作者居里,是日由腊戍飞抵重庆访问。

2月23日 国防最高委员会会议决议:国民参政会第二届参政员任期,于本月底届满后举行改选,并修改原有组织条例;第二届参政会之职权,于下届参政员全部选定公布之日终止。

国民政府交通部部长张嘉璈在中枢纪念周上报告交通部1941年度施政概要。

2月24日 国民政府外交部公布:"中波两国已决定恢复邦交,并即交换使节。波兰政府并郑重宣布取消对伪满之承认。波兰外长于致顾大使之照会中略称:波兰自1941年12月11日与日本入交战状态,波兰国兹取消1938年承认'满洲国'之决定"。

国民政府行政院政务处处长蒋廷黻于外国记者招待会发表谈话,对中国与亚洲各国的关系有所论述,内称:"印度系我兄弟之邦,吾人甚盼此次大战,不但可促进印度之自由,且可成为使印度人民为世界自由而奋斗之最佳机会。"并表示中国人民赞成朝鲜的独立并"亟盼其能早日实现"。还称:"吾人素认此次大战为亚洲自由之战。日寇与亚洲各民族之自由,实势不两立。今后亚洲人民对于此次大战之意义,当有更确切之认识矣。"

四川省粮食储运会议是日分重庆、南充、大竹、宜宾、泸县五地举行。重庆区会议于下午2时假川康银行举行,出席者有四川省粮食储运局局长刘航琛、副局长刘正华,四川省第三行政督察区专员沈鹏,巴县、永川、江津、江北、合川、荣昌、大足、铜梁、丰都、忠县各县县长及四川省粮食储运局各主要人员40余人,刘航琛主持致开会词。会议的主要议题是商讨如何将各县征集的粮食,运输集中到各指定区域,以利分配。

2月25日 国民政府明令:江西省政府委员兼主席熊式辉另有任用,熊式辉应免本兼各职,任命曹浩森为江西省政府委员兼主席(原任军政部政务次长职免)。

国民政府经济部物资局局长何浩若对记者发表谈话称:目前布匹价格波动急剧,本月初阴丹布每匹售价660元,春节后涨至866元,现竟涨至900元,决定一面召集布商议价限价,一面饬平价购销处以平价布售给公务员,每人1.5丈。

四川省粮食储运局局长刘航琛分别接见出席重庆区会议的各县县长,对于各县再度集中期限,分别予以规定。

"中国童子军三十周年纪念大会荣誉奖典"于上午9时在广播大厦举行,到戴传贤、何应钦、张治中、顾毓琇、陈树人、吴国桢等各界来宾、代表300余人。由全国童子军总会理事长陈立夫、副理事长戴传贤宣读颁奖令,奖给童子军创始人严家麟"中国童子军创始人"荣誉称谓章一枚,荣誉服一套,荣誉奖章一枚。

2月26日 国民政府军事委员会后方勤务部、政治部联合在重庆召集全国各战区"荣誉军人招待所"总队队长举行会议,讨论负伤将士的招待、医护、教育以及残废军人的救济和教养诸问题。会议于28日闭幕。

英国新任驻华大使薛穆爵士偕大使馆一等秘书盖治及其中国事务顾问台克曼爵士,于晨1时由加尔各答飞抵重庆。

全国慰劳团总团长居正离重庆飞广西,然后转赴湖南、江西等地劳军。

"中华职业教育社"在重庆举行成立二十五周年纪念会及庆贺"建夏实业公司"成立大会,杨卫玉报告称职教学生已达20000余人,为社会各界所重视。建夏实业公司主持人黄炎培报告称:该公司资本为125万,以公司之生产哺育职教。

2月27日 国民政府粮食部部长徐堪应中央银行经济研究处之邀,于晚8时在夫子池新运服务所礼堂作题为《当前粮食问题》的讲演,称当前的粮食问题只是"价"的问题而非"量"的问题,即不是有无的问题。

国民政府经济部物资局局长何浩若召集布业公会各执行委员谈话,面嘱即日由该会召集各布商先行评议布价呈候核定,嗣后即应绝对遵守议价交易,不得借故高抬。

新任英国驻华大使薛穆爵士赴外交宾馆首次拜会国民政府外交当局,由国民政府外交部政务次长傅秉常接见。

陪都各国际文化团体下午2时假夫子池新运会举行追悼朝鲜义勇队殉难同志孙一峰、王现淳、崔铁镐、朱东旭大会。

2月28日 国民政府明令公布《经济部物资局组织法》16条。

四联总处公布《四联总处核办投资贴放方针》。

是月 全国慰劳总会为彻底调查重庆市抗属人数,特举行全市抗属总清查。调查结果,截至2月份,全市原有16区63镇(第17区所属3镇系新近增辟,不在调查之列)共有抗属2843户,7058人。

中华书局总管理处于民权路41号设立,总经理李叔明(中华书局于1932年在重庆设立重庆分局)。

3月

3月1日 韩国独立宣言23周年纪念大会假广播大厦举行,到中韩人士贺耀组、马超俊、黄少谷、金若山等数百人,金九主持并致词。

台湾革命同盟会总支部是日宣布:"日内召集执监委联席会议讨论台湾岛内外之工作事宜。该会总部曾函呈国防最高委员会、中央党部及国民参政会,应依沦陷省区条例,添入台籍参政员之名额。"

重庆市社会局会同国民政府社会部、财政部、经济部举办的全市70000余商号、公司、工厂总检查,自是日起开始举行,至中旬底完成。

3月2日 国民政府经济部部长翁文灏在中枢纪念周上报告经济部施政方针及工作概况。

陪都市民立约购米问题,陪都民食供应处是日在第一、二两区开始办理。

3月3日 国民政府明令:特任熊式辉为军事委员会委员。

"台湾革命同盟会"假重庆战时日本社总社举行执监委员联席会议,李友邦、宋焦农等20余人出席。宋焦农主持,会议研究如何加强台湾各革命团体的联系与台湾岛内外革命工作的统一等问题。会议通过工作方案多种,并决定于本月下旬召开临时会员代表大会。

"川康兴业公司"正式开业,到何应钦、翁文灏、徐堪、许世英、贺国光、王正廷、杜月笙、王晓籁、黄炎培等来宾200余人,董事长张群、副董事长钱永铭发表书面谈话,阐明该公司今后的业务方针。

"中华慈幼协会"举行干事会议,决议:①筹建重庆儿童疗养院;②筹建重庆抗战军人子女教养院第二院。

3月4日 国民政府行政院于下午举行记者招待会,由经济部物资局局长何浩若报告物资管制情形。表示:①统筹棉纱今后由农本局出售,取缔中间商;②布匹议价;③公务人员每年可购布匹1.5丈。

美国派往中国的"中缅印美军司令"史迪威中将,偕随员德恩中校、罗勃特中校、杨孟东中尉于本日中午飞抵重庆,就任中国战区盟军最高统帅参谋长。美国驻华军事代表团团长马格鲁德,也随史迪威由昆明同机返渝。

全国慰劳总会第五慰问团由洪兰友率领,于1月28日由渝出发慰问滇缅抗战将士,事毕后于是日返抵重庆。

3月5日 国民政府明令公布国定纪念日日期表:1月1日,中华民国开国纪念;3月29日,革命先烈纪念;8月27日,孔子诞辰纪念;10月10日,国庆纪念;11月12日,国父诞辰纪念。

蒋介石偕宋美龄、王宠惠、商震、张道藩、周至柔等于2月上旬访问缅、印,事毕后于是日中午12时45分由昆明乘专机返抵重庆。

国民政府教育部音乐教育委员会联合各专家、音乐团体等共同发起组织的"陪都音乐月"(3月5日~4月5日)运动,于是日举行,参加者有中央训练团音乐干部训练班、国民政府军事委员会政治部抗敌歌咏团、军政部军乐演奏团、国立音乐学院实验管弦乐团、中华交响乐团、大同乐会、中央广播电台国乐组、重庆曲社、怒吼剧社等9团体。

蔡元培逝世两周年纪念日,由中央研究院发起、北大同学会主办的纪念会在重庆举行,吴敬恒讲演蔡元培的生平事迹及学术思想演变过程。

陪都区35团童子军1915名为纪念中国童子军创建30周年暨第15届童军节,于上午9时举行大检阅及捐献滑翔机典礼。下午在川东师范作学术表演,晚上举行营火会。

由"战国策"派文人陈铨编写的鼓吹特务哲学、宣扬"曲线救国"的话剧——《野玫瑰》在重庆公演,受到广大进步文化工作者的抵制和批判。

3月6日 蒋介石在重庆接见史迪威,史迪威转达罗斯福总统对欧亚战场同等看待及美国加强对华空援的意见,并报告其来华的使命为:①指挥在中缅印之美国军队;②监督及管理一切美国对华援助物资;③代表美国政府出席军事会议;④管理、维持并改进滇缅公路;⑤指挥美国在中缅印境内的空军活动;⑥中国战区参谋长。

国民政府军事委员会后方勤务部联合全国慰劳总会、基督教负伤将士服务协会于下午5时在广东酒家设宴招待来渝参会的各战区荣誉军人招待所总队队长,并听取他们的工作报告。

3月7日 英国新任驻华大使薛穆爵士于上午11时30分在国民政府大礼堂向国民政府主席林森呈递国书并致颂词,内称:"贵我两国,必将并肩迈进,共获最后胜利"。

3月8日 蒋介石派史迪威将军为中国战区最高统帅参谋长,指挥入缅之中国军队。

中缅文化协会主办的"缅甸日"援缅民众大会在广播大厦举行,到各党政机关首长吴铁城、张治中、陈立夫、谷正纲、罗家伦及英国驻华大使馆代表,陪都各团体代表400余人。吴铁城主持致开会词,张治中、罗家伦等讲演,说明缅甸的安危即中国之安危,保卫缅甸即是保卫中国。

陪都各界妇女团体于下午2时假夫子池新运会广场举行"三八妇女节"庆祝大会,到各界妇女10000余人。

妇女节。宋美龄应邀于晚上7时45分在国际广播电台向全世界广播讲演,然后由世界主要电台包括美国广播公司、哥伦比亚广播电台、交换广播电台,加拿大广播委员会,英国广播公司、全印无线电台、澳洲广播委员会等进行转播。

3月9日 国民党中央举行总理扩大纪念周,蒋介石出席并作题为《访问印度的感想与对于太平洋战局的观察》的讲演,说明中印两大民族关系之密切与解决日本问题之途径。

蒋介石设晚宴欢迎中国战区参谋长史迪威并与之长谈。

全国慰劳总会等于下午2时假社交会堂举行欢迎会,欢迎赴滇缅前线慰问的第五慰劳团,到马超俊、洪兰友及各机关团体代表。马超俊主席致介绍词,洪兰友报告赴前线慰劳经过与观感。

旅美华侨领袖司徒美堂由桂林飞抵重庆。

3月10日 蒋介石于下午6时会见史迪威,就史氏赴缅甸时应注意之给养、联络参谋等问题交换意见,讨论派其赴缅指挥作战事宜,并委派其为担任中国入缅部队的指挥官,同时再三说明第五、六两军是中国的精锐部队,这次入缅作战,只能胜不能败。

国民党中央宣传部部长王世杰招待外国记者称:中国政府已决定派遣军事代表团赴华盛顿,由军事委员会委员熊式辉将军率领,熊氏将以中国军事代表的资格在华盛顿参加同盟国联合军事会议。

国民政府粮食部部长徐堪在中央训练团党政训练班作题为《粮食问题》的讲演,称"从三十年秋收起,各省征收实物,以四川成绩为最佳。四川征收实物与定价征购共为1200万市担,数字比各省都大。自去年九月十六日开征,到去年底止,多数县份均已扫解。预定的1200万市担,早已超过,现达到1300万市担以上"。

"中央造币厂"新铸的镍质辅币,分20分、半圆两种,由中央银行呈准,自是日起发行流通。

中国滑翔总会滑翔机劝募委员会于下午6时在重庆嘉陵宾馆举行会议,到白崇禧、陈立夫、张治中、吴铁城、康心如、许性初等,白崇禧主持,会议讨论通过了《中国滑翔总会滑翔机劝募委员会组织规程》。

3月11日 蒋介石宴请国民参政会驻会委员会委员,征求对下届参政会的意见。

蒋介石接见中国战区参谋长史迪威,讨论缅甸总部组织之规划及在缅之指挥权等问题,商震在座。蒋介石首先告史迪威称:"余今晨业已下令,第五、第六两军归将军指挥。"并主张"缅甸中、英军队皆应由将军指挥之。"如果魏菲尔将军下令调动我方军队,史迪威可以拒绝服从其命令。

蒋介石命令第五、六军统受中国战区参谋长史迪威之指挥,并指示:"对史迪威参谋长之命令,应绝对遵守"。

国民政府行政院举行记者招待会,由水利委员会主任委员薛笃弼报告水利委员会工作近况。

中国战区最高统帅参谋长史迪威将军离重庆飞缅甸。

3月12日 国民政府颁布《对日宣战后金融处理办法》,撤退中、中、交、农四行在上海、天津租界和香港等地的分支机构。

国民精神总动员三周年纪念日,上午9时,国民精神总动员会在都邮街精神堡垒广场举行三周年纪念大会,参加者有党团员、国民兵、义勇警察、童子军等。陈立夫主持并致词。

蒋介石致电外交部部长宋子文,告知:"已委史帝华(即史迪威——编者注)为中国战区参谋长,并指挥入缅之华军矣。俾索威空军职务已由史将军决定,并不与陈纳德冲突。"

3月13日 蒋介石接见美国驻华军事代表团团长马格鲁德,讨论罗斯福总统复电中关于缅甸作战的问题。

工作竞赛推行委员会举办的"工作竞赛宣传周"是日开始实行,该运动以"倡导工作竞赛,提高工作效率"为宗旨。

3月14日 美国陆军参谋长马歇尔于3月12日国父逝世纪念日致电蒋介石表示致敬,蒋介石于是日复电马歇尔,表示愿共同为消灭侵略暴力、重奠世界和平而努力。

中国航空公司的De—2式飞机于晚上9时40分由昆明起飞飞重庆,离昆明不久,即失事焚毁,英国军事代表团团长戴尼斯等17人遇难。

3月15日 蒋介石调国民政府军事委员会西安办公厅主任卫立煌为缅甸中国远征军总司令,其遗缺由朱绍良兼任。

"黑龙江省政研究委员会"在重庆成立。

"生活教育社"在重庆举行15周年纪念会,到该社社员与育才学校师生等200余人,该社理事长陶行知报告生活教育的意义与特点。

"中国药物自给研究会"在重庆举行首届年会,到陈果夫等100余人。

3月16日 国民政府明令公布《修正国民参政会组织条例》18条。

蒋介石致电外交部部长宋子文,嘱其洽商美国当局,由美、中、荷、澳在华盛顿组织太平洋军事会议,以决定太平洋作战之实施及反攻计划。

蒋介石致函美国陆军总长史汀生、海军总长诺克斯、参谋总长马歇尔,告知中国已派熊式辉为出席同盟国军事作战会议之中国军事代表。

蒋介石致电英国首相丘吉尔,悼唁英国军事代表团团长戴尼斯少将。

国民政府令派驻土耳其公使张彭春为议订中伊(拉克)友好条约全权代表。

国民政府立法院会议通过《国家总动员法案》。

国民政府教育部部长陈立夫在中枢纪念周上报告全国高等教育、中等教育、社会教育、国民教育及蒙藏教育设施状况。

3月17日 英、美两国赠送给我国的"鹰""塘鹅""泥乌"(泊长沙)、"图图拉"4炮舰,于上午9时在唐家沱"永绥"舰上举行赠送接收仪式。

陪都文化界盛大举行"印度日"活动。

3月18日 蒋介石于下午2时召见甘肃回教西道堂教主马明江,垂询边疆同胞近况甚详,并对回胞努力抗建工作,多加勉励。

国民政府行政院于下午举行记者招待会,财政部次长顾翊群报告最近财政上的重要措施。

蒋介石以美国借款已如约交付,而英国借款迟迟不能签字,是日特致电驻英大使顾维钧,请顾"转告英政府,务望早日签字,其所有条文性质,不宜越出美国条文之外"。

3月19日 蒋介石与史迪威晤谈,商讨缅甸战事。

蒋介石电贺麦克阿瑟将军受任澳洲、纽(新)西兰之同盟军总司令。

陪都妇女界于下午4时假嘉陵宾馆礼堂举行盛大集会,欢迎访印归来的蒋介石夫人宋美龄,各妇女团体代表200余人。

3月20日 中国战区最高统帅参谋长史迪威将军下午在美国军事代表团办公厅首次接见中外记者并发表谈话,称:"美国已决定从事于反侵略战斗,直至中美两国会师东京之日止。"

蒋介石于晚8时接见中国战区参谋长史迪威,继续讨论缅甸作战的统一指挥问题。蒋介石指示史迪威:"此统一指挥问题,应由将军赴缅,研究形势再行决定。"

台湾各革命团体及台湾革命同盟会第二届临时代表会在重庆举行,到南、北代表翁炳耀、林友鹏等30余人,李友邦主持。

土耳其新任驻华代办戴伯伦抵达重庆。

"中国粮政协会"在重庆举行成立大会。

"中国地质学会第十八届年会暨成立二十周年纪念会"在重庆大学举行,河南、陕西、甘肃、湖南、湖北、江西、云南、四川及重庆,均有会员与会。

3月21日 国民政府训令行政院转饬各省政府,地方行政机关不得挪用教育经费,乡镇中心学校、保国民学校校长,尽量改为专任。

3月22日 中国国民外交协会、东方文化协会、国际反侵略运动中国分会于上午10时假"抗建堂"举行"韩国问题演讲会"。

3月23日 国民政府粮食部部长徐堪于中枢纪念周上报告粮食部施政情形。

"中国滑翔总会滑翔机劝募委员会"于上午12时在嘉陵新村8号举行第一次委员会议,到白崇禧、张治中、吴铁城、杜月笙、康心如等19人,会议由该会主任委员白崇禧主持致开幕词,报告蒋介石对滑翔运动的重视及倡导滑翔机运动之情形。

3月24日 "台湾革命同盟会"于晚上在重庆举行新闻招待会,该会常务委员李友邦、宋蕉农等出席会议。

国民政府财政部部长孔祥熙以中美借款协定业已公布,于下午4—6时在私邸分别招待中外记者,说明借款之经过、意义及其使用计划。

缅甸英军亚历山大中将由缅甸飞抵重庆晋谒蒋介石,报告缅甸最近之军事形势及中国入缅军队供应及装备情形。

孔祥熙代表中国政府以中美借款手续完成,分别致电美国总统罗斯福、美国财政部长摩根,表示谢意。

3月25日 蒋介石于下午4时、晚上8时分别接见缅甸英军司令亚历山大中将,商谈在缅甸之中、英军队合力作战等问题。

国民政府财政部召集四联总处及各有关主管机关人员开会,对于商业银行资金之运用与分红之限制等,均有严密的规定。

国民政府财政部公布发行美金节约建国储蓄券办法,规定中国、交通、农民三银行及中央信托局、邮政储金汇业局,得依照本办法发行美金节约建国储蓄券,按照法币100元折合美金5元之比率,由储户以法币折购。

"中国兴业公司"举行临时股东大会,修改公司章程,改选董事及监察人。

国民政府侨务委员会委员长陈树人率慰劳团赴昆明慰问归国侨胞。

3月26日 国民政府行政院设立的"敌产处理委员会"正式成立,办公地址暂设行政院内。

英国驻华大使薛穆偕英国在远东的财政专员霍伯器访晤孔祥熙,商谈中英经济合作问题。

3月27日 兼国民政府外交部部长蒋介石接见土耳其驻华代办戴伯伦。

蒋介石于上午9时在重庆再次接见英国亚历山大将军,讨论关于如何保卫曼德勒及缅甸军队之统一指挥等问题。

3月29日 国民政府明令公布《国家总动员法》32条,对全国人力、物力实行战时统制,并明文规定"政府得对人民之言论、出版、著作、通讯、集会、结社加以限制"。

革命先烈纪念日。国民党中央于上午9时举行革命先烈纪念会,蒋介石主持,李文范报告革命历史与革命精神。

蒋介石在国民政府礼堂召见1941年度各院、部、会工作努力、成绩优秀的职员100余人,并致训词,指示今后各项工作的努力方向。

国民政府教育部训令全国:自本年度起,每年3月29日起举行"推进师范教育运动周"。

"中国农民经济研究会"在重庆召开,冯玉祥在会上致词。

陈纳德奉召到渝,与蒋介石夫妇、史迪威、毕赛尔等会商美国空军志愿队归并美军问题。毕赛尔和史迪威表示,倘若志愿队不接受归并,就断绝其补给,最后同意陈纳德意见,决定于7月4日解散志愿队。

"中国回教救国协会第二届会员代表大会"在重庆举行,到19省市的代表及各界来宾陈立夫、贺耀组等100余人。

陪都各界于下午3时举行英国军事代表团团长戴尼斯追悼大会。

3月31日 国民党中央宣传部部长王世杰于下午招待外籍记者并发表谈话,希望英、印问题迅速解决。内称:"吾人现正遭遇生命中最黑暗时期,但是三万万五千万的印度人民,倘能纯依谈判方式,不经过任何流血得到自由,双方均出自愿。则此一事轻便,不啻此黑暗时期中一道光明,未来历史家立论,必以此为人类智慧所产生的不朽伟绩。"

由杜月笙联合重庆、上海、香港等地实业及金融界人士共同创办的"中国实业信托公司"在重庆举行开幕典礼,到各机关、各界来宾1000余人。

"中国回教救国协会第二届会员代表大会"在重庆闭幕。

"中华妇女节制协会"举行第六届董事会,改选成员,结果李德全当选为会长,董显光夫人为副会长。

是月 国民政府军事委员会军令部部长徐永昌呈文蒋介石,拟定中国战区参谋长之主要职权8项。

据重庆市图书杂志审查处统计:1942年1、2、3月,该处核发的图书原稿达338种,核发的杂志达210种。

4月

4月1日 中央银行、中国银行、交通银行、中国农民银行、中央信托局、邮政储金汇业局联合公布《发行美金节约建国储蓄券办法》《美金节约建国储蓄券说明》。

"火柴专卖公司"及其董事会在重庆成立,董事长陈光甫,总经理刘鸿生。

国民政府外交部次长傅秉常分别接见英国驻华大使薛穆、苏联驻华大使潘友新。

史迪威返回重庆,是日会见蒋介石,报告中国军队在缅甸作战情况,宋美龄、商震在座。史迪威称:"中国部队在缅之纪律甚佳,战斗亦甚勇敢,本人对彼等之信任甚坚,我方与缅甸人民稍有纠纷,惟并非严重。"并详述入缅中国军队不听指挥,致失战机诸情形。

晚7时半,宋美龄召集史迪威、马格鲁德、比赛尔及希诺德等在黄山官邸开会,讨论美国空军志愿队改编之问题。

4月2日 国民政府明令公布《战时消费税暂行条例》14条及《战时消费税则》。规定消费税税率:普通日用品除免税者外,征5%;非必需品征10%;半奢侈品征15%;奢侈品征25%。

英国勃鲁斯将军于下午6时30分赴黄山官邸晋谒蒋介石夫妇,蒋介石告以拟调在缅甸受训之英国游击队军官及士兵参加缅甸作战,勃鲁斯将军表示同意。

蒋介石接见中国战区参谋长史迪威,讨论派罗卓英指挥在缅作战之中国军队及调英国游击队入缅作战诸问题。

国民政府军事委员会委员长蒋介石派罗卓英为远征军第一路司令官。

中英成立《中印航空协定》,规定英国政府同意中国航空公司开辟重庆—加尔各答间航线,中国政府同意恢复昆明—仰光间航线。

"首届师范教育周"第五日,教育部在中央图书馆召开"师范教育座谈会",讨论如何增加师范生生源,如何改进师范生训练及如何确定计划师范教育等问题,到50余人,顾毓琇主持。

4月3日 国民政府明令:交通部政务次长彭学沛另有任用,彭学沛应免本职;任命徐恩曾为交通部政务次长,刘航琛为粮食部政务次长。

"中国外交学会"在重庆举行成立大会。

东方文化协会、中苏文化协会、中国国民外交协会、国际反侵略运动中国分会、中英文化协会、中缅文化协会、台湾革命同盟会、朝鲜民族战线同盟、日本革命协议会及东方各民族文化团体,为响应台湾光复运动,是日在重庆举行宣传大会,立法院院长孙科、监察院院长于右任等出席并讲话。

由郭沫若创作、中国剧艺社演出的历史剧《屈原》,在重庆国泰剧院举行首次公演。

4月4日 "中国滑翔总会"在重庆两路口所建的陪都跳伞塔落成开幕

典礼及"中国滑翔总会成立周年纪念大会",于下午3时在重庆两路口合并举行。

"重庆市滑翔分会"于上午9时举行成立大会。

"中国统计学社第十一届年会"在重庆求精中学举行。

4月5日 蒋介石偕夫人宋美龄、史迪威、罗卓英等赴缅甸视察,是日离重庆飞昆明转飞腊戌。

国民政府社会部宣布:已登记获准的全国性社会团体达250余个。

新任捷克驻华公使米诺夫斯基抵重庆。

"重庆防空司令部"设立防毒总队。

"中国音乐学会"在重庆举行成立大会,到各主管机关长官、该会发起人及会员代表200余人。

"东方文化协会"联络陪都各民族文化团体,于上午10时假抗建堂举行"台湾光复运动宣传大会"。

"中国统计学社第十一届年会"闭幕。

"中华农学会"发表本届理事会选举结果。

4月6日 国民政府行政院副院长兼财政部部长孔祥熙在中枢联合纪念周上报告财政部1941年度施政概况。

国民政府财政部改"整理田赋筹备委员会"为"田赋管理委员会"。

土耳其驻华代办戴伯伦下午访晤孔祥熙,作到任后的首次拜访。

新任捷克驻华公使米诺夫斯基拜会国民政府外交部次长傅秉常。

"陪都空袭服务总队"于上午10时半在夫子池新运广场举行成立两周年纪念大会,同时举行各服务队队长大检阅及1941年度因工作努力而获奖的服务队队员给奖礼,蒋介石颁训词并派吴铁城、张治中派康泽参加。

国民政府社会部统计,重庆市登记的全国性社会团体已达50余个,其中以学术性团体为多。

4月7日 "全国慰劳总会前线将士慰劳团"总团长居正、第四团团长于斌,团员李俊龙、王向晨等前赴柳州、衡阳、长沙、恩施等地慰劳前线将士,事毕后于是日返抵重庆。

4月8日　国民政府行政院举行记者招待会,由交通部驿运管理处处长王国华报告驿运近况及发展计划。

"行政院敌产处理委员会"举行常务委员会议,商议决定对各地敌产予以普遍清查,将所有动产、不动产、债权、债务、公司等,一律填表上报。

"中央文化运动委员会"举行座谈会,请新近由新加坡脱险抵重庆的叶公超讲演,报告马来西亚战局之经过。

4月9日　白崇禧以"中国回教救国协会"理事长的身份,在官邸宴请土耳其驻华代办戴伯伦。

美国救济中国难民委员会在重庆设立办事处。

4月10日　蒋介石偕夫人宋美龄等视察缅甸事毕,是日由昆明返抵重庆。

韩国临时政府主席金九及外务部部长赵素昂于下午3时假嘉陵宾馆茶会招待中外各界人士及记者。

"陪都各界慰劳归国侨胞大会"于晚7时假广播大厦举行。

连接重庆市区大梁子至玉带街之马路——凯旋路,是日举行通车典礼。

4月11日　国民党中央宣传部部长王世杰,副部长潘公展、董显光等于下午4时在该部礼堂举行茶会,招待最近由上海、香港等地与南洋各埠来重庆的新闻记者及其他文化部门工作者。

韩国临时政府在重庆举行23周年纪念会,到临时政府全体首长及旅渝韩侨100余人,金九主持致开会词。

"中国外交学会"在重庆举行首次理监事联席会议。

"重庆市妇女抗战建国协会"举行会员大会并进行改选。

4月12日　"中国滑翔总会"在陪都跳伞塔举行跳伞表演,参观者达1000余人。

4月13日　国民政府赈济委员会代主任委员许世英为宣慰滇缅各地归侨并与滇省当局洽商救侨事宜,偕该会参事胡迈,于上午乘飞机飞昆明。

4月14日　蒋介石指示参谋总长何应钦、军令部部长徐永昌转令后方勤务部准备车辆,运送第36师入缅。

4月15日 国民政府明令：任命庞松舟为粮食部常务次长。

国民政府财政部提用美国贷款中的2亿美元，作为发行美金公债的准备金。

捷克新任驻华公使米诺夫斯基于上午8时在国民政府礼堂向国民政府主席林森呈递国书并致颂词。

中国新闻学会、重庆各报联合委员会于下午4时假中宣部礼堂举行茶会，欢迎新近自新加坡、香港、上海、天津等地来重庆的新闻界同仁。

陪都跳伞塔是日起正式对外开放。

重庆电力公司大溪沟电厂4500千瓦发电机搬迁鹅公岩山洞完毕，称作重庆电力股份公司第三厂，该厂于是日正式发电。

4月16日 中央警官学校举行校长蒋介石铜像揭幕典礼，兼校长蒋介石亲临并致训词，对该校师生的日趋进步，慰勉有加。

国民政府军事委员会参谋总长何应钦于下午3时30分在中央广播电台对沦陷区民众作题为《中国必胜》的讲演。

国民政府财政部公布：美国政府因应中国政府之请，依照最近美金五万万元对华信用放款协定之规定，拨美金两万万元，记入纽约联邦准备银行之中央银行存折上。

行政院经济会议举行结束会议。

国民政府教育部"学术审议委员会"在重庆召开第三次全体委员会议，张君劢、王世杰、茅以升、冯友兰、吴有训、竺可桢、张道藩等委员出席。陈立夫主持致词称：高等学校由战前的108所增至129所。吴稚晖、竺可桢分别报告一、二组委员审议情形。

4月17日 蒋介石致电美国总统罗斯福、英国首相丘吉尔，告以缅甸对敌作战之弱点太多。

蒋介石于下午5时在外交部接见捷克新任驻华公使米诺夫斯基。

是日为《马关条约》签订47周年纪念日，"台湾革命同盟会"召集旅渝台胞集会纪念，到翁俊明、宋斐如等数十人。会议决议电林森、蒋介石致敬并发表告台湾同胞及沦陷区同胞书，同时规定是日为"岛耻纪念日"。

"迁川工厂联合会第五届会员大会"在重庆举行。

由国民政府教育部召集的"学术审议委员会第三次会议"闭幕。

"中美文化协会"于下午4时半假孔祥熙官邸举行盛大游园茶会,同时举行献赠中国空军美国志愿队"海鹰图"典礼,会议由该会会长孔祥熙主持说明开会意义,该会名誉会长、中国空军美国志愿队队长宋美龄演讲,中国空军美国志愿队代表侯华惠致答词。旋举行"海鹰图"的赠送典礼。

4月18日 国民政府明令:颁布《修正军政部组织法》46条。

国民政府外交部次长傅秉常在外交部官邸接见美国驻华大使高思。

"中国滑翔总会"招待外宾参观陪都跳伞塔及跳伞表演。

4月19日 蒋介石致电宋子文并转呈罗斯福总统,抗议英美对中国的不平等待遇和英、苏的自私。

"中国财政学会"于上午9时在抗建堂举行成立大会。

由重庆市及巴县、江北、璧山、大足、永川、荣昌、合川等市县各钢铁业工厂联合组织的"第九区金属品冶制工业同业公会"在重庆成立,拥有会员厂家22家。

中旬 由国民政府侨务委员会与教育部合办的"南洋研究所"在重庆成立。

4月20日 国民政府外交部次长傅秉常下午4时在外交部接见英国驻华大使薛穆。

4月21日 国民党中央宣传部部长王世杰于下午3时招待外籍记者并发表谈话,就南太平洋盟军之统一指挥、缅甸境内过去一周之战局以及后方各省今春小麦获得丰收等事,有所论及。

4月22日 蒋介石函电中国驻美军事代表团团长熊式辉,称日军企图各方进攻,中国缺乏飞机及重兵器,美国漠视中国战场,中国极感失望。并命令熊式辉将此意告知美国军部。

国民政府行政院于下午举行记者招待会,由军政部军需署署长陈良报告军队生活及军需独立情形,称军米定量,已由每人每日22两增为24两。

"中央图书杂志审查委员会"为检讨各地审查工作、增进审查效率起见,特召集各省市图书杂志审查处处长、秘书在重庆举行"各省市图书杂志审查工作会议"。

国民政府教育部在中央图书馆举行"女子教育讨论会"。

由于右任、戴传贤、孔祥熙等人发起组织的以"阐扬民族文化,提倡固有道德"为宗旨的"孔学会",于下午3时在上清寺广播大厦举行成立大会,到党政长官及会员代表500余人。

4月23日 三民主义青年团中央团部为检查团员工作成绩,于是日至26日在中央训练团举行沙磁区学校团员集中训练及总检阅,参加者有中央大学、重庆大学、中华大学、四川省立教育学院、中央工业职业专科学校、南开中学等校团员761人。蒋介石以三民主义青年团团长的身份亲临训话,称忠孝、仁爱、信义、和平之教育,为青年成功立业之基本教育。

全国合作事业管理局为便利陪都及迁建区各消费合作社分配平价物品,特召集陪都及迁建区消费合作社督导会议。

"战时公债劝募委员会"宣告结束。据统计,该会自成立以来,劝募公债总额达法币50927万元。

4月24日 蒋介石训令国民政府外交部,以蒋介石的名义邀请英国议会访华团于九月间来华访问。

蒋介石接见美国在中、缅、印派遣军司令部空军武官毕赛尔,商谈美国志愿军改编入伍后其所属中国地上人员之组织与待遇问题,会谈时商震在座。

英国驻华大使薛穆与英国军事代表团团长勃鲁斯将军于下午5时30分晋谒蒋介石,面述英王之命,并以英王相所赠最高军人荣誉大十字勋章赠予蒋介石,商震、贺耀组在座。赠章礼完成后,双方还就停止英方协助组织别动队之原因及营救香港英俘、英侨出险等问题进行了谈话。

国民政府教育部是日起至29日止在青木关召开"医学教育委员会第六届第一次全体委员会议",同时召开医学教育委员会所属护士、助产、药学、中医、卫生、教育各专门委员会议,由陈立夫主持。

"中国音乐学会"举行第一届第一次理监事联席会议,陈立夫、潘公展等出席会议。

国立重庆商船专科学校新校舍落成典礼在头塘该校举行,到陈立夫、张嘉璈等来宾及学生300余人。

《国民公报》是日载:陪都重庆现有书店118家,杂志141种,印刷所145家。

4月25日 国民政府明令:①《国家总动员法》"定自民国三十一年五月五日起施行";②公布《民国三十一年同盟胜利美金公债条例》12条,规定定额为美金10000万元,自本年5月1日起按照票面十足发行,年息4厘,1944年起还本,10年还清;③特任卫立煌为军事委员会委员。

国民政府核定《国家总动员会议组织大纲》16条。

"第三次全国参谋长会议"及"第四次军事教育会议",均于是日在重庆开幕。蒋介石主持开幕典礼并致训词。

由中央图书杂志审查委员会召开的"各省市图书杂志审查工作会议"在重庆闭幕。

国民政府卫生署举办的"国产医药器材展览会"假夫子池新运服务所举行,参展单位30余个,展品1000余件。

4月26日 蒋介石于上午9时赴中央训练团检阅三民主义青年团重庆沙磁区学校团员。

4月27日 国民政府明令公布《国民政府参军处组织法》15条,规定国民政府参军处掌理典礼、总务及宣达命令,承转军事报告等事宜,下设典礼、总务两局。

4月28日 国民政府财政部公债筹募委员会成立,孔祥熙任主任委员,顾翊群、张厉生任副主任委员。

国民政府财政部负责人发表谈话,阐述认购民国三十一年同盟胜利美金公债之意义与利益。

中美两国间开通无线电照相电报,蒋介石与罗斯福总统互换贺电。

"战时公债劝募委员会"奉令于月底结束,该会主任委员黄炎培是日对新闻界谈一年来的募债成绩:原计划募集30000万元。现募得50927万余元。并称该会结束后,将成立新的机构,直隶财政部。

4月29日 川康绥靖主任邓锡侯、副主任潘文华,西康省政府主席刘文辉,奉国民党中央电召,是日联袂由成都飞抵重庆述职并请示。

国民政府教育部召开的"医学教育委员会第六届第一次全体委员会议"闭幕。

重庆市防空洞管理处在沙坪坝南开中学举行防毒大演习,到各防空洞洞长、所长、防护团员、防毒队员等共800余人。

4月30日 国民政府明令:派贺衷寒为国家总动员会议人力组主任,徐柏园为国家总动员会议财力组主任,张果为国家总动员会议物力组主任,周一鹗为国家总动员会议粮盐组主任,陈体诚为国家总动员会议运输组主任,王文宣为国家总动员会议军事组主任,叶秀峰为国家总动员会议文化组主任,朱惠清为国家总动员会议检查组主任。

国民政府经济部主管人员发表谈话称:沪市有所谓"证券同业联谊公会",即敌伪所策动的证券交易市场,业经司法院明令公告其买卖行为,在法律上一律认为无效。

由国民政府卫生署召集的"医疗药品生产会议"在重庆举行,出席者有40余单位之代表陈果夫、陈仪、潘公展、洪兰友等,金宝善主席报告开会意义。

5月

5月1日 "国家总动员会议"在重庆成立,以吴铁城、陈仪、贺耀组为常务委员,端木恺为秘书处处长,贺衷寒为人力组主任,徐柏园为财力组主任,张果为物力组主任,周一鹗为粮盐组主任,陈体诚为运输组主任,王文宣为军事组主任,朱惠清为检查组主任,叶秀峰为文化组主任。

"国民政府军事委员会考核委员会"成立,何应钦兼任主任委员。

国民政府财政部设立的"公债筹募委员会"在重庆开始办公(原战时公债劝募委员会奉令撤销),孔祥熙任主任委员,同时发行美金公债1亿元。

国民政府财政部"烟类专卖局"正式成立。

国防最高委员会核准火柴专卖事业自是日起在川、康、黔三省实施,由财政部设立的火柴专卖公司主持办理,其价格由财政部核定公布。

陪都各界"五一"劳动节纪念大会与工作竞赛优胜者给奖典礼在国泰戏院合并举行。

5月2日 国民政府卫生署召集的"医疗药品生产会议"闭幕。

"中国工业合作协会财务委员会"成立，吴铁城、徐恩曾、陈良、李超英、杭立武为委员。

5月3日 蒋介石于"第三次参谋长会议"及"第四次军事教育会议"联合纪念周上作题为《国军入缅作战经过和决心与我全军对世界战局演变应有之认识和准备》的讲演。

印度政府教育司长沙金特博士(5月1日抵达重庆)分别谒见陈立夫、顾毓琇、董显光，交换中印有关教育问题之意见。

"中国人文科学社"在重庆举行第一届会员大会。

"中国心理建设学会"定5月3日为该会"心理建设日"，并于是日下午6时假新运总会大礼堂举行会员大会。

5月4日 蒋介石为实施国家总动员向全国发表题为《为实施国家总动员法告全国同胞》。

陪都各界"国家总动员宣传周"于晨8时假夫子池新运会广场举行揭幕典礼。

"第三次全国参谋长会议"及"第四次军事教育会议"在重庆闭幕。

国民政府军事委员会政治部、三民主义青年团中央干事会联合举行晚会，招待陪都文化界，到宾主何应钦、梁寒操、张道藩、潘公展、顾毓琇、周恩来、郭沫若等500余人。

由全国青年捐献的第一架"中国青年号"飞机及三民主义青年团重庆支团部等捐献的滑翔机20架，是日下午在重庆珊瑚坝机场合并举行命名呈献典礼，到各界代表1000余人。

5月5日 《国家总动员法》自是日起在全国实施。

蒋介石以缅甸中国军队失利，是日致电昆明行营主任龙云，指示积极准备、从速部署昆明城防，以防万一，有备无患。

刘峙、贺国光、杨公达、吴国桢、康心如为扩大劝储美金储蓄运动，是日特邀请在渝各界领袖茶会。

"中国业余无线电协会"假广播大厦举行第三届会员年会。

5月7日 国民政府明令公布《公有建筑限制暂行办法》8条,规定在抗战期间,重庆市区内及迁建区内之公有建筑,除经行政院准许外,不得兴建;已建无特殊理由者,必须在一个月内停建,违者予以征用或处罚。

5月8日 国民政府行政院为维持民间交通计,决议拨款8000万元,交运输统制局发展提炼桐油事业,并由财政部贸易委员会供给大量桐油提炼代汽油。

"国家总动员宣传周"工商日,重庆工商界特通电拥护《国家总动员法》;晚,孔祥熙特发表题为《工商业与国家总动员》的广播讲话,动员工商界人士处处以抗战建国为前提。

5月9日 陪都劝储美金储蓄券运动结束,共销美金储蓄券300万元。

5月10日 国民政府通知各国:将各国经由普通邮路寄我国后方各地之邮件,改由苏俄及新疆转递;寄沦陷区各地者发由苏俄及关外转递,航空邮件则经加尔各答由渝加线内运。

"国家总动员宣传周"新闻宣传日,陪都记者联谊会举行座谈会,国民党中央宣传部副部长潘公展勖勉新闻界要奉行《国家总动员法》;国民党中央党部秘书长吴铁城作题为《国家总动员的前锋》的广播讲演。

由吴铁城、陈果夫、陈立夫等人发起组织的"南洋华侨协会"在重庆成立。

由中国红十字会总会筹建的"重庆医院",是日在高滩岩举行奠基典礼。

上旬 国民政府教育部核定本年全国公私立大学暨独立学院招生分区联合举行,并指定各区之召集学校,同时规定考试录取及分发学校等事项,均由各区自行办理。

5月11日 国民政府明令公布《战时管理进出口物品条例》15条。

重庆市临时参议会第一届第六次大会,于下午2时在中正路该会议场举行,到各参议员及党政长官、来宾60余人。议长康心如主持并致开会词,说明国家总动员法公布实施后该会应有的任务。

5月12日 国民政府明令:任命李铁铮为首任驻伊朗全权公使。

蒋介石致备忘录于美国空军志愿队总队长陈纳德,指示陈纳德从"下星期一起,每日飞往密支那与八莫之间及印道与新堡之间地区,掩护我军在伊洛瓦底江(在新堡附近),由西向东渡江,勿使敌机扰乱我渡江部队,最好每日能飞往三次,至少每日要有两次前往掩护,每次以飞机三架或六架编队前进,如是者约须连续五日为要"。

国民党中央宣传部部长王世杰招待外国记者并发表谈话,就近日国内外战局有所说明,称"南太平洋战争,确已转入有利于盟军之阶段"。

5月13日 国民政府明令公布《经济部资源委员会组织法》14条,同时废止1938年8月1日公布的《经济部资源委员会组织条例》。

国民政府明令公布:①公布《战时烟类专卖暂行条例》41条、《战时食糖专卖暂行条例》47条、《战时火柴专卖暂行条例》31条;②废止《查禁敌货条例》及《禁止资敌物品条例》。

国民政府行政院举行记者招待会,经济部次长潘宜之报告东南各省经济建设动态。

重庆防空司令部在川东师范广场举行防毒部队春季联合操演,到刘峙、贺国光、吴国桢、杨公达、唐毅等。

"中英文化协会"举行盛大游园茶会,招待驻渝各国外宾及中美文化协会会员。

5月14日 重庆防空司令部于下午7时举行高射炮及照测部队夜间联合演习,所有渝市各部队均参加。

5月15日 蒋介石手令军令部次长林蔚并转示远征军第五军军长杜聿明,告知可空运粮弹接济杜聿明部。并指示杜聿明部行动不必太急,应从容设计,绕道前行,务以避开密支那为稳妥。

5月16日 中央大学、重庆大学、交通大学重庆分校、中央工业专科职业学校、四川省立教育学院等大学联合运动会在重庆大学举行,到各校师生5000余人。

张自忠上将殉国两周年祭暨纪念碑落成典礼,在北碚双柏树张自忠墓地举行,到各界代表400余人,冯玉祥主祭,贺耀组代表蒋介石致词。

5月17日　晨,重庆市大风,化龙桥至磁器口沿嘉陵江一带灾情惨重,房屋倒塌不计其数,小龙坎中正学校房屋被毁10余栋。

5月18日　国防最高委员会会议决定:6月14日为"联合国日",全国一律悬挂盟国国旗。

蒋介石会晤美国驻华军事代表团团长马格鲁德,商谈有关中美两国缔结类似同盟协定之必要等问题。蒋介石告知马格鲁德:①"予亟盼华府方面,能立将拨交中国应用之运输机一百五十架,改成四发动机,尽速输送来华,以应急需。"②"中美两大国家,为确保太平洋永久安全起见,实有商定百年大计之必要。……中美两国之将来,实有特缔一种条约之必要。"③"窃意联合国作战,迄今缺乏联系,坐致连遭挫折,延缓达成胜利之期。就军事言,迄今未见指挥之统一。余目睹此种现象之持续,若不早加纠正,联合国前途之阴影未易扫除,因是常感示怪。"④"中国拥戴美国之领导而非英、美联合之领导。中国欢迎美国主持之参谋团,而今日之参谋团,惟有英、美参加,拥五百万大军与日本作殊死战之中国反不能及,实非中国所愿见。……中国军民对此措置,刺激甚深。深感中国名为同盟国,实被歧视。"蒋介石最后"企盼美国勿使中国民众发生美国协助英国降低中国地位如英属自治领之误会"。

"渝江轮渡公司"成立,董事长卢建人,总经理董泽普。该公司系一工人企业组织,资本20万元,主要开辟临江门至香国寺、临江门至刘家台的水上交通。

"新中国剧社"在重庆举行成立大会。

5月19日　国民政府明令:①管理中英庚款董事会董事李书华、李四光、叶恭绰、曾镕浦任期届满,均着连任;②任命陈策为海军中将。

国民党中央海外部举行茶会,欢迎归国侨领,司徒美堂等数十人出席,海外部部长刘维炽主持并致欢迎词。

国民政府行政院政务处处长蒋廷黻发表谈话,称同盟国应迅速以军火援华,以便我有效打击敌寇。

国民政府交通部与四川省政府议定:将四川省政府建设厅主管的川江船舶总队划归交通部管理。

重庆市临时参议会第一届第六次大会第六次会议选举龙文治、胡仲实、潘昌猷3人为国民参政会参政员,汪云松、李奎安、漆中权、周钦岳、李秀芝5人为该会第六次大会休会期间驻会委员会委员。

5月20日 国民政府准国防最高委员会决议,是日明令定6月14日为"联合国日,中央及各省市政府应一律悬挂联合国国旗,以表示团结友好之意义"。

邮政总局自昆明迁重庆办公。

"中央政治学校"于下午4时在该校举行成立15周年纪念会,校长蒋介石致训词,要求国民党员推行主义要不遗余力,对工作要去虚伪求实在,方能收到事半功倍之效。

重庆市临时参议会第一届第六次大会在中正路该会议场举行休会式,议长康心如主席并致休会词,详述该会三年来六次大会之总成绩。

5月21日 重庆市市民全部实行立约购米,陪都民食供应处每月照约发售之米约70000余石。

5月22日 国民政府行政院召集各有关机关负责人开会,商讨日用品定量分售之实施日期及手续,决定6月15日以前实施定量分配。

迁川工厂联合会设立"工业经济研究所",由章乃器主持,研究有关工业的法令、关税、劳工、保险、经济、金融等问题,并定期出版会刊。

苏联驻华大使潘友新夫妇宴请"中苏文化协会"会长及各常务理事,宋庆龄、于右任、孙科、陈立夫、郭沫若、王云五等出席。

5月26日 国民政府明令公布《盐专卖条例》55条,对食盐的产、制、运、销等实行统制。

蒋介石会晤美国在中缅印派遣军司令部空军武官毕赛尔,听其报告史迪威将军自缅甸退入印度后之行踪,并建议向荷兰政府借拨轰炸机,会谈时,宋美龄、商震在座。毕赛尔首先介绍了赴印度会晤史迪威、魏菲尔等人的情况,并告知蒋介石,荷兰军事代表团团长拟"拨B25式(轰炸)机六架或八架连同荷兰空军人员共钧座之用"。

5月27日 国民政府军事委员会顾问事务处处长卜道明分别与苏驻华

大使馆代理武官罗申及代理总顾问古巴列维赤接洽，商谈苏联在华顾问续订合约事宜。

国民政府经济部"中央工业实验所"所长顾毓瑔对记者发表谈话称：11年来，中央工业实验所朝着三个目标前进：①研究工业原料之自给自足；②改进工业技术以求现代化；③检验工业成品以求标准化。并称，该所现已建立17个试验室，10个实验工厂，4个工作推广站。

印度驻华总代表萨福莱爵士偕秘书哈夏德及会计员、速记员一行5人由加尔各答飞抵重庆。

"银钱业周五聚餐会"在柴家巷康心如公馆举行，康心如主持并报告聚餐会的历史、作用，并希望将此聚餐会予以扩大。

5月28日 四联总处举行临时理事会议，通过《统一发行办法》及《统一发行实施办法》，规定自1942年7月1日起，由中央银行统一法币发行，中国、交通、农民三银行停止发行新钞。

5月30日 国民政府明令：任命张彭春为驻智利公使，郑尚友为驻土耳其公使。

印度驻华总代表萨福莱爵士偕一等秘书李吉、二等秘书艾迈德于上午11时访晤国民政府外交部次长傅秉常。

5月31日 "东北四省抗敌协会"于下午2时在广播大厦举行成立大会。

下旬 蒋介石连日召见新任驻伊朗、巴拿马、埃及等国使领李铁铮等，分别有所指示。

中共代表周恩来在重庆会见美国记者埃德加·斯诺，表示希望美国军事代表团和美国记者去延安参观，并委托斯诺将宣传八路军、新四军作战业绩的有关资料带给居里。

是月 国民政府教育部呈准规定9月9日为"体育节"，并颁布《体育节举行办法要点》6条，规定体育节前一周为宣传周，在节日期间应因时因地因人开展各种体育活动。

6月

6月1日 蒋介石夫妇于晨2时应美国陆军部之请,分别对美国军民广播,称:"盟国欲求最后胜利,必速供我适当配备"。

国家总动员会议常务委员吴铁城、贺耀组、陈仪联名致函粮食部部长徐堪,对征粮问题提出两项希望,做到"公平负担"与"有粮出粮"。

由国民政府粮食部召集的"全国粮政会议"在重庆开幕。

"军需业务研讨会"在重庆举行,各军派遣中级军需官一人参加,会期订为一个月,主要研讨军需独立的实施办法。

中央银行与中央信托局联合举行国民月会,到银行界人士1000余人,孔祥熙主持并宣读蒋介石在中央训练团对财政、金融、经济、交通各界人员的训词。

国民政府财政部"田赋整理委员会"自是日起改组为"田赋管理委员会",仍以关吉玉为主任委员。

蒋介石以兼国民政府外交部部长的身份于下午5时在外交宾馆接见印度驻华总代表萨福莱。

"中央出版事业管理委员会"正式成立,叶楚伧为主任委员,甘乃光、方治为副主任委员。

重庆《中央日报》与《扫荡报》本日起在重庆出版联合版,每日暂行出版一张半,逢星期日出版两张。

"中央推行注音识字运动委员会"在重庆举行第一次会议。

"中国粮政协进会"举办的"粮食节约与营养改进运动展览会"在重庆开展。

新任国民政府军事委员会"四川省船舶总队"总队长王洸到职视事。

6月2日 蒋介石于上午11时莅临"全国粮政会议"并训话,对粮食部一年来的工作表示满意,并指示今后粮政及本年度粮食征购办法,称今年的粮政政策,在"平均"的原则下,地主富户应按累进率纳税。

晚,蒋介石以兼国民政府外交部部长的身份,宴请捷克驻华公使米诺夫斯基、土耳其驻华代办戴伯伦,并邀孔祥熙、王宠惠、吴铁城等人作陪。

蒋介石夫妇接见平准基金委员会美籍委员福克斯,听其报告美国军用物品生产之现况及平准基金委员会之工作情形。

国民政府海外部部长刘维炽、侨务委员会委员长陈树人携款350万元,联袂由重庆飞昆明,主持云南省归国侨胞紧急安置及疏散事宜。

6月3日 国家总动员会议于上午9时在国民政府举行第一次全体会议,蒋介石、孔祥熙、何应钦及各委员均出席,会议通过《国家总动员法实施纲要草案》5条,报国防最高委员会批准;通过《违反国家总动员法惩罚暂行条例草案》,送立法院审议。

"六三"禁烟纪念日,蒋介石昭告全国,称"烟毒与倭寇,均为我民族最大之仇敌,抗战与禁烟同样重要,不容轩轾"。重庆各界举行盛大的"六三"禁烟纪念大会并于较场口公开焚毁烟毒烟具。

"中华交响乐团"假嘉陵宾馆举行成立二周年音乐会。

6月4日 国民政府明令:①特派孔祥熙为中央、中国、交通、农民四银行联合办事处理事会副主席;②立法院立法委员刘振东辞职照准,任命吴经熊、简又文、全增嘏、叶秋原、罗运炎为立法院立法委员。

国民政府外交部正式公布《中美抵抗侵略互助协定》(即《中美租借协定》,6月2日在华盛顿签字)全文。

史迪威将军于中午12时半晋谒蒋介石,蒋介石询问缅甸战役失败经过并款以午餐,餐后双方就缅甸战事失败进行长谈。

"全国粮政会议"于下午3时在粮食部大礼堂举行第四次大会,徐堪主持。国民政府军事委员会参谋总长何应钦应邀出席并致词,强调战争的胜负取决于粮食。重庆市粮政局局长涂重光报告重庆市粮政情形。

6月6日 由国民政府粮食部召集的"全国粮政会议"于下午在重庆闭幕,孔祥熙到会并训话。

第二届"工程师节"。中国工程师学会、中国工程师学会重庆分会、国父实业计划研究会于晚6时假广播大厦举行纪念会。

6月7日 "机械工业标准起草委员会"在求精中学成立,杨继曾、杨家瑜、顾毓琇、颜耀秋、欧阳仑为常务委员。

6月8日 国民政府明令：①修正公布《内政部组织法》26条，规定该部内设总务司、民政司、户政司、警政司、礼俗司、营建司及禁烟委员会；②派驻巴西公使谭绍华为议订《中巴友好通商条约》全权代表。

贺耀组在中枢纪念周上讲解国家总动员法。

国民政府财政部贸易委员会自是日起提高黑猪鬃价格，每关担为国币3600元。

蒋介石致电在美国的宋子文、熊式辉，表示其对史迪威的不满。

印度驻华专员萨福莱偕秘书艾迈德、李占生于下午4时晋见国民政府主席林森，并呈递印督的介绍函。

6月9日 国民政府明令公布《地政署组织法》21条，《财政部缉私署组织法》20条。

"东北四省抗敌协会"在重庆举行第一次理监事联席会议。

6月10日 蒋介石下令将在缅甸战役中失职的师长陈勉吾解至重庆审办。

国民政府行政院于下午4时邀集陪都各报社记者在该院会议厅举行第15次时事谈话会，财政部贸易委员会主任委员邹琳出席并报告该会之行政与业务。

印度驻华专员萨福莱下午5时赴行政院谒孔祥熙，作到任后的初次拜访。

国民政府社会部公布：经该部调整、考核后的直属社会团体有224个，其在全国的分、支会有2007个；地方团体有1653个。

6月12日 蒋介石致电外交部部长宋子文及中国驻美军事代表团团长熊式辉，电示对下次太平洋作战会议开会时的提案。该提案的主要内容是说明同盟国对敌作战必须改变先德国后日本的战略及其原因，认为日本现在力量尚不及德国，但却牵制了中、美、英的部分力量，不如趁机以全力击败日本，然后再集中力量去对付德国。

6月14日 联合国日。国民政府主席林森及宋美龄、孔祥熙夫妇、于右任、戴传贤、孙科、吴铁城、王宠惠、薛穆及各同盟国驻渝代表分别对国内外广播讲演。陪都各界庆祝"联合国日"大会于夫子池广场举行,会场遍悬27联合国国旗。重庆各机关也分别举行庆祝大会。

"联合国日"。英国驻华大使薛穆在对英国民众的广播讲演中,盛赞重庆的伟大,称:"自日本开始进侵中国,迄今已有五载。……中国仍屹立不移。足以象征中国不屈不挠意志与决心之重庆,乃成为全世界各地家喻户晓之一名词。为各自由民族而言,重庆乃联合国家所为振奋之精神之象征;为独裁者而言,重庆乃若干民众甘冒危险、忍受痛苦、不接受侵略者之束缚之象征。……重庆之民气仍极高涨,斜枕于扬子江上之重庆城,到处断垣残壁,然附近山丘与河流,均经开发,市民亦孜孜不倦,使一切生活照常进行。在空袭警报网及防空洞之供应方面,重庆直可与世界上任何城市比较,而无愧色。重庆之应成为世界理想中之一项事物,实无足异。"

"三民主义青年团"中央团部干部训练班第四期学员于上午10时举行毕业典礼,蒋介石亲临主持并训话。

6月15日 蒋介石夫妇在黄山官邸与史迪威参谋长会晤,商谈有关如何安顿中国在印军队、组织中国战区参谋本部、中印空航、中国战区组织空军之计划与恢复缅甸诸问题。

孔祥熙在中枢纪念周上讲述各种专卖条例要旨。

国民政府军事委员会政治部任命吴树勋为中国电影制片厂厂长,王瑞麟为副厂长。

6月16日 "中央军官学校"举行成立18周年纪念暨阅兵典礼,蒋介石亲临并训话。

"重庆市居民身份证登记处"正式成立,由市长吴国桢兼任处长。

6月17日 国民政府特任万福麟为国民政府军事委员会委员,任命谢寿康为驻罗马教庭公使,涂允檀为兼驻洪都拉斯公使。

国民政府行政院于下午4时邀集陪都各报社记者在该院会议室举行第16次时事谈话会,经济部部长翁文灏主持并报告工业动员概况。

6月18日 孔祥熙夫妇于晚7时假范庄欢宴我空军美国志愿队,到陈纳德少将、毕索尔准将及何应钦、张治中、商震、周至柔、陈庆云、董显光、俞鸿钧、顾翊群等250余人,孔祥熙致词,对美国志愿队英勇作战歼敌的功绩备加赞赏,陈纳德致答词。

第二届"诗人节"暨高尔基逝世六周年纪念日,中苏文化协会联合国民政府军事委员会政治部文化工作委员会、国际反侵略运动中国分会等11团体于晚7时半在该会举行纪念晚会。

6月19日 国民政府教育部"农林教育委员会"为商讨今后农业教育推进计划,是日在该部召开农林教育委员会第二次委员大会。

6月20日 国民政府教育部召集的"农林教育委员会"闭幕。

陪都各界于上午8时假新运服务所举行欢迎会,欢迎全国慰劳总会前线将士慰劳团,该会代会长谷正纲主持致欢迎词,前线将士慰劳团总团长居正报告前线慰劳的经过及观感。

6月22日 国民政府行政院颁行《国家总动员法实施纲要》。

国民政府行政院地政署正式成立,郑震宇任署长,原内政部地政司撤销。

"中央出版事业管理委员会"成立,主任委员叶楚伧,副主任委员甘乃光、方治。该会的主要职责是"从事调整、从事管理","为本党出版政策之决议及有关出版之设计机构"。

国民政府军事委员会军政部部长何应钦在中枢纪念周上报告改善官兵生活状况及实施军需独立情形。

国民政府军事委员会参谋总长何应钦以苏联抗战一周年纪念,特于晚上7时30分在军事委员会内设宴招待苏联在渝军官,并邀军事委员会各高级将领作陪。

"中苏文化协会"为纪念苏联抗战一周年,于下午3时在广播大厦举行盛大的纪念茶会,到中外来宾近200人。

6月23日 国民政府任命钱大钧为军政部政务次长。

远征军司令长官罗卓英由印度返国抵重庆,晋谒蒋介石并述职。

6月24日 国民政府外交部宣布:中国与波兰公使互相升格为大使。

蒋介石会晤史迪威参谋长,商谈有关组织中国战区参谋本部及拟具中国战区整个作战计划等问题。

孔祥熙视察物资局并对全体职员训话，说明物资局的使命在于"增加生产，节制消费，调剂物资，平抑物价"。

国民政府赈济委员会代委员长许世英在行政院举行的记者招待会上宣布：该会自成立以来，已有4年又2个月，共拨发各项赈济款12468万元，救济难民人数为2672万人，抚恤空袭伤亡人数17.436万人，移居侨民133万人，救侨费用为3440万元。

"第一区酒精工业同业公会"邀请有关各方人士举行酒精工业座谈会，研究如何解除困难，增加生产，以利抗战大业事宜。到来宾顾毓琇、欧阳伦、徐恩曾、彭用仪、潘仰山等50余人，由章乃器、杨公庶等分任招待。

"强华实业股份有限公司"举行创立会，选举杨晓波为董事长，童少生为常务董事。

6月25日　蒋介石夫妇接见英国驻华大使薛穆，听其报告当前印度之局势，并希望英国、印度能和谐谅解，俾印度贡献力量，以助同盟国抗战。

"中央妇女运动委员会"于下午2时假广播大厦举行国民党中央党部女同志联欢大会，到各机关团体妇女200余人，主要讨论妇女如何参加国家总动员工作。

"全国慰劳总会"于下午2时假嘉陵宾馆举行欢迎慰劳归国侨领侨胞茶会，到侨领侨胞200余人，谷正纲主持致欢迎词。

6月26日　蒋介石会晤中国战区统帅部参谋长史迪威，讨论关于在印度的重轰炸机被抽调至埃及暨A-29式轰炸机改道赴埃及等事。

蒋介石致函印度国民大会领袖甘地，告以日本之侵略为吾人目前最迫切之祸患，我亚洲国家与反侵略盟国，均须共同一致，首谋应付此一大患。

"孔学会"于下午4时在范庄举行第一次理监事联席会议。

"中国边疆问题研究会"在重庆举行首届会员代表大会，决定在重庆、成都、雅安、云南、广西、遵义、嘉定等13处成立分会。

6月27日　蒋介石致电外交部部长宋子文，告以对罗斯福总统派居里再度来华表示欢迎，并请催其速来为盼。

6月28日 国民政府外交部使领人员研究班在重庆举行开学典礼,到学员及来宾200余人,由班主任傅秉常主持报告筹备经过,孔祥熙致词。

"中国国民外交协会"于是日晨在广播大厦举行第四届年会,到吴铁城、陈立夫、叶楚伧、陈铭枢、吕超及会员代表200余人。吴铁城主持致开会词,说明举行年会之意义。

6月29日 国民政府明令公布《妨害国家总动员惩罚暂行条例》15条。

蒋介石与史迪威会晤,商讨有关缅甸防卫事宜及维持中国战区最低限度之要求,蒋介石交手谕一件与史迪威,"指明保持中国战区最低限度之需要共有三项:①八、九月间美国应派军队三师达到印度,与中国军队合作,恢复中国与缅甸之交通;②自八月份起,应经常保持第一线飞机五百架,如有损失,随时补充,不令有坠此标准以下之空隙;③自八月份起,经常保持每月五千吨之空中运输量。"

史迪威受命为中国驻印军司令长官,罗卓英副之。

6月30日 国民政府财政部准中国、交通、中国农民三银行增加官股,其资本总额各达6000万元。

是月 "川陕川湘水陆联运处"成立,薛光前任处长。

全国节约建国储蓄劝募委员会成立至今,已达2年,据该会统计,截至6月底,全国节约净存总额达17亿元。

重庆市节储数额,截至6月底止,已达36000万元左右,内国币储券为21800余万元,美金储券为140万元,普通储券约10000万元。

7月

7月1日 国民政府明令公布《战时烟类专卖条例》,自是日起,在四川、西康两省及鄂西区域实施。

国民政府财政部正式实施《钞票统一发行办法》。

国民政府财政部为实施金融政策,加强管制全国银钱行庄业务,于重庆市以外各重要城市设置银行监理官。

国民政府财政部设立专卖事业司,以朱偰为司长。

国民政府财政部成立"进出口审核委员会",以邹琳为主任委员,专门办理各种进出口物品的审核事宜。

"第一次全国田赋征实业务检讨会议",是日假财政部财务人员训练所举行预备会议。

由国家总动员会议、财政部、四联总处、重庆市政府及江北、巴县两县县政府联合组织的"检查公司行号委员会"在重庆成立,何浩若兼任主任委员。

宋美龄召集史迪威将军、毕赛尔将军、陈纳德顾问及航空委员会主任周至柔、中国空军总指挥毛邦初等人开会,会商有关中国战区飞机之补充及每月运量诸问题。

"新生活运动妇女指导委员会"成立四周年纪念,指导长宋美龄致训词,勉励妇女同胞克服困难,牺牲一切,以求抗战最后胜利。

中国入缅远征军司令长官罗卓英等于6月底抵渝,中国国民外交协会、国际反侵略运动中国分会、全国慰劳总会、国民政府军事委员会政治部文化工作委员会及中缅文化协会等,于是日集会欢迎,谷正纲主持致欢迎词,梁寒操讲演,对罗勇于负责的精神表示赞许。

中国入缅远征军司令长官罗卓英应中央广播电台之邀,于晚间对全国军民及南洋华侨播讲,详述中国军队入缅作战经过。

7月2日　国民政府公布《营业税法》21条,规定凡以营利为目的之各业,均应依本法征收营业税。

"中中交农四行联合办事总处"秘书长徐堪辞职,遗职由邮政储金汇业局局长刘攻芸继任。

中国战区参谋长史迪威在重庆致备忘录于蒋介石,说明其个人所处之地位与执掌。

7月4日　美国独立纪念日,国民政府主席林森致电美国总统罗斯福表示祝贺。晚,国民政府军事委员会参谋总长何应钦设宴招待美国驻华军事代表团及美国驻华大使馆人员。

国民党中央宣传部副部长潘公展在中央广播电台对全国及海外作题为《抗战五年来之中国国民党》的讲演。

由国民政府财政部田赋管理委员会召开的"第一次全国田赋征实业务检讨会议"在重庆开幕。

由社会部合作事业管理局、全国合作社物品供应处联合召开的"消费合作业务讨论会"在重庆举行,到陈果夫及各消费合作社代表200余人。

是日为"国际合作节"纪念日,陪都各界纪念第二十届国际合作节大会于新运服务所举行,到全市各合作社代表200余人,社会部部长谷正纲主持并对陪都合作事业应改进之点加以指示,全国合作事业管理局局长寿勉成致词,希望各合作社能配合起来,推进今后业务。

7月5日 由国民政府财政部田赋管理委员会召开的"第一次全国田赋征实业务检讨会议"在重庆闭幕。

"中国药学会"(前身为中华药学会)在重庆成立。该会的主要任务是:研究中西药的合理配制利用,中药科学化,沟通与世界药学的联系。

7月6日 国民政府任命吴南轩为国立复旦大学校长。

国民政府粮食部部长徐堪在中枢纪念周上报告粮政工作近况。

中中交农四行联合办事总处秘书长刘攻芸、邮政储金汇业局局长徐继庄到职视事。

"中国盲人幸福促进委员会"在重庆举行成立大会,会议通过组织规章,并决议推宋美龄为名誉会长,宋霭龄为会长。

7月7日 国民政府明令公布《水利法》。

抗战五周年纪念日。蒋介石向全国军民广播致词。

蒋介石致电美国总统罗斯福,对罗斯福昨日为中国抗战五周年纪念给蒋介石的贺电表示谢意。

国民政府军事委员会公布抗战五年来的成绩:毙死毙伤日军250余万人,俘敌29924人,缴获各种战利品747余万件,击落敌机2504架,进行大会战14次,游击战10375次。

七七抗战五周年纪念日,陪都各界举行隆重纪念大会。

孔祥熙接见英国驻华大使薛穆并晤谈。

7月8日 国民政府军事委员会政治部文化工作委员会假中苏文化协会

举行抗战五周年纪念晚会，梁寒操主持致开幕词，姚蓬子报告抗战五年来的文艺工作。

7月9日 三民主义青年团成立四周年纪念日，蒋介石特发表《告全国青年书》，勖勉青年必须有远大的抱负，严肃端正，重法守纪。

三民主义青年团成立四周年纪念日，三民主义青年团中央团部在重庆举行纪念会。

国民党中央在重庆举行"国民革命军北伐誓师十六周年纪念大会"，何应钦报告纪念意义。

蒋介石在曾家岩官邸接见苏联驻华大使潘友新，听其关于新疆督办盛世才有关反苏排苏事宜。

7月10日 由国民政府农林部召集的"农垦工作检讨会议"在重庆举行，主要检讨项目为农事农村经济及垦务，参加者有农林部农事司等10余单位100余人。

7月11日 国家总动员会议拟定战时生活标准。

7月12日 国民政府军事委员会参谋总长何应钦，副总长程潜、军令部部长徐永昌、政治部部长张治中、办公厅主任贺耀组、航空委员会主任周至柔等举行会议，讨论决定了《收复新疆主权方略》。

国民政府军事委员会政治部文化工作委员会在社交会堂举行"国际问题座谈会"，主题讨论"日本今后之动向及同盟国之对策"，由该会副主任委员谢仁钊主持，冯玉祥作主题讲演。

7月13日 国民政府内政部政务次长张维翰是日自重庆出发，赴陕、甘、宁、青、川、康、豫等省了解新县制推行情况及民政、警政、户政、禁政等的执行情形。

7月14日 蒋介石召集有关各方举行重要会议，讨论新疆问题。

7月15日 新任中央信托局兼代理局长俞鸿钧就职视事。

"中国工矿银行"在重庆正式营业，总经理翟温桥。

7月16日 蒋介石于下午5时在黄山官邸接见苏联驻华大使潘友新，重申今后有关新疆事件，苏联政府应与中国中央政府直接洽商，以免发生误会。

英国驻华大使薛穆以7月9日英国外相艾登之声明(即承认重庆国民政府为中国唯一合法政府)照会国民政府外交部。

"重庆市动员会议"正式成立,吴国桢为主任委员,原重庆市动员委员会是日结束。

重庆市居民身份登记处召集全市各区正、副区长,各镇正、副镇长、保甲长及户籍员警1000余人开会,由副处长唐毅报告举办居民身份登记的意义及重要性,希望全体官员尽最大努力,于短期内完成此项艰巨工作。

7月17日 国民党中央宣传部召开政令宣传会议。

中共代表周恩来会见张治中,希望能与蒋介石面谈解决问题的意见。

国民政府农林部召集的"农垦工作检讨会议"闭幕。

7月18日 史迪威向蒋介石提交一份备忘录,备忘录参照先前两路夹击日军的设想,向蒋介石提出四点军事计划,要中国方面挑选20个师参加作战。并认为此计划不仅能打通滇缅路,而且在仰光收复后,美国能连续半年每月拨给中国物资3000吨。

7月19日 "中国药学会"在重庆举行第一届理监事联席会议,并建议政府设置药务署,以加强对药物的制造、供应等问题。

7月20日 美国罗斯福总统之私人秘书——居里由印度飞抵重庆,主要任务为代表罗斯福总统调查中国战时需要。

7月21日 蒋介石接见居里,居里面交罗斯福总统之亲笔函,并向蒋介石介绍了美国远东战略,双方就印度问题、中美合作、反攻缅甸、史迪威地位、战后政治及中英邦交、中苏关系等事,广泛交换意见。

蒋介石会见中共代表周恩来并称:已指定张治中和刘斐与中共谈判。

重庆市居民身份登记是日起开始举办,全市共设登记站271处。

7月22日 蒋介石与居里会晤,蒋介石对中国不得参加英美联合参谋会议表示遗憾,蒋介石表示:中国只能接受美国的领导,而不能接受英、美联合之领导。双方并讨论了中、美两国一年来感情隔阂的倾向及其原因。

四川火柴业代表于下午到国民政府监察院请愿,陈述该业对专卖施行细则及评价限制产量的意见,并请求对该业目前困难予以救济。

7月23日 是日为"全国节约建国储蓄劝储委员会"成立两周年纪念日,该会发言人对记者发表谈话称:30亿元之目标,年底可望完成。

7月25日 蒋介石与居里会晤,讨论史迪威将军之地位及责任问题,居里认为,美国军事代表团团长史迪威具有双重任务:"一方面为钧座之参谋长,指挥缅甸战事,惟以钧座为中国战区总司令之资格而为参谋长,并非个人性质;一方面为总统之代表,监督与支配租借法案器材,同时亦为出席同盟国在中国任何军事会议之美国政府代表。史将军以其为钧座参谋长之地位言,应受钧座命令指挥缅甸战事,惟以其所居其他地位言,彼只应将中国所提某某军事器材之要求转达华盛顿,但彼如认为需要时,亦可向华盛顿自动提出建议。"

7月26日 蒋介石夫妇与居里会晤,继续讨论史迪威将军的责任问题。双方就中国军队入缅作战失败、史迪威率军退入印度之责任问题,究应谁负进行了讨论。

"中国边疆问题研究会"首届会员代表大会在重庆举行,由各地分会分别报告会务,并决定各分会的会务重点。

7月27日 国民政府明令:①公布《国家总动员会议组织条例》。规定该会设置在行政院内,由行政院院长指派各部部长或聘任国民党中央党部、国防最高委员会、中央设计局等单位负责人为委员;②公布国民参政会第三届参政员名单共240名,其中重庆市3人为龙文治、胡仲实、潘昌猷。

7月28日 国民政府行政院第574次会议决议:兼重庆卫戍总司令部副总司令贺国光应免兼职,遗缺派郭寄峤继任。

国民政府军事委员会军政部部长何应钦为配合重庆市举办居民身份登记,对全国作题为《身份登记与军政》的广播讲演。

7月29日 蒋介石会见居里,继续讨论克复缅甸的攻势计划及史迪威将军之地位问题,双方并谈及将史迪威调回美国的问题。

7月30日 蒋介石致备忘录于居里,请其转陈罗斯福总统修正先德后日之战略并请其维持前线飞机五百架和每月空运量五千吨。

蒋介石与居里继续商讨史迪威将军之地位及职权问题。居里称:"从美国人之观点言,华盛顿亟盼能保持史将军之双重任务。"并认为要将史迪威的这二种职务"强行分开,实在困难"。并说明若将史迪威调回,将会产生不良效果甚多。最后商定,调史迪威赴印暂住一个月,而调在印度主持供应的惠勒将军来渝代管史迪威所管的租借法案器材。

"中美文化协会"举行盛大欢迎会,欢迎美国总统罗斯福的私人代表居里,到蒋介石夫妇及该会会员、各界来宾400余人,孔祥熙主持致欢迎词,居里作到重庆后的首次公开讲演,称罗斯福总统曾说:"余欲对中国之英勇民众声言,无论日本能获得何种进展,均当设法以飞机及军火运交蒋委员长之军队"。

重庆至迪化(今乌鲁木齐)间无线电话是日开通。

7月31日 国家总动员会议秘书处召集各厂商联合会负责人举行谈话会,解释有关人力动员法规,并敦促工业界一致努力生产,俾达到动员之目的。

8月

8月1日 蒋介石致电四川省政府主席张群,指示四川省1942年度田赋征购办法。

国民政府经济部物资局自是日起扩大棉纱征购范围。

经国民政府经济部物资局厘定,重庆市自是日起实施棉纱新价格,其中棉的标准价格,由原来的540元增至800元;20支厂纱最高限价,由原来的6900元增至8580元。

美国罗斯福总统私人代表居里在重庆举行记者招待会并发表谈话。

四川省政府主席张群偕国民党四川省党部主任委员黄季陆等由泸州抵重庆,出席四川省行政会议重庆区会议。

中国航空公司开辟的重庆—兰州间航线开航。

重庆—成都间无线电话通话。

"中国卫生工程学会"在重庆举行成立大会。

8月3日 蒋介石接见居里,听其报告罗斯福总统对史迪威将军地位问题之意见,并互相讨论战后问题。关于史迪威之地位,罗斯福复电称:"史将军之地位,仍按照一九四二年一月三十日宋部长与美国军政部之约定,其双重任务并无变更。"居里向蒋介石转达了华盛顿对战后问题的一些意见,包括战后土地(殖民地——编者)的再分配问题、国际联盟所产生之委任统治制问题,对于中国东北问题,中国战后的稳定问题,中美邦交问题等等。关于东北问题,居里称:"华盛顿一部分人之感想以为中国东北应作为战后日、俄两国间之缓冲国,盖华盛顿之印象已有不将中国东北认为中国一部分者。"对此,蒋介石表示坚决反对,声称:"中国东北为中国领土之一部分,绝无讨论之余地,此实为中国抗战之基本意义。盖我抗战若非为收复东北失地,早可结束矣。"蒋介石并告诫居里,倘美国的此种观点"传入中国民间,抗战可受其影响而立即停止"。蒋介石希望美国罗斯福总统发表声明,"明白重申东北为中国一部分之意义。"

蒋介石接见居里、史迪威将军,继续讨论三路攻势计划。居里、史迪威说明三路攻势之必要与可能,蒋介石表示在原则上同意此项计划,并希望中国军队在向仰光进攻时,应有空军掩护。

蒋介石致备忘录与居里,陈列现已到达印度及七、八月份即将到达印度的军用器材以及将用于印度拉姆格尔训练营与剩余之军用器材数目。

国民政府军事委员会参谋总长何应钦在中枢纪念周上报告称:全国现已组成1200个国民兵团,训练了40余万国民兵干部,1000余万民兵。

四川省第三次行政会议重庆区会议在南温泉中央政治学校大礼堂开幕,同时举行国父纪念周暨各县临时参议会正副议长及各县行政人员宣誓典礼。

8月4日 蒋介石与居里会晤,讨论改善中英关系诸问题。居里认为:中国虽为联合国之一且签字于1月1日的二十六国共同宣言,但"仍有未受平等待遇之感觉"。因此居里建议中、英两国仿照英前例,"订定中英协定,英向中国保证战后中国将受完全平等之待遇。"蒋介石表示同意居里的建议并再次重申中国之外交政策:"中国决不参加美国不愿签字之任何国际协定,惟美国参加之协定,中国始愿为签字国。"蒋介石还再次表明了中国收复东北的决心,称:为了收复东北,"我人仍将继续抗战,即召〔招〕致国家之毁灭,亦所不惜。凡不承认东北为我领土之一部分者,皆为我仇。即我实力不允,亦必誓死争取。英国对我既不愿以平等相待,藐视我为劣等之民族,故即彼有协助之贡献,亦非吾之所愿接收。"

国民党中央宣传部部长王世杰对外国记者发表谈话称:"关于民主政治的训练,国民党一贯政策是谨慎坚定。……四年以来,国民政府对于国民参政会的设立和改组,可以说充分表现了这种谨慎坚决的态度。"

8月5日 国民政府令派郭寄峤为重庆卫戍总司令部副总司令。

国民政府航空委员会主任委员周至柔,中国空军总指挥毛邦初与陈纳德顾问在重庆会晤,商讨有关中国战区空军配置方案,确定了《中国战区空军配置计划》。

蒋介石接见居里,讨论印度及中苏关系诸问题。

蒋介石与居里会晤,讨论每月3500吨紧急空运军事器材的问题。

四川省第三次行政会议重庆区会议第三日,四川省政府主席张群在训话中对四川省过去之行政作详细的检讨,指示今后从政的要义,并特别强调改变政治作风,转移社会风气的重要。

"中国工业合作协会"在重庆举行四周年纪念会。

"重庆市国民体育委员会"成立,赵开平为主任委员。

8月6日 蒋介石致备忘录于居里,对同盟国"先德后日"之战略提出修正意见。蒋介石认为:远东战事多延长一日,日本则多增一份力量,同盟国要战胜日本也就要多费一份力量,多牺牲一些人员。

蒋介石接见居里,对罗斯福总统批准五亿美元贷款及将中国列入四强之列表示感谢,并讨论中美双方互派代表之事问题。居里告诫蒋介石:"第二次世界大战结束之后,中国如仍发生内战,其影响之恶劣,将不可想象。……中国讨共战役,犹在我人记忆之中,倘战后仍见此种斗争,至属不幸。……故本人亟盼钧座在可能范围内尽量优容共党。"

蒋介石致函美国总统罗斯福,感谢其对中国问题之关切,并说明必须从速确立统一之战略与成立统一指挥之具体组织。

四川省第三次行政会议重庆区会议在重庆闭幕。

国民政府委员杨庶堪,以感染急性痢疾,是日在南岸大石坝寓所逝世,享年62岁(1881~1942年)。

"四川丝业公司"在重庆举行股东会议,改选董监事,结果张群、何北衡、钱新之等人当选为董事,吴晋航等人当选为监事。

8月7日 美国总统罗斯福的私人代表居里离渝返美。居里此次来华,共留渝16日,与蒋介石谈话14次,多次谈及史迪威的地位等问题,对国民党利用租借物资问题也有不满的批评。

8月8日 国民政府明令:《盐专卖暂行条例》,着自8月10日起施行,以全国为其实行区域;《战时火柴专卖暂行条例》,着自8月10日起在川、康、黔三省施行;《战时食糖专卖暂行条例》,着自8月10日起在川、康两省施行。

缅甸侨领、国民参政会参政员李文珍晋见国民政府主席林森,并建议倡导归侨在后方从事生产。

8月10日 蒋介石致美国总统罗斯福,告以甘地及尼赫鲁等已被英印当局逮捕,请美国出而主持正义,速谋挽救以缓和印度之局势。

蒋介石分别致电印度甘地、尼赫鲁及奈杜夫人,表示慰问。

英国驻华大使薛穆访晤国民政府外交部次长傅秉常。

"川康兴业公司"举行第四次董监联席会议。

8月11日 蒋介石夫妇接见英国驻华大使薛穆,讨论印度政府拘禁国民大会领袖及和平解决英、印纠纷等问题。

"四川丝业公司"举行全体理监事联席会议。

8月12日 蒋介石接见捷克驻华公使米诺夫斯基,接受捷克总统贝奈斯所赠的捷克十字勋章。

8月13日 国民党中央常务委员会会议决议:通过加强国家总动员实施纲领,并将国民精神总动员委员会及新生活运动总会等机构进行合并。

国民政府明令:派驻土耳其公使邹尚友为互换中伊友好条约批准约本全权代表。

"中印学会"在重庆举行年会。

8月14日 国民政府明令:特派叶楚伧为高等考试初试典试委员长,罗家伦等 25 人为典试委员。

蒋介石与周恩来会晤,希望能在西安与毛泽东会谈。

"中央文化运动委员会"举行出版座谈会,王云五、张静庐、唐性天、徐伯昕等 40 余人出席,潘公展主持,会议就出版物之印刷、运输及纸张等问题进行了商讨。

第三届"空军节",陪都各界在两路口跳伞塔举行跳伞比赛。

8 月 15 日　蒋介石夫妇由重庆飞兰州,处理新疆各项问题。

"中国国民外交协会"聘宋美龄为名誉理事长,孔祥熙、孙科、朱家骅、王世杰、王宠惠、王正廷、郭泰祺、张治中、贺耀组、张群、谷正纲、董显光等为名誉理事,并决定在纽约成立分会。

8 月 16 日　"国际反侵略运动中国分会"举行印度问题座谈会,甘乃光主持,马超俊、张西曼、顾执中、阎宝航等数十人出席。

8 月 18 日　孔祥熙召见实业界代表胡西园、颜耀秋、吴羹梅、章乃器等 7 人,对实业界目前的状况有所垂询,并对实业界在抗战时期的贡献,慰勉有加。

"中国粮政协会"假中苏文化协会举行座谈会,讨论粮食征收征购问题,各相关机关均派代表参加。

8 月 19 日　国民政府财政部烟类专卖局负责人发表谈话称:平抑渝市烟价将切实执行,凡不依照核价出售烟件者,不但不再配发烟件,且必从严惩处。

8 月 20 日　国民政府明令褒扬杨庶堪。

"中国财政学会"第一次理临事联席会议在范庄举行。

8 月 22 日　国民政府经济部物资局局长何浩若对记者发表谈话称:渝市近来布价波动,本局已拟有具体办法处理,一方面尽量供应市面需要,同时将严加管制。

8 月 24 日　陈立夫、陈树人假社交会堂招待最近返国的侨民教育有关人员举行座谈会报告最近侨务状况并商讨改进计划,到 40 余人。

8 月 26 日　湖北省中等以上各院校训育主任参观团一行 26 人抵达重

庆,将分赴各机关学校参观。

8月27日 孔子诞辰及教师节纪念。陪都各界于上午7时在夫子池文庙举行祀孔典礼,由吴国桢、杨公达主祭。上午8时,国民党中央与国民政府联合举行纪念典礼,孔祥熙作报告。

国民政府教育部发表部聘教授30名,其主要人员名单如下:苏步青(数学)、李四光(地质学)、吴有训(物理学)、饶毓泰(物理学)、张景钺(生物学)、艾伟(心理学)、胡焕庸(地理学)、胡元义(法律学)、杨端六(经济学)、孙本文(社会学)、梁希(林学)、茅以升(土木水利工程)、庄前鼎(机械航空工程)、余谦六(电机工程)、洪式闾(医学)、蔡翘(生物解剖)、黎锦熙(中国文学)、陈寅恪(史学)、萧一山(史学)、汤用彤(哲学)、吴宓(英国文学)。

8月28日 吴铁城致电英国远东问题权威、参议员汤姆斯,谢其主张废除治外法权。

8月31日 国民政府立法院院长孙科在中枢纪念周上作题为《十五年来之立法工作》的报告,总结1928年以来各项立法工作。

陪都13个国际文化团体负责人举行第10次联席会议,并欢宴罗马教皇驻重庆代表费悦义。

9月

9月1日 欧战三周年纪念,蒋介石致电英国首相丘吉尔,为英国对德宣战三周年来英国军民之英勇奋斗表示敬佩,并相信正义与自由必将最后获胜。

"中中交农四行联合办事总处"进行改组。

国民政府社会部劳动局成立,是日正式在中二路41号办公。

记者节。"中国新闻学会第一届年会"在重庆举行。

重庆市自是日起举办"民族健康运动"。

9月2日 陪都工业界各界领袖集会,讨论筹组"全国工业联合会"事宜,决定该会以"联合全国工矿事业,共谋发展"为宗旨。

9月3日 国民政府行政院副院长孔祥熙对沦陷区同胞发表广播讲话,

希望再接再厉,完成神圣使命。

9月4日 "三民主义青年团文化事业设计委员会"举行会议,推王云五为该会主任委员。

"中国新闻学会第二届理监事"举行就职典礼并举行第一次会议。

9月6日 "中国化学会第十届年会"在重庆大学举行。

9月7日 "中国化学会第十届年会"闭幕。

9月9日 中枢举行国父起义纪念会,国民政府监察院院长于右任在会上报告总理孙中山第一次起义经过情形与兴中会革命;张继、刘峙分别讲演。

首届"体育节",全国分11处举行运动会。

为庆祝首届"体育节",重庆市各界于下午3时假夫子池运动场举行"重庆市首届运动会开幕式及体育节纪念典礼"。

9月10日 国民政府行政院令:准中央图书杂志审查委员会呈,将重庆市图书杂志审查处自1943年度起,依法改为特级审查处。

国民政府财政部公债筹募委员会第一次委员会议在范庄举行。

国民政府外交部宣布:欢迎英国议会派遣访华团来华访问。

新任波兰驻华大使馆暂行代办特罗和斯基访晤孔祥熙,作到任后的首次拜访。

9月11日 国民政府经济部西北工业考察团举行首次团员会议,讨论分配各团员的任务。

9月12日 国民政府明令:特任魏道明为驻美利坚特命全权大使(原任胡适免职)。

国民政府教育部聘马思聪为"中华交响乐团"团长。

9月14日 蒋介石在西北事毕,是日偕夫人宋美龄等从西安返抵重庆。

"中央出版事业管理委员会"招待陪都文化界举行谈话会。

国民党中央宣传部对敌宣传委员会举办的"对敌广播宣传周"是日开始举行,每日邀请党政要人对敌广播讲演。

工业界筹组的"工业联合会筹委会"举行首次筹备会议。

"东北四省抗战协会"在重庆招待各文化团体。

9月15日　国民政府行政院第581次会议。

党政工作考核委员会副主任委员李宗黄自重庆出发,赴湘、桂、滇、黔等省考核党政工作。

"全国慰劳总会"会同各有关机关组织的"川东荣誉军人慰问团"一行20余人,由团长马超俊率领,是日离重庆赴合川等地慰劳。

豫丰、裕华、申新、沙市四纱厂联合设宴招待新闻界,由各厂经理分别报告各厂业务概况及困难情形。

9月16日　"中国工矿银行"在重庆举行开幕典礼。

9月17日　国民政府立法院院长孙科应东北四省抗敌协会之请,在新运服务所公开讲演《战后之东北》。

印度驻华专员萨福莱于下午4时在广播大厦向中美文化协会会员及来宾讲演《印度概况》。

9月18日　国民政府派吴泽湘为外交部驻新疆特派员,并加公使衔。

"九一八事变"11周年纪念,东北四省抗敌协会假陪都实验剧院举行"'九一八'十一周年纪念大会",到东北旅渝人士、该会会员及各界来宾600余人。

由中央文化运动委员会主办的"联合国艺展",是日起假中央图书馆举行,展期3天,共有展品700余件。

9月19日　国民政府财政部致函中中交农四行联合办事总处并请转饬各地分支机构,设法纠正利率高扬的现象,以免渝市资金外流,头寸不足。

9月21日　蒋介石在中枢扩大纪念周上讲演视察西北之感想及最近数年来西北政治、经济、文化、社会等各方面进步之迅速。

蒋介石通电行政院各部会、各省政府并转饬所属各专员、各县长,以粮政问题,为国家财用所关,抗战军需所托,切盼全国官民自动完粮,争取最后胜利。如有仗势规避者,决予依法惩处。

国民政府经济部"西北工业考察团"一行21人,由团长林继庸率领,是日离重庆赴西北陕、甘、青、宁等省考察工业经济。

重庆市卫生局、新生活运动总会、陪都新运模范区、中央卫生实验院等单位联合在夫子池新运服务所举行"民族健康运动卫生展览"。展期3天,展览项目分图表、模型、表演等项。

9月22日 国家总动员会议举行物价审议会。

9月23日 国民政府明令:派关吉玉为财政部田赋管理委员会主任委员。

"中央建教合作委员会"为促进农业建教合作,特邀请农林、教育两部首脑及有关司、处主管长官、农业专家等举行农业建教合作会议,由该会主任委员顾毓琇主持。

9月24日 波兰驻华大使馆暂行代办特罗和斯基晋谒国民政府兼外交部部长蒋介石。

陪都各机关女公务员100余人在国民党中央党部礼堂集会,要求取消国防最高委员会规定的"夫妻同为公务员者,妻子不得领平价米"条款,并决定组织"女公务员同盟会",以争取女子平等权利为宗旨。

9月25日 印度驻华专员萨福莱晋谒蒋介石。

国民政府农林部部长沈鸿烈等,是日由重庆飞兰州,视察甘肃、青海两省之农林状况。

"全国慰劳总会"会同各有关机关组织的"川东荣誉军人慰问团"乘轮离渝东下,赴长寿、涪陵、丰都、忠县、万县、云阳等地慰问各地荣誉军人。

"女公务员同盟会"举行常务理事会。

9月26日 国防最高委员会训令国民政府军事委员会及行政、立法、司法、监察、考试五院,通饬全国公务员不得经营任何商业及担任商业机关的董监事。

蒋介石致函印度总督林里资哥。说明建议国民政府驻印度专员往晤国民大会诸领袖之动机,是希望由此从速获得一调解办法。

国民政府外交部情报司司长邵毓麟宣称:美国政府已应我国政府之请,选派技术专家30人来华服务,协助我政府发展农林、水利、交通、工矿、卫生等方面的建设工作。

9月27日 蒋介石派董显光携函赴新疆迪化欢迎罗斯福总统之私人代

表威尔基。

"中国回教救国协会"理事会致电印度回教联盟,希望印度团结统一。

9月28日 "中国回教救国协会"理事长白崇禧在中枢纪念周上报告中国回教救国协会概况、视察西北回教情形及世界回教发展趋势。

9月29日 "中央警官学校"举行正科第9期暨特科警官班第2期毕业典礼,蒋介石亲临主持并致训词。

10 月

10月1日 国民政府教育部在重庆召开"中等以上学校训导会议"。

"中华全国体育协进会"董事会在重庆举行临时会议。

"中国红十字会第二届红十字周"在重庆举行。

10月2日 美国总统罗斯福之特别代表威尔基由成都飞抵重庆,受到陪都各界的热烈欢迎。威尔基此行的主要目的,是与中国政府共同讨论同盟国争取最后胜利及建立战后世界永久和平等问题。

美国援助中国工业合作委员会理事长卡宾德博士抵达重庆。

10月3日 美国总统罗斯福之特别代表威尔基偕随员高而思、白纳斯、鲍倍前往国民政府觐见国民政府主席林森并致敬。

蒋介石夫妇于晚8时在军事委员会设宴招待威尔基,并邀各国驻渝使节及国民党中央党政军首长作陪。

国民政府经济部在重庆、成都、昆明、贵阳、桂林、西安、万县七大工业区设置工业技工管理委员会,负责管理技工的调查、登记、分配、介绍和招募事宜,并制定了非常时期工业技工管理委员会组织章程。

10月4日 蒋介石会晤威尔基,听其报告对中国发展工业合作运动之意见,并对有关战后问题相互交换意见。

10月5日 下午5时,蒋介石与威尔基在九龙坡官邸晤谈,继续讨论有关印度问题,美国援华问题,战后中美合作问题及英苏问题,并取得一致性意见。

中共代表周恩来会见美国总统罗斯福之代表——威尔基,双方就有关国内外问题交换意见。

国民党中央海外部举行首次会议,部长刘维炽主持。

重庆电力公司新增资本500万元,公司资本总数达到3000万元。

10月6日 国民政府行政院特派张继、张厉生赴河南查勘灾情。

"第四届全国兵役会议"在重庆开幕,参谋总长何应钦等500余人出席,蒋介石亲临致训,倡导公务员及士绅子弟率先当兵,以形成踊跃从军的风气。

美国总统特别代表威尔基在重庆向全国广播讲演,谓全力反攻的时机已经到临。

全国度政会议在重庆北碚开幕,会期3日,9日闭幕。

10月7日 上午,蒋介石与威尔基会晤,商谈有关战后稳定太平洋局势诸问题。

中共中央代表林彪偕伍云甫等抵达重庆,协助周恩来与国民党当局谈判。

威尔基在重庆举行记者招待会,并发表谈话。晚,威尔基离重庆飞西安。

10月9日 美国国务院宣布:国务卿赫尔今已通知中国驻美大使魏道明,愿与中国政府谈判废止美国在华之不平等条约。

英国外务部宣布:英政府已通知中国驻英代办,愿与中国政府讨论取消英国在华之不平等条约。

"东方文化协会"在重庆举行座谈会,讨论太平洋战争中东方各民族之任务。

10月10日 国民政府主席林森在中枢国庆纪念大会上作题为《战后世界》的讲演。

蒋介石于下午4时亲临陪都各界庆祝1942年国庆纪念大会,宣布美国政府已正式通告我驻美大使,表示愿意自动撤销在华治外法权及其他有关权益,并提议另订新约;英国亦已向我表示采取同样之步骤。并称:我国近百年来所受各国不平等条约之束缚,至此已可根本解除,总理"废除不平等条约"之遗嘱,亦可完全实现。今后我国人应更加奋勉,自强自立。

国庆日,陪都各界举行盛大庆祝集会;蒋介石发表民国三十一年国庆日告全国军民书。

国防最高委员会秘书长王宠惠为美英废除在华治外法权事发表谈话。

古巴1868年独立军首次起义纪念日,兼国民政府外交部部长蒋介石特致电祝贺。

"第四届全国兵役会议"闭幕,并举行军需独立宣誓。

由中央文化运动委员会主办的"国学宣传周"是日开幕,至16日结束。

国民政府教育部设立"礼乐编订委员会",以顾毓琇为主任委员。

"中国印刷学会"在重庆成立。

中国木刻研究会在全国七大城市同时举行"全国木刻展览会",在重庆的展览包括由延安送来的30余幅木刻作品。

10月11日 史迪威在重庆晋谒蒋介石,报告在印度视察情形,并带来罗斯福总统给蒋介石的信,信中说:除100架飞越驼峰的飞机外,再为中国战区于1943年早期提供500架飞机,但美国部队不能支援中缅印战区。

蒋介石致电英国首相丘吉尔,感谢英国政府决定自动放弃在华之治外法权。

蒋介石致电美国总统罗斯福,对美国愿自动放弃在华治外法权表示感谢。

由国民政府社会部召集的"全国社会行政会议"在重庆开幕,到孔祥熙、吴铁城、陈立夫及各省市代表等300余人,由社会部部长谷正纲主持。

"中韩文化协会"在重庆成立。

10月12日 由杜月笙、杨虎等人倡导的"一元献机运动",自去年9月发动以来,已募得资金300万元,购得"忠义"号飞机20架。是日,"忠义号"战斗机20架在重庆举行呈献典礼。

10月13日 中共中央代表林彪由张治中陪同会见蒋介石,提出中共有几十万军队在敌后抗击日寇,要求扩充军队,发给药品等。

10月14日 蒋介石交给史迪威一份中国作战计划——《中美英联合反攻缅甸方案大纲》,要求美国和英国派出足够的舰艇和航空母舰,在孟加拉湾获得制海权和制空权,并在仰光实施两栖登陆,以此作为中国投入15~20个师的先决条件。

国民党中央宣传部、军事委员会政治部、军令部,三民主义青年团中央团部,国民政府社会部、内政部、战地党政委员会等10个机关成立"防谍肃奸委员会",并通令各省市政府、党部、青年团、政治部组织相应的机构,使防谍肃奸的宣传,深入各级保甲。

国民政府驻英国大使顾维钧返国述职,是日抵达重庆。

10月15日 陪都公债筹募运动宣传周是日开始举行。

中国战区参谋长史迪威离重庆赴印度,执行《中美英联合反攻缅甸方案大纲》。

国民政府驻英大使顾维钧回国述职,是日晋谒蒋介石,谈对英外交方针。

重庆市商会公布:该会所属会员已达15000余家,其中百货业1200余家,服装业223家,印刷业182家,绸布业316家,银行业41家,煤业18家,烟业295家,食油业451家,糖果饼干业143家,糖业250家。

10月16日 午后4时,蒋介石在曾家岩官邸接见苏联驻华大使潘友新,商谈关于改善中苏商务关系及订立独山子油矿与迪化飞机制造厂合同等问题。

中共代表周恩来偕同林彪与张治中会谈。林彪根据中共中央的指示,向国民党方面提出了停止全国军事进攻,停止全国政治压迫,停止对《新华日报》的压迫;释放新四军被俘人员,发饷、发弹和允许中共军队编为两个集团军(即三停三发两编)。

10月18日 蒋介石为陪都公债筹募运动宣传周发表告全国各界及海外侨胞书,勉励竞购公债,迎取胜利。

由国民政府社会部召集的"全国社会行政会议"在重庆闭幕,蒋介石特颁训词。

10月19日 国民大会筹备委员会结束后,国民党中常会于是日决定:关于该筹委会之经办事项,改由内政部设置国民大会事务处办理。

10月20日 国民政府行政院政务处处长蒋廷黻在招待外籍记者时称:中国政府上年征购征实已圆满完成,按照最后之记录,政府所征粮额达

104.37%。

10月21日　国民政府任命赖琏为国立西北大学校长。

10月22日　国民参政会第三届第一次大会在重庆举行,到参政员及各党政军机关首长200余人,张伯苓主持致开幕词,蒋介石致训词,称今天不只是"军事第一",也是"经济第一"。希望参政会协助政府执行战时经济法令,克服经济难关。

国民政府财政部专卖事业司司长朱契及烟类专卖局局长刘振东招待陪都新闻界,报告专卖实施情形。

重庆市政府与重庆市党部举行第22次党政联席会议,推定康心如等60人为重庆市临时参议会第二届参议员候选人。

10月23日　蒋介石在国民参政会第三届第一次大会上致词,称:政府为管制物价,稳定经济政策,决定采取断然措施。

蒋介石通令各省市及农林部,严令各县县长,凡雨水充足之地应督饬农民及时翻耕,限期办竣,以利冬作。

10月24日　迁川工厂联合会、国货厂商联合会、西南实业协会、中国战时生产促进会等工业团体,是日提出稳定物价的共同意见,强调解决物价问题时,政府与社会应通力合作;安定物价应有全面措施;一切经济设施应以物价为中心,以图兴革。

10月25日　国民政府外交部部长宋子文由美返国,是日抵达重庆,当晚即晋谒蒋介石述职。

中国战时生产促进会、迁川工厂联合会、国货厂商联合会、西南实业协会在百龄餐厅招待全体参政员。席间,四团体之代表申述工业界对于协助政府,稳定物价以及工业资金、原料、运输统制等方面的意见,并提出完成工业团体立法、促成全国生产会议召开等建议。

"韩国临时议院"在重庆举行第34次会议。

10月26日　国民政府外交部发表声明,称:"本年4月25日中国驻巴西公使谭绍华照会巴西外长,中国政府拟与巴西政府缔结新友好通商航海条约,以替代1882年中国与巴西所签订之旧约,巴西政府在原则上接受中国政府之建议。"

10月27日 国民参政会举行物价特别讨论会。

阿根廷放弃在华特权,并与国民政府外交部商订新约。

重庆市商会及各同业公会发表联合宣言,表示拥护蒋介石在国民参政会上的讲话,并提出三条原则、九项意见供政府参考。

10月28日 蒋介石在国民参政会上作《加强管制物价方案》的报告。

英国驻华大使薛穆奉令与国民政府外交部谈判废除不平等条约事宜。

挪威放弃在华治外法权,并表示即将与国民政府外交部商订新约。

10月29日 国民参政会第三届第一次大会通过蒋介石所作的《加强管制物价方案》。同时通过设立"经济动员策进会"的提案,该会的宗旨是辅助国家总动员法令及战时经济法令之实施,以期达到切实管制物价的目的。

10月30日 国民政府外交部部长宋子文到部就职。

英国驻华大使薛穆向国民政府外交部正式递送《中英新约草案》9条,规定新约适用之领土、人民及公司,包括大不列颠联合王国、北爱尔兰、印度,英王之一切殖民地、海外领土、保护国,在英王保护或宗主权下之一切疆土及其英国的一切委托统治地。

10月31日 国民参政会第三届第一次大会闭幕。

嘉陵江煤矿业同业公会发表宣言,表示拥护政府管制物价方案。

11月

11月1日 蒋介石召宴在重庆的全国各国立大中学校主持人及文化界领袖,听取各方报告,并对国家今后教育文化方针作恳切的指示。

"三民主义青年团"中央团部在重庆召开该团高级干部会议,蒋介石、陈诚、张治中等均出席,会议就非国民党系诸党派之反政府活动进行讨论,决定以对付共产党而制定的异常活动办法对付各民主党派。

国民政府外交部呈文蒋介石,报告《中英关系条约草案》(译文)9条及有关中英新约草案的初步审查意见。

荷兰驻华公使白鲁格拜访国民政府外交部次长傅秉常,面交致中国政府照会一件,表示愿意废除荷兰在华的治外法权,并与中国缔结平等新约。

"中华交响乐团"改隶国民政府教育部。并于是日举行第一次指导委员会议。

全国慰劳总会文化劳军运动委员会举行茶会,孔祥熙致词。

11月2日 "中央文化运动委员会"在重庆举行第二次全体委员会议。

11月3日 蒋介石在其私邸召集何应钦、白崇禧、商震、陈诚及英、美驻华军事代表举行军事会议,讨论:①缅甸反攻作战计划;②云南、越南作战计划;③留印中国军队行动问题。

蒋介石会晤史迪威参谋长,讨论反攻缅甸时中国在印军队之指挥权及应否由长官部负计划与指挥作战之责诸问题。

国民政府行政院会议决议:任命张含英为黄河水利委员会委员长。

国民政府外交部部长宋子文在国际宣传处作回国后的首次中外记者招待会并即席答记者问时称:集体安全机构即将实现,敌寇侵占各地,战后均应交还。

新任英国驻华军事代表团团长兼英国驻华大使馆武官葛林斯达尔由印度飞抵重庆。

11月4日 中国驻英大使顾维钧在重庆公开演讲,题为《战后和平问题》。

比利时驻华大使纪佑穆访晤国民政府外交部次长傅秉常、钱泰。

11月5日 连日来,国民政府外交部部长宋子文先后接见比利时驻华大使纪佑穆、美国驻华大使高思、英国驻华大使薛穆、澳大利亚驻华公使艾格斯顿、荷兰驻华公使白鲁格、捷克驻华公使米诺夫斯基、土耳其驻华代办戴伯伦、波兰驻华代办特罗和斯基、苏联驻华大使馆代办列赞诺夫、法国驻华大使馆参事彭固尔等人。

11月6日 "国家总动员会议"举行常务会议,贺耀组主持。会议根据蒋介石的指示,主要商讨当前的物价管制办法。

"中国政治学会第三届年会"在重庆举行开幕典礼。

11月7日 国民政府经济部部长翁文灏,召集所属物资局、农本局、平价购销处、燃料管理处及管制司负责人开会,商讨管制物价实施办法。

国民政府外交部长宋子文呈文蒋介石,报告外交部对《中英新约草案》之意见及该部整理的《中英新约修正草案》10条。

苏联十月革命25周年纪念日,国民政府主席林森致电苏联最高苏维埃主席加里宁,中苏文化协会会长孙科致电斯大林,国际反侵略运动中国分会、国际联盟同志会、中英文化协会、中美文化协会、中国回教救国协会、中国劳动协会、中华全国文艺界抗敌协会等致电苏联对外文化协会凯缅诺夫表示祝贺。

苏联十月革命25周年纪念日,重庆各界举行盛大纪念活动。

苏联十月革命25周年纪念日,苏联驻华大使馆茶会招待中国各界人士及同盟国驻华使节。

11月8日　"中国政治学会第三届年会"闭幕,蒋介石颁词慰勉。

11月9日　重庆市地方自治巡察视导团,是日出发赴各区镇视察指导,视察范围为:①编查户口;②健全乡镇机构;③设立学校;④国民兵训练;⑤合作造产;⑥清洁卫生等。

11月10日　国民党中央宣传部部长王世杰对外籍记者发表谈话称:"美军在北非登陆,我不仅完全同情,并盼法人不阻挠盟军行动。"

中国驻苏联大使邵力子偕秘书孟鞠如返国述职,是日飞抵重庆。

"英国议会访华团"团员艾尔文爵士、泰弗亚爵士、劳森、秘都都旧森一行4人,上午由昆明飞抵重庆访问。

蒋介石在接见英国议会代表团时发表讲演,对英国议员访华表示欢迎。

国民政府社会部发表统计,截至本年7月,全国各级合作社共有157115所,社员9743078人。

"中韩文化协会"理事长孙科在重庆招待韩国临时议院全体议员,周恩来、冯玉祥、宋庆龄等出席。

11月11日　中国驻苏联大使邵力子于下午5时晋谒蒋介石述职。

国民政府行政院水利委员会于下午2时举行第二次全体委员会议,到该会委员20余人,会议由该会主任委员薛笃弼主持,孔祥熙到会训话。

"英国议会访华团"团长艾尔文一行于上午9时拜会国民政府外交部次长傅秉常、部长宋子文,旋赴蒋介石官邸晋谒蒋介石夫妇,艾尔文、劳森分别向蒋介石呈送丘吉尔首相及英国上、下两院致蒋介石信函;下午,艾尔文一行分别拜会孔祥熙、孙科、王宠惠;晚7时半,蒋介石夫妇在军事委员会大礼堂设宴招待英国议会代表团,蒋介石在致词中称:中英团结合作无间,必能建立快乐世界。

国立中央大学全体教授发出《致全国大学教授书》,表示不愿接受友邦给予的生活补助费,以顾全国家体面。

11月12日 中国国民党第五届中央执行委员会第十次全体会议在重庆举行开幕典礼。

国民政府外交部部长宋子文与英国驻华大使薛穆会晤,就英国取消在华治外法权、交还租界、双方缔结平等新约等问题进行谈判。

陪都各界举行纪念孙中山诞辰77周年纪念大会。

由国民政府教育部主办的"社会教育扩大宣传周"是日在重庆开始。

国民参政会欢宴英国议会访华团;国民政府外交部部长宋子文于下午茶会欢迎英国议会访华团。

英国议会访华团于上午8时半接见中外新闻记者,阐述此次访华的目的与任务。

11月13日 国民政府外交部情报司公布本月12日"中古友好条约"签字时所发表的共同宣言。

英国议会访华团参观陪都附近的大、中、小学校,对我国的战时教育甚加赞誉。

"中英文化协会"茶会欢迎英国议会访华团;晚,国民政府教育部部长陈立夫设宴招待英国议会访华团。

11月14日 "国家总动员会议"所属经济检查机构扩大至全国,并于重庆、桂林、贵阳、昆明、西安、衡阳等重要城市,设立经济检查总队。

英国议会访华团参观中央政治学校;晚,蒋介石夫妇在官邸设宴招待英国议会访华团。

11月16日 国防最高委员会委员孔祥熙在国民党五届十中全会第二次大会上作政治报告,对行政、立法、司法、考试、监察五院工作作简要说明。

蒋介石致电美国总统罗斯福,介绍宋美龄拟乘赴美治病之机,访晤罗斯福总统,希坦率畅谈。

陪都妇女界在嘉陵宾馆举行茶会,欢迎英国议会访华团,陪都各界妇女团体负责人及妇女界知名人士300余人到会。

"重庆市造纸工业同业公会"举行成立会,到各造纸厂代表100余人。

"重庆市中医公会"成立。

11月17日 "国家总动员会议"常务委员贺耀组在国民党五届十中全会第三次会议上作经济报告,孔祥熙在会上检讨过去的经济、生产、物价等事项。

英国议会访华团参观豫丰纱厂、渝鑫钢铁厂、动力油料厂及中国兴业公司等工厂;晚,孔祥熙在其官邸宴请英国议会访华团。

比利时通知国民政府:放弃在华特权。

宋美龄应美国罗斯福总统夫妇之邀,是日离重庆飞美国访问。

11月18日 国民政府军事委员会参谋总长何应钦在国民党五届十次全会第四次大会上作军事报告,对军事设施如整军、建军、兵役、军需独立及国内各战场敌我态势、重要战役经过、盟国作战近况等,均有详细报告。

国民党中央党部欢宴英国议会访华团,由国民党中央执行委员会秘书长吴铁城主持致欢迎词。

陪都戏剧界在中苏文化协会举行盛大集会,由中央青年剧社、国民党中央宣传部实验剧团、中国万岁剧团、中华剧艺社等7团体联合欢送即日赴成都的中国剧团,并欢迎返渝的国立剧校剧团、社会教育学院剧队及汉剧流动宣传队三团体,到影剧界人士200余人,余克稷主席并致词。

11月19日 国民党五届十次全会举行第五次大会。

国民党第五届中央监察委员会举行第十次全体会议。

下午4时,三民主义青年团中央团部在干部训练班举行茶会,欢迎英国议会访华团;晚7时,国际反侵略运动大会中国分会、中国国民外交协会、中韩文化协会等团体,联合宴请英国议会访华团。

国民政府教育部假中苏文化协会举行茶会,招待陪都戏剧界人士。

韩国临时议政院于10月25日在重庆举行第34届议会,出席议员46人,会议于是日闭幕,选举洪震为议长。

11月20日 陪都各界女国民党员为请国民党中央加强妇女领导机构、扩大妇女动员工作起见,是日在国民党中央宣传部大礼堂召开陪都女同志座谈会,到陈逸云、吕云章、邓季惺等100余人。会议决议呈请国民党中央,实现七中全会决议案,成立妇女部。

"中国国民外交协会"在广播大厦举行废除不平等条约座谈会,到莫德惠、于斌、江一平、胡秋原等数十人。会议认为:①废除不平等条约范围要广、应彻底;②经济不平等条约应一概废除,华侨在侨居国所受不平等待遇应纠正;③战后吸收外资必须以维护国家主权和自由贸易为原则,其他国家对我国应采取合理的保护政策;④人民必须有信仰自由,订立新约后不限制正常的宗教活动,宗教与政治分开。

11月21日 中国驻苏大使邵力子应中法比瑞文化协会之邀,于晚7时在文化会堂作题为《苏联抗战与国家总动员》的讲演。

11月22日 印度诗圣泰戈尔画像在中央图书馆隆重举行接收典礼,由中印学会理事长朱家骅代表印度音乐舞蹈联合社赠予中国,孔祥熙代表国民政府接受。

陪都各界举行故国民党中央委员杨沧白追悼会,蒋介石亲临主祭。

11月23日 中国劳动协会、全国邮务总工会、中华海员工会、重庆市总工会等工会团体联合举行欢迎会,欢迎英国议会访华团工党议员劳森。

11月24日 国民党五届十中全会通过《积极建设西北以增强抗战力量奠定建国基础案》。

国民政府财政部邀请经济、粮食两部主管人员会商棉纱、面粉两项统税征收实物办法,并委托该两部所属平价机构等办理分配征得实物。

有关方面统计:本年度田赋征实及随赋购粮,截至目前为止,实收稻麦共2055万余市石,已达应征购额31%以上。

"英国议会访华团"在重庆国际宣传处招待中外记者,到60余人,四团员分别回答记者之问话时称:英国决摧毁德日,作战方面,先击溃德国,战至日本降服时为止。

11月25日 国民党五届十中全会第十一次大会通过《加强战时财政合理统筹政策以裕国计而利抗战案》《策进役政宏裕兵源案》《政府应速制定工业法以发展工厂增加生产案》等要案。

"重庆市商会"举行改组大会。

"英国议会访华团"离重庆赴西安等地访问。

11月26日 中苏文化协会妇委会发起举行同盟国妇女联欢会,邀请在重庆的英、美、苏等国妇女参加。

重庆市社会局邀集重庆市警察局,国民政府经济部燃料管理处、平价购销处以及煤炭业公会、矿业公会、工资联合办事处等机关开会,商讨重庆市煤炭供应办法。

11月27日 国民党五届十中全会上午举行第14次大会,下午6时举行闭幕大会,并通过《中国国民党五届十中全会宣言》,宣言确立了国民党的内外政策,即要确立国际政策,加强抗战力量,确立建国要务,集中建国意志;并强调精神与物质必须并重,号召从头努力,以完成建国之全功。会议改组了国民党中常委。

挪威新任驻华公使赫赛尔偕夫人抵重庆。

11月28日 国民政府财政部公债筹募委员会兼主任委员孔祥熙,乘国民党五届十中全会之便,是日在范庄官邸宴请各省政府主席,省党部主任委员、书记长等,商讨本年度各地公债筹募推进事宜。

"中国公共卫生学社"在重庆成立。

11月30日 国民党中枢举行扩大纪念周,林森、蒋介石分别致词。

由国民政府财政部直接税处召开的"全国直接税第五届业务会议"在重庆开幕,孔祥熙到会并致训词。

是月 "重庆市冬令救济运动委员会"成立,市长吴国桢为主任委员,康心如、包华国被推举为副主任委员。

12月

12月2日 "国家总动员会议"举行常务委员会议,对内部组织及今后职掌,重新加以规定。

国民党中央党政机关委员会举行第一次会议,决定军事机关人事训练由中央训练团办理,吴思豫为班主任;党政机关人事训练由中央政治学校办理,吴铁城为班主任。

国民党中央宣传部为检讨过去工作,策励未来,是日在该部礼堂举行"宣传工作讨论会"。

中共代表周恩来、董必武、林彪等在八路军驻渝办事处会见新西兰友好人士路易·艾黎。

全国医疗药品器材生产协会在重庆举行第一次理监事联席会议。

12月3日 英国驻华大使薛穆与国民政府外交部部长宋子文会晤,就中英双方签订新约事的有关问题交换意见。

美国驻华大使高思晋晤国民政府外交部部长宋子文,面交美方所拟《关于内河航行及沿海贸易之条款》,并亲笔代拟修正条文如下:"双方并谅解倘日后中国在任何情形下,给予任何第三国之船舶以内河航行或沿海贸易权,应给予美国船舶以同样之权利。"

12月4日 "中央文化运动委员会"举行第二次电影戏剧座谈会。

12月5日 国民党中央举行"肇和"兵舰起义纪念会,在重庆的国民党中央委员及各部会长官均出席会议。

"国家总动员会议"举行会议,到各部部长及该会各组负责人,贺耀组主持。会议对物价评议、限价及其标准区域、种类等问题,作缜密的讨论。

国民政府财政部直接税处召开的"全国直接税第五届业务会议"在重庆闭幕。

"重庆市商会"举行理监事联席会议,选举周懋植为连任主席,柯尧放、周荟柏、仇秀敷、潘仰山为常务理事,温少鹤为常务监事。

12月6日 蒋介石为日本发动太平洋侵略战争一周年,特致电美国总统罗斯福、英国首相丘吉尔,诚恳致申袍泽之谊,并祝早日胜利。

文化劳军运动委员会招待陪都新闻界。

国民政府驻苏大使邵力子在沙磁区作题为《使苏观感》的讲演,对苏联在反法西斯战争中的卓越贡献讲述甚详,到中央大学、重庆大学、南开中学等校师生2000余人。

12月7日 国民党中央执行委员会常务委员会、国防最高委员会分别举行会议,通过要案多起,并对高层人事安排有所调整,决议:①派张道藩为国民党中央宣传部部长;②国防最高委员会添设副秘书长1人,派甘乃光充任;③派陈仪为党政工作考核委员会秘书长;④派张厉生为国民政府行政院秘书长;⑤派曾养甫为国民政府交通部部长;⑥外交部政务次长傅秉常、常务次长钱泰辞职,任命吴国桢为外交部政务次长,胡世泽为外交部常务次长;⑦任命贺耀组为重庆市市长;⑧聘张嘉璈行政院顾问,钱泰为外交部顾问;⑨任命傅秉常为立法院外交宪法筹委会委员长。

国民党中常会决议:撤销原东北党务办事处,分别成立辽宁、吉林、黑龙江三省省党部。

同盟国对日作战一周年纪念,蒋介石分别致电澳大利亚总理寇丁、加拿大总理金氏、荷兰总理杰布兰第、新西兰总理福来塞致敬。

国民政府军事委员会参谋总长何应钦以太平洋战争爆发一周年纪念,特致电美国陆军部长史汀生、海军部长诺克斯、参谋总长马歇尔,英国陆相克利格、海相亚历山大等,表示与盟军一道,共同打败日本。

国民政府外交部部长宋子文呈文蒋介石,报告对英方所拟《中英换文草案》之初步审查意见及与英大使会晤记录的审查意见。

国民政府外交部部长宋子文呈文蒋介石,报告美国驻华大使送来的《关于内河航行及沿海贸易之条款》及该部对此条款的审查意见:"今美大使所提条款,虽承认中国对于航行之管理权,但外人之内河航行及沿海贸易权均已无形保留,似难接受。"

"全国地政业务会议第四次会议"在重庆举行开幕典礼。

新任国民党中央宣传部部长张道藩在《文化先锋》上发表《我们所需要

的文艺政策》一文，提出"六不""五要"政策。其中"六不"为：不专写社会黑暗；不挑拨阶级的仇恨；不带悲观的色彩；不表现浪漫的情调；不写无意义的作品；不表现不正确的意识。"五要"为：要创造我们的民族文艺；要为最受苦的平民而写作；要以民族的立场来写作；要以理智表述作品；要用现实的形式。

12月8日 国民政府明令：特任曾养甫为交通部部长，张厉生为行政院秘书长，吴国桢为外交部政务次长，贺耀组为重庆市市长。

"战时新闻检查局"为检讨过去工作，力谋业务推进，以适应国家总动员的需要，特分中央、西北、东南三区举行各省市新闻检查工作人员检讨会议。

12月10日 "国家总动员会议"举行会议，讨论蒋介石手订的加强管制物价方案及其实施细则，以及机构、管制地区、限价对象与限价标准等问题。

蒋介石在"全国地政业务会议第四次会议"致训词。

·国民政府农林部粮食增产委员会是日发表：截至10月份，后方16省3特区，共计增加食粮生产4806万余市担。

12月11日 "国家总动员会议"通过国民政府经济、财政、粮食各部的动员方案。

"全国地政业务会议第四次会议"闭幕，孔祥熙到会致训，会议通过向领袖致敬电及《战后迅速完成全国地籍整理计划》等案。

国民政府教育部公布《教育部中华教育电影制片厂组织大纲》9条，决定在重庆成立"中华教育制片厂"，专制16毫米教育片、幻灯片，编制教学方案，并与国外电化教育机关联络合作。

英国驻华大使薛穆致函蒋介石，转呈英国议会访华团离华告别书，内称："吾等对于阁下当前所负艰巨之工作，谨致竭诚之祝意，同时敬请接受吾等对于阁下暨贵国人民之景崇与真挚之友谊。"

12月12日 蒋介石以国民党总裁的身份，指示国民党现阶段中心工作6项。

国民政府行政院召集有关机关举行会议，商讨重庆市防空洞机构的调整问题。

"中苏文化协会"招待重庆市文化艺术及新闻界,孙科主持并报告该会一年来的工作情形。

"中华全国文艺界抗敌协会"发表保障作家稿费、版权、版税意见书,并提出稿费、版税改善办法。

12月13日 "中华基督教节约献金运动重庆分会"举行宣传会议,冯玉祥到会并发表讲话。会议决定在重庆及其近郊组织劝募献金分队30个,自本月15日起开始举行节约献金运动。并决议在重庆设立总会,各地设立分会,由基督教组成,每3个月献金一次。

12月14日 新任国防最高委员会副秘书长甘乃光、国民党中央党部副秘书长狄膺、国民政府交通部部长曾养甫、国民政府外交部政务次长吴国桢分别到职视事。

国民政府外交部部长宋子文呈文蒋介石,转呈驻美大使魏道明关于内河航行及沿海贸易问题之来电。

12月15日 国民政府行政院会议通过社会部拟具的《重庆市人力车轿夫及与抗战业务无关各业及其从业员工清查限制及取缔办法》。该办法之宗旨,在清查限制及取缔市区内劳力的浪费,以充裕兵源,有利抗战。

国民政府财政部统计处在重庆举行"第三次统计人员工作讨论会"。

重庆电报局与美国新闻无线电公司的洛杉矶电台间的无线电传真是日晨正式开通,由交通部次长徐恩曾主持,美国总统罗斯福以亲笔函致蒋介石,谓蒋夫人在美深受各方欢迎。

由广元至重庆的皮筏试航成功。

国民政府教育部边疆教育委员会第三次大会在重庆举行。

12月16日 新任国民政府行政院秘书长张厉生、党政工作考核委员会秘书长陈仪,国民党中央宣传部部长张道藩、副部长程中行到职视事。

中共中央代表林彪在张治中陪同下与蒋介石会谈,林彪表示拥护国民党五届十中全会宣言和决议,要求国民党当局彻底实行"三停三发两编"。蒋介石答应发给药品,但不许再提新四军。

国防最高委员会秘书长王宠惠呈文蒋介石,报告其与王世杰研究中美、中英新约中涉及沿海贸易及内河航行问题之意见。

新任重庆市市长贺耀组偕市政府秘书长陈介生到府视事,并召集全体职员训话。

挪威新任驻华公使赫赛尔晋谒国民政府外交部部长宋子文,作到任后的首次拜访。

12月17日 国民政府明令公布《限制物价办法》。

蒋介石以国民政府行政院院长名义通电有关部会及各省市政府,实施限价。内称:"各重要市场之物价工资,一律自三十二年一月十五日起实施限价,并以本年十一月三十日各该市场价格作评定标准。"

国民政府军政部兵役署署长程泽润对记者谈来年的兵役工作。

国民政府教育部召集的"边疆教育委员会第三次大会"在重庆闭幕。会议主要讨论了设置边政学院、1943年西北边疆教育设施等问题。

"中国新闻学会"举行第二次理事会。

12月18日 国民参政会驻会委员会举行第三次会议,国民政府农林部部长兼国家总动员会议秘书长沈鸿烈报告农林部最近施政情形及物价管制方案等。会议并决议设置"经济动员策进会",以蒋介石为会长,在重庆设立总会及秘书处,并在昆明、衡阳、西安、成都、万县设立办事处。

相关方面统计:中央信托局自受国民政府财政部委托办理战时兵险以来,迄至最近止,其保险物资总额已达国币70万万元。现该局已增高兵险限额,扩大承保范围。

12月20日 "文化界劳军列车"于上午9时半在求精中学举行出发仪式,由全国文化劳军运动委员会主任委员谷正纲、副主任委员黄少谷主持,谷正纲致词说明文化界劳军的意义。旋即列车由求精中学出发,游行全市,轰动整个重庆。计是日所得献金,约50万元。

重庆市社会局令饬民生重要必需品——盐、食油、棉花、棉纱、布匹、燃料、纸张等8大同业公会,以本年11月30日的价格为标准,议定价格,并限于奉令一星期内呈核,以便研究,作为正式颁布时的依据。

"中国物理学会第十届年会"改为分区举行,重庆物理学界是日举行年会,由总会前任会长李书华主持并致词,会议宣读论文,讨论会务,并决定成立中国物理学会重庆分会。

是日为回教忠孝节(即古尔邦节),中国回教救国协会特通电全国致贺,在重庆的500余回教同胞集会庆祝。

12月21日 国民政府军事委员会军政部部长何应钦,在中枢纪念周上报告抗战以来的陆军卫生设施概况。蒋介石致训词。

国民政府交通部部长曾养甫、政务次长徐恩曾,国民政府行政院秘书长张厉生、外交部政务次长吴国桢、审计部常务次长李崇实、地政署副署长祝平等,是日晨在国民政府礼堂联合举行宣誓典礼,由王宠惠监誓,林森致训词。

国民政府交通部邮政总局局长郭心崧辞职,交通部派副局长徐继庄接任。

"中华全国戏剧界抗敌协会"第三届理事会改选事宜完成。

12月22日 国民政府行政院第593次会议,兼院长蒋介石对1943年的施政方针特加指示。会议并决定裁撤"物资局",成立"农本局",为国营事业,以消除平价之矛盾。同时决议任命端木恺为国家总动员会议副秘书长。

国民党中央宣传部国际宣传处举行茶会,招待中外记者,请新任中宣部部长张道藩、副部长程中行等与记者见面并发表谈话。

中央信托局运输处经理林世良,于仰光战事吃紧时期,利用职权,与大成企业公司兼利通商行经理章德武勾结,以中央信托局名义,代该公司抢购商品牟利,被军事委员会运输统制局监察处查扣。经军法执行监理部审结,蒋介石核准,判处死刑,于是日下午4时执行枪决。

重庆《国民公报》是日载:重庆市共有各业同业公会121个。

12月23日 "国民参政会经济动员策进会"正式成立并假军事委员会举行第一次常务委员会议。

挪威新任驻华公使赫赛尔上午9时至国民政府觐见林森主席并呈递国书。

重庆卫戍总司令部召集所属各分区司令、参谋长及重庆市各治安机关、部队长官在该部开会,讨论通过有关防缉盗匪、肃清烟毒、禁止赌博、整饬军纪等要案。

12月24日 中共代表周恩来、林彪与国民党代表张治中会谈,中共提出共产党合法化、八路军扩编为4个军12个师等4项要求。

比利时驻华大使纪佑穆往访国民政府外交部次长吴国桢,以卢森堡使节资格,通知中国政府放弃在华享有的治外法权并准备另订新约。

"中国天主教文化协进会"在重庆举行首届会员大会,改选理监事并通过设立捐募文化基金、社会服务、国际问题3个委员会,组织国外教友访问团以推进国民外交等案。

12月25日 蒋介石在国民政府军事委员会大礼堂招待盟国军事代表团军官、各国驻华大使馆武官庆祝圣诞节。

由国民党中央宣传部、国民政府教育部联合主办的"重庆专科以上学生三民主义讲演竞赛"在中央大学礼堂举行。

由国民政府教育部主办的"第三届全国美术展览会"在中央图书馆举行开幕典礼。

"中国滑翔总会"举办的百架滑翔机命名典礼在重庆珊瑚坝机场举行,由该会常务理事陈立夫说明此次滑翔机命名的意义,周至柔代表会长蒋介石致训词并接收献机。

由中国滑翔总会举办的"滑翔机模型展览会"在大田湾跳伞塔开幕。

"陪都文化劳军运动委员会"假银行界同人进修服务社举行工商界献金竞赛大会,得献金250余万元。

重庆国民兵团举行大检阅,全市国民兵团团员33000余人参加。

12月26日 蒋介石觐见林森,报告废除不平等条约与缔结新约的交涉经过。

陪都文化界劳军献金竞赛第二日,孔祥熙、谷正纲、老舍、刘攻芸等分别讲演,得献金310余万元。

"中华全国戏剧界抗敌协会"举行第三届理、监事改选大会。

中国文艺社等三团体于晚间在观音岩中国文艺社举行茶会,招待参加"第三届全国美术展览会"的作家,并讨论"抗战后的艺术发展"问题。

12月27日　由陪都统计学界人士发起组织的"中华经济统计学会"在重庆成立。

国民政府军事委员会政治部文化工作委员会于下午3时在天官府举行诗歌座谈会，到臧克家、王亚平、柳倩、叶浅予等10余人，讨论"怎样选择新诗主题"等。

"中华助产士协会"在重庆举行第一届年会，到该地会员100余人。

12月28日　国民党中央常务委员会议决定：派四川大学校长程天放为中央政治学校教育长，所遗四川大学校长一职，由国民党四川省党部主任委员黄季陆继任。

蒋介石致电美国总统罗斯福，称：反攻全缅事中国应用之军队，皆已就绪，惟英不能践其诺言。

"国家总动员会议"秘书长沈鸿烈在中枢纪念周上报告管制物价近况。

12月29日　国民政府行政院第584次会议决议：①四川省立重庆大学、山西省立山西大学、浙江省立英士大学均改为国立，并将国立东南联合大学归并国立英士大学；②任命黄季陆为国立四川大学校长。

挪威驻华公使赫赛尔往访国民政府行政院副院长孔祥熙。

"中国艺术剧社"在重庆举行成立大会，该社主要由太平洋战争爆发后由香港、上海撤退到重庆的戏剧、电影工作者组成。

12月30日　蒋介石接见国民政府外交部部长宋子文，听取宋报告英方对九龙问题的意见。

蒋介石于下午4时接见挪威驻华公使赫赛尔。

著名剧作家洪深50寿辰，陪都戏剧界假百龄餐厅举行庆祝茶会。

据相关方面统计，自1937年7月抗战爆发起至是日，国内捐款收入国币41635954.08元，国外捐款收入国币424287555.81元。上列数字，系列入国民政府财政部统一捐款账户者，由捐款人直接交与各社团的捐款，未计算在内。

12月31日　国民政府明令表彰忠勇抗战、为国捐躯殉职的将领38人，"一律入祀首都忠烈祠，并同时入祀各省市县忠烈祠，以资矜式而励来兹"。

国民政府军事委员会参谋总长何应钦在国际广播电台对全国军队及驻印国军发表广播讲演，勖勉国军踏着先烈血迹前进，完成建国使命，坚定必胜信念，争取最后胜利。

"全国节约建国储蓄委员会"举行会议，该会会务报告称：劝募机构已成立各省市分会25单位，各市县支会1110单位，镇以下组织劝募队。同时决定1943年度计划的劝募目标为80亿元。

是月 国民政府军事委员会运输统制局奉令撤销，其所属单位除液体燃料管理委员会划归行政院、监察处划归军事委员会接管外，其余各机关一律划归国民政府交通部管辖。

是年 有关方面统计，1942年度田赋共征实物33366834市石，又折征法币23919930元。

有关方面统计，1942年度国家总预算及追加数，岁入岁出各为33817806778.50元。

有关方面统计，1942年度国库收入总额为27300735711.56元，支出为26362981941.13元。

有关方面统计，1942年度各银行收兑生金数量为4875991.4市两，生银为1368020.25公两，银币22985.42元。

有关方面统计，1942年度国营金矿产量为1600两，民营金矿产量为2743两。

有关方面统计，1942年度重庆市税收达2300万元，较4年前增加了40倍。

有关方面统计，1942年度中国银行、交通银行、农民银行、中央信托局、邮政储金汇业局五行局的储蓄总目标为30万万元，至年底止，除完成此总目标外，尚超过6500余万元。

据中央图书杂志审查委员会调查统计：1942年度重庆出版各类图书1292种，占全国出版总量的33.3%；出版各类杂志220种，占全国总量的28.6%。

1943 年

1 月

1月1日 国民政府举行元旦团拜会,国民政府主席林森致词。上午 11 时,林森又在中央广播电台对全国同胞广播讲演。

国民政府司法院院长居正发表《告司法界同仁书》,称:"由于英、美宣告撤废在华特权,我整个法权乃复完好如初……这是我司法史上近百年来的一个新纪元。"

国民政府军事委员会参谋总长何应钦宴请在重庆的盟国军官并致词。

由运输会议、公路总局、西南物资督运委员会及后方勤务部等机构所属运输单位改组而设的"战时运输管理局"正式成立,局长俞飞鹏,副局长龚学遂、麦克鲁及各处处长、主任等同时就职。

1943 年元旦慰劳荣誉军人大会,假抗建堂举行。

中共代表周恩来、董必武、林彪、邓颖超等在八路军驻重庆办事处招待沈钧儒、张申府、刘清扬等,并为沈钧儒祝寿。

国民政府交通部将重庆市电报、电话两局合并,成立重庆电信局。

"中央政治学校"教育长程天放到校就职。

国民政府外交部常务次长胡世泽上午 10 时晋谒蒋介石,旋即到部视事。

重庆市图书杂志审查处奉令自是日起改为特级审查处,中央图书杂志审查委员会派人参加领导。

1月2日　国民政府军事委员会"运输会议"正式成立，何应钦为主任委员，钱大钧为秘书长。该会议的主要任务为：担负国际运输、空中运输及国内军运等方面的联系与督导责任。

1月3日　"中国科学社"在重庆召开社友会讨论社务，到竺可桢、曾昭抡、严济慈等30余人。

重庆市政府组成物价、运价及工资3个评议会，开始评议各同业公会呈报的物价标准。

1月4日　蒋介石召见各院所属部会长官开会，指示1943年度的施政方针。

"韩国光复军"总司令李青天、副总司令金若山假励志社招待陪都新闻界，报告韩国光复军成立经过及其发展，与参加历年战斗之概况。

1月5日　国民政府行政院第595次会议决议：任命王祖祥为重庆市卫生局局长，雷啸岑为教育局局长，同时通过了《战时田赋征实及征购粮食考成办法草案》《战时田赋征收实物催征欠税考成办法草案》及《战时田赋征实及征购粮食给奖暂行办法》。

国民党中央宣传部部长张道藩在重庆招待外籍记者，列举中外领导人的新年讲话称：这些讲话可以归纳为两个重要点：一是加紧打击共同敌人，使其早日崩溃；一是着手战后之和平问题。

陪都各学术团体举行牛顿诞辰300周年纪念。

1月6日　国民政府军事委员会任命李楚瀛为第十五集团军副总司令。

"中国妇女慰劳自卫抗战将士总会"派代表携锦旗一面，上绣"正义保障"四字，赠送美国驻中缅印陆军总司令部，由史迪威将军接受并致谢。

1月7日　旅居重庆的台湾同胞集会商议台湾光复问题，讨论要点为：①加强台湾国民党党务工作；②台湾划省之筹备事宜；③台湾义勇队改建正式军队。

1月8日　国民政府外交部部长宋子文呈文蒋介石，报告有关中美、中英新约及换文概要。

1月9日　中共代表周恩来、林彪就陕甘宁边区及八路军扩编问题与国民党代表张治中会谈。

国民政府军事委员会任命盛世才兼第八战区副司令长官。

"中苏文化协会"致电苏联对外文化协会,祝贺苏联著名作家托尔斯泰60寿辰及拉菲莫维奇80诞辰。

1月10日 由国民政府教育部主办的"第三届全国美术展览会"在中央图书馆闭幕。

苏联驻华大使潘友新上年返国述职,事毕后是日乘专机抵达重庆。

"中国社会经济建设协会"在重庆成立。

1月11日 《关于取消美国在华治外法权及处理有关问题之条约》(即《中美平等新约》)在华盛顿签字,《关于取消英国在华治外法权及其有关特权条约》(即《中英平等新约》)在重庆签字。自是日起,美、英两国放弃其在华的各种特权。

国民政府外交部照会英国:声明中国保有收回九龙之权。

蒋介石为中美、中英平等新约订立,分别致电美国总统罗斯福、英国首相丘吉尔表示感谢;国民政府外交部部长宋子文亦同时致电美国国务卿赫尔、英国外相艾登致贺。

国民政府教育部部长陈立夫在中枢纪念周上报告最近教育设施概况,说明全国现有中学生64万余人,高中生11万余人,大学生5万余人;教员最感缺乏者为国文、数学两门。并称:抗战以来教育事业不仅维持旧观,且较前更多进展……国民教育之蓬勃发展,为年来极大收获。

"第三届全国美术展览会"举行特别展览会,蒋介石、于右任、戴传贤、吴铁城等党政要员前往参观。

"中国木刻研究会"为纪念该会成立一周年,是日假夫子池励志社举行木刻展览,展品达400余件。

1月12日 国民政府为中美、中英废除不平等条约事颁布命令,勖勉国人,淬励奋发,自立自强,完成未来使命。

蒋介石为订立中美、中英平等互惠新约事,特发表告全国军民书,昭示全国军民,废除不平等条约之后,吾人更应奋发图强。

国民政府外交部部长宋子文,就中美、中英签订新约事,招待记者并发表谈话,对美国国务卿赫尔及英国外相艾登推崇备至。

1月13日 苏联驻华大使潘友新于上午10时拜会国民政府外交部部长宋子文。

1月14日 国民政府立法院院长孙科就中英、中美新约签订发表谈话称:此乃平等第一步之实现。

国民党代表张治中约见中共代表周恩来,张提出希望中共放弃军队,遭到周恩来的当场拒绝。

国民政府军事委员会任命刘和鼎为第21集团军副总司令,张义纯为第23集团军副总司令。

国民政府经济部部长翁文灏就实施限价问题对重庆市商会全体理、监事发表谈话称:"限价办法系国家当前经济最重要政策,既经照令施行,纵有吃亏,亦必须忍受。此犹如前线作战时,一部分任左翼,一部分任右翼,不论左翼或右翼,明知不利,亦必遵令勇往向前。经济作战之情形,亦具是。"

国民党中央宣传部于下午3时举行茶会,招待陪都文化界人士,到文艺作家、美术家、音乐家、戏剧家及各刊物主编、各书店负责人、各报馆总编、社长等200余人。

白崇禧、冯玉祥、太虚、于斌等人发起组织"中国宗教徒联谊会",是日在重庆中国佛学会举行发起人谈话会,商讨筹备事宜。

重庆市商会、重庆市工会及各业同业公会100余团体通电全国:拥护限价政策。

1月15日 国民政府明令:原驻苏大使邵力子辞职照准,遗职由傅秉常继任。

《管制物价办法》是日起在全国范围内实施,核定布、米、猪肉、旅店租房及各种工资限价,约为战前的100倍。重庆市限价物品达650余种。

全国性的限价自是日起实施,国民政府经济部部长翁文灏特为此发表谈话,阐述限价工作的重要性。

由国民政府经济部组织的"西北工业考察团"部分团员,由副团长颜耀秋率领,是日返抵重庆。团长林继庸等仍留西北考察。

"中苏文化协会"举办的苏联建国25周年照片展览闭幕,参观人士达10万人次以上。

1月16日 国民党中央为庆祝中美、中英新约的签订,中国百年来不平等条约的完全解除,是日公布《本党50年来外交奋斗史》。

美国驻中印缅陆军总司令史迪威因1942年4月在缅作战有功,荣获美国陆军部高级立功勋章,是日在重庆举行授勋仪式。

国民政府教育部艺术文物考察团假重庆中央图书馆举行敦煌艺术展览,展品约200余件,共分4个陈列室展出。

1月17日 蒋介石为实施限价办法发出通电。

蒋介石接见苏联驻华大使潘友新,听其报告苏军作战概况及斯大林委员长对中苏友谊之态度等问题。

"中华基督教节约献金运动委员会"在重庆成立,选举王宠惠、吴国桢、鹿钟麟等31人为理事,冯玉祥为理事长。

"中国心理建设学会"第一届年会在重庆举行。

由1000余人组成的"三民主义青年团重庆支团部限价宣传队"是日结束,该队此次劝导区域,遍及全市16区所有大小商号。

1月18日 蒋介石在中枢扩大纪念周上致训词,检讨过去一年党政军设施并指示今后中心工作,勉励注重礼乐,力求实是,淬砺奋发,完成复员准备、经济建设与发展工业等工作。

限价劝导3天时间已过,重庆市自是日起开始取缔黑市。

1月19日 国民政府行政院为贯彻政府限价政令,特通令各省市政府,凡违反限价法令者,买卖双方,均按军法惩处。

国民政府考试院院长戴传贤对全国同胞广播讲演《抗战建国与取消不平等条约》。

"东北四省抗敌协会"在重庆举行收复东北问题座谈会,针对联合国部分人士散布"战后国际共管东北"等谬论,发表驳斥意见。

1月20日 国民政府自田赋征收实物后,是日由财政部通令各省区税务局,自是日起对棉纱、麦粉由统税改征实物。

专卖主管方面人士发表谈话称:自食糖、火柴、烟类实行专卖后,其财政上的收益,截至1942年底,已达25600万元。今年的预算收入,则为13亿元。

三民主义青年团为庆祝中美、中英新约成立,特发表告全国青年书。

国民政府外交部部长宋子文为庆祝中美、中英平等新约的签订,于晚7时在官邸举行宴会,到蒋介石及国民政府五院院长(居正除外)、吴国桢、高思、薛穆等。

1月22日 国民政府立法院院长孙科应中美文化协会之请,讲演中美新约的签订及意义。

国民政府监察院院长于右任在中央广播电台作题为《中美、中英新约与新中国之前途》的讲演。

陪都12国际文化团体负责人为中美、中英新约订立事,分别拜访美国驻华大使高思、英国驻华大使薛穆。

"民生主义经济学社"在重庆举行第一届年会。

1月23日 国民政府外交部部长宋子文为庆祝中美、中英新约签订,特举行盛大茶会,招待中外各界,并邀国立戏剧学校校长王泊生及全体学生表演国剧——《古城记》。

"国际反侵略大会中国分会"扩大组织成立五周年纪念、第四届常年大会及庆祝中美、中英新约大会在广播大厦合并举行。

国民政府司法行政部部长谢冠生就中美、中英新约签订发表谈话称:以后涉及在华外人之民刑诉讼案件,概由普通法院按照依法制定公布之法令或规章处理,违警案件亦同样由警察局负责处理。

"永利银行"在重庆正式开业,资本1000万元,董事长苏汰余。

1月24日 "中国人事行政学会"在广播大厦举行第一届年会,到中央各部会长官、各机关团体代表、来宾及该会会员等300余人。

1月25日 宋庆龄在重庆为中美、中英新约签订发表谈话,称:"英美历来所享受的不平等权利虽从此废除,但在实际上,这种权利尚沦陷于敌寇之手,故非将敌人驱除出国境,则不惟特权无法收回,而沦陷区同胞呻吟于敌伪双重压迫之下,仍将不获享受此等新约所给予我们平等解放的保证。因此,我们于庆祝签订新约之余,更应扫荡敌寇,拯救沦陷区同胞于水深火热之中。唯有如此,真实的自由平等,才能实现。"

有关方面发表:1943年度国家总岁入预算为180万万元,其中以田赋为最大数字,约占总数的26%;各项专卖事业次之,约占总数的15%;粮食库券又次之,约占总数的10%;所得税约占9%。

1月26日　国民政府明令:任命张洪沅为国立重庆大学校长。

国家总动员会议举行第一次金融专门会议。

国民政府交通部在重庆设立造船处。

1月27日　国民党中央执行委员会通知各直辖党部:党员"附逆降敌,经调查确实者,不必经过答辩手续,径行处分"。

"中国劳动协会"举行第一次座谈会,讨论"物价与工资"等问题。

"中央文化运动委员会"举行平等新约座谈会,到老舍、吴文藻等数十人,张道藩主持,讨论文化界对于平等新约应如何应用通俗文字作有力宣传,藉以深入民间及"新条约与新文化"等问题。

"人和制铁股份有限公司"更名为"人和钢铁冶炼股份有限公司",并增加资本,总额达到1000万元。

利用侨资在重庆创办的"华侨兴业银行"开业。

1月28日　国民政府军事委员会任命杜聿明为第5集团军总司令,黄杰为副总司令。

中国战区参谋长史迪威拟定在云南训练中国军队的计划并呈报蒋介石。

国民政府财政部规定:自3月1日起,仍维持20元法币折合1美元的外汇官价。

1月29日　国民政府为庆祝中美、中英新约的签订,是日特通令各机关团体,自2月5日起至7日止,机关学校均放假3天(工厂只放2月5日1天),并悬旗志庆。

"三民主义青年团"中央团部为加强党团工作的联系,并交换今后团务发展的意见,于晚6时在该部大礼堂欢宴国民党中央执行委员会与中央监察委员会常务委员,各部会处正副长官,国民党中央党部全体高级职员,三民主义青年团中央团部指导员、常务干事、常务监察等,并举行盛大晚会,到张继、陈果夫、李文范、白崇禧、朱家骅等100余人到会。

1月30日 国民政府立法院第231次会议决议:通过《新闻记者法》,并决议将所得税暂行条例改为所得税法,加重税率;将非常时期过分利得税条例改为非常时期过分利得税法。

陪都妇女团体为庆祝中美、中英新约的签订,假嘉陵宾馆举行"同盟国妇女联谊会",到中外妇女代表200余人,李德全主持并宣读宋庆龄为该会撰写的文章——《反法西斯战争中妇女之责任》。

1月31日 "国家总动员会议"为了经济政策的实施,特设立"军法执行监部",是日正式办公。该部为国民政府军事委员会军法执行总监部派出机构,徐业道任执行监。其主要任务为:①关于妨害或违反总动员业务或法令惩罚案件之审判;②关于国家总动员会议所属人员违反法纪之督察审判;③关于徒刑5年以下、罚金1万元以下之案件之核准实施。

据有关方面统计,1942年度各银行违法经营业务之罚款,共达100余万元,而陪都各银行,即占70%以上。

是月 蒋介石致电美国总统罗斯福、英国首相丘吉尔,对其援助中国表示感谢。

蒋介石以英国屡次违背其集中陆、海军以反攻缅甸之诺言,特致电美国总统罗斯福,请其敦促英方以充分之陆、海、空军力量,负责共同克服缅甸。

大型戏剧刊物——《戏剧月报》在重庆创刊,社址设在重庆新生路40号,陈白尘、曹禺、贺孟斧等为编辑。

2月

2月1日 蒋介石任命陈诚为中国远征军司令长官,准备赴昆明组训新军。

国民政府粮食部部长徐堪在中枢纪念周上报告粮食部施政概况。

"中国社会学会第七届年会"分别在重庆、成都、昆明举行。

重庆市教育局正式成立，首任局长雷啸岑到局就职视事。

自是日起，重庆市图书杂志审查处奉令接办中央图书杂志审查会交办的图书杂志审查工作。

2月2日 中国战时生产促进会、国货厂商联合会、迁川工厂联合会、中国西南实业协会四团体联合举行"工业问题座谈会"，到朱学范、朱通九、陆京士、孙越崎、颜耀秋、胡西园等数十人。会议对于工业界解救当前困难，加紧生产动员、供应战时需要、协助稳定物价及如何适应既定国策，迎合世界潮流，施行计划经济，实现民生主义等各项治本治标问题，均有详细讨论。

2月4日 国民政府批准《中美新约》。

2月5日 美国总统罗斯福之代表、美国空军司令安诺德，英国首相丘吉尔之代表狄尔元帅自北非经印度抵达重庆，晋谒蒋介石报告美国总统罗斯福与英国首相丘吉尔在摩洛哥卡萨布兰加会议详情，并对实施反攻缅甸计划及加强中国战区空军问题有所商讨。

陪都各机关、团体、学校于下午2时在夫子池新运模范区广场举行"庆祝中美中英平等新约大会"。

国民政府定是日为农民节，重庆市农会召集各区农民代表100余人举行纪念大会。

2月6日 新任驻苏大使傅秉常，于上午11时乘机离重庆赴苏联就任。

2月7日 蒋介石致电美国总统罗斯福，告知中国已向安诺德将军提出关于加强陈纳德将军所统之空军力量及增加中印空运等三项要求："①陈纳德将军所统之空军，不仅应加强其力量，并应授予其独立空军之指挥权，俾可发挥其才能，而期更有效的打击敌人；②中印空运，现仅有运输机六十二架，1月份总运量为1700吨，但至本年11月间缅甸战役开始时，中国陆、空军最少之需要量，将为每月1万吨；③余早经要求，对中国空军应增加作战飞机至500架。安诺德将军认为困难之点，在于维持此一空军实力所需要之汽油与材料。但如实现每月1万吨之运输量，而以5000吨分配与空军，余可保证，此项空军，将能充分准备执行其在中国战区之任务。"

国民政府军事委员会参谋总长何应钦偕美国空军司令安诺德,英国首相丘吉尔之代表狄尔元帅离重庆飞印度,检阅远征军。

2月9日　国民政府财政部先行接管农本局,办理花纱布管制事宜。

2月10日　国民政府财政部发表一年来救济各省难民及归国侨胞国库支出情形,截至是日止,共拨救济难民款5720万元,拨归国侨胞救济款4430万元。

2月11日　国民政府外交部正式宣布:关于废除美国在华治外法权及其他特权之中美新约及其换文,已于今日在华盛顿签字。

有关方面统计,截至是日,重庆市已购1940年度美金公债1000余万美元,为全国各省市之冠。

2月12日　中国航空建设协会总会主办的"一元献机运动"首次集团命名典礼,是日在重庆珊瑚坝机场举行,参加命名的飞机共30架(其中重庆市5架),到各机关代表及各界民众10000余人。

国民政府经济部组织的"西北工业考察团",经4个多月的时间,对陕、甘、宁、青、新5省的考察完竣,是日由团长林继庸率领,返抵重庆。

2月15日　国民政府明令公布《新闻记者法》31条,规定:记者应加入其执行职务地之新闻记者公会或联合公会,强调新闻记者发表言论要"于法律允许之范围内","不得有违反国策、不利于国家或民族之言论"。

国民政府交通部、社会部协同执行川江运输限价工作,发动组织"川江运输业同业公会",凡轮划及各种大小木船,均应全体参加,以协助政府执行水运限价。

国民政府交通部部长曾养甫在中枢纪念周上报告交通部一年来的施政概况,称:今年交通部的中心工作,仍在协助限价、便利军运、准备复员。

国民政府外交部宣布:"荷兰政府与中国政府已决定将两国使节相互升格为大使,中国政府已任命现任驻荷兰公使金问泗为首任驻荷大使,荷兰女王威廉明娜已任命现任荷兰战时调整部秘书长罗芬克为首任驻华大使。"

国民党中央宣传部部长叶楚伧对重庆新闻界发表题为《我的过去,你的将来》的讲话,称:报纸"不是利用来责难政府的工具,它应该与政府处于一致的立场"。并要求新闻记者"勿作破坏性的批评,多作建设性的建议"。

波兰首任驻华大使朴宁斯基抵达重庆。

2月16日 中共代表周恩来、董必武、邓颖超与民主人士黄炎培、左舜生、章伯钧、鲜英、杨杰、史良、刘清扬等人在特园聚会,讨论世界战局。

"中国抗建垦殖社"举行第二届股东大会。

2月18日 蒋介石通电全国,厉行"行政三联制",确立"行政三联制"基层制度,要求中央党政各机关至迟于本年3月底、省市党政各机关至迟于6月底、县市党政各机关至迟于9月底以前,一律成立设计考核委员会,以加强实行"行政三联制"。

蒋介石为新生活运动九周年纪念,于晚8时在中央广播电台向全国播讲,勖勉全国实行运动纲领,促成文化复兴,增进同胞幸福,创造民族生命。

国民政府行政院决议:行政法院院长茅祖权、司法院秘书长张知本,另有任用,应免本职。特任张知本为行政法院院长,茅祖权为司法院秘书长。

国民政府军事委员会任命张雪中兼第3集团军总司令,陈大庆为第31集团军副总司令。

国民参政会在渝参政员张一麐等56人集会座谈中美、中英新约,蒋介石出席并致词。

国民参政会经济动员策进会邀集在重庆的参政员举行座谈会。

2月19日 国民政府明令:国立中央大学校长顾孟余辞职照准,任命蒋中正兼国立中央大学校长;吴南轩为国立英士大学校长(原为复旦大学校长),章益为国立复旦大学校长。

1942年度,四川省粮食征购总额达1600万市石,湖南省粮食征购总额达1000万市石,成绩优异,国民政府是日明令褒奖。

国民政府主席林森为新生活运动九周年纪念对全国发表训词。

新生活运动总会为纪念新生活运动九周年,定是日起至24日止在重庆举办新运讲座。

2月21日 国民政府军事委员会任命裴昌会为第4集团军副总司令,米文和为第14集团军副总司令。

"中国社会经济研究社"在重庆成立,毛庆祥为理事长。

2月22日 国民政府司法行政部部长谢冠生在中枢纪念周上报告中美、中英新约签订后司法行政设施改进情形。

2月23日 国民政府明令公布"重庆市临时参议会第二届"议长、副议长、参议员及候补参议员名单。

国民政府军事委员会任命黄琪翔为中国远征军副司令长官,孙连仲为第六战区司令长官;刘汝明代第2集团军总司令,孔令恂为副总司令;区寿年为第36集团军副总司令。

法国维希政府宣布放弃在华特权,俟时机许可,即予实现。

苏联驻华大使馆代理武官罗申上校,于上午11时在苏联驻华大使馆举行茶会,招待陪都各界,庆祝苏联红军成立25周年,到孙科、于右任、孔祥熙、吴铁城、王宠惠等党政军长官、各国驻渝使节及文化界人士500余人。

2月24日 国民政府外交部为法国维希政府任敌进占广州湾(21日)一事,特于是日向法国维希政府提出抗议,并声明广州湾租界条约失效。并表示"中国政府特向法国政府郑重声明,保留采取必要与适当之措置,以保留领土主权之行动自由及向法国政府要求赔偿损失之权"。

"中国赴印教育文化访问团"团员吴俊升、沈宗濂、吴文藻及秘书顾毓端一行4人,由团长顾毓琇率领,是日晨离重庆飞印度访问。

"朝鲜民族革命党"在重庆召开第一次中央执行委员会全体委员会议,选金奎植为该会主席,金若山、成立园、孙斗焕、申云三、金仁哲为中央常务委员,金若山为总书记。

2月25日 "中国童子军创始三十一周年纪念大会暨第一次荣誉裁判庭褒奖典礼"于上午10时在广播大厦举行。

由国民政府教育部主办的"新疆图籍展览会",于上午8时在中央图书馆开幕,陈立夫主持开幕典礼,展品有图书、照片、报纸、杂志等500余件。

2月26日 蒋介石以盟军中国战区最高统帅的身份,于晚9时对泰国军民广播,内称:敌正溃败,泰人自救之日已临,应奋起抗日,自救救世,并盼与我军并肩作战,以驱逐敌人。

2月27日 国民政府立法院通过《修正兵役法》。

国民政府"交通部公路局商车指导委员会"在重庆成立,龚学遂任主任委员,虞洽卿、陈光甫等30人为委员。

国民政府粮食部四川粮食储运局在重庆该局礼堂举行局务会议,到该局主要职员60余人。会议由局长席新斋主持,其主要任务是检讨过去工作,讨论今后施政方针。

2月28日 国民政府军事委员会任命李仙洲为第28集团军副总司令。

国民政府经济部公布1942年度内工业技术发明之物品及方法,共核准专利77件。

是月 世界书局总管理处迁重庆办公,地址在民生路71号。该局于1921年7月在上海创立,1926年设立重庆分局,以出版中小学教科书及文艺丛书、英汉词典等为主,与商务印书馆、中华书局、大东书局并称"四大书局"。

3月

3月1日 国防最高委员会会议决议:设置新疆监察使署,特派罗家伦为监察使。

国民政府交通部在重庆正式成立"公路总局",由交通部部长曾养甫兼任局长。

"中央航空运输公司"在重庆正式成立,该公司由欧亚航空公司改组而成,直接隶属于交通部。

国民政府农林部部长沈鸿烈在中枢纪念周上报告农林部1942年度施政概况。

"四川公路局"为便利西北旅客起见,是日起增办渝广(元)间联运客车。

旅渝韩侨300余人于上午10时在新运服务所大礼堂举行"三一节"纪念大会,由韩国临时政府内务部部长赵琬九主持致开会词。

"中央训练团四周年纪念暨献机命名典礼"于上午8时在珊瑚坝机场举行。

3月2日 国民政府行政院第603次会议决议:①国立中央大学设置教

育长,协助校长综理校务,并任命朱经农为国立中央大学教育长;②外交部长宋子文出国期间,派次长吴国桢代理部务。

国民政府财政部发表政府年来救济各省难民及归国侨胞经费,共达10150万元。

3月3日 国民政府军事委员会参谋总长何应钦于2月初赴印度参观英国陆空部队及各项军事设施,并视察中国驻印部队,事毕后于是日偕史迪威将军乘机抵渝。

国民政府农林部"粮食增产委员会"订定协助渝市蔬菜肉类增产办法。

中华全国美术会于上午10时在文化会堂举行纪念会暨该会第四届年会。

"新运总会"邀请有关各机关长官举行会议,到谷正纲、贺国光、贺耀组、张道藩、黄仁霖、章楚等,商讨如何完成该会本年度的中心工作——将陪都重庆建设成为清洁的模范市。

3月4日 兼任国立中央大学校长蒋介石偕该校教育长朱经农赴沙坪坝中央大学视事。

孔祥熙以财政部部长的身份,致电陕、豫、湘、鄂四省省政府主席,请督饬各县推进棉花增产工作。

3月5日 国家总动员会议秘书长沈鸿烈偕重庆市市长贺耀组等,于下午1时视察重庆市警察局。

新任波兰驻华大使朴宁斯基,于上午11时半赴国民政府觐见国民政府主席林森并呈递国书。

3月6日 重庆市政府管制蔬菜市场,规定每镇设置菜市场1所,凡鸡鸭鱼肉及蔬菜,必须在菜市场交易,严禁黑市买卖。

3月7日 兼国立中央大学校长蒋介石赴中央大学对全体学生训话,并指示今后教育方针。

国民政府财政部令中、中、交、农四联总处各地分支处会同当地银钱业公会,于4月1日以前,组织放款委员会,免费审核各自所属行庄资金的贷放情形。

"中国地质学会"在重庆举行第十九届年会。

3月8日 国民政府明令:任命朱经农为国立中央大学教育长。

国民政府军事委员会政治部在重庆举行第一次全国各军事学校政工会议,由张治中主持。

妇女节。陪都各界妇女于下午3时假夫子池新运广场举行"三八妇女节庆祝大会",计到各界妇女10000余人。会后举行"妇女号"献机活动,共募集献机捐款100余万元。

3月9日 国民政府军事委员会训令各机关、法团、学校及有关国营工商厂矿:对于壮丁调查之规定,应一律切实举行,不得稍有玩忽。

由"实业计划研究会"组织的"国父实业计划研究委员会第一考察团",由团长叶秀峰率领,由重庆飞赴兰州,对大西北进行考察。

"重庆市征兵督导委员会"成立。

3月10日 由陶希圣根据蒋介石意图执笔撰写、蒋介石署名的《中国之命运》一书在重庆出版,正中书局印制发行。

"国家总动员会议"召集有关机关举行会议,讨论"定量分售"事宜。蒋介石亲临主持,会议决定从4月15日起实施"定量分售",其方式为利用现有合作社组织机构推行,无合作社地区,则由商店办理。

陈诚与史迪威在重庆晤商军队训练计划,初步决定在昆明陆军训练基地调集各部队干部8000~9000人,分批训练,另在印度蓝姆伽训练6个团。

国民政府"教育部国语推行委员会第三届全体委员大会"在教育部大礼堂举行。11日闭幕。

"中华全国体育协进会"在南开中学举行本年度第一次常务理事会议。

国民政府驻英国大使顾维钧,驻比利时大使钱泰(偕二等秘书王思澄)是日晨乘机离重庆转印赴任;美国驻华大使高思奉召回国述职,亦同机离重庆转道回国。

3月11日 蒋介石为"国民精神总动员四周年纪念",于晚7时对全国广播讲演。

宋庆龄在重庆对记者发表谈话,主张"实现总理的三大政策,召开国民会议,在绝对民主的原则下,动员全国民众,使他们都有同等的机会参加抗战建国工作。对各党各派也应给予同等机会,使他们的党员尽个人的能力参加工作,争取最后胜利"。

3月12日 "国民精神总动员四周年纪念日",国民精神总动员会于上午7时半假新运广场举行庆祝会。

陈诚奉令出任"远征军司令长官",是日偕史迪威离重庆飞昆明。

"三民主义青年团重庆支团部第一届团员代表大会",于上午8时举行开幕典礼,到康泽、刘峙、杨公达等130余人。

3月13日 波兰驻华大使朴宁斯基于下午3时向蒋介石面呈波兰政府陆军最高勋章——武德勋章。

3月14日 国民政府军事委员会任命曹福林为第二集团军副总司令,张雪中为第四集团军副总司令。

国民政府军事委员会发表抗战六年来之战果:敌使用兵力116.8万人,被我击毙、俘虏者达五分之一。

国民党中央图书杂志审查委员会通令重庆市各剧团:上演剧本必须先行送审,经审核发给准演证后,始得排演。

"华侨体育协进会"在重庆成立。

3月15日 "国民政府航空委员会"于晚7时半假嘉陵宾馆设宴招待美国第十四航空队司令官陈纳德将军。

国民政府交通部公路总局联运汽车管理处筹办的"渝宝(鸡)联运客车"通车,首班车于是日晨6时由该处营业所出发。

3月16日 国民政府军事委员会政治部在重庆举行第一次全国各军事学校政工会议闭幕。

"三民主义青年团重庆支团部第一届团员代表大会"闭幕。

重庆市猪肉限量分售及凭证购肉办法,是日开始实施。

3月17日 国民政府特派驻美大使魏道明为互换中美条约批准约本全权代表。

国民政府军事委员会任命彭位仁为第三十集团军副总司令。

墨西哥首任驻华代办卡斯托瓦尔抵达重庆。

3月18日 波兰驻华大使朴宁斯基于下午5时晋谒行政院副院长孔祥熙,作到任后的首次拜访。

3月19日 国防最高委员会会议决定:英如交还香港,我可自动宣布香港及九龙区为关税自由港,但不能以此作为交还香港的条件。

国民政府军事委员会任命罗卓英为第三战区副司令长官。

3月20日 全国生丝统购统销暂行办法,业经国民政府行政院核准,是日公布施行。

3月22日 国民政府军事委员会参谋总长何应钦在中枢纪念周上报告国内各战场敌我态势及赴印视察之感。

国民政府军事委员会任命彭善为第十一集团军副总司令。

"中国国术馆"馆长张静江为该馆成立15周年对外发表谈话。

3月24日 国民政府内政部发表全国保甲统计:全国共计30余万保,400余万甲。

"中国历史学会"于重庆中央图书馆举行成立大会,到国内史学专家及各大学史学教授顾颉刚、金毓黻、黎东方、方豪(浙江大学教授)、陈安仁(中山大学教授)、姚从吾、陈雪屏(西南联大教授)、黎锦熙(西北大学教授)、吴其昌(武汉大学教授)等110余人,顾颉刚主持说明组织史学会的意义,黎东方报告筹备经过。

3月25日 国民政府明令:任命任建鹏为内政部警察总队队长,王广庆为国立河南大学校长。

国家总动员会议秘书长沈鸿烈发表谈话,阐述今后加强经济检查工作的方针及办法。

"中国驿政学会"在重庆举行成立大会,该会以"发动人力兽力,补救战时交通运输之不足"为宗旨。

3月26日 "国民参政会经济动员策进会"举行第二次常务会员会议。

"中国史学会"举行第一次理监事联席会议,选举顾颉刚、傅斯年、黎东方、卫聚贤等9人为常务理事,吴稚晖、方觉慧、蒋复聪等3人为常务监事。

顾颉刚为理事长,黎东方兼任秘书。

3月27日　国防最高委员会函令全国各级政府机关、各级党部、各大中学校、各战区、各级政治部及全体官兵等:"均应切实研讨与批评"《中国之命运》,"并于6月底以前呈报"。

"中华全国文艺界抗敌协会"成立五周年纪念大会在文化会堂举行。

3月28日　中共代表周恩来、林彪晋谒国民政府军事委员会参谋总长何应钦,要求扩编八路军为4个军12个师,陕北边区改为行政区。

"新西北建设协进会"在重庆举行成立大会,到60余人。

中国远征军司令长官陈诚离重庆飞云南楚雄(远征军司令长官驻地)赴任。

"中国县政学会第二届会员大会"在重庆举行,内政部部长周钟岳主持并训话,内称:各省对于新县制之推行,有待努力者甚多。

"中国农民经济研究会第四届年会"在重庆举行,通过提案要求提高收购农产品价格,对农民、矿民平价配给生活必需品,以维持再生产等。

重庆市政府会同有关机关共同组成"陪都疏散督导委员会"。

3月29日　"三民主义青年团第一次全国代表大会"在重庆举行开幕典礼,兼团长蒋介石亲临主持并致开会词。

革命先烈纪念日。中枢及陪都各界分别举行纪念典礼:上午假实验剧院举行纪念大会,到复兴关遗爱祠先烈墓地公祭革命先烈,刘峙、邹鲁分别讲演;下午在中央公园举行"四川革命先烈纪念碑"奠基典礼,于右任、居正、张继、邹鲁、张道藩、陈仪等参加典礼,杨公达主持,朱叔痴报告四川革命先烈史迹。

国民政府教育部规定自是日起至4月4日止在全国举行第二届师范教育运动周,以推进师范教育。

3月30日　"中国劳动协会第四届年会"在夫子池新运服务所举行开幕典礼。

"中华全国文艺界抗敌协会"成立五周年纪念大会在重庆闭幕。

墨西哥首任驻华代办卡斯托瓦尔抵达重庆。

3月31日 "三民主义青年团第一次全国代表大会"举行第二次大会，戴季陶讲演。戴在讲演中提出了"立大志、发大愿、做大事、成大业，为国家尽大忠、为民族尽至孝"等做人方法20条。

墨西哥首任驻华代办卡斯托瓦尔前往国民政府外交部拜会代理外交部部长吴国桢及常务次长胡世泽。

是月 国民政府教育部礼乐馆成立，馆长陈果夫。该馆的主要职责为"掌礼制乐典之厘订及音乐教育事项"。

国民政府教育部中央民众教育馆在重庆成立，内分民范民俗、戏曲、教育3部。

"中国佛学社"在重庆举行会员大会，改选理监事，结果太虚连任理事长。

4月

4月1日 国民政府社会部为检讨及改进各示范社会服务处工作起见，是日在重庆召开"社会服务处工作检讨会议"。

国民党重庆市党部于是日扩大组织，将原设的4个科扩大为3个处（秘书、组训、宣传）、8个科、2个室（会计、人事）。

"中国劳动协会第四届年会"在重庆闭幕。

"中国农民银行"于是日在化龙桥总行举行成立10周年纪念会。

"中华全国文艺界抗敌协会"举行理事会，选举老舍、徐霞村、王平陵、胡风、姚蓬子5人为常务理事。

《扫荡报》前与《中央日报》合并出版，近日奉命单独刊行，该报于是日正式复刊，社长黄少谷，副社长万梅子、刘凤成。

重庆市临时参议会第二届第一次大会在中正路该会议场举行开幕典礼。

重庆、成都间长途驿运，是日正式营业，由重庆至成都7日可达，全程票价为630元。

4月2日 "中国劳动协会"举行第四届第一次理监事联席会议。

4月4日 国民政府明令：以黄帝诞辰为"音乐节"，以"纪念黄帝制礼作乐之意"。

"三民主义青年团第一次全国代表大会"在中正堂举行总理纪念周,到中枢各部会长官及会议代表500余人,团长蒋介石亲临并致训词。

儿童节。由国民政府社会部发起组织的"保护童婴运动委员会"在重庆举行成立大会。

"中国滑翔总会"为纪念该会成立四周年,在重庆举行"空中列车"试航表演。该列车为飞机2架各拖曳滑翔机2架,升入3000英尺高空,然后二者分离,由滑翔机在天空表演约1刻钟之久,然后再徐徐降落。

"中华职业教育社"在重庆举行第九届理监事改选大会。

4月5日　国民政府军事委员会参谋总长何应钦分别在中枢纪念周及"三民主义青年团第一次全国代表大会"上讲演《新兵役法》《建军与青年》。

第一届音乐节。陪都各音乐团体与学校分别举行各种音乐活动,以资庆祝。

4月6日　国民政府军事委员会任命傅仲芳为第29集团军副总司令。

荷兰首任驻华大使罗芬克由印度飞抵重庆。

4月7日　蒋介石手令:借拨军粮,以赈豫灾,同时加拨急赈2000万元,救济豫省灾民。

国家总动员会议召开"经济检查工作检讨会议"。

"西北工业资源展览会"在重庆开幕,展出新疆、宁夏、青海、甘肃、陕西等省矿物、农产、工业产品、文物样品与相关资料等近1000种。

4月8日　蒋介石于上午10时45分在中四路103号官邸召见重庆市临时参议会议长康心如、副议长李奎安,垂询参议会情形,并对康、李二人称:关于物价问题,政府已有妥善办法,现正由主管机关办理中。

4月9日　蒋介石召集出席"三民主义青年团第一次全国代表大会"的代表,与他们共进午餐并致训词。

由国民政府社会部召开的"社会服务处工作检讨会议"在重庆闭幕。

"中国桥梁公司"在重庆召开创立会,该公司业务计划为建筑各公路河道之重要桥梁,并与美国桥梁公司取得联系。

"国立中央研究院"举行茶会,欢迎来华讲学的英国牛津大学教授陶德斯及剑桥大学教授尼德汉、翁文灏、黄炎培、杭立武、张西曼、张道藩、程沧波等出席。

4月10日 国民政府军事委员会任命梁华盛为第4集团军副总司令。

重庆—昆明间无线电传真正式开放(在中国尚属创举)。

"全国慰劳总会"在重庆举行慰劳上海四行孤军脱险九壮士大会,由九壮士代表萧益生报告脱险经过及沦陷区同胞受敌压迫情形。

4月11日 "三民主义青年团"兼团长蒋介石于中午12时假中央训练团,邀请该团中央干事、监察及中央团部副处长、副主任以上人员并举行聚餐会。

重庆市政府调整限价办法,规定除米、煤等8种主要民生必需品继续实行限价外,其他各种日用品,均改为议价;非日用品,暂缓议价。凡议价物品,经物价评议会议定后,再由社会局核定。

4月12日 "三民主义青年团第一次全国代表大会"在重庆举行闭幕典礼,兼团长蒋介石主持并致词。

"西北工业资源展览会"在重庆闭幕。

4月13日 重庆市临时参议会第二届第一次大会在中正路该会议场举行闭幕典礼,议长康心如主持并致闭幕词,总述本次大会之成绩。

重庆市警察局局长唐毅召集各分局局长、派驻所所长及承办户籍员生、保长等500余人举行"户籍扩大会议",商讨居民身份证总检查及清理各镇保发证事宜。

"川康兴业公司"举行董监联席会议,由董事长张群主持。

4月15日 国民政府军事委员会任命刘多荃为第25集团军副总司令。

孔祥熙主持中央银行及中央信托局10周年纪念。蒋介石亲自莅会并致训词,孔祥熙致答词。

国民政府外交部次长胡世泽、国民政府军事委员会调查统计局副局长戴笠与美国海军部部长诺克斯、美国总统罗斯福之私人代表鲁斯、美国海军部情报署代表梅乐斯签署协定,决定成立"中美特种技术合作所",以进行情报、气象、电讯等方面的合作。

国民政府驻美军事代表团团长熊式辉偕随员何凤九、李宪民,本月初由美启程返国,是日抵达重庆。当日下午,熊式辉晋谒蒋介石述职。

4月16日 "全国慰劳总会"决定自是日起至6月底在前后方举行全国性的"鞋袜劳军运动",以应前方将士的需要。并定4月为鞋袜劳军宣传月,5月为鞋袜劳军竞赛月。

"川康兴业公司"召开第一次股东大会。

"民生公司"举行第18届常年股东大会,股东500余人到会。

《新民报》是日载:重庆市每月用煤,市区住户用量约为1万吨,公务员定量分售约8000吨,各工厂用煤为4万吨,共需约58000吨。

4月17日 国民政府明令:交通部常务次长卢作孚呈请辞职,准免本职。

"三民主义青年团"兼团长蒋介石邀集青年团代表聚餐并即席致训。

"台湾革命同盟会"在重庆集会纪念《马关条约》签订48周年,并发表宣言及告中国同胞书称:"本会领导台湾革命之方针,素以归宗祖国为中心,今后尤为坚决本此方针而努力,无论任何异族统治台湾,均为吾人所反对,誓必反抗到底,虽再牺牲百万头颅、十年岁月,亦必争取民族之自由解放。今当《马关条约》48周年纪念日,本会同志于悲惨痛恨之余,特此宣言。"

"迁川工厂联合会"举行第六届会员大会。

"中央图书杂志审查委员会"假文化会堂招待陪都出版界,到各书局、出版社、杂志社、负责人及著作家80余人。

"中国音乐学会"于上午8时假文化会堂举行第一届年会。

4月19日 "三民主义青年团"第一届中央干事、监察第一次联席会议在重庆中央团部礼堂开幕,同时举行该团第一届中央干事、候补干事,监察、候补监察宣誓就职典礼。兼团长蒋介石亲临主席并致训词。

"国家总动员会议"秘书长沈鸿烈为洞悉各地施行宪政实施情形,于上月赴桂、湘、粤、赣等省视察,事毕后于是日返抵重庆。

公路总局联运汽车管理处与西北公路运输局商定:自是日起举办渝、兰旅客联运,每星期对开一次,各在广元换车。

下午5时,蒋介石在曾家岩官邸接见中国战区联军参谋长史迪威,就修补昆明、保山间公路,反攻缅甸时的总司令人选及空军援助等问题进行商讨。

4月20日 国民政府经济部与教育部联合在重庆召开"工业建设计划会议",以商讨战后中国工业的建设问题。

4月21日 "三民主义青年团"第一届中央干事会举行第一次全体会议,兼团长蒋介石亲临主持。会议通过了统一全国青年组训纲领、发展团务十年计划、发动青年研读《中国之命运》等决议案多项。

4月22日 "中华全国工业协会"在重庆迁川大厦举行成立大会,到孔祥熙、翁文灏、陆京士等及该会会员代表200余人。

"全国国民兵第二次献机典礼"在重庆珊瑚坝机场举行。

4月23日 国民政府交通部在重庆召开"铁路技术标准委员会议"。

荷兰首任驻华大使罗芬克上午11时半在国民政府向国民政府主席林森呈递国书。

4月24日 "中国经济学社第十六届年会"在北碚举行,到该社社员及经济学界专家马寅初、卫挺生、闻亦有等200余人。

"中央警官学校"举行正科第10期、警官班第3期毕业典礼及特科外事警察讲习班开学与正科第十二期入伍升学典礼,兼校长蒋介石亲临主持并致训。

4月26日 新任新疆监察使罗家伦、副监察使王藉田在国民政府宣誓就职。

"中国经济学社第十六届年会"在北碚闭幕,会议决议组织战时经济研究会,并成立重庆分会。

4月27日 国民政府明令公布《财政部花纱布管制局组织规程》,废止《农本局组织规程》。

国民政府行政院会议决议:各省市地方普遍设立"田赋粮食管理处"。

蒋介石接见参加"工业建设计划会议"的代表并作题为《中国工业建设之途径》的训词,称:中国非工业无以立国,今后应注重工业与政治之联系以及各工业间彼此之联系。

蒋介石令战时新闻检查局兼局长商震,对被检扣的新闻或评论,仍留其题目或标题者,"应以违检论处,严予处罚"。

中国与巴西使节互相升格为大使。

4月28日 国民政府明令:张群给予一等云麾勋章,庞炳勋晋给一等云麾勋章。

"轮船招商局"在重庆恢复建制,原任总经理蔡增基为董事长,徐学禹为总经理。

"中华全国工业协会"举行理监事就职典礼。

4月29日 "工业建设计划会议"闭幕。讨论通过《战后工业建设纲领》《工业建设计划总则》等要案。

蒋介石令国民党中央宣传部部长张道藩、战时新闻检查局兼局长商震:不许《新华日报》有"陕甘宁边区"字样刊登。

4月30日 "国家总动员会议"举行第二次全国生产会议筹备会,沈鸿烈主席报告开会宗旨。

国民政府赴印教育文化访问团于本年2月赴印访问,历时2月有余,该团团长顾毓琇,团员吴俊升、沈宗濂、吴文藻等是日返抵重庆。

加拿大新任驻华大使欧德伦少将乘机抵达重庆。

5月

5月1日 "劳动节"。陪都各界假国泰大戏院举行纪念大会。

"中美特种技术合作所"正式在重庆成立,戴笠为主任,美国人梅乐斯为副主任。

"全国医疗药品器材生产协会第一届年会""中国医药会第一届年会""中国药物自给研究会第二届年会"在广播大厦联合举行。

5月3日 中枢举行总理纪念周,张治中报告三民主义青年团第一次全国代表大会概况,蒋介石致训词,阐述"五三惨案"与国家民族及抗战的关系。

国民政府教育部举行第四次"学术审议委员会",到陈立夫、吴稚晖等20余人。

5月4日 中央设计局组织以罗家伦为团长的"西北建设考察团",对甘肃、青海、宁夏、新疆四省的水陆交通作深入考察和研究。

国民政府教育部举行的第四次"学术审议委员会"闭幕,会议通过应予奖励作品及调整大学学系与大量派遣留学生等案。

陪都各界青年集会举行"五四"纪念大会,段锡朋、郑彦棻讲演青年问题。

陪都空袭服务总队举行成立三周年纪念会。

重庆国际妇女会在求精中学举行会员大会,到会员40余人。

5月5日 国民党中央宣传部公布《三十一年度党政事业成绩》。

国民政府教育部召集的"师范教育讨论会"是日在重庆开幕。

荷兰驻华大使罗芬克偕同该馆参事安恩博伯爵及杨连山,于下午4时30分晋谒蒋介石并致敬;下午5时,美国驻华大使馆代办范宣德与美国驻中印缅军总部参谋长贺恩中将,晋谒蒋介石,面呈美国国务院赠送的有关中国在美受训空军学生近况之影片。

5月6日 国民政府外交部次长吴国桢致函苏联驻华大使潘友新,要求苏方将迪化飞机制造厂和独子山油矿机件价让中国政府,并称:"在共同作战期间,关于技术方面之设施及人员之雇用,我方仍愿意与苏联合作。"

"中华职业教育社"在重庆张家花园举行该社成立26周年纪念会暨第一届理监事联席会议,到钱永铭、张一尘、沈鸿烈、黄炎培、刘攻芸、潘序伦、杨卫玉等,黄炎培主持并报告会务,会议讨论通过了修改后的社章。

"重庆职业指导所"发表该所成立5年来职业介绍概况,称5年来求职人数为23542人,介绍职业成功者约3000人。

5月7日 国民政府明令:派外交部政务次长代理部务吴国桢为互换中英条约批准约本全权代表,派驻古巴国特命全权公使李迪俊为互换中古友好条约批准约本全权代表(《中古新约》亦于是日互换批准书),派李仲公为内政部禁烟委员会主任委员,黄为材为副主任委员。

由国民政府教育部召集的"师范教育讨论会"在重庆闭幕。

中央文化运动委员会、中国国民外交学会、重庆各报联合委员会、中华职业教育社等团体,在重庆举行第一次文化界联谊会,邀请最近归国的文化教育访印团成员顾毓琇、吴文藻、吴俊升等报告印度文化教育事业现状。

原国民党中央执行委员会委员、组织部副部长吴开先自上海脱险后,是日乘机抵达重庆,朱家骅、潘公展、杜月笙等100余人到机场欢迎。

5月8日 蒋介石电令宋子文,要他在罗斯福、丘吉尔会谈期间,坚持力争收复全缅。

"重庆区专科以上学校联合运动会"在南开中学运动场举行。

5月9日 蒋介石接见"西北建设考察团"团员并致训。

"重庆区专科以上学校联合运动会"在南开中学闭幕,蒋介石亲临会场,对各优胜者及参加体育表演的团体,分别颁赠奖章及锦旗。

重庆市自1月15日起实施限价,已届4月。4月中旬起,一部分物品决定实施议价,市长贺耀组是日发表专门谈话,说明限价后一般物品情形及一部分物品实施议价的意义。

5月11日 国民政府明令:任命尹静夫为粮食部管制司司长。

蒋介石以北非战役盟军获胜,特电英、美领袖,表示祝贺。

"中华医学会第六届会员大会"在重庆歌乐山卫生实验院举行,到吴铁城、蒋梦麟、洪兰友等及该会会员300余人。会长金宝善主持致开会词,中国红十字会会长蒋梦麟讲演,称国家问题亦如请医生看病,中国病在贫、笨、病三字,治贫须工业化,治笨须办教育,治病则宜多设卫生院。

5月12日 "荣誉军人职业协会"在重庆举行成立三周年纪念会。

5月13日 国民政府明令:任命胡世泽为外交部常务次长。

国民政府粮食部部长徐堪发表本年度各省粮食收成情形暨今后军民公粮之配合问题。内称:四川省本年小春收获形势良好,即稍有歉收,其生产量也较上年为多。陪都重庆所需之食米,95%以上为该部负责供应,现该部控有足额之量,存底充裕,今后绝不致发生问题。

国民政府教育部规定:每周的星期六为体育日,高中学生实施劳动服务及国防训练。

"中华医学会第六届会员大会"闭幕,会议通过宣言及决议案16件。会议期间,蒋介石曾赐词勖勉。

5月15日 国民政府行政院副院长孔祥熙在成都视察事毕,是日偕邓汉祥等返抵重庆。

国民政府教育部音乐教育委员会举行第七次全体委员会议，到陈果夫、陈立夫、顾毓琇等19人，会议决定派专家1人、学生1人赴印度学习音乐。

国民党中央宣传部在该部招待出席"中华医学会第六届会员大会"的全体会员。

"中华全国基督教协进会"在重庆举行扩大会议，讨论与战后有关的重要问题，冯玉祥、张治中分别致词。

为救济河南灾荒，由宋庆龄等人发起组织的"赈灾足球义赛"于下午3时在两路口川东师范学校球场举行，到中、英等国足球运动员及观众6000余人。宋庆龄与英国驻华大使薛穆等出席并亲自为球赛开球。

5月16日　"中国音乐学会第二届第一次理监事联席会议"在教育部礼堂举行。

张自忠将军殉国三周年祭在北碚墓地举行，到各界代表500余人。蒋介石特派张治中主祭，冯玉祥、鹿钟麟等分别致词。

由宋庆龄等人发起组织的"赈灾足球义赛"闭幕，此次义赛共得门票125000元，全部捐作救济河南灾荒款项。

5月17日　国家总动员会议秘书长沈鸿烈，在中央纪念周上报告限价问题。

由国民政府卫生署召集的"第二次全国防疫会议"在重庆新桥国民政府卫生署大礼堂举行。

5月18日　国民政府明令公布《边疆从政人员奖励条例》12条。

"驻华外籍记者联谊会"在重庆成立。

5月19日　国民政府外交部严重抗议法国维希政府违背国际公法，将各地法租界交予汪伪政府，同时声明法方在华一切特权归于取消。

5月20日　中英两国政府于上午12时在外交部新厦举行"中英新约批准书"互换仪式，中国政府全权代表为外交部次长、代理部务吴国桢，英国全权代表为英国驻华大使薛穆（同日，《中美新约》互换批准书仪式在华盛顿举行）。至此，新约的各项手续完成，开始正式生效。

国民政府教育部以"国立重庆商船专科学校"近日迭起风潮,为整饬学风起见,是日下令该校停办,所有该校校产,由国立交通大学接收。

"中央政治学校"成立16周年纪念,到该校校务委员陈果夫、陈立夫、张道藩、余井塘,教育长程天放及全体师生1000余人,校长蒋介石亲临主持并致训词。

5月21日　中美两国政府(中方为外交部政务次长、代理部务吴国桢,美方为美国驻华大使馆代办艾其森)在重庆互换照会,本着平等互惠之原则,规定对于驻华美军人员所犯刑事案件,应由美国军事法庭或军事当局单独裁判;同时美国政府担保:如将来中国派遣军队赴美国辖境,中国军队应享受与在华美军相同之待遇。

"中国教育电影协会"举行第八届第一次常务理监事联席会议,陈立夫主持,决定摄制国父实业计划影片、幻灯片等。

"全国防疫会议"闭幕。该会自开幕以来,对于防疫及一般卫生设施特别是对细菌战的防御,均切实加以检讨,收获颇多。

5月22日　"国民参政会经济动员策进会"约集在渝参政员举行谈话会,商讨限价问题,到莫德惠、冷遹、黄炎培等30余人。

中共代表周恩来在重庆就共产国际解散一事接见外国记者并发表谈话称:①共产国际的解散,是共产国际"七大"以来的"自然发展,并非意外";②中国共产党在共产国际"七大"以后,"对本国问题一向自主解决,并自己解决本身问题";③中共中央将发表决定。

上午11时,蒋介石在国民政府军事委员会办公厅接见美国陆军部作战处处长汉德少将及安诺德之参谋长斯特斯曼少将等,商讨关于借用中国在印度储存之航空器材及由印度调派空军援华等问题。经讨论决定:①为维持在印度之运输机及在昆明之轰炸机继续担任运输与作战计,可借用中国在印度储存的航空器材;②抽调印度飞机36架援华,以作为攻击宜昌之敌用;③"以衡阳、芷江、梁山、恩施四处为攻击宜昌地区敌军之根据地,主力应置于梁山,请毕、格、贺诸将军及戴少校,会同周主任立即拟定一具体计划,出击敌人,愈快愈好。"

由佛教、耶稣教、回教、天主教等宗教领袖发起组织的"中国宗教徒联谊会"在重庆成立。

5月23日　自贡盐场盐商代表曾子唯、颜心畲、李云湘等15人,以该区盐产遭遇困难,是日在重庆向国民政府财政部、经济部、盐务总局及国家总动员会议请求救济。

"中国俄文学会"在重庆成立。

5月24日　由国民政府教育部召集的"各省市教育行政工作检讨会议"在重庆青木关实验民众馆举行。

5月25日　国民政府经济部、财政部、军政部、交通部、资源委员会、液体燃料管理委员会、食糖专卖局等机关,是日在经济部联合召开"酒精用糖(原料)检讨会议"。

5月26日　国防最高委员会召开的"行政三联制检讨会议"在军事委员会大礼堂开幕,到党政军等机关负责人200余人。蒋介石主持致训词,强调要在10年内将其在《中国之命运》一书中提出的五大建设准期完成"。

5月28日　国民政府交通部扩大组织,增设电信总局、航业航空技术设计委员会两机构。

国民政府教育部召开的"各省市教育行政工作检讨会议"闭幕,行政院副院长孔祥熙出席闭幕典礼并致词,强调"教育必须配合主义"。

5月29日　国民党中央常务委员会临时会议决议:修改《国民政府组织法》第13条,规定"国民政府主席因故不能视事时,由行政院院长代理之"。

国民政府明令:任命宋润之兼最高法院院长。

国防最高委员会召开的"行政三联制检讨会议"闭幕,会议共举行4日,通过各种议案80余件。

蒋介石致电美国总统罗斯福,对其排除万难,毅然决定实施攻缅计划表示感谢。

中国劳动协会组织的"劳工节约储蓄劝募委员会"成立。

5月30日　"中华政治经济学会"在重庆举行第七届年会。

5月31日　卢作孚是日正式复任民生公司总经理职务,并召集公司全体职工训话,期望今后"能发挥更大力量,以加强抗战运输力"。

是月 "中国史志图表编纂社"在北碚成立,顾颉刚为社长。

6月

6月1日 由国家总动员会议召集的"第二次全国生产会议"在重庆开幕,蒋介石亲临主持并致训。会议的主要议题是商讨解决产、运、销的困难及稳定物价等问题。

国民政府经济部公布1938年1月至1942年底工业技术发明及核准专利之分类统计,合计5年中申请专利之发明物品或方法共581件,批准专利者245件。

国民政府财政部发行1943年度同盟胜利公债30亿元(法币)。

全国慰劳总会主办的"鞋袜劳军运动",是日起在全国各地同时举行,规定每甲至少献赠布鞋、袜各1双或折合代金100元。

6月2日 "全国慰劳总会"奉令改组,是日举行改组后的第一次全体委员会议,推陈诚为会长,谷正纲为代会长,马超俊、郭沫若、黄少谷为副会长。

6月3日 陪都各界举行"六三"禁烟纪念大会,并在较场口当众焚毁烟毒烟具。

6月4日 苏联驻华大使潘友新在苏联大使馆内放映斯大林格勒战役之影片,招待国民政府各院部会长官及各驻华使节。

张治中邀约中共代表周恩来,转达何应钦之意:前方摩擦正在继续,国共谈判须搁一搁。

6月5日 国民政府财政部因从美国运回2亿美元的黄金,是日公布取缔买卖黄金各种法令,准许人民自由买卖黄金,以收回法币,控制物价。惟运输出口及前往沦陷区者,仍然禁止。

国民政府教育部次长顾毓琇、蒙藏教育司司长骆美奂离重庆飞新疆考察教育。

6月6日 陪都工程学界集会庆祝工程师节,并在各处举办通俗科学及工程讲座。

6月7日 蒋介石假嘉陵宾馆招待出席"第二次全国生产会议"的代表,国民政府各部会长官均奉邀作陪。蒋介石在席中讲话称:生产界之困难,政府正设法解决中,盼各业人员提高效率,增加生产。

中共代表周恩来偕林彪会见蒋介石,表示拟与林彪回延安,蒋介石表示同意。

张治中告知周恩来:共产国际解散后,国民党曾讨论过对中共的办法:一为同国民党合并,一为中共交出军权、政权,然后组织可合法化。

第三届诗人节。中央文化运动委员会与中华全国文艺界抗敌协会假文化会堂联合举行文艺晚会。

6月8日 由中央设计局组织的"西北建设考察团",由团长罗家伦率领,是日由重庆出发,前往西北地区考察。

由全国慰劳总会举办的"鞋袜劳军运动扩大宣传周"(8～15日)自是日开始实施。

6月9日 "第二次全国生产会议"闭幕,孔祥熙致闭幕词。

全国慰劳总会鞋袜劳军运动于晚7时假广播大厦举行广播晚会,代会长谷正纲致词,报告鞋袜劳军运动的意义及办法。

全国慰劳总会通电全国各省市:"七七"举行劳军大会,慰劳当地驻军、荣誉军人、在营壮丁及出征军人家属。

加拿大驻华公使欧德伦往访蒋介石。

6月10日 国民政府外交部次长吴国桢呈文蒋介石,报告英外长艾登电询国民政府有无派访问团赴英报聘之意。蒋介石批示道:"交王主任雪艇妥为核议,并拟定人数与名单呈核。"

6月11日 由国民政府农林部召开的"农林工作检讨会议"在重庆新店子开幕,到四川、湖南、湖北、广西、江西、广东、安徽等12省代表及有关农林各机关代表,农林部重要职员60余人。由该部部长沈鸿烈主持并致词。

6月12日 "国防科学技术策进会"在重庆成立,蒋介石兼任会长。

由国民政府农林部召开的"农林工作检讨会议"闭幕。

6月13日 国民政府行政院副院长孔祥熙致电四川省临时参议会,指示四川省本年度粮食征购原则。

"嘉陵江水上运动大会"在重庆举行。

6月14日 联合国日,蒋介石于是日分别致电美国总统罗斯福、英国首相丘吉尔、苏联人民委员会委员长斯大林以及澳大利亚、新西兰、菲律宾、加拿大、荷兰、比利时等联合国国家元首,向他们致敬。

陪都各界举行盛大的庆祝活动,活动项目包括纪念大会、球类比赛、艺术展览、广播电影等。

国民党中央常务委员会会议决议:修正"中国国民党党员宣誓条例"及"党员转移登记办法"。

国民政府经济部召开的"各省经济工作检讨会议"在重庆开幕,到翁文灏、秦汾及各省建设厅厅长及代表,经济部各主管部门人员30余人。

6月15日 国民政府明令:免河北省政府主席庞炳勋职,以马法五代理。

蒋介石以花纱布关系军民服用需要,特电饬军事委员会及行政院,通令各军政机关,整肃管制纪纲。

国民政府行政院秘书长张厉生、财政部次长俞鸿钧、粮食部次长庞松舟、田赋管理委员会主任委员关吉玉、粮食部管制司司长尹静夫等一行离重庆飞成都,参加四川省临时参议会,讨论四川省本年征实问题。

史迪威将军在其官邸接见中外记者称:最近华盛顿会谈,对中国问题曾详加讨论,中国战区在华府会议中占重要地位,美国人民极注意鄂西胜利。

6月16日 国民政府外交部接苏联政府节略,指责盛世才之措施为非法与仇视行为,并附有《盛苏密约》(1940年12月签订)。

6月17日 史迪威将军晋谒蒋介石,报告三叉会议之决定。

"台湾革命同盟会"为台湾沦陷48周年,特在重庆举行扩大宣传纪念会,并邀吴铁城在中央广播电台作题为《台湾归来》的讲演。

国民政府交通部公路总局重庆公共汽车管理处奉令增加渝碚路客运票价,是日起正式实施,每公里增为1.8元,由重庆两路口车站至北碚,共144元。

6月18日 蒋介石致电何应钦,对各地国民兵团举行的献机运动表示

"殊堪嘉慰",但"空军建设经纬万端,所望全国国民不断努力,贡献其人力财力,协助政府,始克有济",并要求扩大推行一元献机运动为一县一机运动。

重庆市政府邀集市商会及所属各同业公会、新闻界代表开会,宣布已经核准的重庆市限价、议价物品种类调整办法。

6月19日 "全国慰劳总会鄂西将士慰劳团",由团长张继、副团长孔庚率领,携慰劳金200万元、奎宁丸500万粒,是日由重庆出发,前往湖北恩施前线慰问。

6月20日 "中国童子军教育学会"在重庆成立。

"中国经济学社重庆分社"于广播大厦举行成立大会,孔祥熙出席会议并致词。

6月21日 "全国慰劳总会"在重庆举行庆祝鄂西大捷、慰劳中美空军大会,由该会代会长谷正纲主持。

6月22日 国民党中央执行委员会秘书处电饬各省市党部:协助办理"八一四"空军节,发动一县一机运动。

"中苏文化协会"在重庆集会纪念苏联参加反法西斯战争两周年。

6月26日 "中美文化协会"会长孔祥熙及夫人宋霭龄宴请史迪威将军及其他在渝美国军官,并邀宋庆龄、吴铁城、何应钦、王世杰等到党政军首长100余人作陪。

6月27日 国民政府教育部决定:分5年每年派遣赴美留学生700名,赴英留学生300名;其派遣学生采取考试与遴选各半的办法,出国时间定为2年。

6月28日 "国防科学技术策进委员会"常务理事兼总干事陈立夫、常务理事俞大维假重庆大学宴请中央大学、重庆大学、中央工业专科职业学校、四川省立教育学院的校长、院长及理工科系主任,到28人。

中共代表周恩来偕林彪、邓颖超、孔原等114人,乘专车5辆,离重庆回延安。

墨西哥驻华大使馆代办卡斯托瓦尔晋谒蒋介石,面陈墨西哥最高的神鹰勋章。

6月29日 国家总动员会议决议重新调整重庆市粮价,自下月1日起实行。规定:①每市石原售240元之官价米,涨为380元;②每市石原售380元之官价米,涨为570元;③每市石原售520元之中等熟米,涨为780元。同时调整面粉价格,规定:①每袋原售190元之特种粉,涨为300元;②每袋原售170元之统粉,涨为260元。

国民政府财政部田赋管理委员会内外勤工作检讨会议在重庆举行,到粮食部、地政署各有关机关代表,财政部各职能部门长官及该会内外勤工作人员200余人。

国民政府军事委员会任命蒋鼎文兼第24集团军总司令,王文彦为第37集团军副总司令。

孔祥熙应中国战时问题研究会之请,在中央广播电台向全国作题为《如何推动节约献金救国运动》的讲演。

"中华基督教联合救国会"及各界节约献金救国运动会联合在重庆举行会议,决议扩大组织,更名为"中华国民节约献金救国运动总会",推冯玉祥为会长。

"全国慰劳总会鄂西将士慰劳团"部分团员返回重庆,另一部分团员仍留前线劳军。

是月 有关方面统计:本年上半年(1~6月)重庆市货物进口总值为437815464元,出口总值为554197764元,出超1亿元以上。进口货物中,以杂货居第一位,其次为矿砂、钢铁及其制品。

7月

7月1日 经国家总动员会议通过,重庆市食米价格自是日起开始实施新价。

国民政府主席林森电贺加拿大国庆。

7月3日 第二十三届国际合作节,陪都各界假新运服务所举行纪念大会,全市各生产、消费合作社代表200余人参加会议。

7月4日 美国国庆日,何应钦于晚7时半在军委会草坪设宴招待美国在渝陆空军人员,美方到史迪威将军以次将官70余人,中方到白崇禧、张治中、商震、刘峙等数十人,何应钦致贺词,史迪威致答词。

宋美龄偕董显光等自美返国,是日抵达重庆。

重庆市议价物品价格,是日分发各同业公会,议价物品共分七大类——食品、服用、建筑材料、燃料、文具纸张、医药、杂项。所有议价物品之价格,系就本年1月15日实施之限价,分别酌增25%~85%。

7月5日 由国民党中央宣传部主办的"抗战六周年纪念画展",于上午8时假中央图书馆展览室开幕,展期1周。

7月6日 四川省政府主席张群,偕国民党四川省党部及四川省政府有关部门负责人抵达重庆,出席即将在重庆召开的四川省重庆区行政会议。

"中国儿童保健会"在重庆成立,邵力子、谷正纲等31人为理事,洪兰友等9人为监事。

7月7日 蒋介石为抗战六周年纪念发表告全国军民书。

蒋介石为抗战六周年纪念发表告联合国民众书。

国民政府在重庆举行抗战六周年纪念会。

由工作竞赛推行委员会主力的"全国各项工作竞赛给奖典礼"在国民党中央党部大礼堂隆重举行。

史迪威将军代表美国总统罗斯福于下午4时在国民政府军事委员会会客厅向蒋介石、何应钦、商震、俞大维、林卫生(中国远征军总视察)5人举行授勋(美国最高勋章)典礼,中美两方有关部会长官到50余人。史迪威将军宣读中文奖状并亲自为蒋介石、何应钦等佩带勋章。

陪都各界代表及市民5000余人集会夫子池新运广场,公祭抗战阵亡将士。

"上海战后复员计划委员会"在重庆成立。

7月8日 国民政府明令:免谭绍华驻巴西国特命全权公使职,特任陈介为驻巴西国全权大使。

蒋介石复电美国罗斯福总统,同意罗斯福总统7月4日来电之建议(约与蒋会晤),并称会晤时间,以9月后为最适宜。

7月9日　国民党中枢于上午9时在国民政府礼堂举行"国民革命军誓师北伐纪念会",蒋介石亲临主持。

"三民主义青年团"成立五周年纪念日,三民主义青年团中央团部在两路口该团团部举行纪念大会。

"三民主义青年团"成立五周年纪念日,三民主义青年团中央干事会令:中央干部学校校长由团长蒋介石自兼,派蒋经国为教育长。

"四川省第四次重庆区行政会议"于上午8时假川康兴业公司开幕。

7月10日　国民政府明令公布《外交部组织法》。

宋美龄对记者发表访美观感,称美国人士均感中美命运相连,一致主张加强对华援助;对美国侨胞的爱国热忱,特别赞扬。

"陪都各界庆祝空军节及扩大一县一机运动大会"成立,市党部、市政府、航建总会、全国慰劳总会、重庆卫戍总司令部等为常务委员。

7月11日　陪都80余民众团体的代表,于晚10时半假夫子池新运广场举行欢迎"为国宣劳、载誉归来"的蒋介石夫人——宋美龄。

7月12日　国民政府明令:任命李迪俊兼驻多米尼加特命全权公使。

国防最高委员会副秘书长甘乃光在重庆中枢纪念周上报告行政三联制实施情形。

"中国土壤工程学会"在重庆成立。

7月13日　蒋介石出席四川省重庆区会议并致训。

"中国战时社会研究会"举行理监事联席会议,公推孔祥熙为名誉理事长,冯玉祥为名誉理事。

7月14日　法国民族解放委员会驻渝代表顾亚发及军事代表团团长毕斯克夫少将,假嘉陵宾馆举行茶会,招待陪都各界,庆祝法国国庆日。

7月15日　"四川省第四次重庆区行政会议"闭幕,四川省政府主席张群向与会县长致训。

由国民党重庆市党部主办的"户政法令宣传大会"在国泰大戏院举行。

波兰驻华大使朴宁斯基于上午9时在真源堂为波兰已故总理薛戈尔斯基举行弥撒,由重庆区主教尚维善主席,到林森之代表吕超,蒋介石之代表商震,孔祥熙之代表俞鸿钧及王宠惠、吴铁城、何应钦等中外来宾。

重庆市政府、市党部、市临时参议会于下午5时在川康兴业公司举行茶会,联合招待出席重庆区行政会议各员,贺耀组、杨公达、康心如等出席。

7月16日 已故国民党中央委员、国民政府委员、四川革命先进"杨沧白先生纪念堂",就原重庆府中学堂旧址改建而成,是日举行开幕典礼。

"重庆区党务工作会议"假国民党中央组织部举行开幕典礼。

7月17日 国民政府外交部宣布:①中国、挪威使节互相升格为大使,大使馆驻英伦(挪威流亡政府设英伦),并以驻比利时大使钱泰兼任驻挪威大使;②派吴蔼辰为外交部驻川康特派员。

国民政府财政部、粮食部联合在重庆召开四川省粮赋机关主管官员联席会议,商讨四川省1943年度田赋征实与粮食征借办法。

由重庆卫戍总司令部召开的"三十二年度临时卫戍会议"在该部举行。

7月18日 中国科学社、中国气象学会、中国植物学会、中国地理学会、中国数学会、中国动物学会等6学术团体联合会在北碚重庆师范学校举行。

7月19日 "三民主义青年团重庆夏令营"在北碚举行入营典礼。

7月20日 国民政府军事委员会任命施北衡为第20集团军副总司令,宋肯堂为第26集团军副总司令。

"中国国民外交协会"理事长吴铁城在中央党部大礼堂欢宴波兰、荷兰、捷克、挪威、加拿大、土耳其、墨西哥、印度八大使节,八大使节在宴席上均有演说。

中国科学社、中国气象学会、中国植物学会、中国地理学会、中国数学会、中国动物学会等6学术团体联合会闭幕。

7月21日 "重庆市图书杂志审查处"假中央文化运动委员会文化会堂召集重庆市各书店、出版社、杂志社负责人举行谈话会。

7月22日 新任河北省政府主席马法五抵达重庆,向蒋介石述职并请示治理河北事宜。

重庆市政府是日最后核定运价5种,工资13种。议价标准较本年1月15日实施之限价,酌增70%。

7月23日 国民政府外交部宣布："中国政府与墨西哥政府为加强两国间已有之友好关系，又鉴于在作战中对共同敌人，两国具有同一之目的与愿望，因此决定将两国之外交代表，相互升格为大使。"

国民政府立法院为考察各地立法设施，特组织东南、西南考察团。其中，东南考察团以楼桐荪为主任，考察湖南、浙江、江西、福建等省；西南考察团以吴尚鹰为主任，考察贵州、云南、广东、广西等省。两考察团皆于是日离渝首途，经贵阳赴各目的地考察。

"国防科学技术策进会"常务委员联合招待陪都新闻界，报告该会工作近况并陈列各种杰出国防工业品数十种。

中央图书杂志审查委员会规定：自8月1日起，凡属中央机关及文化团体出版不公开发售的中英文刊物，无论适合免审规定与否，均应一律将原稿检送"重庆市图书杂志审查处"审查，以凭核发审查证或免审证。

国民政府航空委员会主任周至柔奉令离重庆飞成都转迪化，洽购苏联在迪化之飞机制造设备事宜。8月1日返渝。

7月24日 "中国法学会"（1935年成立）第二届年会在重庆举行，到会员居正、王宠惠、王用宾、张知本等200余人。林森、蒋介石分别颁发训词。

7月25日 中、中、交、农四行联合办事总管理处理事会核准1943年度工矿事业贷款，贷款总额为20亿元（法币，下同），其中国营事业8亿元，民营企业12亿元。

7月28日 国民政府财政部核准：江津农工银行改为四川农工银行。

中国中学第五次校董会在重庆交通银行二楼客厅举行，王正廷主持。

7月31日 国民政府明令：特派驻伊朗公使李铁铮为兼驻伊拉克全权公使。

8月

8月1日 国民政府主席林森，于下午7时04分在重庆山洞双河桥官邸逝世。

林森逝世后，国民党中央常务委员会于晚11时半举行临时会议，会议决议:①林主席医护委员会历次会议之决议案,本会予以接受;②推举林故主席治丧委员会委员;③兼任行政院院长蒋中正同志,自即日起代理国民政府主席。

国民政府宣告:与法国维希政府断绝外交关系。

国民政府军事委员会任命刘汝明为第2集团军总司令。

8月3日 国民政府与法国维希政府断交后,国民政府外交部发表声明:自8月1日起接管中国境内的滇越铁路。

8月4日 国民政府军事委员会任命王耀武为第5集团军副总司令。

国民党中央组织部部长朱家骅偕国民党重庆市党部主任委员杨公达等,在各省视察党务事毕,是日晚返抵重庆。

国民党中央宣传部令战时新闻检查局:严禁各报在被删处使用"×××""被略若干字""被略一大段"等语,违者"即予重罚"。

8月7日 国民政府主席林森逝世第七日,全国民众及海外侨胞,是日一律停止娱乐宴会,举行公祭。国民党中枢由蒋介石亲自率领致祭。

8月8日 "重庆市、江北、巴县职业团体书记训练班"在巴蜀小学大礼堂举行开班典礼。

8月9日 苏联驻华大使潘友新往晤国民政府外交部次长吴国桢,洽谈该大使馆专用机飞渝事宜,双方并对苏联在新疆人员之撤退事宜进行了商谈。潘友新称:中国必须"早日将收买建筑问题解决,始能完全撤退"。

8月10日 国民政府行政院第625次会议决议:①特任钱泰为驻挪威公使,赵守钰为黄河水利委员会委员长;②重庆市政府秘书长陈介生、警察局局长唐毅、工务局局长吴华甫、中央警官学校副教育长徐中齐,均另有任用,应予免职;③任命贡沛诚为重庆市政府秘书长,徐中齐为重庆市警察局局长,夏舜参为重庆市工务局局长,唐毅为中央警官学校副教育长。

8月11日 熊式辉继王世杰任中央设计局秘书长。

重庆市市长贺耀组偕卫生局局长王祖祥、警察局行政科长梁尔恭巡视全市市容、交通及清洁卫生,并有所指示。

8月12日 中共代表董必武应左舜生、李璜、章伯钧、张君劢的邀请,赴特园鲜英寓所与沈钧儒、史良、陶行知、邓初民、黄炎培等一同参加晚会，纵谈时事。

重庆市银钱两业公会为解决重庆市银根奇缺问题，于上午10时联合召开临时会员代表大会，并推康心如、陈德恕为代表，于下午晋谒孔祥熙，陈述困难。

8月13日　国民政府外交部就外交部部长宋子文访英一事，发表公报称：中英两国政府对战略及战后问题，意见一致。

8月14日　空军节，中国航空建设协会总会继1元献机运动后，正式发出《为一县一机运动告全国同胞书》及行政院通过的《一县一机推行办法》《一县一机竞赛办法》，要求全国各地同时开展，最低限度募集1000架飞机。

陪都各界为纪念空军节，特开展献机运动，并举办航空展览。

重庆市警察局是日发表重庆市户口统计：全市计155549户，885480人，其中男性548153人，女性334327人。

8月15日　蒋介石致电英国首相丘吉尔，说明联合反攻缅甸之战，务于雨季后如期举行。

以研究运输技术、发展运输事业为目的的"中国运输学会"在重庆举行成立大会，会议讨论通过了会章，选举金士宣等15人为理事。

8月16日　国民政府明令：任命黄季陆为国立四川大学校长，李运华为国立广西大学校长。

8月17日　国民政府交通部任命李吉辰为中国航空公司总经理。

"嘉陵江区煤矿业公会"在北碚举行会员大会。

8月18日　蒋介石致电美国总统罗斯福、英国首相丘吉尔，说明其希望在此次加拿大会议中，对远东战略及反攻缅甸、打通仰光至昆明之交通路线，能具体决定实施计划与整个步骤。

8月20日　"川江民船商业同业公会暨船员工会联合会"在重庆举行成立大会。

"航空模型飞行竞赛"在重庆珊瑚坝举行，到重庆、成都两市选手及自由参加者70余人。

8月21日　国民政府明令:免张含英黄河水利委员会委员长职,特派赵守钰为黄河水利委员会委员长。

"川江民船商业同业公会暨船员工会联合会"举行第一次全体会议,讨论章程草案,并要求政府停止军队非法封船。

"中国卫生教育社第三届社员大会"在广播大厦举行。

"卫生教育展览会"在中央图书馆举行,展品共分"儿童福利卫生、环境卫生、国产药械、预防传染、营养改进"5个部分,展期4天。

8月22日　重庆市市长贺耀组偕卫生局局长王祖祥、警察局局长徐中齐、工务局局长夏舜参巡视全市,对市容整顿、交通改进等有所规划。

8月23日　国民政府明令:重庆市政府秘书长陈介生、工务局局长吴华甫另有任用,应免本职。

"川江民船商业同业公会暨船员工会联合会"在重庆闭幕。

上午10时25分,日机27架于重庆市郊之石门、盘溪及巴县马王乡等地投爆炸弹98枚,炸死市民15人,炸伤市民32人,毁房屋77间。

8月24日　"中国新闻学会"举行第三次理监事联席会议,决定于10月1日举行本年度年会。

8月25日　张道藩、吴国桢就罗斯福总统、丘吉尔首相于魁北克会谈一事举行记者招待会并发表谈话,并对会议宣布"对暴日作战及予中国以有效之援助,深感欣慰"。

8月27日　国民政府外交部发表宣言,声明中国政府正式承认法兰西国民族解放委员会(在北非)。

孔子诞辰纪念日,中枢在国民政府军事委员会大礼堂举行纪念大会,蒋介石主持,孔祥熙作报告。

"教师节",国民政府教育部以交通大学贵州分校教授罗忠忱、武汉大学教授张廷各在该校连续任教满30年以上,特颁给教育奖状并发奖金2万元。另对1941、1942年度学术奖励中荣膺一等奖的华罗庚、冯友兰、周培源、苏步青、吴大猷、吕凤子6人,分别补发学术奖状或艺术奖状。

"教师节",陪都各界在夫子池新运服务所举行庆祝大会。

"全国慰劳总会"邀约各机关团体组织的"陪都辅助抗战军人家属委员会"成立。

"国立礼乐馆"在北碚成立,馆长汪东,馆址设在北碚中山路72号。

8月28日 "重庆市出版业同业公会"成立,45家出版社之代表出席成立大会,选举王云五为理事长,刘百闵为常务监事。

8月29日 蒋介石以轮船航行,近日迭出事端,于是日电令重庆市政府,"仰将该庆复轮肇事原因彻底究办,并将远安轮案严惩详报为要。"

8月31日 国民政府明令:①特任驻比利时大使钱泰兼驻挪威大使;②特派吴国桢为1943年高等考试外交官领事官临时考试初试典试委员长。

是月 国民政府外交部发表宣言,宣布即日起断绝与法国维希政府之外交关系,宣言云:"维希政府对于中国之非友谊行动,层出不穷,有加无已……中国政府对于维希政府此种行为,不能再予容忍,兹特郑重宣告,自即日起,中国与法国维希政府之外交关系即行断绝,除前已先后声明法国根据不平等条约在华取得之各项特权及租界与租借地,已因法国自身之非法行动归于消灭外,今后中国政府对于法国人民,仍当一本两国向来友好之精神及国际公法之普遍原则继续予以保护,特此宣言。"

有关方面统计:重庆市8月份进口物资价值为133491411元,出口物资价值为67291231元。

9月

9月1日 "全国水利工作业务检讨会议"于上午9时在重庆歌乐山举行,出席者有全国各水利机关代表40余人。

由民族健康运动委员会主办的"民族健康运动月"自是日起在陪都开展。

9月2日 国民政府接受英国援华会赠款12.5万英镑,宋美龄是日与英大使会商分配方法。

"中国国际经济协会"在重庆成立,冀朝鼎任主席。

9月3日 英国对德、意宣战四周年纪念日,蒋介石致电丘吉尔首相表示致敬。

英国对德、意宣战四周年纪念日。国民政府军事委员会参谋总长何应钦假军委会会议室设宴招待英方在渝人员,并邀国民政府各长官作陪。何应钦致词认为:暴日国力不可轻视;薛穆致答词称:轴心国领袖已感悲观。

"中英文化协会"于英国抗战四周年纪念日,在求精中学举行盛大纪念园会,到中外来宾及该会会员200余人。

9月4日　蒋介石致电美国总统罗斯福、英国首相丘吉尔,说明联合反攻缅甸必先占领下缅甸海岸线之交通要塞,才能如期达成上缅甸之战事。

新疆省政府主席盛世才飞抵重庆述职。

重庆市党政联席会议第二十九次会议决议:"本市革命先烈邹大将军容,诞生于夫子池原柴家巷街;故杨委员沧白,曾任炮台街之重庆中学堂监督,首倡川中革命。为追念景仰起见,经决议将新生路更名为邹容路,炮台街更名为沧白路。"

9月6日　中国国民党第五届中央执行委员会第十一次全体会议在重庆召开。

9月7日　国民政府明令:免林东海驻埃及国特命全权公使、李锦纶驻葡萄牙国特命全权公使职,任命许念曾为驻埃及国特命全权公使,张谦为驻葡萄牙国特命全权公使。

国民政府交通部长江区航政局召集各轮船公司及有关机关代表举行"川江航行安全会议",到国民政府军事委员会水陆交通统一检查处、重庆卫戍总司令部交通处、稽查处、重庆市警察局及所属水上分局,各轮船公司代表30余人。会议由该局局长王洸主持,决定航运安全措施数项。

9月9日　国民政府军事委员会参谋总长何应钦就意大利投降对外发表谈话称:意大利的崩溃,实为德、日两国的丧钟。

国民政府立法院院长孙科就意大利投降发表谈话称:意大利无条件投降,同盟国提早获胜,当以此为重大关键,相信盟国必将动员陆海空军主力,予暴日本土以致命打击。

国民政府经济部工业标准审查委员会会议是日举行,会期3天,于11日闭幕。

"九九"体育节,陪都各界在夫子池新运广场举行庆祝大会。

9月10日　中国国民党第五届中央执行委员会第十一次全体会议通过修正《国民政府组织法》,该法规定国民政府主席为海陆空军大元帅。

国民政府军事发言人在外国记者招待会上称:意大利无条件投降后,在6个月后德国必然随之崩溃,最迟在明年秋季,同盟国即可获取胜利。

9月11日　中国国民党第五届中央执行委员会第十一次全体会议第七次会议通过《战后工业建设纲领》及《加强管制物价方案》等。

9月12日　中国国民党第五届中央执行委员会第十一次全体会议决议:战事结束一年内召开国民大会,制颁《宪法》,并由国民大会决定《宪法》施行日期。

国民党中央监察委员会举行第十一次全体会议,决定补选程天放、劭力子2人为常务委员。

蒋介石率国民党中央执监委员于下午4时赴林森灵堂公祭已故国民政府主席林森。

9月13日　中国国民党第五届中央执行委员会第十一次全体会议举行第九次大会,与会者一致选举蒋介石为国民政府主席,并通过蒋介石兼国民政府行政院院长。

9月15日　国民政府明令公布修正《国民政府组织法》。该法规定:国民政府主席及委员"由中国国民党中央执行委员会选任";国民政府主席"为中华民国元首,对外代表中华民国",同时为"陆海空军大元帅";"国民政府五院院长、副院长,由国民政府主席于国民政府委员中提请中国国民党中央执行委员会选任";"国民政府主席对中国国民党中央执行委员会负责,五院院长对国民政府主席负责"。

"行政院水利委员会"举行第三次全体委员会议,薛笃弼主持,行政院秘书长张厉生莅临指导,会议通过决议案多项。

国民政府行政院参事在外国记者招待会上就美国5亿美元借款之用途发表谈话称:1亿美元用作发行美金公债之基金,1亿美元用作发行美金储券之基金,2亿美元用作在美国购买黄金,余1亿美元用作其他用途。

"重庆市轮船业商业同业公会"招待陪都新闻界,理事长邓华益报告轮船业近来艰难情形。

9月16日　国民政府军事委员会任命竺鸣涛为第32集团军副总司令。

9月17日　国民政府军事委员会任命佟毅为第23集团军副总司令。

中共代表董必武与来访的王世杰晤谈关于出席国民参政会问题,王世杰表示参政会上不会有反共言论,劝董必武出席会议。

迁川工厂联合会、中国工业协会、西南实业协会、工业经济研究所等团体,联合假冠生园举行"黄金与物价"座谈会。

"中国经济建设协会第五届年会"在重庆开幕,主要讨论国际贸易、外资、金融、财政、国营及民营事业等问题。

"韩国光复军"在重庆举行成立三周年纪念大会,总司令李青天致词称:三年中虽然没有伟大成就可资报告,然而我们打回老家、光复国土的信心,却与日俱增。

9月18日　"国民参政会"第三届第二次大会在重庆举行开幕典礼。

中国民主政团同盟主席张澜发表《中国需要真正的民主政治》小册子,论证民主政治的实质与特点,指出实现民主的必然趋势和必备条件。

"九一八"12周年纪念日,陪都各界举行各种纪念活动。

9月19日　自黄金自由买卖后,重庆市银楼业又转兴旺,银楼业由24家增至73家,资本总额达900余万元。故银楼业于是日决议:今后不准再增加。

9月21日　国民政府明令:国民参政会参政员任期,自本年11月1日起延长1年。

"中国市政工程学会"在重庆成立。

9月22日　国民政府军事委员会任命方天为第11集团军副总司令,黄杰为第20集团军副总司令。

国民党中央宣传部举行外国记者招待会,行政院参事张平群报告西北移垦问题时称:西北数省地广人稀,极应将东部、中部的过密人口,设法西移,从事垦殖。

美国驻华大使高思回国述职后,于是日返抵重庆。

9月23日 国民参政会第三届第二次大会举行第二次全体会议,决议请蒋介石继续担任"国民参政会经济动员策进会"会长。

由中国农民银行与行政院水利委员会合组的、以发展农村水利事业,增加农业生产,促进农村工业化为宗旨的"中国农村水力实业公司",于下午3时在重庆举行创立会。

9月24日 国民政府军事委员会任命汤恩伯为第19集团军总司令,陈大庆为副总司令;孙元良为第28集团军副总司令,王仲廉为第31集团军总司令。

9月25日 蒋介石出席国民参政会并报告内政外交方针及其实施经过,表示要着重宪政实施和经济建设,希望由国民参政会设置宪政实施的筹备机构和经济建设策进会或期成会。

国民政府外交部次长吴国桢呈文蒋介石,转呈宋子文21日来电所报告的四强宣言草案电文。

由陪都辅助抗战军人家属委员会主办的"优待抗战军人家属周"是日举行宣导大会。

9月26日 国民参政会第三届第二次大会举行第九次全体会议,决议成立"宪政实施协进会"及"经济建设协进会",同时通过慰劳前方将士、各战区和东北四省同胞、海外侨胞及抗战军人家属电。

史迪威将军向蒋介石建议:调动国共军队共同进攻日军,并要求蒋介石把美国援华物资,拨一部分给共产党。

9月27日 国民政府明令:国民参政会秘书长王世杰、副秘书长周炳琳呈请辞职,王世杰、周炳琳均准免本职。特派邵力子为国民参政会秘书长,雷震为国民参政会副秘书长。

国民参政会第三届第二次大会在重庆闭幕,张伯苓致休会词。此次大会共开10日,先后举行大会9次,讨论通过提案189件,选举褚辅成、王云五、董必武、林虎等25人为驻会委员。

9月28日 出席国民参政会第三届第二次大会的全体参政员,是日赴歌乐山山洞公祭已故国民政府主席林森,由江庸主祭。

国民政府军事委员会决定重建第3集团军,并任命李铁军为总司令,郭希鹏、於达为副总司令;马步芳为第40集团军总司令,马步青为副总司令。

全国慰劳总会、陪都辅助抗战军人家属委员会联合举行茶会,招待重庆市抗战军属代表。

9月30日 中共代表董必武在沈钧儒处与张君劢、左舜生、邓初民等交换对目前民主运动的意见。

"国民参政会经济动员策进会"在重庆举行第三次常务会议,莫德惠主持致开幕词,各驻会委员、各区办事处正副主任、主任秘书等分别就该会及各办事处今后工作方针及其与所在地政府联系问题、掌管物资问题等发表意见。

10月

10月1日 川湘(重庆至常德)、川鄂(重庆至恩施)公路正式通车。川湘联运车,每月1、11、21日各由重庆开车1班;川鄂联运车,每月4、14、24日各由重庆开车1班。

"重庆市银钱业联合准备委员会"成立,加入该会的有中国银行、中国农民银行等40余家银行,永生等29家钱庄,另有13家总行不在重庆者正在请示中。

"中国新闻学会第二届年会"在重庆广播大厦举行。

10月2日 中共代表董必武与国民党代表王世杰会谈,指出了近段时间国民党方面出现的反共言行,并表示:中共坚决拥护抗战,绝对不愿内战,欢迎政治解决两党问题。

"中国劳动协会"自是日起在重庆招收出国服务劳工,规定凡体重在48公斤以上,身高在158公分以上,身心健康、能刻苦耐劳者,均可应征。

10月4日 中国国民党中央常务委员会举行第239次会议,决议:①选任张人杰、邹鲁、冯玉祥、阎锡山、宋庆龄、张继、熊克武、柏文蔚、李烈钧、李文范、章嘉、马麟、少克都尔扎布、王伯群、胡毅生、钮永建、刘哲、麦斯武德为国民政府委员;②任命梁寒操为中央宣传部部长,张道藩为中央海外部部长。

重庆市土地测量工作完成，全市总面积约43万市亩，折合294.309平方公里。

10月5日 国民党代表、国民参政会秘书长邵力子约见中共代表、参政员董必武，希望董必武能够出席10月15日举行的国民参政会驻会委员会。董必武提出了改善两党关系的两条具体办法：双方停止刺激感情；国民党撤退包围陕甘宁边区的军队，以缓和气氛。

国民政府军事委员会任命张文清为第10集团军副总司令，徐梁为第15集团军副总司令，李楚瀛为第31集团军副总司令。

英国驻华大使薛穆晋晤国民政府外交部次长吴国桢，面交英国政府对美国所提四强宣言草约之修正案，该修正案除对四强宣言草约之叙言、第六条同意美方提案外，其余各条均有或多或少之修正。

国民政府财政部食糖专卖局决定：自是日起，将产销各地之白糖，一律按原价增加50%。

"中国新闻学会"举行第三届第一次理事会议，黄少谷主持。

10月6日 "中国劳动协会"在重庆举行欢送首批劳工出国服务仪式。

10月7日 有关方面统计，至是日止，重庆市登记的住商约9600余家，行商约50余家。

10月9日 国民政府授予陈诚、吴奇伟、罗广文、胡琏等青天白日勋章。

国民政府教育部召开"补习教育讨论会"，决议：①请中央设置规模较大的补习学校1所，以资提倡示范；②督促各级学校附设补习学校；③督促公司、工厂、农场及职业团体等，切实办理补习教育；④严格管制私立补习学校。

10月10日 国庆纪念日，蒋介石于上午10时在国民政府大礼堂举行国民政府主席就职典礼。

国庆纪念日。蒋介石及夫人宋美龄于下午4时在国民政府接见各外交使团，并举行茶会；晚上8时，蒋介石夫妇在国民政府宴请国民政府各院、部、会长官，国民党中央党部、三民主义青年团中央团部各首长，国民参政会主席团成员及驻会委员，重庆市临时参议会议长及各界名人。

挪威新任驻华大使赫赛尔偕秘书罗仕达于上午11时半晋谒国民政府主

席蒋介石并呈递国书。12时,印度驻华专员梅农至国民政府觐见蒋介石,作到任后的首次拜访。

国民政府授予何应钦、程潜、白崇禧、徐永昌、陈绍宽、俞飞鹏、阎锡山、李宗仁等青天白日勋章。

国庆日,由国防科学技术策进会与中央文化运动委员会联合主办的一年一度的"国防科学展览会"在中央图书馆举行,由中苏文化协会主办的"苏联艺术照片展"同时在中央图书馆举行,由国民党党史编纂委员会主办的"党史展览"在新运总会举行。

"重庆市第二届运动会暨国民兵运动会"在求精中学举行开幕典礼,参加之单位包括重庆中等以上学校、中小学校及有关业余团体。

上旬 国民政府行政院政务处奉蒋介石手令编纂的《国民政府年鉴》出版,共100余万字。全书分中央、地方两大部分,其中中央部分分为五大篇,按五院排列;地方部分各省市各占一章。

10月11日 国民政府行政院、立法院、司法院、考试院、监察院院长、副院长及国民政府委员宣誓就职典礼与中枢纪念周同时举行。

中共代表董必武会见国民党代表王世杰、邵力子,向他们转述中共中央的意见:延安不相信国民党所谓"政治解决"的诚意,但表示中共愿意恢复两党谈判,欢迎政治解决,不愿破裂。

"全国医师公会联合会第五届会员代表大会"在重庆举行开幕典礼,到党政长官、各界来宾及该会会员代表300余人。

国民政府外交部部长宋子文由印度新德里返抵重庆。

10月12日 国民政府特派蒋廷黻为中华民国签订联合国救济善后总署协定及出席总署评议会暨中央委员会全权代表。

中共代表董必武与蒋介石会谈,邵力子、王世杰在座。蒋介石表示决不会在国内用武,并要邵力子、王世杰与董必武联系。

10月13日 "中国工业合作协会"举行全体理事年会,理事长孔祥熙主持致开会词,报告中国工业合作协会一年来的概况,并决定聘宋美龄继蒋介石为该会名誉理事长。

10月15日　第三届国民参政会驻会委员会举行例会,秘书长邵力子代读外交部书面报告,会议订定《经济建设策进会组织大纲》及《宪政实施协进会组织大纲》,决定成立"经济建设策进会",将经济动员策进会并入,仍由蒋介石任会长。

由中国妇女慰劳自卫抗战将士总会创办的"荣誉军人自治实验区"开幕典礼在北碚举行,到宋美龄、董显光夫妇、林语堂、张蔼真、陈逸云、唐国桢等200余人,宋美龄致开会词。

10月16日　国民政府特派宋子文为订定中比(利时)条约全权代表。

新任国民党中央宣传部部长梁寒操、海外部部长张道藩分别到部视事。

"东南亚盟军总司令"蒙巴顿勋爵及美国陆军后勤部部长索姆威尔将军由印度飞抵重庆,何应钦等到机场迎接。

重庆《中央日报》社社长陶百川辞职,国民党中央宣传部派胡健中继任。

"全国木刻展览会"在大梁子青年会举行,展出作品200余幅,展期2天。

10月17日　蒙巴顿将军在重庆分别与英国驻华大使薛穆、国民政府军事委员会参谋总长何应钦及宋子文、孔祥熙、高思、史迪威等人会谈。

中国战区参谋长史迪威于晚间赴蒋介石官邸与蒋介石会谈,史迪威表示将赤诚卫护中国,如有误会,皆出无心,并表示此后愿积极与蒋合作。蒋介石告之以统帅与参谋长之间的主属关系。至此,蒋介石撤换史迪威之事,暂告一段落。

"中华海上建设事业研究会"在重庆举行第一次理监事会议。

"中华全国文艺界抗敌协会"在中国文艺社邀请文艺界人士会谈如何合理厘订稿费问题,决定以公务人员之米贴及印刷商承印之排工,作为稿酬的最低标准。

火柴专卖公司通告:自是日起,不分等级类别,火柴每盒一律4元出售。

重庆《国民公报》是日载:重庆市前后登记的商店,共16000余家。

10月18日　蒙巴顿偕随员晋谒蒋介石夫妇于官邸,随即举行"中、美、英三方军事合作会议"。

"中央训练委员会"主任委员段锡朋在中枢纪念周上报告历年来中央、

省、县地方训练概况。

重庆市银钱业奉令一律加入"重庆市银钱业联合准备委员会"。

"中央出版事业管理委员会"假中国文艺社召集重庆市出版界举行第10次座谈会,会议主要讨论调整稿费及版税问题。

"中国劳动协会"举行第二次出国劳工欢送大会,此次出国劳工约500余人。

10月19日 蒋介石以中国战区统帅名义邀集蒙巴顿、史迪威、陈纳德、索姆威尔及何应钦、商震、刘斐、林蔚等于上午10时在黄山官邸继续举行军事会议,蒙巴顿将军在会上报告魁北克会议详情,史迪威将军报告30个师之训练计划,刘斐报告牵制敌人之战略及远征军出动时之部署。会议拟定了对日作战计划,决议攻击日期照蒋介石提议,定于1944年1月15日。

国防最高委员会决定设置"宪政实施协进会",通过组织大纲10条,以蒋介石兼任会长,会员人选由蒋介石指定的53人组成,其中除周恩来、董必武、张君劢、左舜生、王造时、梁漱溟、黄炎培、张志让外,余均为国民党党员。

《国民参政会经济建设策进会组织大纲》8条发表,蒋介石兼任会长,常务委员由47人组成。

国民政府行政院会议决议:组织"敌军罪行调查委员会"。

10月20日 蒋介石致函英国首相丘吉尔,说明中国全体军民对蒙巴顿大将被任为东南亚战区盟军总司令表示欢迎,并对其派遣魏亚特中将为其个人代表表示感谢。

蒋介石致函英皇乔治六世,说明派遣蒙巴顿大将担任东南亚战区盟军总司令对于东亚方面盟军策略之成功与联合国共同目标之最后胜利必将有甚大之贡献。

新任国民党中央宣传部部长梁寒操招待外国记者并发表谈话称:"中国以武器不如敌人,故不得不利用地理与兵员两种优越条件与长期抗战之决心,将敌人拖死。此为中国战略。"

"宪政实施协进会"会员黄炎培对中央社记者谈宪政实施协进会的任务,认为沟通民间团体与政府间对宪政实施之意见尤为重要。

国民政府与比利时、卢森堡平等新约正式在重庆签字,中方代表为外交部部长宋子文,比方代表为比利时驻华大使纪佑穆。比利时、卢森堡宣布放弃在华之一切特权及治外法权。

蒙巴顿勋爵与索姆威尔将军在重庆事毕,是日离重庆飞返印度。

10月21日 国民政府军事委员会任命李明扬为鲁苏战区副总司令。

重庆市临时参议会第二届第二次大会,于上午10时在中正路该会议场举行,到各参议员及党政来宾等110余人,议长康心如主持致开会词,说明本次大会的任务"在配合中央实施宪政之决议,促进本市地方自治之完成"。次由杨公达、贺耀组等分别致词。

比利时驻华大使纪佑穆于下午6时乘飞机离重庆飞返英伦,向本国政府报告中比新约签订经过,并请示未来工商合作事宜。

蒋廷黻离重庆赴印,参加在美国举行的同盟国救济善后会议。

10月22日 英国驻华大使薛穆照会国民政府外交部,邀请中国访问团赴英访问。

10月23日 "中央出版事业管理委员会"召集国民党中央党部秘书处、中央宣传部、中央图书杂志审查委员会,国民政府教育部、内政部、三民主义青年团中央团部等机关代表开会,商讨草拟出版指导方针事宜。

"重庆市出版业同业公会"举行理事会议,王云五、邱维廉、卢逮曾、高自强、沈骏生等到会,对于稿费问题,决定办法四项:①发表费最低每千字60元;②版权让与最低100元;③翻译及已发表而售版权者,得酌减;④审查通过后即付稿酬。

10月24日 "宪政实施协进会"召集人王世杰对重庆《大公报》记者发表谈话。

10月25日 国民政府粮食部部长徐堪在中枢纪念周上报告粮政概况。

国民政府财政部缉私署在中枢纪念周上作工作报告时称:全国现有17个省设立缉私处,各地设立查缉所129个,分所449个,共有职员3956人。1942年共查获有关走私案24748件,今年1~8月统计为31589件。

中共代表董必武偕同陈家康、王炳南先后访问美国驻华大使特别助理兼新闻处主任费正清和谢伟思,双方就当前战局及中国现状进行了长谈。

10月27日 由南洋各属归侨组织的"华侨励志社"在重庆举行成立大会,到张道藩、陈庆云等党政长官。

重庆市警察局公布截至9月底止重庆市的人口统计:全市人口总数为156827户,915443人,其中男性567605人,女性347838人。

10月28日 国民政府主席蒋介石电派驻苏大使傅秉常为签订《四国协定》之中国全权代表。

国民政府外交部部长宋子文呈文蒋介石,报告英国驻华大使薛穆奉命转达联合王国邀请中国访问团赴英访问之意。

美国贺恩将军呈文蒋介石,转陈罗斯福总统关于与蒋介石会晤时间、地点电。内称:"时间定为十一月二十日至二十五日之间,余思亚勒散得(埃及海岸)当为一良好地点,该处设备颇佳,余将携少数干部前往,包括敝国最高级之陆、海、空军军官,会议日期约为三日。"

国民政府外交部部长宋子文分别接见波兰驻华大使朴宁斯基、荷兰驻华大使罗芬克、澳洲驻华公使艾格斯顿、加拿大驻华公使欧德伦、印度驻华专员梅农、土耳其驻华代办戴伯伦。

10月29日 土耳其国庆日。国民政府外交部宣布:中国、土耳其使节互相升格为大使;土耳其驻重庆公使馆茶会招待各界,庆祝土耳其共和国20周年国庆纪念。

"中央出版事业管理委员会"举行会议,讨论提高稿费、版税诸问题。

"中印学会"为救济印度灾荒,特发起成立"印灾筹赈会"。

10月30日 国民政府外交部部长宋子文到部视事。

是月 重庆市图书杂志审查处代处长陆并谦称:1943年3~8月,重庆出版图书1674种,杂志534种,约占全国出版物的三分之一。

11月

11月1日 美国贺恩将军呈文蒋介石,转陈罗斯福总统致蒋介石希望能于11月26日在开罗晤谈之电。电云:"余望阁下能决定于11月26六日,约在开罗邻近之处,与丘吉尔及余相会晤。"

国民参政会秘书长邵力子、副秘书长雷震以宪政实施协进会名义宴请各党派宪政实施协进会会员,讨论宪草研究、国民大会、言论开放等问题。

兼国民政府财政部部长孔祥熙就职10周年纪念,国民政府财政部于上午9时举行盛大庆祝会。

"中国发明协会"在重庆川东师范学校教育部礼堂举行成立大会。

"四川农工银行"呈准国民政府财政部,换发营业执照,自是日起将该行重庆分行改为总行。

11月2日 蒋介石致电美国总统罗斯福,表示当如约前往与罗斯福总统及丘吉尔首相会晤。

国民政府军事委员会参事室主任王世杰呈文蒋介石,报告中国访英团之目的、组织与任务。

国民政府财政部召开业务检讨会议。

国民政府外交部部长宋子文就四国宣言发表谈话称:"四主要联合国之共同宣言,不独对于战事进行中之共同措施有所规定,且表示决心保证战后之集体安全。中国对此宣言热烈欢迎。"

国民党中央宣传部部长梁寒操,副部长程中行、董显光在该部礼堂茶会招待重庆市各报社记者。

重庆市临时参议会第二届第二次大会第十一次会议,于下午2时在中正路该会议场举行,到各参议员及市长贺耀组所率市政府各局局长、市党部主任委员杨公达等,议长康心如主持。会议通过了"重庆市地方自治协进会"会员、常务会员及召集人名单。选出了重庆市经济建设研究会筹备人5人——王国源、杨晓波、陈铭德、周均时、吴干。

11月3日 蒋介石分别致电斯大林委员长、罗斯福总统和丘吉尔首相,对四国联合宣言之签订表示祝贺与感佩。

国民党中央宣传部部长梁寒操对外国记者发表谈话,对四国宣言表示赞扬。

苏联驻华大使潘友新在重庆会晤国民政府立法院院长、中苏文化协会会长孙科,抗议国民党书刊杂志发表的反苏文章。

上午10时,重庆市临时参议会第二届第二次大会在中正路该会议场举行闭幕式。

11月4日 "中国人民接受美国人民友谊书信大会"于下午2时在道门口银行进修服务社举行,到国民政府长官及社会各界代表100余人,康心如主持致开会词,感谢美国友人之盛情,并愿以歼灭联合国共同敌人之信心与行动,酬答此种友谊。美国驻华大使馆新闻处处长费虚转递书信,康心如代表重庆市民接受,梁寒操、张道藩等分别致词。

重庆市党政联席会议决议筹建"四川革命先烈纪念碑",以中央公园奠基者为总碑,另拟分建邹容、张培爵烈士纪念碑。

英国驻华大使薛穆奉英国政府令回国述职,是日与英国女议员华德女士同机离重庆转加尔各答返国。

"中国战时生产促进会第三届会员大会"在重庆举行。

11月5日 中共代表董必武与黄炎培、沈钧儒、左舜生、章伯钧等晤谈,讨论宪政实施协进会等问题。

11月6日 国民政府军事委员会任命唐星为第28集团军副总司令。

蒋介石以宪兵学校兼校长的身份主持该校学员队和军士大队毕业暨开学联合典礼,并致词称:"宪兵为民众之保,军伍之师,责任重大"。

史迪威由印度返抵重庆,向蒋介石报告蒙巴顿提案中的缺点和远征军之缺额并要求改善,蒋介石令何应钦照办并嘱史迪威代拟中国出席开罗会议之军事提案。

国民政府交通部、农林部、粮食部,分别拟定各自领域内的《关于中美合作之意见》,提出战时与战后与美国合作的领域与方法。

蒋介石致电苏联最高苏维埃主席团主席加里宁,祝贺苏联十月革命26周年。

11月7日 苏联国庆日,陪都各界热烈庆祝。

11月8日 国民政府社会部部长谷正纲在中枢纪念周上报告"社会救济法与社会救济事业"。

国民政府军令部拟定《远征军反攻缅甸计划》29条。

11月9日 全国工业协会、迁川工厂联合会、国货厂商联合会、西南实业协会、中国战时生产促进会5团体联合召集"工业问题座谈会"，章乃器就目前工业界之危机发表意见，并希望工业界本身加强组织力量，统一意志，改进生产技术及管理方法，配合政府以解决此种危机。

11月10日 国民政府为答谢英国议会访华团去年秋天之访华，特组成"中国访英团"，国民政府外交部于是日正式发布组团公报。

国民党中央宣传部部长梁寒操对外国记者发表谈话称："中华民国必须为三民主义共和国，此为不可动摇之基本最高原则"。

中挪新约于上午10时在重庆国民政府外交部正式签字，中方代表为外交部部长宋子文，挪威代表为挪威驻华大使赫赛尔。新约规定挪威政府放弃在华治外法权及在北平使馆界与上海、厦门公共租界之一切特权，并放弃在中国通商口岸及沿海贸易与内河航行等一切特权。

11月11日 国民参政会假军事委员会大礼堂举行茶会，欢送即将赴英的"中国访英团"。

蒋介石以国民政府行政院院长的名义训令所属："各国驻华使馆或直属情报宣传机关在我国境内出版刊物之登记申请，一律由外交部核转，由内政部于填发登记证时，函知发行所在地之省市政府，以资联系。"

11月12日 "国防最高委员会宪政实施协进会"在重庆举行成立大会，会长蒋介石亲临主持并致词，指示征集关于宪政问题之意见，研究增进法治与自由精神。会议通过关于从速成立各级民意机关等决议案7项。

国民党中央公布五届十一中全会通过的《文化运动纲领》。

"中国边疆问题研究会第二届年会"在两路口社会服务处举行。

由中央博物院主办的"古物专题展览会"在中央图书馆开幕，展览分石器、铜器两大部分，展期2周。

11月14日 "中华自然科学社第十七届年会"在重庆大学举行，到政府长官及该社社员300余人。

11月15日 国民政府经济部部长翁文灏在中枢纪念周上报告西南各省

工矿事业概况。

中国战区参谋长史迪威偕其政治顾问戴维斯离重庆转飞埃及开罗。

"重庆市第一届国民教育辅导会议"在社交会堂举行开幕典礼,到国民政府教育部、重庆市政府、市党部代表及各界来宾、重庆市中心学校校长等数十人,会期2日。

11月16日 国民政府明令褒扬已故国民政府主席林森。

国民政府行政院会议决议:限期于明年内一律成立县参议会。同时决议:重庆市秘书长贡沛诚另有任用,应予免职。任命杨绰庵为重庆市政府秘书长,贡沛诚为重庆市地政局局长,倪征澳为重庆地方法院推事兼院长。

"宪政实施协进会第一次常务委员会议"在国民参政会秘书处举行。

中共代表董必武与邵力子、左舜生、褚辅成、黄炎培、杨卫玉、张君劢、王造时等聚餐,并商讨宪政实施协进会问题。

11月17日 国民政府明令公布修正《国立中央研究院组织法》《国立中央研究院评议会条例》及《国立中央研究院基金条例》。

国民党中央与国民政府于正午12时30分在歌乐山山洞双河桥官邸隆重举行"林故主席奉安大典",到国民党中枢党政军要员200余人。蒋介石主祭,居正、吴敬恒、孙科等陪祭。午后2时30分,各国驻华使节往祭;3时起,各机关团体代表往祭。

世界学生日。三民主义青年团中央团部邀约重庆市高中以上学生及社会各界名流,举行"世界学生日纪念大会"。

"重庆市第一届国民教育辅导会议"闭幕。

11月18日 中国参加开罗会议之人员一行20人,分两批启程,第一批是日由重庆白市驿机场启程赴会。

"中国访英团"团员王世杰(团长)、王云五、胡霖、杭立武、温源宁、李惟果(秘书)等离重庆飞印度,经开罗转赴英国访问。

11月19日 蒋介石偕夫人宋美龄及王宠惠、商震、林蔚、周至柔、董显光、杨宣诚等离重庆飞开罗,参加与罗斯福、丘吉尔的会晤。

国民党中央宣传部实行记者招待会制度,每隔两周逢星期五下午3时举行一次。是日举行首次记者招待会,到记者30余人,由国民党中央宣传部部长梁寒操、副部长程中行主持。梁寒操指示新闻"立言纪事"之态度与标准。

11月21日 "台湾革命同盟会第三届会员代表大会"在重庆召开。

"中国航业学会第三届年会"在重庆举行。

11月23日 国民政府任命王德溥为内政部常务次长。

国民政府行政院会议决议:筹设林森大学。

国民政府军事委员会任命卫立煌代理中国远征军司令长官。

国民政府外交部部长宋子文接见比利时驻华大使馆代办薛加德。

国民党中央宣传部部长梁寒操、副部长程中行在中宣部礼堂举行茶会,招待陪都文化界人士。

11月24日 "国民参政会经济建设策进会"在重庆举行首次常务委员会议,莫德惠主持致词。

11月26日 国民党中央宣传部部长梁寒操、副部长程中行在中宣部举行茶会,招待陪都文化界人士。

"中苏妇女联谊会"在领事巷康宅举行会议。

"中国宗教徒联谊会"在重庆举行欢迎基督教前锋队总编辑兼世界基督教协会主席包森,并讨论战后世界和平问题。

11月27日 美国国务院指定的葛德石22日抵达重庆访华,拜国民政府访教育部部长陈立夫,商订此后葛氏在各大学讲学程序。

11月28日 "台湾革命同盟会第三届会员代表大会"在重庆闭幕。此次会议共开8天,就过去工作详加讨论,对今后工作亦作详密计划。

11月29日 国民政府交通部部长曾养甫偕该部帮办汪竹一、航政局局长王洸等视察改善后的朝天门、太平门各码头及趸船设备。

重庆市市长贺耀组、警察局局长徐中齐在川东师范广场检阅即将赴任的重庆工界赴印运输团全体人员共1000余人,并分别致词。

是月 蒋介石以行政院长之名义致函英国首相丘吉尔,推介中国访英团赴英访问。

蒋介石以国民政府之名义致函英王乔治六世,介绍中国访英团赴英访问。

王宠惠、孔祥熙、于右任、梁寒操等30余人发起的"中国抗建文化服务协会"在重庆成立。

12月

12月1日 蒋介石一行参加开罗会议毕,是日返抵重庆。

国民政府正式发表《开罗会议宣言》(英、美两国同时发表),申明日本自甲午战争后攫取的中国领土如满州、台湾、澎湖群岛等,战后均应归还中国;并表示三大国"将坚持进行为获得日本无条件投降所必要之重大的长期作战"。

国民政府军事委员会军政部兵役署署长程泽润对四川省学生从军运动发表谈话,希望全国普遍响应,政府决予种种优厚待遇,以资鼓励。

国民政府农林部为筹划1944年度行政方针与业务计划,并准备战后复员工作而进行的第二次业务检讨会议在重庆歌乐山该部举行。

国民党重庆市党部为传达国民党中央有关党务的方针政策,检讨基层组织工作,是日召集书记联席会议,出席会议的有国民党中央各机关代表、重庆市党部全体执行委员、各区党部书记等。

12月2日 韩国临时政府外交部部长赵素昂在重庆发表声明,感谢开罗会议保证朝鲜独立。

"迁川工厂联合会"举行全体理事会议,讨论目前工业界之困难及解决办法,要求豁免过分所得税,以解救当前工业界的危机。

"重庆市运价工资评议会"正式成立。

12月3日 国民政府农林部举行的"第二次业务检讨会议"闭幕。

12月4日 蒋介石致电美国总统罗斯福,说明中国全体军民对开罗会议所发表之公报皆热烈欢迎。

蒋介石致电英国首相丘吉尔,对其在开罗会议中所表现出来的诚挚与亲善精神,表示感佩。

12月6日 "国家总动员会议"奉令自是日起开始对陪都所属银行之仓

库、堆栈实施检查。

由重庆20余个工业团体联合组成的"中国工业联营公司"在重庆成立,总经理沈天灵。

重庆市图书杂志审查处处长张兆呈请辞职获准,国民党中央常务委员会议第48次会议任命方瑞典为该处处长,方于是日到处视事。

12月7日　国民政府军事委员会任命张文清为第25集团军副总司令。

12月8日　太平洋战争爆发两周年纪念日,蒋介石分别致电美国总统罗斯福、英国首相丘吉尔及菲律宾总统,对同盟国的胜利表示祝贺。

国民政府外交部部长宋子文在两浮支路外交部会见加拿大驻华公使欧德伦少将。

12月9日　国民政府教育部部长陈立夫在重庆约集军政:党团、学校部门相关负责人40余人谈话,商讨学生从军及学校军训问题。

西康省政府主席刘文辉,是日乘专车抵达重庆述职。

12月10日　国民政府军事委员会任命马法五为冀察战区副总司令。

中外记者13人及美国驻华大使馆武官麦克聂、英国驻华大使馆武官甘柏尔、苏联驻华大使馆武官佛罗宁、法国民族解放委员会驻渝军事代表团武官葛丁等一行,由国民党中央宣传部国际宣传处派员陪同,乘专机离重庆飞桂林,转赴常德参观战绩。

陪都各界在夫子池新运广场举行"欢送赴印运输工人大会",贺耀组主持并报告赴印运输工人征雇经过及政府对于彼等的优待办法,并以"为国争光"相勉。会后,重庆市第一批赴印运输工人2230人,离渝赴印。

12月11日　由国家总动员会议组织的对陪都所属各银行仓库、堆栈的检查是日结束,结果有150余家仓库内存货被封,一部分货物无主敢认。

12月12日　"中国自动机工程学会"在重庆广播大厦举行成立大会,柴考明主持致开会词,说明该会成立的经过及意义,各代表相继致词并讨论提案,通过会章。

"中韩文化协会"举行首次讲演会,邵力子作题为《韩国独立与世界和平》的讲演,盛赞开罗会议保证朝鲜独立自由的声明。

12月14日　国民政府军事委员会军政部兵役署署长程泽润招待陪都新闻界茶会,报告知识青年从军运动概况,并讨论学生服役办法。

"三民主义青年团"中央团部在重庆举办知识青年从军运动讲演大会,邀请党国要人陈立夫、梁寒操、邵力子、黄炎培等讲演。

12月15日　国民政府明令嘉奖川、康、滇、皖、陕、浙6省努力完成粮食征借。

由国民政府财政部召开的"第六届全国直接税业务会议"是日起分5组在重庆讨论,议题纲要为:①关于如何控制税源;②如何解决税务纠纷;③如何加强稽征;④关于税收经费;⑤关于同人福利、进修等。

国民政府教育部"学术审议委员会"在重庆举行会议,部长陈立夫报告最近教育设施。

国民政府教育部部长陈立夫在中央广播电台作题为《教育界对于知识青年从军应负之责任》的讲演。

12月16日　国民政府教育部"学术审议委员会"通过部聘教授人选,共有胡光炜、冯友兰、刘仙洲、徐悲鸿等15人当选;同时审议了学生志愿服役办法暨修正审查学术奖励作品及给奖标准等决议案23项。

12月17日　国民参政会驻会委员会举行第五次会议,邵力子报告"中国访英团"在英活动情形并代读外交部书面报告,交通部部长曾养甫报告最近交通设施情形。

英国首相丘吉尔驻中国战区统帅部特任军事代表魏亚特中将偕随员都伯森、陶乐尔由印度飞抵重庆。

12月18日　国民党中央执行委员、国民政府军事参议院院长兼抚恤委员会主任委员、点验委员会主任委员、陆军上将陈调元,于上午9时30分病逝重庆,享年58岁。

12月19日　国民政府军事参议院院长陈调元遗体在重庆举行大敛,蒋介石亲往致祭。

12月20日　何应钦在中枢纪念周上报告国内外战局及湘鄂战事概况。

12月21日　蒋介石致电斯大林,祝贺苏联红军建军节。

重庆文化界、法学界、妇女界及各党派代表董必武、郭沫若、陶行知、左舜生等400余人举行"沈钧儒七十寿辰"茶会。

12月22日 由国民政府财政部召开的"第六届全国直接税业务会议"在该处举行开幕典礼,到该处所属部门主管人员及各地分局代表186人。会议由兼财政部部长孔祥熙主持并致训词,该处各部门负责人报告一年来的工作情形。

12月24日 中华基督教协会负伤将士服务社举行对全国伤病官兵讲解做人真理广播周,蒋介石应邀于是日晚对全国作题为《军人做人真理》的广播讲演。

国民革命军第29集团军150师师长许国璋在常德会战中壮烈殉国,其灵柩是日运抵陪都重庆。

由中国国民党中央党史史料编纂委员会举办的"革命史迹展览"在沙坪坝开幕。展品分照片、墨宝、史料三大类2000余件,展期3日。

12月25日 国民政府授予宋美龄青天白日勋章。

"中国童子军总会"在重庆举行创始31周年纪念大会,蒋介石出席并致词。

"张培爵烈士纪念碑"奠基典礼于上午10时在重庆炮台街杨沧白纪念堂前举行。礼成后又分别举行"沧白路"(即原炮台街)和"邹容路"(即原新生路)命名典礼。

"中国著作人协会"发起人会议在中央文化运动委员会举行,到茅盾、胡风、夏衍、史东山、阳翰笙等60余人。张道藩主持并报告发起该会的意义与目的——"团结全国著作家,共同发展文化事业"。

全国慰劳总会、中国妇女慰劳自卫抗战将士总会是日邀约陪都各界,前往渝郊某地扩大慰劳参加湘鄂会战的中美空军。

达县从军知识青年163人,由县长周开庆率领抵达重庆,受到陪都各界的热烈欢迎。下午赴江北第一教导团报到。

12月26日 蒋介石以中央政治学校校长身份,主持该校大学部第12期学生开学典礼并致词,要求学生应"特别注重精神之修养"。

12月28日 中央文化运动委员会于"双十节"（10月10日）发起奖励对国防科学有贡献者办法，经2个多月的评选，共有19人获奖。

12月29日 国民政府特派端木恺代理国家总动员会议秘书长（原任沈鸿烈免职）。

国民政府军事委员会军政部兵役署以达县从军知识青年到达重庆，于上午8时假国泰大戏院举行欢迎大会。

国民政府行政院参事张平群在外籍记者招待会就学生从军一事发表谈话称：此运动"似系一新的运动"，过去数周来，约有2万名学生自动投效，其中大学生二三千人。

12月30日 国民政府授予卫立煌青天白日勋章，刘峙一等云麾勋章，俞济时三等云麾勋章。

国民参政会驻会委员会举行第六次会议，秘书长邵力子代读外交部书面报告，粮食部部长徐堪报告1943年度粮食征购情形及1944年度粮政实施计划。

国民党中央宣传部举行记者招待会。

陪都各界于上午9时假国泰大戏院举行欢送第二批志愿赴印运输工人大会，贺耀组主持致训词。此次赴印运输工人共有1600余名。

陪都各界假罗汉寺公祭湘北阵亡将领许国璋师长，蒋介石特派何应钦主祭，各界民众前往祭奠者多达数万人。

12月31日 国民政府特派李济深为军事参议院院长。

蒋介石以国民政府主席的身份发表手令：宝天铁路限1944年底通车。

下旬 "陪都空袭救护委员会"奉令结束。

是月 国民政府行政院公布《敌人罪行调查委员会组织规程》14条，规定"为调查敌人对我国及我国人民违反战争规约及惯例之一切罪行，组织敌人罪行调查委员会"；该会直隶行政院，内设委员11至15人，除由司法行政部、军政部、外交部、内政部各派代表1人外，余由行政院会同军事委员会就有关机关派员组织之。调查项目共分13项。

生活、读书、新知、群益等19家书店，在原"新出版业联谊会"的基础上，成立"新出版业联合总处",由张静庐任总经理,黄洛峰、姚蓬子任协理。

是年 有关方面统计,本年度国库收入为145.63亿余元,支出为588.145亿余元。

有关方面统计,本年度田赋征实为3360.917万担,征购及征借为2955.95万担,共计为6316.867万担,较上年度略有减少。

有关方面统计,本年度全国高等以上学校增至133所,在校学生73669人,毕业学生10514人,岁出教育经费419852372元。

1944 年

1月

1月1日 国民政府颁布1944年元旦授勋令：给予孔祥熙、孙科、居正、戴传贤、于右任、王宠惠、何应钦、宋庆龄、宋美龄一等卿云勋章，给予张人杰、邹鲁、冯玉祥、阎锡山、李烈钧、叶楚伧、朱家骅、宋子文、陈果夫、许世英、周钟岳、吴忠信、翁文灏、陈树人、陈立夫、魏怀、张嘉璈、陈布雷、张伯苓、王世杰、邵力子、张群等47人一等景星勋章。

元旦日，国民政府主席蒋介石向全国军民发表广播讲演。

元旦纪念日，国民党中枢党政军要员于上午在国民政府花园遥祭国父，并举行中枢纪念周。蒋介石主持并讲演，称今年的任务是协同盟邦，围攻倭寇；今年施政的要点是：①策进全国总动员；②提高行政效率；③奖进人才。今年的唯一口号是："一切为了前线！"

元旦纪念日，国民政府主席蒋介石偕军事委员会参谋总长何应钦、副参谋总长程潜，军政部次长钱大钧、海军司令陈绍宽、军令部部长徐永昌、军训部次长王俊及刘峙、贺国光等检阅重庆卫戍部队及国民兵团等，受检者约10万人。

国民政府军事委员会发言人谈一年来的国内战事。

"国民参政会宪政实施协进会"发表《告国人书》。

兼国民政府财政部部长孔祥熙，上午召集该部全体职员训话，检讨该部一年来的各项业务工作。

重庆市地政局成立,贡沛诚任局长,接管市财政局经办的有关地政事宜。

由黄炎培等人发起创办的《宪政》月刊创刊号在重庆出版,主编张志让,编委有戴修瓒、褚辅成、杨卫玉、王芸生、傅斯年等人。

1月2日　何应钦于晚7时在军事委员会会议厅设宴招待在渝盟军军官。

国民政府军事委员会军政部在重庆召开1944年度军需会议。

"甘肃拉卜楞寺藏族代表团"在拉卜楞保安司令黄正清率领下抵达重庆,将觐见国民政府主席蒋介石。

有关方面发表统计数字:重庆区烟专卖利益,1943年度结算,共得11200万元,超过预定数目1200万元。

1月3日　蒋介石出席中枢纪念周并致训词。

由左舜生、王造时、张君劢、黄炎培、沈钧儒等人发起的"宪政座谈会"于下午3时在迁川工厂大厦举行。

"甘肃拉卜楞寺藏族代表团"全体代表于下午晋谒国民政府蒙藏委员会委员长吴忠信并报告一切。

1月4日　国民政府明令:未设绥靖公署的省份,应设省保安司令部。

全国慰劳总会自发动海内外鄂湘劳军运动以来,各地热烈响应,献金额已达2000万元。陪都各界慰劳湘鄂前线将士献金大会,于是日上午9时假银行公会银行进修服务社举行。

乐山志愿从军(内有武汉大学学生10余人),由队长蹇金铃率领,于上年12月22日由乐山起程,是日抵达重庆,赴第二补训处报到。

1月5日　国民党中央宣传部举行外国记者招待会。

国民政府军事委员会任命郭忏为第六战区副司令长官。

国民政府军事委员会军政部召开的1944年度军需会议闭幕,讨论通过议案78件。

"全国慰劳总会"举行慰劳盟军将士大会,英、美、苏等国在渝将士100余人出席。

政府当局新订筵席捐:原征 10%,现征 20%;娱乐捐:原征 20%,现征 50%。自是日起开征。

四川丝业代表来渝向政府当局陈述困难,是日谒见国民参政会秘书长邵力子,有所陈述。

1月6日　国民政府军政部部长何应钦于晚间在军事委员会大礼堂召集出席 1944 年度军需会议之人员训话。

由同盟国军事代表及中外记者组成的"常桃战绩视察团"在前线视察毕,是日由桂林返抵重庆。该视察团历时 27 日,行程 6000 余里。

1月7日　国民政府主席蒋介石通电各省市政府,切实推行国民义务劳动,并提示注意事项 8 点。

国民政府农林部与中国农民银行商定:本年度拨垦殖贷款 4000 万元,分发川、桂、陕等 9 省。

川北丝业代表陈济光、李承祖等招待陪都新闻界,报告南充丝业痛苦情形。

1月9日　国民政府军事委员会任命陈大庆为第 19 集团军代总司令。

"甘肃拉卜楞寺藏族代表团"在中央训练团党政班大礼堂觐见国民政府主席蒋介石,并献旗献机(30 架),蒋介石致训词,盼各代表领导边地各寺院、各旗同胞发挥拥护政府、爱护国家之热忱,同心协力,完成抗建大业。

蒋介石于上午在中央训练团召见参加"军需会议"(1 月 2 日由军政部军需署召开)的全体会员并致训。

蒋介石召见重庆市警察局局长徐中齐,对警政有所垂询,并对地方治安及清洁卫生事宜详加指示。

1月10日　国民政府主计处处长陈其采在中枢纪念周上报告 1944 年度主计工作要点。

国民政府行政院公布《凭证计口授盐办法》11 条。

国民政府军事委员会军政部教导第一团在重庆成立,兵士均系志愿从军的学生。蒋介石于是日在军事委员会大礼堂召集该团官兵训话,告以学生从军的意义与入营之后应行注意事项。

1月11日 "三民主义青年团"中央团部为主持学生从军运动事宜,特于是日约集教育部、军训部、政治部、军政部等有关机关负责人进行商讨,会议决定成立"学生从军指导委员会",同时通过学生从军指导委员会组织规程及各组组长、副组长人选。

国民党中央党部、三民主义青年团中央团部设宴欢迎"甘肃拉卜楞寺藏族代表团",朱家骅、梁寒操、马超俊、程中行、董显光等出席。

蒋介石于上午召见军需署所属各司、处及各地军需局、厂成绩优良之长官,详询各地、各战区军需补给业务实况,并指示今后工作方针。

重庆市临时参议会为明了市政建设及谋求民情起见,是日举行第一次市政视察,由参议员若干人等会同重庆市警察局局长徐中齐前往重庆市第十六区所属唐家沱、寸滩等镇视察地方自治、警察、学校、医院、公共工程等事宜。

1月12日 国民政府明令授勋:吴稚晖、丁惟汾、李石曾给予一等卿云勋章;熊秉坤、吴铁城给予一等景星勋章。

国民党中央宣传部举行记者招待会,该部参事张平群在答记者问时报告抗战以来政府赈灾情形。

1月13日 蒋介石再次召见重庆市警察局局长徐中齐,指示国民兵的有关事宜。

国民政府交通部在重庆召开"全国铁路会议",商讨战后铁路复员与复兴计划事宜,并对当前技术标准问题、改善运输办法、训练技工等问题进行研讨。

何北衡等晋谒行政院副院长孔祥熙,请示四川丝业税则等问题。四川丝业请愿代表团各成员,是日离重庆各返原地。

1月14日 由国民政府教育部召开的"边疆教育会议"于上午9时在川东师范学校教育部举行,会议主要讨论今后边疆教育如何与建设事业相配合的问题。

由国立中央民众教育馆主办的"边疆文物展览会"在中苏文化协会举行,展期3日。

"重庆市地方自治协进会"举行成立大会,温少鹤致词称:该会的任务为:

推行地方自治,促进宪政实施。

1月15日　国民政府明令公布修正《国民政府主计处组织法》22条。

国民政府教育部召开的"边疆教育会议"闭幕,会议通过各种议案40余件。

"中国妇女宪政研究会"举行筹备会。

英国驻华大使薛穆上年回国述职,事毕后于是日返抵重庆。

1月16日　中共代表董必武、徐冰等设宴招待左舜生、邓初民、翦伯赞、张申府、张志让等,交换对坚持团结抗战的意见。

国民政府军事委员会任命陈沛为第32集团军副总司令。

1月17日　国民政府明令公布《中古友好条约》(1942年11月12日签订),两国人民共享游历、居住、经营工商业之权利。

国民政府审计部部长林云陔在国民党中枢纪念周上报告该部1944年度工作计划。

1月18日　蒋介石夫妇于下午2时赴中央图书馆参观"北平故宫博物院"的书画展览,由中央图书馆馆长蒋复聪、故宫博物院院长马衡陪同参观。

1月19日　国民政府明令公布《省保安司令部组织条例》8条。

国民政府教育部次长顾毓琇偕同国民教育辅导委员会常务委员李焕之代表教育部携带大批书籍、体育用品、娱乐器具等,赴江北军政部教导第一团宣慰。

中央文化运动委员会举行"宪政问题座谈会",到文化界人士数十人,胡一贯主持,讨论实施宪政的诸问题。会议认为:"天赋人权"的时代业已过去,中国现在与将来为"革命民权"。

中旬　"中国童子军总会"奉命改隶于三民主义青年团。

1月20日　"国家总动员会议"宣布该会议本年度的工作方针称:本年"除积极推进整个总动员业务外,将侧重于物资之管制及增产,召开各有关机关商讨花纱布、粮食增产问题",并决定在不妨碍粮食生产的原则下,本年于川、陕、湘、鄂、豫等省增产棉花300余万担。

兼国民政府财政部部长孔祥熙是日宣布外汇补助新办法:凡为救济、传教、医药、教育文化及其他慈善之汇款,我国政府可予以汇价100%的补助。

西藏、蒙古、新疆三省同乡会在重庆招待拉卜楞寺所属108寺致敬元首代表团,到汉、蒙、回、藏各族代表60余人。与会者纷纷发言,盼望各民族间加强团结,早日完成抗战建国大业。

重庆市市长贺耀组偕重庆市警察局局长徐中齐及所属赴一至七区视察环境卫生。

渠县自愿从军学生210人,于下午2时抵达重庆。兵役署以该县志愿从军学生甚多,特派出乐队到朝天门欢迎。

1月21日 国民政府交通部召开的"全国铁路会议"在重庆闭幕。

1月22日 由党政工作考核委员会举办的"党政工作考核会议"在国民政府行政院会议室举行,蒋介石亲自主持并训话,会议主要讨论了1944年度考绩工作推动联系的有效方案。

国家总动员会议召集各工矿主管机关负责人开会,讨论工矿增产事宜。

"中国木刻研究会"为纪念该会成立2周年,假中苏文化协会举行全国木刻展览,参展作品500余幅,展期一周。

1月23日 "中国妇女职业协进会宪政研究会"在重庆成立,伍智梅、沈慧莲、黎剑虹等为委员。

"中国聋哑协会"在重庆成立。

1月24日 国民党中枢在重庆举行总理纪念周,铨叙部部长贾景德报告该部本年度施政方针的重点在建立省、市地方及中央驻各地机关的人事机构,彻底管理财务、交通、金融人员之事。蒋介石出席并指示建国的首要在建立法律制度,并宜力求简单、快当、尽职。

国民党中央图书杂志审查委员会发表1942年4月至1943年8月审查剧本目录,不准上演者160种,须修改后始准上演者7种。

1月25日 国民政府行政院通令各省:大量种植稻、麦、棉花等,但对烟叶则严禁种植。

中国驻美大使魏道明奉命返国述职,是日返抵重庆。

1月26日 蒋介石以国民政府主席的身份,手令行政院副院长孔祥熙,饬即以县为单位(大县 5000 万~10000 万元,中县 3000 万~5000 万元,小县 500 万~2000 万元),发起国民普遍储蓄运动。

中国驻美大使魏道明奉命返国述职,是日分别晋谒蒋介石、孔祥熙、宋子文述职。

1月27日 中国驻美大使魏道明奉命返国述职,是日对中央社记者发表谈话称:"国内物价情形与封锁甚有关系,倘封锁能早日打开,则国内经济状况必可大为好转。瞻望战局前途,极为乐观。"

1月28日 国民党中央宣传部举行记者招待会,该部部长梁寒操致词称:"本党对于国民大会会期长短,殊无成见,但对另设机构行使最高政权,不能赞同"。又称:"现在省区过大,行政效率已受影响,又易造成封建割据,故应加以缩小"。

"三民主义青年团中央干事文化建设运动委员会"举行第一次会议。

"中国战时儿童保育会"总干事熊芷对中央社记者谈该会工作状况。

"中国赴印农业考察团"潘简良、王仰曾、马保之、仇元一行4人,在印度考察事毕,是日返抵重庆。

陪都文化界举行联谊会,欢送拉卜楞代表团,刘文岛主持并致欢送词,阐述佛教"无我、无常、无挂、无碍"之精神与抗战建国之关系,并对该团此行所取得的成就表示赞许。

1月29日 国民政府委员会第一次会议于上午10时在国民政府举行,会议由国民政府主席蒋介石主持。会议通报了国民政府主席、国民政府委员、国民政府五院院长、副院长,国民政府顾问人选及有关事项,讨论通过《国民政府委员会会议规程》等要案数项。

蒋介石出席并主持中央警官学校高等研究班第一期开学典礼并致词。

1月30日 国民参政会"宪政实施协进会第二次全体会议"在军事委员会会议厅举行,会议通过:①由本会遴派考察人员,分驻各省,以便普遍切实执行本会考察之任务案;②建议政府从速设法完成并充实地方各级民意机关案;③人民基本权利三项之保障建议案等10案。中午,该会会长蒋介石邀请全体会员聚餐,并指示今后全国国民应精诚团结,促进宪政。

国民政府行政院通令各省：限于1944年内一律依法成立县参议会，完成地方自治。

国民政府农林部发表统计：全国各省公营民营垦务机关团体，共153个，其中以四川最多（53个）；垦民数目，全国以陕西为最多，四川次之（24834人）。

1月31日　国民政府派张公权为全国工业协会常驻美国代表，与美国各工业团体取得联系，共同研商战后工业复兴等问题。

2月

2月1日　国家总动员会议通令全国各省，设立物价管理委员会。

国民政府教育部"国民体育委员会第三届全体委员会议"在青木关举行。

三民主义青年团中央团部书记长张治中赴军政部教导第一团巡视。

"国民节约献金救国运动总会"会长冯玉祥上年赴川省各地劝募献金，历经10余县，是日返回重庆。

2月2日　国民政府明令：追晋陈调元为陆军一级上将，许国璋为陆军中将。

蒋介石致电美国总统罗斯福，表示："如大规模陆海两栖战，能于战略想定之地点发动，则余准备随时派遣云南部队进攻缅甸，余仍坚持此项决定，并望吾人能于今年11月前发动作战，而此日期，即阁下以为可能对缅实施陆海作战也。"

国民党中央宣传部举行记者招待会，行政院参事张平群谈战区内各省之县政情形，称：全国共有1958县，在战区各省内者，约有少半数，共为924县，其中县区完整者，共422县。

国民政府教育部"国民体育委员会第三届全体委员会议"闭幕。

"中国工矿建设协进会"在重庆成立。

2月4日　国民政府主席蒋介石通电嘉奖此次宣传学生及公教人员志愿从军得力人员，共有四川省政府主席兼军管区司令张群、四川省军管区参谋长徐思平、四川大学校长黄季陆、复旦大学校长章益等100余人。

国民政府以农产促进委员会主任委员穆耦初"推广植棉,创办纱厂,成绩卓著"且"奖进农业生产,提倡手工纺织,有裨战时衣食之筹给",是日予以明令褒扬。

2月5日 国民政府行政院公布《抗战损失调查委员会组织规程》9条。规定"向敌人要求赔偿起见,设立抗战损失调查委员会。"该会直隶国民政府行政院,内置委员31人至49人,由行政院院长派充之,并于委员中指定5至7人为常务委员,调查事项共分10项。

国民政府外交部部长宋子文呈文蒋介石,报告中苏互不侵犯条约又届期满,拟不予废止,请示如何处理。

"中国银行"在重庆举行第二十一届通常股东总会。

是日为第三届"农民节",国民政府农林部公布后方15省1938年至1943年6月间重要农作物生产总量统计,计:籼粳稻40.58261亿担,糯稻2.72578亿担,小麦1.176254亿担,大麦5.11509亿担,甘薯16.89334亿担,大豆2.11162亿担。同时公布1937年至1942年6年间农村肉畜产量数字,计:猪2.29935亿头,鸡8.05531亿只,山羊4458.9万只。

2月6日 拉卜楞寺藏族代表团总领队黄正清在中央广播电台发表临别播讲,表示边区藏胞愿与内地同胞共同担负复兴国家民族的重大任务。

2月7日 国民党中央执行委员会为林伯渠到重庆谈判一事举行秘密会议,商讨应对之策,决定:①密令在西安特务人员监视;②到重庆后借招待之机,指定住所,派宪兵警卫;③发动与林有关的党国元老,劝林脱离延安;④派精通外语及有政治修养之干部充任对林招待,经常随林出入;⑤控制其与外人接触,若与外人谈话,事先须予以劝导;⑥请其到中央政校讲话,摘予发表并予以评论;⑦利用国民党可掌握的人士劝告中共放弃军、政权,以谋国家之统一。

重庆市各级学校联合组织的"各级学校师生消费合作社"成立,社址在太平门中国旅行社。

2月9日 国民政府明令:陆军中将上将衔薛岳,晋升为陆军上将,叙第二级。

国民政府外交部宣布：中伊互派使节，伊朗首任驻华公使为伊朗外交部次长艾宁纳。

国民党中央宣传部举行外国记者招待会，国民政府行政院参事张平群报告中国劳工状况称：截至1944年底止，全国已登记各种工会团体2864个，会员共计102.7万余人，在大后方工作的工人约为30万人。

重庆市工商团体举行第51次工商汇报，各业团体以春节已过，纷纷要求调整价格。至目前止，重庆市各业的情形如下：煤油业有会员34家，有12家已停业；毛巾业有会员86家，有40余家停业；图书业共有会员255家，保险业有会员26家，五金电料业有会员401家，银楼业有会员76家，土布业有会员1020家，纺织业有会员17家，印刷业有会员207家，绸布业有会员723家，轮船业有会员19家。

2月10日 国民党中央党部举行"宪草座谈会"，吴铁城发言称："本党领导革命，以实施宪政为主要阶段"，"我国宪政之渊源在于国民党所领导之革命，而深植其巩固之基础，则须对国民作普遍深入宣传"。

新生活运动总会所属之"盟军之友总社"在重庆成立，孔祥熙任理事长。

"三民主义青年团重庆支团部"正式成立典礼暨该团干事、监察，市区分团干事宣誓就职典礼，上午在市政府礼堂联合举行。该支团所辖范围除重庆市外，有川东40余县，共有40分团，5筹备员室，3直属区队，团员达26300余人。

2月11日 故国民政府主席林森诞辰纪念，国民党中央党政军各机关首长于上午10时在歌乐山双河桥林森墓园谒陵致祭。

国民党中央宣传部举行记者招待会，交通部部长曾养甫报告过去一年交通建设情形。

国民政府军事委员会任命赵寿山为第3集团军总司令。

"军政部教导第一团"志愿服役学生入营宣誓典礼在江北鸳鸯桥举行，军政部部长何应钦主持并致训词。该团共有团员1500名，来自全国22个省，团长吴琅。

2月12日 国民政府特派外交部部长宋子文为《中比条约》批准约本全

权代表。

高等考试及格人员县长挑选第一次定年挑选及第二次考试后挑选委员会举行会议,审查应选人成绩,计录取54人,并决定将所有录取人员经短期训练后,分发各地工作。

国民政府军事委员会任命黄杰为第11集团军副总司令,梁华盛为第20集团军副总司令。

国民政府军事委员会征调组织的"沙磁译员训练班"是日开学。该班共有学员600人(其中中央大学450人,重庆大学150人),以董显光为班主任,胡焕庸等为副主任。计划受训1个月后,分发桂林、昆明、印度等地任联络员。

新任中国银行董事长孔祥熙到职视事。

2月13日 "陪都新运职业妇女励进会"正式成立。

2月14日 由国民政府考试院主持的1944年度第一次高等考试初试,是日分别于重庆、成都、桂林、曲江、泰和、鲁山、兰州、灵和、立煌9地举行,共分普通、土地、社会、经济各行政人员、财政金融人员、司法官、外交官、领事官、会计审计人员、统计人员、建设人员10类。

"中华全国戏剧界抗敌协会"于戏剧节前夕招待陪都新闻界。

2月15日 国民政府行政院649次会议决议:设置抗战损失调查委员会,以王正廷任主任委员,调查自1931年九一八以来因敌人侵略所受的直接间接损失,向敌人要求赔偿。会议同时通过《国民普遍储蓄运动规程》《战时火柴专卖暂行条例》等。

国民政府资源委员会副主任委员钱昌照招待记者并发表谈话称:该会所属厂矿共计105单位,其中工业40单位,矿业42单位,电业22单位,运输业1单位。

"交通银行"于下午3时在该行举行通常股东总会,到股东763户。

"戏剧节"。中华全国戏剧界抗敌协会主办的"戏剧节纪念大会"于上午9时在文化会堂举行,到戏剧界人士及来宾300余人。

2月16日 中共代表董必武与国民政府军事委员会参谋总长何应钦谈

判,何应钦表示:国共要团结,军队中不要办党,欢迎延安来人谈判。

"太平洋学会"秘书长卡德完成在中国和苏联的考察后,是日在重庆对记者发表谈话,盛赞中国人民与将士的英勇精神,内称:"中国军士体格强韧,中国人民为伟大之民族,其爱国心尤超越常度"。

2月17日　中国、加拿大使节互相升格为大使,国民政府是日特任原驻加拿大公使刘师舜为驻加拿大全权大使。

2月18日　蒋介石为新生活运动10周年纪念,于晚8时在中央广播电台向全国播讲,检讨10年来新生活运动的效果。

中央工商运动委员会举行工商座谈会,到工商界代表颜耀秋等40余人。

2月20日　新生活运动员总会邀集陪都各机关负责人在范庄开会,发起"盟军之友运动",会议决定正式成立"盟军之友总社",并公推孔祥熙为该社理事长,并决定于各省市县设立分社。

2月21日　国民党中常会决议:中央宣传部副部长程中行辞职照准,遗缺由许孝炎继任。

蒋介石由翁文灏、谭伯羽、钱昌照等人陪同,于上午11时参观资源委员会主办的"工矿产品展览"。

中央设计局秘书长熊式辉在中枢纪念周上报告中央设计局1943年度工作概况及1944年度工作计划。

国民党中央宣传部部长梁寒操在重庆社会服务处讲演宪政问题时称:《五五宪草》的依据,一是孔夫子的中庸之道,一是孙中山的三民主义。

2月22日　蒋介石复美国罗斯福总统2月10日电(内容为要求立即派遣一美国观察团至陕北、山西及华北其他地区收集在华北及满洲日军之情报),告以愿尽量协助罗斯福关于派遣军事视察团来华搜集敌人之情报。

"中美文化协会成立五周年纪念大会",于上午8时假广播大厦举行,会长孔祥熙主持致开会词,并宣读蒋介石的训词;美国驻华大使高思讲演,该会总干事陈炳章报告该会一年来的工作情况。

"中国合作事业协会"成立四周年纪念日,该会特举行庆祝大会暨庆祝合作会堂落成典礼,到陈立夫、洪兰友、邵力子、李宗黄等党政长官及该会会员

400余人。寿勉成主持,说明中国合作事业协会成立4年来,全国合作事业的进步:全国合作社1939年为91426社,1943年为166826社;社员人数在1939年为4366758人,1943年为32648536人。会议通过《改善合作金融并建立合作金库制度》、《健全合作社之组织并加紧社员之训练》等案,选举寿勉成、王世颖等31人为理事,梁漱溟等9人为监事。

由中央设计局组织的"西北建设考察团"自去年6月出发赴西北考察以来,历经8个月,行经1.8万公里。该团完成考察任务,是日在团长罗家伦的率领下返抵重庆。

拉卜楞寺所属108寺代表团团长黄正清及纳格苍活佛等5人离渝飞兰州。该团在渝近50天,曾谒党政机关要人,并与各文化团体取得广泛联系。

2月23日 "敌人罪行调查委员会"正式成立并举行第一次会议,会议决定对于敌人的一切罪行,作积极普遍的调查并详加审核,俾将来对于罪行者予以惩处。该会直隶国民政府行政院,设委员11~15人,并指定王正廷、谢冠生、管欧3人为常务委员,王正廷为主任委员。

蒋介石致电苏联斯大林,祝贺苏联第26届红军节。

国民党中央宣传部举行外国记者招待会,张平群在回答记者有关"中央训练团的组织目的如何"问题时称:中央训练团实为一教育机构,其目的在于集合各方具有相当学识、经验及办事能力之人员予以深造,使成为建国复兴及实施宪政事业中的干部。并称在过去5年内,该团共毕业学员22000余人。

苏联第26届红军节,苏联驻华大使潘友新举行招待会以资纪念。

2月24日 "知识青年从军运动指导委员会"为检讨数月来知识青年从军概况,并研究加强知识青年从军运动,约集相关机关代表于上午9时在三民主义青年团中央团部大礼堂开会。

"经济部工矿业产品展览会"在重庆预展,该部部长翁文灏出席并亲自招待来宾。

由陪都文化界人士发起组织的"中国文化事业协进会"假两路口社会服务处举行发起人谈话会,到祝世康、胡秋原、华林等40余人,张铁君主持。

2月25日 "抗战损失调查委员会"于下午2时在行政院会议室举行成立会,会议讨论确定了抗战损失调查的原则等。

国民政府军事委员会任命王耀武为第24集团军总司令,彭位仁为副总司令。

国民党中央宣传部举行记者招待会,粮食部部长徐堪出席并报告三年来的粮政,内称:三年来政府所掌握之粮食,为数甚属可观。

"中国工矿建设协进会"在重庆举行首次理、监事联席会议,推选陈其采为理事长,并推选常务理事、总干事、副总干事等。

2月26日 国民政府行政院通令各省、市、县政府及各军事、交通机关,以后凡有公共营造之修筑机场、铁路、公路等,倘遇古物发现,应电知中央博物院筹备处处理,并收归国有,以免散失。

2月27日 国民政府军事委员会军政部"军事计政会议"举行第一次大会,各军事计政单位分别作一年来工作报告及业务检讨。

由资源委员会主办的"工矿产品展览会",经过3天之预展,是日正式开展。

2月28日 蒋介石以三民主义青年团团长的身份手示该团书记长张治中,指示该团进行方针"应从吸收优秀青年入团及尽量培养与选拔干部入手,使分子健全,力量自可发展"。

"党政考核委员会"秘书长陈仪在中枢纪念周上报告该会1944年度党政考核的中心工作为:①属于一般的,加强行政三联制之实施;②属于中央的,加强国营事业、专卖事业及新兴事业之考核;③属于地方的,考核党务基层组织,推进地方自治及实施新县制等。

国民政府财政部贸易委员会召集重庆市商会及生丝、药材、猪鬃、牛羊皮等输出业同业公会代表举行座谈会,讨论促进出口贸易诸问题,决定组织进出口贸易协会,在主管机关指导下共谋发展。

是月 "中央设计局"扩大组织完成,由原来的6个组扩大为22个组。

3月

3月1日 "中央训练团"成立5周年纪念,该团党政训练班留渝同学举行盛大春季联欢会,团长蒋介石莅会并发表训话。

国民党中央宣传部举行外国记者招待会,该部部长梁寒操在回答记者有关问题时称:中国乃是一个正在建设中的最民主的国家,只是目前尚未建设成功而已。

国民政府军事委员会军政部召集的"军事计政会议"闭幕,会议通过了《增强计政实效办法》《核实开支办法》《军事计政准备工作及战后复员要点》等要案多项。

"陪都体育场"命名典礼于上午9时在复兴关新建场址隆重举行。

韩国革命纪念日,韩国旅华侨民特在重庆举行"三一"革命25周年纪念大会,并发表宣言,吁请旅华侨民"在临时政府领导之下,加强团结,发挥我'三一'革命纪念革命之精神,强化对日斗争力量,积极参加同盟国对日反攻作战"。并表示愿携手中国,"共同迈进,争取最后胜利"。

3月3日 "抗战损失调查委员会第一次常务委员会议"于下午3时在行政院举行,到吴国桢、康心如、俞鸿钧等,会议确定了各组组长名单。

3月4日 国民政府明令改组陕西省政府,免去原委员兼主席熊斌等人职务,任命祝绍周等12人为陕西省政府委员,以祝绍周兼省政府主席。

3月5日 由陪都各党派人士发起组织的"宪政座谈会"举行第二次会议,到沈钧儒、董必武、左舜生、张君劢、梁寒操、史良等30余人,与会者对《五五宪草》有所讨论。

国民政府行政院副院长孔祥熙偕相关人员离重庆赴昆明视察。

重庆市政府发表截至2月上旬的重庆市人口统计:全市共有164490户,950614人。其中男性589489人,女性361125人。

3月6日 国民党中常会本日会议决议:以3月29日为"青年节"。

国民政府明令褒扬军事参议院院长陈调元,交军事委员会从优议恤,生平事迹存备宣付国史馆。

国民政府考试院院长戴传贤在国民党中枢纪念周上报告考试院1943年度施政概况及1944年度中心工作。

西藏驻重庆代表阿旺坚赞、罗桑札喜、土丹参烈、图登吉格等人,由蒙藏委员会委员长吴忠信陪同晋谒蒋介石,四代表向蒋介石献呈达赖佛、摄政达札佛、噶厦四噶伦之贺函及藏产礼物,并恭贺蒋介石就任国民政府主席职务。

国民政府军事委员会任命王缵绪为第九战区副司令长官,傅仲芳为第24集团军副总司令,廖震为第30集团军副总司令。

"重庆市国民体育委员会"成立。

3月7日　国民政府以前"陪都空袭救护委员会"委员长许世英,近年来"主持首都空袭救护,扶危济难,辄以身先,并随时循俯灾区,解民疾苦",是日予以明令嘉奖。

蒋介石以国民政府主席的身份设宴招待西藏驻重庆代表阿旺坚赞、罗桑札喜、士丹参烈、图登吉格等人,并垂询西藏僧俗及地方情形。同时赠以机关枪8挺,迫击炮4门。

"学生从军指导委员会"举行第一次常务委员会议,通过组织通则,并决定交由军政部转电各省政府军管区,依照组织通则,设立省学生从军运动指导委员会。

中央警官学校组织"警政考察团",分二组进行考察,其中一组由该校教育长李士珍率领,是日离重庆赴陕西视察。

陪都妇女界为纪念"三八"妇女节,特发表宣言,提出健全妇女组织、积极参加地方自治工作、普遍研究宪政问题、扫除妇女文盲等4项建议。

3月8日　"国立中央研究院评议会第二届第二次年会"在中央图书馆举行开幕式。

"三八妇女节"。陪都各界妇女假新运广场举行纪念大会,到各职业妇女、女公务员、女学生等数千人。

3月9日　"国民参政会经济建设策进会"假新运文化服务所礼堂举行第二次常务委员会议。

"国立中央研究院评议会第二届第二次年会"举行第二次大会。

3月10日　国民党中央宣传部举行记者招待会,国民政府内政部次长张维翰出席并报告全国新县制之实施状况。

"国立中央研究院评议会第二届第二次年会"闭幕。

3月11日 国民政府立法院院长孙科在重庆地方自治协进会上讲演《五五宪草与地方自治》，内称：无论政府命令、人民言行，均须以法律为前提。命令不能代表法律，更不能违法。

"中央文化运动委员会"决定自本月12日起至15日止在重庆举办"转移社会风气运动期"。

3月12日 蒋介石于上午11时召见国民政府考试院挑选的受训县长54人，并以"完成地方自治，训练人民行使四权"相勉。

蒋介石为国民精神总动员五周年纪念对全国作题为《国民精神总动员五周年纪念告全国同胞书》的广播讲演。

陪都各界举行国民精神总动员五周年暨孙中山逝世19周年纪念大会，国民党中央宣传部部长梁寒操在大会上讲话，勉励国人发扬国民精神，继续努力，齐心一致，集中于一个共同信仰之下。

3月13日 军政部部长何应钦在国民党中枢纪念周上报告该部1943年度军事重要工作之检讨暨1944年度工作之展望。

国民党中央执行委员会举行常务委员会秘密会议，决定中共代表林伯渠到重庆谈判之对策。

《宪政》月刊社在重庆举行座谈会，到沈志远、章乃器等30余人。会议由该社社长张志让主持，与会者认为：政府统制资本促成了商业资本的畸形发展，中国经济应走向世界经济民主的趋向。

3月14日 国际职业妇女日。女青年会于晚7时半假广播大厦举行聚餐会，到各职业妇女100余人。

中央警官学校组织"警政考察团"，分二组进行考察，其中一组由该校教育长李士珍率领，于3月7日离重庆赴陕西视察；另一组由内政部部长周钟岳率领，是日离重庆赴成都考察。考察的主要内容，一为各地办理新县制及推行地方自治情形，二为警政工作建设情形。

3月15日 蒋介石就外籍记者赴延安及中共代表林伯渠即将赴重庆一事发表训示，要求国民党有关人员注重其宣传性——"各负责人员，每次与林祖涵谈话情形与内容，可逐日予以公开发表"。并特别强调尤应注意对国际之宣传。

蒋介石指示张治中：与中共代表进行谈判时，应"坚持军令、军政、纪律之绝对统一"。

中加两国使节相互升格为大使后，加拿大驻华公使欧德伦升格为驻华大使，是日上午11时，欧德伦赴国民政府觐见国民政府主席蒋介石并呈递国书。

国民政府军事委员会办公厅主任商震行将出国（任中国驻美军事代表团团长），所遗职务由宪兵司令贺国光继任；贺国光所遗宪兵司令一职由宪兵副司令张镇升任。三人于是日分别办理交接，到职视事。

3月16日 国民政府行政院副院长孔祥熙于下午4时在上清寺范庄召集有关人士开会，商议组织发展中美经济关系机构事宜，康心如等应邀出席。

国民政府社会部召集的"全国社会行政业务检讨会议"在重庆开幕，谷正纲主席致开幕词，阐述社会行政业务检讨会议的意义及其内容与方式。

中央设计局增设副局长一人，由彭学沛充任，彭学沛于是日到职视事。

新任重庆卫戍总司令部副总司令陈继承宣誓就职。

3月17日 国民政府令派商震为中国驻美军事代表团团长。

国民政府立法院院长孙科在西南实业协会主办的"星五聚餐会"上，作题为《宪政与工矿业之关系》的讲演，称实现民主政治与实施计划经济，以提高人民生活，须同步加紧完成。

重庆中医公会纪念"三一七"国医节，举行第一届会员大会，到中央国医馆馆长焦易堂等300余人。

3月18日 国民政府明令：中央银行理事兼常务理事孔祥熙、宋子文、张嘉璈、陈行、徐堪，中央银行理事叶楚伧、钱永铭、宋子良、张群、李国钦，中央银行监事贝祖贻、李铭、虞洽卿、徐陈冕任期届满，均着连任；特派陈其采、陈辉德为中央银行理事，并指定为常务理事；特派王宠惠、朱家骅、席德懋为中央银行理事，熊式辉、顾翊群为中央银行监事。

"中国工业合作协会"在重庆举行第三届全国工作会议，会议于25日闭幕，共通过决议案100余件。

何应钦、张治中前赴桂林公干,事毕后于是日由桂林返抵重庆。

3月19日 "中国访英代表团"团员王云五、杭立武、温源宁3人返抵重庆。

"国语运动周"于上午9时在中印学会举行开幕典礼,到各机关代表100余人,陈立夫主持并致词。

"财政部重庆市田赋管理处"正式成立。

3月20日 国民政府外交部部长宋子文出席中枢纪念周并报告过去一年之外交成就,主要有:①取消不平等条约,订立平等新约;②美国废除限制华人移民律;③发表四国宣言;④参加开罗会议。并提出1944年外交工作的中心为:研究战后外交方案,计划战后海外贸易等。

国民政府行政院副院长兼财政部部长孔祥熙就日本将从中国掠夺之黄金转移他国一事发表声明称:"对一切关系方面,尤其中立国人士,正式警告:对于敌国政府在其占领或控制区域以内,就各该区人民之财产或权益,如有转移或交易行为,不论出诸公开劫掠与强夺之方式,或出诸形式上似乎合法,或甚至迹似由当事者自动履行之卖买方式,均保留宣告无效之权。"

国民政府行政院副院长孔祥熙出席"全国社会行政业务检讨会议"并致词。

"国民参政会经济动员策进会"举行会议,莫德惠主持。

由交通部公路总局主办的"全国公路展览会",于上午9时假中央图书馆举行揭幕典礼,蒋介石由龚学遂陪同,亦于是日莅临参观。

3月21日 国民党中央党部秘书长吴铁城召集各党派关系会议,中共代表董必武出席并表示中国共产党拥护三民主义、拥护抗战到底的方针不变。

第五次空军干部会议在重庆黄山举行。

"宪政实施协进会"在嘉陵村6号举行小组会议,讨论张君劢提出的"政治结社自由问题"。讨论中,国民政府立法院院长孙科主张应将军队与党分开,得到与会者的一致赞同。

3月22日 国民政府社会部召集的"全国社会行政业务检讨会议"闭幕。此次会议共举行7天,先后举行预备会1次,大会8次,就社会行政机构、社会福利、人民团体组训、人力动员等均有详细的讨论。

"重庆缆车公司"在打铜街交通银行举行创立会。

3月23日 蒋介石出席"第五次空军干部会议",听取各部门工作报告并即席讲评,称航空委员会当前急要工作,是能自制飞机及其他航空机械。

"三民主义青年团"中央干事会书记长张治中就第一届"青年节"发表谈话称:青年节定在3月29日,系经蒋总裁兼团长指定,盖具有勉励全国青年效法革命先烈之至意。

"中国工业合作协会"在重庆举行年会。

3月24日 "国家总动员会议"代理秘书长端木恺对记者报告物价管理问题时称:1943年度物价较1942年度平均上涨1.5倍。本年度到目前为止,较1943年度又上涨1倍。

"中国工业合作协会"理事长孔祥熙招待各界,报告该会业务概要称:西南区有合作社457社,主要业务为麻棉丝毛纺织、造纸、制革、化学工作;西北区有合作社325社,主要业务为棉毛纺织、制革、机器;东南区有合作社514社,主要业务为纺织、造纸等。

民生公司所属"民惠轮",是日由江津下驶重庆途中,由于船体陈旧,载重超量,于小南海沉没,死亡400余人,内有国立九中高三分校校长徐翔之,武昌艺专校长唐精义、教授唐一禾等。

3月25日 国民政府行政院正式核定9月1日为"记者节"。

美术节,中华全国美术会假文化会堂举行纪念会及该会年会。

3月26日 蒋介石接见英国军事代表魏亚特,继续商谈反攻缅甸事宜。

国民参政会宪政座谈会举行会议,到黄炎培、沈钧儒、史良等50余人。与会者一致要求"保障民权"。

"中国社会行政学会"在重庆举行成立大会,李中襄主持致开会词,包华国报告筹备经过。

由陪都各界妇女筹组的"中国妇女宪政研究会"在重庆举行成立大会。

由著名诗人靳仲云、钱向樵、陈仲陶、许君武等人发起组织的"诗人入修禊"大会,在江北任家花园举行,会议决定成立"中兴诗社",广邀海内外诗人入社。

3月27日 蒋介石致电美国总统罗斯福,告以中国战区最近形势之险恶情形,说明此时中国对盟国之义务及其本身的任务是:"甲、目前应尽其全力保持中国战区现在之阵地,勿为敌寇乘机突破,以为盟国在陆上轰炸日本本土惟一之基地。乙、亟待盟国海、陆军迫近中国海岸时,中国陆军与之联接一气,共同作战,以巩固联合国在东亚大陆进攻日本重要之基地。"

"中国访英代表团"团长王世杰偕团员胡霖、秘书李惟果等结束在英访问活动,是日返抵重庆。

国民参政会参政员王云五应中央广播电台之请,对全国作题为《实施宪政的先决条件》的讲演,认为任何国家实施宪政的先决条件,必须是"地方自治""法律主治"和"人民的基本自由必须尊重"。并希望政府早日成立各级民意机构,俾人民有练习参政的机会,尤盼各地人民与其代表,克尽责任,善用职权。

3月29日 第一届青年节,蒋介石为此特发表《告全国青年书》。

"三民主义青年团"于下午3时在中央团部举行第二次全体干事会议,会议的主要任务为检讨一年来的工作情形。

由国防科学技术策进会主办的"重庆青年科学运动周"自是日起开始举行,活动内容有:纪念大会、科学展览(内分求精中学大礼堂、新运模范区、沧白纪念堂3处举行)、学生科学讲演竞赛、军事表演等。

"邹容烈士纪念碑"奠基典礼于上午8时在南区公园举行。

"新中国农业建设协进会"在重庆成立。该会的宗旨为提倡改良农业生产,并将筹组农业公司。

重庆桂花街于第一届青年节起,更名为"青年路"。

3月30日 《中捷文化协定》在重庆签字。

法国民族解放委员会驻华代表团大使衔代表贝志高将军偕武官德兰拉特、一等秘书德孟都斯于上午9时由印度飞抵重庆。

3月31日 国民政府明令:免军事参议院副院长王树常本职,特任命于学忠为军事参议院副院长。

"中捷文化协会"在重庆胜利大厦举行成立大会,到孔祥熙、梁寒操、陈立夫、曾养甫、捷克驻华公使米诺夫斯基等100余人。

4月

4月1日 "全国引水管理委员会"成立,该会隶属于国民政府财政部,为管理全国"引水"的总机构。

国民党"中央通讯社"举行该社成立20周年纪念会。

"陪都国术竞赛大会"于下午2时在川东师范体育场举行开幕典礼。

4月2日 中国出席第26届国际劳工大会劳方代表朱学范、国际劳工局中国分局局长程海峰等离重庆飞美。

4月3日 国民党中枢举行纪念周,兼财政部部长孔祥熙报告财政状况。

4月4日 "宪政实施协进会"举行小组会议,到孙科、吴铁城、邵力子、董必武、王世杰、张君劢、王云五、左舜生、黄炎培、莫德惠等,讨论关于知识分子对国民党政府不满的问题,与会者主张开放言论出版自由。

赈济委员会直属陪都及各补助团体教养院、保育院、慈幼院院长联席会议在重庆举行。

"中国滑翔总会"成立三周年纪念大会于上午8时在陪都跳伞塔广场举行,由该会常务理事会主席陈立夫主持并宣读会长蒋介石的训词。

由国防科学技术策进会主办的"重庆青年科学运动周"结束。

巴县电力厂于下午举行发电典礼。

4月5日 国民政府明令修正《国民参政会组织条例》第11条条文如下:"国民参政会每6个月开会1次,会期为14日;国民政府认为有必要时,得延长其会期,或召集临时会。"

"三民主义青年团第二次全体干事会议"闭幕。

国民政府财政部为整理中国茶叶公司业务,将该公司组织改为董事长制,并任命潘宜之为董事长,李泰初为总经理。

音乐节。由中国音乐学会主持的"音乐节纪念大会"于上午9时与该会第二届年会在广播大厦合并举行。

"陪都国术竞赛大会"闭幕。此次大会共举行5天,参加的运动员约600人,进行了搏击、摔跤、角力等11项比赛。

4月7日 "中国访英代表团"团员王世杰、王云五、胡霖、杭立武在国民参政会驻会委员会上报告访英经过及感想,同时发表该团访英报告书,略谓中英同心击溃日寇,战后盼能继续合作。

"长江区航政局"邀集相关代表开会,商讨加强航业管理,维护航行安全等办法,由局长王洸主持。会议决定短航轮船上舱客应照定额减少30%,上舱票价照限价提高3成,购下舱票乘客不准移坐上舱。

"公路展览会"举行"边疆筑路与全民筑路座谈会"。

"重庆市体育协进会"在观音岩重庆卫戍总司令部中山堂举行会员代表大会。

4月8日 "第五届全国兵役会议重庆区会议"于上午8时在军政部兵役署礼堂举行,参加人员有川、康、滇、黔、鄂五省之军管区参谋长,各师管区司令、各补训处处长、各驻区视察及兵役署高级职员100余人。会议的中心议题检讨新兵役法实施一年多来的实际工作概况,会期4日。

重庆卫戍总司令部总司令刘峙于上午9时在该部召集本年度第一次防空会报会议,检讨各项防护工作,决定继续疏散不必留市区的人员和机关,并规定4月15日以后实行强迫疏散;留居市区的人民均应备有防毒口罩,以策安全。

中国访英代表团团长王世杰偕王云五、胡霖、杭立武、温源宁等晋谒蒋介石,报告访英经过,并面交英首相丘吉尔之函件。

"基督教青年会全国协会"自是日起至13日止在大梁子重庆青年会举行第八届全国干事会议,讨论战时中国青年工作计划,并请孔祥熙、张治中、谷正纲、梁寒操、朱经农等讲演。

"中华慈幼协会"在重庆举办工作成就展览,共分行政、教养、生产、服务四部分。该会自抗战以来先后救济难童达35900余人,由该会直接设立教养者12000余人。

4月9日 孔祥熙偕行政院水利委员会主任委员薛笃弼、四川省政府建设厅厅长何北衡、天府煤矿股份有限公司总经理孙越崎等赴北碚视察嘉陵江航道、三才生煤矿等。

《宪政》月刊社在重庆邀请妇女界代表举行宪政问题座谈会,史良、曹孟君等30余人出席。与会者一致主张"妇女要有社会活动权和研究宪草权","宪法上应详细规定妇女在政治、经济、法律、教育上和男子一样平等"。

"中国农民经济研究会"在重庆举行第五届年会,讨论土地所有权问题。与会者一致认为:"土地国有是平均地权的终极目标",并主张对《五五宪草》中有关土地条款进行修改。

联合国善后救济总署派遣农业专家陶孙及经济专家史塔雷来华,协助中国政府规划战后救济工作并调查中国的需要,两人于是日抵达重庆。

4月10日　国民党中央举行纪念周,由王世杰报告访英观感,王世杰在报告中并提出了增进中英友好关系的建议。

国民政府财政部公债筹募委员会发表《为筹募民国三十二年同盟胜利公债告同胞书》,规定总额为30亿元。

4月11日　"全国兵役会议重庆区会议"闭幕。此次会议检讨了新兵役法实施一年余来的得失,讨论通过各种提案200余件。

4月12日　国民参政会主席团举行茶会,欢迎中国访英团代表成员王世杰、王云五、胡霖、杭立武、温源宁5人归来。

蒋介石致电罗斯福,表示接受罗斯福4月10日来电之建议——将目前之外蒙、新疆事件予以搁置,以全力对付日本,从而争取战争之胜利。

联合国善后救济总署派遣之专家陶孙、史塔雷二人抵达重庆后,分别访问国民政府有关部门,是日拜访粮食部部长徐堪,详细磋商未来工作事宜。

4月15日　国民政府明令公布《中央气象局组织条例》11条并即日实施,规定中央气象局隶属于行政院,下设一、二两科。

蒋介石召见陈纳德,听取其报告空军情形。

国民政府军事委员会任命周体仁为第34集团军副总司令。

"中华全国文艺界抗敌协会"举行座谈会,讨论"文艺与社会风气"问题。

美国副总统华莱士访华声明,由美国驻华大使高思口头通知国民政府外交部代理部长吴国桢并由吴国桢转告国民政府主席蒋介石。声明称："本人授权声明,盼于春末夏初时访问重庆。设若成行,则将是官方之正式访问"。

4月16日 "重庆区译员训练班"经过2个月的训练,是日假中央训练团举行毕业典礼,到陈立夫、陈绍宽及全体教官、学员等700余人,蒋介石派何应钦代为主持。

宪政实施协进会举行"宪草座谈会",到沈钧儒、黄炎培、左舜生、董必武、刘王立明、史良等50余人,主要讨论中央政府职权等问题。

"中华全国文艺界抗敌协会"在江家巷文化会堂举行成立6周年纪念大会,到梁寒操、潘公展、邵力子、张道藩等300余人。

台湾革命同盟会为《马关条约》49周年纪念发表宣言,号召台湾同胞与祖国人民共同奋斗,争取最后胜利。

全国基督青年学生救济委员会在重庆弹子石举行会议。

4月17日 国民党中央与国民政府举行中枢纪念周,内政部部长周钟岳报告内政部施政概况。

"中央设计局"于本日在局内设立"台湾调查委员会",以陈仪为主任委员,沈仲久、王芃生、钱宗起、夏涛声、周一鹗为委员,并指定沈仲久、周一鹗为驻会委员。该会的主要任务是从事调查台湾实际情况,作为收复台湾的筹备机构。同时设立"东北委员会",由沈鸿烈主持,以策划战后东北重建工作。

是日为《马关条约》签订49周年纪念日,旅渝台湾同胞特举行纪念会,"台湾革命同盟会"主任委员谢南光报告台湾民族运动近况,并阐述战后台湾建设等问题。该会同时发表宣言,号召台湾同胞与祖国共同奋斗,争取最后胜利。

"迁川工厂联合会"举行第七届年会,会长潘仰山主持。

老舍从事文学创作20周年,陪都文艺界假百龄餐厅举行纪念茶会。

4月18日 陪都15个文化团体联合举行茶会,欢迎中国访英团返国,到各团体代表200余人,吴铁城主持,中国访英团成员王世杰、王云五、胡霖发表演说,均盼中英两国战后的经济、文化合作。

4月19日 国民党中央宣传部举行外国记者招待会,部长梁寒操答记者问时称:过去数年,由于军事国防机密之故,于新闻检查办法有若干不适宜之处,致使报界感受许多烦闷。半年以来,中宣部已广泛征求各方意见,准备放宽尺度。

由新运总会发起组织的"盟军之友社"总社在重庆正式成立,孔祥熙为理事长。该社以"服务在华盟军,宣扬我国文化,达到同盟胜利,增进邦交友谊"为宗旨。

4月20日 国民党第五届中央常务委员会第251次会议决议:①叶楚伧辞"出版事业管理委员会"主任职务照准;②出版事业管理委员会改组为事业机构,交由中央宣传部统辖。

国民政府军事委员会任命丁德隆为第37集团军总司令。

国民政府行政院决定设立"民食改进委员会",设委员11人,分由行政院及所属内政、外交、财政、经济、教育等部派员充任,以行政院代表为主任委员。

中国驻美大使魏道明离重庆飞美赴任。

"韩国临时议会"在重庆举行第36届临时议会,讨论约宪修改案并选举临时政府主席。

"重庆中国船运保险公司"开业,董事长卢作孚。

4月21日 国民党中央党部组织的"党员储蓄竞赛委员会"在中央党部大礼堂举行成立大会并举行第一次全体委员会议,吴铁城主持致开会词,说明该会成立的经过与意义。

国民参政会驻会委员会举行会议,到张伯苓、王世杰、许孝炎、黄炎培等。

中共代表董必武往访王世杰,告以中共中央已决定派陕甘宁边区政府主席林伯渠来重庆与国民党谈判。

4月22日 蒋介石复电罗斯福,表示:"余必尽余所能,使辖内之远程作战发挥功能,以达成完满合作之效,用不负阁下所付托也。"

国民政府立法院院长孙科于上午10时在立信向保险界同仁作题为《必须实行民主》的讲演,分析目前之危机,认为要解决目前之危机,中国必须实行宪政和民主。

行政院副院长孔祥熙致函蒋介石,报告英国5000万英镑借款及租借协定之约稿业已商妥,日内即可签字。

兼国民政府财政部部长孔祥熙是日公布联合国专家对于建立国际货币基金之联合宣言并发表谈话,认为该宣言对中国及世界,均具有重要意义。

4月23日 国民政府社会部召开研究人口政策会议,到著名社会学家陈达、吴文藻、李景汉等10余人。会议拟就了有关人口政策、纲领及实施方案,呈请最高当局核准实施。

《中央日报》是日载:1943年四联总处农业贷款总额为14.5153亿元。年底贷款结余总额共计15.2747亿元,其中以四川省最多,贷款结余总额为4.92亿元。

4月24日 国民政府粮食部部长徐堪在中枢纪念周上报告称:本年川省各地小春豆麦丰收,略较去年倍增,为近十年所仅见;军需民食公粮,可充分供应无缺。

国民政府行政院设立"行政效率设计委员会",以甘乃光、狄膺等12人为委员。

"韩国临时议会"第36届会议闭幕,会议决定会内另设行政各部,并改选临时政府主席、副主席及国务委员,结果金九当选为主席(连任),金奎植当选为副主席,李始荣、曹成焕、黄学秀、赵琬九、车利锡、张建相、朴赞翊、赵素昂、金明濬、成周臣、柳林、金星淑、金若山、安勋等当选为国务委员。会议并发表了《大韩民国临时议政院第36次临时议会宣言》。

4月25日 重庆本土报纸——《商务日报》举行创刊30周年纪念。

美国援华救济联合会计划主持人斯维特抵渝,并发表谈话,称该会自1941年以来,拨给中国款项计1886.6717万美元;1944年1~9月,计划汇华救济款2.6亿美元。

4月26日 国民政府行政院参事张平群在答记者询问美国对华援助若不能大量增加,中国对抗战能坚持多久时称:我国不仅为争取民族生存而战,亦且为维护世界正义而战。在未有外援可期之时,即已单独作战;现在若盟邦无大量之物质援助,自亦将继续作战,故我作战之决心,无可动摇。

4月27日 国民政府明令：①公布修正《著作权法》，共5章37条，规定文字之著译、美术之制作、乐谱剧本以及发音片、照片或电影片等，享有著作权之保护；②发布国家总动员会议人事更动命令，"派刘传书、龙大均为参事，孙拙民、曾乐平、徐家齐为秘书，胡可时为总务处副处长，卢郁文为物资处处长，郭汝圻为物资处专员，蒋益元为军事组副主任，余惠笃为军事组专员，张果为人力组主任，王新衡、涂公遂为检查组副主任。"

赈济委员会、新生活运动促进总会、中国慈幼协会、美国援华总会前派代表往河南黄泛区视察灾情，历时9个月，视察了40余县，事毕后于是日返抵重庆并对记者发表谈话称：自去年以来，中央拨给豫省之赈款约3000万元，地方赈济则侧重以富养贫。

4月28日 "善后救济调查设计委员会"成立，蒋廷黻任主任委员，顾翊群任副主任委员，邓飞任秘书，夏晋熊、张忠绂、洪兰友等为委员。该会隶属于国民政府行政院，其主要任务系与联合国善后救济总署的工作取得联系，并从事中国善后救济所需物资的调查、统计、分配、运输等事项。

左舜生、张君劢、沈钧儒、章伯钧、张申府等联合宴请文化界人士，到郭沫若、孙伏园、茅盾、潘子农等30余人。讨论党派公开、言论自由等问题。决定由茅盾、潘子农等8人起草对于书报审查的意见书，"上呈主席并告民众"。

4月29日 国民政府明令褒扬中央公务员惩戒委员会委员长王用宾(4月7日在重庆逝世)，生平事迹存备宣付国史馆，并交考试院转饬铨叙部从优议恤。

国民政府军事委员会任命施白衡为第11集团军副总司令，方天为第20集团军副总司令。

5月

5月1日 国民政府交通部部长曾养甫在中枢纪念周上报告1943年度的交通业务，对有关铁路、公路、驿运、航业、电信、邮政等方面的建设及业务报告甚详，并说明1944年的改进要点及建设方针：①便利军运军讯；②加强服务精神；③规划复员复兴。

国民政府军事委员会任命刘祖舜为第14集团军副总司令,郑洞国为驻印军指挥部副总指挥。

国民政府行政院副院长孔祥熙在重庆召开中国工业合作协会东南、西南、西北三区负责人及该会正、副总干事会议,商讨如何配合工作问题,并宣布蒋经国为该会常务理事。

新任法国民族解放委员会驻华代表团大使衔代表贝志高将军,是日午后晋谒国民政府主席蒋介石并呈递国书。

陪都各界于上午9时在实验剧院举行"五一劳动节纪念大会"。

由国讯书店、作家书店、文化供应站、讲书出版社、建国书店及文风书局等21家出版社、书店联合组织的"新出版业公会联营书店",是日正式在林森路开幕营业。

"重庆市市立产科妇科医院"正式成立,有病床30张,医生6人,护士14人。是为重庆市唯一的一家产妇科医院,以收容产妇病人、诊治儿童疾病、推进妇婴卫生为目的。

5月2日 "重庆国际妇女会"在求精花园举行年会,选举各部门负责人,英国驻华大使薛穆之夫人当选为年会主席。

5月3日 三民主义青年团中央团部自去年发动"青年号"飞机团员献金运动以来,已得捐款1000万元。"三民主义青年团青年号飞机捐献委员会"于是日下午3时举行结束会议,决议:①各级团部已汇缴中央团部之献金,全部呈缴委员长侍从室,转献于团长;②电令尚在进行的各支团部,于电到10内办理结束。

中国国民党中央执行委员会电贺韩国临时政府临时议政院第36次会议圆满闭幕,称会议的圆满闭幕,使韩国的独立运动,益见光明。

张澜、沈钧儒、左舜生、张君劢、章伯钧、张申府、黄炎培等人集会,商议改"中国民主政团同盟"为"中国民主同盟"事宜。

"教育部学术审议委员会"于上午9时举行第二届第二次大会,陈立夫主持并报告最近高等教育施政情形。

陪都文化界人士假百龄餐厅举行茶会,商讨有关言论、出版自由等问题。

要求取消新闻、图书、杂志、戏剧演出审查制度。

5月4日 孔祥熙设宴招待陪都各界人士,到王云五、左舜生、温源宁、莫德惠、蒋经国、邵力子、宋子良、黄炎培、王正廷、杭立武、董显光、张君劢等,席间与会者纷纷叙谈物价上涨给商民带来的困苦。

5月5日 国民政府发布授勋令,给予章士钊、宋汉章等二等景星勋章,卢作孚二等卿云勋章,萨本栋、竺可桢、严济慈、罗家伦、端木恺等14人三等景星勋章。

国民党中枢举行"国民政府成立二十三周年纪念会",蒋介石及国民政府委员、中枢党政军首长200余人出席会议,蒋介石致词。

"中国教育学术团体第三届联合年会"于上午10时在中央图书馆举行开幕式,到12教育学术团体的代表、来宾等340余人,张伯苓主持致开幕词,朱家骅、陈立夫、梁寒操、洪兰友等分别致词。

"中国业余无线电协会"在三民主义青年团中央团部大礼堂举行第五届空中年会,同时举办"国际业余无线电展览"。

5月6日 "中国教育学术团体第三届联合年会"闭幕。

"印度农业访问团"团员巴尔、撒卡、辛氏于下午4时拜访孔祥熙。

陪都新闻界是日起分赴渝郊各地,参观卫生署、战时医疗药品经理委员会、医疗防疫总队部公路卫生站、中央医院、上海医学院附属医院、中央卫生实验院等医疗卫生设施。

"新民报股份有限公司"召开股东大会,决定改进组织,扩大业务,即日成立总管理处,筹划一切。

5月7日 蒋介石致函美国总统罗斯福,告以派遣商震为中国军事代表团团长,请惠予信任并加以指导。

军政部教导第一团学兵,经3个月的训练,是日晨在重庆某营地举行出营典礼,何应钦到会并致训词,对从军学生牺牲学业,慷慨从军之精神,表示嘉勉。教导第一团于2月11日开始入营受训,参加远征军者1633人,其中第一批600余人,是日晚离渝,转赴印度。

5月8日 国民政府明令:①褒扬陆军第150师师长许国璋、陆军暂编第

5师代师长彭士量、陆军预备第10师师长孙明瑾;②任命徐中齐为重庆市警察局局长。

国民政府军事委员会任命张耀明为第4集团军副总司令。

军事委员会军令部部长徐永昌呈文蒋介石,报告第五战区司令长官李宗仁作战方针。

国民政府教育部部长陈立夫在中枢纪念周上报告1943年度教育工作概况。

英王乔治六世授赠国民政府军事委员会参谋总长兼军政部部长何应钦R、C、B勋章,前军事委员会办公厅主任商震C、B勋章,军政部兵工署署长俞大维C、B勋章,前军令部第二厅厅长杨宣诚C、O、B、E勋章,航空委员会主任委员周至柔C、O、B、E勋章,其授勋典礼,于中午12时在英国驻华大使馆举行,英国驻华大使薛穆代表英王授勋,何应钦代表受勋并致答词。

"中国驻美军事代表团"一行7人,由团长商震率领,是日离重庆飞印转美。

5月9日 "三民主义学会"在国民党中宣部大礼堂举行成立大会,到戴传贤、吴铁城、陈立夫等80余人,甘乃光致开会词,张铁君报告该会筹备概况,戴传贤演说。

5月10日 国民政府财政部1943年度烟类专卖利益,超收甚巨,截至是日止,除去开支,呈解国库总额达81062万余元。

5月12日 "中国国际法学会"假胜利大厦举行成立大会。

5月13日 国民政府外交部部长宋子文呈文蒋介石,报告美国副总统华莱士即将来华之行程、目的及同行者姓名、人数。

"中央训练团"招待驻陪都的全体外籍记者参观该团设施及训练情形。

韩国临时政府内务部部长申翼熙、外务部部长赵素昂、财务部部长赵琬九、军务部部长金元凤、法务部部长崔东旿、文化部部长崔锡淳、宣传部部长严恒燮,于上午9时在重庆韩国临时政府大礼堂举行宣誓就职典礼。

5月14日 蒋介石分别致电第九战区司令长官薛岳、第七战区司令长官余汉谋,指示其积极备战,以防日军向粤汉路进攻。

沈钧儒、黄炎培主持召开"宪政座谈会",到孙科、董必武、章伯钧、张君劢、李璜、史良、张志让等300余人。国民政府立法院院长孙科在发言中称:"要使人民力量动员起来,必须给人民以政治自由。"

5月15日　国民政府社会部部长谷正纲在中枢纪念周上报告社会部1943年工作概况及1944年度工作重心:积极运用社会力量,推行社会行政,发展社会事业,并准备战后复员工作。

"中国国民节约献金运动总会"会长冯玉祥赴川南各地进行献金劝募运动告一段落,是日自隆昌返抵重庆。

"中央出版事业管理委员会"邀集中央及重庆市各运输单位举行加强书刊运输会议,以便书刊能畅销各地,解决书荒问题。

5月16日　国民政府明令:任命潘宜之为交通部常务次长。

兼国民政府财政部部长孔祥熙假胜利大厦招待重庆市工商界各团体领袖,宣布所得税、利得税简化稽征办法。

5月17日　中共代表林伯渠、王若飞在国民党代表王世杰、张治中的陪同下,同机自西安飞抵重庆,开始国共之间新一轮的谈判。

"中外记者西北参观团"一行21人,由领队谢保雅、副领队邓友德率领,午后1时乘专机离重庆飞宝鸡,赴西北地区视察。

5月18日　陪都新闻界长寿工业参观团,是日赴长寿参观龙溪河水力发电厂及其他工业。

"重庆科学馆筹备委员会"举行第一次会议,决定成立重庆科学馆筹备委员会,以市长贺耀组为主任委员。

5月19日　蒋介石与中共代表林伯渠、董必武会谈。林、董向蒋介石提出取消对陕甘宁边区的封锁及释放叶挺等要求。蒋介石回答可以研究,但对林、董所提出的党派合法化问题未作正面答复。

国民党中央宣传部举行记者招待会,请新近由江津、泸县、隆昌、乐山等地发动国民节约献金运动返渝的冯玉祥报告发动四川各地节约献金运动经过情形。冯氏在报告中称:各地男女老幼,皆自动争先献金。此为四川之光荣,也为我国前途之光明。

国民政府行政院公布《各省市大粮户调查办法》15 条并即日实施,规定业主所有自种或佃出田地合并计算在 100 市亩以上者,均在调查之列。调查的目的是为了明了各地大粮户之实际田亩及收益,借作公平征购的依据。

国民政府军事委员会任命何绍周为第 9 集团军副总司令。

"三民主义学会"召开理监事联席会议。

5 月 20 日　中国国民党第五届中央执行委员会第十二次全体会议,于上午 8 时在重庆开幕,到中央执监委员及候补执监委员 153 人。蒋介石致开幕词。

《宪政》月刊社在重庆召开座谈会,讨论民生主义中保护私人企业问题。

5 月 21 日　中国国民党第五届中央执行委员会第十二次全体会议举行第一次会议,冯玉祥主持,会议决定各组审查委员及召集人名单。

"国家总动员会议"秘书长端木恺在重庆谈物价问题。

5 月 22 日　中国国民党第五届中央执行委员会第十二次全体会议举行第二次会议,蒋介石出席致训词。

中国生产促进会、中国全国工业协会、迁川工厂联合会、西南实业协会、国货厂商联合会 5 工业团体在迁川大厦召开联合会议,讨论工业界上国民党十二中全会书之内容,并讨论宪草。

5 月 23 日　中国国民党第五届中央执行委员会第十二次全体会议举行第三次会议,邹鲁主持,由国民政府军事委员会参谋总长何应钦报告整军、军需、军械、兵工等业状况及滇西战役、中原战况、缅北战役等情况。

中国国民党第五届中央监察委员会在国民政府大礼堂举行第十二次全体会议,到监察委员、候补监察委员 33 人,由张继宣读工作报告。旋讨论订定战时稽核党务经费原则,整顿党办事业营业机构,以发挥实际效能等 6 案。

左舜生、章伯钧、张君劢、沈钧儒等在章伯钧家宴请中共代表林伯渠、董必武、王若飞等,并就目前战局及国共谈判等问题交换意见。

中国全国工业协会、迁川工厂联合会、中国西南实业协会、中国生产促进会联名向国民党中枢提出"解决当前政治经济问题方案之建议"。

5 月 24 日　中国国民党第五届中央执行委员会第十二次全体会议,以抗战七年来,四川人民出钱出力,输粮服役,贡献殊多,特致电四川省政府、省党部、省临时参议会并转全体四川人民,表示慰劳。

国民党中央调查统计局局长朱家骅、副局长徐恩曾向蒋介石报告中共代表林伯渠来渝前后的情况。

重庆工业界之中国生产促进会、中国全国工业协会、迁川工厂联合会、西南实业协会、国货厂商联合会5工业团体,于下午3时在迁川大厦举行第一次宪政座谈会,到五工业团体之代表50余人。讨论并向国民党中央提出解决当前政治、经济问题的方案。

新任巴西驻华大使游兰略于上午5时半乘机抵达重庆。

5月25日 由国民政府聘任的资源委员会顾问、美国水力发电专家萨凡奇抵达重庆。

5月26日 中国国民党第五届中央执行委员会第十二次全体会议在重庆闭幕。此次会议共开6天,举行会议6次。会议听取了各部门的工作报告,讨论通过了加强管制物价等方案。

5月28日 "中韩文化协会"于下午3时在该会举行茶会,欢迎韩国临时政府新任主席、国务委员及各部部长,到中韩人士700余人。

故国民政府委员杨沧白灵柩于昨日移至弹子石码头,是日晨6时奉抵朝天门江岸并举行公祭,到居正、张继、吴铁城、邵力子、何应钦、张群、朱叔痴等2000余人,由居正主祭。礼成后,灵柩专轮于11时启程,直航木洞。拟于30日在东温泉墓地安葬。

5月29日 蒋介石在中枢纪念周上[在渝各省市政府主席、市长、厅(局)长均出席]讲演,对加强推行地方自治,实施新县制,中央与地方行政之关系及行政三联制推行成果等,详加指示。

国民政府明令公布《专利法》4章133条,对专利获得的呈请、审查、实施等,作了详细规定。

国民政府行政院为研讨中央与地方行政兴革而召集的"全国行政会议"于上午9时在国民政府大礼堂开幕,蒋介石亲临主持并致开幕词,指示召集全国行政会议的意义。

土耳其首任驻华大使杜盖,于下午6时45分乘机由印度飞抵重庆。

荷兰驻华大使罗芬克在复旦大学作题为《抗战中学生的责任》的讲演。

陪都各界于上午7时假新运会广场举行大会,欢送川、陕、鄂、皖4省出国远征的将士。到各机关代表及远征军官兵数千人,刘峙主持并讲话,谷正纲、贺耀组、程泽润等分别训话。

5月31日 中国民主政团同盟发表《对目前时局的看法与主张》,认为国共两党谈判短期内不可能结束。强调要使中国"成为一个十足道地的民主国家",并就国内团结、外交、军事、财政经济等,提出了自己的看法。

国民党中央宣传部部长梁寒操、次长吴国桢在重庆外国记者招待会上表示:完全赞同美国国务卿赫尔关于建立国际和平机构的主张。

是月 重庆市政府决定调整重庆市自治机构:①全市共划为17个区;②每保以300~400户,每甲以15~20户为原则。

6月

6月1日 "全国行政会议"上午举行第四次大会,下午6时举行闭幕典礼,蒋介石到会并致闭幕词,强调抗战期间最重要者为实行全国总动员。会议讨论通过各种提案70余件,主要有:重申法治精神,以利宪政实施;加强物价管制方案紧要措施;加强推行地方自治;确立中央与地方行政之关系;扫除文盲等。

6月2日 蒋介石致电美国总统罗斯福,支持建立联合国组织。

西南实业协会为商讨所得税、利得税简化稽征的具体办法,于是日邀请国民政府财政部直接税处处长高秉坊、重庆分局局长包超时及重庆市工商业同业公会负责人举行座谈会。高秉坊讲述简化稽征的意义及优点。

"陪都中等以上学校联合运动会"于上午7时假复兴关陪都体育场举行开幕典礼。

6月3日 国民政府行政院发言人、参事张平群发表谈话称:重庆市最近零售物价指数,与1937年相比较,增加了450倍。

"陪都各界六三禁烟纪念大会"于上午8时假国泰大戏院举行。

孔祥熙致函蒋介石，报告驻美大使魏道明来电所称其会见美国罗斯福总统商谈关于中美币值问题之情形及孔祥熙电复魏道明大使，说明重庆黑市美金的实际比价，嘱其向美国当局切实加以说明。

"中国电机工程师学会第一届重庆区会议"，于上午9时在广播大厦举行，该会会长徐恩曾主持并说明该会举行重庆区会议的意义。

6月4日 由国民政府内政部召集的"全国县政检讨会议"于上午8时在临江路兵役署举行，计到各省政府民政厅厅长、省政府代表、专家会员等82人。

"陪都中等以上学校联合运动会"于下午6时闭幕。

"中国电机工程师学会第一届重庆区会议"闭幕，会议对有线电广播、无线电广播均有讨论。

6月5日 中共代表林伯渠会见张治中、王世杰，并面交了写给张治中、王世杰的信。信中说：为了利于谈判，以示我方希望解决问题之诚意，我党中央复电指示，将原提《关于解决目前若干急切问题的意见》20条改为12条，而把一些小问题改为备忘录。

"全国县政检讨会议"于下午5时举行闭幕典礼，周钟岳主持致闭幕词，行政院副院长孔祥熙出席会议会议并致训词。

国民党中央文化运动委员会在重庆举行守法运动座谈会，与会者认为：中国下层人民无大问题，上层应以身作则。

6月6日 国民政府军事委员会任命刘戡为第36集团军总司令。

国民政府社会部召集四川省商联会理事长王剑鸣，重庆市商会理事长周懋植等开会，商讨全国商联会筹组事宜，决定于短期内在重庆成立筹备处。

"工程师节"。中国工矿建设协进会于下午4时在中美文化协会招待中国工程师学会会员，到中国工程师学会名誉理事长孔祥熙、曾养甫、翁文灏等200余人。

"中华全国文艺界抗敌协会"发出向全世界反法西斯作家致敬电。

6月7日 中共代表林伯渠、董必武在重庆会见韩国临时政府外交部部长赵素昂，韩国光复军正副司令李青天、金植奎等10余人。

重庆市工商团体举行第 61 次会报,到各重要工业同业公会 20 余单位之代表,有关方面报告重庆市目前各业的基本情况。

6 月 8 日　国民政府行政院成立"战后救济调查设计委员会"。

6 月 9 日　国民政府行政院副院长兼财政部部长孔祥熙出席国民参政会驻会委员会并报告财政近况。

6 月 10 日　英国驻中国战区统帅部特任军事代表魏亚特,是日将东南亚战区盟军总司令蒙巴顿对滇西中国军队入缅后处置事项之方案,以备忘录的方式呈报蒋介石。

6 月 11 日　宪兵学校学员队毕业、军士队入学典礼在重庆举行,校长蒋介石到会训话,勉励宪兵不循情、不自私,以竟整军饬纪之全功。

"中国造船工程学会"于上午 11 时在江北溉澜溪国立交通大学重庆分校举行第二届年会,代理理事长徐祖善主持致开会词。

6 月 12 日　国民政府农林部部长沈鸿烈在中枢纪念周上报告农林部 1943 年度施政概况及 1944 年度中心工作。

巴西驻华大使游兰略、土耳其驻华大使陶盖于下午分别在国民政府向蒋介石呈递国书。

重庆《国民公报》是日报道:川江每年运盐 50 万吨,运粮 75 万吨,运煤 100 万吨,再加上花纱布及其他商货,总数在 300 万吨以上。

6 月 13 日　国民政府行政院公布《田赋征收实物验收规则》20 条并即日实施,同时废止原财政部颁布的《田赋征收实物验收暂行通则》。

《宪政》月刊社在重庆举行记者座谈会,讨论"私人企业与宪政"问题。与会者一致要求减低工商业之税捐负担,并认为在当前经济危机下,要挽救其危机,不能离开民主政治。

《中挪条约》(1943 年 11 月 10 日签订)经双方政府批准,是日在重庆国民政府外交部互换批准约本,中方代表为国民政府外交部部长宋子文,挪方代表为驻华大使赫赛尔。

重庆市警察局局长徐中齐招待记者并报告就任以来的警政,称重庆市现有人口 90 余万,居民职业以商人为最多,全市不识字者占 30%。

6月14日　国民政府明令:特派钱泰为中华民国驻北非法国民族解放委员会代表。

"宪政实施协进会"举行第三次全体会议。

国民政府粮食部公布1944年度粮食征借额为9572万担,其中征实总额为6100万担,征借总额为3472万担。

"中央建教合作委员会"举行会议,顾毓琇主持报告1943年度选送专科以上学校毕业生服务情形,并讨论1944年度专科以上学校毕业生分配事宜。

"联合国日",陪都各界500余人举行隆重纪念活动。

"联合国日",国民政府外交部于下午举行庆祝茶会,招待各国驻华使节、军事代表团人员及文化界人士,到300余人。

《新华日报》馆在化龙桥总馆举行工作检讨会,林伯渠等出席。该报社社长潘梓年在会上报告了《新华日报》在重庆发行6年来的工作及其各方面受国民党当局迫害的情形。

6月15日　蒋介石为中央军校成立20周年纪念,特发表《告历届同学书》,勖勉学生修身、立志、自爱、自强,发扬黄埔光辉,完成革命大业。

国民政府军政部修正公布《学生志愿服役办法》16条(1943年12月19日公布实施)。

6月16日　国民政府明令:①派孔祥熙为出席国际货币金融会议全权代表;②公布《省防空司令部组织条例》9条。

旅渝台湾革命同盟会在重庆开会纪念台湾沦陷49周年,并定是日为"抗日反帝纪念日",发表宣言及《告台湾同胞书》,鼓励台胞加倍努力,协助盟军打倒倭寇。

6月17日　蒋介石以四川省各界人民抗战以来"出钱出力,有功国家,粮政、役政之负担,甲于各省,增产、运输、购债、献金等一切有关抗战之工作,莫不有最佳之表现",是日特予以嘉慰。

蒋介石致电罗斯福,告知已派孔祥熙作为全权代表赴美,与罗斯福负责商谈一切。

火柴专卖公司奉国民政府财政部核准,自是日起,火柴不分种类、等级、盒别，一律调整价格，计浙、滇2省每小盒10元，陕、豫、甘、宁、青5省每小盒6元，其他各省每小盒8元。

6月18日 国民政府立法院院长孙科在重庆对记者发表谈话称："欲谋亚洲之安全及不使日本帝国主义再抬头，必须中苏亲密合作。"

四川省政府主席张群偕民政厅厅长胡次威、财政厅厅长石体元、教育厅厅长郭有守、建设厅厅长何北衡、粮政局局长康宝志、保安处处长刘兆藜、会计处处长尤玉照、地政局局长马小彭等，由成都飞抵重庆，出席22日在重庆召开的四川省第五次行政会议重庆区会议。

6月19日 新任国民党中央组织部部长陈果夫到部接事。

国民政府水利委员会委员长薛笃弼在中央纪念周上报告1943年度水利设施概况及1944年度中心工作。

军政部兵役署署长程泽润在该署茶会招待陪都记者，阐述《学生志愿服役办法》之内容并报告目前学生从军之实况，称自1943年底学生从军运动开展以来，现全国已有入营学生9400余人，编为教导7个团。并决定第二期学生从军运动分三阶段举行：6月1～30日为宣导时期，7月1～30日为学生响应时期，8月1日起为入营时期。

6月20日 美国副总统华莱士偕国务院中国科科长范宣德、战时情报局太平洋分局局长拉铁摩尔、对外经济处对苏供应科首席联络官哈查德等，在王世杰、郭斌佳、艾其森等人陪同下，于下午4时由迪化飞抵重庆。蒋介石夫妇、孙科、何应钦、宋子文、张伯苓等中外高级长官30余人到机场欢迎。华莱士并于机场发表谈话，对中国抗战之成就，表示钦佩与同情，并希望与中国讨论有关中美双方利益的各种问题。

国民政府军事会任命陈大庆为第19集团军总司令。

中共代表林伯渠在重庆宴请英国专员华迟、英国驻华大使馆秘书晏献金、参事华灵杰等。

6月21日 蒋介石于下午5至6时在重庆曾家岩官邸与华莱士进行单独会谈，由外交部部长宋子文担任翻译。华莱士转达美国罗斯福总统关于国共关系的意见，称：共产党人和国民党的党员，终究都是中国人，我们基本上是朋友，"朋友之间总有商量之余地"。如果双方不够一致，我们可以"找一个朋友来"，并表示他可以充当这个朋友。关于中苏关系，华莱士认为：任何足以赞成中苏两国不睦的问题都不应悬而不决。蒋介石表示愿意与苏联取得友好谅解，并建议由罗斯福来担任中苏两国之间的仲裁者或"中人"。

蒋介石宴请来华访问的美国华莱士副总统并致欢迎词，对华莱士副总统访华表示"衷诚的欢迎"，并说明中国抵抗侵略一贯之信心与决心。

美国副总统华莱士按预定日程，是日分别参观美国红十字会、美国陆军总部，沙坪坝各机关、工厂、学校，并拜会宋子文、孙科、宋庆龄、何应钦等，晚赴蒋介石夫妇之欢迎宴会。

"中苏文化协会"会长孙科致电斯大林，对苏联抵抗纳粹强盗侵略，发动伟大爱国战争之第三周年表示敬慰。

重庆市临时参议会第二届第三次大会，于下午2时在中正路该会议场举行开幕典礼。

6月22日　国民政府明令：故陆军中将李家钰（国民革命军第36集团军总司令，于5月21日在河南陕县殉国）追赠为陆军上将。

蒋介石于晚间与美国副总统华莱士第二次晤谈，就有关中苏关系及中苏问题交换意见。在坐者中国方面有宋子文、王世杰和宋美龄，美国方面有范宣德、拉铁摩尔和哈查德。

美国副总统华莱士由国民政府农林部部长沈鸿烈陪同，于上午11时赴北碚参观中央农业试验所，下午4时赴歌乐山参观儿童保育院等。

"四川省第五次行政会议重庆区会议"于上午8时在川康兴业公司礼堂开幕。

柴达木屯垦督办马步青在中央广播电台对全国作题为《宗教信仰与政治信仰合一》的讲演。

6月23日　国民政府明令：特派覃振兼中央公务员惩戒委员会委员长。

蒋介石于上午9时与华莱士举行第三次晤谈，中国方面有董显光（翻译）、王世杰，美国方面有拉铁摩尔、范宣德。双方就中苏关系、国共关系及中国经济等问题进行了商谈。下午5时，蒋介石与华莱士继续会谈，会谈中，蒋介石同意美军派调查团往中共地区调查。

美国副总统华莱士于下午2时半在美国大使馆举行中外记者招待会,到中外记者40余人。华莱士在谈话中称:目前必须先打通滇缅路,恢复海上交通极为重要。并称战后美国将以大批机器援华。

6月24日 美国副总统华莱士在重庆访问行程结束,是日上午离重庆飞昆明回国。华莱士20日飞抵重庆,在重庆5日,与蒋介石晤谈5次。

由在渝川康人士发起组织的"川康经济建设服务社"于上午10时假道门口银行进修服务所举行成立大会,到社员60余人。

国民党四川省党部、三民主义青年团重庆支团部,于下午2时假中国电影制片厂礼堂邀请此次出席重庆区行政会议的国民党四川省党部委员、三民主义青年团重庆支团部干事及各区党务督导员、各县党部书记长、青年团各分团部干事长等100余人,举行川渝党团联席会议,由四川省党部主任委员黄季陆主持致开会词,继由三民主义青年团重庆支团部干事长任觉五、委员陈紫与等分别报告,并讨论今后川渝两地党团工作的要点及联系问题。

重庆市各界端节慰劳抗属大会于上午9时在国泰大戏院举行,到4014户抗属,市长贺耀组主持并致词。

6月25日 诗人节。陪都诗人假国民政府军事委员会政治部文化工作委员会举行纪念会,到胡风、臧克家、王亚平、柳青等50余人。

6月26日 美国总统罗斯福致重庆人民卷轴一幅,由来华访问的美国副总统华莱士亲自带来。此项卷轴,由市长贺耀组是日亲自带来交重庆市临时参议会,并当场宣读其颂词原文。与会代表感奋之余,决议由重庆市市长贺耀组、重庆市临时参议会正副议长康心如、李奎安暨全体参议员代表重庆市民复电致谢。

"四川省第五次行政会议重庆区会议"闭幕,国民党四川省党部主任委员黄季陆主持致闭幕词。张群等离渝返成都。

6月27日 由国民政府军事委员会召集的"第二次全国军法会议"于上午8时在重庆复兴关中央训练团开幕。

宋美龄致函美国总统罗斯福,对其派遣华莱士副总统来华访问表示感谢，并告以蒋介石将以全力促进中苏间之合作与真诚共处。

国民政府粮食部粮食储运局于上午9时在重庆召集出席"四川省第五次行政会议重庆区会议"的各专员、县长、田管处副处长、各县仓库主任等开会，商讨有关粮食储运业务。

新任国民党中央组织部副部长余井塘到部视事。

6月28日 国民党中央宣传部部长梁寒操在外国记者招待会上就中国战局及中共问题发表谈话，称：衡阳附近战事日来已臻激烈，中国陆军与中美联合空军正竭尽其一切可能之努力，予敌寇以打击。关于中共问题，梁寒操称：中央政府始终诚意执行其采用政治方法解决之决议，已提出具体条件，静待中共之答复。

重庆卫戍总司令部于上午8时在该部中山堂召集戍区卫戍会议。

国民政府军事委员会水陆交通统一检查处重庆检查所举行第一次联席会议。

重庆市临时参议会代表重庆百万市民为美国总统罗斯福致卷轴重庆市民一事，是日致电美国总统罗斯福表示谢意，并希望继续奋斗，争取共同胜利。

"中央图书杂志审查委员会"于下午3时假文化会堂召集重庆出版、印刷、著作界170余单位之代表举行谈话会。

由中国留学欧美、专研农业经济人士发起组织的"中国农业经济建设协会"上午在合作会堂举行成立大会，到陈立夫、雷法章及社会部代表等。

6月29日 蒋介石夫妇于晚8时在官邸宴请巴西大使游兰略、土耳其大使陶盖及巴、土两国驻华大使馆馆员，并邀宋庆龄、宋霭龄、宋子文及外交部高级长官作陪。

国民政府社会部为遵照执行国民党五届十二中全会"加紧管制物价"的决议案，于下午3时在林森路该部扩大召集全市工商各业同业公会负责人举行座谈会，到重庆市26业公会的代表30余人。谷正纲主持并报告国民党中央再度管制物价所具有的决心，与会者纷纷发言，说明目前各业困难的实际情形。

6月30日　国民党中央文化运动委员会约集兵役署、教育部、政治部、军训部、社会部、三民主义青年团中央团部等机关在重庆举行"学生从军座谈会",一致认为青年学生参军"国内训练时间缩短为一个月,出国行军时间一个月",即从事作战。

"第二次全国军法会议"闭幕,由军法执行总监何成浚主持。

国民政府财政部田赋管理委员会举行本年度征借业务会议,由该会主任委员关吉玉主持。

陪都金融界七七献金倡导团团长刘攻芸、副团长康心如,于下午4时假钱业公会邀请重庆金融界领袖聚会,商讨该业劝募献金事宜。

7月

7月1日　国民政府军事委员会战时新闻检查局前兼局长商震因公赴美,所遗职务由军事委员会改派办公厅主任贺国光兼任。贺国光于是日由副局长李中襄陪同,到局视事并召集全体职员训话。

重庆市临时参议会第二届第三次大会闭幕。

"三民主义青年团中央团部"为响应全国慰劳总会发动的"七七扩大劳军献金运动",于上午9时在该团部大礼堂举行劳军献金大会,献金总额达100万元。

7月2日　"中央政治学校"成立17周年纪念及"中正堂"落成典礼在南温泉中央政治学校举行,到党政军首长及该校全体师生2000余人,兼该校校长蒋介石亲临会场并训话,勖勉该校师生"必须人人自勉为建国之基本干部,努力修养为健全之政治人才"。

7月3日　中共代表董必武、林伯渠与国民党代表张治中、王世杰进行谈判,董、林向张、王表示,中共中央欢迎张、王去延安谈判。张、王表示暂不去延安,在重庆先谈出个头绪再说。

中共代表董必武、林伯渠会见宋子文。宋子文表示很关心国共两党的谈判,并询问中共方面的实际要求是什么?林伯渠答以中共的要求为:①解决全国民主团结问题;②军队请编5军16师,除此以外的军队仍要打日本,如国民党政府不发饷,可自己想办法;③承认中共在敌后解放区的政权。宋子文表示他考虑后,将约几个人商谈,并向蒋介石反映。

国民政府军事委员会特派陈诚为第一战区司令长官兼冀察战区总司令。

7月4日 美国国庆日。国民政府军事委员会参谋总长何应钦于下午7时假胜利大厦欢宴美国驻华军事代表及中外来宾,到200余人。

7月5日 国家总动员会议举行常会。蒋介石以行政院院长的身份亲临主持,并对管制物价与维护生产发表指示。

国民政府行政院发言人、参事张平群在外国记者招待会上声称:目前之物价指数,较战前增加438倍。

"陪都七七劳军自由献金"是日开始,上午在较场口举行揭幕典礼。

7月6日 国共谈判中断半个月后,是日恢复,由林伯渠与王世杰会谈。

国民政府立法院院长孙科为纪念抗战爆发七周年对美国发表广播讲演,称抗日战争结束后,中国的首要任务"就是完成国际和平和国内的真正的永久和平"。并称:要实现国内和平,只有以自由讨论方式谋求解决,中国"已经决定在战争结束后一年内建立宪政"。

英国联合援华募款运动委员会顾问委员会举行会议,讨论分配救济金办法,宋美龄及英国驻华大使薛穆等出席会议,决议将救济金14.3万英镑大部分用于中国战区的紧急救济。

7月7日 国民政府主席蒋介石为抗战七周年纪念,特发表《告全国军民书》,号召国人进行对日决战。

中枢于上午8时在国民政府礼堂举行"七七"抗战建国七周年与国民革命军誓师纪念大会,蒋介石领导行礼,叶楚伧报告纪念意义及目前抗战情形。

陪都各界于上午7时半在实验剧院公祭抗战阵亡将士及死难同胞。

"工作竞赛推行委员会"于上午10时假国民党中央党部大礼堂举行第二届全国各项工作竞赛给奖典礼,到吴铁城、甘乃光、谷正纲等1000余人。

由国民党中央宣传部主办的"抗战七周年纪念画展"在中央图书馆开幕,展期一周。

7月8日 国民政府明令褒扬故陆军上将、第36集团军总司令李家钰,生平事迹存备宣付国史馆。

蒋介石致电美国总统罗斯福,说明由史迪威将军指挥全部华军不能仓卒实施,必须有一准备时期,并盼罗斯福总统派一全权代表来华,以调整蒋介石与史迪威之间的关系。

蒋介石致电美国副总统华莱士,希望其返美后能商承罗斯福总统拟定中、美两国合作之具体实施方案并派遣一私人完全信任之全权代表来华,以协助其工作。

陪都文化界著名人士郭沫若、张申府、邓初民、茅盾、夏衍、金山、宋之的等联名致电广西党政军及教育文化界,响应桂林文化界提出的"保卫东南运动",要求采取民主办法,组织人力物力,保卫东南。

重庆《国民公报》是日报道:陪都各界三日来献金总额达1000万元以上,但"出钱又出力,钱多不出钱"的现象突出。

7月9日 "三民主义青年团"成立六周年纪念日,三民主义青年团中央团部于上午8时在该团部大礼堂集合全体工作人员举行纪念会,由中央干事会书记长张治中、中央监察会书记长王世杰主持。

陪都各界七七劳军献金大会于上午9时在夫子池广场举行,到党政军首长谷正纲、张继、梁寒操、张道藩、马超俊等3000余人。

7月10日 国民党中央常务委员会会议决定:①中央财务委员会主任委员孔祥熙出国期间,由居正暂为代理;②中央组织部设立组织委员会,以朱家骅、陈立夫、谷正纲、叶秀峰等15人为委员;③中央组织部副部长张强辞职,遗缺由余井塘继任。

国民政府军事委员会参谋总长何应钦在中枢纪念周上报告最近国内外战场情形,对中原会战及长衡会战之战况,报告甚详,并称日军在豫、湘蠢动系最后之挣扎,我须努力度此最后艰苦阶段。

"中国国民党重庆市第一次党员代表大会"于上午9时在中央党部礼堂举行开幕典礼。

上旬 陪都知名人士沈钧儒、邓初民、史良、陶行知等发表联合通电,主张立即动员民众,坚决抗战,铲除失败主义,并希望采取民主办法,组织人力物力,坚持到底。

7月11日 国民政府行政院会议决议:派潘公展为中央图书杂志审查委员会主任委员。

"中国国民党重庆市第一次党员代表大会"举行第一次大会,到200余人。杨公达作党务工作报告,蒋介石亲临会场并致训词,指示大会的任务为:检讨过去,策励将来。

全国慰劳总会会长谷正纲应中央广播电台之邀,于晚7时半对全国播讲《陪都七七劳军献金之收获》,词中对乞丐、车夫、卖草鞋之老妪、拾荒货之幼童特加赞赏与表扬。

7月12日 国家总动员会议秘书长张厉生邀请生产界各领袖举行谈话会,到工矿及交通界人士20余人。会议对于目前各业的困难情形,产业界自身在管理上、技术上及联系配合上如何改进,以及政府如何维护生产发展,均有讨论并交换意见。

"中国国民党重庆市第一次党员代表大会"是日选举执监委员。

7月13日 "中央设计局台湾调查委员会"举行第一次座谈会,讨论台湾接收及复员纲要草案有关问题。

7月14日 "中国国民党重庆市第一次党员代表大会"闭幕。

7月15日 国民政府明令公布并训令行政院、军事委员会及其他直辖各机关:《保障人民身体自由办法》,定于本年8月1日起实施。

国民政府明令:特任陈介为驻墨西哥全权大使,程天固为驻巴西全权大使。

国民党中央派沈鸿烈为中央设计局东北调查委员会主任委员。

东北高级干部会议在重庆召开,到吴铁城、陈立夫、莫德惠、王家桢、高惜冰等10余人,会议就准备收复东北以及反攻期间军队之挺进、警察人员之储备、后方青年之救济等问题进行了讨论。

7月16日 中国教育学术团体第三届联合年会,各教育学术团体之代表于是日上午10时,在川东师范教育部礼堂举行会议,到20余人,决定即日正式成立"中国教育学术团体联合会",选张伯苓、常道、杨卫玉、艾伟、郝更生等

27人为理事。黄炎培、彭百川、沈祖荣等9人为监事,张伯苓为理事长,常道直为总干事。

7月17日　国民党中央党部秘书长吴铁城及中央各部会首长是日晚欢宴韩国临时政府主席金九、副主席金奎植,议政院院长洪震及各部部长、国务委员赵素昂、赵毓九、金葱山等20余人,中方出席的有何应钦、陈果夫、梁寒操、段锡朋等,吴铁城、金九分别致词。

7月18日　国民政府军事委员会参谋总长何应钦呈文蒋介石,就罗斯福总统提议中国所有军队统交史迪威指挥并将驻印军交史迪威之次级人员指挥一节,发表意见。

重庆轮渡公司朝天门至头塘航线,因船上水手13、14日被强拉走3人作壮丁,是日停止此航线的工作。

7月19日　"国家总动员会议"秘书长张厉生邀请钢铁、纺织、化学、出版各业领袖谈话,到20余人。会议除对各业本身业务困难之解决及事业如何改进详加讨论外,并对全盘的稳定经济、平抑物价等问题,也有所商讨。

7月20日　国民政府军事委员会任命郭寄峤为第一战区副司令长官,卫立煌为中国远征军司令长官,张雪中为第4集团军副总司令,刘祖舜为第26集团军副总司令。

7月21日　蒋介石在黄山整军会议上致词,指出目前军队中的通病,勉励与会人员人人负责知耻,尽职服务,务使军事机关与部队朝气蓬勃,面目一新。

"全国慰劳总会"于下午3时假新运服务所邀请陪都七七劳军献金运动各机关代表开会,商讨献金分配及慰劳事宜,到该会会长谷正纲,副会长马超俊、黄少谷及张继、邵力子等100余人。

7月23日　蒋介石致电罗斯福总统,说明已托孔祥熙面陈关于由史迪威将军指挥中国军队一事的意见。并请罗斯福即予约见孔祥熙,俾便面述一切。

三民主义青年团重庆青年夏令营于上午8时35分在复兴关中央训练团大礼堂举行开营典礼。

中共代表林伯渠与国民党代表张治中、王世杰举行会谈。林伯渠询问国民党方面对中共所提12条之具体意见。张治中、王世杰答称："提示案"即是具体的答复意见。

7月24日 国民党中央执行委员会通过《民国三十四年党务方针》。

国民党中央常务委员会会议决议：①中央训练委员会代主任委员段锡朋真除；②重庆市党部主任委员改派中央委员方治继任；③中央训练团教育长王东原调任鄂政，遗缺由陈仪继任。

国民党中央训练委员会主任委员段锡朋在中枢纪念周上报告1943年度训练工作概况。

国防最高委员会秘书长王宠惠拟定中国政府对国际和平组织的基本态度与对重要问题之立场共21条。

波兰驻华大使馆是日发表公报，否认莫斯科电台23日晚宣布成立的"波兰民族解放委员会"。公报称：代表波兰绝大多数民众之波兰四大政党及波兰地下运动，均无条件拥护波兰合法政府。

邵力子、刘攻芸、彭利人、陶百川、吴蕴初等人为倡导节约物力、充实抗战建国力量起见，特发起组织"中国废物利用研究会"，以从事废物利用之研究与推行。

7月25日 国民政府明令：①特派潘公展为中央图书杂志审查委员会主任委员；②《非常时期农工商团体维持现状暂行办法》，着即废止。

国民政府外交部宣布：中国与捷克斯拉夫国使节相互升格为大使。

"中外记者西北参观团"在西北2个多月的考察工作结束，是日返抵重庆。

7月28日 国民政府明令：①任命徐继庄为交通部邮政总局局长；②公布《外国人在华充任律师办法》。

蒋介石主持黄山整军会议并训话，称黄山整军会议是国家和军队起死回生的一次会议，指示调整部队、确定补给制度、整饬风纪、改善新兵待遇及接送征补办法。勉励与会者打破畏难心理，养成任劳任怨精神，以自力更生的决心，改造军队，充实力量，完成此次会议使命。

7月29日 国民政府立法院会议决议:批准4月14日在加拿大渥太华签订的《中加条约》。

国民政府军事委员会任命李兴中为第4集团军副总司令。

7月31日 国民政府军事委员会致电各战区司令长官、各省政府主席,告以张治中、王世杰与中共代表谈判情形。内称:"凡中共方面意见,中央政府所能容纳者,该提示案已尽量予以容纳,希望中共能接受提示案,并提出确切之答复。"

是月 国民政府行政院设立"战区失学失业青年招训委员会",以陈立夫兼任主任委员,钱大钧、顾毓琇为副主任委员。

"三民主义青年团中央团部"设立青年奖学金,旨在"鼓励全国各专科以上学校学生进德修业",每期2000元,学生500名。

开明书店总管理处由桂林迁至重庆,与重庆分店合并办公。

"中国学生导报社"在重庆成立。该社是在中共中央南方局青年组的领导下,以复旦大学为基础,由一些失掉组织关系的中共党员和进步青年组成的。

8月

8月1日 国民政府明令公布《保障人民身体自由办法》9条,它规定:"各机关依法逮捕人民经讯问后,如认为误行逮捕或嫌疑不足时,应立即释放,不再经取保手续。"

国民政府主席蒋介石就征收1944年田赋指示如下方针:财政、粮食两部按照各省赋额,核定军、公、民粮,复实配定;征购改为征借,不发券款,不计利息;注重征借大户,以期负担公开;各省除征实、征借外,不得私立名目;因灾减免,应据报灾情。

原国民政府主席林森逝世一周年纪念日,国民政府委员及国民党中央委员在歌乐山双合桥陵墓举行祭祀典礼,由蒋介石主祭,张继、丁惟汾、居正、邹鲁等80余人陪祭。

国民政府教育部在该部大礼堂邀集重庆市及附近各大学、学院教授及有关专家举行"大学课程讨论会",到 120 余人。

重庆市自是日起实施计口授盐,市民凭证每人每月可购买 1 市斤。

8月2日　"国家总动员会议"举行常会,通过《各省管制物价及物资实施纲要》。

蒋介石致电史迪威,祝贺其擢升为上将。

国民政府行政院参事张平群在外国记者招待会上回答记者有关美国驻华军事代表派员赴延安观察一事时称:该团系分赴我国各地,不仅延安一处。其任务为:①促进陆、空部队之联系,探采有关情报;②搜集气象资料。

8月3日　国民政府教育部召开的"大学课程讨论会"闭幕。

8月4日　四川省在渝民意机关代表于下午在沧白堂举行谈话会,讨论政府川民粮款本息归省部分用以修筑铁路问题,经同意修筑成乐(成都至乐山)铁路。

8月7日　国民政府明令:《战时图书杂志原稿审查办法》,着即废止。

新任国民党重庆市党部主任委员方治及全体执监委员举行宣誓就职典礼,国民党中央委员邵力子监誓并致训词,勉励遵照中央指示,发展渝市党务,用副中央及同志期望;遵照党章及誓词,践履笃实,以身作则,努力工作,为同志示范,使重庆党务为全国模范。

由中国战区统帅部参谋长、美国驻中国战区司令史迪威派出的以包瑞德为团长的"美军观察组"一行 18 人,是日离重庆飞延安。

8月8日　国民政府明令:任命顾毓琇为国立中央大学校长(原任教育部政务次长职免),朱经农为教育部政务次长(原任中央大学教育长职免)。

中央、中国、交通、农民四行联合办事总处通过法币折合黄金存款办法,由中央银行统一办理,中国、交通、农民三银行及中央信托局、邮政储金汇业局则受中央银行委托代办。

"重庆银行业同业公会"以改组竣事,于下午 6 时在九尺坎该会会址设宴招待陪都新闻界,到各报社记者 30 余人。

中国卫生教育社于下午 3 时假教育部会议厅举行第四届第一次理监事联席会议,推举常务理事及监事。

8月10日 国民党谈判代表王世杰、张治中写信给中国谈判代表林伯渠,主要内容是:①中共所提之12条,未表示将服从国民党中央政府统一之军令政令;②中共及一切党派之合法平等地位,将在抗战结束后行宪时解决;③允许中共军队扩编至4军10个师;④解除对中共陕边的封锁及释放政治犯等,须待本次商谈有一结果后才考虑;⑤要求林伯渠将国民党的提示案转告中共中央并迅速答复。

美国总统罗斯福写信给蒋介石,提出派赫尔利为自己的私人代表到蒋介石处,以调整蒋介石与史迪威之关系;派纳尔逊随赫尔利到中国,以处理租借与其他经济事务。

8月11日 国民政府明令:何应钦、程泽润、何志浩分别给予一、二、三等景星勋章。

"调查抗战损失委员会"举行会议,翁文灏主持致开会词。会议决定将抗战时期分为两个阶段进行调查,即自九一八事变至七七事变前一日、自七七事变至抗战结束。调查区域分为沦陷区、战区及后方。必要时派员分赴指定地点,实际督导各级政府调查损失。

重庆区所得税审查委员会第一次会议在重庆市银行公会会议室举行,康心如代表全体委员致词称:"当本法令规定,在裕康惜商之原则下,使各商能合法合理纳税,尽力报效国家。"该会会址在打铜街重庆直接税分局内。

8月12日 国民政府明令:派顾维钧、魏道明、商震为英美中三国战后和平机构会议出席代表,毛邦初、刘田甫为专门委员。

蒋介石复电美国罗斯福总统,对史迪威事件有所说明并欢迎赫尔利将军为罗斯福总统之私人代表。

8月13日 国民政府司法行政部部长谢冠生在中枢纪念周上报告施行《保障人民身体自由法》要旨:①事前防范;②事后结束;③临时救济;④行政监督。

8月14日 空军节。国民政府授予周至柔、张廷孟、王叔铭、毛邦初、高又新青天白日勋章。

空军节。陪都各界2000余人于上午7时半在夫子池新运广场热烈庆祝空军节并举行全国国民兵第三次献机典礼。

8月16日 国民政府军事委员会参谋总长何应钦发表广播讲话,呼吁南洋侨胞奋起抗日,并准备参加战后一切复兴工作。

8月17日 国民政府明令:派顾维钧为英、美、中三国战后和平机构会议首席代表,朱世明、张忠绂、宋子良、刘锴、李干等为专门委员。

国民政府军事委员会令:"兹将本会特务团与警卫团合编为军事委员会警卫旅,并以楼秉国升任该旅旅长"。

新任国立中央大学校长顾毓琇对《大公报》记者阐述其办学宗旨。

8月19日 下午6时,重庆市黄沙溪至菜园坝一带发生大火,延烧商店、住户、锯木厂等1000余家,损失7000余万元。

8月20日 国民政府军事委员会以"一贯道"被敌利用,已成为间谍活动之工具,并深入到川滇黔等后方9省,是日严令"全国各军政机关,一体查禁"。

8月21日 国民政府财政部决定将现有的"火柴专卖公司"及"烟类专卖局"等机构裁并,并将部内之"专卖司"改组为"专卖事业管理局",该局于是日正式成立。

国民政府教育部学术审议委员会举行常务会议,陈立夫主持。

重庆市警察局为检讨一年来的兴革利弊,以求进步起见,特召开工作检讨会议。

8月22日 蒋介石电令国民政府外交部情报司司长何凤山,指示其严密注意中共翻译人员与英美人员之接触。

8月23日 蒋介石密电国民政府外交部部长宋子文,指示其注意印度各报对于国民党批评的有关资料。

国民政府粮食部颁发《粮食征借大纲》,规定:①征借划分计算,合并办理;②征实标准,由省田赋粮食管理处查考上年度情形切实改进,订定计算之公平标准;③借粮标准,仍按田赋银额计算。

由重庆市国货厂商联合会等7个工商团体发起组织的"壮丁服务社",于下午3时假迁川大厦举行成立大会。

国民政府教育部召集陪都附近专科以上学校及国立中等学校主管训导人员举行训导问题研讨会，主要讨论学生生活管理、学生劳动服务、学生清洁卫生、导师制之推进、学生自治会的指导等问题。

重庆市警察局召开的工作检讨会议于下午3时闭幕。

8月24日　全国慰劳总会及陪都各界于下午3时假江苏旅渝同乡会欢迎中国驻印军副总指挥郑洞国。

8月25日　重庆市市长贺耀组于上午8时假百龄餐厅举行茶会，招待陪都工商团体，讨论加紧推行本市乡镇公益储蓄事宜。

"中国工矿建设协会"理事长陈其采偕宋汉章等于是日离重庆赴内江，并转赴自流井、嘉定、成都一带，参观考察各地的工矿建设情形。

8月27日　由陪都文化界组织的"尊师重道运动委员会"于上午9时在文化会堂举行教师节庆祝大会暨教师友谊会，到各界代表200余人。

8月28日　冯玉祥在中枢纪念周上作题为《为三民主义而奋斗》的报告，详述川中各地热烈响应节约献金运动情形。

国民政府经济部部长翁文灏就美国派赫尔利、纳尔逊来华事对中央社记者发表谈话称："纳尔逊是罗斯福手下最得力的助手，罗派这样有见解、有能力的人来华，足以证明美国援华之决心。"

8月29日　国民政府明令：①新疆省政府委员兼主席、新疆边防督办盛世才免本兼各职；②新疆省边防督办公署着即裁撤；③农林部部长沈鸿烈另有任用，沈鸿烈应免本职；④特任盛世才为农林部部长；⑤任命吴忠信为新疆省政府委员兼主席，在吴忠信到任前，所有主席职务，派朱绍良暂代；⑥任命徐思平为军政部兵役署署长。

重庆市自8月1日起实行计口授盐，已近一月，据有关方面统计：重庆市民月约需盐13000担，工厂及公务机关约需盐6000担，共约20000担。

8月30日　蒋介石在重庆黄山官邸约见美国驻华大使高思，高思依照美国国务院之指示，请蒋介石调整其对苏联与中共的关系。蒋提出中共应服从国民政府。

中共代表林伯渠写信给国民党代表张治中、王世杰并要求其转呈蒋介石及国民党中央,对张、王8月10日之来信进行回复,其主要内容为:①希望国民党放弃一党统治的方针,认真推进谈判,公平合理的解决国共关系问题,以便争取全民族抗战之最后胜利;②再次邀请张、王赴延安谈判,以便看看中共是怎样忠实实行四项诺言与彻底实行三民主义的;③对张、王来信对共产党的指责进行了驳斥。

中国与秘鲁两国使节互相升格为大使,秘鲁首任驻华大使贝多亚是日抵达重庆。

8月31日 《宪政》月刊社举行时事座谈会,讨论保障人身自由问题。黄炎培认为人身自由是民主政治的首要条件,是每个公民的基本人权,并称:"我们主张认真实施约法,要法治,而不要人治"。沈钧儒则发言指出:"我们主张法权一元化,拘捕一元化,审判一元化。"

新任国民政府兵役署署长徐思平对记者发表谈话,称今后推行兵役的方针为:"贯彻抽签法令","扩大知识青年从军运动"。

是月 蒋介石为史迪威指挥中国军队事,指示关于中国战区统帅部参谋长兼中美联军前敌总司令之名称及职权。

9月

9月1日 国家总动员会议调整内部组织:取消原设各组,改设秘书厅、审议、检查、总务3处,是日正式实施。

新任军政部兵役署署长徐思平到职视事,并召集全署人员训话。

记者节。国民党中央宣传部公布:全国计有通讯社177家,报社889家。

记者节。由中国新闻学会与重庆市各报联合委员会主办的"九一记者节纪念会"于上午9时假国民党中央宣传部礼堂举行,到新闻界同仁150余人。萧同兹主持报告九一记者节的由来及今年纪念之意义,梁寒操、胡政之、成舍我分别致词。

黄炎培、张志让等30人联名在《宪政》月刊上发表《民主与胜利献言》,陈明对时局的9点建议,主要有:"实施人民渴望的民主制度";"严厉告诫文武官员,一切设施,力行法治,有犯必惩";"切实开放言论";"给学生以言论与人身自由";"行政机关,自中央至基层,一切政令皆须绝对公平,与民更始"。

"重庆陆军医院"在江北新址举行开幕典礼。

9月2日 中华全国工业协会、迁川工厂联合会、国货厂商联合会、中国战时生产促进会、西南实业协会5工商团体联合于上午11时假迁川大厦礼堂开会,讨论解决工业界当前之困难及未来工业建国计划。

重庆市政府调整区以下基层组织,将原有镇公所一律撤销,划全市为18区,408保,7177甲。

9月3日 蒋介石确立其与赫尔利将军之谈话要点如次:①赫来之希望;②对史绝望(不能互尊互信);③调换将领来华继续合作;④各种忧虑:甲、中共在美军之情报;乙、美军之宣传,对我军队政府之弱点扩大宣传,为敌军张目;丙、美军部不顾大体之言行,唯恐中国政府失败之不速;⑤责任已尽,权利未享;⑥中国战区失败之责任谁归;⑦中国未受有租借物资之接济;⑧指挥权、军队与国家之命脉;⑨中国单独抗战时军事与中共之事实,以及指挥军官之能力并不弱于他人;⑩中国今日失败之原因,以及今后必抗日到底,保证其能确保基地;⑪中国为革命国家与革命军队之特性,不能视其他军队之目光视华军、责华军;⑫中国革命军人不能受任何无理之压迫,不自由无宁死。

9月4日 中央设计局秘书长熊式辉在中枢纪念周上报告1945年国家施政方针。

国民政府军事委员会任命高树勋为冀察战区代总司令。

陪都教育、文化、工商、金融、法律各界代表黄炎培、张志让、王云五、吴蕴初、卢作孚、江恒源、胡西园等人发表对时局的主张,提出9项建议,迫切主张真正实行民主,与民更始。

国民参政会参政员张澜对记者发表对当前国是的意见,认为当前之急务:"第一在如何使人才集中,第二在如何使己意表现,第三在如何使党争停息。此三点一言以蔽之,即迅速实施民主政治。"

9月5日 国民参政会第三届第三次大会于上午9时在军事委员会大礼堂开幕,共到参政员、政府各部门长官、外国驻华使节及新闻记者500余人

（其中参政员 164 人）。张伯苓主持致开会词，蒋介石致训词，强调国家统一为争取抗战胜利、建国成功之必要条件，并昭示政府实施宪政的决心。

9月6日 美国总统罗斯福之私人代表赫尔利、美国战时生产局局长纳尔逊，由史迪威及中国驻美大使馆武官朱世明陪同，是日抵达重庆，将与国民政府协商军事、经济及中美合作等事宜。

9月7日 蒋介石接见史迪威、赫尔利、纳尔逊等，对一般经济、军事与中美合作等问题交换意见，国民政府外交部部长宋子文陪同会见。

美国战时生产局局长纳尔逊招待中外记者并发表谈话称："我等此次来华之主要目的，是使我们计划如何在最短期间内将日本击溃。所以我等在留华期间，对于目前军事及战后经济问题之商讨，完全根据这种目的作我们研究的出发点。"

9月8日 国民政府行政院明令："渝市各种工价，一律不准增加"。

重庆市政府组织抗战损失调查委员会，调查重庆市自 1931 年 9 月 18 日以来。因敌人侵袭所遭受的各种直接、间接损失。

9月9日 国民政府军事委员会召集行政院、外交部、重庆卫戍总司令部、重庆市政府等机关代表开会，商讨陪都各使领馆警卫派遣事宜，决定："凡驻渝各国使领馆之警卫派遣，应由外交部函请市政府办理；至于各国军事代表团之警卫，应由外事局函请卫戍部负责派遣。"

蒋介石于晚 8 时在私人官邸宴请赫尔利、纳尔逊，并邀高思、史迪威及国民政府高级长官作陪。

美国战时生产局局长纳尔逊与国民政府外交部部长宋子文，就两国经济问题作长时间的晤谈。

由"民族健康运动委员会"主办的陪都第一届公务员运动会于上午 9 时假川东师范学校举行开幕典礼，参加运动员 500 余人，张伯苓任总裁判。

《新民报》创刊 15 周年纪念，该报假中美文化协会举行纪念茶会，该报董事长萧同兹主持致开会词，总经理陈铭德、总主笔罗承烈、渝社经理张恨水、主笔姚苏风报告该报创办经过及近况等。

9月10日 国民党中央组织部妇女运动委员会于下午 6 时在组织部大

礼堂宴请全体女参政员。

邵力子到曾家岩50号与中共代表董必武、林伯渠晤谈,称民主与联合政府都愿意赞成,但必须有步骤,慢慢增加信心。

由"中华全国体育协会重庆分会"筹办的"国际游泳赛",于上午8时在青年会游泳池举行。

9月11日　蒋介石约见赫尔利、史迪威,商谈有关军事问题。

国民政府经济部统计并公布:截至1944年6月底止,已登记的公营民营工厂为4346家,其中以重庆市为最多,为1228家;在四川各地者为729家;其余各省,以湘桂陕甘滇赣较多。各项工厂中,以化学工业为最多,共1209家,余者依次为纺织、机器、饮食、五金、冶炼、服装、烟业、电气制造等。

9月12日　赫尔利召集美国在渝军官举行军事会议,并形成了呈送蒋介石的十点大纲:①中美合作的首要目的,在于促成所有在华军队之统一,立即打败日本;②中美合作,使其对苏、对英关系更臻密切协调;③在蒋介石指挥之下统一所有军队;④集中中国所有的资源以供作战需要;⑤支持蒋介石在民主的基础上关于政治联合的努力;⑥提出目前和战后的经济计划;⑦确定史迪威前线指挥的权限;⑧确定史迪威为蒋介石参谋长之权限;⑨准备提出指挥系统表;⑩讨论将来在华租借物资的控制问题。

9月13日　蒋介石接见赫尔利、纳尔逊,继续商讨当前之军事、经济问题及战后建设问题,外交部部长宋子文会见时在座。

国民参政会参政员王云五、胡霖向国民参政会主席团建议,请国民政府派员向大会报告国共两党谈判之经过,并希望中共代表林伯渠亦作同样的报告,当获大会通过。

纳尔逊于下午3时分别与国民政府资源委员会专家研究各项技术问题,并与中航公司、美国花旗银行、美孚石油公司代表商谈经济问题。

新任国民政府农林部部长盛世才由兰州飞抵重庆,交通部次长徐恩曾同行。

9月14日　晨,蒋介石接见纳尔逊,继续商讨经济问题,会谈时宋子文在座。

赫尔利、纳尔逊于下午与美国执行租借法案驻华代表高德会晤,旋即赫尔利至美国陆军总部召集全体参谋人员举行军事会议。

9月15日 赫尔利于上午晋谒蒋介石举行军事会晤,随后又与宋子文、史迪威会商军事问题。

张治中代表国民政府在国民参政会上作《关于中共问题商谈经过》的报告,林伯渠代表中共在参政会上作国共问题商谈经过的报告,并于报告中正式提出了"希望国民党立即结束一党统治的局面,由国民政府召集各党各派、各抗日部队、各地方政府、各人民团体的代表,开国是会议,组织各抗日党派联合政府"的主张。参政员在听取了双方的报告后,即于14次大会中由主席团提议:"请大会决议组织延安视察团赴延安视察,并于返渝后,向政府提出关于加强全国统一团结之建议。"会议并推定参政员冷遹、胡霖、王云五、傅斯年、陶孟和为该视察团团员。

国民政府特任驻荷兰公使兼代捷克公使馆务金问泗为驻比利时国、挪威国特命全权大使。

蒋介石致电美国总统罗斯福、英国首相丘吉尔,说明中国战场艰危之情形,深盼提早实施前在开罗会议商定的由仰光方面陆海两栖对日作战,以开通滇缅路之计划并提早实施太平洋方面对日攻势与作战。

9月16日 蒋介石出席国民参政会,报告一年来的政治、军事、经济、外交等方面的情形,勖勉知识青年从军,并表示关于中共问题,中央只求军令、政令之统一。

国民政府明令:国民参政会第三届参政员任期届满时,应照新定名额进行改选,限于1945年1月底改选完竣。至第三届参政员之任务,即延至第四届参政会第一次大会召集之日为止。

国民政府明令公布《国民参政会组织条例》,并规定参政员名额由原来的240名增至290名,驻会委员由25名扩充至31名。

纳尔逊与宋子文、翁文灏、曾养甫、俞鸿钧继续举行会议,商讨经济问题。

重庆各主要报纸是日均发表关于国共谈判的7个文件:①1943年林彪在重庆所提四项要求;②1944年5月11日林伯渠在西安签字之文件;③1944

年6月5日国民党中央政府提示案;④1944年6月4日中共所提12条;⑤1944年8月15日王世杰、张治中对于中共12条之复函;⑥1944年8月30日林伯渠之复函;⑦1944年9月10日张治中、王世杰之再答复。

9月18日 国民参政会第三届第三次大会闭幕,会议选举褚辅成、林虎、孔庚、王云五、左舜生、董必武、杭立武等25人为驻会委员。

新任国民政府农林部部长盛世才在中枢纪念周上举行宣誓就职典礼,由国民党中央委员张溥泉监誓,蒋介石亲自授印。

蒋介石致函美国总统罗斯福,对赫尔利、纳尔逊二人来华工作表示满意,并希望纳尔逊早日返华,就任中国战时生产总局之总顾问。

"全国儿童福利工作人员会议"在重庆开幕。

9月19日 国民政府明令公布《战时田赋征收实物》26条。

上午10时,蒋介石接见美国战时生产局局长纳尔逊并举行会谈,会谈时,宋子文、吴国桢、赫尔利在座,双方就中国当前之经济形势交换了意见。

下午,蒋介石继续与纳尔逊会晤,宋子文、吴国桢、赫尔利在座。

下午4时,蒋介石与赫尔利、宋子文、何应钦等商议任史迪威为前敌总司令之发布手续,以及签署中美约定等事宜,适史迪威接到18日罗斯福总统致蒋介石电,即晋见蒋介石。

新任国民政府农林部部长盛世才到部视事,并召集全体职员训话。

中国民主政团同盟在上清寺特园召开全国代表大会,决定将原来以党派团体为基础的"中国民主政团同盟"改为以个人为基础的"中国民主同盟"。会议推举张澜为主席。

中旬 国防最高委员会令派沈鸿烈为中央党政工作考核委员会秘书长(原任陈仪调任中央训练团教育长)。

9月20日 蒋介石会见宋子文,讨论罗斯福总统18日来电要求授权史迪威指挥中国军队问题的处置方针,蒋介石要宋子文转告赫尔利与纳尔逊,对罗斯福的要求表示不满。同日,赫尔利与纳尔逊前来辞行,蒋介石在谈话中表示:中国军民恐不能长此忍受史迪威等的侮辱,并称:"此足为中美两国合作之障碍"。

国民政府立法院会议通过《中巴(西)友好条约》。

国民政府军事委员会任命孙蔚如为第一战区副司令长官。

9月21日 赫尔利、纳尔逊晋谒蒋介石，纳尔逊向蒋介石表示即将启程返美，向罗斯福总统报告会谈之经过，并履行和蒋介石商定的经济计划中的美国部分。蒋介石表示采纳纳尔逊关于中国经济的建议。

"宪政实施协进会"于上午9时假军事委员会举行第4次全体会议。

"中国民主同盟"继续在上清寺特园举行会议，选举蒋匀田、董时进、叶笃义为中央委员。至此，中国民主同盟中央委员已达36人。

"重庆联合票据承兑所"于上午9时举行会员大会，出席者有银行、钱庄70余家之代表，吴晋航主持，讨论章程，改选理监事，选举孔祥熙为理事长。

9月22日 "经济建设策进会"召集国民参政会驻会委员会及各区办事处正、副主任举行座谈会，讨论献粮及征实等问题，会议通过了一些议案。

"中山学社第八届年会"在重庆中央党部大礼堂举行，选举梁寒操、徐恩曾、萧同兹、王昆仑等31人为理事，方治、李中襄等11人为候补理事，傅汝霖、潘公展、谷正纲、冯兰友等9人为监事。

9月23日 三民主义青年团重庆支团部，为响应蒋介石本月16日在国民参政会上提议的"知识青年从军"运动，积极发动川东南各地知识青年踊跃从军。

"全国儿童福利工作人员会议"通过紧急动议，动员全国人力、财力，抢救战区难童，并推张蔼真、陈铁生2人即日谒见节约献金总会主席冯玉祥，请拨用节约献金之一部分为抢救战区儿童之经费。

9月24日 蒋介石于下午5时在黄山官邸与赫尔利会谈，蒋介石告诉赫尔利，已决定要求召回史迪威，因史迪威向他递交最后通牒，严重损伤了他的威望。

由陪都各界各党派500余人参加的"第七次宪政座谈会"于下午2时半假迁川工厂联合会举行，张澜、左舜生分别主持，讨论如何提早实行民主及提早实现民主政治之具体办法。

"全国儿童福利工作人员会议"闭幕，通过大会宣言及决议案多项。

9月25日 国防最高委员会举行会议,决议增设兵役部,隶属于国民政府军事委员会。

蒋介石召见赫尔利与宋子文,嘱赫尔利向罗斯福转达下列三点意见:①我国立国主义,即三民主义,不能有所动摇,故不能任共产主义之赤化中国;②立国命脉,即国家主权与尊严,不能有所损伤;③国家与个人人格不能污辱,即不能接受强制式之合作也。否则,任何牺牲均所不恤。

伊朗首任驻华公使欧林沙抵达重庆。

9月26日 "重庆联合票据承兑所"举行第一次理监事联席会议,戴铭礼主持,王志莘报告该所筹备经过。

9月27日 "三民主义青年团中央干事会"于上午8时在该会举行视导会报(该会于本年3月曾派人赴各地视察团务),以检讨全国团务之优劣得失。

9月28日 "法国民族解放委员会"赠送中国的航江浅水炮舰——"柏年舰"(泊于重庆),是日在王家沱该舰上举行接赠典礼。

9月29日 "中国滑翔总会"于下午3时在该会跳伞塔管理处举行第6次理事会议,陈立夫主持,总干事郝更生报告会务,陈立夫宣读蒋介石对该会之指示:由周至柔兼任会长,陈立夫兼任副会长。

9月30日 "中苏文化协会"会长孙科、副会长邵力子于下午3时在该会举行茶会,招待国民参政会驻会委员,并邀请党政文化界人士参加,讨论促进中苏邦交、沟通中苏文化等问题,到中苏两国来宾100余人。

下旬 "台湾问题调查委员会"在重庆成立,隶属于中央设计局,由陈仪任主任委员,王芃生、谢南光任副主任委员。

是月 国民政府外交部呈文蒋介石,转陈有关赫尔利提议之议程:"一、中美合作之最高目标,为促成所有在华军队之统一,以立即击溃日本,解放中国。二、与中国合作,使其对苏及英之关系,更臻密切协调,藉以支持中国之目标。三、在委员长指挥之下,统一一切军队。四、集中中国所有物资,以供作战之需要。五、拥护委员长统一政治之努力。六、提出现时及战后中国经济之计划。七、确定史迪威将军前线指挥之权限。八、确定史迪威将军为委员长之参谋长之权限。九、准备提出指挥系统表。十、讨论将来对华租借之管制。目标：一、击溃日本（统一军事指挥）。二、团结中国（中国领导人物之具体表现）。三、推动中苏之实际关系。办法：一、设置供应部或类似美国之战时生产局，以统一现有有关之机构。其职权包括：①生产；②采购；③交通。二、计划供给中国人民必需品，以振作民气。是项计划，包括：①拨给更多之C46式运输机与中国航空公司；②由中国建造更多及更好之飞机场；③尽善使用曾经训练之飞行员，如中国空军之飞行员。战后计划：一、国营事业：动力机交通。二、民营事业：纺织、钢铁、皮革及鞋、民生消费品、农业工具、化学工业、石油及其产品工业、森林产品工业、建筑材料工业及机器工业。三、由美总统指派代表团来华洽商详细办法。四、对美输出之发展。"

国民政府教育部制定《从军歌》，鼓励知识青年志愿从军。

10月

10月1日 新任新疆省政府主席吴忠信，偕民政厅厅长郑翔海、建设厅厅长余凌云、秘书长曾小鲁、省政府委员周昆田及秘书、随员等一行22人，于上午10时45分乘飞机离重庆飞兰州转赴迪化履新。

陪都文化界隆重举行"邹韬奋追悼大会"（邹于7月24日在上海病逝）。

10月2日 蒋介石在国民党中央执行委员会常务委员会上讲话，指责美国在史迪威指挥权问题上侵犯了中国主权，是新型帝国主义，并声称不怕美国取消对中国的援助。

新任中央党政工作考核委员会秘书长沈鸿烈宣誓就职。

国民政府粮食部召开"粮食储运业务检讨会议"。

10月3日 国民政府明令：派李迪俊为庆贺古巴国新总统就职典礼专使。

蒋介石分别召见国家总动员会议各处处长、参事及秘书等，对于其工作情形有所垂询并慰勉有加。

国民政府军事委员会就英国首相丘吉尔9月28日在下院对中国的不公平演说，是日特发表声明称：我国获美国之援助甚微，而在缅北作战牺牲甚大。

中共代表林伯渠致函国民党代表张治中、王世杰，提出结束一党专政，成立民主联合政府的主张，并希望国民党政府接受中共所提方案，承认八路军、新四军及一切抗日军队和他们收复的国土。

由刘航琛、席德柄、吴晋航、张禹九、邹琳、康心如等人发起组织的"中国进出口贸易协会"在重庆成立。

10月4日 国民政府粮食部召开"粮食储运业务检讨会议"闭幕。

秘鲁首任驻华大使贝多亚、伊朗首任驻华公使纳赛尔于上午10时、11时分别在国民政府向蒋介石呈递国书。

10月5日 国民政府军事委员会政治部为展开全国知识青年从军运动，于下午3时在该部召集陪都附近各附属单位举行扩大宣传筹备会议，由该部第三厅厅长李俊龙主持，会议详细讨论了扩大宣传办法，决定以"一切为前线，一切为胜利"为主要宣传内容。

10月7日 蒋介石与赫尔利继续商谈有关撤换史迪威事宜。

国民党中央社发表军事委员会参谋总长何应钦谈美国对华军火援助情形，驳斥英国首相丘吉尔9月28日在下院发表演说，谓美国对华援助已"过分"之论调。

"中国农学会第25届年会"于上午9时半在沧白纪念堂举行开幕典礼。

交通界方面发表川江木船统计：长江上游有木船3114艘，共61305吨，长江下游（重庆以下）有木船2167艘，计51586吨；嘉陵江有木船1500艘，计21000吨；渠江有木船2100艘，计21000吨；涪江有木船2158艘，计41588吨；沱江有木船2400艘，计19800吨；岷江有木船600艘，计8500吨；永宁河有木船249艘，计2205吨；綦江有木船1285艘，计17405吨；御林河有木船261艘，计12721吨；乌江有木船602艘，计9490吨。总计全川共有木船16536艘，257152吨。

10月8日 "中国运输学会"于上午9时半在重庆举行1944年度年会。

"中韩文化协会"于下午2时在该会举行成立二周年纪念及会员大会。

10月9日 国民政府明令公布由战后和平机构会议（由中美英苏四国

组成)商定的《国际组织建议案》12章(英美苏三国亦同时公布)。该建议案规定:国际组织之名称为联合国,并规定了该国际组织之宗旨。

国民政府特派王宠惠为出席联合国战罪审查委员会远东及太平洋分会代表。

蒋介石致电罗斯福,请其授赫尔利以广泛之权利及训令,以便于"中美军事关系之诸般重要问题,得与余合作"。并告知罗斯福,国民政府正通过赫尔利之周旋,将中共军队改编正规军。

蒋介石致备忘录于赫尔利,说明因史迪威对缅甸战事未能遵守蒋介石之指示而形成整个中国局势恶化之事实,并声明对中国战区之成败,蒋介石自当负其全责。

蒋介石致电美国总统罗斯福,表示不能再授史迪威以指挥中国全线军队或缅甸与云南局部军队之权,仍请调回史迪威将军,另派胜任之将领来华替代之。

国民政府军事委员会政治部发表《告全国青年文告》,号召知识青年从军。

"中华棉产改进会"举行第七届年会,修改会章,并决定将该会更名为"中国棉业协会"。

10月10日 蒋介石致书美国援华总会并告美国援华热心人士,感谢7年来美国人民对中国抗战的物质、精神援助,并愿两国同声相应,造福于人类,贡献于世界。

国庆日。国民党中枢于上午9时在国民政府礼堂举行隆重纪念大会,到党政军首长500余人,蒋介石主持并致训词,勖勉全国军民发扬民族精神,排除万难,争取胜利,以奠建国基础。下午7时,蒋介石又对全国军民发表广播讲演,勖勉全国军民于时局艰难困苦之际,奋勉自强,尽最大之努力,作最后之奋斗,来争取我们最后的胜利。

国民党中央召集有关部会及各省市政府、党部、团体及各级政工人员、教育界人士150余人举行"发动知识青年从军会议"。

中国民主同盟发表《对抗战最后阶段的政治主张》,分军事、政治、外交、经济和文化教育五部分,共35条。主要内容为:①贯彻抗战国策,切实整理军队,以期加强反攻,争取最后胜利;②立即结束一党专政,建立各党各派的联合政权,实行民主;③确立亲邻的外交政策,加强对英、美、苏及其他盟邦之联系;④确立战时经济、财政之合理机构及政策;⑤革新目前的教育、文化政策。

国民政府立法院院长孙科发表《民主世界中的民主中国》一文,认为建设国内民主,须有四个起码的基本条件:①人民基本自由的法律保障;②民间政治团体的合法存在;③军队武力的绝对国家化;④国家行政的完美无缺。

国防科学运动筹备委员会主办的"国防科学运动周"是日开始举行,国防科学展览会于上午11时在广播大厦举行开幕典礼。

"三民主义青年团陪都青年馆"于晚8时举行开幕典礼,典礼由张治中主持。

"东北文物展览会"自是日起在中苏文化协会举行,展期3天,展览内容有:东北现代资料、东北文献、东北图表、东北研究论文、东北风土照片及实物、东北关系出版书籍及东北要览、东北图志等。

10月12日　国民政府立法院会议通过《兵役部组织法》。

10月14日　国民党中央召集的"发动全国知识青年从军会议"闭幕。

"全国知识青年志愿从军指导委员会"正式成立。

蒋介石致电美国总统罗斯福,建议美国政府在帕资、魏德迈、顾律格三名美籍将领中,选一人为中国战区参谋长。

中、中、交、农四行联合办事总处为积极扶助生产事业,加强考核各工矿业之借款,并配合政府物价政策起见,奉准成立"放款考核委员会"。

国民政府教育部体育委员会邀请陪都附近体育界知名人士及三民主义青年团体育指导委员会负责人举行"体育问题座谈会",会议除对改进战时体育及战后复员问题有所讨论外,并决定于知识青年从军征集令下之日,首先从军,以为倡导。同时通电全国体育界人士,一致奋起,争先从军。

10月15日　国民政府军事委员会任命甘丽初为第16集团军副总司令兼第93军军长。

《国是》月刊举行国是座谈会,到胡秋原、龚德柏、孔庚、莫德惠等及文化界人士180余人。与会者认为,发动知识青年从军,应力求普遍,要人应送子入伍,以为表率。国民总动员应以实施宪政为先决条件;实施宪政,应从地方自治着手。

由吴铁城、潘公展、吴开先、王晓籁等人发起组织的"中国战后建设协进会"正式在重庆成立,参加者200余人。

10月16日 "全国知识青年志愿从军指导委员会"举行会议,讨论知识青年从军征集办法、编练计划等,并决定各省市征集名额,其中:200~1000以下者有西康、青海和宁夏,1000~2000人以下者有甘肃、浙江、云南、重庆,2000~3000人以下者有贵州、湖北、广西、安徽、江西、广东,3000~4000人以下者有湖南、陕西、河南、福建,四川为8000人。

新任国民政府军事委员会外事局局长何浩若到局视事。

10月17日 国民政府军政部为彻底革新部队经理,是日会同政治部在军需署召开"1944年度后方经理会议",后方各部队主管及军需、政工主管人员均参加,何应钦主持致开会词,说明此次会议将就加强经理权责、迅确查报人马、核实发放薪饷、按期依法报销、彻底革除积习等事项进行讨论,研究具体方案,以配合整军作战要求。

国家总动员会议举行常会,决议自8月份起补助重庆市自来水公司的亏损,并加强对酒精的产销统制及运输管理。

国民参政会驻会委员会讨论通过了由财政、粮食两部所拟定的《改善士兵待遇发动大户献金献粮办法》。

中共代表林伯渠、董必武与美国总统罗斯福之私人代表赫尔利就解决国共两党关系,立即结束一党专政,成立民主联合政府等问题举行首次会谈。

10月18日 蒋介石接美国总统罗斯福复电,同意召回史迪威,并建议任命魏德迈将军为中国战区参谋长。同时将中印缅战区分为二个战区,中国为一方面,由魏德迈任美军司令;另一方面为索尔登将军指挥的印缅战区。

"中央文化运动委员会"主任委员张道藩,于下午2时在文化会堂召集文艺、美术、音乐、戏剧、电影、新闻、出版各界人士及重庆市党部、三民主义青年团中央团部负责人开会,商讨救济湘桂撤退文化界人士办法,到20余人。会议决议组织"文化界救济委员会",并派人赴贵州独山会同有关单位,办理救济工作。

10月19日　陪都文化界人士举行纪念鲁迅逝世八周年茶会,到宋庆龄、沈钧儒、茅盾、孙伏园等数十人。

重庆市全体公私立中等学校校长暨训育主任为响应知识青年从军运动,是日举行会议。会议由雷啸岑主持,任觉五报告国民党中央征训青年远征军各项办法,与会者对之进行讨论,并决议达到本市2000人入营之数。同时决定通电全国,急起进行,以争取最后胜利。

10月20日　蒋介石复美国罗斯福总统昨(19)日电,表示同意委任魏德迈为中国战区参谋长并保证对于缅甸战事将予尽量合作。

国民政府军事委员会军政部于上午8时在兵役署中山堂举行"兵役座谈会",由军政部次长钱大钧代表部长何应钦训话,对于役政之改进有详细指示,随后讨论充实抗战兵源、发动知识青年从军、改善新兵待遇及彻底革除兵役弊端等问题。

国民政府军政部制定《优待知识青年从军办法》8条,主要有:保留职务、学籍;薪津照发;入伍前奖金;留学考试优先录取等。

下午,史迪威由赫尔利陪同向蒋介石辞行,蒋介石对史迪威说:"余不能与君共事到底,殊为无上之遗憾。但我们二人之性格各有所长,不如分地工作,互展其长,继续为打倒共同之敌人而努力。"

重庆市市长贺耀组为答谢美国罗斯福总统赠给本市纪念卷,于下午7时在胜利大厦设宴招待美国驻华大使高思等人,吴国桢、康心如及高思等出席。

10月21日　中国战区统帅部参谋长史迪威离重庆返美。

10月22日　国民政府军事委员会明令公布《知识青年从军征集办法》8条。

"经济研究社"于上午9时半假中印学会举行成立大会,到该社社员及来宾60余人,会议讨论了章程,通过了宣言。

"中国工程师学会重庆分会"于下午2时假广播大厦举行秋季会员大会,

到会员及来宾200余人,叶秀峰主持。

10月23日 国民政府军事委员会分别颁发《全国知识青年志愿从军指导委员会组织办法》10条,《省市知识青年志愿从军征集委员会组织办法》6条,《县(市)知识青年志愿从军征集委员会组织办法》6条,《专科以上学校知识青年志愿从军征集委员会组织办法》9条及《全国知识青年志愿从军编练计划纲要(草案)》7条,对知识青年志愿从军的征集、编练等作了详细规定。

蒋介石复罗斯福总统21日来电,表示最近中美人事之更调将使今后之中美合作较之以往更趋密切。

中共代表林伯渠、董必武与赫尔利举行第三次会谈,赫尔利告知林伯渠、董必武,他已解决了中美邦交中很困难的问题,现正试图解决国共关系问题。

国民政府外交部正式照会法国驻重庆代表:中国政府现已决定承认由戴高乐领导的法国临时政府。

陪都妇女界领袖唐国桢、吕云卓及庄静、陶奇天等20余人集议策动全国女青年响应从军运动办法,决定号召各地女青年分别组织妇女辅助队,或参加军队,担任医疗、救护、宣传、通讯、驾驶等辅助勤务;或入内地城市及农村,宣传兵役,并协助解决出征军人家属之一切困难。

中央社是日讯:重庆市保甲整编办理完竣,全市计有18区,408保,7177甲,169127户,人口在100万以上。

重庆公共汽车是日调整票价,市区改为40元,郊区每人每公里9元;市区的特别快车,亦于是日取消。

10月24日 国民政府明令:特任保君健为驻秘鲁国特命全权大使(原任李骏另有任用)。

国民政府行政院会议决议:任命农林部部长盛世才兼该部垦务总局局长;内政部常务次长王德溥,专任该部禁烟委员会主任委员,免常务次长职,遗职任命雷法章继任。

蒋介石发布《告知识青年从军书》,号召全国知识青年从军报国,借以提高国军素质,增强反攻力量,争取抗战胜利。

国立中央大学校长顾毓琇、国立交通大学校长吴保丰、国立复旦大学校长章益、国立重庆大学校长张洪沅等24院校长联名电呈蒋介石,表示拥护知识青年志愿从军,指导青年踊跃应征,以雪国耻。同时通电全国专科以上学校校长,望能一致倡导,发动全国知识青年志愿从军。

重庆《中央日报》是日载:发动女青年组织军中服务队办法,已经知识青年从军会议通过,要点为:①对象:18岁以上、35岁以下受过初中以上教育的健康女青年;②人数:暂定为1000名;③工作范围:暂定救护、卫生、缝纫及文书等;④服务期限:暂定两年。

"中国建设学会"于下午3时半假交通银行会议厅举行成立大会,王家桢主持报告该会成立之意义。会议讨论了会章,选举王家桢等21人为理事,扎繁蔚等7人为监事。

10月25日 国民政府明令公布《兵役部组织法》。

国民政府行政院公布《知识青年志愿从军优待办法》8条。

国民政府交通部公路总局召集的"养路检讨会议"于上午8时在该局举行,参加者有各工程单位之代表77人,由交通部部长兼公路总局局长曾养甫主持。

自国民党中央号召全国知识青年从军以来,陪都各机关团体、学校、单位等均热烈响应。陪都125个团体是日联名致电蒋介石,表示拥护政府之号召,倡导会员从军。

10月26日 国民政府明令:①特任鹿钟麟为兵役部部长;②特派陈立夫为派遣国外实习农工矿业技术人员考试典试委员长。

国民政府外交部宣布:中国政府现已决定承认意大利政府。

捷克首任驻华大使米诺夫斯基于上午10时在国民政府向蒋介石呈递国书。

蒋介石于晚7时半在官邸邀宴秘鲁驻华大使贝多亚、捷克驻华大使米诺夫斯基、伊朗驻华公使纳赛尔、比利时驻华代办锡盖特及各该大使馆馆员,并邀宋子文、吴国桢、王宠惠、王世杰、林蔚等人作陪。

渝江师管区在兵役署中山堂召集所辖重庆、江北、巴县、江津、綦江、北碚等县市局长及参议会、党部、三青团代表,各国民兵团副团长、补充团队长等举行本年度临时兵役会议,到刘峙、贺耀组、徐中齐等100余人,由徐思平主持并报告:①目前兵役办理情形及今后应改进之点;②发动学生从军之意义;③兵役过程中之弊端如拉兵、卖兵、捆兵、虐待士兵等现象及其克服。

由陪都工商界人士发起组织的"中国工商企划协进社"是日在重庆成立,该社以"促进工商业之发展,并谋金融、技术与管理在企业上获得配合"为宗旨,社址在机房街通信大楼108号。

10月27日 "三民主义青年团"中央团部举行知识青年从军广播讲演大会,分别由张伯苓、邵力子、蒋梦麟、王世杰、罗卓英等主讲。

10月28日 国民政府教育部制定《从军学生学业优待办法》9条,要点为:①中等学校学生应届毕业者,准免试升学;②参加留学考试者,准优先录取;③志愿参加国内外军事学校以及出国研究国防科学者,由政府择优优先保送。

10月29日 蒋介石以中国战区盟军最高统帅的名义发布命令:任命魏德迈为中国战区统帅部参谋长,索尔登为中华民国驻印军总指挥。

"中华营建研究会"于下午3时假夫子池新运服务所忠义堂举行成立大会,萧子言主持并报告该会成立之意义。会议讨论了会章并选举了理监事。

"中国乡村文化协会"于上午9时假合作会堂举行成立大会,陈立夫主持。

10月30日 国民政府外交部公布《中阿(富汗)友好条约》。

10月31日 新任中国战区统帅部参谋长、中国战区美军总司令魏德迈将军抵达重庆。

由交通部公路总局召开的"养路检讨会议"是日闭幕。

"重庆市知识青年从军征集委员会"成立,市长贺耀组为主任委员,任觉五、方治为副主任委员,康心如、龙文治、李奎安等28人为委员。委员会内设总务、编组、宣传、招待4科,即日起开始办公。

月底 国立中央大学成立"知识青年从军征集委员会",顾毓琇为主任委员,张士一、王书林为副主任委员,各学院教授20余人为委员,何义均为总干事。

11月

11月1日 国家总动员会议举行记者招待会,秘书长张厉生说明物价补贴政策不变。

白崇禧赴林园晋谒蒋介石,请示广西防务。

重庆市救济战区难民委员会自是日起开始统一收容湘桂战区难民,收容时间暂以4个月为限(1944年11月至1945年2月)。

"中国童子军总会"成立十周年纪念,会长蒋介石、副会长戴季陶分别颁词勖勉"忠勇为爱国之本","助人为快乐之本"。

重庆《国民公报》是日载:重庆市人口共177621户,1002580人(内男性603583人,女性398997人)。

11月2日 国家总动员会议召集"国家总动员法执行情形检讨会议",出席者有各机关代表及该会议主管人员40余人,会议由该会秘书长张厉生主持。

11月4日 国民政府军事委员会成立"全国知识青年志愿从军编练总监部",以罗卓英为总监。

"全国知识青年志愿从军指导委员会"举行第二次会议,吴铁城主持,罗卓英报告编练计划,康泽报告各地热烈响应从军情形。会议决定派康泽为该会主任秘书,潘公弼为副主任秘书,罗卓英为全国知识青年志愿从军编练总监部总监。

国民政府外交部部长宋子文就史迪威奉召返美一事对记者发表谈话称:史迪威之返美,此事纯属军事方面的人事问题,无关两国关系。关于各种政策,中美意见完全一致,深信今后两国关系,将更密切了解。

国家总动员会议召集的"国家总动员法执行情形检讨会议"闭幕,此次会议对交通、人事、财政、金融之统制及其政策,均有讨论。

国民政府交通部部长曾养甫偕西南运输局局长陈延炯离重庆赴贵阳,转赴西南各地视察战时西南地区运输情形。

11月5日 美国总统罗斯福之私人代表赫尔利与中国战区参谋长魏德

迈晋谒蒋介石,商谈调停国共问题。

11月6日 蒋介石于晚8时在官邸宴请魏德迈将军,并邀请高思、赫尔利、赫思、艾其森、宋子文、何应钦等军事外交长官作陪。

"中国著作人协会"于下午1时在广播大厦举行成立大会。

重庆市社会局为普遍发动知识青年从军运动,特召集各省市旅渝同乡会、各工商业同业公会及自由职业团体100余单位之代表于下午2时半假市政府中山堂举行"人民团体知识青年志愿从军宣传座谈会",包华国主持,对知识青年从军要义及有关法令阐述甚详,当即决定各团体应订优待办法,并分别举行从军座谈会等决议。

11月7日 蒋介石于上午11时召见驻新加坡总领事高凌百,并召见中国驻美空军中校副武官王可赞、陆军少校副武官陈家鼎,驻英海军少校副武官陈训滢、空军上尉副武官王志高,驻苏空军少校副武官范伯超,驻瑞士陆军上尉副武官雷光三,驻法国临时政府陆军上尉副武官陈朝原及驻澳西南太平洋总部空军上尉联络参谋周锡年等。

中共代表林伯渠偕美国总统罗斯福之私人代表赫尔利离重庆飞延安。

11月8日 新任同盟国中国战区统帅部参谋长兼中国战区美军总司令魏德迈将军,于上午9时在重庆举行到任后的第一次新闻记者招待会,到中外记者30余人。魏德迈致词称:"中美间政策及设施并无变动,联合国家之战略毫不动摇。"

11月10日 中共代表周恩来偕赫尔利同机由延安飞抵重庆,并携有毛泽东签字的五项协议草案——《中国国民政府、中国国民党与中国共产党协定》。该协议草案的内容主要是"一、中国政府、中国国民党与中国共产党应共同工作,统一中国一切军事力量,以便迅速击败日本与重建中国。二、现在的国民政府应改组为包含所有抗日党派和无党无派政治人物的代表的联合国民政府,并颁布及实行用以改革军事、政治、文化的新民主政策,同时军事委员会应改组为由所有抗日军队所组成的联合军事委员会。三、联合国民政府应拥护孙中山先生在中国建立民有、民治、民享之政府的原则,联合国民政府应实行用以促进进步与民主的政策,并确立正义、思想自由、出版自由、言论自由、集会结社自由、向政府请求平反冤抑的权利人身自由与居住自由,联合国民政府亦应实行用以有效实现下列两项权利,即:免除威胁的自由和免除贫困的自由之各项政策。四、所有抗日军队应遵守与执行联合国民政府及联合军事委员会的命令,并应为这个政府及其军事委员会所承认,由联合国得来之物资,应被公平分配。五、中国联合国民政府承认中国国民党、中国共产党及所有抗日党派的合法地位"。

11月11日 赫尔利面谒蒋介石,并将其与中共签署的《中国国民政府、中国国民党与中国共产党协定》交与蒋介石。

国民政府军医署、卫生署为配合知识青年部队军医设施,保护从军人员之健康,于下午4时假江苏旅渝同乡会举行"医师人员动员讨论会",到金宝善、徐希麟等30余人。会议主要讨论了以下议题:①策动全国医药卫生人员参加军医工作;②办理军医人员及从军青年女子的医护训练;③知识青年的体格检查及医药治疗等。

陪都各界人士以教导第三团之新入伍战士1440人即将远征飞印,于上午9时在夫子池新运广场举行盛大欢送会,到各界人士20000余人,贺耀组主持,鹿钟麟、梁寒操、朱经农、方治等分别讲演。

11月12日 国民政府明令昭告全国军民,在纪念国父诞辰之日,应切实"念国父遗教之谆切,知国家创业之艰难,法先烈为国牺牲之忠勇,合全国亿兆之同胞,成一德一心之团结。……奋起迈进,以竟国父与一切先贤忠烈将士未竟之志,而成革命建国之功"。

国民党中枢于上午9时在国民政府礼堂隆重举行"中国国民党成立50周年暨国父诞辰纪念会",国民党中央执监委员、国民政府委员及各院部会首长全体参加,蒋介石主持并致训词。

蒋介石于下午5时在官邸举行茶会,招待美国驻华大使高思、美国总统罗斯福之代表赫尔利、魏德迈、赫思、艾其森及陆军武官狄技斯、海军武官贾纳尔、经济顾问孙耐尔、水利专家沙维治,并邀戴传贤、孙科、居正、何应钦等中枢各部会长官作陪。

重庆市临时参议会发表告全市知识青年书,号召全市青年快快从军。

国民政府军政部教导第三团从军青年1000余人,于上午10时在新运广场集合,乘车赴蓉转印,吴铁城、徐思平、梁寒操、马超俊等到场欢送。

11月13日 国民政府军事委员会参事室主任王世杰呈文蒋介石,报告核议外交部关于中苏商约应否展限问题之意见——"准将现行中苏商约继续自动展限。又自动展限之期间,依约仅为一年。"

国民政府军事委员会文化工作委员会宴请中共代表周恩来,王若飞、徐冰、张晓梅、陈家康、郭沫若、夏衍、艾芜、沙汀、王亚平、张西曼、冯雪峰、黄洛峰等100余人出席。周恩来向与会者介绍了延安的情况、目前时局及国共谈判等问题。

国家银行是日牌价提高金价,期货每两20000元,储券仍为两成,共计24000元。

11月14日 国民政府外交部宣布:中国政府决定正式承认叙利亚、黎巴嫩二国。

美国驻华大使高思辞职,是日偕海军副武官候林登于晨6时乘机离重庆返美国,美大使馆馆务,由代办艾其森主持。

美国著名水利专家萨凡奇博士,应中国政府之聘,于上年底来华,考察水力发电工程;本年5月来重庆,就任国民政府经济部资源委员会顾问,旋赴三峡等地视察。事毕后于是日离重庆飞昆明回国。

国民政府交通部部长曾养甫前赴西南各地视察运输情形,事毕后于是日偕西南运输局副局长谢文龙返抵重庆。

11月15日 国民政府明令:任命秦德纯为兵役部政务次长,徐思平为兵役部常务次长。

中共代表周恩来会见"中缅印战区美军总司令"兼中国战区最高统帅蒋介石之参谋长魏德迈,就成立联合政府事宜进行商谈。

国民政府军政部兵役署奉令于是日正式结束。

11月16日 蒋介石会见魏德迈并与之研究中国战区统帅部组织方案及西南作战计划。

"战时生产局"成立。该局直隶国民政府行政院,局长翁文灏,副局长彭学沛。

国民政府"兵役部"于上午9时在该部大礼堂举行成立典礼,部长鹿钟麟偕政务次长秦德纯、常务次长徐思平亲临主持。部长鹿钟麟致词,称该部的主要使命有三:①革新役政;②充实兵源,准备反攻;③奠定平时役政基础。

美国罗斯福总统之私人代表纳尔逊偕美国政府派遣来华之经济专家洛克、杰克柏逊、柯尔、克乐瑞、孔莱、史特莱茵、格拉漠特、史特伦、贝尔、欧维逊、伍德史密特、卓尔、魏乐尔等13人于下午2时由印度飞抵重庆。

中共代表周恩来在曾家岩50号宴请美国新闻处驻渝广播记者福尔曼、《劳工报》记者爱泼斯坦、《纽约杂志》记者白修德并与之交谈,董必武、王若飞、徐冰、王炳南等作陪。

"中国人事保险股份有限公司"于下午2时在中华路4号举行创立大会,由王晓籁主持。

11月17日 纳尔逊与蒋介石会晤,讨论能使中国战时生产局迅速获得重大效果之步骤。

纳尔逊偕美国经济专家13人访晤国民政府战时生产局局长翁文灏。

由中国战时生产促进会、中国全国工业协会、中国西南实业协会、重庆市银行公会、迁川工厂联合会、重庆国货厂商联合会、重庆市商会等7团体共同发起组织的"新兵服务社",于下午3时假国货厂商联合会举行成立及扩大组织选举大会,到该社社员及各界来宾200余人。

11月18日 中国战区最高统帅部参谋长魏德迈在重庆举行记者招待会,纵谈柳桂失守后之战局。

纳尔逊办公处是日在重庆发表声明称:美国协助中国生产工作,业已开始,今后措施,双方一致。

刘白羽、何其芳、夏衍、茅盾、胡风、王冶秋、叶以群、曹靖华等在张家花园65号举行会议,决定以学校为核心,指导文艺活动。

11月19日 蒋介石与赫尔利会谈有关中共问题,蒋介石向赫尔利提交了《三点提示案》,其内容为:"一、国民政府为达成中国境内军事力量之集中与统一,以期实现迅速击溃日本,及战后建国之目的,允将中国共产党军队加以整编,列为正规国军,其经费、饷项、军械及其他补给,与其他部队受同等待遇。国民政府并承认中国共产党为合法政党。二、中国共产党对于国民政府之抗战及战后建国,应尽全力拥护之,并将其一切军队移交国民政府军事委员会统辖。国民政府并指派中共将领以委员资格参加军事委员会。三、国民政府之目标,本为中国共产党所赞同,即为实现孙总理之三民主义,建立民有、民享、民治之国家,并促进民主化政治之进步及其发展之政策。"

中共代表周恩来接待英国军官哈米士、英国驻渝使馆秘书赫戈登以及赫尔利的华人副官伍汉民来访,并向他们介绍了解放区的战绩,强调了成立联合政府的必要性。

11月20日 国民党中央为加强行政效率,增进抗战力量,推行今后应有之计划,特将中央人事机构加以调整,并于是日上午举行中央临时常会及国防最高委员会常会,决议:①选任宋子文、周钟岳为国民政府委员;②选任周钟岳为考试院副院长;③陈立夫为国民党中央组织部部长,王世杰为宣传部部长,梁寒操为海外部部长;④张厉生为国民政府内政部部长,陈诚为军政部部长,俞鸿钧为财政部部长,朱家骅为教育部部长。

国民政府明令:特派张厉生为内政部部长(原任周钟岳改任国民政府委员),俞鸿钧为财政部部长(原任孔祥熙辞职照准),陈诚为军政部部长(原任何应钦辞职照准),朱家骅为教育部部长(原任陈立夫辞职照准)。

最高统帅部为保卫陪都重庆之屏障——贵州,是日特令第一、六、八3个战区调军队入黔增援。

"中英文化协会第十一届年会"在重庆举行,到王世杰、薛穆、吴铁城、朱家骅等400余人,王世杰报告开会意义,杭立武报告该会会务。

"中国新闻学会第三届年会"于下午2时在广播大厦举行,到该会会员及各界来宾200余人。

11月21日 "战时生产局"举行第一次审查会议,纳尔逊及其特别顾问应邀出席,翁文灏主席说明设立该局的意义,纳尔逊、孔莱分别致词,彭学沛对该局组织法加以说明。

美国总统罗斯福之特使赫尔利约见中共代表周恩来,递交国民政府提出的三条反建议案。

新任国民政府内政部部长张厉生对新闻界宣布其施政方针：一为训练人民，实现民主；二为加强中央与地方联系，执行地方自治工作。

11月22日 中共代表周恩来、董必武分别与王世杰、蒋介石晤谈。在与蒋介石晤谈时，蒋介石要求中共交出军队，然后政府才承认中共的合法地位，周恩来则坚持联合政府的主张，并表示将为之努力奋斗。

"战时生产局"于上午10时约集党政及金融界领袖举行座谈会，翁文灏说明战时生产局成立的经过与意义，纳尔逊、孔莱分别致词，各机关长官相继发言，并就金融、运输与战时生产之配合等问题交换意见。

"战时生产局"局长翁文灏、副局长纳尔逊在国民党中宣部举行的记者招待会上报告战时生产局的组织与任务。翁文灏称该局的任务是："督导各生产机构对战时必需的物资，发挥最大生产能力"，同时"对公私战时生产机构负有指挥监督及联系之责"。纳尔逊称：战时生产局与美国租借法案"两者有密切联系，租借法案下的物资，战时生产局可以尽量运用"。

11月23日 蒋介石颁发文告，勖勉全国医药界青年及地方医师应征投效，献身军旅。

国民政府军事委员会任命裴昌会为第4集团军副总司令，张雪中为第31集团军副总司令。

中国战区参谋长魏德迈举行记者招待会并发表盟军对日战略谈话，称盟军将在中国登陆，由大陆击溃日本。

"中国国际联盟同志会"在重庆举行年会并庆祝该会成立25周年，朱家骅、王世杰、王正廷等到会并讲话。

国民政府行政院设立"国际捐赠财物接收监理委员会"，由外交、内政、交通、农林等部及军事委员会、红十字会等机构的代表组成。

纳尔逊赴国民政府财政部访晤财政部部长俞鸿钧，商讨战时生产及有关财政诸问题。

由赈济委员会、社会服务处联合举办的"难胞服务站"，是日在重庆南岸海棠溪成立，其主要业务为协助湘桂来渝难胞解决临时下榻住所、寻找亲友、介绍职业等。

中国全国工业协会、迁川工厂联合会、国货厂商联合会、西南实业协会、中国战时生产促进会5工业团体于上午10时联合假迁川大厦举行茶会,欢迎战时生产局负责人翁文灏、彭学沛、纳尔逊、孔莱等,到各工业团体代表100余人。吴蕴初主持致欢迎词,翁文灏、纳尔逊分别致词,并就实业界的有关问题进行商讨。

11月24日 "战时生产局"约集有关机关开会,对各机关所急需的器材的生产、供给问题,详加讨论。

国民政府军事委员会兵役部部长鹿钟麟乘车赴璧山视察兵役。

11月26日 中国战区美军司令部宣布:任命麦克鲁少将为中国战区美军司令部参谋长;陈纳德将军于原任美国第十四航空队司令外,兼任中国战区美军司令部之空军顾问。

美国罗斯福总统之私人代表、众议院议员孟斯菲尔特飞抵重庆。

"中国文化建设协会"在重庆成立,汪旭章等20人当选为理监事。

11月27日 国民政府军事委员会兵役部部长鹿钟麟在中枢纪念周上报告今后兵役工作之施政方针。

国民政府财政部部长俞鸿钧就职视事,并对今后的财政措施发表谈话,要点有二:一为协助稳定物价,"切实整顿统制,加强金融管理";一为"筹供经费并扶助生产"。

"战时生产局"约集银行界人士座谈,讨论战时生产的有关问题。

11月28日 国民政府明令:特任钱泰为驻法国大使,徐谟为驻土耳其大使。

"国家总动员会议"举行常会,通过解决工矿困难、加强银行监理办法等案。

11月29日 国民政府明令颁布《优待从军知识青年家属办法》10条。

"联合国战罪审查委员会远东及太平洋分会"在重庆成立,中国代表王宠惠当选为分会主席,张平群当选为秘书长。

国民参政会举行茶会,招待战时生产局正、副局长翁文灏、纳尔逊。

美国驻华大使高思辞职,赫尔利继任美国驻华大使。

11月30日 国民政府特派兼驻哥斯达黎加公使涂元檀为互换《中哥友好条约》批准约本全权代表。

战时生产局设立"中美联合生产委员会",以翁文灏、纳尔逊为正、副主任。

中国战区最高统帅部参谋长魏德迈在重庆举行记者招待会,对中外战局有所评述。魏德迈在讲话中承认战局日趋紧张,但"正采取有效之补救办法,以期局势好转"。

"中美文化协会"举行欢迎会,欢迎美国罗斯福总统之私人代表纳尔逊及其同行专家,副会长陈立夫主持致欢迎词。纳尔逊在致词中称:战时中美合作所产生的力量是抵抗敌人、争取胜利不可少的力量,也是战后维持世界和平、增进人民幸福、提高生活水平的力量。

"中国驻英军事代表团"一行,由团长桂永清率领,是日离重庆赴英。

"中国新闻学会"举行第四届第一次理监事联席会议,选举萧同兹、黄少谷、胡健中、曹谷冰、马星野5人为常务理事,萧同兹为理事长,潘公展为常务监事,曹隐稊为书记。

重庆《国民公报》是日载:自11月20日开始的知识青年从军登记,截至是日止,各省市及各专科以上学校征集委员会报名登记的总人数,已达67270人。

月底 国防最高当局规定国营、民营工业之分类界限为"国家独营"与"民营"两大类。其中,国家独营部分为兵工厂、制币厂、大水力厂、大规模铁路等;民营工业则包括官商合办、中外合办、政府举办、人民举办之各种工业。

12月

12月1日 蒋介石主持军事会报,促参谋总长何应钦即驰赴贵阳前线,并嘱戒勉各军事主管面对紧张战局,各本良知,负起责任,不为中外人讪笑。

"战时生产局"局长翁文灏为发动宣传,提高国人对战时生产意义的认识,是日邀集有关宣传单位的代表举行座谈会。

新任国民党中央宣传部部长王世杰于下午3时到部视事。该部内部人事也因此有所变动。

新任国民党中央海外部部长梁寒操坚辞海外部部长职,遗职由国民党中央改派陈庆云代理,陈庆云于是日到部接事。

新任军政部部长陈诚偕该部政务次长林蔚、常务次长俞大维到部视事。

新任国民政府内政部部长张厉生到部接事。

新任国民政府财政部政务次长鲁佩璋、代理国库署署长杨绵仲分别到职视事。

"重庆市知识青年志愿从军征集委员会"宴请陪都新闻界,该会委员林紫贵、骆继常、罗才荣、余琪等分别报告工作近况,并称:重庆市知识青年从军自11月20日开始征集以来,迄今报名者已有男性5490人,女性363人。

12月2日 中共代表周恩来会晤赫尔利,告知毛泽东主席关于国共谈判问题的三点意见。

重庆市市长兼重庆市知识青年从军征集委员会主任委员贺耀组,于上午9时在沧白纪念堂对全市从军青年作精神讲话。

罗斯福总统私人代表、战时生产局副局长纳尔逊离重庆飞成都视察。

12月3日 "妇女志愿从军促进会"于下午2时假中央党部大礼堂举行成立大会,通过会章并讨论今后工作方针。

12月4日 国防最高委员会常会通过:以国民政府委员宋子文代理行政院院长(原任院长蒋介石辞职照准),仍兼外交部部长。

新任国民政府委员宋子文、周钟岳,考试院副院长周钟岳,内政部部长张厉生,教育部部长朱家骅,军政部部长陈诚,兵役部部长鹿钟麟,军政部政务次长林蔚、常务次长俞大维,兵役部政务次长秦德纯、常务次长徐思平在国民政府宣誓就职,国民党中央派张继监誓,蒋介石授印。

国民政府行政院所属"敌人罪行调查委员会"于下午3时招待陪都新闻界,由该会主任委员王正廷报告该会成立9个月来的工作情形。

中共代表周恩来与赫尔利、魏德迈、麦克卢尔、包瑞德等进行会谈,赫尔利等力图说服周恩来接受国民党提出的三项建议,不要改组政府,被周恩来拒绝。周恩来表示：改组政府"是一个救中国的问题"，抗战不仅需军事，而且要政治，"政府不改组，就无法挽救目前的时局"。

12月5日 蒋介石致电罗斯福，说明孔祥熙虽辞国民政府财政部部长之职，但仍代表国民政府在美经办财政、金融、经济等要务。

重庆市知识青年从军征集委员会统计：截至是日，全市志愿从军青年，已登记7800余人。

12月6日 国民政府明令：①特任罗良鉴为蒙藏委员会委员长（原任吴忠信另有任用，免职）；②派蒋梦麟、吴文藻、杨云竹、邵毓麟、张君劢、宁恩承、钱瑞升为出席太平洋学会代表。

由杜月笙等297人发起组织的"湘桂难民救济委员会"，于上午10时假沧白纪念堂举行成立大会，到发起人及各界代表300余人，康心如主持说明社会应协助政府办理救济事业。

12月7日 代理国民政府行政院院长宋子文到院视事，随后接见英国驻华大使薛穆等。

新任国民政府教育部部长朱家骅到部视事，并发表贺师俊为总务司司长、陈石珍为高等教育司司长、顾树森为社会教育司司长。

中共代表周恩来、董必武等乘飞机离重庆返延安。

由陪都各界人士发起组织的"重庆国民动员协进会"，于下午2时假新运会忠义堂举行成立大会，梁寒操主持并致词。

12月8日 新任国民政府行政院代理院长宋子文招待国民参政会参政员午宴并听取其对行政兴革的意见。

中、中、交、农四行联合办事总处决定拨款100亿元，交战时生产局支配，以扶助各生产单位之扩大及技术之改进。

"陪都各界慰劳黔边守土将士委员会"于下午2时在全国慰劳总会举行会议，到张继、马超俊、洪兰友、刘攻芸、黄少谷等及各机关团体代表80余人。马超俊主持报告成立缘由和经过，称慰劳总会最近接蒋介石电令，以后慰劳工作，应以国府主席名义行之，募捐分配亦应力求统一。会议讨论通过了征募委员会组织简则及工作推动办法，并推张继、马超俊、贺耀组、康心如、刘攻芸、方治为常务委员,张继为主任委员。

12月9日　国民政府立法院会议通过《战时生产局组织法》,规定战时生产局为综理战时生产事务之最高机关,直隶行政院,同时受军事委员会的指挥监督。

"中国急救战区儿童联合委员会"于下午2时假两路口社会服务处招待陪都新闻界,由该会总干事章牧夫报告该会现正发动的三大运动:①重庆小学生每人100元运动;②重庆每人50元运动;③各省市筹募运动。

天主教、基督教领袖冯玉祥、于斌等数十人联合发起组织的"天主教慰劳救济动员委员会"在重庆成立,推冯玉祥、于斌等21人为常务委员,并确立该会的中心工作为:慰劳前方将士,同时救济难胞。

12月10日　国民政府明令公布《战时生产局组织法》23条。

上旬　中国战区参谋长魏德迈向蒋介石建议,为防贵州万一陷落,应作由重庆迁都昆明的准备。蒋介石表示:"余纵在渝被敌包围,亦决不离渝一步。"

12月11日　新任国民政府教育部常务次长杭立武、经济部常务次长何廉分别到部视事。

"四联总处银行人员训练班"特开办"台湾金融干部调训班",是日正式开课。

全国慰劳总会为奉行蒋介石有关统一慰劳运动之手令,是日在该会邀集有关机关团体30余单位之代表开会,商讨各地慰劳物品、款项之统一收集、发配之联系办法等。

冯玉祥应中国战时社会问题研究会之邀,在重庆作题为《敌之总崩溃与最近战局》的讲演。

坚守衡阳47天的第10军军长方先觉及高级参谋彭克负、副官处长高广宽由湘西芷江飞抵重庆。

12月12日　自衡阳脱险的第10军军长方先觉晋谒蒋介石,报告衡阳苦战及脱险经过。

"中央文化运动委员会"邀集赈济委员会、社会服务处、重庆市政府等机关团体代表开会,商讨来渝文化人家属生活问题,决定由重庆市党部与市政府负责拨公共房屋作为来渝文化人家属下榻处,其生活费则由赈济委员会、社会部、中央文化运动委员会协同筹拨。

"湘桂难胞救济协会"于下午3时举行第一次常务委员会议,王正廷主持,韦作民报告该会成立来的工作概况。

重庆市知识青年志愿从军运动,截至是日,已报名登记者达8121人。

12月13日 国民政府经济部部长兼战时生产局局长翁文灏在外国记者招待会上说明战时生产局是一个取得美国租借物资的管制机关,其主要任务为研究国内生产和国外输入物资,为反攻作准备。并称中美专家已成立"钢铁制造"和"液体燃料"两顾问委员会,以加强该两方面的生产。

"中法科学合作委员会"在重庆成立,其宗旨为沟通中法两国文化,任务有交换教授、选派留学生赴法等。

瑞典新任驻华全权公使亚勒德抵达重庆并于是日对记者发表谈话称:来华的主要任务是谈判取消治外法权的问题。

陪都各慰劳、救济、服务机关、团体30余单位之代表,于下午2时假国民政府社会部举行工作会报。洪兰友主持,各代表分别报告各自的工作概况。会议决定:①今后重庆市各团体慰劳、救济捐款,务必划一,由市政府统发收据,并停止街头募捐;②从速成立第四难民收容站,收容湘桂来渝难民;③限期一星期内,由警察局负责肃清市区流浪儿童与残废乞丐,分别送入救济机关。

12月14日 "战时生产局"于上午10时在该局会议厅约集重庆附近各工厂及联合国影闻宣传处负责人开会,商讨战时生产新闻宣传事宜。

"重庆国民动员协进会"于下午2时假青年馆举行第二次会员大会,马超俊主持致开会词,刘峙、杨芳龄、方治分别讲演。会议讨论通过会章,决定设执行委员会及评议委员会,执行委员会下设秘书处、劝导组、联络组、征募组、总务组,并选康心如、杜月笙等178人为执行委员,朱之洪、王晓籁等113人为评议委员。

12月15日 美国新任驻华大使赫尔利于上午11时在官邸举行首次中

外记者招待会,宣布已正式奉命接任美国驻华大使职务,并说明中美共同目标在击溃敌人。赫尔利称:中美间志同道合,惟一的目标是打击敌人,希望中国所有力量能团结一致,为打击敌人而使用。

中共代表王若飞与国民政府立法院院长孙科就改组政府问题进行会谈。会谈中,孙科认为中共改组政府和统帅部的要求是合理的,但实行须有步骤。并提议国防最高委员会如有委员 30 人,可考虑国民党 15 人,军队 10 人,各党派 5 人。

"中国儿童福利协会"于上午 9 时假两路口社会服务处社交大会堂举行成立大会,到会员及各界来宾 400 余人,团体会员 26 个。谢征孚主持致开会词,熊芷报告该会筹备经过。会议讨论通过会章及工作计划大纲,并选举职员。

首批战区文化人士宋云彬、刘狮、华嘉、秦牧、田汉等及其眷属 63 人,分乘汽车 2 辆抵达重庆。

12 月 16 日　中国出席"太平洋学会"代表蒋梦麟、张君劢、邵毓麟离重庆转昆明赴会。

12 月 17 日　陪都实业、教育、文化界领袖张伯苓、胡适、于斌、胡霖、蒋梦麟、吴蕴初、钱永铭等 21 人发表联合宣言,要求盟国修改战略,立即采取有效之军事行动,在中国战场打击敌人。

法国新任驻华大使贝志高抵达重庆。

国民党重庆市党部举行茶会,欢迎首批从湘桂战区来渝的文化界人士,方治主持致欢迎词,赈济委员会代表报告办理湘桂黔救济工作之概况,来渝文化人刘狮等报告逃难经过。

12 月 18 日　国防最高委员会会议决议:①设立救济善后督办总署,任命蒋梦麟为督办。并决定该署直隶行政院,内设储运、分配、财务、赈恤 4 厅及总务、调查、编译、会计、人事 5 处;②赈济委员会委员长孔祥熙辞职照准,特任许世英为赈济委员会委员长。

代理国民政府行政院院长宋子文,于上午 8 时分别召见该院科长职员作就职以来的首次谈话,并对各部门的工作详加指示。

法国新任驻华大使贝志高对记者发表谈话,称其来华的主要任务是促进中法关系,并与国民政府谈判治外法权问题。

重庆市临时参议会第二届第四次大会,于下午2时在中正路该会议场举行开幕典礼,到各参议员、党政长官及来宾110余人,议长康心如主持致开会词,阐述近来全国上下推行民主政治之决心,并以检讨本市地方自治推进实况、奠立宪政基础相共勉。

陪都各界慰劳黔边守土将士征募委员会,于下午2时假陪都青年馆举行各界慰劳黔桂将士献金及慰劳品成绩首次报告会,同时举行欢送陪都各界黔桂前线将士慰劳团出发大会,到各机关、团体、金融、工商及妇女界代表1000余人。会议由该会主任委员张继主持并致开会词,说明此次慰劳黔桂将士意义之重大;洪兰友、刘攻芸、王晓籁、方治等分别致词,陪都各界黔桂前线将士慰劳团团长梁寒操致答词。

12月19日 "重庆国民动员协进会"于下午2时假百龄餐厅举行执委会、评委会两会常务委员联席会议,到40余人。马超俊主持报告该会筹备经过及成立情形,王云五、梁寒操、方治等讲演。会议公推张继为该会主任委员。

重庆市直接税局报告:今年重庆市直接税收入可达15亿元。

中旬 十万知识青年从军入营期临近,国民党中央特设立"重庆接待处",办理招待过境青年从军事宜。该处由重庆警察局局长唐毅任总干事,运输由公共汽车总管理处处长担任,粮食由四川粮食管理处处长担任。

12月20日 国民政府明令:①财政部政务次长俞鸿钧另有任用,俞鸿钧应免本职;②代理财政部常务次长顾翊群毋庸代理;③任命鲁佩璋为财政部政务次长,郭秉文为财政部常务次长;④财政部常务次长郭秉文未回国前,派李傥代理;⑤教育部常务次长赖琏呈请辞职,照准。

瑞典驻华公使亚勒德于上午11时在国民政府礼堂向蒋介石呈递国书,并表示瑞典愿意放弃在华治外特权,与中国缔结平等新约。

12月21日 国民政府明令:特任许世英为赈济委员会委员长。

四川省政府主席张群,于下午3时在川康兴业公司邀请战时生产局局长翁文灏、副局长彭学沛及该局各处处长、川康生产界、金融界代表数十人开会,商讨增加战时生产问题。

美国驻华大使赫尔利,致电中共代表周恩来,希望周能到重庆谈判。

世界合作运动100年纪念日,中国合作学社、中国合作事业协会于上午10时假临江路合作大会堂举行纪念会。

12月22日 国民政府明令:任命谭伯羽为经济部政务次长。

"陪都各界黔桂前线将士慰劳团"一行20余人,由团长梁寒操率领,是日离重庆赴黔桂前线慰劳。

著名经济学家马寅初在重庆星五聚餐会上发表题为《中国工业化与民主不可分割》的讲演,指出:"今日唯有从速组织联合政府,召开国是会议,开放言论,确立各党派合法地位,中国的工业化才有可能。"

12月23日 国民政府明令公布《改善士兵待遇献粮献金办法》24条。

法国驻华大使贝志高于下午1时首次以大使资格招待陪都新闻界。

12月24日 "中国急救战区儿童联合委员会"为启发全国中小学生之互助精神,并以实际行动帮助战区儿童,特发起全国中小学生100元运动。规定以中小学生为对象,征募急救战区儿童经费,并先在重庆发起,以资号召。该会是日假社交会堂举行首次宣传会,冯玉祥、陶行知等到会并讲话。

12月25日 蒋介石召集军政、兵役两部主管开会,商讨征集新兵30万之办法,要求在两月内完成征集任务。

圣诞节,蒋介石于是日发表告全国教会书,称今日基督徒不仅要信奉教义,更要发扬大无畏的革命精神。

"中国西部科学博物馆开馆典礼暨中国科学社30周年北碚区纪念会联合大会",于上午10时假北碚"中国西部科学院"举行,到党政机关长官及科技界人士300余人,翁文灏主持致开会词,中国科学社社长任鸿隽致词说明中国西部科学博物馆成立的意义。随后举行盛大的开馆典礼,共分工矿、农林、地理、地质、生物、医药卫生等6大陈列室,汇列展品甚多。

"中国科学社第24届年会"于上午8时在北碚中央地质调查所举行。

《益世报》在重庆复刊,发行人由董事长于斌担任,总经理张惟民,总编辑谢友兰。

12月26日 "国家总动员会议"举行常务委员会议,通过调整工商团体管制地区及业类办法等要案。

重庆市商会、中国全国工业协会、迁川工厂联合会、中国战时生产促进会、中国西南实业协会、国货厂商联合会等6工商团体联合发表对时局主张,希望国民政府:①实施宪政,厉行民治,以发挥天下为公之精神;②厉行监察制度,加强法制精神;③容纳人民公意,裁减政府不必要之机关与冗员,并简化行政手续,提高行政效率;④提高士兵待遇,扫除中饱,整饬军纪;⑤免除一切不必要之猜防,贯彻民官合作、军民合作之精神。

12月27日 国民政府令派蒋梦麟、赖琏、陈东原为出席联合国教育会议代表。

国民政府军事委员会任命李玉堂为第36集团军总司令,方先觉为副总司令兼第10军军长。

重庆卫戍总司令部总司令刘峙,为加强地方武力之组训与督导,于上午9时召集该部第一分区司令部辖区内重庆市及江北、巴县之国民兵团干部举行座谈会,并邀兵役部、重庆市政府、重庆市党部各有关机关代表参加。刘峙致词说明国民兵之任务与重要,并听取各方面的报告,会议讨论了如何维持治安等有关问题。

12月28日 国防最高委员会通过《第一期经济建设原则》7条。该原则规定中国之实业应分为民营企业和国家经营两方面进行。其中由政府独营的经济事业包括邮政电讯、兵工厂、铸币厂、主要铁路、大规模水力发电厂等五大类,其余均可由人民经营。

重庆市临时参议会第二届第四次大会于下午2时举行第九次会议,选举潘昌猷、邓华民、胡仲实、陈介生4人为国民参政会参政员,选举吴晋航、傅况麟、周钦岳、周均时、温少鹤、骆继常、吴人初7人为第四次大会休会期间的驻会委员。旋即举行闭幕典礼,议长康心如主持致休会词。

第三批湘桂战区内迁文化人士35人抵达重庆。至此,从湘桂战区内迁重庆的文化人士已达234人。

12月29日 "中法比瑞文化协会"于上午11时假临江路该会礼堂欢宴法国驻华大使贝志高、比利时驻华大使戴尔福并举行第六届年会。

"重庆教育会"假临江路戴家巷福音堂举行成立大会,到各界代表50余人,洪兰友、朱经农、方治、包华国等分别致词。会议讨论通过章程、宣言,并选举吴人初、杨重熙、周勋成等25人为理事,温少鹤、何鲁等7人为监事。

12月30日 国民政府明令:①军政部政务次长钱大钧另有任用,应免本职;任命林蔚为军政部政务次长,俞大维为军政部常务次长;②任命何思源为山东省政府委员兼主席、山东省保安司令。

"战时生产局"于上午11时在该局招待中外记者,由局长翁文灏报告该局成立6个月来的工作概况,继由孔莱讲演。

有关方面统计,自10月11日国民党中央召集全国知识青年志愿从军会议、决定征集办法后,全国各地志愿从军之青年,截至是日,报名登记者已达122572人。

"中苏文化协会"于下午3时举行会议,招待自湘桂战区来渝的文体人士,到孙科、郭沫若、宋云彬等200余人。会议由该会会长孙科主持并致欢迎词,号召文化界人士为实现民主而奋斗。冯玉祥、邵力子、郭沫若等人分别讲演,宋云彬致答词。

12月31日 "湘桂难胞慰问团",由团长王正廷率领,分乘客车1辆、大卡车4辆,是日离重庆赴湘桂各地慰问。

坚守衡阳抗战的国军将领李玉堂、方先觉、周庆祥、孙鸣玉等应山东旅渝同乡会之请,在重庆报告衡阳作战及脱险经过。

月底 全国知识青年从军运动,重庆市征集配额原定为5000名,其中重庆市区为2600名,川东各县为2400名。截至是月底止,报名登记者达8331人,超过配额3000余人。

1945 年

1 月

1月1日 蒋介石在重庆对全国军民发表元旦广播讲话,称:"过去一年之间,我们中国处境的艰危,不仅是抗战八年中所未有,亦是我们革命五十年以来未曾遭遇过的险境。"而1945年"真是我们励志雪耻、发奋图强、转危为安、转败为胜的唯一枢纽,也是我们配合盟邦发动反攻最后的时机"。并宣布不待战事结束,仅待军事较为好转时,即提前召开国民大会,颁布宪法,还政于民。

元旦日。国民党中央、国民政府于上午9时在国民政府花园遥祭国父陵墓,由蒋介石主祭。

国民政府军事委员会"战时运输管理局"在重庆成立,局长俞飞鹏,副局长龚学遂、麦克鲁(美国人)同时就职。该局成立后,原交通部公路总局及各公路运输机构,均归并于该局。

重庆市国民兵团于上午11时在复兴关体育场举行检阅仪式,蒋介石到场并致训词。

"中华民族解放行动委员会"(即第三党)负责人章伯钧发表《1945年献词》,希望中国成为"真正民主而又统一的国家",全国的抗战军队"能真正联合作战"。

陪都各界民主人士黄炎培等60余人联名发表《为转捩当前局势献言》,

要求国民政府与各党派、各界切实合作，挽救时局。

陪都诗歌工作者举行"新年诗歌座谈会"。

1月2日　国民政府兵役部部长鹿钟麟为改革役政发表告全国同胞书。

1月4日　国民党中央党政军各界于上午9时在罗汉寺公祭故国民党中央委员张定璠，由邵力子主祭。

国民政府财政部田赋管理委员会改隶粮食部，更名为粮食部田赋署。

国民党中央社讯：财政部税务署1944年度税收预算为40亿元，目前收入已超过原额，其中以烟酒税为最多，统税次之，糖类及矿物类又次之。

1月5日　蒋介石于下午6时半假军事委员会大礼堂欢宴盟国军官，到各军事代表团、各大使馆武官。

陪都工商界人士及汉流社团代表假百货业公会欢宴杨森、王缵绪，到胡文澜、周懋植、杨晓波、石孝先等200余人。

1月6日　蒋介石与赫尔利商谈有关与中国共产党继续谈判的方针，决定由赫尔利偕宋子文、张治中、王世杰到延安进行两党会谈，以表"诚意"。

中国民主同盟沈钧儒、黄炎培、史良等40余人，茶会欢送出席旧金山会议的中共代表董必武。董必武盛赞中国民主同盟在民主运动中的贡献，并称：必须实现民主，中国才有和平与自由，东亚也才有和平与自由。

"国家总动员会议"邀集社会部、交通部、粮食部、财政部等机关代表开会，会商管理川江民船问题。

美国第十四航空队司令陈纳德在重庆对外籍记者称：日军在华空军主力三分之一已被击毁，以B-29飞机为主的对汉口的大队轰炸，今后仍将连续进行。

1月7日　美国驻华大使赫尔利与蒋介石晤谈召开国民大会及改组行政院事宜。

赫尔利致电毛泽东、周恩来等，告以将陪同宋子文、张治中、王世杰赴延安进行国共谈判。

"中国民主同盟"于下午茶会招待柳桂来渝的文化工作者，并座谈争取民主、挽救危局及对当前时局的意见，到郭沫若、张志让、郑贞文、宋云彬、孙伏园、茅盾、刘清扬、邓初民等70余人。

"中华农学会"假道门口银行进修服务社举行欢送会,欢送农林部赴美补习人员(共200余人)。

1月8日 中国国民党中央常务委员会会议决议:①在1945年5月5日召开中国国民党第六次全国代表大会;②选任陈庆云为海外部部长,赖琏为副部长,魏怀为国民政府委员。

美国驻华大使赫尔利偕美国驻华大使馆参事艾其森、陆军武官狄拨司上校、陆军航空武官瓦赛尔上校、海军武官贾无尔上校及顾问、秘书等,于上午11时赴国民政府向蒋介石呈递国书。

蒋介石于晚7时半在官邸宴请美国驻华大使赫尔利,并邀宋子文、孙科、吴铁城、陈诚、王世杰等人作陪。

1月9日 国民政府行政院第682次会议决议:①后方勤务部改组为后勤总司令部,直隶于军政部;②经济部工矿调整处划归战时生产局管辖;③简派战时生产局副局长彭学沛兼代该局优先处处长,吴景超为秘书处处长,张兹闿兼材料处处长,包可永兼制造处处长,杨继曾兼军用器材处处长,王炳南兼运输处处长,严家淦为采办处处长,张悦联兼财务处处长,吴兆洪兼专门委员。在秘书处处长吴景超未到任前,以吴兆洪暂代。

法国驻华大使贝志高、比利时驻华大使戴尔福分别于上午10时半、11时半赴国民政府向蒋介石呈递国书。贝志高并将法国临时政府主席戴高乐将军所赠"荣光大勋章"献予蒋介石。

国家总动员会议、重庆市政府、重庆市社会局及有关机关于下午2时举行"物价工资审查会",对重庆市一般工资物价问题,彼此交换意见。

"战时生产局中美联合生产委员会"成立,翁文灏兼任主任委员,国民政府高等经济顾问纳尔逊兼副主任委员,并聘谭伯羽、钱昌照及该局美籍顾问孔莱、杰克逊为委员。

"重庆市轮船商业同业公会"举行记者招待会,报告目前轮船业之困难,要求政府将运价管制改为议价办法。

1月10日 国民政府明令:①特派翁文灏为战时生产局局长,彭学沛为副局长;②任命王懋功为江苏省政府主席(原任韩德勤免职)。

国民党中央宣传部部长王世杰在外国记者招待会上就如何筹措战费问题发表谈话。

国民政府行政院参事张平群报告:1944年12月份重庆市零售物价指数,为1937年6月份的485倍。

"中华全国文艺界抗敌协会"理事会为骆宾基、冯维典在丰都被捕一事,特召开会议商讨营救办法,决定由孙伏园等向国民参政会、重庆卫戍总司令部等机关交涉,要求保障其人身权利,恢复其自由。

1月11日 中央研究院、北大旅渝同学会于上午9时假中宣部大礼堂联合举行"蔡元培先生纪念会"。

"中国战后建设协进会"于下午4时举行常务理事会,到理事长吴铁城,常务理事吴开先、王晓籁、韦以黻、俞松筠,总干事姜豪等。

中共在国统区发行的机关报——《新华日报》为纪念创刊七周年在化龙桥报馆举行招待会,社长潘梓年报告《新华日报》创刊七年来的工作概况,各与会代表纷纷发言。

1月12日 国民政府通令:发动大户献粮,以改善士兵待遇。

"中法科学合作委员会"于下午3时半在两浮支路中央图书馆举行成立大会,到张继、翁文灏、朱家骅、吴铁城、贝志高、桂波(法国驻华大使馆文化联络员)、费伯协、胡世泽等100余人。

1月13日 国民政府立法院院长孙科在中国国际经济协会作题为《我国战后之第一期经济建设原则》的讲演,内称:中国战后经济建设的原则是迅速求得工业化,因此不能完全采用英、美及苏联的经济制度,而应建立自己的三民主义经济建设制度。

1月14日 中共代表王若飞、徐冰就中共中央关于召开有国共两党及民主同盟三方面参加的国是会议预备会议的主张,与左舜生、张申府、沈钧儒、黄炎培等人在枣子岚垭83号座谈。与会者认为中共态度完全正确,符合全国人民的要求,并对国共谈判提出一些建议。

1月15日 国防最高委员会常会决议:任命吴鼎昌为国民政府文官长。

蒋介石发表《从军知识青年第一期入伍训词》。

中国民主同盟发表《对时局宣言》，提出立即结束一党专政，建立联合政府；召开党派会议，产生举国一致的政府；保障人民言论、集会、结社、职业、身体等自由；承认各党派合法地位；立即释放政治犯等10项政治主张。

国民政府交通部部长俞飞鹏、财政部司长戴铭礼、粮食部司长杨锐灵是日联袂离重庆飞迪化。

重庆中国机器棉纺织工业同业公会致函国民政府行政院、经济部，申述棉纺织业之困难，要求改善机构，调整棉价，解决原料供应问题。

1月16日 国民政府行政院第683次会议决议：重庆市工务局局长夏舜参、教育局局长雷啸岑免职，任命刘如松为重庆市工务局局长，任觉五为重庆市教育局局长。

国民政府财政部部长俞鸿钧就大户献金办法对记者发表谈话。

中共中央南方局各方面工作人员及其家属80余人，在伍云甫的率领下，是日离重庆回延安。

1月17日 蒋介石在陆军大学将官班就当前整军抗日要务及军事教育等问题发表讲话。

国家总动员会议秘书长张厉生对记者发表谈话称：今日社会之苟安心理与享乐奢靡之生活，殊非战时所应有，亟应加以纠正。要真正做到前方充裕，后方刻苦，使一切人力、物力、财力，完全集中于作战。

国民党中央宣传部部长王世杰在外国记者招待会上称：盟国空军在中国获得根据地，将成为夺取胜利的决定因素。

"国货厂商联合会"在九尺坎该会会址举行成立11周年纪念大会，勉励各会员尽最大努力，协助政府稳定物价，增加生产，充实抗战力量，以便提早达成抗战胜利。

1月18日 国民政府明令：①国民政府文官长魏怀另有任用，应免本职；特任吴鼎昌为国民政府文官长；②改组贵州省政府，原省政府委员兼主席吴鼎昌等免职，任命杨森为贵州省政府委员兼主席。

"新闻自由问题研究委员会"假国民党中央宣传部礼堂举行第一次会议，

决定汇集、整理资料办法,同时讨论新闻自由等问题。

1月19日　国民政府明令:任命雷法章为内政部常务次长。

国民政府外交部向苏联政府提出关于新疆贸易与经济合作之建议。

美国驻华大使赫尔利访晤国民政府财政部部长俞鸿钧,商讨中美财政的有关问题。

新任贵州省政府主席杨森,偕新任贵州政府秘书长李寰、民政厅厅长谭克敏、财政厅厅长杨公达等一行乘车离重庆赴任。

1月20日　国民政府明令:特任蒋廷黻为行政院善后救济总署署长。

"国家总动员会议"召集有关机关代表开会,商讨献金献粮的有关问题。

蒋介石致电美国总统罗斯福,祝贺其四度连任总统。

美国驻华大使赫尔利经蒋介石同意,致函毛泽东,建议中共派周恩来来重庆进行谈判。

"战时运输管理局"成立后的首次业务会议,于上午9时举行,会议由龚学遂主持,各公路局代表分别报告其业务。

"国际宗教联合研究会"于下午2时假保安路社交会堂举行成立大会。

中旬　重庆市商会、牛羊皮猪鬃肠衣输出业公会、生丝输出业公会、药材输出业公会联名呈文国防最高委员会、国民参政会、国民政府行政院、立法院及经济部等机关,呼吁废止统购统销办法。

《中央日报》载:重庆市之银行,除国家银行外,商业银行共有49家,外地商业银行呈准在重庆设立分行者14家,外商银行2家,总数为65家。

由国民参政会参政员及陪都各界名流200余人发起创设的、规模宏大的民主日报社筹备委员会组成,将分别出版日刊、晚刊及政治研究丛书。

1月21日　国民政府明令公布《善后救济总署组织法》,并任命郑道儒为善后救济总署副署长。

"陪都各界湘桂难胞慰问团"团长王正廷,偕该团团员返抵重庆。该团行经贵阳、贵定、独山、都匀等地,历时3周,发赈款1000万元,实物估价约4000万元。

1月22日　蒋介石接见西南边疆土司民众驻京代表杨砥中,听取边疆工作的汇报,并予以慰勉与指示。

国民政府粮食部部长徐堪在中宣部记者招待会上报告粮政近况。

"陪都各界黔桂前线将士慰劳团"团长梁寒操,偕全体团员返抵重庆。该团行经川、黔、桂3省20余县,完成黔南、桂北、黔东、黔西及贵阳城防部队劳军工作,曾举行慰劳仪式11次,军民晚会6次,分赠慰劳金2000万元。

1月23日 国民政府行政院临时会议决议:①调整税制,简化机构,取消战时消费税;茶叶、竹木、皮毛等8项统税;停办食盐、卷烟、火柴专卖,改行征税;②裁撤稽私署、海关监督、海关内地关卡等机构;裁撤公债劝募委员会,劝募工作改由财政部公债司办理;停办财务人员训练所及分所,各种训练由中央训练团统一办理;合并财政研究委员会及金融研究委员会;③交通部长曾养甫出国考察,应予免职,特任命俞飞鹏为交通部部长;交通部政务次长徐恩曾、常务次长潘宜之呈请辞职,应予免职,任命沈怡为交通部政务次长,凌鸿勋为交通部常务次长。

美国驻华大使赫尔利偕其馆员数人,于上午9时访晤国民政府监察院院长于右任。

"中华全国戏剧界抗敌协会"假文化会堂欢迎来重庆的国民政府军事委员会政治部抗敌宣传队第六、第九两队成员,马彦祥、阳翰笙、史东山、金山等分别致词。

1月24日 国民政府明令:特任俞飞鹏为交通部部长,沈怡为交通部政务次长。

国民政府"行政院善后救济总署"正式成立,署长蒋廷黻,副署长郑道儒。

国民政府行政院代院长宋子文招待中外记者并发表谈话称:"中印公路纯供军事运输,调整税制在增强作战力量"。

中共代表周恩来自延安飞抵重庆,并在机场发表谈话称:此次来渝,是代表中共中央向国民政府、中国国民党、中国民主同盟提议召开党派会议,作为"国是会议"的预备会议,以便正式商讨"国是会议"和联合政府的组织及其实现的步骤问题。

国民政府行政院代院长宋子文宴请周恩来,并邀赫尔利、王世杰等作陪。

席间,宋子文提出拟请中共及其他党派参加国民政府行政院下准备成立的行政委员会。周恩来称,如不取消一党专制,任何形式的组织,中共不参加。只有召开党派会议,成立联合政府,才能解决。

中共代表周恩来招待《大公报》和《新民报》记者,向他们说明中共中央关于国是会议和联合政府的主张。

1月25日 中共代表周恩来与赫尔利会晤,赫尔利向周恩来提出国民党政府提出的有关解决国共争端的五点建议,为周恩来拒绝。

中共代表周恩来与宋子文商谈,国民党方面陪同参加会谈的还有赫尔利、王世杰、张治中等,宋子文再次陈述国民党和美国方面商定的五点意见,周恩来坚持要先解决一党包办的问题。

中共代表周恩来邀集陪都各民主党派人士黄炎培、冷遹、左舜生、沈钧儒、张申府、邓初民、郭沫若等至曾家岩50号,商谈召集党派会议等问题。

1月26日 国民党中央常务委员会举行会议,讨论国民党第六次全国代表大会名额及选举条例。

国民政府立法院院长孙科与中共代表周恩来会谈,双方就召开党派会议、成立联合政府等当前国家重大问题进行了长时间的交谈。

中共代表周恩来邀请中国民主同盟以及国民党内的民主派、陪都各界社会名流40余人就"挽救时局的主张与办法"进行座谈,高崇民、马寅初、柳亚子、章伯钧等相继发言,赞成中共的主张和态度。

"中国地方自治学会"成立,李宗黄为理事长。该会宗旨为:配合政府,促进地方自治的完成。

1月28日 蒋介石、赫尔利、魏德迈应美国互通广播公司之请,于晚10时在重庆广播《中印公路开辟之意义》,蒋介石宣布任命"中印公路"为"史迪威公路",以纪念史迪威将军打通该路之努力。

国民政府立法院院长孙科于寓所设晚宴宴请周恩来、王若飞、李璜、左舜生、沈钧儒、章伯钧、黄炎培、吴铁城、邵力子、王世杰、王昆仑等,商讨国内团结问题。孙科主张以中共的方案为讨论的基础。周恩来致词介绍了几次来渝谈判之经过及双方分歧点,说明只有取消国民党一党专政,实行民主,才有出路。并重申中共主张召开党派会议,成立联合政府。

中共代表周恩来招待陪都产业界人士,与会者一致赞成民主,反对国民党一党专政。

1月29日 蒋介石听取中国陆军总司令何应钦关于编组攻击师与防御师计划的报告。

国民政府行政院代院长宋子文前赴昆明视察"中印公路"通车情形,事毕后于是日乘机返抵重庆。

国民政府社会部部长谷正纲出席国民党中枢纪念周并报告赴黔、桂救济难胞经过。

食盐、火柴及卷烟,自是日起一律改征统税,专卖事业管理局也于是日起停止对外一切联系,赶办移交。

1月30日 中共代表周恩来与宋子文、王世杰、张治中会谈,王世杰、张治中口头表示应结束一党统治,并倾向于召集党派会议。周恩来提出:党派会议应由国民党、共产党及中国民主同盟三方参加,内容是讨论结束一党专政,制定共同纲领,改组政府。并称要有一个基本的政治解决方案,才会有利于真正解决问题。

联合国善后救济总署中国区办事处处长凯萨(1月27日抵重庆)对记者发表谈话,说明此行的主要任务,是与中国善后救济总署竭诚合作,务使此项艰巨工作得以推行而达成功。

1月31日 中共代表周恩来与王世杰会谈,王世杰主张中共参加最高国防军事委员会、政府承认党派合法、同意召集党派会议,但不接受结束一党统治。周恩来表示不赞成成立整编委员会,主张改组国民政府军事委员会,坚持结束一党统治。

国民党中央宣传部部长王世杰在外国记者招待会上纵谈战局。

国民政府军事委员会政治部部长张治中晚7时假胜利大厦举行联欢会,招待苏联在重庆之外交、军事、商务及文化人士,孙科、邵力子、贺耀组、周恩来、郭沫若、刘斐、何浩若等应邀作陪。

美国驻华大使赫尔利向美国驻华大使馆官员训话称:美国只承认国民政

府,以后所有工作人员,不得私向任何党派或部队商谈军援和经援问题。

是月 战时生产局"汽车配件顾问委员会"成立。

由湘桂迁重庆的祁阳新民机器厂、新中工程公司、衡阳华成电器厂、桂林大中机器厂、晋丰机器厂、六河沟制铁公司在重庆合组六工厂联合工程办事处,推李组绅为理事长。该处成立的主要任务是:"集中力量,互相合作,以经营政府之某项定单"。

"中国西南实业协会"于重庆望龙门建筑西南实业大厦,为筹措资金,特组织29个募集队,分向各方劝募。

2月

2月1日 国民参政会秘书长邵力子宴请周恩来等,商讨国内团结问题。

由国民政府财政部盐政司及盐务总局合并改组的"盐政局"是日正式成立。

新任国民政府交通部部长俞飞鹏、政务次长沈怡、常务次长凌鸿勋是日到部视事。

"军法执行总监部"(徐世道任执行总监)筹备就绪,是日在张家花园前国家总动员会议军法执行监部旧址组织成立并开始办公。

魏德迈在美军总部举行记者招待会并致词称:敌军扰粤,其目的在防美军登陆。并称余甚愿早日结束战争,返回乡里与家人团聚。

重庆市市长贺耀组邀集有关机关负责人开会,商讨重庆市水电供应问题及补救办法,决定水、电厂尽量协助,严格取缔私窃水、电,兵工厂应自行发电并严禁偷电。

陪都各界纪念"农民节"筹备委员会在社会部举行农民问题座谈会,到各有关机关代表50余人,谷正纲主持。

2月2日 国民政府军事委员会派李宗仁为军事委员会委员长汉中行营主任,指挥第一、第五、第十战区;派刘峙为第五战区司令长官。

中共代表周恩来与王世杰谈判,周恩来提出关于召集党派会议的协定草案。

2月3日 国民政府特任夏勤为最高法院院长(原任李茂免职),任命司徒德、吴学义、黄应乾为立法院立法委员(原任朱学范、蔡瑄、杨公达免职)。

王世杰向赫尔利建议:由国民政府邀请各政党代表及无党派之社会领袖,组织政治协商会议,商讨政治军事问题。

2月4日 蒋介石为"农民节"发表训词。

美国驻华大使赫尔利晋谒蒋介石,商谈王世杰等所拟政治协商会议草案,并表示可以此草案与中共谈判。

陪都各界纪念民国三十四年农民节。

2月5日 国民政府委员魏怀、国民政府文官长吴鼎昌,交通部部长俞飞鹏、次长沈怡、凌鸿勋,赈济委员会委员长许世英、蒙藏委员会委员长罗良鉴举行宣誓就职典礼,由蒋介石主持典礼并致训词。

"中韩文化协会"举行欢迎大会,欢迎30余名脱险来重庆的韩国青年。

2月6日 国民政府社会部邀请经济部、外交部、行政院等机关会商"外侨组织商会及参加商业团体办法",决定参照在渝外商之建议,"各地外商可直接加入当地商会为会员"。

谭平山、邓初民、祝世康等宴请周恩来、王若飞、王炳南及陈铭枢、杨虎、郭沫若、柳亚子、沈钧儒、左舜生等,商谈对时局的看法。

改善士兵待遇,大户献金献粮运动,重庆市配额为献金270400万元,献粮20000担。重庆市政府于是日邀请有关单位开会,商讨实施细则。

"湘桂难胞救济委员会"邀请各界人士于下午3时在七星岗江苏同乡会欢迎该会月前所组织的"慰问黔桂难胞代表团",到该团团长王正廷及团员10余人,另有来宾许世英、钱新之、黄炎培、黄少谷、康心如等100余人。

2月7日 国民政府军事委员会政治部部长陈诚在外籍记者招待会上发表谈话称:目前中国的军政工作已由计划阶段进入实行时期,一定能够争取时间,配合盟军作战。并称当前军队的主要工作,是补充兵源,改进生活。

"中国新闻学会"于下午3时邀请各有关机关代表举行新闻自由问题谈话会,出席者有国民参政会、国民党中央宣传部等机关的代表20余人。

"民族素质改进会"在重庆市政府中山堂举行成立大会。

2月8日 中共代表周恩来、王若飞应黄炎培的邀请,与孙科、王世杰、左舜生、李璜、沈钧儒、黄炎培、张申府、章伯钧、王昆仑、雷震等在国民参政会会商国内团结、国共关系等问题。会后,周恩来与王世杰再次举行会谈。

2月9日 周恩来与赫尔利会晤,赫尔利将王世杰关于政治咨询会议的意见相告,周恩来将党派会议协定草案文稿交赫尔利,并表示不能同意王世杰的意见。

国民政府教育部部长朱家骅出席国民参政会驻会委员会议并报告教育部最近之施政措施。

国民政府交通部任命沈德燮继李吉辰任中国航空公司总经理,沈于是日接事。

2月10日 国民政府明令:①重庆卫戍总司令刘峙另有任用,刘峙应免本职;特派王缵绪为重庆卫戍总司令;②特派李宗仁为军事委员会委员长汉中行营主任。

宋子文、张治中、王世杰、赫尔利与周恩来继续谈判,周恩来提议在召集党派会议前,为改善环境,先实现放人、撤兵、给人民自由、废除特务等四项主张。赫尔利提议发表共同声明。周恩来指出问题并未解决,拒绝共同声明。

国民政府外交部宣布:中伊(朗)两国使节互相升格为大使。

重庆市26个工业同业公会理事长联谊会决议:吁请政府改善物价管制,不应只限成品,不限原料;只管制重庆,而放弃别处。要求成本确有变动者,应予合理调整。

2月11日 已故国民政府主席林森诞辰纪念日,国民政府主席蒋介石于上午11时在歌乐山林园举行谒陵致祭仪式。

周恩来与赫尔利会晤,赫尔利仍要周恩来起草共同声明,并称国共关系已接近,他要向罗斯福总统汇报。周恩来表示,如果发表声明,就要说明中共的要求和国共双方意见不同之点何在,以明真相。并强调应将真相报告罗斯福总统。

重庆卫戍总司令部新旧任总司令王缵绪、刘峙本日办理交接事宜。

由中国滑翔总会举办的"真象航空模型制作竞赛"在重庆滑翔俱乐部举

行,到各方选手 160 余人,结果交通大学获团体第一,马龙章获个人第一。

重庆妇女界举行春节联谊会,李德全报告黔桂前线情形并指出:归结到一点,就是政治要民主;逃难也不是办法,应该就地同敌人打游击。

2月12日 国民政府行政院代院长宋子文于国民党中枢纪念周上报告1944年度行政设施概况。

2月13日 中共代表周恩来、美国驻华大使赫尔利共同会见蒋介石,周恩来将中共关于召开党派会议的意见及参加政府的先决条件告蒋,被蒋介石拒绝。蒋介石称:"各党派会议等于分赃会议,组织联合政府,无异推翻政府"。

国民政府外交部次长吴国桢呈文蒋介石,转呈美国大使馆送来的关于美英苏三国代表所拟的对国际安全机构发布公告之大旨。

陪都妇女界领袖史良、李德全、胡子婴、刘王立明等 104 人联名发表《我们对时局的主张》,呼吁政府立即邀集各党各派和各方人士举行全国紧急会议,共商国是,成立全国人民一致拥护的政府。并要求给人民以言论、出版、集会、结社等基本自由。

"台湾革命同盟会"于上午 9 时在重庆举行第四届会员代表大会,到各地代表数十人。

2月14日 蒋介石为提高行政效率,令饬召集中央党政军总检讨会议。是日,吴鼎昌、陈布雷在国民政府文官处茶会招待有关各方,商讨办法。

国民政府外交部部长王世杰在外籍记者招待会上发表谈话称:雅尔塔会议的"最大成就,为定期召开联合国会议,成立国际和平安全机构",中国业已同意共同召集旧金山会议及三国会议关于未来国际安全机构提案程序问题的决定。并称是由于中共的拒绝,才造成此次国共谈判未获结果。

中共代表周恩来在重庆会见美国驻中缅印军总司令魏德迈。

中共代表周恩来会见美军延安观察组成员谢伟思,告之国共谈判目前又陷僵局,其责任全在蒋介石及国民党方面。

中共代表周恩来在特园宴请各党派人士数十人,报告最近国共谈判的经过及昨日与蒋介石会谈的情况,说明鉴于蒋介石的态度,谈判无法进行,他即将返回延安。

2月15日 国民政府立法院院长孙科对记者发表谈话称：雅尔塔会议确定了今后世界永久安全与和平的方针。在旧金山会议之前，我们必须加速解决中国内部的政治问题。

中共代表周恩来就国共谈判问题发表声明，驳斥昨日国民党代表王世杰在招待外国记者时所发表的歪曲国共谈判事实的讲话，称王世杰的讲话"是不坦白和不公平的"。周恩来指出：国民党"拒绝了我们关于建立联合政府联合统帅部，以统一中国一切军事力量，以改革政治、军事、经济、文化各方面政策的建议"，也没有接受我们关于"首先释放爱国政治犯，取消一切镇压人民的法令，停止一切特务活动，撤退包围陕甘宁边区和进攻八路军、新四军的国民党军队"等项要求，致使国共两党谈判无法继续进行。这就是国共近期谈判的主要情况。

美国驻华大使赫尔利对记者发表谈话称：美国支持中国中央政府，不援助中国个别组织。

第二届戏剧节。陪都各界于上午10时在文化会堂举行纪念大会，到陪都各戏剧团体之代表及剧作家300余人，张道藩主持致开会词，邵力子、潘公展等致词，说明戏剧节的意义及奋斗方向。

2月16日 国民政府立法院院长孙科对记者发表谈话称：我国当前唯一急迫问题，即为如何加强团结，获得统一。

国共代表王世杰、周恩来就国共问题谈判之经过发表谈话，周恩来旋即离重庆飞返延安。

2月17日 蒋介石致函太平洋战区总司令麦克阿瑟，对其指挥军队在菲律宾诸岛迭建殊勋表示钦佩。

蒋介石致函美国总统罗斯福，对魏德迈将军来华协助中国军事之改进表示感谢。

蒋介石致电罗斯福，对派赫尔利为美国驻华大使表示谢意，并告以将乘赫尔利大使回国述职时，请其转陈中国政治近况及蒋介石个人政治上之意见。

1937 年产生的在渝国大代表,于下午 3 时假百龄餐厅举行茶会,到各省市及各职业部门 28 个单位之正式代表及候补代表 110 人,温少鹤主持。

"中国民主同盟"负责人左舜生、沈钧儒、章伯钧发表关于雅尔塔会议和当前国内政治问题的重要谈话,称:三国领袖联合声明根据民主原则解决了欧洲问题,这种方法亦必适用于远东。中国要在旧金山会议中获得成就,就必须以民主统一的中国出现于世界人士面前,党派团结问题、民主联合政府问题,就必须迅速解决。

由旅渝福建、台湾及华侨人士发起组织的"闽台建设协进会"在重庆新运服务所举行成立大会。

2 月 18 日 蒋介石为新生活运动 11 周年纪念通电全国,勉励全国同胞厉行节约,严肃战时生活,适应时代要求,振奋精神,贡献全国力量。

自贡盐场场商代表团王绩良、颜心畲等,以最近食盐核价不敷成本,场商亏损甚巨,是日抵达重庆,分向有关各方陈述困难,请求救济。

2 月 19 日 蒋介石向即将返国述职的赫尔利、魏德迈声称:不管中共是否同意,他已决定在 1945 年 11 月召开国民大会,希望能得到罗斯福总统的理解。

"全国慰劳总会滇缅远征军慰劳团"团长于斌,团员高廷梓、张书年、杨富森等一行 6 人携款 2200 万元及各种锦旗、纪念章等离渝飞昆,赴滇缅前线慰问。

中旬 中国国民党中央执行委员会通知各党员,告以第六次全国代表大会的主要议题为:①国民大会之召集;②宪法草案之研讨;③本党总章之修订;④政治纲领之研讨等。

国民政府决定加强金融管制办法,主要措施有:①废止沦陷区内移银行办法;②各商业银行绝对不准在任何地方增设分支机构;③加强对商业银行、钱庄之检查与监督,凡不遵守法令者,决予严格处分或勒令停业。

2 月 20 日 国民政府于上午 11 时举行第二次国民政府委员会议,蒋介石主持,会议将一年来公布实施的法律、命令及重要施政情形提出报告与讨论,并对当前各重要问题交换意见。

"宪政实施协进会第一组委员会"于上午10时举行会议,审查各地民意机关及个人送交该会的对"五五宪草"意见书。

"全国知识青年志愿从军指导委员会第三次全体会议"在国民党中央党部举行。

"伤兵之友总社"于下午2时假盟军之友社举行"伤兵之友总社第五次理事会议"。

重庆电力公司工人胡世合在中韩文化协会饮食部检查违章用电时,被特务田凯无理枪杀,引起市民极大愤慨。

2月21日 "全国知识青年志愿从军指导委员会第三次全体会议"闭幕,蒋介石出席会议并致词。

陪都各界人士王若飞、郭沫若、沈钧儒、张申府、陶行知、陈铭枢、邓初民、王昆仑、谭平山等数十人在郭沫若寓所聚会,商讨雅尔塔会议及国共两党团结问题。黄炎培提出以公意请周恩来尽早返渝。

重庆电力公司就特务田凯枪杀该公司工人胡世合一事招待新闻记者,报告胡世合被害经过,要求政府当局:①依法严惩凶手;②保障工人生命安全;③胡世合的善后和抚恤问题,应由中韩文化协会餐厅完全负责。

2月22日 国民政府行政院代院长宋子文接见自贡盐场代表王绩良等,允令饬财政部盐政局对自贡盐场之困难,予以切实救济。

陪都文化界知名人士郭沫若、茅盾、胡绳、黄洛峰、张静庐等312人联名在《新华日报》上发表由郭沫若起草的《对时局进言》,要求召开临时紧急会议,商讨战时政治纲领,组织战时全国一致政府等。并提出废除一切限制人民集会、结社、言论、出版、演出等自由活动之法令,取消党化教育之设施,停止特务活动,释放一切政治犯等六项要求。

"台湾革命同盟会"举行第四届执监委员联席会议。

"中国合作事业协会"于上午9时假合作会堂举行五周年纪念会,到陈果夫、谷正纲、寿勉成等要员及100余单位之代表。

"中美文化协会"成立6周年纪念日,该会于晚8时在广播大厦举行庆祝大会,由副会长陈立夫主持并致开会词。

"中苏文化协会"为纪念苏联红军节,于下午2时举行"1944年的战时苏联"展览,共展出照片200余幅。

2月23日 国民政府社会部部长谷正纲出席国民参政会驻会委员会并报告社会行政部工作安排。

国民政府粮食部为商讨川省田赋粮食管理工作,特召集川省各区行政督察专员兼督粮委员,分川东、川西两区举行会议。会议于27日闭幕。

苏联红军27周年纪念日,苏联驻华大使馆代办司高磋及代理武官倪国思,于上午11时在该大使馆举行茶会,招待国民政府长官及各国驻华使节、军事代表团成员及文化界人士,到1000余人。

"中苏文化协会"为纪念苏联红军节,于晚8时假青年馆举行"庆祝苏联红军27周年纪念大会",到苏联驻华大使馆代办司高磋及代理武官倪国思以及孙科、于右任、陈立夫、张治中、郭沫若、邵力子等。

2月24日 重庆市市长贺耀组于晚6时假胜利大厦宴请各国驻华使节,并邀中枢党政军各长官作陪。

重庆《宪政月刊》社举行座谈会,讨论雅尔塔会议后至旧金山会议前中国应有的准备问题。到各界代表40余人,黄炎培、张志让分别主持。

2月25日 蒋介石指示国民党中央组织部等党政军机构,掌握建国建军的主要工作,指出建国建军在需要人才,故须注意延揽人才、培植人才、考核人才,而且要言行一致,以实现三民主义为目的。

自贡盐场场商代表王绩良等于下午5时假临江路文化餐厅招待陪都新闻界,报告自贡盐场抗战以来对国家之贡献及目前之困难,称盐场场商历年亏损累计已达100余亿元。希望能于此千钧一发之际,获得政府救济。

2月26日 国民政府军事委员会军政部部长陈诚在中枢纪念周上报告军政部1945年度中心工作。

战时生产局、中国工程师学会、中国矿冶工程学会及中国机械工程学会等5单位,假嘉陵宾馆联合欢宴战时生产局美籍酒精专家史特莱茵,钢铁专家格拉汉姆、史特伦、贝尔、欧维逊及伍德·史密特等6人,到孔莱、杰克逊、翁文灏、曾养甫、彭学沛、茅以升等80余人,翁文灏主持致欢迎词。

湖南来渝文化界同仁假中法比瑞同学会举行欢迎宴会,会议商议筹组"湖南来渝文化工作者联谊社",并推符逸冰、陈是训、刘狮、李伽等11人为筹备委员。

枪杀重庆电力公司工人胡世合的凶手田凯,经重庆卫戍总司令部讯明后,是日执行枪决。

2月28日 国民政府军事委员会军政部部长陈诚,于下午3时招待各通讯社负责人,报告最近之军政设施,说明本年该部施政的原则。

在重庆的国民大会代表于下午3时假沧白纪念堂举行第二次谈话会,会议通过国民代表联谊会章程11条,建议政府从速召开国民大会实施宪政,并将在陪都重庆设立总办事处,于各省政府所在地设立分办事处。

国民政府社会部等有关机关,致电全国各妇女团体及各省市县妇女会,请于"三八妇女节"举行纪念会时,配合推行鞋袜劳军运动。

"韩国临时政府"于下午3时举行国务会议,决定韩国临时政府对德宣战。

是月 国民政府经济部为研究及配合国防最高委员会发表的"战后第一期经济建设计划"起见,特于部内成立"法规整理委员会",对公司组织条例及营业执照使用条例等法规加以修改。

3月

3月1日 "宪政实施协进会"于上午10时假军事委员会举行第五次全体会议,会长蒋介石亲临主持并致训词,重申于本年11月12日召开国民大会。并称在国民大会召开以前,政府只能还政于全国民众代表的国民大会,不能还政于各党各派的党派会议或联合政府。

国民党中央宣传部为唤起沿海地区民众响应盟军登陆,于是日起至15日止约请国民党中枢要员及社会知名人士潘公展、刘纪文、陈策、王泉笙、萧吉珊、杨绰庵等10余人,假中央广播电台,分别以上海语、广州语、琼州语、厦门语、汕头语、福州语、客家语向沦陷区民众广播讲话。

国民政府交通部"交通复员准备委员会"正式成立。

旅渝韩国人士举行韩国"三一"革命26周年纪念会,到赵素昂、李青天等300余人。

由王晓籁等人创办的"中国人事保险股份有限公司"在重庆中华路4号正式开幕营业。业务范围分职业信用保险及员工意外保险两种。

国民政府教育部召开留渝专科以上学校校长会议,顾毓琇、梅贻琦等40余人出席会议。

3月2日　中国驻英大使顾维钧回国述职,是日抵达重庆。

重庆《国民公报》是日载:重庆市有公共汽车73辆,其中市郊38辆,市区35辆。市区乘客每日平均有五六万,其中"黄鱼"占十分之一。

3月3日　蒋介石在戴笠等人陪同下检阅"中美合作所"特种部队及特警班。

中国驻英大使顾维钧晋谒国民政府主席蒋介石并述职。

3月4日　"中国比较法学会"于下午4时举行学术讨论会,到各法学教授及专家等数十人,杨兆龙主持。

"战后建设问题研究会"于上午9时假两路口社会服务处举行第二届年会,到该会会员及各界来宾100余人。

著名经济学家马寅初应"战后建设问题研究会"之邀,于上午11时在两路口社会服务处作题为《怎样研究经济问题》的学术讲演。下午3时,马寅初又在"中国回教协会"作题为《战后中国经济唯一的出路》的讲演,称战后中国建设,应采苏美之长;而欲建设顺利成功,则惟有实行民主。

3月5日　国民政府外交部发表公告:中、美、英、苏四国政府现正发出请柬,订于4月25日在美国旧金山举行联合国大会,商订国际组织宪章。

国民政府主席蒋介石于上午10时在国民政府接见自贡市市长刘仁庵、盐商巨子余怀述,垂询自贡盐业情形甚详,对盐商之疾苦,蒋介石允诺饬主管机关予以改善。

国民政府立法院经济委员会马寅初、楼桐孙等于上午10时召集重庆市商会及各出口业公会代表、贸易委员会、复兴公司主管人员开会,检讨统购统销办法之得失。与会者纷纷痛陈其弊害,一致呼吁予以废止。

国民政府农林部于下午4时假两路口社会服务处召开陪都各界造林运动临时委员会,到各机关代表60余人。

重庆市郊区各路公共汽车票价,自是日起一律由原来的每公里9元增至14元。

3月6日 "国民参政会经济建设策进会"以近来物价高涨,而若干生产问题亟待解决,于下午2时在国民参政会召开第二次顾问委员谈话会,与会者除对一般经济及物价问题提供意见外,并就有关金融、税制、煤矿业、纺织业、钢铁业、纸张业以及农村、水利等各方面的实际情形,均有讨论。

国民大会留渝代表于下午3时假沧白纪念堂举行第三次联谊会,到90余人,公推王晓籁、戴经尘等主持。会议通过《国民大会代表联谊会章程》,并决定设立"宪草研究委员会""宪政宣传委员会",并推江一平等为联谊会干事,办事处暂设中华路4号。

联合国善后救济总署远东区委员会主席蒋廷黻上月4日前往澳洲主持远东区委员会第一次大会,公毕返国,是日下午返抵重庆,并在机场对记者发表谈话。

3月7日 东南亚盟军总司令、海军上将蒙巴顿将军偕夫人及参谋长布朗林中将、布拉克满上校、空军队长克拉姆及中国战区美军总司令部参谋长麦克鲁等,于下午4时由印度飞抵重庆。宋子文、陈诚、程潜等到机场欢迎。

国民党中央宣传部部长王世杰在外籍记者招待会上致词称:在七七战争爆发以前,政府曾举行国民大会代表的选举,全体代表1440名中,约有三分之二业经选出。现在政府决定将关于国民大会的召集问题提付国民参政会讨论,但无论如何,政府必将设法使各党派及无党派之社会领袖参加国民大会。

"国防科学技术策进会"在重庆召集国营、民营各工厂代表举行会议,由该会常务理事陈立夫主持,主要讨论各工厂亟待解决的各种技术问题。

国民政府财政部部长俞鸿钧于上午11时召见自贡盐场场商代表,垂询盐场实际困难情形,并表示愿本人个人良心处理此事。

有关方面是日发表统计数字:截至本年2月底止,法币折合黄金存款共达 70 万两,吸收法币 140 亿元。

3月8日 东南亚盟军总司令蒙巴顿夫妇先后访问行政代院长宋子文、军事委员会委员长蒋介石、军事委员会参谋总长程潜、军政部部长陈诚等,商谈两战区的军事合作等问题。晚,蒋介石在林园官邸设宴招待蒙巴顿夫妇并邀中方高级将领作陪。

中共代表王若飞、王炳南与章伯钧、沈钧儒、左舜生、屈武、王昆仑、张申府、邓初民、陈真如、杨杰、谭平山、冷御秋、郭沫若、许宝驹、黄炎培在良庄沈钧儒寓所就结束国民党一党专政,成立联合政府,反对利用"国大"欺骗民众等进行商谈。

陪都各界妇女于下午 2 时在新运广场举行"三八妇女节"纪念大会。

3月9日 国民政府主席蒋介石为表彰蒙巴顿将军打通中印公路之功绩,以特种大绶云麾勋章赠予蒙巴顿。

顾维钧代表国民政府外交部部长宋子文出席国民参政会驻会委员会并报告国际形势与雅尔塔会议经过,以及我国对旧金山会议的准备情况。

中国生产促进会、中国全国工业协会、迁川工厂联合会、中国西南实业协会为统一团结,实施宪政,特发表《向全国同胞献言》。

3月10日 "中国民主同盟"发言人就国内民主与团结问题发表谈话,称:对国民大会提前召开,原则上表示赞同,但坚决反对民国二十四、五年所选的国大代表继续有效,同时反对国民政府定 11 月 12 日召开国民党一党包办的国民大会,主张召开各党派及无党派的领袖会议。

"新生活运动妇女指导委员会"及陪都各妇女团体,于晚 7 时半假嘉陵宾馆联合欢宴蒙巴顿夫人。

"战时儿童保育会"举行七周年纪念会,总干事熊芷报告会务称:7 年间各地保育院共收容儿童 29000 余人。

3月11日 东南亚盟军总司令蒙巴顿将军在渝公毕,是日离重庆飞返印度。

"中国地质学会"第 21 届年会在沙坪坝重庆大学举行,到会员及来宾李四光、孙越崎等 200 余人,理事长李四光主持并报告该会一年来的工作情形。

3月12日　蒋介石为纪念孙中山逝世20周年及策进国民精神总动员，特发表《告全国同胞书》。

"中国民主同盟"发言人在重庆对最近国内民主与团结问题发表谈话称：目前中国不仅迫切须要做到"还政于民"，更须做到"还军于国"，并提出由国民政府召集各党派及无党派领袖举行会议，就军事与政治问题，求得切实解决办法。同时再次重申：反对原国民党一党选举的国大代表。

3月13日　美国国务院财政顾问查理士雷麦于下午4时赴财政部访晤财政部部长俞鸿钧，商讨有关财政金融诸问题。

"重庆市献粮献金委员会"召集全体委员开会，到贺耀组等30余人，通过《重庆市改善士兵待遇献粮献金实施细则》。

3月14日　"中央党政军提高行政效能及行政三联制总检讨会议"于上午11时在国民政府礼堂举行，到国民党中央党政军各部会长官吴铁城、吴鼎昌、贺国光、沈鸿烈、李文范、陈果夫等100余人，蒋介石亲自主持并致训词，希望无期无隐揭发缺点，研拟切实方案适应军事。

蒋介石正式批准"台湾调查委员会"拟定的《台湾接管计划纲要》。该纲要的主要内容是废除日本在台湾的殖民统治，恢复中华民国对台湾的主权；接管时成立台湾省政府，中国的一切法令均通用于台湾；公文、教科书和报纸等禁止使用日文，台湾的涉外事件由中央政府派员处理。

"中国国民党重庆市党员出席第六次全国代表大会选举大会"于上午9时在国民党中央党部举行，结果顾建中、骆美奂、唐毅、刘攻芸、宋宜山、陈介生、包华国、吴茂荪、陈逸云9人当选。

"迁川工厂联合会"于下午4时半在江家巷该会举行春季联谊会，到各厂家代表及来宾300余人。吴羹梅主持并致词，说明工业界流动资金的缺乏及战时生产局给予目前工业界工作之不足。

自贡市市长刘仁庵及盐场代表余述怀，于下午4时晋谒国民政府行政院代院长宋子文。宋子文表示，政府对于盐商困难甚为明了，刻正谋予以有效之救济，以解除盐商困苦。

3月15日　国民政府主席蒋介石接见自贡市市长刘仁庵及盐场代表余

述怀等,对自贡盐产情形垂询甚详。

翁文灏、俞鸿钧于下午3时在战时生产局召集有关各方,商议向英美购运重要民用物资等事宜。

3月16日 "战时生产局"局长翁文灏,偕该局美籍顾问孔莱、助理顾问杰克逊、电力专家伊文思等5人离重庆飞成都,视察该地的生产事业。

国民政府财政部田赋管理委员会改隶粮食部。

重庆市生产贷款总额约为30亿元,本年1月份已贷出178000万元,其中工矿贷款约占10亿元。

3月17日 "中央党政军提高行政效能及行政三联制总检讨会议"闭幕,蒋介石亲临致训。

国民政府行政院是日增拨重庆市政府1500万元,作为办理收容及救济湘桂来渝难民之用。

重庆市政府呈请国民政府行政院,拟将本市现有难民疏散至川东开江、达县、宣汉三县安置。

"全国慰劳总会璧山青年军慰问团"由团长马超俊率领,离渝赴璧山慰问,另一组由团长贺衷寒率领,赴綦江慰问。

3月18日 "中国民主同盟"代理主席左舜生对记者发表谈话称:民主同盟将不参加不民主的"国民大会",民盟毫无保留地反对任何形式的独裁,并相信全国团结是胜利的先决条件。同时亟盼沟通国民党与共产党之间的鸿沟,衷心希望两党恢复谈判。

3月19日 国民政府明令:①特任董霖为驻荷兰大使,金问泗为专任驻比利时大使,仍暂兼驻挪威、捷克大使并兼代驻波兰公使馆馆务;②任命梁龙为驻瑞士公使,吴泽湘为驻智利公使;③任命黄少谷为军事委员会政治部副部长;④任命胡庶华为国立湖南大学校长。

蒋介石离重庆飞昆明,视察中国陆军总部及在滇各青年远征军营地。

3月20日 中国农业协进社、中国农民经济研究会、中国农村经济研究会、农林科学出版社等团体联合举行"农村问题座谈会",讨论促进农村民治问题。

重庆土布业同业公会举行大会,商讨土布业生产问题,呼吁改善管制,增加工缴费,并向主管机关提出具体要求。

3月21日 国民政府社会部为商定战后各种社会政策,特聘请有关专家学者40余人组设一研究委员会,专门研究战后社会的各种问题。该会于是日在重庆举行会议,商讨农民、劳工、保险、安全、福利等社会政策。

"重庆市国货厂商联合会"于上午9时在九尺坎该会会所举行第六届会员大会。

3月22日 "中央研究院三十四年度院务会议"于上午9时在国府路该院礼堂举行,到该院院长朱家骅,总干事李书华,所属各所所长李四光、竺可桢、陶孟和、傅斯年等及所属各单位负责人。

3月23日 中国出席旧金山会议代表王宠惠、顾维钧偕随员9人,是日乘机离重庆转道赴美。

"韩国救济总会"于下午2时假百龄餐厅举行成立茶会,招待国民党中央党政军首长及各界名流。该会会长安定根致词报告该会的主要任务为救济并援助为韩国独立解放运动而被难的革命志士及其家属,以及受天灾人祸摧残的韩胞;同时推动慰劳韩国志士,收养难童,推行韩国侨民保健工作。

3月25日 陪都文化界在青年馆举行法国大文豪"罗曼·罗兰追悼会"。

美国前物价统制局局长韩德逊应聘为国民政府特别顾问,以助中国稳定物价,韩德逊于是日飞抵重庆。

3月26日 蒋介石复电美国总统罗斯福,告知中国出席旧金山会议之代表团已包括各党派及无党派者在内。电云:"中国政府今日已派定代表十人,其中六人为国民参政员,即国民党以外之共产党及其他两反对党各一人,暨无党派者三人,大公报社长亦在其内。"

苏联塔斯社总社于下午4时假美专校街5号招待陪都新闻界,由社长普金科主持并介绍该社新任副社长乐伯金与各记者见面。

"重庆市教育会"举行各区常务理事会议,理事长吴人初主席并报告该会最近会务。

3月27日 国民政府行政院发表中国出席旧金山联合国会议代表团人员名单：宋子文为首席代表，顾维钧、王宠惠、魏道明、胡适、吴贻芳、李璜、张君劢、董必武、胡霖为代表，施肇基为高等顾问。

国民政府粮食部招待陪都新闻界，粮食部部长徐堪报告粮政。

有关部门发表统计：四行二局（中央银行、中国银行、交通银行、中国农民银行、中央信托局、邮政储金汇业局）各种存款，截至1945年1月底，共达2863414000元。

3月28日 国民政府行政院代院长宋子文在外国记者招待会上表示：中国希望旧金山会议早日成立安全组织。在回答记者有关对日本天皇处置之态度时，宋子文称：各方对此问题意见不一，"余意在战后日本天皇应予以推翻"。

国民政府财政部是日晚宣布：出售黄金价格及法币折合黄金存款折价，自3月29日起，将原来的每两20000元，改为每两35000元。同时宣布：出售现货搭销乡镇公益储蓄办法废止。

"中国全国工业协会重庆市分会"于下午3时假复兴路迁川大厦举行成立大会，到该会会员工厂218家之代表。

有关方面发表统计：1944年度"四联总处"工贷总额达549900万余元，其中仅重庆一地，即达343700万余元。

"中国航空公司"开辟西北新航线，是日由重庆起飞直航新疆哈密，次日由新疆哈密飞返重庆，暂定每月飞行一次。

美国报纸主笔协会所派负责促进联合国新闻自由交换的三位代表——福勒斯德、麦吉尔、亚更曼抵达重庆。

3月29日 国民政府明令：特派宋子文为中华民国出席联合国大会首席代表，顾维钧、王宠惠、魏道明、胡适、吴贻芳、李璜、张君劢、董必武、胡霖为代表，施肇基为代表团高等顾问。

第二届青年节，蒋介石为此特发表《告从军知识青年书》，勉励从军青年：①效法先烈行为，负起革命的责任；②贡献个人的自由，完成革命的目的；③研究高深的学问，奋发革命的精神；④贯彻从军的初衷，坚定革命的志气。

陪都各界第二届青年节及第三届世界青年周纪念大会，于上午10时假青年馆举行，到各界青年2000余人，余守忠主持，张治中致词。

陪都各界公祭国军、盟军阵亡将士典礼，于上午10时举行，到国民党中央、国民政府各部会长官，美英苏等国驻华使节及盟国驻华军事代表团团员、将领等300余人，由蒋介石主祭并宣读祭文。

陪都各界举行革命先烈纪念会，蒋介石主祭，邹鲁作题为《从辛亥四月二十七日广州之役以观吾党》的报告。

国民政府航空委员会在重庆黄山公葬公祭47位空军烈士，航空委员会主任周至柔主祭并致词。

福勒斯德、麦吉尔、亚更曼三人分别拜见国民党中央宣传部部长王世杰、中国新闻学会理事长萧同兹、重庆各报联合委员会总干事曹谷冰、立法院长孙科及吴铁城等，征求对于新闻自由之意见。

3月30日 国民政府行政院代院长宋子文设宴欢迎美国报纸主笔协会所派负责促进联合国新闻自由交换的福勒斯德、麦吉尔、亚更曼3人，并称国民政府支持新闻自由运动。

国民政府军事委员会政治部文化工作委员会奉令撤销，主任委员郭沫若在天官府7号召集会议，宣布该会工作至此结束。

国民政府教育部"学术审议委员会第二届第三次全体委员会议"，于上午9时在川东师范学校该部举行开幕典礼。

"中国新闻学会"于下午4时假该会邀请福勒斯德、麦吉尔、亚更曼及陪都各报社、通讯社负责人开谈话会，交换关于新闻自由的意见，到重庆各报社、通讯社负责人、总编辑、主笔等40余人。

重庆市承织布同业联谊社于下午5时假广东大酒家招待陪都新闻界，报告该业目前所处的种种困难：①工缴不敷；②纱质低劣，纱量短缺。并吁请政府革除积弊，迅予救济。

有关方面发表统计：1944年度全年农贷总额为263966万余元，农贷结余额为2714534000元。

3月31日 "国家总动员会议"是日正式移交国民政府行政院，所属职员 200 余人分发薪津遣散。

是月 国民政府财政部顺应自贡盐业代表的请愿要求,决定自 3 月份起,花盐价格每市担增至 3645.41 元,比原价增加 46%;巴盐每市担增至 4024.40 元,比原价增加 37%。

中央机关各公务员待遇,经国防最高委员会通过调整办法,自是月起实行。

4 月

4 月 1 日 国民政府教育部举行的"学术审议委员会第二届第三次全体委员会议"闭幕,会议除征询各委员对高等教育的意见外,并决定 1944 年度著作、发明及美术奖励给奖人选,计给予一等奖金 5 万元者 1 名,二等奖金 3 万元者 17 名,三等奖金 1.5 万元者 46 名。

郭沫若、沈钧儒、章伯钧、翦伯赞等 100 余人出席政治部第三厅成立七周年纪念聚餐会,沈钧儒致词表示:"机关可以被解散,但文化工作者的工作精神是无论如何不能被解散的。"

在渝美国报纸主笔协会代表麦吉尔参加复旦大学举行的新闻自由讨论会;晚,访问新华日报社。

4 月 2 日 国民政府财政部部长俞飞鹏在中枢纪念周上报告财政施政情形。

王若飞、黄炎培、胡霖、吴贻芳、邵力子、左舜生、雷震、沈钧儒、张伯钧、张申府、孙科等在重庆商谈国共谈判问题,一致表示致电延安,欢迎周恩来、董必武再来重庆谈判。

自即日起,火柴按价征税 100%,烟类改征 180%,货物税亦从价提高至 100% 至 120%。

福勒斯得等 3 人晋谒蒋介石,报告此行之任务。

中国出席旧金山会议代表团顾问陈绍宽、王家桢、吴经熊以及专门委员徐淑希、张忠绂、杜建时、郭斌佳、李惟果、朱新民等,是日乘机离渝飞美。

4 月 3 日 蒋介石召见四川粮食储运局局长席新斋,指示目前粮运业务。

行政院善后救济总署招待陪都新闻界，署长蒋廷黻发表该署对全国国民报告第一号。

国民政府行政院代院长宋子文与加拿大驻华大使欧德伦在重庆互换去年4月14日签订的《中国与加拿大平等条约》，该约互换后立即生效。

美国报纸主笔协会代表福勒斯得、麦吉尔离渝飞滇转印；亚更曼应董显光之邀暂留渝一周，为新闻学院计划下年度之业务。

国民政府立法院院长孙科在基督教青年会主办的名人讲座上讲演《如何促进民主》，称：国内团结统一问题，只有民主方式才能解决，当前需要彻底实现民主，不能再扭扭捏捏了。

4月4日 国民政府兵役部部长鹿钟麟谈调整兵役机构概况称：此次调整，共裁撤机构421个，减缩108个，共计529个，占原机构数60%以上；被裁官兵达35万，占原官兵数40%以上。

4月5日 中瑞（典）新约自去年12月开始谈判，业已妥当，双方于是日上午11时在重庆正式签订《中瑞关于取消瑞典在华治外法权及其有关特权条约》，中方为外交部兼部长宋子文，瑞方为驻华公使亚勒。

"南洋华侨协会"在重庆举行第一次会员大会，选举吴铁城、陈树人、许世英、陈庆云、马超俊、陈立夫、梁寒操等31人为理事。

"中华法学会第三届年会"在重庆举行，会议由司法院院长居正主持。

出席旧金山会议的吴贻芳、胡霖联袂离渝飞赴美国。

4月6日 国民党中央宣传部长王世杰为苏联政府废弃苏日中立条约一事发表谈话称："中国闻悉此举，甚感欣慰，他姑不论，只就精神方面而言，此举所给予日本之打击，甚为严重，由此将加速日本之完全崩溃。自今而后，苏联与中国及其他联合国家之合作，其任何形式上之障碍已无存在矣。"

国民参政会驻会委员会举行第十次会议，听取军政部部长陈诚关于军政部之施政报告，并通过议案请政府彻查黄金提价消息透漏案。

出席旧金山会议的中国青年党代表李璜乘机离渝飞美。

出席旧金山会议的中共代表董必武偕伍修权、陈家康由延安飞抵重庆。

"中国民主同盟"举行茶会，欢送董必武赴旧金山出席联合国会议。

"中华图书协会"在重庆中央图书馆欢迎来华的美籍图书专家诺伦堡。

4月7日 中华民国出席旧金山会议代表团团长宋子文偕秘书离渝飞美。

国民政府财政部就提价前夕黄金存款情弊事发表公告。

"中国水土保持协会"在重庆举行成立大会。

陪都第一届儿童运动大会及本年度儿童节纪念大会在川东师范体育场举行,贺耀组主持。

4月8日 由王宠惠、陈立夫、程天放等人发起组织的"中国外交政策协会"于下午3时假胜利大厦举行成立大会,出席会员154人,程天放主持说明该会之缘起,周子亚报告筹备经过,邵力子致词说明外交政策之重要。

"中国农民经济研究会"假合作会堂举行第六届年会,何公敢主持。

重庆妇女界举行茶会,欢送董必武赴旧金山出席联合国会议。董必武出席并介绍了中国解放区及陕甘宁边区最近各方面的情况及解放区妇女参加各种活动的概况。

4月9日 三民主义青年团中央团部第一届评议员第一次全体会议,于上午10时举行预备会,到各评议员及中央干事会、中央监察会各处室负责人数十人。

翁文灏在中枢纪念周上报告经济部施政情形及战时生产局工作概况,对1944年度重要工矿产品增减情形、研拟战后经济建设、筹划战后复员事宜等,均有详细报告。

国民政府军政部军需署于下午3时在该署邀集本市数十家承织该署军布厂家之负责人谈话,商讨军布厂家困难之救济问题。

4月10日 中国战区美军总司令魏德迈将军由美返抵重庆,并发表谈话称:此行已彻底研讨反攻日寇之计划。

国民政府军事委员会代参谋总长程潜是日晚假军委会礼堂邀集盟军驻渝军官举行春季座谈会,到中外军官魏德迈等多人,由程潜致词,魏德迈致答词,称:美国决心于可能范围内,竭尽一切援助中国,以求迅速击败日本。

国民政府监察院院长于右任对记者发表谈话称:黄金加价泄露消息案,

欢迎各方供给有关确实材料；并称此案自非退款所能了事，事关盟邦援助，国法自当严办。

三民主义青年团陪都青年馆于下午2时在该馆交谊厅举行首次国际问题座谈会，讨论总题目为：《旧金山会议前夕之国际形势》，陶希圣主讲。

4月11日　国民政府教育部召开职业教育会议，由部长朱家骅主持，主要讨论今后职业教育之改进问题。

"全国慰劳总会欢迎远征军慰劳团及青年军慰问团大会"于下午2时举行，到100余人，副会长谷正纲主持致开会词，马超俊报告青年军衣、食、住之实际情形，于斌报告滇缅作战情形。

重庆13所私立专科学校校长赴教育部面晤教育部部长朱家骅，以物价压迫，维持困难，请速拨巨款补助，朱家骅表示当代为行政院呈请拨款补助。

4月12日　出席旧金山会议的中共代表董必武偕秘书陈家康、章汉夫离渝飞美。

"中国文化产业协进会"在重庆举行成立大会。

4月13日　美总统罗斯福于12日去世，蒋介石是日亲往美军驻华总部致唁，并派吴国桢赴美大使馆致唁。

国民政府以美国总统罗斯福逝世，是日通令全国14、15、16日下半旗志哀3日，并令各国军队及机关于下周星期一（16日）上午举行国父纪念周时为罗斯福总统致哀。

《大公报》是日报道：重庆每月供应食米20余万担，面粉7万余袋，由此统计人口约130万。

4月14日　国民政府通令全国各军政机关于16日举行美国总统罗斯福追悼会之日，全国公务人员一律禁止宴会，以志哀悼。

国民政府军事委员会抚恤委员会主任何键谈改善抚恤遗属办法，称阵亡将士遗属恤金最低级者，由现在每人每月160元，提高10倍，最低每人每月改发1600元。现在本会调查应予抚恤者共达100余万人，而实际能寄达恤金者，仅40余万人。

蒋介石致电新任美国总统杜鲁门，对其继任总统表示敬意。

4月15日　苏联文豪A.托尔斯泰逝世纪念大会,由中苏文化协会、中华全国文艺界抗敌协会、中华全国戏剧界抗敌协会联合于上午9时在抗建堂举行,到文化界人士1000余人。

4月16日　国民政府外交部致函军事委员会委员长侍从室第二处,抄送出席旧金山会议代表团中由国内出发者之名单,共33名,包括代表团团长宋子文,代表顾维钧、王宠惠、吴贻芳、李璜、董必武、胡霖,秘书长胡世泽,顾问贝祖诒、顾子仁、吴经熊、王家桢、陈绍宽,专门委员王化成、郭斌佳、徐淑希、朱新民、吴兆洪、朱光沐、李惟果、杜建时、张忠绂,秘书林维英、翟凤阳、王之珍、伍国桢、谢澄平、章汉夫、陈家康,随员王涌源、黄汉柱、赵天乐、林柏青。

蒋介石致函美国总统杜鲁门,告知已派宋子文为中国出席旧金山联合国大会之首席代表,并请惠予指导与协助。

"美国故总统罗斯福追悼大会"于上午11时半在复兴关中央干部学校大礼堂举行,蒋介石主祭并宣读祭文。

"中国童子军全国干部会议"于下午3时假青年团中央团部礼堂举行开幕式,各省童子军干部、专家,该会理监事及组长以上人员近100人参加会议。

据有关方面统计,战时生产局动用100亿总贷款额,已达3132658374元。

4月17日　"台湾革命同盟会"在重庆举行纪念台湾沦陷50年大会,李万居主持致词,就台湾人口、地理、经济诸点,说明其与祖国之不可分性,并申述光复故土之决心。

重庆市长贺耀组、财政部长俞鸿钧、社会部长谷正纲于下午2时半假商业场市商会礼堂邀集本市工商、银行、钱庄、保险等业巨子及各该同业公会、职工会理事长开会,商讨本市大户献粮献金诸问题,并由重庆市献金献粮推行处宣布各业公会应担负之数字。

"迁川工厂联合会"于上午10时在复兴关该会大厦举行第八届年会,到该会会员及政府主管部门代表300余人,由理事长吴蕴初主持致开会词,说明迁川工厂八年来对社会、对政府之贡献及目前所遇之困难。

重庆市商会、工会会员献金献粮谈话会于下午3时在商业场商会礼堂举行，各公会、工会理事长100余人到会，贺耀组主持说明大户献金献粮改善士兵生活之意义，继宣布各业公会、工会捐献标准，即商业、银行、钱庄、保险等业各按其1943年度所得税、利得税额增加300%捐献，工业类除国防工业为1943年度所得税、利得税50%外，其余一律照上项商业类之规定。

据关系方面统计，1946年度全国田赋征实征借已达52500610石。

4月18日 国民政府行政院秘书长张厉生对记者谈黄金案彻查经过称：现已决定将全案送往重庆地方法院依法侦察，并会将各行局不依规定接受购户转账申请书之负责主管人员先行撤职，听候法院侦查。

国民政府教育部法律教育委员会于上午9时在川东师范学校该部举行委员会议，朱家骅、谢冠生分别致词。

4月20日 "三民主义青年团"第一届中央干事会举行第三次全体会议，兼团长蒋介石亲临主持并致训词。

全国知识青年志愿从军编练总监部女青年服务总队职员就职、女青年入营宣誓典礼于上午10时假军委会干部训练团礼堂联合举行。

"经济部工业标准委员会"于下午2时在迁川大厦举行工业标准化座谈会。

重庆嘉陵江区宝源、天府、全济、三才生、建川、江合、东林、和平八煤矿公司招待各报记者，报告各公司目前最大之困难是限价与成本相差太远，呼吁合理调整官价，以维生产。

"中国国民外交协会第七届年会"在重庆中四路该会会所举行，到该会会员及各方代表150余人，陈立夫主持致开会词，并宣读蒋介石训词。

4月21日 宪兵学校、警官学校员生及中央训练团台湾训练班毕业生2000余人，在中央训练团举行联合毕业典礼，兼校长蒋介石主持并训话。

4月22日 国防最高委员会通饬全国各机关、部队、学校以及社会工商各业，水陆空交通通讯各方面：于5月1日起至9月30日止，全国一律实行"夏时制"，将时间拨早1个小时；盟邦驻中国各机关亦同样适用。

英国科学研究会主席、中央科学合作馆主持人李约瑟博士由昆明乘机抵渝。

4月23日 国民政府明令公布国民参政会第四届参政员名单，计290名（上届为240名）。

"三民主义青年团"第一届中央干事会第三次全体会议闭幕。

4月24日 下午4时10分，蒋介石在曾家岩官邸接见美国驻华大使赫尔利，王世杰、陈诚、吴国桢、魏德迈同时在座。赫尔利首先报告回国述职之经过情形，并称：杜鲁门总统希望美、英、苏对华有一致之政策，双方还就中英军事合作事交换了意见。

陪都各文化团体——中国国民外交协会、中国外交政策协会、国际反侵略大会中国分会、中苏文化协会、中国国联同志会、中国天主教文化协进会、中法比瑞文化协会、中韩文化协会、中英文化协会、中美文化协会、中缅文化协会、中国劳动协会、中国回教协会、中印学会等联名致电旧金山联合国会议致敬，并预祝其成功。

中国西南实业协会、迁川工厂联合会、全国工业协会及重庆分会、国货厂商联合会、中国生产促进会六工业团体假迁川大厦欢迎工业界出席国民党第六次全国代表大会之代表并举行座谈会，讨论工业界对六全会所希望之各项问题。

4月25日 国民政府军政部部长陈诚在外国记者招待会上发表谈话，其主要内容为：①对欧洲盟军表示钦佩；②湘西敌有扰芷江企图；③据军政部所得到的各方报告统计，自抗战开始至今年3月止，军事人员的伤亡人数共计约310万人。

国民政府教育部召开师范教育会议，到各师范学院院长、教育专家数十人，朱家骅主席，主要讨论与研究增拨经费、实行师范学校教职员奖进办法、增设师范学校及改革战后师范教育制度等问题，26日闭幕。

法国驻华大使贝志高在法使馆新闻处招待陪都新闻界，阐述法国外交政策，竭力强调区域协定之意义，并称战后之越南，将获得平等待遇。

4月27日 关系方面统计：全国银钱业存款准备金，截至本年2月底共为181000万元，只重庆一地，即达57000万元；存款总额共90余亿元，仅重庆市存款总额,即达285000万元。

4月28日 美国驻华大使赫尔利于上午10时在嘉陵新村2号招待中外记者并发表谈话称:希望中国能达到新闻自由、言论自由和广播自由;中国武装党派的团结问题,是中国政府与人民的事情,但"一个团结与民主的政府,却是我们一向的期望"。魏德迈将军亦出席致词,甚盼中国成为民主统一之国家。

"中国民主同盟"举行会议,左舜生、黄炎培、沈钧儒、章伯钧等出席并于会上表示:对出席参政会的问题,完全与中共采取一致行动。会议决定由左舜生起草一封致国共两党的信,表达中国民主同盟反对内战,促进尽快实现民主团结,重开谈判的意愿。

4月29日 邵力子在陪都青年馆首次星期学术讲演会上作题为《国际安全机构与战后世界和平问题》的讲演。

4月30日 苏联新任驻华大使彼得罗夫偕夫人、女儿等由兰州飞抵重庆,邵力子、司高嗟等多人赴机场欢迎。

是月 "战时生产局"成立烟煤生产委员会,以扶植各厂煤主从事大量生产。

5月

5月1日 蒋介石以国民政府主席的身份核准《援助韩国光复军办法》6条并通令自是日起正式实施。

由马超俊等人发起组织的"中国劳工福利协会"在重庆举行成立大会。

《世界日报》在重庆复刊出版,社长成舍我。

"五一"劳动节,陪都各界举行五一劳动节纪念大会。

5月2日 国民政府明令派驻英武官兼军事代表团团长桂永清兼驻德国军事代表团团长。

战时生产局局长翁文灏举行外籍记者招待会,报告战时生产。

5月4日 蒋介石分别致电美国杜鲁门总统、英国丘吉尔首相、苏联斯大林委员长及法国戴高乐将军,祝贺盟军攻克柏林。

有关方面统计,迁川工厂联合会会员已达226家。

"中华全国文艺界抗敌协会"总会是日为定"五四"为文艺节发表公启,阐明"五四运动"在中国历史上的重要意义及定"五四"为文艺节的原因,并决定总会及各地分会同时于是日举行检讨过去与策励将来的年会。

第一届"文艺节"及"中华全国文艺界抗敌协会"第七届年会于下午2时在文化会堂举行,到文化界人士100余人,邵力子主持并致词。

5月5日 中国国民党第六次全国代表大会开幕典礼及革命政府成立纪念会,于上午9时在复兴关青年干部学校大礼堂隆重举行,到出席、列席之国民党中央执监委员574人,蒋介石主持并致训词。

"中国业余无线电协会第六届年会"于上午8时假上清寺广播大厦举行。

5月7日 国民党第六次全国代表大会第一次会议,于上午9时在中央干部学校大礼堂举行总理纪念周,蒋介石出席并致词。

国民党第六次全国代表大会于下午举行第二次大会,蒋介石主持,吴鼎昌作政治报告,程潜作军事报告。

5月8日 国民政府以德国无条件投降,欧洲战争结束,盟军完全胜利,是日特通令全国各地,自9日起至11日止,升旗3日,以志庆祝。

蒋介石为欧战胜利,分电美国总统杜鲁门、英国首相丘吉尔、苏联斯大林、法国戴高乐致敬。

蒋介石以欧战完全胜利,宣布是日为"欧战胜利日",并于晚9时对国内外广播,称欧战结束是一个"彻底的胜利",并称"日本的失败,已毫无疑虑了。……东方战胜,也必然的可以迅速的彻底的实现。"

苏联新任驻华大使彼得罗夫于上午11时赴国民政府向蒋介石呈递国书。

马寅初教授在交通大学发表演讲,主张中国应实行民主政治、土地改革。

5月9日 蒋介石复电宋子文,原则上同意修改《中美特种技术合作定》条文,并认为乙款无列入条文之必要。

国民党中央宣传部部长王世杰招待外国记者并发表谈话称:同盟国的团结与其政策的坚定,是欧洲战争胜利的基本原因。

为救济侨居我国境内的韩国侨胞,陪都各界领袖于下午3时假百龄餐厅举行讨论会,决定成立"韩国救济协济委员会"。

5月10日　蒋介石出席国民党第六次全国代表大会并致训词。

出席国民党第六次全国代表大会的国民党美国总支部代表梅友卓,代表美国芝加哥侨胞向蒋介石面呈慰劳前方将士、改善士兵生活、航空建设等捐款,共计美金11825元。

"大足石刻考察团"成员杨家骆、马衡、何遂、顾颉刚、朱锦江等一行10余人,于4月27日抵达大足,即日开始对大足石刻作全面考察。事毕后于本月5日离开大足,是日返抵重庆。据考察团杨家骆对记者发表考察大足石刻结果称:北山以窟计,共有200数十处,造像数约在5000之谱;宝顶造像有半身即达10丈者,总数当以万计。此次考察之重大发现甚多,并有很高学术价值。

5月11日　蒋介石以欧战结束,挪威完全解放,是日致电挪威国王哈康七世致贺。

国民政府经济部部长翁文灏出席国民党第六次全国代表大会第七次会议并作经济报告,说明抗战八年来政府对于经济建设的措施。

5月12日　国民政府明令公布修正《战时生产局组织法》25条,规定战时生产局为综理战时生产事务之最高机关,隶属于行政院,并受军事委员会之指挥监督,以达到军用及主要民用物资之最大生产为目的。

蒋介石为欧战盟军胜利,于下午5时假军事委员会大礼堂举行茶会,招待盟邦使节及各国驻华使馆人员,并邀各院部会长官作陪,共到700余人。

5月13日　国民政府以鄂北战火连天,兵灾惨重,特拨款500万元,作为救济鄂北兵灾之用。

5月14日　国民政府明令:派李卓敏为善后救济总署副署长。

蒋介石于国民党第六次全国代表大会所举行的总理纪念周上作题为《我国前途和国际局势之分析》的政治报告,指出我国抗战必胜,日本必败。

国民党第六次全国代表大会举行第九次大会,冯玉祥主持。

蒋介石以中国战区盟军最高统帅的身份传令嘉奖第十四航空队司令陈

纳德及中美混合总队。

有关方面统计,四联总处放款总额,截至4月底止,共1707000余万元,其中工矿交通放款占83%。

5月16日 国民党第六次全国代表大会举行第十一次大会,讨论并修正通过中国国民党总章修正案及地方自治、侨务行政等案。

重庆市第一条缆车线——望龙门缆车正式通车。

重庆市献粮献金会议推行处在市府礼堂举行各自由业公会负责人座谈会,到有关中医师、律师、会计师、西医师、药剂师等公会负责人,决定由各该公会自行认定分配数额。

5月17日 国民党第六次全国代表大会于上午举行第十五次会议,选举蒋介石连任国民党总裁,并通过动用冻结在美存款的提案,通过政治、外交、教育、党务等报告决议案。

《国民公报》是日载:工业界巨子吴蕴初以天原、天厨二厂名义献金10万元,以响应全国慰劳总会提出的慰劳湘西将士募款事。

5月18日 国民党第六次全国代表大会举行第十七、十八次会议,蒋介石作第二次政治总报告,会议通过国民党的政纲、政策及蒋介石交议的《促进宪政实现之各种必要措施案》。

5月19日 国民党第六次全国代表大会上午9时举行第十九次会议,于右任主持。会议通过实施工业建设纲领、土地政策纲领、战士授田及华侨善后救济等要案;并选举第六届中央执监委员。

5月20日 国民党第六次全国代表大会公布第六届中央执行委员及监察委员当选名单,其中执行委员于右任、何应钦、陈诚等222名,候补执行委员张钫、张贞等90名;监察委员吴敬恒、张继等104名,候补监察员胡文灿、孙镜亚等44名。

"中央政治学校"于重庆南温泉举行第十八届校庆典礼。校长蒋介石亲临主持并致词。

蒋介石欢宴苏联驻华大使彼得罗夫及其使馆官员,并邀孙科、居正、于右任、吴铁城等党政军要员作陪。

5月21日　国民党第六次全国代表大会上午9时举行总理纪念周,蒋介石主持并作题为《党员确立革命哲学之重要》的训话;10时举行第二十次会议,蒋介石主持,通过对于军事报告之决议案及大会宣言,旋举行闭幕典礼。在蒋介石宣读的《第六次全国代表大会宣言》中,揭示国民党今后的五项任务。

5月22日　蒋介石于中午12时半以中国国民党总裁的身份假军事委员会大礼堂宴邀出席国民党第六次全国代表大会之军事代表及军人出身之中央委员,并致词称:中共意在消灭国民党,非使中共服从军令政令,决难与谋。

蒋介石会见美国驻华大使赫尔利,并从赫尔利处获得《雅尔塔协定》内容真相,随即命王世杰致电在美国参加联合国成立会议的宋子文,告知赫尔利所谈关于苏联对东北及外蒙古等问题之态度,以供其在美交涉时之参考。

5月23日　蒋介石与考试院院长戴传贤研究首都所在地及历代地方制度。蒋介石主张战后首都仍以南京为宜,如迁西安,则宜以长安、咸阳合并建都也。

蒋介石致电在美国的宋子文,嘱其面陈杜鲁门总统,请其与斯大林晤面时能表示美国必坚持其对远东一贯政策,使中国之领土、主权与行政完整不受损害。

褚辅成假国民参政会招待王若飞、章伯钧、王云五、傅斯年、王世杰、邵力子、雷震等,商讨恢复国共谈判办法,并决定将讨论情况报告蒋介石征求意见。

国民政府交通部部长俞飞鹏在外国记者招待会上报告抗战以来交通方面的施政:①铁路:战前全国铁路有10000余公里,现在连新建者亦为数有限;宝天铁路秋间可以完全通车;②公路:中日战争开始以来,新筑公路10000余公里,改善公路88900余公里;战前登记全国共有公商车辆22000余辆,现行驶于各路线者为数不多且配件、器材缺乏;③水运:战前有海轮及江轮共500余艘,现在存数甚微;④空运:中航公司担负物资之运输,贡献甚大。

5月24日　蒋介石会见美国驻华大使赫尔利,研究对越南、香港、朝鲜及满洲之军事政治方略,并表示关注美国特使霍普金斯在莫斯科与斯大林会谈之情形,因此举不仅关系欧洲安危,对于中国旅顺和大连之关系,更是重大。

"全国慰劳总会"为加强劝募工作,是日晚假百龄餐厅邀集陪都金融、工商各界领袖商讨慰劳事宜,到60余人,谷正纲主持。

国民党中央社讯:重庆市警察局举行户口总普查,调查结果:全市共202234户,1266464人,其中男762442人,女504022人。

5月25日　国民政府明令:特派外交部政务次长吴国桢为互换《中比条约》批准约本全权代表。

5月26日　国民政府明令:任命吴保丰为国立交通大学校长。

由美国对外经济处、国民政府资源委员会、交通部共同制定的战后中国工业化方案草拟完成,共分10卷,3400余页。其内容摘要于本日发表。据估计,实施此一方案需要资金187000万美元。

新生活运动妇女指导委员会于下午2时邀集陪都各妇女团体代表及女界名流集会,商讨公娼问题。与会者一致反对重庆市政府所设公娼区。

"沙磁区专科以上学校第一届联合运动会"在重庆大学举行。

5月27日　国民政府立法院院长孙科在重庆中央大学发表演说称:工业化要弄好,非做到政治民主不可。今天中国政治不够民主,赶不上世界潮流,要快些设法。外交关系必须要内政配合,主要就是国内的团结一致。

"中国考政学会第五届年会"于上午9时在社交大会堂举行,陈大齐代表考试院院长戴传贤致词,就历年主持考选行政经验说明考试制度之优异表现。

5月28日　中国国民党第六届中央执行委员会第一次全体会议开幕典礼,第六届中央执监委员、候补执监委员宣誓典礼,于上午9时在复兴关中央干部学校礼堂合并举行,蒋介石主席致训词。

"中国民主同盟"负责人开会研讨对待出席参政会之态度,左舜生、黄炎培表示将完全采取与中央一致的态度,沈钧儒、章伯钧亦持同样态度。会议决定由左舜生起草致国共两党的信,以反对内战,促速实现民主团结,重开谈判为内容。

苏联驻华大使馆秘书费德林访晤郭沫若,递交苏联科学院邀郭参加该院成立220周年纪念大会的邀请信,丁燮林亦收到邀请信。

5月29日 国民党六届一中全会举行第一次大会,居正主持,讨论中央执行委员会组织方案。

"战时运输局"局长俞飞鹏偕该局美籍副局长麦克鲁及美籍高级顾问数人离渝飞昆,视察中印油管工程,并解决若干有关史迪威公路运输之重要问题。

5月30日 国民党六届一中全会于上午9时举行第二次大会,叶楚伧主持,讨论党务、政治等各项议案20余件。

国民党第六届中央监察委员会第一次全体会议在中央党部大礼堂举行,张继主持。

中荷(兰)政府发表联合公告,荷兰放弃在华治外法权及其他一切特权(中荷新约于5月29日在伦敦签字)。

5月31日 国民党六届一中全会上午9时举行第三次大会,邹鲁主持。会议通过:①行政院院长蒋中正、副院长孔祥熙辞职照准;②选任翁文灏为国民政府委员;③选任宋子文为行政院院长,翁文灏为副院长;④选任于右任、居正、孙科、陈果夫、陈诚等25人为中央常务委员。旋即举行闭幕式,蒋介石致闭会词。

国民政府明令:行政院兼院长蒋中正、副院长孔祥熙辞职照准;特任翁文灏为国民政府委员;特任宋子文为行政院院长,翁文灏为副院长。

国民政府外交部发表公告称:"中国政府与阿根廷政府业经同意建立两国外交关系,即将互派大使,并于最近期内,订立基本条约。"

是月 "三民主义同志联合会"向国民党第六次全国代表大会提出建议书,主张"结束党治","组织全国一致的民主政府"。

"全国工业界对敌要求赔款委员会"在重庆成立。

6月

6月1日 蒋介石邀集国民参政会参政员褚辅成、黄炎培、冷遹、傅斯年、王云五谈话,王世杰、邵力子、雷震作陪,褚辅成等谈及发起促成国共继续商谈，并商定由他们致电延安征求意见，蒋介石表示"无成见"。

国民政府财政部田赋管理委员会合并于粮食部，改为田赋署，该署是日正式成立。

1943年10月20日签订的中比（利时）新约，业经双方政府批准，分中、法两种版本，是日下午4时在重庆互换批准约本，并自互换批准之日起生效。

"中华全国体育协进会"于上午10时在该会会议室举行理监事联席会议。

"湖北省暨汉口市复员协会"于下午3时在重庆举行成立大会，居正主持，会议推选常务委员29人。

重庆公共汽车全体司机为抗议特务、警察毒打司机，是日全体罢工。

重庆中国毛纺织工人1000余人因厂方无理开除工人而举行全体罢工，于4日晚复工。

6月2日 国民参政会参政员褚辅成、黄炎培、冷遹、王云五、傅斯年、左舜生、章伯钧致电毛泽东、周恩来，希望国共两党从速恢复谈判，促成团结，不惟抗战得早获胜利，建国新猷，亦基于此。

国民政府军政部部长陈诚在外国记者招待会上纵谈军事，称美国对我租借武器近已增加，决全部用以装备军队以打击敌人。同时表示"如中央部队遭受不友好之部队袭击时，若望中央部队不用其所有武器自卫，亦为不近人情之事"。

6月3日 蒋介石于下午5时在黄山官邸会见苏联驻华大使彼得罗夫，详谈东北问题，并明白表示中国之态度为："务须达到我抗日目的，即求得东北领土与行政之完整"。

6月4日 "三民主义青年团中央干事会"为研讨该团改隶政府（国民党第六次全国代表大会决定）有关办法，于上午10时在中央团部召开临时全体会议，决议："本团组织方式及各级机构，暂时不变，关于改隶各项办法，授权常务干事会研讨规则，报请团长裁定施行。"

《中央日报》载文报道近年教育设施情况：①民国三十二年度（1943年8月至1944年9月）全国专科以上学校141所，比1937年增加1/2，学生共计

73669人,较战前增加1倍以上;②中等学校全国计有3455所,学生1101087人,比战前增加2倍;③全国国民学校计有258664所,学生17801655人,比战前增加1/3。

"重庆市第四届运动大会"于上午8时在复兴关体育场举行,参加者有30余单位之选手1000余人。

6月6日　工程师节。"中国工程师学会"第13届年会及各专门工程学会联合年会于上午9时半在复兴关中央干部学校礼堂举行,到1400余人,翁文灏主持致开会词,并宣读蒋介石之训词,吴铁城、朱家骅、谷正纲、贺耀组分别致词。

"全国慰劳总会湘西前线慰劳团"一行12人,由团长莫德惠率领是日离渝出发,赴前线慰问,时间三周。

6月7日　国民政府主计处发表民国三十四年度岁出入预算总额为339674957千元。

由陪都文化界人士发起筹备的"文化研究院"举行筹备会议。

6月8日　国民政府明令:任命贵州省政府主席杨森兼任该省保安司令。

国民政府财政部明令是日起提高黄金官价,每两改为5万元(1944年9月15日为每两2万元,战前约为每两120元)。

国民政府教育部在重庆举行国民体育委员会第四届委员会议。

中苏文化协会、中华全国文艺界抗敌协会、中华全国戏剧界抗敌协会举行欢送会,欢送郭沫若赴苏联参加苏联科学院220周年纪念会。

6月9日　国民政府明令:①《新闻记者法》定本年7月1日起施行;②公布《教育部国民体育委员会组织条例》10条暨《教育部国语推行委员会组织条例》9条并即日实施;③嘉奖黔南战役出力行政人员:社会部部长谷正纲,赴贵阳组织战时督导团任督导长之张道藩,前贵州省政府主席吴鼎昌,贵州省政府民政厅厅长兼贵阳市市长何辑五,西南公路局局长陈延炯。

"中国工程师学会"第13届年会及各专门学会联合年会闭幕。

"国立中央大学"于上午10时在重庆沙坪坝该校大礼堂举行30周年校庆纪念会,到各界来宾、该校校友及在校师生3000余人。

6月11日 国民党第六届中央常务委员会上午10时举行第一次会议，蒋介石主持。

蒋介石召见美国驻华大使赫尔利，询雅尔塔密约事，并电宋子文对美表示：中国今后决不能再有租借地名义出现。

国民政府粮食部部长徐堪在国民政府纪念周上报告粮政，称1944年度征粮定额为谷麦6524万市石，截至上月底止，据各省表报到部者，实收5500余万市石，约占总额的84%强。并称1944年度全国军粮需要量约占全部征粮定额的2/3。

美国故总统罗斯福核准颁给白崇禧、陈诚、林蔚、刘耀汉、林遵之勋章，由魏德迈将军代表于下午4时在美军总部授勋。

6月12日 蒋介石于下午5时在曾家岩官邸接见苏联驻华大使彼得罗夫，讨论有关缔结中苏友谊互助条约诸问题。

全国慰劳总会豫鄂慰劳团是日离渝出发，赴前线慰问。

6月13日 蒋介石偕军事委员会军训部部长白崇禧、侍从室主任钱大钧、青年军编练总监罗卓英、政治部主任蒋经国等于上午离重庆赴璧山，检阅青年军201师并作题为《青年远征军基本训练与基本认识》的讲话。

国民政府行政院发言人对记者称：国民党中常会现已决定：①后方各省市县应于6个月内成立民选参议会；②各部队中之各级党部，统限于8月1日前撤销；③各级学校中党部，在国民大会召集前完成撤销工作。

6月14日 蒋介石约见美国驻华大使赫尔利，继续会商对苏交涉事宜。蒋介石嘱赫尔利电询美国政府是否有与中苏共同使用旅顺港之必要，同时要求赫尔利解释美国对于雅尔达密约的态度。

6月15日 美国驻华大使赫尔利晋谒国民政府主席蒋介石并奉杜鲁门总统之命，正式将"雅尔塔协定"之内容通知国民政府，并强调斯大林对中国在东北主权的确保和对中国门户开放原则的口头赞同。

"全国邮务总工会全国代表大会"在重庆召开。

6月16日 国民政府军事委员会任命孙蔚如为第六战区司令长官，孙连仲为第十一战区司令长官，傅作义为第十二战区司令长官。

中央银行外汇审核委员会正式成立。

重庆市军警宪在左营街、较场口、珊瑚坝等处举行联合大演习。

"中央图书杂志审查委员会"举行文化界座谈会,该会主任委员潘公展报告目前出版界情况称:重庆出版界自1月至5月已出书487种,平均每月出100种,较1944年月出120种已有减少。

6月17日　国民政府立法院院长孙科在复旦大学讲演称:中国今后的道路,必须国内团结统一,达到团结统一的道路,只有厉行民主政治,实行三民主义。从世界大局看,决不许可中国有内战。

旅渝台湾革命同盟会集会纪念台湾沦陷50年,连震东以国语、谢挣强以台语、谢南光以日语分别播讲《台湾沦陷五十周年纪念之意义》。

6月18日　国防最高委员会副秘书长甘乃光对记者称:自不平等条约废除后,外国商人已放弃其特权,在中国经商与中国人处同等地位,加以战后中国需吸收外资,以促进经济建设,故特修改各种涉外法规。

国父广州蒙难纪念与纪念周合并在国民政府举行,蒋介石主持,邹鲁报告1922年6月16日陈炯明叛乱的原因及国父孙中山蒙难情形。

墨西哥首任驻华大使易斯克兰于下午1时乘机抵达重庆,并对记者发表谈话称:墨西哥全国人民对中国人民表示敬仰,尤对中华民族八年抗战之精神表示钦佩。

6月19日　国民政府明令:国民参政会第四届第一次大会,定于民国三十四年七月七日召开。

重庆市近日流行霍乱,市政府于是日下午2时举行扩大防疫会议。

6月20日　蒋介石偕军事委员会军训部部长白崇禧、侍从室主任钱大钧、侍卫长俞济时,青年军编练总监罗卓英、政治部主任蒋经国等赴綦江西桥河坝检阅青年军第202师师部,并作题为《革命军人之意义与基本武器之性能》的讲演,事毕后于当天返回重庆。

国民政府行政院院长宋子文偕蒋梦麟、刘锴等13人于是日晨乘机返抵重庆。

国民政府财政部部长俞鸿钧在外国记者招待会上发表谈话称:本年度国

家总预算数字,较之抗战前一年约增加190倍,将来为应付军事反攻需要,实际开支恐将超出预算甚多。

6月21日 "宪政实施协进会"举行第十一次常会,孙科主持。

6月23日 国民政府令:《新闻记者法》暂缓施行。

全国邮务总工会第三届第二次理监事联席会议闭幕。

"中国农民银行"总经理顾翊群在中国财政学会讲演黄金问题,称:目前物价上涨标准已超过法币发行总值之标准。如能实行金本位,规定法币之黄金价值,通货稳定、物价问题自然解决。

由美国众议员6人、海军部6人组成的"美国国会访问团",由众议院拨款委员会海军拨款小组主席薛帕德率领,是日抵达重庆访问,并视察美国驻华各单位特别是美国海军与中国合组的"中美合作所"。

重庆市卫生局局长王祖祥在市临时参议会上报告渝市霍乱流行情况时称:重庆市发生霍乱,自6月1日起至22日止,住院者423人,死亡64人,尚在继续蔓延中。

6月24日 中央政治学校大学部第11期、高等科第9期、语文科第2期学生共292人于下午4时在该校联合举行毕业典礼,蒋介石以兼校长的身份亲临主持并致训词称:中国必须于此次战后20年中,遵照三民主义的原则,致力于政治、经济与社会各方面的建设,使之具备现代化国家之基础,乃能求得真正的自由与独立。

国民政府财政部宣布:自6月25日起暂停办理法币折合黄金储蓄存款。

著名作家茅盾50寿庆,陪都文化界人士700余人于下午2时在西南实业大厦举行祝寿茶会。

6月25日 国民党中央常务委员会举行第二次会议,决议:①中央常务委员会增设副秘书长一人,任命郑彦棻充任;②行政院秘书长张厉生辞职照准,任命蒋梦麟为行政院秘书长。

国民政府明令:行政院秘书长张厉生呈请辞职,张厉生应免本职;特任蒋梦麟为行政院秘书长。

国民政府行政院院长宋子文、副院长翁文灏、政务处长徐道邻于上午9

时在中枢纪念周上举行宣誓就职典礼,由蒋介石主持并授印,吴敬恒监誓。

6月26日　国民政府明令公布《联合国宪章》全文,该宪章共19章111条。

下午5时,蒋介石在曾家岩官邸接见苏联驻华大使彼得罗夫,说明中苏之事应由两国直接商议。蒋介石就苏、美、英签订雅尔塔协定中对中国事务之干涉表示不满。

蒋介石致电斯大林元帅,告以即将派行政院院长宋子文访苏,并请开诚赐谈。

国民政府明令:①湖南省政府委员兼主席薛岳呈请辞职,薛岳免本兼各职,任命吴奇伟为湖南省政府委员兼主席;②任命孙连仲兼任河北省政府主席,原任马法五免职;③国立武汉大会校长王星拱呈请辞职,王星拱准免本职,任命周览为武汉大学校长。

国民参政会参政员褚辅成、冷遹、王云五、左舜生、章伯钧、傅斯年、黄炎培等在中央研究院举行会谈,对国内团结问题议定三点意见。

6月27日　国民政府行政院院长兼外交部长宋子文偕外交部次长胡世泽、沈鸿烈、钱昌照、蒋经国、张福运、卜道明、刘泽荣与苏联驻华大使彼得罗夫离渝飞赴莫斯科,商订"中苏条约"。

国民参政会参政员褚辅成、王云五、黄炎培、冷遹、傅斯年、左舜生、章伯钧由邵力子、王世杰陪同晋谒蒋介石,蒋对七参政员热心奔走团结,颇表赞许,并愿迅速恢复商谈,争取抗战胜利。

国民参政会参政员褚辅成、王云五、黄炎培、冷遹、傅斯年、左舜生、章伯钧往访美国驻华大使赫尔利,商谈国共问题,期有助于打开僵局。

6月28日　蒋介石于下午3时半在国民政府大礼堂举行茶会,招待驻华各外国记者,蒋介石称:满意盟国合作协力击溃日本,并盛赞赫尔利、魏德迈促进中美邦交以及中美军事合作之成绩;同时对旧金山会议之成就表示欣慰。

蒋介石致电美国总统杜鲁门,祝贺联合国会议圆满闭幕,并表示中国将竭力以求该共同目标之实现。

蒋介石离重庆飞汉中巡视并检阅青年军第206师。

美国驻华大使赫尔利接见中共驻重庆代表王若飞,告以褚辅成、傅斯年、左舜生等将于7月1日赴延安协商国共问题。

美国驻华大使赫尔利赴磁器口"中美合作所"重庆特检班检阅并训话。

国民政府行政院组织的"黄金评价委员会"正式成立。该会之主要作用在随时评定金价标准,交由指定银行负责买卖,控制金价,使其稳定。

"中国外交政策协会"举行第一次座谈会,到吴铁城、程天放等60余人,讨论题目为《如何处置日本?》,王芸生作重要发言,提出处理日本之原则及具体方案。

美国记者团一行12人于下午5时20分自昆明飞抵陪都重庆访问。

6月29日 国民政府明令:《省参议会组织条例》及《省参议会选举条例》,均定自本年7月1日起施行。

魏德迈将军于下午7时在官邸招待来华访问的美国记者团一行,魏德迈向记者团报告了最近巡视中国战区情形。

前蒙藏委员会驻藏办事处主任孔庆宗出席"星五聚餐会"并介绍西藏概况。

6月30日 "中国劳工福利协会"在重庆成立,推马超俊、孙越崎等31人为理事。

重庆实验法院开庭审判前财政部直接税署署长高秉坊贪污舞弊案,判处高秉坊死刑,姚遐龄有期徒刑15年。

7月

7月1日 国民参政会参政员褚辅成、黄炎培、冷遹、傅斯年、左舜生、章伯钧由王若飞陪同,是日离重庆飞延安参观访问。

国民政府财政部部长俞鸿钧就任中央银行总裁兼职并到行视事。

邵力子应中苏文化协会之邀请假重庆抗建堂讲演《中苏邦交问题》。

"中国科学工作者协会"在重庆成立。

7月2日 《国民公报》是日载:渝市霍乱流行,6月上旬统计结果,20天内死亡793人。又载:渝市5月份人口已达1262866人(内男759858人,女503008人)。

7月3日 国民政府军事委员会以各省绥靖公署与各省保安司令部或军事委员会委员长行营业务重复,为简化机构,是日下令裁撤各省绥靖公署,并限本月底结束。

7月4日 美国国庆日,陪都重庆举行各种盛大活动以资纪念。

"中国民主同盟"主席张澜在重庆发表谈话称:目前中国的任务是废除党治,实行民主,加强国内团结,配合盟军登陆,实行反攻。

国民政府经济部部长翁文灏在记者招待会上报告我国生产近况时称:钢铁生产较去年增加一倍,焦煤、酒精产量也日见激增,电力供应问题正设法解决。

"中国全国工业协会"为协助各工业团体会员取得国外资本技术合作起见,特发起组织"中外资本技术合作委员会",该会于是日正式在重庆成立。

国民政府内政部禁烟委员会为推动海外侨胞之禁政,是日上午9时假合作大会堂举行华侨禁烟座谈会,决定成立华侨禁烟设计委员会。

7月5日 国民政府外交部宣布:承认华沙波兰新政府。

中央训练团译员训练班举行第三期及台湾行政班第一期银行业务组毕业典礼,于上午9时15分在该团大礼堂举行,蒋介石亲临主持并致训词,魏德迈应邀出席并致词。

国民参政会秘书处邀集各参政员在军事委员会大礼堂举行谈话会。

"全国邮务总工会"于下午4时假中国劳动协会招待新闻界,由该会理事长朱生免报告邮务工会会务近况。

褚辅成、杭立武、黄炎培等六参政员参观延安事毕,是日返抵重庆。

7月6日 蒋介石致电宋子文,内称:苏联如能保证东三省领土主权之完整,不支持中共"割据",不鼓励新疆叛乱,中国愿于抗战胜利后,自动提出外蒙独立案。否则,则相机中断交涉。

中国民主同盟重庆支部举行大会,欢迎民盟主席张澜及新从延安归来的六参政员。

前国民政府军政部兵役署署长兼兵役干部训练班主任程泽润,以办理兵役舞弊多端,是日上午9时被执行枪决。

7月7日 抗战八周年纪念日,蒋介石为此对全国军民作题为《抗战建国八周年纪念告全国军民书》的广播讲演,勉全国军民,勇锐反攻,收复一切失地,求取国家独立统一,迫使日寇无条件投降。

国民政府明令:将公路车辆改为靠右行驶,着先准备,并广为宣传(原定于10月1日实行,后改自民国三十五年1月1日实行)。

国民政府军政部部长陈诚发表告全体将士书称:今日之整军实为当前之急务。

国民政府军事委员会发言人称:溯自1937年7月7日起,在我国各战场共计毙伤及俘敌250余万人,我方阵亡官兵130余万人,负伤170余万人。

国民参政会第四届第一次大会于上午9时在军事委员会大礼堂开幕,同时举行抗战建国八周年纪念会,到中枢各院部会长官、各国驻华使节、参政员及来宾600余人,张伯苓主持致开会词,议长蒋介石致训词,阐述国际形势、对日战争及政府实施宪政之决心。中共参政员未出席此次会议。

蒋介石会见褚辅成、黄炎培等六参政员,褚辅成等报告赴延安商谈结果,蒋允对中共方面意见加以研究考虑。

中国政府与英国政府在重庆缔结《关于两国军队人员在彼此领土内管辖权问题之协议》。

由"工作竞赛推行委员会"主办的第三届全国工作竞赛给奖典礼于上午10时假中央党部大礼堂举行,到张继及来自全国各地的优胜人员300余人。

7月8日 国民参政会举行第二、三次会议,经济部部长兼战时生产局局长翁文灏作经济及战时生产报告,财政部长俞鸿钧作财政报告。

重庆抗战进入第八年,"世界基督教教会"定今日为中国祈祷日,陪都教会人士于上午10时假美国新闻处礼堂举行联合礼拜。

前国民政府行政院副院长、现任国民政府委员孔祥熙于上年6月赴美公干,事毕后于是日下午7时由美国返抵重庆。

《国民公报》是日载:渝市五月份外侨人数达1286人,其中男987人,女

299人。

7月9日　国民参政会举行第四、五次会议，外交部次长吴国桢作外交报告，称中国对处理战后日本问题已有拟具底案，将与各盟国商洽。教育部部长朱家骅作教育报告，内称：现有专科以上学校143所，教员10596人；现有中等学校3455所，学生1101087人，每年毕业生约24万人，教职员有84850人；后方19省市共有国民学校265000余所，在校儿童17700000余人。又：半年来安置战区学生42000余人，选拔师生285人赴国外深造。

中国工程师学会、国父实业计划研究会于上午10时假中央党部大礼堂招待战时生产局全体美籍顾问及美使馆文化专员。

7月10日　国民参政会举行第六、七次会议，兵役部部长鹿钟麟作兵役报告，司法行政部长谢冠生作司法行政报告。

墨西哥首任驻华大使易斯兰特将军于上午10时在国民政府向蒋介石呈递国书，并代表墨西哥政府赠送蒋介石阿芝特克雄鹰勋章1枚。

褚辅成对记者发表谈话称：只要政府电约中共商谈，延安代表即可来渝，相信最短期间可望恢复商谈。

"中国劳工福利协会"举行第一届第一次理监事联席会议。

7月11日　国民参政会举行第8、9次会议，由张伯苓、莫德惠分别主持，内政部部长张厉生，农林部次长钱天鹤、粮食部部长徐堪分别作报告。

"韩国独立党"于7月1日在重庆举行第四届全党代表大会，是日闭幕。

7月12日　国民政府军事委员会军政部部长陈诚在国民参政会上述及东北问题时强调："东北乃中国之东北，吾人抗战系由东北而开始，东北一日不收复，抗战一日不结束"。

7月13日　国民参政会各组审查委员会分别开会审查各项提案，政府有关各部会长官均列席以供咨询，至16日结束。

7月14日　法国国庆日，蒋介石致电戴高乐，庆贺法国国庆。

法国国庆日，"中法比瑞文化协会"会长吴敬恒、中法科学合作委员会会长翁文灏及会员张继、朱家骅、邵力子、王世杰、张道藩等人，联名致电法国临时政府主席戴高乐，表示祝贺。

法国国庆日,法国驻华大使馆于下午5时举行盛大招待酒会,招待国民政府党政军首脑及各国驻华使节。

7月15日 蒋介石于晚上7时在军事委员会大礼堂邀宴全体参政员。

"中国妇女联谊会"在重庆成立。

国民政府行政院院长宋子文前赴苏联谈判中苏有关问题,是日偕苏联驻华大使彼得罗夫返抵重庆。

7月16日 蒋介石分别召见李宗黄及杜聿明,商谈改组云南省政府政治、军事诸事宜。

中国战区美国陆军航空队新任司令斯特拉耶梅二级上将在重庆就职。

韩国独立党于下午2时召开第四届第一次中央执行委员会,选举金九为中央执行委员会委员长。

韩国独立党第四届第一次中央监察委员会举行,选举黄学秀为中央监察委员会委员长。

"广东复员研究会"在重庆举行第一届理监事联席会议。

7月17日 国民政府明令公布《交通部交通复员准备委员会组织条例》9条,准备交通复员,以配合军事进攻。

国民参政会于下午举行第四届第一次大会第十四次会议,通过傅秉常等11参政员提出的指定日本天皇裕仁为战争罪犯案。

国民政府行政院院长兼外交部部长宋子文晋谒蒋介石,报告对苏交涉情形。

重庆市政府聘请潘昌猷、李奎安、胡文澜、骆继常等19人组织"重庆市救济事业策进委员会",由潘昌猷、李奎安分任正、副主任委员。

7月18日 中国民主同盟负责人章伯钧发表谈话称:国民党负责当局应即放弃原定举行国民大会之决定,迅速召开政治会议,如错认时机,固执成议,则此后纠纷益增,演成分裂,将难以邀国人之谅解。

7月19日 蒋介石会见宋子文,讨论中苏谈判情况。

下午6时,蒋介石在曾家岩官邸接见苏联驻华大使彼得罗夫,告以解决外蒙问题之先决条件并对旅顺、大连及铁路主权与管理方式等问题提示意见。蒋介石对彼得罗夫说：外蒙独立，中国政府和人民牺牲甚大，但为了增进中苏友谊，消除障碍中苏友谊合作的原因，中国仍愿"克服一切反对的意见，解决外蒙问题。"但外蒙古独立，必须以苏联承认以下三个条件为先决条件，即"东三省领土、主权与行政的完整，及解决国内共产党问题，使国家真正统一，和新疆变乱的解决"。

7月20日 蒋介石致电美国杜鲁门总统，阐明中国政府在莫斯科谈判中所坚持的立场，同时致电斯大林，表达同样意见。

国民政府行政院院长兼外交部部长宋子文出席国民参政会第四届第一次会议第18次大会，报告赴苏联与斯大林会谈之经过。

国民参政会第四届第一次会议闭幕，莫德惠致闭幕词。

国民政府外交部发表声明：于本年4月5日签字的中、瑞（典）两国关于取消瑞典在华治外法权及其他有关特权之条约，瑞典公使业于本年6月28日照会我外交部，瑞典政府已将该约予以批准，"我外交部亦于本年7月20日通知瑞方，该约业由国民政府批准，……该约已自7月20日起发生效力。"

国立复旦大学校长章益因该校渡船是日沉没，遇难学生、乘客10余人，特向国民政府教育部引咎辞职。

7月21日 国民政府军事委员会、行政院联合公布《保障人民身体自由办法实施事项》，规定有权逮捕人民之机关为：①最高法院检察署；②最高法院及分院；③地方法院及分院；④县司法处或设治局司法处；⑤兼理司法之县政府或设治局。

7月24日 国民政府明令褒扬前中央银行监事虞洽卿（4月26日在重庆逝世），称其"秉性忠纯，志识明达……早岁旅居沪滨，创兴实业，开发交通。辛亥淞沪光复，劳军筹饷，弗避艰危。抗战军兴，间关西来，耆期爱国，曾不后人"。

陪都各界人士隆重举行邹韬奋、杜重远逝世一周年大会，中国民主同盟主席张澜在会上表示，人民的民主团结，不是任何力量所能分化动摇的。

重庆市党部、市政府、市参议会、三民主义青年团重庆支团部于上午9时假百龄餐厅联合招待本市各新任区长，商讨地方自治工作之推进与联系。

7月25日 国民政府明令：中央银行总裁孔祥熙呈请辞职，孔祥熙照准免本职，特任财政部部长俞鸿钧兼中央银行总裁；宋子文兼领四联总处副主席，原任孔祥熙免职。

国民政府军事委员会、行政院联合公布《战时国防军需工业及交通技术员工缓征办法》14条，规定凡属兵工、军需、矿工、厂工、军事交通、盐工之技术员工，可以缓征。

国民政府行政院第705次会议决议：①赈济委员会业务及该会所有财产移归善后救济总署接管，总署撤销时，此项业务移归社会部，在战事未结束前，一切赈济事项统责成总署办理；②本院直辖之中央气象局及北平故宫博物院、中央航空建设协会等6机关，分别改隶或裁撤；③敌产处理委员会改隶内政部；④政务电讯管理处改隶交通部。

中共中央驻渝代表徐冰访晤国民参政会秘书长邵力子，谈陕北边区国共军队发生冲突一事，并希望双方各回原地。

蒋介石偕同青年军编练总监罗卓英等离重庆前往贵州修文营地，校阅青年军205师并向全体官兵致训词，勉为抗战建国效力。

"瑞士经济考察团"自印度飞抵重庆访问。

7月26日 中美英三国领袖发表波茨坦公告，敦促"日本政府应立即宣布所有日本武装部队无条件投降"，并重申"《开罗宣言》的条件必须实施，而日本的主权必将限于本州、北海道、九州、四国及所决定的其他小岛之内"；日本侵占的中国东北、台湾、澎湖列岛等，必须归还中国。

国民政府行政院公布《奖励物资内运办法》，以鼓励物资向西南、西北大后方输入，配合抗战即将胜利时之需要。

邵力子回复中共驻渝代表徐冰，称中央军事当局声明：只要中共退回原防，决可无事，并望徐冰转呈中共中央，早日派人续商政治问题。

重庆市首次自治财政整理会议假市参议会开幕。

7月28日 中国民主同盟发表《对时局宣言》，提出要求四项：①确实保障人民身体、言论、出版、集会、结社、迁徙、居住之充分自由；②释放一切爱国政治犯；③彻底取消一切特务活动及特务机构；④承认各党派公开活动权。

并强调指出：执政党果有放弃一党专政，实行民主之诚意，就应立刻照办。

重庆卫戍总司令部于上午9时在该部举行通信线路巡回队会议，到市政府、军委会、航委会、宪兵司令部、警察局等10余单位之代表，王缵绪主持。

7月30日 国民政府明令：①内政部长张厉生、外交部长宋子文、军政部长陈诚、财政部长俞鸿钧、经济部长翁文灏、教育部长朱家骅、交通部长俞飞鹏、农林部长盛世才、社会部长谷正纲、粮食部长徐堪、司法行政部长谢冠生、兵役部长鹿钟麟，呈请辞职，均准免本职；②任命张厉生为内政部长，王世杰为外交部长，陈诚为军政部长、俞鸿钧为财政部长，翁文灏为经济部长、朱家骅为教育部长、俞飞鹏为交通部长、谷正纲为社会部长兼农林部长、徐堪为粮食部长、谢冠生为司法行政部长、鹿钟麟为兵役部长，此令。

国民政府明令：军政部军医署署长徐希龄另有任用，徐希龄应免本职，任命林可胜为军政部军医署署长，吴锡祺为兵役部征补司司长。

国防最高委员会会议通过《联合国宪章》，并转送立法院审议；同时通过宣传部组织法，国际货币平准基金协定及国际复兴建设银行组织规程，1946年度国家总预算编审原则等。

蒋介石以陈纳德将军八年来协助我国抗战，功绩卓著，特授予最高荣誉之青天白日勋章，以资酬庸。并于晚8时举行授勋仪式，蒋介石亲自为陈纳德佩带勋章；魏德迈也代表美国政府授予陈纳德橡叶勋章。

重庆卫戍总司令部召集各有关机关举行水电会议，决议本市各机关部队用水用电办法八项。

国民政府财政部制定并公布《黄金购户献金办法》，规定自8月1日起，依购存额捐40%，一两以内者，免予捐献。

国民党中央社发表消息称：军队党部已如期撤销。

7月31日 蒋介石、宋子文与魏德迈、赫尔利等举行会谈，讨论日本投降时美军登陆地点及其方略并就美国援华在原则上达成协议，即由美国帮助国民党军占领华北各港口和城市，美国海军陆战队在国民党军队能够控制之前，扼守战略要地。

"台湾革命同盟会"假广东酒家举行茶会，招待留渝参政员及新闻界。

是月　据国民政府社会部统计,截至是月底,全国职工福利设施已达3619个,计重庆168个,四川534个,陕西411个,福建242个,甘肃168个,云南133个,广西129个,其余省市共318个;其设施种类,计食堂525个,宿舍516个,医院及诊所385个,俱乐部265个,体育场202个,理发室181个,合作社180个,补习学校126个,洗补室20个,代笔处86个,保险处58个,托儿所21个,其他设施64个。

8月

8月1日　中国国民党中央监察委员会决议:原中央监察委员会秘书长王子庄辞职照准,遗职由中央监察委员狄膺继任。

新任国民政府外交部部长王世杰上午9时到部视事,下午3时举行外国记者招待会,阐述我国外交政策。

原国民政府主席林森逝世两周年忌辰,国民党中枢于上午9时在山洞双河桥墓地举行公祭典礼,蒋介石主祭。

国民党中央组织部负责人对记者谈党部退出学校事,略谓:中央组织部已通令各校直属党部即日起停止党务活动并开始办理结束移交,所有各校员生党员,将分别归并各校所在地之地方党部管辖,其一切活动,当由各级党部负责,学校不再负责。

新任中央银行总裁俞鸿钧举行就职典礼。

中央银行发表该行人事:业务局局长席德懋,发行局局长李俊耀、国库局局长夏晋熊、秘书处处长张度、人事处处长张廷荣、金融机构业务检查处处长李立侠。

战时生产局为奖励嘉陵江区及南川区煤矿增产增运,特制定给奖办法,经行政院核定,于是日实施。

8月2日　蒋介石就越南南、北划界与涉及泰国问题,以及盟军登陆中国海岸时中、美合作等事宜,分别召见魏德迈、赫尔利,并致备忘录,请其转商美国总统杜鲁门。

希腊比德亲王于下午5时由加尔各答飞抵重庆访问。

陈纳德将军于下午4时假求精中学美军总部举行中外记者招待会,陈氏发表谈话称:深信最后胜利业已在握,深盼中美空军团结合作,共同完成击溃敌人之任务。

由国民参政会、全国慰劳总会等发起,国民政府外交部、国民党中央宣传部、三民主义青年团中央团部、全国妇女慰劳总会等169个团体代表参加的"陪都各界慰送陈纳德将军大会",于下午8时假新运模范区广场举行。

8月3日 魏德迈将军于下午3时举行中外记者招待会,报告此次视察前线战区之经过,称:中美两国军队在前线合作甚佳,自缅甸调回之军队正待令作战。

"中国民主同盟"主席张澜招待外国记者并发表谈话,介绍民盟成立经过及其政治主张。

8月4日 国民政府明令:①特派驻墨西哥大使陈介为互换《中国墨西哥友好条约》批准约本全权代表;②任命图布升吉尔格勒、鄂尔齐呼为伊克昭盟正、副盟长。

下午5时,蒋介石在曾家岩官邸接见苏联驻华大使彼得罗夫,蒋介石告知苏大使:"在条约中,一定要顾到我国主权、行政之独立与完整。"苏使答称:"苏联一定将尊重中国主权、行政之独立与完整,并且在条约与协定中,关于此点,均有明白的声明。"

国民政府立法院院长孙科接见记者并表示:解决时局的唯一办法,是建立联合政府。

8月5日 国民政府行政院院长宋子文偕外交部长王世杰、蒋经国、熊式辉等一行14人离渝飞苏,苏联驻华大使彼得罗夫及随员4人同行。

巴县公共汽车公司是日起涨价,每公里由原来的14元增为32元,七星岗至化龙桥为320元,到磁器口为640元。

8月6日 "中国渔业协会"在重庆举行成立大会。会议讨论通过发展水产教育、开发渔业资源等重要提案。

中央研究院物理研究所所长丁燮林赴苏联参加苏联科学院成立220周年纪念会,事毕后于是日返抵渝。

"重庆市救济事业策进会"于上午11时在沧白堂举行成立大会。

8月7日 蒋介石偕同青年军训练总监罗卓英等自重庆乘船至忠县,巡视储粮局及其米仓情形,次日返回重庆。

国民政府兵役部部长鹿钟麟于下午3时在该部举行记者招待会,检讨最近之役政情形。

8月8日 国民政府明令:派毛邦初、沈德燮为出席国际民航机构临时理事会议代表。

8月9日 蒋介石致电斯大林,对苏联8月8日对日宣战,表示诚恳的佩慰。

蒋介石与立法院院长孙科、司法院院长居正、考试院院长戴季陶、监察院院长于右任、行政院副院长翁文灏等,讨论苏联对日宣战、出兵中国东北后国民政府之对策。

国民政府发言人发表谈话称:苏联对日宣战,将缩短战争时间,加强世界和平秩序的恢复;并对苏联自抗战初期给中国的援助表示感谢。

国民政府军事委员会发言人发表谈话,对苏联对日宣战,表示衷心无限欢慰。

日本投降消息,于本日下午7时经美国新闻处证实后,陪都百万市民,彻夜狂欢。

8月10日 蒋介石以日本已无条件投降,电中国陆军总司令何应钦,指示对各战区日寇投降应行注意的事项。

蒋介石召见辽宁省政府主席万福麟、吉林省政府主席邹作华及热河省政府主席刘作荃,指示收复东北的有关事宜。

蒋介石发表告沦陷区民众书。

国民参政会驻会委员会举行首次会议,财政部部长俞鸿钧出席说明政府推行献金办法之用意,得到与会参政员的拥护。

重庆《中央日报》发表社论评价苏联对日宣战,指出:"苏联的对日宣战,无异宣告日本侵略者的死刑,其效力将等于数十百颗的原子弹同时爆炸于东京。"

8月11日 上午11时,国防最高委员会与国民党中常务委员会举行联合紧急会议,蒋介石主持,讨论日本请求投降的有关问题,通过中央对于日本请求投降之决策及有关受降以及沦陷区各问题之决议案。

蒋介石以国民政府主席的名义谕示国民政府文官处通电各战区司令长官及各省政府:"日本投降确期,应由我国与盟国同时宣布,庆祝日期亦当另行布告,在未经政府公告以前,全国军民工作应一如战时,不得稍有疏懈。"

蒋介石致电第十八集团军总司令朱德:"为维护国家命令之尊严,恪守盟邦共同协议之规定,各部队勿再擅自行动为要。"

蒋介石通令沦陷区各地下军及各地伪军,应就现住地点,负责维持治安,保护人民,非有其命令,不得擅自行动。

蒋介石致函英国首相丘吉尔,对其领导英国人民所表现出来的魄力与睿智,表示赞佩。

国民政府明令:①派陈济棠为两广宣慰使,李文范为台湾宣慰使;②张笃伦给予国民革命军誓师10周年纪念勋章,张廷孟给予二等空军复兴荣誉勋章;③特派叶楚伧为国民大会筹备委员会主任委员,张道藩为秘书长。

国民参政会驻会委员莫德惠、傅斯年、黄炎培及国民参政会秘书处职员等200余人赴国民政府向蒋介石致敬,蒋介石接见各参政员并告以日本请求投降情况。

8月12日 蒋介石连电宋子文、王世杰,指示:蒙古问题,如对方不允以中国地图为依据,决裂亦所不惜。

"中国民主同盟"主席张澜为抗战胜利发表对时局之主张,称:"我们感到中国今天更迫切需要统一、团结、民主……这是政府与全国人民共有的责任,不能丝毫放弃。"

美国驻华大使赫尔利致电美国国务院称:"如果美国政府和联合国允许中国的一个拥有武装的敌对政党接受日本投降,并缴收日本人的武器,那么中国的内战会因而不可避免。"电文建议依照投降条件,日本须向国民政府投降,须将所有在中国的武器交给国民政府。

国民政府交通部部长俞飞鹏接见所属各单位负责人,商谈交通复员各项紧急措施。

8月13日 国民政府明令：①特派周贻春为农林部部长；②任命罗卓英为广东省政府主席，熊斌为北平市长，张廷锷为天津市长，钱大均为上海市长，马超俊为南京市长；③给予钱大钧空军一等复兴荣誉勋章；④褒扬故中央大学教授王瀣、马洗繁。

国民党中枢纪念周于上午9时在国民政府礼堂举行，到党政军首长100余人，蒋介石主持并致词。

蒋介石复电宋子文、王世杰，授以对外蒙古及其他未决事项权宜处置权。

蒋介石电复美国总统杜鲁门，同意由麦克阿瑟出任盟军统帅。

蒋介石复函麦克阿瑟，指派国民政府军事委员会军令部部长徐永昌为中国战区受降代表。

第十八集团军正、副总司令朱德、彭德怀致电蒋介石，驳斥蒋介石及国民政府前两日发布的几道命令的错误，并表示拒绝执行。

国民参政会各参政员于下午3时举行谈话会，到80余人，对复员计划与建国工作，有详细讨论。

国民政府交通部举行会议，商讨交通复员事宜。

全国工业协会及所属重庆市分会、迁川工厂联合会三团体于上午10时假迁川大厦举行紧急会议，商议工业复员诸问题。

陪都各界于上午9时假重庆实验剧场举行"八一三"纪念大会，到各界代表1000余人，方治主持并作题为《今日中国》的讲演。

上海"八一三"八周年纪念日，军政部部长陈诚下午6时在政治部军中广播电台作题为《八一三的意义》讲演，勖勉袍泽更加努力工作，担任艰巨责任，以保持胜利成果，完成建国伟业。

8月14日 "八一四"空军节，国民政府明令褒扬对日作战有功的徐焕升、赖名汤、刘立乾等330人。陪都各界于上午8时在新运广场举行庆祝大会，方治、王缵绪分别讲演并向空军致崇高之敬意。

蒋介石致电毛泽东，请其克日来渝共商国是。

国民政府交通部派陈延炯为东北特派员，石志仁为华北特派员，陈伯庄为华东特派员,夏光宇为华中特派员,杜镇远为华南特派员,办理各区交通事业之接收及恢复。

8月15日 日本正式无条件投降的消息,是日晨5时1刻由美国国务卿贝尔纳斯通知美国驻华大使赫尔利及国民政府外交部次长吴国桢,约定于华盛顿时间14日下午7时即重庆时间15日晨7时同时公布。是日上午7时,国民政府外交部正式公布日本正式无条件投降的消息。

蒋介石为日本投降事于中央广播电台对全国军民及世界各国人士发表题为《对日抗战胜利告全国军民及世界人士书》的广播演说。

蒋介石以中国战区最高统帅的身份急电南京日军最高指挥官冈村宁次,指示六项投降原则,令其通令所属日军停止一切军事行动,并速派代表至玉山接受中国陆军总司令何应钦之命令。

蒋介石以日本无条件投降,分电英、美、苏三国领袖艾德礼、杜鲁门、斯大林致贺,并特派国民政府文官长吴鼎昌、外交部次长吴国桢前往美、苏、英等国驻华大使馆致贺。

蒋介石以日本投降,是日派定大员接收各省市,以迅速恢复地方行政与秩序。

国民政府通令:①全国今年停止征兵;②特任陈介为驻阿根廷全权大使;③任命李先良为青岛市市长(原任沈鸿烈免职)。

国民政府立法院举行第282次会议,到立法委员78人,孙科主持。会议一致通过《联合国宪章》及《国际货币基金协定》。

国民政府行政院以日本投降,特颁防止沦陷区工矿设备迁移破坏之命令。

"中国民主同盟"发表《抗战胜利声中的紧急呼吁》,提出"民主统一、和平建国"的口号,并反对召开国民大会,呼吁重申保障人民的一切基本自由,释放一切政治犯等十项要求。

"中国妇女联谊会"发表《对时局宣言》,指出:现在摆在我们面前的,一方面是如何巩固彻底的抗战胜利,另一方面则是怎样在民主团结的基础上去和平建国。宣言号召广大妇女组织起来,争取民主、和平、团结建国,并提出全国抗日军队共同解除日伪武装,召集紧急政治会议等七项主张。

美国驻华大使赫尔利以日本无条件投降,是日发表声明称:"八年来中国对强大与不共戴天之敌人英勇抗战,现已完成懋绩,中国人民现已获胜。……中美双方正期望现存于中美间之光辉关系能继续维持,中国正展望建设时期之来临,与建立一强大统一及民主之政府。"

重庆市参议会代表陪都百万市民,电蒋介石致敬。

重庆市政府举行市政会议决定:由市政府请求中央,将来各机关复员后,腾出之房屋一概划归各学校作补充校舍之用,以改善学校环境。

8月16日 国民政府令派军令部部长徐永昌为中华民国代表团团长,率杨宣城、朱世明、王丕成、李树正等赴菲律宾,代表中国接受日本投降。

蒋介石电令中国陆军总司令何应钦全权处理受降事宜,并通令全国各行营、各行辕主任,各战区司令长官,听候何应钦的指示。

蒋介石致电各市市长、各省政府主席,示知驻华日军最高指挥官冈村宁次已下达投降电令,并饬听候中陆军总司令何应钦之指挥。

蒋介石电令伪上海市市长周佛海为上海行动总队总司令,负责"维持上海市及沪杭一带治安"。

毛泽东复电蒋介石:"朱德总司令本日曾有一电给你陈述敝方意见,待你表示意见后,我将考虑和你会见的问题。"

"中国民主同盟"发表《在抗战胜利声中的紧急呼吁》,表明了"我们坚决要求民主","要求一个完整的国家"等态度;并声明我们的口号是:"民主统一,和平建国";提出了召集政治会议、成立举国一致的民主政府,反对在本年11月12日召开国民大会,保障人民自由,释放一切政治犯等4项主张。

8月17日 国民政府特派外交部部长王世杰为互订中瑞条约批准约本全权代表。

蒋介石令饬国民政府五院及所属各直辖单位,迅即提报派赴收复区之负责人员名单,同时令内政部从速完成抗战损失调查。

蒋介石于下午5时半接冈村宁次复电,复电表示遵令派员赴玉山接洽投降。蒋介石接获冈村宁次电文后,以玉山机场天雨,跑道损坏不能用,乃改在湖南芷江机场。

同盟国中国战区参谋长、美军总司令魏德迈招待中外记者,答复日本投降后的有关问题。

国民参政会驻会委员会于上午9时举行第二次会议,莫德惠主持,讨论通过协助政府办理复员各案。

"全国慰劳总会"发动的庆祝最后胜利劳军筹备会议假百龄餐厅举行,到谷正纲、鹿钟麟、马超俊、刘攻芸等100余人,讨论庆祝最后胜利劳军办法。

英国驻华大使薛穆于本月11日离渝赴印,拟返国述职,后改变计划,是日自印飞返重庆。

8月18日 国民政府行政院邀集党政军各机关代表50人开会,会商还都问题。

蒋介石派何应钦,负责处理在中国战区内之全部敌军投降事宜,并规定中国陆军总司令之12项任务。蒋介石为冈村宁次派代表在芷江接受命令一事,再次电令冈村宁次,指示派员飞湘办法。

蒋介石令派蒋伯诚为国民政府军事委员会委员长驻上海代表,何其巩为驻北平代表,并核定军事委员会调查统计局京、沪、杭挺进计划。

国民政府行政院副院长、经济部部长翁文灏对记者称:工业复员工作正在加紧进行,即派员前往各地接收敌伪工厂。重工业分东北、华北、长江三区。对民用工业复员,视其价值及发展可能,当尽力协助。

国民政府财政部派遣财政金融特派员,赴各地接收财政金融及其他复员事宜。

中法两国关于中国收回法国广州湾租借地专约,是日正式在重庆签字,中方代表为吴国桢,法方代表为戴立堂。该专约规定:法国将广州湾租借地完全交还中国,并规定签字后立即生效。

魏德迈在重庆美军总部招待中外记者并发表谈话称:中国战区日军将向中国代表投降,美决派大批运输机护送中国官员到沦陷区。

中国教育学术团体联合会第四届年会于上午在北碚儿童福利所礼堂召开。

8月19日 国民政府电令各战区及各省政府,运用敌伪维持治安,控制重要据点,编组保甲,清查人口,以保持安定。

蒋介石于晚间接获日本驻华派遣军总司令冈村宁次有关派代表赴芷江洽降的电文后,即召见中国陆军总司令何应钦,面示有关受降机宜。

中国教育学术团体联合会第四届年会于上午8时分别举行各团体年会,10时起举行联合大会,宣读论文及宣言。会议讨论通过了确定战后教育政策案、在明年召开第四届全国教育会议案、从速筹划准备收复区教育复员案等议案。旋即举行闭幕典礼。

8月20日 蒋介石第二次致电毛泽东,再次邀请毛泽东到重庆谈判,内称"如何以建国之功收抗战之果,甚有赖于先生之惠然一行,共商大计"。

国民政府外交部部长王世杰,前随行政院院长宋子文赴苏商谈中苏条约,是日偕熊式辉、沈鸿烈、刘锴、郭沫若等于上午11时自苏联乘机返抵重庆,随即赴蒋介石官邸晋谒蒋介石,报告中苏缔约经过。

国民政府于上午在国民政府礼堂举行中枢扩大纪念周,蒋介石主持,国民政府文官长吴鼎昌报告行政三联制与行政效率之关系。

中国陆军总司令何应钦离重庆飞赴芷江,主持接受日军投降事宜。

国民政府财政部为稳定渝市金融,安定市面,除已将公库证发行总额增至20亿元外,是日并决定办法三项:①重庆银钱两业同业间互相折款,暂准以黄金作为押品;②银钱同业所做黄金折款,必要时准向中央银行转抵押,折扣由中央银行斟酌办理;③中央银行办理上项转抵押,其总额暂以不超过核定之公库证发行额为限。

希腊国王之弟彼得亲王访问中国事毕,是日上午9时半乘机离重庆飞昆明回国。彼得亲王在重庆逗留18日,曾遍访国民政府党政军要员并晋谒蒋介石致敬。

由重庆市商会组织的"复员协进会"正式成立,仇秀敷、温少鹤为正副主任委员。

8月21日 国民政府发布命令,告谕泰、越、马来西亚及荷属南洋各地侨胞,以日寇败降,希勿予报复。务各维持秩序,遵守法律,泯除成见,博爱为怀。即对于与敌合作公认有罪之人,亦听由政府分别处理,不可采取任何个人非法行为妄有侵害,以期表现吾人合作守法之精神,获得友邦一致同情之好感。

国民政府外交部部长王世杰分别致电中国驻美大使魏道明、驻英大使顾维钧、驻苏大使傅秉常,说明中、美、英、苏四国已决定向中国政府及其交战国政府要求接管日本使领馆的财产卷宗,并已饬令日本政府通知其驻中立国使领馆及其权益代管国。希即与驻在国政府及各相关国使节保持联络。

"瑞士经济考察团"沈德勒一行5人抵渝,将与中国工业界及政府主管机关商议如何协助中国铝尤其是贵州铝之开发问题。

8月22日　蒋介石以中国战区最高统帅的身份致电麦克阿瑟,授予英军司令官接受香港日军投降的权限。

蒋介石致电何应钦,指示受降签字地点决改在南京。

蒋介石为接收东北,决定以军事委员会委员长的名义设置东北行营,除设主任外,并内设政治与经济两委员会,以处理接收东北之政治、经济事项。

毛泽东复电蒋介石,决定派周恩来到重庆与蒋介石会谈。

国民政府军政部部长陈诚奉命向魏德迈将军提出国军整编计划,其要旨是将中国现有的250个师,缩编为120个师及其所需配属军部、集团军部及总司令部之直属部队。

蒋介石致电在美国的宋子文,告以在中国建设海军之事,希望美国派考察团来华研究。

国民政府明令:原任国立中央大学校长顾毓琇辞职(改任上海市教育局局长)照准,遗缺由吴有训继任。

国民政府经济部部长翁文灏就收复区工矿事业之处理问题发表声明,谓收复区各工矿产业,已由中央规定办法,分区设立特派员办事处监督接收。

8月23日　蒋介石第三次致电毛泽东,盼其与周恩来同来重庆,商决各种重要问题。电称:"目前各种重要问题,均待与先生面商,时机迫切,仍盼先生能与恩来先生惠然偕临,则重要问题方得迅速解决,国家前途实利赖之。兹已准备飞机迎迓,特再驰电速驾。"

蒋介石电复美国总统杜鲁门,关于香港受降事,已应杜氏请求,以中国战区统帅地位通知英方,同意授权英国将官接受在香港日军之投降,并将指派中国及美国官长各一员参加该地区之接收受降。同时已告知英方,事前可与参谋长魏德迈将军及中国军令部,进行军事行动之联系。

蒋介石致电何应钦,指示日军未履行投降条款前之处置,称:"中国战区接受日军之正式投降,须待东京总投降签字及大空军运南京、上海已开始后,始可在南京签字,预计受降日期,约在9月初。各战区、各方面军即向指定接收地区前进,并在冈村宁次未履行投降条款之前,不必设法使日军局部投降。"

国民政府明令:①各伪组织负责人员,在中央来接收前,全力维持治安,保护人民,以作自赎;②沦陷区同胞,切勿对敌采取报复行为。敌人及汉奸一切暴行,将来当依合法之手续处置。

"全国抗敌牺牲报业复员联合会"于下午3时在重庆中国新闻学会举行成立大会,出席有沦陷区报业代表30余人,成舍我主持。

8月24日 国民政府于是日中午12时,隆重举行《联合国宪章》签署典礼,蒋介石偕外交部部长王世杰亲临主持并分别签字。

国防最高委员会与国民党中央常务委员会于上午9时举行联席会议,讨论中苏友好同盟条约,蒋介石亲临主持并作题为《完成民族主义维护世界和平》的讲演,决秉承国父遗教,尊重民族平等,恢复东北主权,收复台澎失土,尊重民族意志,承认外蒙独立,赋予西藏民族高度自治地位,保证高丽复国,促进缅越地位。关于香港问题,蒋介石称:"我们中国亦必循两国外交及条约的途径,以期解决此最后东方的一个问题"。王世杰宣读《中苏友好同盟条约》全文,到会委员全体通过。

《中苏友好同盟条约》经国防最高委员会通过后,发交立法院,该院即于上午11时半举行会议,讨论《中苏友好同盟条约》,王世杰到会一一加以说明,最后全体一致通过。

国民参政会驻会委员会于下午5时假军事委员会举行第三次会议,国民政府外交部部长王世杰出席并报告《中苏友好同盟条约》之谈判情形、经过及主要内容。

蒋介石接毛泽东电,电文称:"鄙人极愿与先生会见,商讨和平建国大计。俟飞机到,恩来同志立即赴渝进谒,弟亦准备随即赴渝。晤教有期,特此奉复。"

蒋介石致电行政院院长宋子文,嘱其于返国前向美国政府提出请求,派遣驻华军事代表团协助中国建立训练陆、海、空军。

韩国临时政府主席金九以备忘录致国民政府主席蒋介石,请求中国承认韩国临时政府。蒋介石表示除枪械一项外,其余均可同意,并先拨法币3亿元应急。

8月25日 《中苏友好同盟条约》及有关协定、照会、记录等,国民政府于是日正式批准并将全文公布。该条约之要点有:中国承认外蒙古独立,苏联不干涉新疆内政,中苏共管中东、南满铁路,大连开放由苏管理港务,旅顺为中苏共用基地等。以上3项均以30年为限。

中国战区美军总司令魏德迈就重庆谈判事致电毛泽东。同一天,毛泽东复电魏德迈,内称:"鄙人承蒋委员长三电相邀,赫尔利大使两次表示愿望来延,此种诚意,极为心感。兹特奉达,欢迎赫尔利大使来延面叙,鄙人及周恩来将军可以偕赫尔利大使同机飞渝,往应蒋委员长之约,以期早日协商一切大计。"

蒋介石复电宋子文,同意美国派遣军事顾问团来华,第一期应定五年。

蒋介石接军令部部长徐永昌自菲律宾马尼拉来电,称代表团将赴日本东京美军"密苏里号"上参加日本投降典礼,9月2日为签订日本投降书之期。

全国知识青年志愿从军编练总监罗卓英在重庆举行记者招待会,报告知识青年志愿从军概况,内称:知识青年报名应征的有120000人,至本年4月底止,实际报到入营的有86000人,现在确数为76000人,共编成9个师。此外,余下的1个师也将编成。

迁川工厂联合会、中国全国工业协会、中国全国工业协会重庆分会为商讨复员及目前后方工业之紧急救济,于下午3时江苏旅渝同乡会联合举行临时会员大会,到会员代表200余单位400余人,胡厥文主持说明目前后方各厂之困难情形,翁文灏出席说明后方工厂复员及救济办法,陈军、吴羹梅、徐崇林、胡西园、章乃器等分别发言,对主管当局颇多指责。会议决定:①请政府拨 100 亿元救济各工厂;②请政府公布经济政策与后方各工厂免税之优待;③请政府收购成品及后方旧机器。

8月26日 蒋介石电令国民政府文官长吴鼎昌:"复员工作实施,仍由行政院集中主持,必要时汇综请示,不必另组复员工作实施委员会"。

国民政府交通部派接收人员 68 人,携带法币 8 吨,飞赴芷江转南京。

由旅渝台湾人士柯台山发起组织的"台湾重建协会"于上午 9 时假夫子池新运服务所忠义堂举行成立大会。大会决议:①尽速派员至京、沪及沿海各重要城市成立办事处,协助政府收抚及救济台胞等工作;②尽先派员随同政府接收台湾,并协助各项复员工作;③筹办台湾日报,展开台湾文化教育工作,并筹募台湾文化事业基金;④商请善后救济总署从速拟订救济台湾方案。会议选举柯台山、薛人仰、顾鸿传、吴建华等 31 人为理事,蒋廷黻、洪兰友、何廉等 9 人为监事。该会以"协助政府,完成台湾之收复与建设"为宗旨。其主要工作有:台湾收复前的各种准备事项,台湾收复时的各种复员事项,台湾收复后的各种建设事项及其他有关台湾重建事项。

迁川工厂联合会、中国全国工业协会、中国全国工业协会重庆分会三团体联合请求政府拨款 100 亿元作为救济金,并宣布:如请愿无结果,抗战胜利之日起,各厂停工三星期。

8月27日 国民政府特派外交部部长王世杰为互换《中苏友好同盟条约》及其他有关照会、协定、议定书与记录批准书全权代表。

中枢纪念周于上午 9 时在国民政府大礼堂举行,蒋介石主持,吴稚晖报告孔子家世及其演说。随后举行国民政府外交部部长王世杰、农林部部长周春诒、最高法院院长夏勤、行政院秘书长蒋梦麟宣誓就职,由蒋介石主席并亲自授印,张继监誓。

吴国桢继任国民党中央宣传部部长(原任王世杰免职)。

美国驻华大使赫尔利,偕张治中由重庆飞赴延安迎接毛泽东等赴渝谈判。

蒋介石召见英军代表魏亚特及英国驻华大使薛穆,商讨有关中国政府接收香港问题。

在陪都出版的7种期刊代表——《民主世界》钟天心、《中山文化》左恭、《文论》孙伏园、陈翰伯,《民宪》左舜生、《中华论坛》王深林、《国讯》及《宪政》黄炎培、张志让、梁公任、尚丁等在青年会聚会,决议:①发起筹组期刊联谊会;②发行联合刊;③推黄炎培、左舜生为召集人。

教师节,国民政府教育部公布全国优良教师名单,计专科以上学校1000余人,中等学校400余人。

重庆《中央日报》公布《中苏友好同盟条约》全文。

上海工商巨子虞洽卿逝世后,其家属为表达其爱国热忱,特就遗产现金内提献黄金1000两献给政府,以响应政府改善官兵生活之号召。该项献金于是日在国民政府礼堂,由虞氏家属献给蒋介石,蒋介石对此表示嘉许。

8月28日 毛泽东、周恩来、王若飞等在赫尔利、张治中的陪同下,由延安飞抵重庆。蒋介石的代表周至柔,国民参政会秘书长邵力子、副秘书长雷震,中国民主同盟主席张澜以及沈钧儒、左舜生、章伯钧、陈铭枢、谭平山、黄炎培、冷遹、郭沫若等数十人到机场欢迎。毛泽东抵渝时在机场发表谈话称:"本人此次来渝,系应国民政府主席蒋介石之邀请,商讨团结救国大计。……目前最迫切者,为保证国内和平,实施民主政治,巩固国内团结。"

晚,蒋介石在林园设宴为毛泽东、周恩来、王若飞洗尘,并邀赫尔利、魏德迈、张群、王世杰、邵力子、陈诚、张治中、吴国桢、周至柔、蒋经国等作陪。

四川省政府主席张群奉国民政府主席蒋介石电召,由蓉飞渝,会同王世杰、邵力子等,与毛泽东商讨团结建国事宜。

国民政府立法院院长孙科对记者详述《中苏条约》,称:"中苏友好同盟条约之签订,乃为中苏外交史上划时代的创举。此约最大意义,为远东和平得一保障,遏止日本在三十年内,绝无再起发动侵略之可能,……使我国得在三十年之和平期间,奠定基础,造成名符其实之强国。"

"中国纺织同业公会联合会"在重庆成立。

"四川复员协进会"于下午2时假沧白纪念堂举行成立大会。

重庆——上海间民航飞机开始复航。

8月29日 国民政府明令:任命陈仪为台湾省行政长官,冯执政为驻墨西哥大使,甘乃光为外交部政务次长,刘锴为外交部常务次长。

上午,毛泽东、周恩来、王若飞与张治中在林园会谈;下午,毛泽东、周恩来同蒋介石会谈;随后,毛泽东、周恩来、王若飞与张治中、王世杰、邵力子、张群等会谈。谈判的主要内容为商讨这次和平谈判的必要性及谈判的原则、方针和程序。

蒋介石为国共谈判国民党谈判代表规定谈判三原则:"①不得于现在政府法统之外来谈改组政府问题;②不得分期或局部解决,必须现时整个解决一切问题;③归结于政令、军令之统一,一切问题必须以此为中心。"

周恩来、王若飞在曾家岩茶会招待陪都各界人士,说明中国共产党要求国民政府实行中共25日公布的《对目前时局的宣言》中的六项措施。

下午5时,蒋介石于林园官邸茶会招待前菲律宾巴丹半岛美军总司令。

蒋介石以中国战区最高统帅名义致电中国陆军总司令何应钦:"关于香港及九龙两地之日军投降,兹改定由英国接收。本委员长已授权英国海军少将哈考脱接收香港及九龙日军之投降,派罗卓英中将为中国代表、威廉逊上校为美国代表,参加接收香港日军投降。"

蒋介石致电中国陆军总司令何应钦,以台湾绅耆林献堂、林呈禄、苏维良等5人将随日本驻台湾总督安藤利吉参加南京受降仪式,嘱转知冈村宁次照办。

国民政府教育部奉准设立"收复区教育复员辅导委员会",以积极展开对教育复员的辅导工作。

中国全国工业协会总会及重庆分会、迁川工厂联合会推代表吴蕴初、胡西园、胡厥文等,是日分别晋谒经济部部长翁文灏、财政部部长俞鸿钧,详陈最近工业界之危机,请求政府援助。

"中苏文化协会"于下午4时举行茶会,欢迎从苏联归国的郭沫若、丁燮林,到三四百人,邵力子致欢迎词,郭沫若、丁燮林分别演讲赴苏观感。

8月30日 国民政府明令:①特派驻墨西哥大使冯执正为互换中墨友好

条约批准约本全权代表,派兼驻多米尼加公使李迪俊为互换中多友好条约附加条款批准约本全权代表;②派葛敬恩为台湾行政长官公署秘书长,钱宗起为台湾行政长官公署秘书处处长,周一鹗为民政处处长,赵迺传为教育处处长,张延哲为财政处处长,赵连芳为农林处处长,包可永为工矿处处长,徐学禹为交通处处长。

蒋介石接见中国陆军总司令何应钦,听取报告关于接受日本投降各项部署事宜,并予指示。

蒋介石于下午5时在林园官邸茶会招待新近由沈阳集中营解放归来的英国前香港总督杨格爵士、前马来西亚总督汤姆斯爵士、前北婆罗州总督史密士、前新加坡英军司令赫斯将军及荷兰荷印总督斯达斯伯等。

中共代表周恩来与王世杰、张群、张治中、邵力子就军事、政治问题进行商谈。

①毛泽东、周恩来于下午往访宋庆龄、于右任、孙科、赫尔利、张澜等;②毛泽东、王若飞在桂园会见黄炎培、左舜生、傅斯年、王云五、章伯钧、柳亚子、陈铭枢、王昆仑、张申府等;③毛泽东、周恩来、王若飞出席张治中举行的欢迎宴会。

何应钦偕麦克鲁自芷江飞抵重庆,下机后即赴美军总司令部与魏德迈晤谈,旋晋谒蒋介石,报告关于接受日本投降各项部署情形并请示机宜,下午离渝飞昆,召集各方面军司令官指示有关接受日本投降事宜。

中国战区参谋长、美军总司令魏德迈于下午3时半在美军总部招待中外记者并对记者称:"美国支持中国中央政府,将以百分之九十九的力量运输中国军队至收复区。"

迁川工厂联合会、中国工业协会、中国工业协会重庆分会三团体于上午9时召开第二次联合会员大会,到100余人,胡厥文主持。

8月31日 国民政府明令颁行《收复东北各省处理办法纲要》。

国民政府明令公布《台湾省行政长官公署组织大纲》10条,规定台湾省行政长官公署隶属于行政院,依据法令综理台湾全省政务,内设秘书、民政、教育、财政、农林、工矿、交通、警务、会计9处。

国民政府任命黄旭初兼广西省保安司令,吕炯为中央气象局局长。

周恩来、王若飞与张群、王世杰、张治中、邵力子作长时间商谈。

毛泽东在桂圆宴请柳亚子、王昆仑、屈武、侯外庐、许宝驹、曹孟君、倪斐君等,就团结问题交换意见。

国民参政会秘书长邵力子、副秘书长雷震在该会设宴欢迎毛泽东、周恩来、王若飞等,并邀请曾赴延安访问的六参政员黄炎培、冷遹、左舜生、傅斯年、章伯钧等作陪。

重庆八大杂志主办人,即《中华论坛》章伯钧,《宪政月刊》和《国讯》半月刊黄炎培、张志让、杨卫玉,《民主世界》钟天心,《民宪》半月刊左舜生,《文汇周报》陈翰伯,《再生》孙宝毅,《中学生》傅彬然等举行会议,一致认为战争时期业已过去,审查书籍、杂志制度已无存在的必要。决定除致函国民党中宣部、国民参政会、宪政协进会,请明令废止外,从9月份起不再送审,并发行联合增刊。

重庆市临时参议会第四次大会驻会委员举行第十六次会议,"全体驻会委员一致建议,为纪念抗战胜利永垂不朽,决编撰《陪都志》,将八年抗战直至最后胜利之陪都状态,详加描绘,……以为此光荣抗战史之永久纪念。"

台湾革命同盟会在重庆成立"台湾革命同盟会协助收复台湾工作委员会",下设军事、政治、经济、文化4组,并分别派定各组负责人,向有关机关接洽。

"青岛复员协进会"在重庆成立。

是月　在重庆的生活书店、读书出版社、新知书店三家正式联营,使用"三联书店"的名称出版发行图书。

9月

9月1日　国民政府为怀念将士历年勋绩,明令军事委员会褒奖全体官兵。

国民政府明令:特派李宗仁为军事委员会委员长北平行营主任,熊式辉为军事委员会委员长东北行营主任。

"台湾行政长官公署"及"台湾警备司令部"在重庆成立，由陈仪任长官兼警备司令。

国民政府军政部成立海军处，专门负责海军行政、教育、建造等军政事宜的管理。

国民政府主席蒋介石在国民政府召见驻意大利大使馆公使衔代办薛光前，面谕到职后应将国际情况随时电告。

蒋介石致电宋子文，嘱其转告杜鲁门总统或马歇尔总长，美国军事顾问团团长人选应以魏德迈为最宜。

周恩来与王世杰、张群、邵力子商谈军事问题。

新任国民党中央宣传部部长吴国桢到任就职，新任国民政府外交部政务次长甘乃光到部视事。

"中国经济事业协进会"发表《对时局宣言》，要求实现民主、和平、团结，立即废止管制政策，取缔官僚资本，严惩工商汉奸，切实救助工商业危机，救济失业员工。

"中苏文化协会"为《中苏友好同盟条约》的签订举行庆祝会，到孙科、吴铁城、冯玉祥、陈立夫、陈诚、毛泽东、周恩来、彼得罗夫等党政军负责人。

重庆市政府为积极筹划本市之复员工作，于上午9时举行复员会议，并举行本市复员委员会筹备会成立会，贺耀组主持。

9月2日 毛泽东、周恩来、王若飞在桂园约见国民党谈判代表王世杰，毛泽东对国共谈判提出了8项原则性意见：①在两党有结果时，应召开有各党派和无党派人士代表参加的政治会议；②在国民大会问题上，如果国民党坚持旧代表有效，中共将不能与国民党成立协议；③应给人民以自由，现行法令当依此予以废止或修正；④应予各党派以合法地位；⑤应释放一切政治犯，并列入共同声明中；⑥应承认解放区及一切收复区内的民选政府；⑦中共军队须改编为48个师，并在北平成立行营和政治委员会，由中共将领主持，负责指挥鲁、苏、冀、察、热、绥等地方之军队；⑧中共应参加分区受降。

周恩来与王世杰等国民党谈判代表继续就军事方面的基本意见和谈判的主要内容、进程等进行会谈。

晚,蒋介石在官邸宴请毛泽东、周恩来、王若飞等,共庆抗战胜利。宴毕,蒋介石与毛泽东单独会谈,双方就军队编组数目,军队驻地和解放区、政治会议、国大代表等问题提出各自的原则意见。

中国民主同盟中央常务委员会在特园欢宴毛泽东、周恩来、王若飞等,张澜、沈钧儒、左舜生、黄炎培、冷遹、张申府、章伯钧、罗隆基、鲜特生等出席作陪,宾主就时局问题进行了交谈,毛泽东在致词中说:今天我们聚会于"民主之家",今后共同努力,生活在民主之国。

重庆《中央日报》报道新任台湾省行政长官陈仪谈治台方针:政治方面,遵循孙中山先生遗教,彻底实行三民主义;文化思想方面,首先推行国语国文运动。

由重庆市基督教名流发起的"庆祝胜利和平大礼拜"于上午10时半假广播大礼堂举行,到冯玉祥、张治中、薛穆、俞鸿钧、梁寒操等400余人。

9月3日 国民政府为抗日战争胜利明令:"抗战时期,军事第一,政府为祈求胜利,适应需要,不得不颁行各种战时法令,举凡人民生活经济之行为,乃至集会结社言论之自由,均不免有所限制,是固世界各国战时之通例,□亦政府所欲及时改革之急务。迩者战事已告结束,一切应复常轨,所有在抗战期中颁布之各种战时法令,着各主管院部会署立即分别检讨,加以整理,其有未合平时规范者,得先申请废止,以期符合约法之精神,而作实施宪政之准备。此令!"

国民政府明令:"凡我曾经陷敌各省,应即予豁免本年度田赋一年;其他后方各省,为今年军需民食得赖,准使明年亦予豁免。全国兵役自本日起一律缓征一年,其余减租轻息以及一切安辑事宜,并责成各级政府暨各主管机关照二五减租决议及其他政纲政策中有关民生之各项规定,限于本年11月12日以前,分别条例办法,决策实施。"

国民政府明令:"所有抗战以来殉职官兵,应由战区司令长官部限令各军各师,查明籍贯与其遗族直系亲属,于本年10月10日以前,详报军事委员会依例给恤;凡阵亡将士家属及残废官兵,并各依例优待,加以年时之抚慰,予以生活之保障,明定规条,通饬施行。"

国民政府明令："值此薄海胪欢、举国同庆之际，弥怀驰驱疆场历年苦战之劳，着由军事委员会传令全体官兵，一体优予褒奖，厚为慰劳，其应如何各种分别给赏，以励忠勤而资激劝之处。"

中国国民党发表《告全国同胞书》，揭示当前工作任务：准备实施宪政，实现民主政治；积极进行复员，从事经济建设；尊重统一，避免分裂。并切望还政于民，以共信、互信谋建国，以舍小异、祛私见而谋统一。

国民党中枢于上午8时半在国民政府花园遥祭国父，蒋介石主祭。旋于9时在国民政府礼堂举行庆祝会暨国父纪念周，蒋介石致词宣示内政方针：减轻农工负担，实施民生主义，实施民主宪政，以法治为宪政基础，军队国家化。

下午，周恩来、王若飞与张群、张治中、邵力子举行谈判。周恩来将中共拟定的两党谈判要点11项交付国民党代表转蒋介石。其主要内容为：①确定和平建国方针，以和平团结民主为统一的基础，实现民国十三年宣言中的三民主义；②拥护蒋介石的领导地位；③承认各党派合法平等地位，并长期合作，和平建国；④承认解放区政权及抗日部队；⑤严惩汉奸，解散伪军；⑥重划受降地区，中共应参加受降工作；⑦停止一切武装冲突，令各部队暂留原地待命；⑧结束党治过程中，迅速采取必要措施，实现政治民主化，军队国家化，党派平等合作；⑨政治民主化之必要办法；⑩军队国家化之必要办法；⑪党派平等合作之必要办法。至此，国共两党普遍交换意见阶段告一段落。

毛泽东于下午3时分别访晤于右任、戴季陶、白崇禧、吴稚晖等人；下午5时在桂园接见韩国临时政府全体成员；6时会见郭沫若夫妇及翦伯赞、邓初民、冯乃超、周谷城等并询问他们对时局的看法；7时半赴枇杷山苏联驻华大使馆举行的宴会。

国民政府外交部通知美国驻华大使赫尔利、苏联驻华大使彼得罗夫：国民政府已决定没收日方在华财产，请暂代协助保护。

苏联驻华大使彼得罗夫在该馆举行酒会庆祝胜利，到中外人士100余人，毛泽东、周恩来、王若飞亦应邀参会。

中国战区美军总司令魏德迈为抗战胜利发表胜利日公告，向盟国英勇将士及中国人民致敬。

陪都各界假较场口广场举行盛大的庆祝胜利大会,到会各界民众30000余人,莫德惠主持致开会词,蒋介石乘车检阅并致训词,昭告全国庆祝胜利策励将来,并揭示国府今后之大政方针——及早实施宪政,保障人民自由,改善人民生活,建立统一民主之新中国。会后,举行游行大会。

陪都部分文教、科技界人士许德珩、吴藻溪、藩菽、劳君展等,为纪念中国抗日战争和世界反法西斯战争的胜利,促进中国各方面力量联合建国,特发起组织"九三学社",于是日成立筹备会。

美国众议院拨款小组委员会代表7人及陆军部代表一行13人,于下午5时乘机抵渝,陈诚、俞鸿钧、甘乃光、魏德迈等到机场欢迎。晚,蒋介石在官邸设宴欢迎,并请政府长官及赫尔利、魏德迈等作陪。

9月4日 国民政府特任熊式辉兼军事委员会委员长东北行营政治委员会主任委员,莫德惠、朱霁青、万福麟、马占山、周作华、冯庸为军事委员会委员长东北行营政治委员会委员,张嘉璈为军事委员会委员长东北行营经济委员会主任委员;同时任命东北九省之省政府主席:辽宁:徐箴,安东:高惜冰,辽北:刘翰东,吉林:郑道儒,松江:关吉玉,合江:吴瀚涛,黑龙江:韩俊杰,嫩江:彭济群,兴安:吴焕章;任命沈怡为大连市市长,杨绰庵为哈尔滨市市长;任命蒋经国为外交部驻东北特派员。

国民政府发布对台湾布告,宣布按照《波茨坦宣言》,台湾全境及澎湖列岛应交还中华民国。

蒋介石为庆祝抗战胜利,于下午5时假军事委员会大礼堂举行盛大茶会,招待各国使节及盟国军官,并邀政府各长官作陪,到中外来宾600余人,毛泽东、周恩来、王若飞亦应邀出席。

蒋介石于晚8时在中央干部学校招待美国官兵,到1000余人,蒋介石致欢迎词,魏德迈代表美国军官致答词。

蒋介石于上午9时在德安里官邸召见张群、张治中、邵力子,了解谈判情况,商讨对付办法。蒋介石并手订"对中共谈判要点"4条,以此作为对中共3日提案之答复。此4条为:①中共军队之组编,以12个师为最高限度,驻地问题可由中共提出,双方协商;②承认解放区绝对行不通。只要中共对于军令政令之统一能真诚做到,各县行政人员经中央考核后,可酌予留任,省级行政人员亦可延请中共人士参加;③拟将国防最高委员会改组为政治会议,由各党派人士参加。中央政府之组织与人事,拟暂不动,中共方面如现在即欲参加,也可以考虑;④原当选之国民大会代表仍然有效,中共如欲增加代表,可酌量增加名额。

上午,毛泽东在桂园会见白崇禧,周恩来在桂园与张治中会谈;中午,毛泽东、周恩来、王若飞赴美国驻华大使馆参加赫尔利举行的宴会,张群、张治中、邵力子、吴国桢等也应邀出席。晚上,毛泽东、周恩来、王若飞赴英国驻华军事代表团团长魏亚特举行的招待会。

下午,毛泽东与蒋介石进行第二次单独会谈。

晚,周恩来、王若飞与张群、张治中、邵力子在中山四路德安里101号对实质性问题举行首次谈判,主要内容为军队整编及解放区诸问题。

国民政府外交部部长王世杰偕该部司长杨云竹,于上午8时半乘机离渝飞英,出席即将在伦敦举行的五国外长会议。

国民政府经济部、战时生产局公布各收复区办公处组织规程,分苏浙皖区、湘鄂赣区、粤桂闽区、冀热察绥区、鲁豫晋区及东北区、台湾区7区,并规定各特派员办公处的主要任务8项。

台湾革命同盟会以台湾回归祖国,是日特举行执监联席会议,决议致电蒋介石及美国总统杜鲁门以及麦克阿瑟、尼米兹将军致敬,同时感念美国已故总统罗斯福主持正义。

9月5日 还都接收委员会副主任委员谷正纲(主任委员何应钦)是日晨率领该会成员(由各部门派代表参加)离渝飞芷江转南京,办理接收事宜。

留渝各中央委员假中央党部举行抗战胜利晚会。

蒋介石夫妇于晚8时在中央干部学校茶会招待苏联驻华大使彼得罗夫及其馆员,并邀中枢各长官及毛泽东、周恩来、王若飞等作陪。

毛泽东对《大公报》记者发表谈话称:"我国政令军令如果再不统一,的确为不得了之事体,统一政令军令必须建于民主政治之基础上。只有包括各党各派无党无派代表人士之政治会议,始能解决当前国是,民主统一之联合政府始能带给全国人民以幸福。民主者,人民有力量之谓也。"

中午,毛泽东、周恩来应邀赴邹鲁宴会;下午,毛泽东在桂园接见中国妇女联谊会之代表及其他友好人士。

黄炎培、章伯钧、左舜生、傅斯年、冷遹等6位参政员设晚宴招待毛泽东、周恩来、王若飞,交谈国共两党关于商谈军事问题等情况。

国民党中央宣传部于下午3时举行外国记者招待会,宣传部部长吴国桢在会上宣布:新闻检查将尽速取消,盼各国记者公平报道我国消息。

"中国妇女联谊会"发表对时局宣言,指出抗战彻底胜利的意义。

中国民主同盟举行胜利庆祝会,并欢迎访苏归来的郭沫若。

全国慰劳总会于上午8时假较场口举行陪都各界庆祝胜利慰劳抗属大会。

陪都记者团一行10余人,是日晨乘机离渝飞南京,出席、采访即将在南京举行的受降仪式。

9月6日 蒋介石夫妇于下午5时在林园茶会招待赫尔利,纪念赫尔利大使及纳尔逊来华一周年,到魏德迈、斯特拉特梅耶、麦脱卡斯三将军及中外来宾多人。席间蒋介石致词,盛赞赫尔利对促进中美两国合作之功绩。

毛泽东至山洞林园与蒋介石再次晤谈。

下午,毛泽东、周恩来、王若飞访晤国民政府司法院院长居正及中正学校、中央大学故旧,继至沙坪坝南开中学访晤柳亚子、张伯苓;晚上,毛泽东、周恩来、王若飞赴宋庆龄举行的宴会,宴毕往访苏联驻华大使彼罗洛夫。

国民政府监察院院长于右任设午宴招待毛泽东、周恩来、王若飞。

代表中国参加日本投降书签字典礼的徐永昌上将一行8人,事毕后于下午3时返抵重庆。

"中华全国文艺界抗敌协会"发表《为庆祝胜利告国人书》,指出抗战胜利的伟大意义,并称要建立一个体现着团结、民主、和平三大目标的国家。

"全国慰劳总会胜利劳军献金策动委员会"主任委员刘攻芸,副主任委员唐毅、仇秀敷、潘仰山、吴蕴初、吴晋航、胡厥文等于下午3时假百龄餐厅邀请各机关团体及各界民众代表举行工作检讨会议。

由陪都各界名流学者发起组织的"力行联谊社"在西南实业大厦举行成立大会,该社以"联络友谊,发扬互助精神,服务社会"为宗旨。

9月7日 国民政府明令:①特派陈仪兼台湾省警备司令;②公布《军事委员会委员长东北行营政治委员会组织规程》10条及《军事委员会委员长东北行营经济委员会组织规程》10条;③派凌鸿勋、陈延炯、王辅宜为中国长春铁路拟订章程委员,派萨福均、裘经莹、邹安众为中国长春铁路议定资产委员,以进行对苏交涉。

蒋介石为苏联飞机于本月3日、5日轰炸乌苏、精河一事,分别约见美国驻华大使赫尔利、苏联驻华大使彼得罗夫,告知中国政府对此事之立场。随后召集外交人员讨论处置方略。

上午,毛泽东、周恩来、王若飞分访陈立夫;中午,毛泽东、周恩来、王若飞赴国民政府司法院副院长覃振举行的午宴;下午,毛泽东、周恩来、王若飞往访英国驻华大使薛穆及法国驻华大使贝志高;旋赴加拿大驻华大使馆出席欧德伦大使举行的招待茶会;晚上赴冯玉祥举行的晚宴。

国民政府交通部部长俞飞鹏出席国民参政会驻会委员会报告交通复员计划称:在渝之机关共有212单位,公务员约37025人,工役约12084人,公务员眷属以每名3口计,约114000人。现交通部已准备45艘大小轮船,10月间并可增加5艘,此50艘船中,有8艘可航行至南京,其余只可航行至宜昌、汉口。如以此现有之轮船计算,2月半可将公务员全部运往南京,嗣后再运眷属、必需工厂及普通民众。总之,明年6月以前可全部还都。

国民政府行政院善后救济总署署长蒋廷黻前赴伦敦参加联总会议,是日下午乘机返抵重庆。

苏联驻华大使彼得罗夫在大使馆举行鸡尾酒会,招待陪都文化界人士。

9月8日 毛泽东在红岩嘴驻地会见郭沫若、于立群,讨论了郭沫若在文艺界应取的态度,毛泽东强调指出:"前途是光明的,道路是曲折的"。

晚,周恩来、王若飞与张群、张治中、邵力子在德安里101号继续商谈军队缩编及解放区政权问题。中共提出编组48个师,国民党不同意,只给12个师的编制,并不同意使用"解放区"一词。

毛泽东、周恩来为感谢各友好国家对解放区及中国抗战的援助,下午在桂园举行茶会,招待在渝各国救济团体人士。

蒋介石约见美、苏两国驻华大使赫尔利、彼得罗夫及中国战区参谋长魏德迈等,商谈防止新疆局势继续恶化之办法。

国民政府行政院公布中央党政机关还都公物搬运标准。

国民政府立法院院长孙科设晚宴招待毛泽东、周恩来、王若飞等。

国民政府外交部次长甘乃光、刘锴于下午5时在两浮支路外交部举行鸡尾酒会,招待各国驻华使节。

中国劳动协会重庆工人福利社是日举行开幕典礼,周恩来、王若飞亦应邀参加。

9月9日 蒋介石以国民政府军事委员会委员长的身份发表对日本投降军的第一号命令,内称:"所有一切日本陆海空军及辅助部队,向本委员长无条件投降,凡投降之日本部队,悉受本委员长之节制,其行动须受本委员长或中国陆军总司令陆军一级上将何应钦之指挥,且只能服从本委员长或何应钦上将所颁发或核准之命令及布告。"

中国陆军总部副总参谋长冷欣中将,携带日本投降书由南京飞抵重庆。

蒋介石于上午9时在林园官邸召见第八战区副司令长官兼参谋长郭寄峤,命其即飞迪化,协助解救新疆危局。郭旋即于12时搭乘飞机自九龙坡机场飞往迪化。

蒋介石电复宋子文,嘱往晤马歇尔,商谈国民党军队90个师所需军火事宜。

蒋介石以日本投降,抗战胜利,是日电请美军报纸转致对美军来华作战之谢忱。

还都接收委员会副主任委员谷正纲由南京飞抵重庆,向中枢请示有关事宜。

国民政府财政部继续核准黄金存单押款之贷放,以救济重庆战后混乱之金融。

国民政府军政部部长陈诚于上午10时假军委会中正堂召集全体女参训

人员训话,勖勉受训者务必保持投军时之精神与勇气,从事肃清战场之工作。

女青年服务总队自4月20日正式入营受训以来,已近5月,是日上午11时举行结业典礼(结业者共1226人),由训练总监罗卓英主持并致词。

北平私立燕京大学重庆校友会举行聚餐会,欢迎该校校务长司徒雷登(9月4日抵渝),司徒雷登宣布燕大复校计划,决定10月10日在北平复校。

9月10日 国防最高委员会举行会议,决议:①中央设计局秘书长熊式辉,改任东北行营主任,遗缺由吴鼎昌兼任;②国防最高委员会副秘书长甘乃光改任外交部政务次长,遗缺由梁寒操继任;③派张嘉璈为中长路理事长,王澂为助理理事长。

中国陆军总司令部副总参谋长冷欣于本日晨在国民政府将日本投降书面呈中国战区最高统帅蒋介石,并口头报告冈村宁次签字投降情形。

周恩来、王若飞与张群、邵力子、张治中在德安里101号就召开政治会议和国民大会问题进行商谈。

周恩来、王若飞设晚宴招待张澜、沈钧儒、黄炎培、左舜生、罗隆基、张申府等,报告10余日来国共谈判的情形。

中国民主同盟主席张澜分函国、共两党领袖蒋介石、毛泽东,对国共两党团结商谈问题提出建议,要求"全盘"、"彻底"解决国家的问题,并将国共谈判内容随时公之于众。

9月11日 国民政府明令:①派国民政府文官长吴鼎昌兼中央设计局秘书长(原任熊式辉免职),龚学遂为交通部政务次长(原任沈怡免职);②国立中山大学校长邹鲁呈请辞职,邹鲁准免本职,任命王星拱为国立中山大学校长;③任命徐会之为汉口市市长(原任吴国桢免职)。

周恩来、王若飞与张群、邵力子及叶楚伧、张厉生在德安里101号就国民大会问题进行会谈。

毛泽东、周恩来、王若飞在桂园宴请张治中、黄炎培、沈钧儒等,就团结问题交换意见。

蒋介石致电宋子文,嘱其尽速商请美国政府提早供给船舶,运送国民党军队至东北接防。

蒋介石致电在伦敦的国民政府外交部部长王世杰，与同在英国的苏联外交部部长莫洛托夫交涉有关新疆事宜。

"国史馆筹备委员会"分函各战区司令长官、各省政府主席及院辖市市长，促请于各地接收时，代为留意收集、保存有关史料事实。

中国全国工业协会中南区分会在重庆招待新闻界，由胡厥文等分别报告中南各厂去年奉令撤退时之损失情形及目前所处的困难。

重庆市商会召开紧急理事会议，商讨救济市场危机办法，当场决定前往国民政府、行政院、财政部请愿。

9月12日 毛泽东、周恩来应蒋介石之邀赴林园官邸共进午餐，张群、邵力子、张厉生等作陪。餐后，毛泽东与蒋介石商谈军队缩编问题。毛泽东表示：中共愿再作让步，由原提48师减至28师，并询问蒋介石的意见。

周恩来、王若飞与张群、邵力子、张厉生在德安里101号就国民大会、政治会议、施政纲领、各党派参加政府及承认解放区5个问题进行商谈。双方说明各自应持之立场，会谈未取得实质性进展。

毛泽东、周恩来在重庆八路军办事处会见"九三学社"发起人许德珩等，毛泽东建议把九三学社建成永久性的政治组织。

国民政府核定国民政府及所属五院各部会派赴收复区负责单位及人员名单，计有16单位38人。

蒋介石以考试院院长戴传贤对东北及还都问题颇为关切，是日召见戴传贤并与之商谈首都问题。

"教育部战区文物保存委员会"在教育部举行第4次会议。

美国政府以黄仁霖于军事委员会战地服务团任内，对美军协助颇多，特授予"司令级嘉猷勋章"，授勋仪式于下午3时在中国战区美军总司令部举行，由魏德迈将军代表授予并宣读荣誉奖状，黄仁霖致答词。

重庆"中国经济事业协进会"筹备会发表《对时局庄严献言》。

重庆市商会假该会礼堂招待新闻界，由仇秀敷、温少鹤、万静安、周德侯等分别报告商界目前的困难情形。

9月13日 蒋介石派张治中赴迪化，处理伊宁事件，张是日偕同彭昭贤、梁寒操、屈武、邓文仪等离渝飞迪化。

蒋介石手订各省区集中统筹党政军接收事宜原则10项,通令施行。

下午3时,毛泽东、周恩来、王若飞首次在重庆举行外国记者招待会,毛泽东、周恩来分别讲话,向外国记者阐明了中国共产党为建立和平、民主中国的政策及原则,希望两党会谈成功。毛泽东在会上说:"对于中国最重要的事情是和平",我党将尽一切努力达到上述目的。

美国驻华大使赫尔利、国民政府考试院院长戴季陶分别于中午、晚上宴请毛泽东、周恩来、王若飞。

蒋介石与魏德迈将军在林园举行会晤,蒋介石希望美国派专家来华协助中国。

"四川复员协进会"于下午2时假沧白堂招待陪都各界,商讨急救工商、金融各界危机之紧急办法,各业领袖均出席并报告各业困难情形,一致呼吁政府妥谋救济办法,要求政府取消一切战时统制,按照牌价进出黄金。

9月14日 国民政府立法院第284次会议分别通过国防最高委员会移送的东北划分九省案及台湾省行政长官公署组织条例。

中午,周恩来、王若飞及张群、邵力子应邀至特园午餐,并向中国民主同盟诸人士报告国共两党最近商谈之经过及情形。

下午,毛泽东、周恩来在桂园接见日本反战人士鹿地亘、池田幸子夫妇及各方人士。

魏德迈将军致备忘录与蒋介石,说明改造后之中国军事组织及美国军事顾问团组织。一、改造后的中国军队将为:"①三十个现代化的师,每师约一万四千人,共组成十个军团,四个军;②六十个阿尔发师,共组成为二十个军团,七个军;③三十个非阿尔发师。以上共计一百二十个师,足资外御侵略,内保和平之用。"二、美国军事顾问团之组织是:"①美国军事顾问团总部,包括特殊及参谋人员,约共官兵三百人;②陆军组织约共官兵一千五百人;③空军组约共一千二百官兵,期合于Palmyre计划;④海军组人员若干,待与迈尔将军商议后决定之;⑤后勤组约共官兵五百人。"

9月15日 蒋介石召见张群,面示国共谈判机宜。

下午，周恩来、王若飞与张群、邵力子在德安里101号举行第六次会谈，双方就省区划分、地方政府人选的推定、军队缩编数目及驻地问题举行谈判。

毛泽东往特园往访中国民主同盟主席张澜，与之作长时间交谈。毛泽东向张澜介绍国共谈判情形说，症结仍为解放区政权和军队问题。

晚，毛泽东、周恩来、王若飞在桂园宴请中国青年党在渝中委左舜生、何鲁之、常燕生、陈启天、余家菊等。

蒋介石致电驻美大使魏道明，告以中国对朝鲜之政策："我政府仍照与罗故总统所商定步骤，主张首先由四国共同扶助朝鲜人组织训政政府，而后予以完全独立也"。并主张训政政府以原在重庆的政府为基础而予以扩充。并嘱魏道明速与美国政府切商。

蒋介石令派国民政府财政部部长俞鸿钧与苏联驻华大使彼得罗夫商订维持中国境内苏联红军费用办法协定，并召见新近由美返渝的东北行营经济委员会主任委员张嘉璈。

国民政府财政部发表新增设之7个盐务管理局局长人选。

陪都《中华论坛》《中学生》《文汇周报》《民主世界》《民宪半月刊》《再生》《东方杂志》《国讯》《新中华》《宪政月刊》十大杂志发行一联合增刊，是日出版，增刊以民主、团结为中心，对国是发表精辟主张。

中国航空公司渝汉、渝京、渝沪线是日正式开航。

民生公司"民联轮"载乘客500余人，货物350吨，由重庆猫儿石起碇出发，作抗战八年来渝宁间的首次通航(23日抵宁)。

9月16日 毛泽东、周恩来于红岩嘴住地接见美国驻华14航空队总部服役的霍华德·海曼、爱德华·贝尔、杰克·埃德尔曼3个美国士兵并与之合影，毛泽东并向他们介绍了解放区的情况，阐明了中共有关国际、国内问题的主张。

国民政府军事委员会政治部部长张治中前赴迪化处理新疆问题，事毕后于是日返抵重庆，并向蒋介石汇报新疆情况。

蒋介石以国民政府军事委员会委员长的身份致函美国总统杜鲁门，说明魏德迈将军为军事顾问团团长的最理想人选，请惠允指派。

马寅初在市商会大礼堂作题为《黄金政策所表现的经济政策》的公开演讲,并指出:民主与和平是安定目前中国经济的钥匙。

9月17日 新任国防最高委员会副秘书长梁寒操,新任国民政府交通部政务次长龚学遂,分别到会(部)视事。

蒋介石在林园官邸设午宴招待毛泽东及赫尔利(即将返国述职),张群、吴国桢出席作陪。宴后,毛泽东、蒋介石、赫尔利3人就军事问题进行会谈,赫尔利提出国共双方军按4:1的比例进行缩编。蒋介石并将其致美国总统杜鲁门及马歇尔之函件交由赫尔利转交。

毛泽东在桂园举行茶会,招待陪都产业界人士刘鸿生、潘昌猷、吴蕴初、胡西园、吴羹梅、章乃器、范旭东、颜耀秋等,钱之光、许涤新等作陪。会谈中,毛泽东阐明了中国共产党对待民族工商业的政策。

韩国光复军成立五周年纪念日暨"九一八"14周年纪念前夕,韩国临时政府首长于下午4时假胜利大厦举行茶会,欢迎新任中国东北各首长,韩国方面到临时政府主席金九等10余人,中国方面到东北行营主任熊式辉、长春铁路护路军总司令何柱国、东北行营政治委员冯庸等20余人。金九主持致开会词,表示愿完全负责领导在东北的韩侨。熊式辉致答词,表示愿加强两民族间的亲善关系。

重庆市临时参政会第二届第五次大会,于上午10时举行开幕典礼,议长康心如致开会词,狄膺、陈克文、张维翰、刘家邦、方治、贺耀组等致祝词。会议于9月27日闭幕。

国民政府经济部部长兼战时生产局局长翁文灏、交通部部长兼战时运输局局长俞飞鹏、财政部部长兼中央银行总裁俞鸿钧,于下午1时联袂离重庆飞南京视察。

9月18日 国民政府明令:①特派商震为国民政府参军处参军长;②特派军事委员会委员长东北行营政治委员会委员莫德惠为宣慰,前往东北宣慰东北同胞;③派刘鸿生为善后救济总署上海分署署长,凌道扬为善后救济总署广东分署署长,延国符为善后救济总署鲁青分署署长,李叔明为善后救济总署浙闽分署署长,陆子冬为善后救济总署苏南分署署长;④国立厦门大学校长萨栋本辞职照准(转任中央研究院总干事),任命汪德耀为国立厦门大学校长。

蒋介石为"九一八"第14周年纪念,于晚7时向全国广播讲演,轸念东北同胞特致慰问,并宣示建设东北的方针。

在渝国民参政会参政员于下午4时假军事委员会大礼堂举行抗战胜利后的首次茶会,欢迎中共参政员毛泽东、周恩来等,到参政员70余人。毛泽东讲话称:"今后当为和平发展、和平建国之新时代,必须团结统一,杜绝内争";周恩来报告了国共谈判的经过,称:这次谈判问题很多,我们相信和平建国符合全国人民的殷切期望。

中国民主同盟主席张澜分别致书蒋介石、毛泽东,内称:"今日商谈内容,似应随时公诸国人,既能收集思广益之效,更可得国人共商国是之实。"

中国战区美军总司令魏德迈离渝返国述职,其职务由美国驻华空军司令斯特梅耶代理。

国民党中央委员张道藩、陈立夫、潘公展、许孝炎等,假文化会堂举行胜利聚餐会,并邀陪都名流及文化界人士100余人会同组织"中华全国文艺作家协会",由张道藩主持,当即通过章程,推选理监事。

"东北四省抗敌协会"于下午3时假江苏旅渝同乡会召开"九一八"14周年纪念会,到新任东北9省主席、市长及东北同乡约500人,莫德惠、萧振瀛分任主持,决议组织"东北义民回乡委员会",对旅渝东北同胞进行调查登记,并要求政府无条件遣送回籍,负责运送并给予职业。

重庆铁路员工400余人,分别代表平汉、津浦、胶济、黔桂、湘桂、粤汉、京沪、北宁、江南、平绥、陇海等11路流落后方的数万员工,是日赴交通部请愿,提出救济失业,资助还乡等6项具体要求。

9月19日 蒋介石对行政院所拟党政机关还都运输办法进行批示:"还都日期未能决定以前,无论任何机关,不得有回京之准备。除第一期运输照办外,其余作罢。"

蒋介石召见东北行营主任熊式辉,指示与苏联驻华大使彼得罗夫谈判有关接收东北的问题。

蒋介石以美国拟派艾其森、谢伟志协助麦克阿瑟决定远东政策一事,是日特致备忘录与赫尔利大使并请其转美国总统杜鲁门,表示中国政府之态度。

毛泽东在重庆设宴招待燕京大学教务长司徒雷登。

下午,周恩来、王若飞与张群、邵力子、张治中在德安里101号举行第七次谈判,双方就军队缩编、军队驻地和解放区问题举行谈判。会谈中,周恩来提出:我方愿在9月3日的基础上再作让步,即将国军同我军的整编比例由5:1改为7:1,并把我军从海南岛、苏南和浙江等地撤出。但国民党方面仍不同意中共关于解放区问题的建议。

为谋国内外汽车商业及运输贸易之发展,增进汽车业公共福利,"全国汽车商业同业公会联合会"是日在重庆成立。

陪都工业界代表胡西园、胡厥文、李烛尘、吴羹梅4人联袂赴国民政府财政部、四联总处及战时生产局请愿,要求:①紧急工贷总额请增为100万万元;②小厂家亦应予以贷款救济;③各厂矿申请紧急工贷数额,以2个月所需、支费用为标准,过去打折扣后贷放,望能改善,维持原定标准。

重庆市承织军布织户的100余家厂家的经理,上午9时联袂赴国民政府军政部及军需署请愿。

中央大学教授会举行全体会员大会,决议以教授会名义要求教育部明令解散日伪主办之学校,伪职员不准参加复员工作,逮捕重要职员,严格甄别学生。

9月20日 "国民大会筹备委员会"是日正式在重庆办公,并积极筹建会堂及有关开会事宜,该会下设秘书、招待、会计、警卫4处。

《大公报》社设午宴宴请毛泽东、周恩来、王若飞等。席间,毛泽东针对该报负责人提出的中国共产党"不要另起炉灶"问题,发表了中国共产党的看法,他说:"不是我们要另起炉灶,而是国民党炉灶里不许我们造饭。"随后为该报职工题词:"为人民服务!"

毛泽东先后拜访国民党要员叶楚伧、程潜、陈立夫、贺耀组等。在会见陈立夫时,毛泽东对陈立夫所提要中共"放弃外国的思想观念"、放弃武装和政权,把一切都交给国民党的意见进行了驳斥。

国民政府教育部召开的"全国教育善后复员会议"于上午9时假陪都中央图书馆举行开幕典礼。

苏联驻华大使彼得罗夫就"伊宁事件"真相照会国民政府外交部,表示:如中国政府愿意,苏联政府准备委派驻伊宁领事试对中国政府提供可能之协助。

9月21日 国民政府明令公布《台湾省行政长官公署组织条例》10条,规定该行政长官公署隶属于行政院,置行政长官1人,"依据法令综理台湾全省事务"。

法国驻华大使贝志高晋谒蒋介石,恳商越南等问题。

周恩来、王若飞与张群、邵力子、张治中等人在德安里101号举行第八次谈判,双方继续就军队和解放区问题进行商谈。会谈中,周恩来指出:今日商谈,应取平等态度,如果成立联合政府,我党一切军队皆可交出,并建议用民选方法解决解放区问题。国民党代表要中共先交出军队和解放区。谈判陷于僵局。

国民政府军政部部长陈诚偕夫人离重庆飞成都,商讨川康整军问题。

美国驻华大使赫尔利于下午5时半由沪抵渝,晚8时晋谒蒋介石夫妇。随后约见国共双方谈判代表,对中共施压,要中共同意国民党给的军队数目并立即缩编。

收复区各旅渝同乡会为协助政府、义民还乡,特成立临时联合办事处,是日下午假广东大酒家举行首次代表大会,并招待有关机关及新闻界人士。

9月22日 美国驻华海军团长兼中美合作所副主任梅乐斯晋谒蒋介石,就美国第七舰队总司令、海军上将金开德来访及其本人即将反美等事,有所陈述。

毛泽东在桂园接见在渝的剧作家、导演等戏剧界人士。

毛泽东在桂园会见中国青年党党员蒋匀田,就国内形势和政治主张等问题交换意见。

国民政府外交部电令驻美大使馆向驻美暹使提出质问(就暹罗军警21

日屠杀华侨事），并请其电暹罗政府迅速制止此类不法行动。

"全国教育复员会议"通过傅斯年、吴有训、许德珩等27人联署提案，坚决解散各伪大学，不承认各伪学校学生之学籍。

国民政府军事委员会所属政治委员会与经济委员会为商讨接收东北之政治、经济等问题，是日举行首次联席会议，熊式辉、张嘉璈及两委员会之委员出席。会议并决定每周举行两委员会联席会议一次。

《扫荡报》总社于下午4时假军事委员会政治部举行第二次理监事联席会议，会议决议改《扫荡报》为《和平日报》，并自本年国父诞辰即11月12日起实施。

国民政府行政院院长宋子文于8月5日离重庆赴莫斯科，并赴欧美等多国访问，事毕后偕钱昌照等自法国返国，是日抵达重庆。

9月23日　英国太平洋舰队总司令福拉塞上将于正午12时乘专机自香港飞抵重庆，晚上8时，蒋介石于林园官邸设宴欢迎福拉塞并就战后一般情况作非正式的商谈。

9月24日　蒋介石召见军事委员会驻延安联络参谋胡自立，听取其有关延安情况的报告。

美国第七舰队总司令、海军上将金开德于下午2时半由沪飞抵重庆，金氏下飞机后，即赴林园晋谒蒋介石。晚8时，蒋介石夫妇设宴招待金开德将军及史培尔曼大主教。

中央警官学校举行正科第14、15期学生毕业典礼，蒋介石以兼校长的身份亲临主持并致词。

国民党中央执行委员会于下午3时紧急召集中央执行委员及重要干部举行会报，由吴铁城报告国共谈判情形，蒋廷黻报告善后救济工作，叶楚伧报告国民大会筹备情形。

全国慰劳会、中美文化协会、中英文化协会、中国国民外交协会、中国天主教文化协会等8文化团体假中央党部举行欢迎会，欢迎美国纽约天元教会史培尔曼大主教（9月23日抵重庆）。

嘉陵江区煤矿业同业公会于上午10时举行第三届第一次全体会员代表

大会,到各厂矿代表、政府长官及各界来宾100余人。

9月25日 国民政府明令:"特派朱家骅为参加联合国教育文化会议首席代表,派胡适、程天放、罗家伦、赵元任为参加联合国教育文化会议代表"。

蒋介石手令行政院秘书长蒋梦麟:将战时公私财产损失及人口伤亡调查报告于两周内呈阅。

上午,周恩来、王若飞与张群、张治中、邵力子继续举行谈判。中午,张群、张治中、邵力子在参政会宴请周恩来、王若飞及张澜、左舜生、沈钧儒、章伯钧、罗隆基、张申府、黄炎培等。宴会上,国共双方谈判代表分别报告两党商谈之经过及情况,称军事问题略有眉目,国大问题未获结果,待交政治会议讨论,政权问题将继续谈判。

美国第七舰队总司令金开德上将上午晋谒蒋介石作长谈,11时访晤行政院院长宋子文,12时赴戴笠之午宴并检阅部队。

美国第七舰队总司令金开德上将在重庆举行记者招待会,介绍第七舰队的组成并称:第七舰队"主要基地将设上海,俾能直接与中国战区美军司令魏德迈将军联络"。

蒋介石于晚8时在军军事委员会大礼堂邀请出席全国教育善后复员会议全体会员晚餐,蒋介石并于席间致词,指示今后教育之方针,"必针对现实之需要,首以培养农业、水利、土木、电机各系之人才为主,以奠立国家工业化之基础。"

全国慰劳总会举办的"陪都各界胜利劳军献金大会"于上午8时半假青年馆隆重举行,会间献金总额共达20000万元,超过8年来陪都历次献金之总额,相当于全国各地8年来劳军献金总额的三分之二。

中国民主同盟中央委员柳亚子发表题为《解决国是问题的最后方案》的文章,指出,解决当前国是问题,应该由包括国共两党在内的各党派领袖和无党派领袖,都以人民代表的地位来共同解决问题。

嘉陵江区煤矿业同业公会继续开会,讨论提案并改选理监事。

9月26日 国民大会联谊会全体在渝代表于下午3时假国民外交协会举行茶会,招待五院院长及国大筹备事务主持人。

国民党中央宣传部部长吴国桢在外国记者招待会上称："中国政府将依照与盟国商定之计划，派遣军队共占日本。"

工业界汉奸检举委员会举行首次会议，胡西园主持，说明该会工作范围。

国民政府教育部召集的"全国教育善后复员会议"是日闭幕。此次大会共开6天，举行大会5次，通过有关复员重要议案100余件，并决定收复区敌伪专科以上学校为伪学校，一律关闭；在校学生是"伪学生"，要"甄审"。

美国第七舰队总司令、海军上将金开德在重庆事毕，是日离重庆返上海，海军总司令陈绍宽与之同行。

9月27日 毛泽东发表答路透社驻重庆记者甘贝尔书面提出的12个问题，指出：目前中国需要和平建国，必须坚决避免内战，因为这符合于中国人民的利益。并声明在实现全国和平民主团结的条件下，中共准备作重要的让步，包括缩减解放区军队在内。

周恩来、王若飞与张群、邵力子、张治中在德安里101号继续就军队缩编及解放区问题举行会谈。关于整编军队问题，双方同意另设一小组具体拟定整编中共军队之计划；关于解放区问题，争执甚久，最后国民党代表同意中共提出的"暂维现状"的方案。

国民政府财政部公布《收复区敌伪钞票及金融机关处理办法》和《伪中央储蓄银行钞票收换办法》，规定伪中央储备银行钞票准以200元换取法币1元，其他伪钞收换将陆续规定办法。

新任东北九省两市负责人于下午7时假重庆电力公司集会，商讨共同关心的有关问题。

9月28日 国民政府明令公布《引水法》，同时命令："①滇黔绥靖公署奉令裁撤，所有业务移归昆明行营接管，该署定本年九月三十日结束，停止办公；②云南全省防空司令部奉令撤销，结束手续业已办理完竣，该部于本年十月一日停止办公；③中国陆军总司令部昆明办事处奉令裁撤，业务分别移归中国陆军后勤司令部、军政部昆明办事处掌管，各项移交手续业已办竣，该处定本年九月三十日起停止办公。"

上午，周恩来、王若飞与张群、邵力子、张治中在德安里101号举行第10

次谈判,双方互相通报了参加军队整编小组人员(国民党方面为军政部次长林蔚、军令部次长刘斐,共产党方面为八路军参谋长叶剑英),并就召开政治会议的具体问题进行了商谈,双方同意在结束训政,实施宪政以前,设政治会议,由国民政府召集之,各党各派领袖及社会贤达推举代表出席。其任务为协议和平建国方案与召开国民代表大会问题,名额暂定为37人。

国民政府行政院为稳定黄金价格,是日正式成立"黄金评价委员会"。

国民政府财政部指定中国银行代理买卖黄金,并规定黄金捐献即以黄金献缴,不再以法币折款。

渝、蓉、昆、筑、西安、桂林等地的东北同乡,于下午3时假胜利大厦欢送东北九省主席、两市市长,到100余人。

"中国国民外交协会"假该会大礼堂召开第一次座谈会,讨论《如何处置日本》。

"西南实业协会"举行紧急会议,何北衡主席,会上一致认为今天工业并不是一个救济问题,而是建国时期要不要工业的问题。

"中国农业协进社"第七届年会假夫子池新运大礼堂举行,到孙科、周诒春及各机关代表100余人。孙科致词,强调农业在建国过程中的重要性。

9月29日 国防最高委员会议核定:废除出版检查办法,自10月1日起实行。

晚,王若飞及张治中、张群、邵力子在国民参政会举行聚餐会,张澜、沈钧儒、黄炎培等出席,共商政治会议的组成问题。

黄炎培、胡厥文、杨卫玉、吴羹梅、章乃器、孙起孟等在冉家巷聚会,决定筹组"中国民主建国会"。

旅渝暹罗归侨举行集会,商讨支援在暹华侨办法,认为现暹罗政府执行一贯的排华政策,决电呈蒋介石向盟国交涉,并请盟军统帅部逮捕元凶。

9月30日 国民政府以监察院秘书长程中行(沧波)被派为该院江苏监察区监察使,所遗秘书长一职,另派李崇实继任。

蒋介石派张厉生、孙兰峰为察哈尔、热河两省受降全权代表。

国民政府军事委员战时新闻检查局兼局长贺国光、副局长李中襄在国民外交协会招待新闻界，贺国光宣布："在大后方的新闻检查，因战事终止而废除；戒严区内亦将待军事政治重入正轨，社会秩序安宁后同样废除。"

周恩来、王若飞与张治中、张群、邵力子在国民参政会宴请曾琦、左舜生、张澜、章伯钧、张申府、王云五、罗隆基、陈铭枢等各方人士，并商讨政治会议组织等问题。

旅渝台湾同胞于下午6时假胜利大厦欢宴台湾行政长官公署与台湾警备总部诸长官，到省主席陈仪、秘书长葛敬恩、参谋长柯远芬及各处处长数十人，台胞代表游弥坚致欢送词，陈仪致训词，以共建新台湾相勉。台胞并向陈仪等提出希望六点。

周佛海、罗君强、丁默邨等随同戴笠自上海飞重庆，到重庆后即被逮捕。

10月

10月1日 自是日起，战时新闻检查制度，除收复区、军事戒严地区外，全国各地都奉令同时废除，战时书刊审查办法，亦同时予以废止。

国民政府宣布：国民政府军事委员会委员长侍从室结束，所有业务分别移交给国民政府文官、参军两处，参军处增设军务局，文官处增设政务局，办理侍从室第一、第二处工作。

"中国民主同盟"假特园举行临时全国代表大会，此次代表大会专为讨论中国民主同盟内部工作问题，会期暂定10日。

苏联驻华大使彼得罗夫前通知外交部，东北苏军准备于本月下半月开始撤退，11月底撤毕。是日，外交部照会称：中国军队定于10月10日前后自九龙乘美国船只由海道前往大连登陆。

旅渝暹罗华侨互助社为暹罗军警屠杀侨胞事，特组织请愿代表团，于是日上午10时赴国民政府请愿并向蒋介石呈递紧急呼吁电，由文官吴鼎昌接见；代表团旋赴国民政府外交部及军事委员会请愿并呈递请愿书。

农业推广委员会及陪都农场互助会等23个团体于晚间假合作大会堂举行联谊会，国民政府行政院副院长兼经济部部长翁文灏应邀到会并致词称：战后我国仍以工业建设计划来从事以农立国。并提出有关建设农业的意见。

10月2日 国民政府明令:①云南省政府委员兼主席龙云另有任用,龙云应免本兼各职,特任龙云为军事参议院院长;②任命卢汉兼云南省政府主席,未到任前,派民政厅长李宗黄兼代;③军事委员会委员兼军事参议院院长李济深,着专任军事委员会委员,毋庸兼任军事参议院院长;④军事委员会委员长昆明行营、昆明警备司令部、昆明宪兵司令部,着一律撤销;⑤军事委员会委员长昆明行营主任、中国陆军总司令部副总司令、云南省政府委员兼军管区司令龙云,着即免除本兼各职。

周恩来、王若飞与张群、张治中、邵力子在德安里103号举行第11次谈判,商谈召开政治会议和解放区政权问题。在召开政治会议问题上,双方意见基本一致;在解放区问题上,则相差甚远。

"北洋大学"成立(1895年10月2日)50周年纪念,该校旅渝校友假胜利大厦举行庆祝大会。

北平市市长熊斌偕市府人员10余人离重庆飞西安转北平。

10月3日 国民政府明令:陆军二级上将白崇禧晋任为陆军一级上将,陆军中将特加上将衔张治中、张发奎晋任为陆军二级上将,陆军中将胡宗南特加陆军上将衔。

国民政府外交部次长甘乃光晤苏联驻华大使彼得罗夫,告以东北行营主任熊式辉可于本月10日左右到长春,并请苏联军队俟国民党军队到达东九省接防时,再逐步撤退。

10月4日 "党政接收计划委员会"副主任委员谷正纲、委员贺衷寒等是日乘机由南京返抵陪都重庆述职。

10月5日 上午,周恩来、王若飞与张群、张治中、邵力子举行第12次谈判,继续就政治会议和解放区政权问题举行会谈。周恩来将谈判记录交给国民党代表,国民党代表建议用行政专员区来解决解放区问题,中共只同意在苏北、皖北利用这一办法。

"中国民主同盟临时全体代表大会"是日举行首次大会,由曾琦主持,左舜生、罗隆基、杨叔明等分别报告该盟各省市支部之工作情况。

"中国青年党"发表对目前时局的十项主张,内容有:从速召集建国会议,保障人民之基本自由，严惩汉奸，肃清贪污，解散伪军，挽救工商业危机，稳定金融，平抑物价，加强对美苏英法之平等合作等。

"中国民主党"于下午假国际舞厅举行茶会，招待陪都各界，到中外来宾多人，该党发言人称："中国民主党……坚决反对政党拥有军队。"

国民政府行政院院长宋子文离重庆飞昆明，与龙云商谈有关问题。

台湾前进指挥所主任葛敬恩、副主任范诵尧率领接收台湾之各方人员80余人（办公者47人，卫兵24人，其他人员9人），于上午8时15分由重庆白市驿机场乘美国运输机飞机5架，经转上海后，于下午4时50分飞抵台北松山机场。

重庆——广州间电报业务于广州沦陷后中断，抗战胜利后积极恢复，是日正式开放重庆广州间电报业务，并指定由重庆电信局上清寺营业处接收，每日除官电、军电、新闻电外，私人电报暂以25份为限，每份以中文或英文明语40字为限，收报时间为每日上午7~9时。

10月6日 国民政府军事委员会参谋总长兼中国陆军总司令何应钦、行政院院长宋子文偕考试院副院长周钟岳、新任军事参议院院长龙云，于下午4时45分由昆明飞抵重庆。晚，龙云对《大公报》记者发表谈话称："今后更当一本初衷，秉承中枢及元首之领导，努力建国。"

国民政府行政院副院长翁文灏离重庆飞南京，视察收复区的经济状况。

中华全国工业协会等工业团体代表胡西园、李烛尘、胡厥文、吴羹梅等，上午至国民政府晋谒文官长吴鼎昌，陈述目前工业界之危机及救济办法。

国民政府外交部接苏联驻华大使彼得罗夫通知：苏俄政府拒绝国民党军队在大连登陆，内称：大连为运输商品而非运输军队之港口。

中央文化运动委员会决定分设文艺、新闻、出版、音乐、美术、戏剧、电影、宗教、自然科学、社会科学、哲学等10个委员会，聘请全国专家学者分别担任该委员会委员，以便积极开展文化运动。

南开中学校校长张伯苓在南开校友总会举行的聚餐上报告南开中学复员计划称："重庆南开中学为抗战一年前创办，仍继续办理，无所谓复员；但天津南开大学、中学及女中，必须恢复。"

10月7日 蒋介石接见张嘉璈，并核定东北经济委员会委员、中长铁路理监事及发行流通券等。

蒋介石接见美国《生活》《时代》《幸福》三杂志发行人鲁斯，谈中美文化交流与合作事宜。晚，蒋介石并设宴招待鲁斯等人。

毛泽东就国共谈判问题写信给柳亚子，称目前未到具体解决问题的时候，发表文章和谈话仍嫌过早，随信寄上了旧作《沁园春·雪》。

国民政府派赴东北第一批接收人员董彦平、冯庸、胡世杰等50余人，于上午10时10分乘专机3架自重庆白市驿出发飞北平，然后转赴东北接收东北。陈诚、白崇禧、熊式辉、罗卓英及新任东北九省政府主席、三市市长等，均到机场送行。

"中国儿童健康协会"成立大会于上午9时假中央团部大礼堂举行。

"战时劳工协进社"上午假中国劳动协会工人福利社举行工人失业问题座谈会。

"山东地方建设研究会"在重庆两路口社交大会堂举行成立大会，到50余人，吕少恒主持，梁兴义报告筹备经过。

10月8日 国民政府明令：特派关麟征为东北保安司令，李崇实为监察院秘书长，派内政部常务次长雷法章前往外蒙参观公民投票事宜。

国民政府于上午9时在国民政府大礼堂举行总理扩大纪念周，蒋介石亲临主持，新任国民党中央宣传部部长吴国桢报告宣传工作。

晚，国民政府军事委员会政治部部长张治中假军事委员会大礼堂举行盛大集会，招待党政军首长、留渝参政员、文化界、新闻界及社会各界领袖联欢，并邀约毛泽东、周恩来、王若飞等参加，到会者七八百人。张治中报告国共谈判经过，毛泽东致词称："此次双方会谈，在友好中解决若干问题，获致协议，其他部分将继续商讨。可以告慰者，吾以商谈解决一切，今日情势'和为贵'，双方除和平商谈外无他途。此足符合全国乃全世界最大多数人士与盟国政府之期望。今后中国需要统一，亦必言统一，而于和平、民主、团结中。"

周恩来、王若飞与张群、张治中、邵力子于上午10时举行会谈，双方就周恩来草拟的《国共双方会谈纪要》进行了商讨，并共同进行了修改。

国民政府外交部部长王世杰偕亚东司司长杨云竹等参加伦敦五外长会议后,于是日下午4时乘机抵渝,英国驻华大使薛穆及邵力子、甘乃光、刘锴、卜道明等到机场欢迎。

10月9日 国民政府令颁张道藩、陈方、罗良鉴3人二等景星勋章,李宗黄、毛庆祥等12人三等景星勋章,另有三等景星勋章33人,四等景星勋章21人,五等景星勋章38人。

蒋介石为民国三十四年度国庆日,于是日下午7时向全国同胞广播演讲,称今后的工作目标是为建国第一,团结奋发以实践三民主义。

中共中央主席毛泽东在重庆回答英国记者干贝尔提问时说:不用武力而用协定的方法避免内战,"符合中国人民的利益,也符合于中国当政政党的利益。目前中国只需要和平建国一项方针。"

毛泽东至林园出席蒋介石、宋美龄举行的午宴,周恩来、王若飞及宋子文、王世杰、张群、张治中、邵力子等应邀作陪。餐后,毛泽东与蒋介石举行会谈,蒋介石要中共改变政策、方针,把军队和解放区交给国民党政府,为毛泽东拒绝。

国民政府外交部部长王世杰与苏联驻华大使彼得罗夫会晤,希望苏联政府让国民党军队在大连登陆,称:国军登陆大连,并不是违反《中苏条约》。

台湾省行政长官公署、警备部及中央各部会派往台湾工作的第一批人员约200余人,由警备总部参谋长柯远芬率领,是日乘专机8架离重庆飞上海转台湾。

10月10日 双十节国庆纪念日,国民党中枢于上午9时假国民政府礼堂举行庆祝大会,蒋介石领导行礼并致词。

双十节国庆纪念日,国民政府主席蒋介石于下午5时在国民政府大礼堂举行鸡尾酒会,招待在重庆的外国外交使团、盟国军事长官及战时生产局顾问,并邀中枢各长官作陪,到400余人。蒋介石即席致词,"代表中国为盟国胜利而庆贺,并祝各国元首及各国贵宾健康"。

蒋介石以美国定今年双十节为"中国友谊日",特发表文告称:"中国为联合国中最初对敌作战亦为感受战争痛苦最久之国家,我国抗战不仅为反抗侵略，且因社会发展之关系，亦以建国为目的。"

双十节国庆纪念日，国民政府颁发抗战有功人士"胜利勋章"及"忠勤勋章""云麾勋章"。

午后2时，毛泽东在桂园会晤中国青年党领袖曾琦，就中国民主同盟与中国青年党的有关问题进行商谈。

午后4时半，毛泽东与来访的蒋介石在桂园会晤，旋即相偕至国民政府礼堂出席中华民国国庆招待会。

晚上，毛泽东、周恩来赴林园就解放区政权、召开政协和国民大会等问题与蒋介石会谈，当晚下榻林园。

周恩来、王若飞与王世杰、邵力子、张治中在桂园签署了《政府与中共代表会谈纪要》(即"双十协定")，纪要主要包括12项内容：(1)和平建国的基本方针；(2)政治民主化；(3)国民大会；(4)人民自由；(5)党派合法化；(6)取消特务机关；(7)释放政治犯；(8)地方自治；(9)军队国家化；(10)解放区地方政府；(11)严惩汉奸；(12)受降。

国民政府军事委员会东北行营主任熊式辉等于下午1时乘专机离重庆飞北平转东北，主持接收东北事宜。

10月11日 《政府与中央代表会谈纪要》(即"双十协定")是日正式发表。

中共中央委员会主席毛泽东于上午8时与蒋介石共进早餐，并与蒋作最后的会谈。随后在王若飞、张治中等人的陪同下，于上午9时45分由重庆九龙坡机场飞返延安，周恩来、邵力子、陈诚、张澜、陶行知、郭沫若等陪都各界70余人到机场送行。在重庆机场，毛泽东答记者问时说："中国的问题是可以乐观的，困难是有的，不过困难都可以克服。"

蒋介石夫妇以中国战区美军总部驻重庆陆海空官兵即将离重庆飞上海，特于下午5时在林园官邸举行茶会欢送。

国民政府教育部决定在北平、天津、南京、上海4地筹设临时大学补习班，以收容收复区失学且经审查合格的学生，并规定在登记的学生满500人时，即开始上课。

国民政府行政院院长宋子文偕俞鸿钧、彭学沛等由重庆乘机飞沪，处理接收问题。

北平市政府秘书长杨宣诚、教育局长莫千里等40余人乘专机2架，由重庆飞赴北平。

战时生产局拨款40亿元，救济渝市工业。并规定以10亿元开办技术工人训练班，以救济各厂解雇之失业工人及提高其工作技术，以15亿元收购各厂成品，以15亿元向各厂继续订货，使能继续生产。

中国国民外交协会、联合国中国同志会，中英、中美、中缅文化协会等18个文化团体于下午4时假国民外交协会欢送出席联合国教育文化会议代表团。

10月12日 中美两国政府互颁勋章与参加重庆中美联合参谋会议的两国军官典礼，是日在美军总部战略厅举行，首由国民政府军事委员会军政部部长陈诚代表国民政府军事委员会授勋美国军官，并宣读奖词，次由美国斯拉特斯梅耶代表魏德迈将军给奖。

国民政府令颁甘乃光、刘锴等9人景星勋章，皮宗敢四等宝鼎勋章，陈善周等44人云麾勋章，诏纵等6人忠勤勋章。

国民政府行政院秘书长蒋梦麟将内政部抗战损失调查委员会所拟之战时财产损失与人员伤亡报告表签呈国民政府主席蒋介石，蒋介石批示应将南京大屠杀的人数列入。

"中国民主同盟临时全国代表大会"闭幕。此次大会选举张澜连任主席，发表了宣言，提出召开各党派和无党派代表会议协商国是，建立民主联合政府，废除旧国大代表，废止特务制度等10项主张。

"工人请愿团"于下午2时假工人福利社招待新闻界，报告成立经过及请愿目的，并提出要求——要吃饭，要住家，要车船回乡，要工作（以上为失业工人者）和不关工厂，不减低待遇，不裁减工人（以上为在业工人者）。

旅渝北方文化工作人士于下午3时假中苏文化协会举行茶会，借谋复员期中文化工作之积极发展，讨论北方文化工作者还乡问题，决议成立北方文化工作者协会，总会设北平。

中共代表王若飞、国民党代表张治中昨日送毛泽东返延安,是日同机返抵重庆。

10月13日 蒋介石发出酉元勇电,密令国民党各战区司令长官"督励所属"对中国共产党及其领导的人民军队,"努力进剿,迅速达成任务。""有功者必得膺赏","其迟滞贻误者,必执法以罪"。

联合国善后救济总署中国分署署长蒋廷黻在记者招待会上称:善后总署分配救济我国物资计17万吨,包括卡车、棉花、煤、粮食及衣服等,总值共约9万万美元。

暹罗华侨代表张百基12日抵渝,是日分别向外交部、海外部、侨务委员会等机关报告暹罗当局屠杀华侨、劫掠财产之真相,并呼吁当局迅速采取有效措施,保护华侨。

10月14日 "中华全国文艺界抗敌协会"因抗战胜利结束,抗敌对象已无,是日召开理监事联席会议,商讨易名问题。一致决议自本年双十节(10月10日)起,中华全国文艺界抗敌协会正式改称为"中华全国文艺界协会",仍简称"文协",对国外名称不变。

张治中偕梁寒操、彭昭贤、屈武、邓文仪、张静愚等离重庆飞迪化,处理伊宁事件。

10月15日 新任国民政府军事参议院院长龙云于上午9时在蒋介石主持的中枢纪念周上宣誓就职,张继监誓,蒋介石致训词。

蒋介石招待外国记者并致词,对国内团结表示乐观,并宣称他与毛泽东之谈话已获甚大进步。并谓其在时间许可时将访问美国;同时表示:"中国政府决定于6个月内还都南京"。

"中国民主同盟"举行第一届第一次中央委员会。

"美军驻华总司令部"是日起由重庆移至上海办公,美国陆军航空队驻华总司令斯特拉特梅耶将军也于下午3时由重庆飞抵上海。

驻华美国空军代表团在重庆成立,主要任务为协助中国空军之建设。

苏联驻华大使彼得罗夫正式照会国民政府外交部,不许国民党军队在大连登陆。

美国陆军部助理次长麦克劳及陆军部专家一行7人,于下午4时乘机抵渝。

10月16日 国民政府派白云梯为蒙旗宣慰团团长,率团赴东北及热、察、绥等省境内之哲里木、卓索图、昭乌达、呼伦贝尔、锡林郭勒、察哈尔、乌察木兰等盟旗进行宣慰。该团于是日飞离重庆,转赴各蒙旗宣慰。

国民政府派严家淦为台湾省行政长官公署交通处处长(原任徐学禹辞职)。

蒋介石夫妇于晚间设宴招待美国陆军部助理次长麦克劳等。

蒋介石致函熊式辉、张嘉璈称:运兵东北应海运与陆运并进,大连登陆必须坚持到底,同时积极恢复北平至沈阳铁路,以作陆运之准备。

宋美龄以美国第14航空队即将返国,于下午4时在林园官邸茶会招待美国第十四航空队官兵,并分赠古钱、刀币及蒋介石之肖像等纪念品,以示惜别。蒋介石到会并致词,对该队官兵的英勇作战、屡建战功表示钦佩。

"工人请愿团"召集各团体代表开会,决定:若一星期后各有关机关仍未予以确切答复,则将扩大发动全体在业失业工人请愿,以至各项要求获得圆满结局为止。

10月17日 蒋介石接受美国合众社社长贝利(10月16日抵重庆)采访,畅谈中外局势,主张对日不计旧怨,并希望中美加强合作。

蒋介石接见山东省政府主席何思源,听取其有关山东政情及率部进驻济南之报告。

国民政府外交部部长王世杰出席外国记者招待会并发表谈话,阐述我国之外交政策:暹罗事件我正循外交途径解决,越南问题现正与法国商讨中,我将尽全力促使外长会议重开。同时就政治协商会议的筹备情形有所报告。

"迁川工厂联合会"举行会员大会,胡厥文报告各位工业界领袖连日奔走请愿情形及各工业团体共同草拟的呈请政府采纳执行的意见书,当经全体通过。

"工业复员协进会"举行理事会议,讨论当前工业复员紧急事项。

中华自然科学社第19届年会在重庆举行,到会者100余人,次日闭会。

会议通过提案多件，如要求政府拨款，提倡科学研究；在各大城市成立科学博物馆，以普及科学；奖励各团体及私人研究等。

美国陆军部助理次长麦克劳率领美国太平洋空军总司令齐尔斯、美宪兵总司令赖奇及大批重要军政长官，乘专机3架由重庆飞赴上海。

美国总统杜鲁门之私人代表洛克一行于下午抵达重庆，其主要任务为探讨战后中美经济合作途径，并安排结束美国生产代表团的在华工作。

10月18日 蒋介石会晤苏联驻华大使彼得罗夫，请其转达斯大林元帅同意国民党军队在大连登陆，并希望苏联借船运兵开赴东北。

《中央时报》是日报道：四联总处核准之工贷50亿元，其分配情况为：机电13亿元、化工8亿元、冶炼8亿元、液燃5亿元、煤矿3亿元、纺织3亿元、其他10亿元。其中贷款数目较大者有：中国毛纺厂、四川水泥厂各1亿元，渝鑫钢铁厂9000万元，中国纸厂、建国纸厂各8000万元。

陪都地区失业官佐已达600余人，是日该请愿团代表方子清等6人分赴国民政府军事委员会、铨叙厅、军政部等处请愿，请求救济并安置工作。

10月19日 台湾接收人员第三批470人，是日乘江建轮由渝赴沪转台湾。

中共代表周恩来应西南实业协会的邀请，出席该会组织的星五聚餐会并作题为《当前经济大势》的讲演，就中国共产党对当前经济问题之主张发表意见。

中国民主同盟发表《临时全国代表大会宣言》，对政治协商会议、民主联合政府、国民大会、人民自由、释放政治犯与废止特务制度以及军队、经济、外交、内政、教育等10个方面阐述自己的立场和态度。

中国民主同盟代表邓初民与中共代表王若飞、徐冰会谈，双方商定交换情报及资料办法。

鲁迅先生逝世九周年纪念，陪都文化界人士于下午2时假白象街西南联谊社举行纪念会，到周恩来、冯玉祥、邵力子、郭沫若、柳亚子、沈钧儒、许寿裳、叶圣陶、茅盾、巴金、曹靖华、冯雪峰、胡风等500余人。

10月20日 国民政府明令：特派潘文华为川、黔、湘、鄂边区绥靖主任

（原任川康绥靖公署副主任职，免），傅仲芳为副主任；特派刘文辉为川康绥靖公署副主任。

蒋介石偕夫人宋美龄及白崇禧、俞济时等一行，于下午3时乘专机——"美龄号"离重庆飞泸州，检阅青年军203师。

周恩来、王若飞与张群、王世杰、邵力子于下午4时在德安里103号继续举行会谈，双方就政治协商会议相关问题进行了商谈。

中共代表王若飞访晤中国民主同盟主席张澜，就各方面出席政治协商会议的代表名额进行协商。

"中华全国文艺界协会"于下午3时在该会举行记者招待会，宣称：总会即将迁往会员人数最多的上海。

中国出席联合国教育文化会议的代表程天放、李书华、罗家伦及顾问秘书杨公达、汤吉禾、瞿菊农等一行，于是日晨7时半乘专机离重庆飞印度转赴英国，教育部部长朱家骅及次长杭立武等到机场欢送。

陪都各界暹罗华侨血案后援会于下午3时举行第一次理监事联席会议。

10月21日　周恩来、王若飞与张群、王世杰、邵力子继续就停止进兵、重划受降区、恢复交通、解散伪军和承认解放区问题举行谈判，并商定了各方面参加政协代表的人数。

张群访晤中国民主同盟主席张澜，对政治协商会议代表问题交谈意见，张群希望政协会议能于11月1日举行，张澜则希望会议代表要不负重望。

"中华全国文艺界协会"在张家花园举行联谊晚会，周恩来应邀出席并讲演延安文艺界情形。

成都记者参观团一行19人于下午3时乘专机抵渝，拟转赴各收复区参观。

10月22日　国民政府明令：特派潘文华为川黔湘鄂边区绥靖主任，特派刘文辉为川康绥靖副主任。

周恩来、王若飞与张群、王世杰、邵力子在重庆青年路国民参政会继续就停止进兵、恢复交通和解放区政权问题进行谈判。

"国民大会代表联谊会"于下午3时假沧白堂举行第十次大会。

"工人请愿团"于上午9时举行第二次干事会,检讨成立以来之工作,决定邀请有关机关及各界人士共同组织募捐委员会,广泛发动募捐事宜。

10月23日 国民政府明令:①军事委员会军令部次长熊斌另有任用,熊斌应免本职,任命秦德纯为军事委员会军令部次长;②任命徐思平为军政部兵役署署长。

蒋介石及夫人宋美龄等自合江乘船返回重庆(21日自泸州到宜宾,22日自宜宾至合江)。

国民政府军事委员会东北行营主任熊式辉于下午4时40分晋谒蒋介石并报告关于东北的一切情况。

周恩来、王若飞与张群、王世杰、邵力子就停止军队前进和军事冲突问题举行会谈。

苏联驻华大使彼得罗夫于晚7时晋谒蒋介石,表明苏联政府不同意国民党军队在大连登陆。蒋介石请其再向斯大林报告,根据友谊关系予以答复。

国民政府军事委员会东北行营主任熊式辉于上午9时在中央设计局召集东北九省主席,大连、哈尔滨两市市长及各部东北特派员举行东北接收会议。熊式辉主持报告东北近况,并盼各省主席及两市市长早日前往接收。

台湾省行政长官陈仪偕同行政长官公署交通处处长严家淦等随员10余人,于上午8时乘专机离重庆飞上海,转赴台湾履职。

"中国进出口贸易协会"在重庆举行记者招待会,呼吁政府解除阻碍贸易正常发展之桎梏,而予进口商人有力之协助。

"旅渝东北同乡会"于下午5时假胜利大厦欢迎东北保安司令杜聿明。

中国农民银行董事长孔祥熙辞职照准,遗缺由陈果夫继任。

"全国慰劳总会"是日起开始办理结束事宜。

10月24日 蒋介石于下午6时在官邸召见云南省临时参议会副议长李一平,垂询滇省近况。

国民党中央党部秘书长吴铁城于下午6时假上清寺花园设宴庆祝朝鲜光复并欢送朝鲜革命领袖回国,到在渝朝鲜革命领袖金九、金奎植、赵琬九及中方党政军首长张继、邹鲁、孙科、冯玉祥、陈果夫、陈立夫等100余人。

"中美文化协会"为酬谢纽约市举办"中国友谊日"之盛情,是日下午3时半假范庄举行"美国友谊日",招待美使馆馆员、美军官兵及各机关之美籍侨胞。

10月25日 国民政府改组江苏政府,任命王懋功为江苏省政府主席。

国民政府行政院发布公告:台湾同胞自即日起恢复中华民国之国籍。

国民政府外交部通知苏驻华大使彼得罗夫:国军暂不自大连登陆,依熊式辉与马林诺夫斯基所商,改由葫芦岛、营口登陆。

张群在蒋介石官邸宴请黄炎培,商谈政治协商会议事宜。

重庆市市长贺耀组邀集国民政府社会部、粮食部、善后救济总署、战时运输管理局、川黔公路局、煤焦管理处、社会局等机关代表于下午4时在市府会议室举行会议,讨论各地来渝难民之供应饭食及遣送回籍等问题。决定以一月为限,将集中渝市之8600余名难民设法全部运送返籍。

"全国中医师公会联合会"原定9月28日举行成立大会,后因故展期,是日上午9时假合作会堂举行成立大会,会议于10月27日闭幕。

10月26日 国民政府明令:特派杜聿明为东北保安司令长官(原任关麟征免职),关麟征为云南省警备司令。

蒋介石致电东北行营主任熊式辉,令统一指挥东北各地党部。

周恩来、王若飞与王世杰、张群、邵力子继续就国民党停止进兵、恢复交通、避免冲突等问题进行谈判。

中国民主同盟于下午4时假上清寺特园举行茶会,招待新闻界报告该同盟的历史及临时全国代表大会之成果,张澜致词强调称:民盟不愿中国再见内战,军事冲突应即停止,并希望舆论界一致主张,一致努力。

国民政府财政部部长俞鸿钧出席参政会驻会委员会第8次会议,报告收复区财政状况及其设施情形,并说明今后财政改革的重点。

民生公司向新闻界报告该公司在抗战中所作之贡献及存在的问题,略谓:公司现拥有船只84艘,总吨位为26069吨,到胜利时为止,共抢救或装运兵工器材19.4万吨,航空油弹器材3.9万吨,机弹辎重马匹等30.6万吨,运送军队壮丁270.5万人,运输美军器材0.24万吨。公司损失也大,总计被敌机轰炸沉船 1.2 万吨,炸死员工 270 人。从 1939 年迄今,因政府统制政策所造成的亏损达 4 亿元。公司呼吁得到政府的扶植,使公司得以维持和发展。

重庆、长春间之直达无线电于下午 1 时起开始通报,此为 14 年来重庆、长春间无线电直接通报的第一次。

"中国教育学术团体联合会"假教育部会议室举行第一届各团体会员代表大会及改选理监事会议。

"重庆失业工人请愿团"于下午举行集会,到各机关团体代表 30 余人,决议合组"陪都失业工人救济金劝募委员会",以 1 亿元为劝募目标。

第二战区司令长官兼山西省政府主席阎锡山抵渝,拟分谒蒋介石、宋子文述职。

10 月 27 日　阎锡山是日上午分别访晤军事委员会副参谋总长白崇禧、军政部部长陈诚、立法院院长孙科、行政院院长宋子文,并于午间晋谒蒋介石,共进午餐。阎锡山向蒋介石报告了第二战区受降经过及最近山西军事情形,同时请示今后之措施方针。

国民政府立法院会议通过《处理汉奸条例》,规定伪职荐任以上均须检举,汉奸财产没收并须处刑。

国民党中央宣传部部长吴国桢对外国记者发表谈话称:政府为谋迅速恢复铁路交通,已同意中共部队在让出各铁路线后,其在各铁路线以外之驻区维持现状,惟铁路交通必须恢复,使无障碍。

中共代表就关于国共会谈恢复铁路交通问题的真相在重庆发表谈话,指出:26 日会谈中,关于中共部队让出各铁路线一议,系由政府代表提出,并非中共代表提出。谈判中,中共方面提出,要恢复铁路交通,必须停止进攻,停止进兵,停止利用敌伪,才能有济于事;政府代表同意停止进占,而不同意停止进兵。双方在进兵问题上并未得到协议,这一点必须弄明,方能了解发生内战、隔绝交通之症结究竟何在。

10 月 28 日　蒋介石会见苏联驻华大使彼得罗夫,要求苏方为国民党军队在营口和葫芦岛登陆提供保障。

蒋介石致电东北行营主任熊式辉,指示:"我军在葫芦岛、营口登陆及由山海关至沈阳铁路运输等事,应速与苏军方面切实洽商,中、苏两军如何联系协同各项实施办法。又东北整个接防计划,亦须从速商定详报。"

"三民主义同志联合会"在重庆举行第一次全体大会,谭平山主持,到全国18个省市的代表和会员。

10月29日 蒋介石召集有关部会司处长以上人员在林园开会,请阎锡山讲述"兵农合一"制度的推行情形。

蒋介石会见韩国临时政府主席金九,询问中国各地尤其是东北地区的韩侨安抚工作。

国民党中常会决定:由李宗黄继任国民党云南省党部主任委员。

第二战区司令长官兼山西省政府主席阎锡山在中枢纪念周上谈艰苦抗战及与中共之战争。

美总统私人代表洛克一行4人视察台湾、广州事毕,28日返抵重庆,是日晋谒蒋介石并报告其视察所见及应取措施。当晚,蒋介石设宴款待洛克等人。

国民政府教育部部长朱家骅离渝飞京,视察收复区教育设施并指示改进事宜,同行者有国立中央大学校长吴有训,前同济大学校长周均时等。

"中韩文化协会"举行成立三周年纪念会,同时欢送韩国临时政府领袖金九主席回国,到孙科、张继、邵力子、甘乃光、杭立武、于斌等及金九、金奎植等数十人。

10月30日 国民政府明令:改组山东省政府,仍任命何思源为山东省政府主席。

周恩来、王若飞与张群、王世杰、邵力子继续举行会谈,中共代表周恩来就国民党代表26日会谈中所提三条建议做了明确答复。"(一)为坚决避免内战,迅速恢复交通起见,中共方面提议:①停止进兵、进攻、进占;②停止利用敌伪;③在8条铁路线(平绥、同蒲、正太、平汉北段、陇海东段、津蒲、胶济、北宁西段)上,双方均不驻兵;④政府方面如须向平津、青岛运兵,须经过协商。(二)军事小组只能在上述问题之原则决定后,方得拟具具体办法,否则无权解决此事。(三)如万一问题不能于事先商得协议,中共方面不反对先开政治协商会议,但开时必须先行解决避免内战、恢复交通问题。(四)在(周恩来)回延安前,须向政府方面先行问明关于国民大会的意见。"双方并对周恩来所答复之四点进行了讨论。

张澜、黄炎培、沈钧儒等在特园举行会议,商讨停止内战问题,决议分函国共两党谈判代表。

黄炎培为国共双方军队冲突日趋激烈一事,致函国共双方谈判代表,提议组织调查团前往冲突地点调查冲突真相,以利协商解决。

国民政府行政院第718次会议,通过:①裁撤财政部贸易委员会;②设立善后救济审查委员会;③设立全国船舶调配委员会,以刘鸿生、卢作孚为正副主任委员;④裁撤各省政府驻首都办事处;⑤改组山东省政府。

10月31日 蒋介石致电中国陆军总司令何应钦:"饬日军总联络官冈村宁次将七七以还,迄其投降为止,所有日军之全部战报,限期汇缴,借作参考。"

张群、王世杰、邵力子与周恩来、王若飞继续会谈。

中国全国工业协会、中国全国工业协会重庆分会、迁川工厂联合会举行临时联合会员大会,讨论当前工业问题,并发表《后方工业界对目前紧急情势宣言》。

重庆80余位厂长经理组成请愿团,于下午赴国民政府行政院请愿。

11月

11月1日 国民政府明令褒奖钱大钧并给予一等景星勋章。

蒋介石接见第三方面军司令官汤恩伯及第二战区司令长官兼山西省政府主席阎锡山。

蒋介石分别致电东北行营主任熊式辉、东北外交特派员蒋经国及东北保安司令长官杜聿明,指示国民党军队登陆及进驻东北各相关事宜。

周恩来、王若飞与张群、王世杰、邵力子于下午5时继续商谈避免冲突、恢复交通诸问题。

"中国建设协会"于下午4时假胜利大厦举行茶会,招待工商金融界。

川康兴业公司原任总经理邓汉祥改任四川省政府财政厅厅长,遗缺总经理一席,由董事会决议聘胡子昂担任,胡于是日到职视事。

"中国童子军总会"成立11周年纪念及新会所落成典礼,于上午9时在复兴路该会所举行。

"中国国际教育文化协会"发起人会议在中央图书馆举行。

11月2日 蒋介石致电东北外交特派员蒋经国,指示与苏方洽商护路问题与空运计划。

周恩来、王若飞与张群、王世杰、邵力子于下午5时继续商谈避免冲突及恢复交通问题,双方就停止军事行动问题,拟出了具体办法,并决定在分别请示各自的中央后再谈。

"中国民主同盟"发言人为制止内战特代表民盟发表四项主张。

由国民政府内政部、外交部及蒙藏委员会共同组织的"外蒙古公民投票视察团"一行15人,由内政部次长雷法章率领,于10月17日飞抵库伦,事毕后于是日返抵重庆。

国民政府社会部是日奉行政院令:向四行洽借1亿元作为救济重庆市失业工人用。

11月3日 国民政府主席蒋介石对东北同胞发表布告,表示将努力安定地方秩序,建立政治制度,扶植经济活力,治标治本,并顾兼筹。

联合国善后救济总署副署长韩雷生,受署长李门之命,应蒋廷黻之邀,于是日下午2时飞抵重庆。韩雷生拟在渝待一周,除晋谒各长官外,并与中国善后救济总署磋商有关问题。

国民政府外交部部长王世杰复电驻美大使魏道明,要求继续向美方交涉日舰分配事,说明中国所受损失较其他盟邦为巨,故赔偿比例自应较大。

国民政府社会部召集失业工人代表举行座谈会,谷正纲主持,听取工人之报告及要求。

中国国民外交协会、重庆市参议会等32单位于下午3时在青年馆举行"欢送韩国革命领袖返国大会",到中韩人士200余人。

11月4日 蒋介石夫妇于下午4时假中央党部大礼堂举行茶会,欢送韩国旅渝各革命领袖回国,并邀留渝中央委员作陪。到中韩两国各部会领袖100 余人,蒋介石致欢送词,金九致答词。

蒋介石于午后召见新近从上海返抵重庆的行政院副院长兼经济部部长翁文灏,对收复区接收情形有所垂询。

联合国善后救济总署副署长韩雷生分别会晤中国善后救济总署署长蒋廷黻、分配厅长李卓敏及赈恤厅长潘小萼。

"中国伊斯兰青年会"于上午在重庆中兴路中国回教协会举行临时全国代表大会,出席者有甘、青、宁、新、豫、滇等省市分会之理监事40 余人,冯焕文主持。会议决定更名为"中国回民青年会",并将宗旨修正为团结全国回民,增进回民利益,融洽民族感情,共负建国责任。

11 月 5 日 国民党中枢于上午9 时在国民政府礼堂举行总理纪念周,蒋介石主持,行政院善后救济总署署长蒋廷黻报告该署最近工作概况。

蒋介石接见第一方面军总司令卢汉,听取其有关越南受降经过的报告,并对滇政有关问题有所讨论。

印度国际大学教授、中国学院院长谭云山(10 月9 日抵达重庆)晋谒蒋介石,报告中印文化合作事业近况。

联合国善后救济总署副署长韩雷生于下午3 时在善后救济总署举行记者招待会,到中外记者数十人,韩氏在回答记者问时称:联合国救济计划,中国列居第一位,将有9 亿余美元的物资运华。

联合国善后救济总署副署长韩雷生下午拜会国民政府行政院副院长翁文灏,并与经济部讨论工矿问题。

陪都工业界代表胡西园、胡厥文、吴羹梅3 人于上午10 时在国民政府晋谒蒋介石,对今后之工业建设有所请示,蒋介石表示今后将由行政院随时与工业界密切联系,商讨工业复员、善后救济及工业建设诸问题。随后,3 人又晋谒行政院副院长翁文灏,对目前之工业困难情形作详细讨论。

中国农业协进社、中国经济事业协进社、中国农村经济研究会、世界科学社、农村科学出版社、寰球出版社等6 团体,发出为停止内战的紧急呼吁。

中国伊斯兰青年会举行临时全国代表大会第三次会议,出席代表40 余人,讨论今后应行推进之工作。

中苏文化协会会长孙科、副会长邵力子为庆祝苏联革命28周年,特招待新闻界,孙科在会上发表谈话,称:我们必须永远保持并加强中苏两国间的友好关系,苏联主张四国共同管制日本的方案,我国应予以百分之百的支持。同时对盟国保留日本天皇一事予以抨击,称利用天皇以改造日本为一民主国家,简直是破天荒的奇想。

"中国艺术学会"在重庆成立,王泊生、徐仲年等为理监事。

韩国临时政府主席金九、副主席金奎植、议长洪震及国务委员一行30余人,于上午9时半分乘专机2架离重庆飞上海转道韩国,蒋介石特派吴铁城到机场欢送。

11月6日 国民政府行政院副院长兼经济部部长翁文灏接见工业界代表胡西园、胡厥文、吴羹梅,商谈有关工业界目前诸问题。

联合国善后救济总署副署长韩雷生于下午3时晋谒蒋介石夫妇,旋即访外交部部长王世杰。

美国总统杜鲁门之私人代表洛克偕经济顾问贾尔、佐理李化民及贝克上校等乘机抵渝。

澳洲华侨领袖、全国慰劳总会澳洲总分会会长林子耀抵达重庆,其任务除向最高当局及抗战将士致敬外,并向全国慰劳总会汇报澳洲分会工作概况,同时考察国内实业情形。

11月7日 蒋介石致电苏维埃社会主义共和国联盟主席加里宁,庆祝其十月革命28周年,并希望中苏两国能共同维护远东和平。

苏联十月革命28周年纪念。苏联驻华大使馆盛会庆祝,到蒋介石之代表吴鼎昌、宋美龄、孙科、邵力子、冯玉祥、宋子文、吴国桢、周恩来、王世杰、郭沫若及驻渝各国使领馆人员。下午3时,中苏文化协会在青年馆举行庆祝大会。

"中国妇女联谊会"紧急呼吁妇女界及全国同胞:一致起来反对内战,并希望国共双方立即停止军事冲突,立即召开政治协商会议,解决目前的军事冲突和国共会谈纪要中所未解决的各项问题。

联合国善后救济总署副署长韩雷生于上午10时访晤交通部部长俞飞鹏,旋即与交通部主要负责人商谈交通运输问题。下午与水利委员会主任委员薛笃弼商讨水利问题。

11月8日 周恩来、王若飞与张群、王世杰、邵力子继续谈判。中共代表提出:"为有效的停止内战,应请国民政府军事委员会首先下令所属部队,实行下列4事:①全面停止向解放区进攻;②从进占区全部撤退;③从8条铁路线撤退;④取消各地'剿匪'命令,保证以后再不进攻各解放区。"国民党代表则称中共对其11月1日所提6项"未予明确之答复,无从商谈"。使谈判陷入僵局。

重庆《中华论坛》《文艺杂志》《希望杂志》《中学生》《民主世界》《青年知识》《中苏文化》《民主星期刊》《东方杂志》《中山文化教育季刊》《民主与科学》《现代妇女》《中国农村》《民主教育》《国讯旬刊》《中原》《民宪半月刊》《新中华》《中国学生导报》《再生》《宪政月刊》《文汇周报》《自由导报》《学生杂志》《文哨》《抗战文艺》《职业妇女》等27种杂志发表联合呼吁:不要内战。

国民政府教育部公布各级学校学年、学期、假期办法。学年——以每年8月1日为学年之始,翌年7月31日为学年之终。学期——一学年分为两学期,以8月1日至翌年1月31日为第一学期,以2月1日至7月31日为第二学期。假期,共分暑假、年假、寒假、春假4种,其中暑假——专科以上学校以69日(7月4日~9月10日)为限,中等学校以59日(7月9日~9月5日)为限,小学以49日(7月14日~8月31日)为限;年假——各级学校一律定为2日(1月1日、2日);寒假——各级学校一律定为21日(2月1日~2月21日);春假——各级学校一律定为1日(4月4日)。

联合国善后救济总署副署长韩雷生上午访晤粮食部部长徐堪,商讨运华善后救济物资粮食之数量及分配问题;上午10时赴卫生署访晤卫生署署长金宝善,商讨卫生救济工作;下午访晤农林部部长周诒春,会商农林救济问题。

重庆《宪政》《国风》《中华论坛》《新中华》《中学生》《东方杂志》《再生》

《文汇》等十大杂志联合出版增刊——《呼吁停止内战》专刊。

11月9日 国民参政会驻会委员会举行第九次会议,国民政府交通部部长俞飞鹏出席并报告收复区内交通状况及接收情形;邵力子报告国共双方商谈之经过。各参政员对目前国内军事冲突,咸表忧虑。决定请政府从速制止国内冲突,保障和平统一,提前召开本会四届一次大会,共同商讨国家大计,以期国是早获合理解决。

周恩来、王若飞邀请黄炎培等人,向他们报告国共双方最近商谈情形及国民党军队向我晋冀鲁豫解放区进攻情形。

联合国善后救济总署成立两周年纪念,蒋介石特致电该总署署长李门表示祝贺。

国民政府行政院致电各收复区省市政府及田赋粮食管理处,对于历年旧欠田赋,亦一律缓征一年,俟明年新赋开征时再行并征,以纾民困。

国民政府财政部公布废止统购统销办法。

中国战区美军总司令魏德迈二级上将由上海飞抵重庆,并于晚间晋谒蒋介石,有所报告。

第一方面军司令长官卢汉在重庆对记者谈话称:我军任务为接收越北日军之投降,故对法越冲突绝对采取中立态度,不加任何干涉,惟负责安定越北秩序,并保护法俘法侨,使其重获自由。

"重庆各报联合委员会"以总干事曹谷冰任期届满,是日上午假中国新闻学会举行改选,选举陈铭德为该会总干事。

上旬 "中国妇女文化社"在重庆举行成立大会。

11月10日 国民政府明令派张振汉为连云市市长,黄朝琴为外交部驻台湾特派员,包华国、魏文翰、冷隽为出席国际劳工组织海事专家预备会议中华民国政府、雇主、劳工方面代表。

周恩来、王若飞与张群、王世杰、邵力子继续举行谈判。

魏德迈于上午11时在美军总部举行记者招待会,申明美军在华之任务,竭力避免卷入中国内争之中。

中国全国工业协会、中国全国工业协会重庆分会、迁川工厂联合会紧急呼吁:内战祸害国家,违反人民公意,应立即停止。

中国民主实践社致函重庆各报社,紧急呼吁大家起来制止内战,要求立即停止任何地区的军事冲突,惩办伪军头目和勾结敌伪的不肖将领。

"重庆市工人请愿团"率领工人500余人赴国民政府社会部请愿,提出"成立失业工人救济机构"等6项要求。

"中华妇女节制协会"假胜利托儿所举行抗战胜利后的首次董事会,到数十人,李德全主持,刘王立明作抗战八年来的工作汇报,洪成一作经济报告。

中国远征军司令长官卫立煌、第六战区副司令长官冯治安、察哈尔省政府主席刘汝明、第三战区副司令长官上官云相抵渝,参加整军会议。

11月11日 "复员整军会议"于上午10时在重庆举行开幕典礼,蒋介石亲临并致训词,说明中国抗战后之国际地位,不仅关系到东亚之安危,仰且关系世界人类之祸福。

"中国民主同盟"在特园宴请国共双方谈判代表,到张群、王世杰、邵力子、周恩来、王若飞及民盟领袖张澜、左舜生、黄炎培、沈钧儒、罗隆基等。席间,双方代表分别报告了近日来双方谈判进过。

由青年作家100余人发起组织的"中国青年作者协会"在重庆成立。

国民政府行政院副院长兼经济部部长翁文灏偕美国总统杜鲁门之私人代表洛克等离重庆飞北平,接收华北开发公司所属之各项事业。

11月12日 国民政府明令:①定民国三十五年五月五日召开国民大会;②颁给邓家彦、董显光、杜月笙等1072人胜利勋章。

"复员整军会议"上午休会,下午2时继续举行,蒋介石主持,军政部部长陈诚报告军政部工作情形及今后措施,说明整编军队的目的。

国民参政会于下午3时假励志社举行在渝参政员茶会,到周恩来、邵力子等70余人,王云五主持,吴蕴初报告上海工矿业接收情形,周恩来就目前各地军事冲突及政治协商会议、国民大会问题有所报告。

"中华民族解放行动委员会"发表《对时局宣言》,提出四项主张:①立即停止各地的军事行动,不进兵,不进攻,不增兵;②迅速召开政治协商会议,切实解决有关受降、驻军及地方自治等问题;③立即阻止国共两党在东北各省区发生军事行动,改组东北接收委员会,首先成立地方联合政权;④在国民大会召开以前,成立统一的民主联合政府。

"中国社会科学研究会"在重庆发表《对当前时局的紧急呼吁》,表示坚决反对内战,要求美军迅速从中国撤退,召开政治会议,实行复员工作。

国民政府派赴香港参加受降之潘华国、刘方炬等,是日由港返渝述职。潘氏在渝对记者发表谈话称:港胞均希望有一强大、独立、统一之祖国。此次祖国军人堂堂正正出现于香港,且与英方官员平等往来,实为百年所仅见。

东北行营主任熊式辉、南京市市长马超俊于下午飞抵重庆述职。熊式辉随即晋谒蒋介石,对东北情形有所报告。

11月13日 蒋介石核定王宠惠所拟之"对日本索取赔偿与归还劫物之基本原则及进行办法"。

国民政府外交部接苏联驻华大使彼得罗夫通知:中国空运长春等地之军队,以宪兵、警察为限。

国民政府行政院与联合国善后救济总署签订基本协定。

国民政府外交部于下午4时举行对日要求赔偿准备会议。

重庆复旦大学等30个文化单位发表声明,强烈呼吁和平,反对内战。

南京市市长马超俊在重庆谈南京近况称:南京之秩序已完全恢复,现有人口740250人(战前为1189506人),战前房屋为62156栋,被毁者共4596栋。教育方面,计有中小学生30000余人。物价方面,自受降迄今,最高者涨达5倍。

绥远旅渝同乡会于下午2时假胜利大厦举行记者招待会,到中外记者30余人,李正乐主持,主要听取绥远省各人民团体代表杜品三关于来渝经过、任务以及国民党军队接收绥远的报告。

11月14日 "复员整军会议"于上午11时举行闭幕典礼,蒋介石主持并致训词。此次会议共开4天,主要议题为研讨二期整军及听取各战区受降报告。会议通过了今后复员整军的方案和计划。

蒋介石致电东北外交特派员蒋经国,指示解决东北问题方案:将东北行营迁移于山海关,再由铁路进入东北。同时"一面表示并不因行营移转而放弃东北;一面对苏联并不取决裂形势,仍与之继续周旋"。

由左舜生、黄炎培等人发起组织的"全国各界反对内战联合会"在重庆成立,参加者主要为民主同盟及工业界人士,并推左舜生、罗隆基起草致杜鲁门电文,陶行知、罗隆基、黄炎培起草致国共两党领袖书及告全国同胞书,呼吁和平,反对内战。

收复区各旅渝同乡会临时联合办事处于下午3时举行代表大会,善后救济总署及战时运输管理局派员出席并报告目前输送难民情形及交通困难情形。会议决定由各旅渝同乡会办理义民还乡事宜。

11月15日 国民政府明令:《巩固金融办法纲要》着即废止。

蒋介石在郊外官邸林园召集各战区司令长官及高级将领举行会议,会议首由12个战区分别报告,次为4个方面军报告,最后由蒋介石评讲,并由各将领检讨工作。会期三日。会议策划在6个月内击溃八路军、新四军主力,然后分区进剿。

周恩来、王若飞与张群、王世杰、邵力子在德安里103号就避免内战、解放区政权、敌伪受降、国民大会、政治协商会议及外交等问题举行会谈。

国民政府外交部通知苏联政府,决定将东北行营撤至山海关。

"民营工厂被裁工人处理委员会"在国民政府社会部成立,设总干事长1人总管会务,下设调查、登记、纠察、总务、交通、救济、职业介绍7组。

11月16日 蒋介石召集各将领在军事委员会举行谈话会,首由军令部等单位作报告,蒋介石并作题为《剿匪战术之研究与高级将领应有之认识》的专题讲演,决定将东北问题暂时搁置,安定关内,再图关外。

"全国慰劳总会"于下午2时假百龄餐厅举行茶会,欢迎澳洲侨领、全国慰劳总会澳洲分会会长林子耀,到100余人。

新任交通部台湾特派员兼台湾省政府交通处处长严家淦抵渝述职。

11月17日 周恩来、王若飞与张群、邵力子商谈东北问题。国民党代表在谈判中说:东北问题的重点是北宁路上运兵问题。中共代表周恩来表示:北宁路上运兵问题与整个军事是有联系,解决此问题之方案有二:①先停止军事,然后再谈其他各项问题;②先从政治上作总解决,然后军事服从政治。

经过反复谈判,国民党代表同意"将来东北可作为和平合作区"。至此,国共谈判告一段落。

国民政府军事委员会军政部部长陈诚召集在渝将领商洽部队整编补充诸问题,会期2天。

国民政府外交部接苏驻华大使彼得罗夫照会,照会否认支持中共,说明中共军队占领苏军撤出的某些地区,是国民党军队无力控制的结果;并表示如国民政府同意,东北苏军可延续一、二月撤退,允许国民党军队空运至沈阳、长春等九城市。

陪都青年世界学生日纪念大会,于下午2时假青年馆举行。

印度著名美学教授甘歌利,应国民政府教育部之聘来华讲学一个月,是日抵达重庆。

国立中央大学校长吴有训月前偕医学院院长等赴南京接收该校校产,事毕后于是日返抵重庆。吴氏并于当日在中央大学学生自治会上报告接收经过,并称中央大学欲明年迁京复原。

11月18日 蒋介石主持军事会报,决定仍要求苏军先解决长春国民党军队安全接收等问题。至于进军东北,则决定空运暂缓,陆路照行。

中国人民反内战联盟发表《为国共军事冲突告全国同胞书》,号召全国同胞立刻行动起来,制止内战,彻底消灭一切足以引起内战的因素。

"陈嘉庚先生安全庆祝大会"于上午9时假江苏旅渝同乡会举行,到邵力子、黄炎培、郭沫若、柳亚子、沈钧儒及各界人士200余人,陈立夫、张澜、梁漱溟、鲜英、柳亚子、毛泽东、周恩来、王若飞与陪都各团体均有祝贺文字。

11月19日 蒋介石召见由上海飞重庆述职的邵毓麟,听取其有关台湾情形的报告及治台方针的建议。晚9时,蒋介石接见阎锡山并有所指示。

国民政府外交部照会苏联驻华大使,另提接收东北的具体办法,它包括:解除沈阳、长春及周围机场附近之中共部队;苏军协助国民政府接收行政权,并准许编组保安队。

"陪都各界反对内战联合会"于下午3时在西南实业大厦举行成立大会。

11月20日 国民政府明令:任命卢汉为云南省政府主席,马瑛兼云南省保安司令,张笃伦为重庆市市长。

中国工程师学会、中国劳动协会、中华全国体育协进会等160余团体之代表300余人,于下午2时假国民外交协会举行国事茶话会。潘仰山主持致开会词说明开会目的,会议发表对时局宣言。

陪都工业界人士潘仰山、吴羹梅、胡西园、胡厥文、吴蕴初5人赴国民政府行政院晋谒行政院院长宋子文,代表陈述工业界现实困难甚详。

第二战区司令长官兼山西省政府主席阎锡山在渝公毕,是日离渝返太原,蒋介石亲自到九龙坡机场送行。

11月21日 川湘公路局是日起正式开办重庆汉口间水陆联运,路线由重庆乘车经沅陵至长沙,长沙汉口间则用水运。

因抗战胜利,沿海各省原随国民政府迁至重庆的民营工厂纷纷复返原籍,至重庆工人大批失业。国民政府社会部有鉴于此,乃于是日成立"重庆区民营工厂被裁工人处理委员会"。

梁漱溟在重庆区海关同人进修会作题为《中国的统一问题》的讲演,内称:中国今天是最需要统一的了,但是统一要统一于一个能够十足代表全国国民利益的民主的政府,统一于明确的建国的目标之下。

11月22日 蒋介石以东北、华北接收困难,电请美国总统杜鲁门拨足船只,以赶运5个军前往冀、鲁、热、察、绥诸省进行接收。

国民政府行政院令颁《抗战损失调查实施要点》,通令各机关遵照办理。该要点详细说明了行政院所属各部的调查内容,并要求各省市接收完毕后,应依照有关法规于3个月内将各省市的抗战损失调查办理完竣。

《新华日报》是日报道:工业界巨子吴蕴初具呈经济部,表示愿将生平投资于各种事业的股票,计票面5092800元,以目前价值计,至少在5亿元以上,完全交出,另组织保管委员会共同保管,自1946年起,产业盈利收入完全作为公益费用。

国民政府教育部于下午4时在该部举行茶会,欢迎印度加尔各答大学美术部主任甘哥利教授,到朱经农、杭立武、谭云山等20余人。

"四川教育复员协进会"(设在重庆)开会讨论有关教育复员事宜,并请省教育厅厅长郭有守报告四川教育复员计划。

美国海军次长格特斯与美国赔偿委员会主任委员鲍莱于下午自上海飞抵重庆，前者主要是与国民政府商谈中美海军继续合作事宜，后者主要是了解中国要求日本赔偿之进行。

11月23日　国民参政会驻会委员会举行第10次会议，军政部部长陈诚报告最近军政设施及受降、整军、复员等详情，邵力子宣读外交部书面报告并报告国共两党商谈经过。

"重庆市汽车商业同业公会"在江苏旅渝同乡会召开会员大会，该会理事长宣传京主持并报告该会成立迄今艰难困苦情形，请求政府贷款并配给新车行驶。

《新华日报》是日载：郭沫若、洪深、老舍、茅盾、叶圣陶、孙伏园、曹靖华、胡风等17人联名致函美国援华会作者委员会赛珍珠及全美作家，请求他们发挥如椽之笔的力量，使美国人民明白在中国发生的事实真相，为中美两国人民悠久的友谊采取有力的措施。

11月24日　美国海军陆战队司令骆基飞抵重庆并晋谒蒋介石，商谈华北、东北受降事宜。

重庆世界科学社致电全世界科学家、教育家、宗教家、实业家、政治家和一切同情中国人民的人士，请求一致敦促美国人民及其政府立即撤退驻华美军，停止供给过剩军火，以拯救中国人民，及早扑灭亚洲原野的熊熊战火。

11月25日　国民政府军事委员会东北行营经济委员会主任委员张嘉璈于下午5时由北平飞抵重庆，旋偕蒋经国、熊式辉晋谒蒋介石报告东北局势及中苏谈判经过。

中共代表周恩来偕秘书、副官一行多人，于是日离重庆返延安。

"辽吉黑三省复员协进会暨东北旅渝同乡大会"于下午2时假江苏旅渝同乡会举行，通过上政府书，致毛泽东电，致杜聿明电，及致东北父老书；并请政府坚持中苏条约，东九省国土不容破碎。

陪都各大学学生张永和、张宫、王金、李诚、黄左、赵明礼等614人联名致书美国学生，请他们发动人民，督促政府停止帮助国民党运兵，撤退在华美军,阻止政府把租借物资交给中国反动派。

11月26日 上午,国防最高委员会会议决定:"为完成经济复员,加强促进全国经济建设及发展,并提高人民生活起见,特设最高经济委员会。"并通过《最高经济委员会组织条例》16条。

"最高经济委员会"于下午4时在行政院举行首次会议,蒋介石致训词,对今后之经济建设方针作重要指示。

国民政府军事委员会东北行营经济委员会主任委员张嘉璈,于下午晋谒蒋介石,报告一切。

国民政府内政部公布全国各地标准时间推行办法,决定划全国为5个时区,分别规定其标准时间,其中中原区以东经120度之时刻为标准,陇蜀区以东经105度之时刻为标准,回藏区以东经90度之时刻为标准,昆仑区以东经82.5度之时刻为标准,长白区以东经127.5度之时刻为标准。

国民政府外交部照会苏联驻华大使彼得罗夫,表示接受苏方的建议,立即派代表前往长春,恢复谈判。

国民政府外交部于下午4时召集军政、军令、经济、教育、内政各部代表在外交部开会,商定接收日本舰船与索还日本掠夺中国之文献、古物办法。

美国总统杜鲁门之私人代表洛克于下午4时假嘉陵新村举行记者招待会,到各报社记者10余人,洛克报告此行来华之任务。

阿根廷首任驻华大使安尔诗博士抵渝,同行者有大使馆武官苏利亚少校、随员施国禄。

出席旧金山会议的中国代表团代表董必武偕章汉夫回到重庆。

11月27日 国民政府特派外交部部长王世杰为互换中荷条约批准约本全权代表。

国民政府行政院会议决议:取消战时生产局及战时运输局,设置中国纺织建设公司。

国民党中央宣传部部长吴国桢奉命向新闻界宣布参加"政治协商会议"各党派代表名单,其中国民政府方面代表为8人,共产党方面代表为7人,青年党方面代表为5人,民主同盟方面代表为9人,无党派代表为王云五、傅斯年、胡霖、钱永铭、缪云台、李烛尘、郭沫若、莫德惠、邵从恩9人,总计38人。

美国驻华大使赫尔利被迫辞职,白宫是日宣布:前陆军总参谋长马歇尔将军继赫尔利为美国驻华大使。

中国战区美军总司令魏德迈偕美国海军第七舰队新任司令巴贝中将,于下午4时半自上海飞抵重庆。

重庆各大学学生联合致书美国政府,呼吁美军退出中国,阻止美国政府资助国民党政府以加剧内战。

11月28日 国民政府宣布:以九月三日为抗日战争结束日期。

蒋介石接见中国战区美军总司令魏德迈及美国海军第七舰队新任司令巴贝中将,会商加速运送国民党军队进驻东北事宜,并改变暂不接收东北主张。

蒋介石接见西藏班禅驻京办事处处长计晋美,听取计氏有关班禅大使堪布会议厅工作近况之报告,并给予慰勉。

国民政府军事委员会军政部举行"复员官兵安置计划会议",会中商定复员军官20000人转任警官,由中央警官学校及其分校甄试训练后,分别安置。

"蕴初资产管理委员会"第一届第一次会议在交通银行举行,到邵力子、钱永铭、钱昌照、翁文灏、陈聘丞、黄锡恩、吴仪及吴蕴初等,决议:①吴蕴初为该会主任委员,②公益事业范围,以化学工业教育为限。

11月29日 魏德迈晋谒国民政府行政院院长宋子文,商讨转让华西区美军剩余器材问题。上午11时50分,魏德迈在美国陆军总部招待新闻界,到中外记者30余人,魏德迈在会上称:马歇尔代表总统来华考察,将提出有关军事援助案。

11月30日 蒋介石特派教育部政务次长朱经农前往昆明,调查昆明学潮。

中央警官学校兼校长蒋介石偕考试院院长戴传贤赴中央警官学校,主持该校毕业典礼并训话。

"中国人民反内战同盟"发表《告全国同胞书》,要求全国人民一致起来,用一切有效的方法制止内战。

中国工程师学会、中国劳动协会、中华民国全国医师公会联合会、中华民国全国中医公会联合会、中国边疆学会、中华全国教育协进会、联合国中国同志会及全国汽车业公会等8团体,发起召集全国性人民团体于是日下午2时假国民外交协会举行发起人会议,一致要求政府设法平定内乱。会议决定组织人民团体联谊会。

国民政府行政院善后救济总署举行记者招待会,蒋廷黻致词称:据内政部统计,抗战八年来全国难民共约4900万人;重庆方面因交通困难,自胜利迄今,输送回乡难民仅4000余人。

长江区复员航运委员会、战时运输管理局水运管理处及后方勤务部船舶管理处,是日奉令全部结束,另组全国船舶调配委员会。

是月 青年远征军编练总监部以任务完成,奉令撤销。

12 月

12月1日 国民政府明令:特派叶楚伧、钮永建为苏浙皖京沪五省市宣慰使,慰问东南同胞;特派周震麟、刘文岛为湘鄂赣三省宣慰使,慰问华中同胞;特派张继、鹿钟麟为豫鲁冀晋察海热七省及平津两市宣慰使,慰问华北同胞;特派李文范、陈济棠为粤桂台湾三省及海南岛宣慰使,前往华南及沿海一带慰问同胞。

国民政府明令:任命俞济时为国民政府参军处军务局局长,赵桂森为副局长。

蒋介石接见东北行营经济委员会主任张嘉璈,指示东北经济问题,并同意其所拟中苏东北经济合作大纲。

蒋介石令派军政部部长陈诚兼任"中央军事机构改组委员会"主任委员,并限于1946年5月底前改组完成。

蒋介石以兼校长的身份,令"中央陆军军官学校"着即改名"陆军军官学校",且只办一校,不设分校。

"美国驻华军事代表团"在重庆成立,魏德迈任团长。

国民政府兵役部正式改组为军政部兵役署,该署是日在重庆正式成立。

"中国民主同盟"举行外国记者招待会,由张澜主持,罗隆基、沈钧儒、章伯钧、梁漱溟等出席并回答记者提问。

"中国青年党全国代表大会"在重庆沧白堂举行开幕典礼。

新任重庆市市长张笃伦本日就职,由前任市长贺耀组办理移交。

"全国船舶调配委员会"正式在重庆成立。

12月2日 国民政府行政院会议,决议在广州、汉口、天津、上海设置金融管理局。

重庆市市长张笃伦晋谒蒋介石,报告市参议会选举情形。

"中国社会科学研究会"在重庆发表《对目前时局的紧急呼吁》,坚决反对内战,提出立刻停止全国各地的武装冲突。

"中国青年作者协会"第一次理监事联席会议在陪都青年馆举行,推徐仲年、胡秋原、何适、徐大川、关自恕5人为常务理事,林桂圃为总干事。

张嘉璈、蒋经国偕苏联驻华大使馆二等秘书齐赫文于下午4时半离重庆飞北平转赴东北。

12月3日 国民党中央于上午9时在国民政府大礼堂举行总理纪念周,同时合并举行肇和兵舰起义纪念,蒋介石主持,叶楚伧报告肇和兵舰起义之意义。

"全国船舶调配委员会"于下午3时首次召集各轮船公司代表举行会议,俾明白船只的数量及工作概况,以作为推进工作之参考。

中国著作协会、中国发明协会、中国全国美术会等16个团体联合发表对时局宣言,内称:"我们要求和平,我们反对内乱。谁发动内乱,谁就是我们的敌人。"

重庆市教育局举行私立各级学校补助费审查会议,经各审查委员根据该局视导室督学分区考核评定结果,认为全市五区(城区、江南区、江北区、沙磁区、九龙区)共64所私立中校、104所私立小学内,以南开中学、懿训中学、复兴中学、仁济护士职业学校、明诚中学及新范小学、诚善小学、尚志小学、树人小学、开智小学等10校办理成绩最佳。

12月4日 国民政府特派顾维钧为出席联合国筹备会议代表,胡世泽为副代表。

国民政府行政院第723次会议,通过:①行政院所属各机关1946年度概算案;②通过江南、中央、民生三造船厂合作办法案;③通过中央裁撤机关还乡运送办法案;④特派蒋梦麟为赔偿调查委员会主任委员,杜光祖为委员兼主任秘书,甘乃光、俞大维、何廉、凌鸿勋、杭立武、陈方、郑介民、邵毓麟、张延祥为委员。

中共代表董必武、王若飞往访邵力子,告以中国共产党出席政治协商会议代表团拟于本月10日动身来重庆,双方并就政治协商会议的有关问题进行了商谈。

阿根廷首任驻华大使安尔诗于上午11时赴国民政府向蒋介石呈递国书。

12月5日 1945年8月14日在莫斯科签订的《中苏友好同盟条约》《中苏关于长春铁路之协定》《关于大连之协定》及《关于旅顺口之协定》,于1945年8月14日由双方政府批准。是日在重庆由国民政府外交部部长王世杰与苏联驻华大使彼得罗夫互换批准文书。

1945年5月29日在伦敦签订的《中荷关于放弃在华治外法权及处理有关问题》之条约,是日由国民政府外交部部长王世杰与荷兰驻华大使罗芬克在重庆互换批准约本,该约于互换后立即生效。

国民政府教育部训令各省市教育厅、局:继续实施普及失学民众识字教育计划,以肃清全国文盲。

自是日起至10日止,政府选派的首批还都人员1500人,将于每日乘飞机3架陆续飞赴南京。首批还都人员150人,是日乘飞机3架离渝飞京。

邵力子访晤董必武、王若飞,商谈政治协商会议诸问题。

陪都工业界负责人举行会议,商讨有关接收敌伪工厂及经济部所订的敌伪工厂委托办法。

由郭沫若、陶行知发起的"纪念武训诞辰107周年大会"在江苏旅渝同乡会举行,陶行知主持,介绍武训之生平,并指出:武训行乞兴学的义举既不是苦行,也不是异行,而是每一个平常人都应有的举动,希望把武训从"圣贤"中解放出来，人人都能学武训，最后疾呼："四万万五千万中国人都应该是武训"，邓初明、柳亚子等分别讲演。会议于9日结束。

12月6日 蒋介石召见青年军编练总监部代总监霍揆彰，垂询各军师受训情形及士官生活，并对青年军今后实施预备军官教育要点，指示甚详。

"中国民主同盟"发言人为昆明惨案发表谈话，谴责国民党当局制造血案。

"重庆各界反内战联合会"举行第三次理事会，会议决议以该会名义致电慰问昆明各校为反对内战而遭枪杀之学生。

12月7日 蒋介石于正午12时半邀宴出席旧金山会议的中共代表董必武，听取董必武关于旧金山会议经过的报告。

蒋介石除派教育部次长朱经农赴昆明处理学潮外，并发表《告昆明教育界书》。

国民政府行政院副院长翁文灏出席国民参政会第11次驻会委员会，报告各收复区接收概况。参政员许德珩、黄炎培等提请政府从速勘查昆明学生惨案，究明凶犯，依法严惩，以重人道，而申国法。

"中央合作金库"理事会举行第一次会议。

自是日起至15日止，重庆市公共汽车管理处奉令每日调公共汽车8辆，由市区至机场输送各部会返京办公人员。

陪都文化界著名人士郭沫若、茅盾、胡风、阳翰笙等18人致函昆明各校师生，"对死者致悼，对生者慰问，祝生者继续努力。"

12月8日 东北保安司令杜聿明晋谒蒋介石报告东北现状，双方并商讨了国民党军队自锦州推进沈阳事。

陪都华侨励志社、南洋华侨协会、旅渝归国华侨协会等10余个华侨团体为纪念太平洋战争爆发4周年，是日下午3时在胜利大厦举行大会，由安南侨领陈肇基主持致词，说明华侨对祖国抗战在精神、物质上的援助及敌人对华侨的残杀。

12月9日 东北保安司令杜聿明再谒蒋介石，有所报告和请示。

由郭沫若、柳亚子、罗隆基等36人发起组织的"陪都昆明被难师生追悼大会",上午9时假中正路长安寺举行。

重庆市选举事务所公布本月民选工作日程:14～16日举行区民代表选举,13～15日公布市参议员之选举人及候选人名单,与市参议员之确定名额;24～26日举行市参议员职业团体初选,30日举行全市大普选。

12月10日 国民政府特派俞鸿钧为议定中苏关于苏军进入东三省后之财政事项协定全权代表。旋俞鸿钧与苏联驻华大使彼得罗夫签订财政协定,协定允许东北苏军发行红军票,将来由中国兑换收回,其损失归日本赔偿。

国民党中央于上午9时在国民政府举行总理纪念周,蒋介石主持,军事委员会军训部兼部长白崇禧作题为《军训部业务现况》的报告。

蒋介石召见余井塘、萧吉珊、赖琏、萧铮等8人,听取对东北局势的革新意见,表示对派往东北之人事当酌量调整。

国民政府军事委员会政治部1945年度政工检讨会议开幕式于下午3时举行。

陪都各界反内战联合会、中国妇女联谊会、中华大学联谊会及青年小学等机关团体代表及市民1000余人赴长安寺公祭昆明被难师生,并捐款26万余元。

12月11日 国民政府明令:特派张厉生兼省及院辖市参议员选举监督,派朱忠道为行政院副秘书长。

中国民主同盟、中国共产党、中国第三党、救国会、戏剧界、文化界及新闻界人士前往长安寺公祭昆明被难师生。

国民党中央宣慰特使叶楚伧、钮永建及随员一行是日离渝飞沪,前往苏浙皖等地宣慰。

全国各铁路在渝员工是日组织请愿团赴国民政府交通部请愿,要求:请于本月20日以前连同直系眷属发给制装费每口20000元,并送回各路。

12月12日 国民政府明令:①《非常时期维持治安紧急治罪办法》当即废止;②特派沈鸿烈前往冀、鲁、热、察、平、津、青岛各省市考察接收事宜,派蒙藏委员会蒙事处处长楚明善前往东北各省,帮同东北行营办理有关蒙旗事宜。

国民政府主席蒋介石偕夫人宋美龄乘专机离重庆飞北平巡视,并慰问东北同胞,参军长商震等同行。

中国青年党第十届全国代表大会自本月2日开幕以来,已举行10日,是日举行闭幕典礼。

蒋介石手谕重庆市政府,草拟重庆市十年建设计划。

《民国公报》是日载:本月以来,重庆地区罢工之工厂有新民、华生、合作、天原、天厨、中兴、大中等厂。

12月13日 重庆市政府、重庆市选举事务联合发布公告,公布重庆市第一届参议员候选人338名,职业参议员候选人98名。

12月14日 国民政府行政院及所属各部会首批还都人员1500人,至是日止全部由重庆运抵南京(行政院17日起开始在南京办公)。

重庆市政府为草拟本市十年建设计划,是日饬令各局处就工作范围提供建设方案,并限本月22日以前交呈市府,俾作初步设计之根据。

重庆大学等后方六大学学生500余人,是日自沙坪坝徒步进城赴国民政府教育部请愿,请求与内迁各校同等待遇,要求政府资助还乡,并分发告社会人士书。

重庆市区民代表自是日起开始选举,16日结束。本市410保,每保选代表4人,其中2人候补,正式代表共为820人。

12月15日 国民政府明令:商震给予青天白日勋章,陈布雷、陈果夫各给予一等云麾勋章。

国民政府交通部次长龚学遂一行14人,于11月27日奉命调查沿江沿海船舶情形,事毕后于是日下午返抵重庆,并对记者发表谈话。

新民、合作、大中等厂工人为要求改善伙食,调整待遇而罢工20余日,重庆市社会局是日邀集劳资双方代表进行调解,商定复工条件,俟资方遵行。

12月16日 中共出席政治协商会议的代表周恩来等30余人,于下午3时35分乘运输机2架飞抵重庆九龙坡机场,董必武、王若飞等到机场欢迎。叶剑英在重庆机场对记者发表谈话称:如何停止军事冲突,是迫待解决的问题,中共也和全国人民一样,抱着和平的希望,希望双方先停战。

晚，中共代表周恩来召集中共代表团全体代表、顾问及中共中央南方局、八路军驻重庆办事处、《新华日报》驻重庆主要负责人徐冰、刘少文、钱瑛、钱之光、潘梓年、章汉夫等开会，宣布中共中央决定由周恩来、董必武、叶剑英、吴玉章、王若飞、陆定一、邓颖超7人为中共中央出席政协会议代表，以李澄之、何思敬、王世英、沈其震、许涤新、张友渔、华岗、王炳南8人为顾问，齐燕铭为秘书；同时宣布撤销南方局重庆工作委员会，恢复南方局（暂名重庆局），以董必武为书记，王若飞为副书记，并宣读了南方局委员和候补委员名单。

各地工业界及文化界、教育界人士为促成民主政治，奠定建国基础，特发起组织"中国民主建国会"，经3个月的筹备，是日下午5时在西南实业大厦举行成立大会。

12月17日 国民政府特派魏道明为中华民国签署《国际货币基金协定》及《国际复兴开发银行协定》特命全权代表。

政协会议中共代表团成员周恩来、董必武、叶剑英、王若飞、陆定一等，分访孙科、王世杰、邵力子、张澜等，就政治协商会议的有关事宜交换意见。

政协会议中共代表团在重庆向报界发表声明，希望在政协开会前及开会期间，国民党军队停止进攻解放区。

王炳南赴美国驻华大使馆，通知美国驻华大使馆代办罗伯逊，周恩来等中共政协代表已到重庆，中共欢迎杜鲁门声明和马歇尔来华。

12月18日 政协会议中共代表团成员周恩来、董必武、叶剑英、王若飞、陆定一、邓颖超等假曾家岩50号举行记者招待会，到中外记者60余人。

国民参政会秘书长邵力子往访出席政协会议的中共代表周恩来，就政治协商会议的有关问题交换意见。

国民政府交通部次长龚学遂对新闻界记者发表谈话，介绍：中国已接收船舶数及相关航线轮船数、运客能力。

"重庆区民营工厂被裁工人处理委员会"办理失业工人登记手续，第一期业于本月13日告竣，共登记工人6000余人，已审查合格发给登记证者3000余人。遣送还乡第一批工人239人，是日乘木船2只离渝赴汉，其余将继续遣散。

12月19日 政协会议中共代表团代表周恩来等,在十八集团军驻渝办事处宴请国民参政会秘书长、国民党谈判代表邵力子。席间,双方就召开政治协商会议及停战问题进行了商谈。

政协会议中共代表团代表周恩来等,分别访晤青年党代表曾琦及民主同盟代表张澜、张东荪、梁漱溟等,就召开政治协商会议的有关问题进行商谈。

中国民主同盟文化委员会负责人张申府、沈志远举行茶会,招待学术界人士和新世纪学会会员,商讨增进团结及对和平、民主、建设应有的努力。

陪都三工业团体举行联席会议,商讨有关工业复员诸问题。

12月20日 国民政府特派程潜为军事委员会委员长武汉行营主任,余汉谋为衢州绥靖公署主任,刘峙为郑州绥靖公署主任,顾祝同为徐州绥靖公署主任。

由国民政府军事委员会政治部召集的"全国政工检讨会议"闭幕。

"中国民主建国会"举行第一次常务理事会,决定设置工作机构及其负责人,并决定在重庆设立分会,指定章乃器、杨卫玉等为筹备委员。

在重庆召开的救国会通过《中国人民救国会政治纲领》。

12月21日 中国民主同盟中央常务委员会举行会议,追认批准民盟出席政治协商会议的代表。

重庆1000余家小织布业厂家,因受当局花纱管制关系,不能领纱,行将破产。是日特招待新闻界,吁请当局供应平价原料、贷款、大小厂平均分配棉纱,俾免贫富悬殊。

12月22日 国民政府行政院核准中国佛教会组织规程,派太虚等9人为委员,并以太虚、李章嘉、子宽为常务委员,"中国佛教会"在重庆正式成立。

美国驻华特使马歇尔偕美国驻华大使馆代办罗宾逊、副官白鲁德上校及秘书薛普来一行,是日由南京飞抵陪都重庆,宋子文、翁文灏、王宠惠、吴鼎昌、程潜、白崇禧、周至柔、周恩来、王若飞、叶剑英等到机场欢迎。

马歇尔在重庆举行记者招待会并发表谈话称:希望能于年前完成与各党派人士交换初步意见之工作,以为决定在华工作具体计划之参考。

国民参政会参政员褚辅成、黄炎培、左舜生等招待政协会议中共代表团代表周恩来、叶剑英等,对政治协商会议诸问题交换意见。

12月23日 蒋介石夫妇于下午2时40分乘专机由南京飞抵重庆,商震、俞济时、王世杰等随行(蒋介石于是月11日由重庆飞北平,驻留8日,于18日由北平飞南京,驻留5日)。

马歇尔特使于上午11时半召见英国首相驻华代表魏亚特将军会谈,下午5时邀晤政协会议中共代表团代表周恩来、王若飞、叶剑英,畅谈甚久。马歇尔表示期待中国实现民主、团结、统一,重视即将召开的政治协商会议。

"中国经济事业协进会"假西南实业大厦举行成立大会,会议提出了该会对于当前经济问题的意见,认为一切经济问题之解决,必须以政治民主化为必要前提。

"中国经济事业协进会"于下午2时假西南实业大厦招待政治协商会议代表,该会理事长阎宝航发言称:倘内战不终止,颇易影响中国工业之发展,故同人谨诚将决定工业前途之大任,委托于政治协商会议。

"全国船舶调配委员会"副主任委员卢作孚、郁恩绥,副秘书长洪瑞涛离重庆飞南京,与该会主任委员刘鸿生商讨目前船舶调配问题。

美国时代、生活杂志记者14人,是日飞抵重庆。

12月24日 美国驻华特使马歇尔于上午10时在美国大使馆举行到渝后的首次记者招待会,到中外记者50余人。马歇尔发表谈话,强调中美关系之密切。

政协会议中共代表团代表周恩来、叶剑英等在驻地——中山三路263号招待陪都文化界人士。

"重庆各界反内战联合会"致函蒋介石,呼吁和平,要求国民党政府停止武装冲突;同时致函中共中央主席毛泽东,呼吁和平。

中国全国工业协会等三工业团体假迁川工业大厦举行工业界对于政治协商会议意见座谈会,到各厂家代表40余人,李烛尘主持。

12月25日 国民政府训令行政院及军事委员会:"战后编余官兵安置计划委员会"正式成立,同日公布该会主要任务为辅导官兵就业,为编余官兵服务。

蒋介石在林园欢宴马歇尔特使,并作第二次长谈。

国民党谈判代表邵力子往访中共代表周恩来,商讨恢复国共两党谈判问题。

政协会议青年党代表曾琦对记者发表谈话称:政协会议召开之先决条件为停止冲突,青年党将建议国共双方同时明令休战,以便交通恢复。

马歇尔先后接见中国民主同盟、中国青年党领导人及无党派人士。

渝西自来水厂于上午7时正式营业,沙坪坝、小龙坎两镇分设7站,同时开放供水。

陪都文艺界、戏剧界、音乐界、木刻界20余人假中华全国文艺协会举行座谈会,要求取消一切出版限制、压迫及苛捐杂税,并草拟文化政策大纲,供政治协商会议参考。

12月26日 国共谈判代表张群、邵力子、王世杰及周恩来、王若飞、叶剑英就过去历次谈判作详细之检讨,并对停止冲突问题交换意见。

出席政治协商会议的民主同盟代表应邀与马歇尔大使会晤2小时,说明民盟对停止内战,成立联合政府及召开国民大会的意见。

"中国民主建国会"举行常务理事会,就《自由导报》被国民党当局查封一事进行讨论,认为干涉言论自由,实为民主国家之不法现象。

出版界联谊会与陪都27大杂志联谊会是日为《自由导报》被封一事举行会议,并决定对《自由导报》作"共存共亡"之有力声援。

12月27日 蒋介石先后接见李宗黄、傅斯年等,听取处理昆明学潮经过报告。

国共谈判恢复。下午5时,中共代表周恩来、王若飞、叶剑英与国民党谈判代表王世杰、张群、邵力子在国民参政会就全面停止内战和政治协商会议的有关问题进行商谈。

美国驻华大使马歇尔于中午宴请周恩来,双方就政治协商会议和东北问题进行了商谈。

中国民主同盟代表周鲸文于上午10时赴怡园,与美国驻华大使马歇尔商谈东北问题。

12月28日　政协会议中共代表团在曾家岩50号宴请中国民主同盟出席政协会议代表及在渝民盟中央常委,交换对政治协商会议之意见。

12月29日　国民政府明令公布出席联合国第一届大会代表:首席代表王世杰,代表顾维钧、傅秉常、钱泰、张彭春。

中共代表就继续举行国共会谈问题催问国民党代表张群,张群向周恩来表示:因27日的会谈内容报告蒋介石后,尚未得到蒋的指示,故谈判暂时不能继续进行。

政协会议中共代表团分别宴请救国会方面的沈钧儒、陶行知、邓初民、李公朴、史良及第三党的章伯钧等,就政协会议交换意见。

美国驻华大使马歇尔于上午10时在官邸接见中国青年党代表左舜生、刘东岩二氏,就停止冲突及政治民主化等问题交换意见;下午与王宠惠、吴铁城、陈立夫、张群会谈。

国民政府外交部部长王世杰于下午5时假外交部官邸举行鸡尾酒会,欢迎马歇尔特使。到中枢各部会要人数百人。

12月30日　蒋介石夫妇为纪念盟国共同胜利并庆祝马歇尔特使66岁寿辰,于晚8时在山洞林园官邸举行盛大宴会,并邀各国驻华使节,美军总部高级将领,国民党中央执、监委员会常务委员,国民政府委员,国民政府各院部会长官及国民参政会主席团150余人作陪。

国共双方代表继续举行会谈,国民党代表复文中共代表,同意停止一切军事冲突,组织军事考察团,并主张对所有与停止军事冲突、恢复铁路交通及受降有关事宜,由国民党派代表1人,中共派代表1人,会同马歇尔商定办法。复文并称:蒋介石决定于1946年1月10日召开政治协商会议。

中国民主同盟主席张澜致函国共两党代表张群、王世杰、邵力子和周恩来、王若飞、叶剑英等,提出:政治协商会议举行在即,至希中央政府、中国共产党于1946年元旦,双方发令所属一切军队,即日停止武力冲突,所有问题均得提交政治协商会议解决,为此迫切建议,希望转达当局,迅予鉴纳施行。

"重庆防空司令部"奉令结束。

重庆市第一届参议员选举,于是日上午8时至下午4时举行,全市有选民29万余人,拟选出参议员83名。

陪都教育学术界举行座谈会,讨论对政治协商会议的意见,主张迅速召开政治协商会议,扩大其职权,结束党治,由政治协商会议改组政府,在国民大会召开前行使其职权。

12月31日 国民政府主席蒋介石宣布:定于1946年1月10日在重庆召开政治协商会议,会期14天。

下午6时,张群、王世杰、邵力子与周恩来、董必武、叶剑英继续会谈。

周恩来、王若飞、叶剑英函复中国民主同盟主席张澜,重申中共全面无条件停止内战的主张,表示完全同意于明岁元旦国共双方下令所属部队,即日停止武力冲突。

"海军总司令部"奉令结束,其业务由军政部海军处接管。

国民政府财政部海关复员工作竣事,海关总税务司李度离重庆飞上海,海关总税务司署移上海办公。

重庆市第一届参议员选举结果是日揭晓,共选举出正式参议员83名,其中有1/4曾任临时参议会参议员,国民党党员占大多数。

陪都戏剧电影界于上午10时假西南实业大厦举行座谈会,参加者有各剧团、影院及影剧工作者应云卫、马彦祥、宋之的、潘孑农、阳翰笙等60余人。座谈主题为发表对政治协商会议之意见,决议二点,一为对当前问题之迫切要求,分:①审查取消,②捐税减低,③演出自由,④公开敌伪影剧财产接收及处理情况,⑤彻查附逆影剧人,⑥协助影剧复员,⑦不容"中央电影服务处"垄断电影事业。二为对将来新的中国戏剧电影文化如何建立陈述意见,主要要求政府处于扶助地位,不得整个统制,且应保证影剧事业自由,并积极限制舶来品。会议推应云卫、马彦祥等5人起草意见书。

是月 中国与智利两国使馆相互升格为大使。

重庆市防空洞管理处本年10月奉令结束,是月结束竣事。

1946 年

1月

1月1日 抗战胜利后首届元旦,国民政府主席蒋介石在陪都重庆发表《告全国军民书》的广播讲演,内称:"今后努力的重点,在于'国家统一与政治民主'……军令政令的必须统一,军队必须一律归还国家统辖,任何割据地盘、破坏交通、阻碍复员的军事行动,必须绝对避免,则是解决目前纷争不安的唯一先决条件。"

中共代表周恩来与马歇尔会谈停止中国内战等问题,马歇尔建议国、共、美三方各出一人组成委员会,职责为处理有关停战、恢复交通和受降事宜,取一般协议方式,每方都有否决权,一切决议须送国共最高当局核准后始生效。周恩来表示:"中共欢迎外来的友谊,但也希望盟国恪守'不干涉中国内政'的诺言。"

"全国慰劳总会"代会长谷正纲代表该会捐献劳军款 19200 余万元,由国民政府军事委员会代表邵企雍将军接收。

"重庆市十年建设计划委员会"正式成立,负责办理重庆市复员建设各方面之规划。

1月2日 中国民主同盟发言人在重庆对时局发表谈话如下:"(一)停战问题:①停止冲突,恢复交通,军队各驻原地,不能利用铁路调动;②军事考察团除由国共两党代表参加外,我们赞成由政治协商会议公推社会贤达、公正人士组织之,其人选不限于政治协商会议代表;③我们曾建议国共双方于元旦宣布停战,现既未能做到政府所公布之办法,我们主张能照以上所修正之点,于协商会议开会以前做到。(二)关于政治协商会议问题,会期既定,应尽量利用会前时间,作会外协商。(三)关于蒋主席元旦广播词之意见:①关于国民大会,我们与蒋主席意见恕不相同,我们主张重订国民大会之组织法与选举法,成立真能代表民意的国民大会;②关于延揽社会贤达及党派人士参加政府一节,我们认为开放政权改组政府,应由协商会议公布商定,不能由一党以延揽方式出之;③关于军队统一于国家一节,各方均无异议,但必须与政治民主化并行之;④在广播词中仅提到中央政府改组的话,对于地方政权问题,漏未提及,我们主张应本各党联合之义,及早实施地方自治为解决之道。"

中午,政协会议中共代表团邀请中国民主建国会李烛尘等晤谈,交换对时局的意见,并共进午餐。

美国特使马歇尔与华西公司总经理胡光麃晤谈,探询中国工业界对当前政局的意见。

影剧业公会于下午2时招待新闻界,报告该业困苦情形。

1月3日　国共双方代表于下午3时假王世杰官邸继续商谈停止军事冲突问题。

中共代表周恩来与马歇尔会晤,向马歇尔转告中共中央欢迎马歇尔参加停战、受降、恢复交通等问题的协商。马歇尔提出在北平设立执行部,由国、共、美三人委员会组成,一致行动须根据一致协议。

"中国民主同盟"假国府路300号招待出席政治协商会议的无党派代表,梁漱溟代表民盟申述民主同盟解决国是之意见,并征求无党派代表之意见。

美国特使马歇尔与中国农业协进社理事长董时进晤谈,探询中国农业情形。

在重庆的韩国人士组织的"在渝韩国独立运动者大会"在重庆成立。

1月4日　国共双方代表周恩来与张群继续商谈停止内战问题。

"东北政治建设协会"茶会招待政治协商会议各方代表,交换对目前国是和东北问题的意见。周恩来在会上指出：东北问题要和全国问题联系起来，东北急待有一和平局面，全国迫切要求停止内战。

"中国民主同盟"留渝中委于下午2时假特园举行座谈会，张澜等报告政治协商会议提案甚详，并分别听取各中委对提案之意见。

"中国青年党"中午招待政治协商会议民盟代表，青年党首席代表曾琦即席发表意见，倡议政治协商会议期间，谋求各政党间之合作与团结。

国民政府军事委员会军政部部长陈诚下午4时偕该部职员及眷属190余人，搭乘"同兴"兵舰，于次日晨离重庆东下赴南京。

国民政府军事委员会副总参谋长白崇禧偕秘书、参事数人离重庆飞南京。

1月5日 国民政府是日明令发表承认外蒙古独立的公告如下："外蒙古人民于民国34年10月20日举行公民投票，中央曾派内政部次长雷法章前往视察。近据外蒙古主持投票事务人员之报告，公民投票结果，已证实外蒙古人民赞成独立。兹照国防最高委员会之审议决定，承认外蒙古之独立，除由行政院转饬内政部将此项决议正式通知外蒙古政府外，特此公告。"

马歇尔特使于下午3时在林园晋谒蒋介石，商谈国共双方停止冲突及政治协商会议有关事宜。

下午5时，中共代表周恩来、董必武、王若飞、叶剑英与国民党代表张群、王世杰、邵力子继续就停止军事冲突和恢复交通问题进行谈判。

中共代表周恩来与马歇尔举行会谈，讨论《关于停止国内军事冲突、恢复交通的命令和声明》的具体条文。

周恩来、董必武、王若飞、叶剑英致函国民党代表王世杰、张群、邵力子，正式通知国民党政府，中共出席政治协商会议的代表及顾问名单。

政协会议中共代表团宴请无党派出席政协会议的代表，并就政治协商会议的有关问题交换意见。

"中国青年党"出席政协会议之全体代表设宴招待中共代表团，董必武、叶剑英、邓颖超应邀出席，双方就政协会议的各种问题交换了意见。

国民党中央宣传部通知陪都各报社，各派代表1人办理手续，以参加政协会议之旁听。

陪都文化界名流为纪念中国人民的伟大歌手冼星海,于是日晚假江苏旅渝同乡会举行纪念演奏会,周恩来在讲话中号召全国人民团结起来,为自由和民主权利,为中国和世界的和平而奋斗。

新任法国驻华大使梅里霭偕夫人、公子,于下午3时半飞抵重庆。

"重庆市银行"举行开幕典礼,其业务仅以代理市库及周转市公用事业之资金为限。

重庆市政府公共汽车管理处招待新闻界,由该处处长报告该处各部门工作情形。

1月6日 国民政府公布政治协商会议召开办法七条及各方面出席政治协商会议的会员名单。办法规定:政治协商会议的工作范围,一是商讨和平建国方案,二是商讨国民大会召集的有关事项。出席政治协商会议的全部会员共38人,其中国民党8人;共产党7人;青年党5人;民主同盟9人;无党派人士9人。

政治协商会议秘书处正式成立,雷震任秘书长。

政治协商会议召开在即,蒋介石特聘孙科等38人为该会议会员,是日发出聘书。

"中国民主同盟"在渝盟员下午2时假西南实业大厦招待出席政治协商会议的民盟代表,并提供意见。

张群、吴铁城2人于正午假西南实业大厦宴请政府及民主同盟出席政协会议的各代表。

"中国青年党"出席政协会议各代表,于中午宴请无党派出席政协会议各代表,并交换对政协会议的意见。

政协会议中共代表团分别出席冯玉祥、孙科举行的记者招待会,并与冯、孙2人就时局若干问题分别交换意见。

"中国民主建国会"于下午1时假迁川大厦举行座谈会,商讨向政协会议提供之意见数项。

"九三座谈会"举行扩大座谈会,决定筹组"九三学社",并成立"九三学社筹备会"负责一切筹备工作。

国民政府参军长商震奉命会晤马歇尔特使,与之商谈设置军事调停处执行部的有关事宜。

1月7日 政治协商会议会前谈话会于下午3时假军事委员会大礼堂举行,交换关于会议各项问题的意见,孙科主持,政协会议秘书长雷震报告了秘书处筹备经过,各方代表纷纷发言,与会者一致决议:以易于解决者先谈,难于解决者后谈为原则,治标之后,再谈治本。

商定停战和恢复交通等实施办法的三人会议于上午10时在马歇尔寓所——怡园举行首次会议,三方(周恩来代表中国共产党、张群代表中国国民党、马歇尔代表美国)就有关停止冲突、恢复交通、受降和遣俘等问题,初步交换了意见。

"中国青年党"参加政协会议之代表,于中午假四川省银行欢宴国民党代表,雷震亦应邀出席,双方就协商会议提案诸问题交换了意见。

"中国民主建国会"于下午2时假西南实业大厦招待出席政协会议的各方代表,并发表对政协会议的意见。

东北各团体于下午5时假胜利大厦招待出席政协会议的各方代表,并发表对会议的意见。

政协会议中共代表团假胜利大厦举行鸡尾酒会,招待中外各界人士,到国民政府各院、部会长官,国民党元老;各民主党派领导人,各界知名人士,各国驻华使领馆官员,国际友人,中外记者等1000余人。

晚,中国民主同盟宴请政协会议中共代表团并交换对政协会议之意见。

香港总督哈科特及随员5人,于午后1时由香港飞抵重庆。

1月8日 马歇尔、张群、周恩来三人会议于上午8~11时,下午4时30分~8时在怡园继续会谈有关停止冲突、恢复交通等问题。

"中国民主建国会"假西南实业大厦茶会招待出席政治协商会议的各方代表,报告该会成立经过并向政协会议提供意见,到政协会议代表及各界人士80余人。

"中国民主同盟"于下午5时欢宴政协会议中共代表团,并交换意见。

陪都各团体于下午 2 时假胜利大厦举行新年联欢,到中国工程师学会、中华农学会等全国性团体 165 个,重庆市商会、教育会等地方性团体 185 个之代表 400 余人,会议通过对时局宣言。

东北复员协进会、东北建设协会、东北难民救济委员会等七团体于下午假胜利大厦招待政协会议各方代表,对东北问题交换意见。

政协会议中共代表董必武、邓颖超招待重庆各界妇女代表,到 30 余人,交换对政治协商会议的意见。

褚辅成、许德珩、税西恒、张西曼邀请重庆学术界人士举行座谈会,到何鲁、刘及辰、潘菽、吴藻溪等 20 余人。与会者就新疆问题和政治协商会议进行座谈,一致要求:政治协商会议必须完全公开,只许成功,不许失败。

1 月 9 日 上午 11 时,周恩来往访马歇尔,就美国停止帮助国民党运兵和在中国停止一切军事冲突问题进行商谈。

周恩来、张群、马歇尔三人继续举行会谈,并就停止一切军事冲突的命令及监督停战的执行机构之组织等达成一致意见,同时拟就文件,只待签发。

国民政府农林部公布《农林部农业复员委员会组织规程》11 条并即日实施,规定该会主要职责为筹划与推进农业复员工作。

陪都文化、艺术、出版界 7 团体于下午 2 时假西南实业大厦招待政治协商会议代表及各界知名人士,到 200 余人,陶行知主持致词。

华北晋、冀、鲁、豫、陕、绥、甘、宁、察、热等省旅渝同乡会是日联名致电政治协商会议及各出席会员,陈述华北人民之疾苦及对国是之意见。

"中国妇女联谊会"假中苏文化协会招待出席政协会议的各方代表,与会者先后发言,一致要求立即停止内战,实现政治民主化,释放一切政治犯,取消特务组织,废止一切妨害人民自由之现行法律等。

上旬 陪都 35 家出版机关对政治协商会议提出意见五项:①废止出版法;②取消期刊登记办法;③撤销收复区检审办法;④明令取消一切非法检扣;⑤取消寄递限制。

"中国红十字总会"改隶国民政府行政院,该会主要职员由行政院聘任或提定,是日该会改组完成。

"中国民主同盟"聘定马寅初、章乃器、钱端升、张奚若、史良、施复亮、吕复、杨子恒等10余人为政治协商会议代表顾问,襄助处理各项专门问题。

由东北旅渝同乡所组织的辽宁省复员协进会、吉林省复员协进会、黑龙江省复员协进会、东北难民救济委员会、东北义民还乡救济委员会及东北建设协会六团体,联合发表东北民众对东北现势之意见书,声明反对东北特殊化。

"北碚图书馆"成立,该馆包括北碚民众图书馆、民生公司图书馆、西部科学博物馆三部分。

1月10日 政治协商会议于上午10时在国民政府礼堂隆重开幕,蒋介石主持会议并致词,并宣称政府决定的四项新措施:"人民之自由——人民享有身体、信仰、言论、出版、集会、结社之自由,现行法令,依此原则分别予以废止或修正。司法与警察以外机关,不得拘捕、审讯及处罚人民。政党之合法地位——各政党在法律面前一律平等,并得在法律范围之内,公开活动。普选——各地积极推行地方自治,依法实行由下而上之普选。政治犯——政治犯除汉奸及确有危害民国之行为者外,分别予以释放。"

上午8～10时,马歇尔、张群、周恩来三人会议举行第六次会谈,三方取得一致意见,并正式签订了以下四个文件:①停止军事冲突的命令草稿;②了解事项;③在北平设军事调处执行部;④国共双方共同声明。

下午3时,中共代表周恩来与国民党代表张群在怡园共同签署了《关于停止国内冲突的命令和声明》,与本月5日达成的《关于停止国内军事冲突的协议》同时公布。

国共双方分别发出停战令。

国民政府公布与中共达成的《关于停止军事冲突与恢复交通协议》。

下午,国民政府立法院院长孙科在答记者问时称:"蒋主席此次召开政治协商会议,其目的在征询各党各派及在野贤达意见,以为解决目前国内和平建国,民主统一的问题。"

晚7时,政协会议中共代表团假中三路263号举行记者招待会,到中外记者30余人,周恩来向记者们报告了停战命令发布的情况,并答复了记者的提问。

驻华美军总司令魏德迈上将午后4时由上海乘专机抵渝，当即赴怡园会晤马歇尔特使，有所报告。

各省旅渝同乡联合会于下午假宁波同乡会举行各省同乡会代表会议，讨论各省难民还乡与救济问题，并向社会部及善后救济总署有所建议。

1月11日　国民政府明令：何应钦、程潜、白崇禧、徐永昌、陈诚、张治中、李济深、何键、张群、冯玉祥、宋子文、宋美龄、戴笠、康泽、蒋经国等党政军要员82人，各给予"忠勤勋章"。

蒋介石接见张群，指示应催促中共早日商定整编军队与中共军队接受政府统辖办法。

国民政府行政院电释台湾省战时损失范围，自民国20年9月18日以后，均在调查之列。

下午，国共双方代表张群和周恩来相继在政协第二次会议上报告关于停止军事冲突、恢复交通的商谈经过。会上正式通过成立北平军事调处执行部。

中国民主建国会、文化界政治协商会议协进会筹备会、中国人民建国会（前"救国会"）、迁川工厂联合会举行代表会议，一致通过组织"陪都各界政治协商会议协进会"（次日改为"政治协商会议陪都各界协进会"），即日开始工作。今后每日举行一次，分请政治协商会议各代表向陪都各界群众报告政协会议进展情况并听取民众意见，借以表达民意。

马歇尔特使上午9时与驻华美军总司令魏德迈会晤，并听取美国驻华大使馆武官、驻渝情报官员及驻昆明领事之报告。

蔡元培80诞辰，中央研究院及北大同学会于上午10时假国民党中央宣传部大礼堂举行纪念会。

首届"司法节"，重庆市司法界、中华法学会等于上午8时假国民政府司法院办事处举行庆祝会，由司法院院长居正主持致词，勖勉司法界推行法治，协助建国，谢冠生、杨幼炯分别讲演。（按：1月11日为平等新约签订纪念日，司法院为庆祝国家独立，主权完整，互约是日为司法节）。

《新华日报》成立八周年纪念,该报在化龙桥举行盛大纪念会,到胡健中、陈铭德及中外记者、作家茅盾、曹靖华、胡风、阳翰笙、邓初民等共1000余人。

1月12日 政治协商会议于上午9时举行第三次会议,到35人,孙科主持,周恩来、邵力子分别报告国共商谈经过,秘书长雷震宣读对昨日张群、周恩来二氏关于停止军事冲突及恢复交通商谈报告之决议案,与会者一致通过。决议案称:国共双方"以最大决心,相忍相让,使军事冲突由此终止,和平由此奠基,深感欣慰。尤盼继此协定,对于永久消弭军事冲突之方策,迅速实施"。

"国大代表联谊会"于下午举行第13次会议,到钱新之等200余人,对当前时局有所讨论,并一致决定电全国各区域及各职业团体代表,于4月1日以前到达南京,4月4日在南京举行筹备会议。

"陪都各界政治协商会议协进会"于晚7时在"民主团结、齐步前进"的歌声中于合作会堂举行第二次大会。

1月13日 政协会议五人程序小组商定政协会议的主要议程。自1月10日政协会议开幕后,与会代表对会议的议程及会期问题争论激烈,意见不一。12日,中共代表陆定一提议,由出席会议的各方代表推举5人组成程序小组,单独会议商决,得到各方同意,遂推举陈立夫、董必武、梁漱溟、王云五、陈启天5人组成。

军事调查执行部三委员罗伯逊(美国驻华大使馆代办)、郑介民(国民政府军事委员会军令部第二厅厅长)、叶剑英(第十八集团军参谋长)偕随员一行15人,于上午10时乘专机离重庆飞北平,开展工作。

中共代表周恩来向政府代表张群提出书面抗议,抗议杜聿明电令部属于14、15两日继续进攻事。张氏以电话答复,保证自13日晚12时以后不再有任何军事进攻行为。

政协会议中共代表团在其驻地举行全体政协代表、顾问人员会议,研讨改组政府和施政纲领问题。

"中国民主同盟中央妇女委员会"于下午2时假西南实业大厦招待各界及各党派妇女,刘清扬主持致开会词,号召妇女尽量发表意见,以反映到政协会议上去。

"中国民主建国会"于下午2时举行首次政协会议代表演讲会,由梁漱溟、李烛尘、黄炎培三氏讲演,梁漱溟报告政协会议3日来之经过,谓"将来会议之困难,当在人民权利及地方自治二问题,渠对此点'十分关心,十分忧虑'。并称,人民自由权利问题一天不解决,会议一天不能休会"。

1月14日　政治协商会议于下午3时举行第四次会议,到34人,孙科主持,主要议题为中央政府机构之改组与扩大问题,涉及人民的基本自由权利与地方政权等问题。会上,王世杰代表国民党代表团提出了《关于扩大政府组织之意见》,曾琦代表青年党代表团提出了《改革政治制度实行政治民主化案》,董必武代表中共代表团提出了《关于改组政府的八项主张》。

"陪都各界政治协商会议协进会"在合作会堂举行第三次大会,由罗隆基报告14日大会经过。

东北外交特派员蒋经国前赴苏联访问,事毕后于下午4时返抵重庆。

1月15日　政治协商会议上午9时举行第五次大会,出席32人,孙科主持,分别讨论政府组织问题兼研讨共同施政纲领问题,各党派及无党派人士均未提出正式提案,仅作广泛的交换意见,决定由分组委员会采纳各方面意见,再提大会讨论。

中共代表周恩来与国民党代表张治中,为军队整编问题在桂园举行会谈。

中国民主同盟代表团招待政治协商会议全体顾问,到马寅初等23人,章伯钧主持,各顾问热烈发言,一致认为:"①政治协商会议应奠定永久和平与民主基础;②军队国家化须国共两党同时实现,始为彻底;③人民身体自由及言论结社出版等自由,须切实实行;④政府改组须彻底,'请客式'的改组,绝非办法,一党专政必须结束,独人独裁必须终止;⑤国民大会旧代表、旧组织法及旧选举法应予废除;⑥共同纲领必须在改组政府解决以前,由政治协商会议决定;⑦经济民主化的政策及执行机构,须确实决定。"并认为保障人民身体自由为实施民主之先决条件。

"陪都各界政治协商会议协进会"在合作会堂举行第四次会议,由张申府报告政协 15 日的经过情形。

"陪都各界政治协商会议协进会"是日发出代电,请各地成立协进会分会,并设置人权保障委员会。

"陪都各界拥护和平统一大会"于下午 3 时假青年馆举行成立大会,孔庚主持致词并畅言民主的重要。

河南、安徽、山东、绥远、热河、辽宁、河北、广东、江苏、山西、陕西、北平、天津等省市旅渝同乡会暨吉林、安徽、河北、黑龙江等省复员协进会于下午 6 时假胜利大厦招待政治协商会议代表,到各该会负责人及代表 40 余人,政协会议代表到会者有邵力子、陈立夫、张厉生、陈启天、常燕生、梁漱溟及齐燕铭(中共代表团秘书)等。裴鸣宇主持致欢迎词,梁漱溟、陈启天、齐燕铭、陈立夫等先后致词。会议提出对政治协商会议的 5 点意见:①军队国家化;②政令必须统一;③安定社会;④实行地方自治;⑤国民大会应彻底实行。

1 月 16 日　国民政府明令:①特派顾维钧为出席联合国安全理事会第一届会议代表;②国民参政会第四届第二次大会定于本年 3 月 20 日在陪都召开;③公布《台湾法院接收民事事件处理条例》30 条及《台湾法院接收刑事案件处理条例》36 条并即日实施;④授予外籍人士邓福等 85 人勋章。

政治协商会议于上午 9 时举行第六次大会,讨论军事问题,民主同盟提出了《实现军队国家化并大量裁兵案》。青年党提出了《停止军事冲突实现军队国家化案》。会上,国民党代表张群报告了有关军事三人会议的情况,国民政府军政部次长林蔚报告了整军计划及经过,中共代表周恩来作了题为《关于军队国家化问题》的报告。

政协会议中共代表团向政治协商会议提出《和平建国纲领草案》。该草案由总则、人民权利、中央机构、国民大会、地方自治、军事改革、复员善后、财政经济改革、文化教育改革及国际和平和保护侨民等 14 条 48 款组成,全面反应了中共对于和平建设新中国的主张。

"军事三人小组会议"组织成立,国民政府方面的代表为张群、张治中,中共方面的代表为周恩来,马歇尔则以顾问的身份参加。

政协会议中共代表团宴请张治中、雷震及国民党政协代表团,并就政协会议的有关重大问题进行商谈。

"陪都各界政治协商会议协进会"第五次会议自是日起改在沧白堂举行，由张东荪、郭沫若报告政协会议情形。

1月17日　政治协商会议于下午3时举行第7次会议，讨论国民大会问题，国民党代表团提出了《关于国民大会之意见》，坚持10年前国民党一党包办的旧代表仍然有效。章伯钧、邓颖超、张东荪、吴玉章、张君劢、曾琦、王云五、钱新之、邵从恩、胡霖、郭沫若、傅斯年、邵力子等分别发言，大多主张重选。

"陪都各界政治协商会议协进会"在沧白堂举行第六次大会。

国民政府特派外交部长王世杰为商订中法关于法国放弃在华治外法权及其有关特权条约暨中法关于越南之协定及换文全权代表。

法国新任驻华大使梅里霭于上午10时在国民政府礼堂觐见蒋介石并呈递国书。

1月18日　政治协商会议于上午9时举行第八次会议，继续讨论国民大会问题。

周恩来与张群、马歇尔会商迅速停止军事冲突问题。

蒋介石致电东北行营主任熊式辉、保安司令杜聿明，指示国民党驻东北各部队应注意保护铁路，并随时完成作战准备。内称："凡我军已入东北之部队，无论其兵力大小，亦无论行军住宿，皆须随时完成作战之准备，千万勿忽。"

九三学社筹备会致书政治协商会议，提出开放政权，给人民以民主自由，切实执行停止军事冲突，立即释放除汉奸以外的一切政治犯等10项意见书。

重庆市临时参议会是日宣告结束，该会于是日下午举行惜别会，到数十人，议长康心如主持，说明六年来之工作概况。

1月19日　政治协商会议举行第9次会议，讨论宪草问题，首由政府代表孙科说明《五五宪草》之内容及精神，黄炎培、沈钧儒、傅斯年、胡霖、曾琦、杨永浚、张申府、吴玉章、李烛尘分别发言，主张《五五宪草》必须修改，反对宪草中总统权力过大，提出对人民自由应有积极保障。

"陪都各界政治协商会议协进会"于晚7时在沧白堂举行第七次会议,由梁漱溟报告会议经过及民盟对裁军的主张,到听众2000余人。

重庆中小工厂联合会筹备组向政协会议提出书面申诉,呼吁召开全国经济会议,坚决反对垄断的官僚买办性经济,并提出要求15项。

重庆文化界艺术界纷纷联名致书政协会议,要求取消一党专政,成立联合政府;废止文化统制政策,保障文化工作者应有各项基本自由,确定民主的文化政策。

"东北政治建设学会"为研究东北经济建设问题,是日假华侨兴业银行约集经济专家马寅初、章乃器等举行座谈会,与会者咸认为东北经济建设能否顺利进行,以东北政治能否民主化为先决条件。

1月20日 国民政府明令:特派张彭春为出席联合国经济暨社会理事会代表。

国民政府外交部声明:中国政府不受《雅尔塔秘密协定》之拘束。

陪都各界为庆祝国内和平的实现,是日下午2时在沧白堂前广场举行民众大会,到各界代表1000余人。

"中国青年党"下午3时假西南实业大厦招待新闻界,该党政协代表陈启天、曾琦等出席并报告该党近况及政协会提案内容。

戏剧电影界人士洪深、马彦祥、阳翰笙、曹禺、宋之的等50余人联名致书政治协商会议,提出对政治协商会议的六点要求、五点建议。并称:"我们坚决主张立即停止内战,和平建国纲领必须制成,联合政府必须迅速诞辰"。

中旬 国民政府行政院院长宋子文以国内冲突业以停止,今后政务急待办理,特手令军政、交通、经济、财政等部,于最近期内全部由渝飞京,时间以一周为准备,二周迁完为原则。

1月21日 国民参政会驻会委员会于上午9时举行第十四次会议,国民政府教育部部长朱家骅出席并报告《最近教育行政设施暨收复区学校现况及处理情形》,莫德惠出席并报告东北观感。会议选举产生了参加军事考察团的代表人选,并选了候补代表。

政协分组委员会国大问题组、宪法草案组及施政纲领组分别举行会议,对各项问题有所讨论,但无结果。

国民政府外交部接苏联驻华大使彼得罗夫照会,谓东北各省内之一切日本企业,均视为苏军之战利品。

苏联驻华大使彼得罗夫晋谒蒋介石并面陈抗议书,称国民政府军事委员会东北行营所发布的东北财产皆为中国所有的声明,应属无效。

蒋介石接见东北宣慰使莫德惠等,听取其报告东北人民之情形。

李济深对记者发表谈话称:"须先政治民主化。而后军队国家化,方符合民主的要求",假如能彻底实现民主,军队国家化就不难解决。他希望蒋介石关于民主的四项诺言"立即付诸实施"。

1月22日 国民政府任命罗卓英为兼广东省保安司令,王懋功兼江苏省保安司令。

国民政府行政院第730次会议,决定重庆市设立公用局,并任命沈质清为重庆市财政局局长。

政协各组在许多基本原则问题上,皆存在严重分歧,无法获得一致协议,决定会期延长三天。三天以后,若仍不能获得协议,再次延长会期。

蒋介石接见美国特使马歇尔,并就国共问题与之交换意见,马歇尔向蒋介石提出了《临时政府组织法》建议案。

被国民党当局非法逮捕监禁达4年之久的中共中央候补委员廖承志(1942年在广东被捕)获释出狱,是为抗战胜利后政治犯获得自由之第一人。

"东北文化协会"假中苏文化协会举行东北女作家萧红逝世四周年纪念会,茅盾、胡风相继致词,说明萧红一生及其作品之贡献。

1月23日 由张厉生提议的"政治协商会议综合委员会"正式成立(有政协常委之意),该会由国民党代表王世杰、吴铁城,共产党代表周恩来、董必武,民主同盟代表章伯钧、张东荪,青年党代表陈启天、曾琦,无党派代表王云五、傅斯年组成,下午4时,该会举行第一次会议,对各项问题作一通盘之检讨,并获得若干协议。

蒋介石接见美国特使马歇尔,与之商谈国共问题及改组政府事宜。

晚7时半,蒋介石假国民政府欢宴出席政协的各位代表,蒋介石在致词中表示,政府即将撤销军事委员会,另于行政院下设国防部。

国民政府派赴伦敦参加联合国参谋长会议之代表团一行,由团长商震率领离渝赴伦敦。

1月24日 政治协商会议政府改组组、施政纲领组、宪法草案组于下午3时分别举行会议,宪法草案组收获最大,即告完成;施政纲领组大部问题获得协议,政府改组组以总统权限过大,未获结果。

为促进政治协商会议成功及其决议的实现,陪都文化界人士于下午2时在育才学校城内分校管家巷28号成立"重庆文化界政治协商会议协进会",到学术界、教育界、文艺界、出版界茅盾、洪深、陈白尘、邓初民、阳翰笙、侯外庐等100余人,陶行知主持报告该会成立经过。该会成立之宗旨在"策励政治协商会议成功及促使政治协商会议所通过之议案得如期予以执行。"

重庆市首届参议会于上午10时假原临时参议会会址举行成立大会,会议选举胡子昂(61票)为议长,周懋植(54票)为副议长。

《新华日报》是日起假中苏文化协会举办"延安生活·艺术展览"。

国民政府军事委员会参谋总长兼中国陆军总司令何应钦在渝公毕,是日离渝飞返南京。

1月25日 政治协商会议宪法草案组、施政纲领组、政府改组组及军事组分别开会,宪法草案组、施政纲领组、军事组协议完成。

蒋介石接见军事三人小组国民政府代表张治中,与之谈马歇尔有关整编军队之建议案。

重庆沙磁区中央大学、重庆大学、中央工业学校、中大附中、重庆中学、蜀都中学、四川教育学院、国立艺专、育才学校、国立商业职业学校等院校学生教师10000余人,为促成政协会议成功,举行示威游行,并至国民政府向政治协商会议提出七项是主张:①国家利益高于一切,放弃党派私见;②政治民主化、军队国家化;③国民大会代表必须合理产生;④严格执行停战命令;⑤实践四项诺言;⑥党派一律退出学校;⑦政治协商会议没有成功以前,不许闭幕。政协代表孙科、周恩来、陈启天、张君劢、邵力子、莫德惠接见游行师生,对游行队伍提出的要求——给予答复。

"中国妇女联谊会"发表对当前政治的五项主张。

国民代表大会联谊会于下午2时假胜利大厦举行茶会,座谈宪政,到各界专家学者及新闻记者100余人,孔庚主持,江一平说明座谈会之意义,讨论民主与政治问题。

苏联驻华大使彼得罗夫晚7时半在大使馆欢宴张治中、黄少谷、袁守谦夫妇,互祝中苏两国国运昌隆,友谊永固。

1月26日 政治协商会议于下午3时奉到蒋介石通知:再度延期3日,至29日闭幕。

政治协商会议改组政府组、施政纲领组及综合组分别举行会议。其中,改组政府组议定国民政府委员为40名,委员由主席遴选,各党派推出人选,主席如不同意,可再另推;行政院增设政务委员,各院、部会,概可开放。

"陪都各界政治协商会议协进会"下午2时假迁川大厦招待新闻界,为历次协进会开会时被暴徒捣乱及暴徒两次殴人事件发表谈话。

"三民主义同志联合会"发表对政治协商会议的意见,提出政府应即实行"双十纪要"及在政协会议许下的4项诺言等6项主张。

国民党特务是日非法搜查政协代表黄炎培、张申府之住宅。事发后,中国民主同盟当即召开紧急会议,决定向国民党当局提出严正交涉。黄炎培也致书蒋介石,请予查究。黄炎培、章伯钧在政协综合委员会提出,要求政府保障所有政协会员的安全,立即颁布"人权保障法",彻底保障人权。

"中华全国文艺作家协会"于下午3时假文化会堂举行成立大会,会议发表了《中华全国文艺作家协会成立宣言》,选举张道藩、王平陵、徐仲年、朱光潜、谢冰莹、吕斯百、郭有守、鲁觉悟等31人为理事,熊佛西、余上沅、傅抱石、陈树人、徐悲鸿、曾虚白等9人为监事。

1月27日 中国民主同盟及各界人士致书蒋介石及政治协商会议,谴责昨日国民党军警特务无理搜查黄炎培住宅一事,强烈要求实践四项诺言。

张群于上午10时为政协代表黄炎培住宅被搜查事,代表政府赴民盟代表团道歉。

政协会议中共代表周恩来、陆定一以政治协商已获初步结果,于上午9

时乘专机离渝飞延安,报告政治协商会议情形。

"中国经济事业协进会"邀请政协会议代表董必武、罗隆基、李烛尘、章伯钧讲演,到100余人,董必武报告政协近日协商情形,罗隆基报告改组政府及宪草问题,李烛尘报告施政纲领组情形。会议决定致书慰问黄炎培、张申府和李学民。

"陪都各界政治协商会议协进会"假沧白堂举行第七次大会,到听众3000余人,章乃器主持,王若飞报告政协会议18日来之成就,称:"今日更主要问题,厥在如何使人民基本权利得到具体保障。"

美国驻苏联大使哈里曼自24日由莫斯科启程,经伊朗、印度,于是日下午2时抵达重庆,拟分别访问蒋介石、王世杰及马歇尔。

国民政府交通部所属重庆市电信全体职工,于下午3时假歇台子电信局礼堂,召开"重庆电信职工工会"成立大会。

1月28日 国防最高委员会上午10时举行会议,孙科主持,通过蒋介石交议现行法令中对于人民身体、信仰、言论、出版、结社之自由等有关法令之废止及修正事项,此次会议决定废止之法规,有妨碍人身自由者15种,钳制言论出版自由者9种,束缚集会结社自由者14种,决定修正之法规共有10种。

蒋介石在中枢纪念周上发表谈话,以国民政府还都在即,对公务员及其亲属之处置,指示二点:①公务人员尤其中下级人员之亲属还都,各级主管长官应切实注意,使人人有坐位,最好能集体回去,交通运输问题,应事先妥善筹划;②还都公务员亲属住宿问题,应预谋解决,使还都后每人皆有住所。

蒋介石主持国民党中央常务委员会议并研讨"政治协商"之方针,会议决定国民党六届二中全会于3月1日在重庆举行。

蒋介石会见美国驻苏联大使哈里曼并听取其关于美、英、苏三国外长莫斯科会议的报告及苏联战后对华政策的通报。

政治协商会议改组政府组、国民大会组分别举行会议,改组政府组已获成功。

淞沪抗战14周年纪念日,前京沪卫戍总司令陈铭枢假广东大酒家宴请参加是役的十九路军在渝军官及各界人士,到张治中、孙科、张群、冯玉祥、邵力子、张澜、董必武、王若飞、李德全、吴玉章等200余人,陈铭枢、张治中、邵力子、沈钧儒、李德全分别讲演。

重庆市政府奉蒋介石之令组织"陪都建设计划委员会"拟定的《陪都十年建设初步计划》完成,该会于是日下午在市政府礼堂举行全体委员大会,由市长兼主任委员张笃伦主持,会议决定先兴建下水道,增辟朝天公园,建立胜利纪功碑。

1月29日　蒋介石接见美国驻苏大使哈里曼及美国特使马歇尔,就中国现状及美、苏对华政策进行商谈。

政治协商会议国民大会组是日两度开会,讨论国大代表产生问题,在代表名额之分配上,因各方意见不一,未获结果。

中国民主同盟之机关报《民主报》定2月1日在重庆创刊,该报是日假西南实业大厦招待新闻界、文化界人士,马哲民主席致词,说明该报之性质及筹备经过。

"中国工业合作协进会"在胜利大厦招待政协代表及新闻界人士,报告座谈会的工作及其对政协会议的要求。

1月30日　国民政府宣布:政治协商会议定于31日闭幕。

政治协商会议国民大会组举行会议,因在国大代表名额分配上意见不一,陷入僵局。

军事三人小组派出的由美国代表柯埃、国民党代表皮宗石、中共代表廖承志组成的三人会议代表团,偕东江纵队政治委员林平离重庆飞广州,执行军事三人小组关于广东问题的协定。

中共代表周恩来、陆定一于27日返延安向中共中央汇报有关政协会议的情况并请示,事毕后于是日下午4时半飞抵白市驿机场,中共代表团成员前往机场欢迎。晚上,周恩来分访国民党各代表,就各项问题进行磋商。

"陪都青年联谊会"在重庆青年大厦举行成立大会,到沈钧儒、李公朴及会员数百人。

"中国工业合作协会"于下午6时假胜利大厦招待新闻界及政治协商会

议代表。

1月31日 政治协商会议国民大会组上午10时开会,国民政府对国大代表选举提出新方案,经各方一致协商,终获通过。

政治协商会议于下午6时举行第十次大会,到代表37人,蒋介石主持,会议逐项讨论并通过了政府组织、国民大会、和平建国纲领、军事问题及宪法草案五项决议。

正午12时,国民政府在国府举行国府委员会议,蒋介石亲临主持致词,称:"国府迁渝以来,业逾八载,赖诸位委员共患难,同甘苦,使抗战获得胜利。"会议主要检讨国民政府在1946年1月内所办各重要事项。

中国国民党中央常务委员会于下午3时举行会议,对政治协商会议各项议案有所检讨,并决定改组政府之办法。

蒋介石接见军事三人小组国民政府代表张群,听其报告与中共代表周恩来就政治协商诸问题的商谈经过。

中共代表周恩来于上午9时会晤马歇尔特使,谈1小时,下午与蒋介石会晤,相谈甚久。

"中美文化协会重庆分会"举行成立大会,到总会会长孔祥熙及卢作孚、康心如、胡子昂、杨晓波等。

陪都文艺界人士茅盾等50人、戏剧界人士洪深等50人以及音乐界、美术界知名人士分别致电政治协商会议,吁请停止内战,改组中央及地方政府,制定和平建国纲领,废除文化统制政策,确立民主之文化建设政策等。

下旬 国民党中央各部会为推动复员工作,特成立"还都委员会"。

国民政府派赴伦敦参加联合国参谋长会议之代表人选发表,名单如下:团长商震,团员桂永清、孙立人、赵桂森、龚作人(以上陆军),周应聪(海军)、黄泮扬(空军),秘书陈宏震、张葆恒,随员李民宪、衣复得,译电员赵寿庭。

是月 国民政府交通部公路总局与社会服务处合办的西南、四川、川陕、川湘四公路局复员旅客联运服务所成立。

中国妇女慰劳总会以抗战胜利,任务完成,宣告结束。

国民政府社会部、善后救济总署、重庆市政府、市党部、青年团重庆支团部、市警察局、市社会局等七机关，为辅助各省难民还乡，联合组织"各省来渝难民调查委员会"，就各省来渝难民进行调查，以妥善辅助难民还乡。

2月

2月1日 国民政府公布政治协商会议协议五项：①关于扩大政府组织者；②关于和平建国纲领者；③关于军事问题者；④关于国民大会者；⑤关于宪法草案者。

政治协商会议秘书处照国民政府颁布的政治协商会议召开办法之规定，将会议全部议决案及"了解事项"，一并呈送蒋介石交付政府实施。

周恩来与蒋介石会晤，转达毛泽东关于军党分立，长期合作的意见。蒋介石表示政府仅派张治中一人出席军事三人小组，张群不再参加。

马歇尔与周恩来会谈，建议国共双方军队混编，中共军队主要驻华北，一部可驻在东北、华南。周恩来希望三人小组能尽快到各地视察，既可调查各地停止和恢复交通情况，又可就整编问题与各地将领交换意见。

政协会议中共代表团于下午2时在国府路办事处举行来渝后的第三次记者招待会，到中外记者30余人，周恩来、吴玉章、王若飞等出席，周恩来首先致词并分别答复各记者之询问。

国民政府外交部部长王世杰向苏联驻华大使彼得罗夫催询东北苏军撤退事，并说明国民政府收复东北日本财产及中俄经济合作之立场。

中国民主同盟总部之机关报——《民主报》在重庆创刊。

新华社重庆分社成立，社址在化龙桥化龙新村76号，社长周文。

陪都中小工厂联合会代表徐崇林、张琼华、陈钧、彭友今、吴家楷等11人，上午10时赴国民政府晋谒蒋介石，由吴鼎昌接见。各代表呈送意见书，并由徐崇林口头报告该会组织经过及目前之主要要求："①立拨救济费200亿；②收购各厂成品，自愿停工者，收购其全部器材；③继续订货，提高上缴费；④厘订战时与平时之过渡就业办法，平价供应原料。"

2月4日 国民政府行政院副院长兼经济部部长翁文灏在中枢纪念周上报告接收敌伪工厂情形。

中共代表周恩来致函国民政府行政院院长宋子文,要求国民政府在南京拨房屋 2 幢,在上海拨房屋 1 幢,以便中共代表团筹设办事处。

农民节。陪都各团体于上午 10 时在沧白堂举行纪念大会,到农民代表及各界来宾 2000 余人。

2 月 5 日 蒋介石在官邸接见外籍记者,回答记者之询问,解释今后国民党地位、责任,声称:未来政府形式由国民大会决定,国民政府于二中全会后改组,共军缩编事归三人组决定,中苏现无正式谈判,仅作经济商谈,还都限五月前毕事,马歇尔来华任务以军事为中心,势必涉及其他事务,并称:"还都以后,重庆将永久成为中国之陪都,且须特设机构,推进建设,余个人愿每年至少能来重庆一次。"

中共代表周恩来于下午 1 时在曾家岩 50 号茶会招待文化界人士,到文化界、戏剧界人士 100 余人。周恩来对政治协商会议之成果及今后民主宪政发展之趋势报告甚详,要求文化界把文化普及于人民,提高他们的科学知识,提倡文学自由,推动全国的民主运动。并强调指出:"民主道路崎岖,大家要努力争取。"

中共代表周恩来赴国府路 300 号中国民主同盟总部与民盟人士商谈参加国民政府的人选问题。

国民政府军事委员会东北行营经济委员会主任委员张嘉璈(2 月 4 日抵达重庆)对记者发表谈话称:东北九省经济接收工作,将由东北行营组织"东北敌伪产业接收委员会"统一接收。

渝万区军布代表王智仁等招待记者,报告称:渝万区军布织户 400 余工厂已完全停工倒闭,数万工人流离失所,希望军需署及花纱局平价将棉纱售与织户。

2 月 6 日 国民政府立法院院长孙科对记者谈政协决议实施步骤称:此次政治协商会议全部决议案,将由国民党代表向国民党二中全会说明,期获通过。惟各案现已逐步实施,政府最近已着手修改国民政府组织法及行政院组织法,一俟组织条例公布,各方人选推定后,政府改组当可实现。

国民党中央宣传部部长吴国桢就东北苏军撤退一事举行记者招待会并

发表谈话称：苏军迟迟未撤，是因为交通障碍之故。

中共代表周恩来会见美国《读者文摘》记者乌特莱并称：国有工业应真正掌握在国家手里，使其有效自行经营或在外国资本的帮助下经营。

国民政府为加强各地失业失学青年之调查管理，决定由教育部战区教育指导委员会及战地失学失业青年招训委员会合并改组为"青年复学就业辅导委员会"，由教育部部长朱家骅兼主任委员，另设委员18人。该会是日在教育部召开第一次委员会议，检讨1945年度之工作概况，报告收复区青年急待救济情形，通过各省市青年辅导工作大纲。

中共代表周恩来致函国民党代表张治中，指出"广东方面国军进攻我东江纵队事，迄今尚未停止"，并请张治中转告军令部令其所部"速即履行停战协定，并协助执行小组执行调处"。

2月7日 政治协商会议决定设立的"宪草审议委员会"正式成立，该会由各党派及无党派人士委员35人组成。

国民政府教育部任命吴稚晖为国语推行委员会主任委员。

周恩来应重庆大学学生爱国运动会之请，于下午至该校讲演当前世界形势和中国民主问题，到听众3000余人。周恩来在讲演中说：政治民主化与军队国家化，二者好像两条腿，是平行的，互相配合进行的；在两条腿的中间还有一个正身，也可以说神经中枢，那就是改组政府。

重庆市参议会下午3时在中正路该会礼堂举行会议，决定重庆市参议会首次大会于2月20日举行，临时参议会亦于是日办理移交。

2月8日 国民政府外交部部长王世杰与美国特使马歇尔密商东北敌产问题，马歇尔告诉王世杰："不应对苏联作出正式的或非正式的承诺，从而承认它所提出的战利品其中包含它正在要求的那类经济权利"。

国民政府军事委员会政治部部长张治中，为庆祝政协会议成功，并欢送老舍、曹禺2人赴美讲学，于下午5时假中国制片厂礼堂举行盛大鸡尾酒会。

外蒙古人民共和国政府代表团一行8人，在团长、蒙古人民共和国政府副主席苏龙甲布的率领下，于午后4时飞抵陪都重庆访问。

《国民公报》是日载，重庆市各级合作社登记至1945年底止，计有市民消费合作社 65 社,机关、团体消费合作社 379 社,工合生产社 36 社,眷合生产社 26 社,消费及工业生产联合社各 1 社,合作金库 1 社。

2月9日 马歇尔、张治中、周恩来三人于上午 10 时举行会议,至下午 2 时始毕。会议对实现国内和平、恢复交通等有关问题,进行了详细的商讨,获得若干协议。由北平来渝的军事调处执行部执行组长白鲁德上将亦参加了会议。

由政治协商会议决定组设的"人民自由保障委员会"于下午 2 时假青年大厦举行发起人会议,讨论章程和推举筹备委员。

外蒙古人民共和国政府代表苏龙甲布一行,是日分别谒见国民政府外交部部长王世杰及国民政府主席蒋介石。

2月10日 蒋介石召集国民党中央有关负责人会谈,称政协宪法草案与总理五权宪法及建国大纲之遗教"出入颇多",并提出意见 12 项,"深望今日在座之各位老同志于此次宪草审查委员会开会时,尽保障三民主义、五权宪法之责任"。

蒋介石会晤蒙古人民共和国访华代表团团长苏龙甲布一行。

国民政府外交部部长王世杰与蒙古人民共和国访华代表团团长苏龙甲布就建立两国外交关系问题举行首次会谈。

"陪都各界庆祝政治协商会议成功大会"上午在较场口广场举行,到各界群众万余人,李德全、李公朴、章乃器、郭沫若等为大会主席团主席。在大会即将开幕之际,国民党特务、暴徒数百人捣毁会场,打伤主席团成员郭沫若、李公朴等及与会群众 60 余人,制造了震惊中外的"较场口惨案"。

"陪都各界庆祝政治协商会议成功大会"筹备会等 23 团体,于下午 3 时在中苏文化协会举行紧急记者招待会,到章乃器、郭沫若、李德全、刘清扬等各团体代表、中外记者、来宾 200 余人,李德全主持致开会词,章乃器说明会场被捣乱之经过,郭沫若、刘清扬等分别致词,对此深表愤恨,并宣读施复亮的抗议书。

"中国妇女联谊会"下午召开紧急会议,决议:①慰问较场口血案之受伤者;②请政府彻查捣乱者;③希望全国同胞团结起来,再接再厉。

中国民主同盟为"较场口血案"事,于晚8时约集政治协商会议各方代表举行紧急会议,商讨处理办法。

重庆各界青年团体于下午就"二一○"较场口血案举行紧急座谈会,决议组织"陪都各界青年二一○血案后援会",紧急呼吁政府惩办凶手,取消特务组织,释放政治犯。

《国民公报》是日载:"陪都重庆失业司机已达4000余人,工厂停产者达95家(内全部停业者82家,局部停业者13家)"。

2月11日　国民政府主席蒋介石是日晨乘"美龄号"专机离重庆飞上海,慰问东南收复区同胞。

国防最高委员会决定:任命李宗黄为全国党政工作考核委员会秘书长,麦斯武德继罗家伦任新疆监察使。

张治中、周恩来于上午10～12时在张治中私邸(桂园)举行会谈,就执行停止军事冲突命令中所发生的临时问题,进行商讨,并对整编中共军队之主要问题,加以研讨。中午12时,张、周二人访晤马歇尔,三人继续对中共军队整编办法作广泛且进一步的协商,所涉及的10余个问题,大体接近。

"人权保障委员会"假青年大厦举行第一次筹备委员大会,到梁漱溟、陶行知、阎宝航、李德全等19人,梁漱溟主持。

陪都农工商会及教育、妇女各界,是日假市参议会举行"陪都各界伸张正义联合会"成立大会,到各团体50余人,古铎主席,通过章程宣言。

重庆各报社记者于下午2时假中苏文化协会集会,决议对被殴之同业及其他受伤者表示慰问;对中央社之失实报道表示遗憾,并发表公开信一件。

重庆市政府令市警察局:嗣后凡各种集会,必须在开会之前,报告警察局,以便警察局派遣必要之警力,前往维持秩序,如有斗殴及其他非法行为,警察应当场行使警察职权,将肇事之人,予以拘捕,依法究办。

2月12日　政治协商会议四代表周恩来、张君劢、李烛尘、陈启天往见吴铁城,陈述诸位代表对较场口惨案的意见,要吴代电蒋介石,并提出由四代表会同国民党代表共同彻底查究此案真相。

陪都各界庆祝政治协商会议成功大会筹备会开会。

陪都妇女联谊会召开第一次委员会议,到 23 单位之代表数十人,决定:"①组织争取国民大会妇女代表请愿团,并请政府分配国民大会妇女代表 200 名;②通电全国妇女团体一致响应。"

2 月 13 日　国民政府外交部与外蒙古政府代表团商定:国民政府与外蒙古双方互换外交代表。

由国民政府审计部召开的"审计会计工作检讨会议"上午 9 时假国民政府礼堂举行,出席者有林云陔、陈其采、刘纪文等及各机关主办审计会计人员 100 余人。会议由林云陔、陈其采主持,分别报告审计部及主计处工作并检讨之,会期 4 天。

周恩来、陈启天、李烛尘等 11 名政协代表联名致函蒋介石,抗议较场口事件,并往访重庆市长张笃伦,希望政府和国民党推出代表,检查与协商处理办法。

"陪都各界庆祝政协成功大会筹备委员会"发表向全国同胞控诉书,报告较场口真相,并提出严惩肇事主犯刘野樵、吴人初等 6 人,彻查幕后全部主使者,立即解散一切特务机关等 7 项要求。

陪都新闻界代表 42 人联名致函中央通讯社,抗议该社关于"二一〇"较场口惨案之歪曲报道。

重庆市政府召集所属市社会局、市警察局、市财政局等机关开会,商讨有关较场口事件等重大问题。

"陪都全国性人民团体联谊会"召开紧急会议,到孔庚、胡一贯等 60 余人,决议通电全国,报道较场口事件真相,以正视听。

2 月 14 日　根据上年 10 月国共两党签订的《会谈纪要》和本年初政治协商会议签订的《关于军事问题决议案》,为研究军队整编问题,由马歇尔、张治中、周恩来组成的"军事三人小组"于下午 4 时在国民政府参军长办公厅正式举行首次会议,就近 20 日来三人会议协商制成的方案,逐项加以讨论,予以明确决定。

"宪法草案审议委员会"上午 9 时在国民政府举行首次会议,讨论国民大会问题。到周恩来、董必武、秦邦宪及各委员 24 人,孙科主持。

国民政府内政部部长张厉生称："释放政治犯通令已送达全国各地,并经分别实施,尚有数处正在着于调查政治犯之名单,不久当亦可见诸实行。"

外蒙古人民共和国代表团下午1时假胜利大厦举行记者招待会,并宣称:中蒙已于13日正式建立外交关系,不久即可互派公使。

陪都各界庆祝政治协商会议成功大会筹备会代表李德全、阎宝航、王葆真、朱学范4人会晤吴铁城,李德全报告大会经过,王葆真、阎宝航二氏表示:政府应彻查较场口事件,俾维威信。吴氏允将事实经过转达蒋介石,并谓此乃地方事件,四代表当即反驳称:此事在陪都发生,不能轻视,亦不能视为地方事件,而是全国性事件。

苏联驻华大使馆举行鸡尾酒会,招待外蒙古人民共和国代表团苏龙甲布一行,到中、苏、蒙三方代表200余人。

2月15日 新任国民政府军事委员会副参谋总长兼军委会办公厅主任朱绍良到会视事。

"宪法草案审议委员会"举行第二次会议,周恩来、董必武、莫德惠、陈布雷等员23人出席,孙科主持。会议继续讨论有关国民大会组织、职权、任期与议会制度之关系等问题。

戏剧节。陪都戏剧界(包括话剧、京剧、川剧、杂耍)人士茅盾、应云卫等300余人于上午11时假江苏旅渝同乡会举行纪念会,王瑞麟主持,田汉、茅盾等分别讲演,并推田汉、王瑞麟二氏赴医院慰问"较场口血案"受伤者。

国民党中央文化运动委员会在文化会堂举行戏剧节庆祝大会,到王平陵、潘子农、胡一贯、田汉、应云卫等数十人,胡一贯主持,应云卫、周伯勋、田汉、潘鼎新等致词。

2月16日 "军人三人小组"于下午3时半举行第三次会议,商讨整编中共军队方案及国民党与共产党军队之复员与混合编组等问题。

"宪法草案审议委员会"于上、下午分别举行第三、四次会议,到该会委员23人,孙科主席,主要讨论中央政制问题,各方就分权制度与座谈会政治之利弊进行讨论。

"东北辽吉黑三省复员协进会"上午9时假青年馆举行东北同乡会,会议通过议案8件及大会宣言,并决定向政府请愿,要求苏联厉行中苏友好条约,立刻撤兵;要求政府及苏联确保接收人员之安全。

驻华美军总司令魏德迈于曾家岩美军总部作战室举行记者招待会,答复有关遣送日军返国及运载国民党军队前往东北等问题时称:已遣送日军39万人,并表示将尽力利用美所有的工具,运载更多的国民党军队前往东北。

张治中于晚7时半假军务局宴请马歇尔、魏德迈、吉隆穆、格乐威诸将军,并邀徐永昌、吴国桢、周恩来、王若飞等作陪。

"中国民主宪政促进会筹备会"假中苏文化协会开会,商讨各项工作,由张西曼主持,通过致函慰问中国劳协、育才学校及郭沫若、施复亮等人。

重庆民生机器厂、申新纱厂、新中公司、中南橡胶厂、中华书局印刷厂等47家工厂的工人代表集会,成立"陪都工人二一〇血案后备会",发表《告全国工人书》,提出严惩肇事祸首、立即解散特务机关、赔偿受伤受害者之一切损失、扩大事件真相的宣传等12项要求。

2月17日 国民政府明令:国民参政会第四届第二次大会,定于民国三十五年三月二十日在陪都召集。

"中国诗歌音乐工作者协会"下午2时在管家巷育才学校举行成立大会,到田汉、安娥等30余人。

"中国经济事业协进会重庆分会"于上午9时在西南实业大厦举行成立大会,张西曼致词称:"要打倒官僚资本,首先要打倒官僚"。最后通过慰问郭沫若等受伤人士之电文,并选举理事22人。

外蒙古人民共和国代表团代表苏龙甲布一行离渝返国。

2月18日 马歇尔、张治中、周恩来在国民政府参军长办公厅举行军事三人小组第四次会议,决定对先前讨论未能达成协议的问题,暂时保留,而讨论其他项目,获得协议。

国民政府司法院院长于右任在中枢纪念周上报告称:因抗战胜利,囹圄囚禁之人犯,似应按照中华民国训政时期约法第68条赦免或减刑,以励其自新而副刑赏忠厚之旨。

"宪法草案审议委员会"于下午3时举行第五次会议,到20人,王宠惠主持,就政治协商会议决定之关于地方制度四项原则详加讨论。

中国民主同盟主席张澜对记者发表谈话称:"全国实现民主团结,东北问题自可解决,反苏反共决不会有出路。"

2月19日 国民政府明令:特派外交部长王世杰为商定中法关于法国放弃在华治外法权及其有关特权条约及中法关于越南之协定及换文全权代表。

国民政府外交部再次与苏联驻华大使彼得罗夫商谈东北产业及经济合作问题。

"宪法草案审议委员会"下午3时举行第六次会议,到19人,王宠惠主持,讨论人民权利、义务、选举、基本国策及宪法之修改等问题,决议将各项研究意见交由协商小组商定后,再行分组起草。

2月20日 "全国铨叙检讨会议"上午9时在军事委员会举行,会期3日。

中共代表周恩来自延安飞返重庆,当晚即与马歇尔会谈,说明中共中央、毛泽东主席感谢其好意,使中国走上现代化和民主的道路,并原则上同意军队分两步统编的步骤。

重庆市参议会第一届第一次大会上午10时半假该会礼堂举行开幕式。

"陪都妇女团体联谊会"假国民外交协会举行记者招待会,唐国桢主持,报告妇女界要求增加国大代表之理由,并宣称该会已向有关当局请求国大代表中能有妇女代表200名参加。

周德侯、刘野樵、吴人初等"较场口血案"之凶手,是日向法院起诉,诬告李公朴、章乃器、施复亮、朱学范、陶行知5人"盗用名义,聚众逞凶,扰乱集会,伤害他人身体"等罪。

国民党中央监察委员、国民政府委员、陆军上将李烈钧于晚10时20分病逝于李子坝寓所,享年65岁(1882~1946年)。

2月21日 国民政府授予中国战区参谋长兼美军驻华总司令魏德迈青天白日勋章。

国民政府行政院令颁《中央党政机关还都办法》14条,对还都人员、公物、行李及经费等,均有详细规定。

军事三人小组马歇尔、张治中、周恩来在国民政府参军长办公厅举行第五次会议,先前在第三、四次会谈中所遇到的困难问题,皆因周恩来回延安请示商讨后提出新的意见而获解决。周恩来于会上再次提出了停止东北内战的建议:①三人小组应去东北;②停战令适用于东北;③军队整编方案应包括东北。

陪都各界于上午9时假江苏旅渝同乡会举行"三民主义宪法促成会"成立大会。

陪都戏剧界同人于下午3时假抗建堂举行座谈会,检讨抗战八年来之戏剧运动,到中术、中艺、中青、中制及第一剧场等团体代表100余人,由田汉主持致开会词,阳翰笙报告《八年来剧运之概况》,陈白尘报告《八年来剧本创作之倾向》,并宣读应云卫的《八年来剧团组织之演变》。

国立中央大学教授会暨助教会为东北事件分别发表《致苏联政府电》《致英美苏政府抗议雅尔达秘密协定电》《上国民政府电》及《为东北事件告各党各派书》,呼吁"际此严重关头,举国上下,必须团结一致,群策群力,对内努力革新政治,实现民主,对外争取民族独立,保卫祖国完整"。

2月22日 军事三人小组下午举行第六次会议,经过4小时之商讨,军队整编方案业已获得全部协议。

重庆各大中学30余校、学生2万余人举行大游行示威,要求苏联撤军,国土不容分割,呼吁全国团结,铁血保卫东北。游行队伍于早上6时在小龙坎集会,7时出发,沿途高呼口号,散发宣言。游行队伍捣毁了民生路《新华日报》营业部,打伤该报职员杨蔡员、徐君曼、潘培鑫、管佐民4人;中国民主同盟之机关报——《民主报》亦被捣毁。

2月23日 国民政府明令:特任朱绍良为军事委员会副参谋总长兼军委会办公厅主任(原任贺国光免职);派贺国光为军事委员会委员长西昌行辕主任。

中共代表周恩来、董必武、王若飞、吴玉章、陆定一、邓颖超、秦邦宪为22日暴徒捣毁《新华日报》营业部事,致函蒋介石,向国民党政府提出严重抗议,要求立即查办主凶,解散特务,对本报及民盟损失道歉与赔偿,并保证不再发生同类事件。

继沙磁区学生游行后,北碚区国立复旦大学、江苏医学院、体育专科学校、戏剧专科学校、私立立信会计学校、兼善中学、医师训练班、助产学校、护士学校、上海医学院、中大附中青木关分校、重庆女师及复旦中学等 10 余学校学生 8000 余人继续游行,并向国民政府请愿。

苏联第 28 届红军节,苏联驻华大使馆举行鸡尾酒会,邀请政府长官,各党派领袖及文化界人士、社会名流及各使馆人员参加。

"中国急救战区儿童联合委员会"为救济重庆市街头贫苦流浪儿童,是日邀请各有关机关举行联席会议,该会总干事章牧夫主席,决议成立"重庆市孤苦儿童临时救济站",推张茂芹、余惠伯、章牧夫等 5 人为筹备员,筹备一切。

2 月 24 日　"中国民主宪政促进会"下午假中苏文化协会举行成立大会,到张西曼、张雪岩、李澄之、马哲民、华冈、宋云彬等 50 余人。

"中国宪政协会"上午 9 时在中正路 159 号举行成立大会,到陈长蘅、张维翰、曹经沅、江一平等 100 余人。

"中国地方自治服务会"在中华路四海大厦举行成立大会,到会员 200 余人。

"中国民主建国会重庆分会"下午 4 时假白象街西南实业大厦举行成立大会,到 200 余人,徐崇林主持报告筹备经过,施复亮代表总会致词,阐明该会宗旨、章程等。

蒋介石前往上海、南京、杭州等地巡视,事毕后于是日下午 2 时半偕宋美龄、俞济时等乘专机由上海返抵重庆。

2 月 25 日　蒋介石在中枢纪念周上报告称:国军急谋整编,金融亟谋安定,东北问题必须获得合理解决。对苏商谈、合作,政府令东北行营依三项原则执行:"①必须遵守我国之法令;②尊重中苏友好同盟条约;③不抵触我国所签订之一般国际协定。"并望全国民众"切不可轻听外间无根据之传闻,而有激昂过分之言动"。

由军事三人小组商定并经蒋介石、毛泽东批准的《关于军队整编及统编中共部队为国军之基本方案》于下午 4 时在国民政府参军处办公厅举行签字仪式,到中外记者60余人,周恩来、张治中、马歇尔分别代表三方在整军方案上签字,并相继致词,张治中称:此举乃结束18年之对立纠纷;周恩来称:共产党将忠实履行条例;马歇尔称:此协定代表中国的希望。该方案规定,到是年年底全国陆军应整编为108个师,其中中共部队为18个师,分驻华北、华中、华南等地。

由国民政府教育部召开的"中等以上学校迁校会议"于下午2时在该部举行,国立大中学校等90余单位之校长及代表出席,会议由教育部次长杭立武主持,高等、总务、中等三司司长报告部拟迁校方案并进行讨论,会期3日。

陪都各国民外交团体下午5时在国民外交协会集会,商讨雅尔达秘密协定诸问题,到国民外交协会、外交政策协会、联合国同志会中国分会、中法比瑞同学会、中印学会等团体之代表数十人。会议决议通电联合国各外交团体,对该项秘密协定表示抗议。

中国民主同盟发言人就东北局势发表谈话,要求政府早日公布外交真相,遵循政治解决途径,协商具体解决办法。

中国青年党中央执行委员会发表对东北问题的意见:①一切友邦必须承认并尊重中国在东北的领土主权的完整,凡一切有关中国问题的协议,如未经中国同意,中国国民绝对不能承认;②希望苏联充分地履行条约的规定,使两国的友谊更加强;③必须充分由外交途径解决中苏间的悬案,以增进两国间的友谊;④关于东北问题的内政部分,必须与外交问题分开,本协商的精神,求合理的解决。

2月26日 国民政府明令:①兼中央银行总裁俞鸿钧呈请辞职,俞鸿钧准免本职,特任贝祖诒为中央银行总裁;②中央银行着受财政部监督指挥。

马歇尔、张治中、周恩来三人继续商谈执行整军方案各条各款之计划及前往各地视察问题,决定马、张、周三氏亲赴华北、华中各地视察停战与恢复交通及整军工作情况,军调部郑介民、叶剑英、罗伯逊三委员随行。

中共代表周恩来在重庆《学生快报》上发表对东北问题的意见:①从东北行营到各省政府,应吸收东北民主人士参加;②承认东北抗日民主部队;③承认东北各县民主政府;④国民政府开入东北的军队应有限制,并禁止利用伪军接收东北。

位于重庆南岸区的中华大学、重庆清华中学、私立仁济高级护士职业学校、私立文德女中等30余校学生1万余人为东北问题于上午举行游行活动，并发表《告全国同胞书》《慰问东北同胞书》等。

在重庆的各学术团体，为研究学术、讨论国是，是日假中四路44号举行首次会谈，到中国行政学会、中华民国法学会、中国边疆学会、中华农学会、中国市政学会、中国妇女宪政研究会等20余团体之代表100余人。会议围绕最近时局及东北问题进行讨论。

重庆文化界人士茅盾、巴金、史良、胡绳、杜国庠、冯雪峰、郑君里、何其芳、侯外庐、翦伯赞等152人签名发表《告国人书》，要求严惩较场口"二一〇"血案祸首，取消特务机关，赔偿医药费和损失费，释放无辜被捕人员。

澳洲新任驻华公使马伯兰博士率一等秘书邱伯由香港抵重庆。

2月27日 国民政府明令褒扬叶楚伧、李烈钧。

国民党中央宣传部部长吴国桢在外籍记者招待会上就最近学生游行、整编军队方案、苏军撤退东北以及中国开放外国市场等问题，回答了记者的提问。

由国民政府教育部召开的"中等以上学校迁校会议"是日决议，由教育部组织迁校机构，在重庆筹设招待总站，并在各交通基点设招待分站。会议并决定了迁校经费及各校迁移顺序。

以江津白沙国立女子师范学院要求迁校未允，继而罢教罢课，院长辞职他去，国民政府教育部特于是日下令解散国立女子师范学院，另组院务整理委员会。

暹罗访华团一行7人，由该国外交部次长銮西察奄狄率领，是日抵达重庆，我访暹团亦同机返渝。

中国工程师学会、中国矿冶工作协会、天府煤矿公司于上午10时假蓝家巷中国工程师学会礼堂举行"张莘夫先生追悼会"。

重庆电信职工会、全国电信职工会筹备会，之前要求改善待遇不得结果，于是日正午12时起，实行怠工，除军事电、新闻电、气象电外，一律停止收发，以示抗议。

2月28日 国民政府特派蒋廷黻为出席联合国救济善后会议第四届大会代表,郑宝南、陈之迈为副代表。

国民政府立法院第295次会议通过《国民大会代表选举补充条例》,条例规定:除依选举法规定的1200名代表外,补充东北、台湾等区域代表150名,各党派及社会贤达代表700名,总计国民大会代表为2050名。

军事三人小组马歇尔、张治中、周恩来率随员一行15人,于晨8时离重庆飞赴北平,视察华北各地停战情形。

中法关于法国放弃在华治外法权及其有关特权条约,及中法关于越南之协定,是日午后4时在国民政府外交部签字,中方代表为国民政府外交部部长王世杰,法方代表为法国驻华大使梅里霭。

中国妇女宪政研究会、中国妇女服务社、重庆市妇女会、女青年会等陪都28个妇女团体联合为东北问题发表宣言,表示反对损害中国领土主权的雅尔塔协定,要求苏联立即自东北撤兵。

中国生产促进会为发展农业生产而组织的"农村改进会"是日举行成立大会,由毛庆祥、陈涿如主持报告开会意义,吴注东报告筹备经过。

重庆电信职工会、全国电信职工会筹备会于下午3时假中美文化协会招待各报社记者,由全国电信职工会筹备会干事陈世德与重庆电信职工会主任委员丁景高分别报告怠工经过,要求改善待遇和工作条件,并发表文告,呼吁新闻界予以同情。

是月 由孙科等人组织的"民治通讯社"成立并发稿,该社董事长为孙科,社长顾执中,拥有访员30余人,是陪都拥有访员最多的新闻机关。

3月

3月1日 中国国民党第六届中央执行委员会第二次全体会议于上午9时在军事委员会大礼堂举行开幕典礼,到中央执行委员194人,中央监察委员75人,蒋介石亲临主持并致开会词。

国民政府明令:①特派邵力子为国民大会筹备委员会主任委员;②特派

张厉生为国民大会代表选举事务所主任。

中国生产促进会召开农村改进委员会第二次委员会议，吴注东报告说明农村改进实验区工作计划与实施步骤，并决定推毛庆祥为该会主任委员，吴注东为副主任委员。

中国生产促进会召开第二次边疆事业委员会，陈涿如报告开会意义，姚步烈等人先后说明边民在抗战中之奋斗、牺牲及目前之种种痛苦，要求中央救济。

渝万两区军布织户经理代表200余人分别向国民政府行政院、财政部、军政部请愿，陈述目前痛苦，要求当局救济。

韩国"三一"节27周年纪念日，旅渝韩侨200余人于上午9时在韩国政府驻华代表团举行纪念大会，会议发表文告，要求韩国独立。

3月2日 国民党中央党部秘书长吴铁城在国民党六届二中全会第一次大会上作党务报告。

重庆市参议会第一届第一次大会于下午3时半举行闭幕典礼。

3月3日 中国国民党六届二中全会举行第二次大会，到中委226人，邹鲁主持，由军政部部长陈诚（次长林蔚代）作军事复员报告。

国民政府外交部次长甘乃光等于下午4时假外交大厦举行茶会，招待暹罗访华团，英国驻华大使薛穆、法国驻华大使梅里霭及美国、苏联、比利时、巴西使馆人员及各报记者数十人应邀参加。

"中国宪政协会"举行宪政座谈会，到史尚宽、陈长蘅、江一平、张维翰等宪法专家100余人，会议对五五宪草进行了详细的研讨。

3月4日 国民党六届二中全会于上午8时举行总理纪念周，蒋介石主持并致词。

国民党"党政革新运动座谈会"于下午2时假二中全会会场举行，出席中委100余人，梁寒操主持，报告党政革新运动之目的为：①团结革命同胞，实行党内民主；②打倒官僚主义，实行民生主义；③肃清官僚主义，实行民主政治；④发扬民族正气，保障国家主权。程潜、何成浚、张知本相继发言，强调党政革新之必要。

"中国人民爱国护权总会"于上午11时在青年馆正式成立,通过大会章程,并发表大会成立宣言。会议选举孔庚、于斌、钱新之、潘仰山、胡子昂、胡元佐等52人为理监事。

国民政府决定释放因"皖南事变"被捕的新四军军长叶挺,是日下午6时20分,叶挺将军被送到国民参政会,与参政会秘书长邵力子交谈10余分钟后,由邵力子陪同,于6时50分到达中共代表团驻地。

暹罗访华团代表7人于下午3时假胜利大厦举行记者招待会,该团代表在回答记者问时称:中暹邦交亟应增进,对排华事件表示不幸,拟组中暹协会以促进友谊。

重庆电信局职工怠工,是日推电信总局副局长姜家猷,川康电信管理局局长张骧,重庆市电信局局长王世宪等6人谒国民政府交通部部长俞飞鹏,要求改善职工待遇,遭到俞氏之拒绝与责骂。

3月5日 国民党六届二中全会举行第四次大会、第五次大会,除讨论财政、金融、经济报告外,并听取王世杰之外交报告。王氏在报告中详述了中国政府对联合国的态度、立场及国民政府对管制日本问题的方针。王氏称:"中国抗战最久,损失最大,故在日本总赔偿额中,中国应享有优越的比例数,并应享有优先取得之权。然在中国境内之日本公私产业,均应视为日本对华赔偿之一部分。"

国民政府特派俞鸿钧为国际货币基金及国际复兴建设银行理事,席德懋为代理理事。

3月6日 国民党中央宣传部部长吴国桢在外国记者招待会上公开宣布称:"新闻自由为政府既定方针及中国国民党一贯方针,前以战争关系,不得已采取检查制度,日本投降后,政府即于十月一日先在内地废止新闻检查,在收复区内则以当时秩序尚未完全恢复,暂时保留,现政府已依照其原定政策,电饬各收复区自电到之日起,即将所有新闻检查予以取消。"

暹罗访华代表团于下午4时晋谒蒋介石。

军调处三人小组马歇尔、张治中、周恩来前赴华北各地及延安巡视,事毕后于是日由延安返抵陪都重庆。

重庆电信局职工4000余人因生活困难,于午前11时赴国民政府交通部请愿,提出增加薪津、改善生活等要求,未获结果。

"中国航空公司"因华洋籍职工待遇差别问题,引起争执,是日发生怠工事件,渝沪航线班机渝站停止飞沪。

3月7日 国民党六届二中全会举行第八次会议,戴传贤主持,孙科作关于"政治协商会议"之报告,内容分:①政治协商会议召开的目的及其经过;②开会经过;③协商结果。下午举行第九次大会,检讨关于政治协商会议的报告。

中共代表周恩来为2月22日暴徒捣毁《新华日报》一事,是日再次向国民党当局提出抗议,要求国民政府实践四项诺言。

"中国中小工厂联合会"下午1时假西南实业大厦举行成立大会,到各业代表200余人,徐崇林主持报告开会意义,陈钧报告筹备经过,称:中小工厂倒闭,无人过问,故团结自救,经三月筹备,现正式参加已纳会费者280余单位,代表22业,正准备于政府公布工厂组织法后向政府立案。会议讨论了会章,并决定该会名称为"中国中小工厂联合会"。

"重庆市妇女建国会"于下午1时在市商会大礼堂举行成立大会。该会以"联络妇女情感,协谋妇女福利,提高生活水准,致力建国工作"为宗旨。

重庆市剧人富少舫、潘鼎新等人聚会,到新旧剧界及川剧、杂技演员40余人,决定发起组织"重庆市戏剧电影协会",并推朱炎光、吴晓雷、富少舫、傅润华等9人负责向电影戏剧界联络,并推井国华为筹备主任。

"中华同志会"假青年大厦招待记者,宁武主持,报告该会成立之意义及使命,称:该会站在人民立场,彻底实行三民主义,继续发扬总理及先烈革命精神,服膺"革命尚未成功,同志仍须努力"之遗训,平均地权,节制资本,要求"民主政治"。

3月8日 陪都各界纪念"三八"妇女节大会,下午2时在川东师范体育场举行,到250余单位之妇女代表及苏联、美国、英国、法国、比利时等国的妇女代表10000余人,宋美龄主持致开会词,说明三八节之意义及建国时期妇女之责任,与应有之表现。李德全致词要求全世界妇女团结奋斗,使社会合理化,要求妇女"人"权,扫除妇女文盲,争取妇女参政。刘静蘅、邓颖超及盟邦妇女代表分别致词。

"青年军退役管理处"在重庆成立,陈诚兼任处长,彭位仁、蒋经国为副处长。

暹罗外交部次长銮实与国民政府外交部部长王世杰在重庆国民政府外交部互换中暹友好条约批准书。

国民党中央妇女运动委员会于下午6时半在广播大厦举行妇女节联欢晚会,宋美龄致词,勉妇女界应表现好模范,注意大家利益,及勿争地位而不负责任,努力达成使命。

"山西民主同志会"在重庆成立,通过组织章程、成立宣言及《为晋省当局厉行苛政告各界书》,并选举职员。

3月9日 军事三人小组马歇尔、张治中、周恩来举行会议,研讨整军方案各项条款的实施计划、部队整编次序及给养问题。

河北、河南、山东、绥远、山西、宁夏、青岛等省市旅渝同乡会及河北省复员协进会推选代表,于上午赴国民政府请愿,要求迅速恢复地方秩序,以谋人民生活之安定。下午赴国民党六届二中全会请愿,作同样之表示。

3月10日 国民党六届二中全会举行第十三次会议,陈果夫主持,听取何应钦的受降报告。内称:中国战区受降范围为中华民国(东北除外)、台湾及越南北纬16度以北地区,日军投降代表为日军驻华派遣军总司令冈村宁次,各地日军投降兵力总数为128.32万人,需遣送之日俘、日侨共计为213.8353万人。

周恩来与马歇尔会谈,提出解决东北的原则:①外交和内政分开,中共不介入外交,内政要协商;②军事和政治平行解决。会谈中,马歇尔转达蒋介石9日提出的五项条件:①执行小组只管军事不管政治;②执行小组随政府军行动;③凡中共与政府军有冲突的地区,执行小组都可以去;④政府军可占领一切为恢复主权所必须的地方,有权接收沿长春路两侧30公里内地境的主权,这些地区的中共军应撤出;⑤中共军撤出矿区、铁路。

李烈钧、叶楚伧、李梦庚三故国民党中委之公祭典礼,于上午9时在青年馆举行,到全体国民党中央委员及各会长官,蒋介石主祭,孙科、宋子文、邵力子、吴铁城及在渝国民党中委与祭。

中国各学术团体联合举行"宪政问题讨论会",提出意见10项,主张人民之自由与平等,宪法应充分予以保障;各政党应取得合法地位;军队国家化等。

"战时儿童保育会"成立八周年纪念及该会疗养院新址落成典礼,于下午3时在高滩岩疗养院合并举行,到各界来宾100余人,由该会理事长宋美龄,总干事熊芷、李德全、孔祥熙分别致词。会议鉴于抗战已获胜利,决定该会工作宣告结束。

"湖北建设协会"在重庆成立,通过简章,并发表成立宣言,会议选举周焕章、杨仁寿、邓初民、马哲民等为理事。

3月11日 国民党六届二中全会上午9时举行第二次总理纪念周,蒋介石主持并致词,勉全体党员"发扬党德,确立信心,集中意志,作全体党员之模范",同时"感召全国人民,为实现三民主义,完成建国工作而努力"。旋即举行第十四次会议,孙科主席,听取有关边疆问题的报告。

中共代表周恩来于上午9时应马歇尔之邀往怡园与马歇尔晤谈1小时,谈话内容仍系有关东北问题。

下午3时,军事三人小组马歇尔、张治中、周恩来继续举行会谈,商讨扩大北平执行部权限及东北问题,获得原则协议,并决定由军调部派出执行小组前往东北执行停战命令。

马歇尔特使于晚8时乘机离重庆返国,向杜鲁门总统报告中国问题。其离渝期间,工作、职务暂由吉伦中将代理。离重庆前,马歇尔曾晋谒蒋介石辞行并与蒋介石商谈中美军事、经济合作诸问题。

"中国中小工厂联合会"在该会会议室举行第一次理监事联席会议,到30余人,公推徐崇林为主持,选举徐崇林、田钟灵、张群华等7人为常务理事,李学民、李国璋、蔡达元3人为常务监事。

重庆市20余个大中学校之皖籍学生及皖籍旅渝人士1000余人,上午8时赴国民政府军事委员会为皖籍3000万人民向六届二中全会请愿,由张道藩、陈立夫接见。

3月12日 国民党六届二中全会于上午9时举行第十五次大会,分别由张治中作《新疆问题解决经过报告》,张群作《停止军事冲突经过报告》,张治中作《关于军事三人小组会议情形及恢复交通视察报告》。

植树节。陪都各界于下午3时在覃家岗中正学校广场举行纪念大会,到农林部次长及各机关代表、覃家岗附近之中正学校、兵工学校、遗族工厂学校员生1000余人,由农林部部长周春诒主持并宣读蒋介石的训词,同时致词说明植树造林的重要,会后开始植树,共栽种洋槐、柏杨等3000余株。

四川粮民索债请愿团,本日由重庆市民生路办事处出发请愿,到各县粮民代表100余人,请愿团分赴国民党六届二中全会会场、国民政府、行政院请愿,并面递请愿书。

"自由职业团体联谊会"成立,郑曼青、古铎等40余人为理监事。

3月13日 下午4时,马歇尔将军之代表吉伦中将与张治中、周恩来举行有关东北问题之商谈,对于由北平执行总部派执行小组前往执行停战事宜,原则上获得协议。

中国国民党第六届中央监察委员会第二次全体大会在中央党部大礼堂举行,到监察委员71人,候补监察委员24人,张继主持,秘书长狄膺报告常务委员会暨党务、政治、财务三委员会工作,崔振华报告视察冀、察、平、津等地情形。会议决定:①各地已就捕之汉奸,应即加增审判人员,迅速公开审判;②曾任伪政府特任官以上或各省市长之汉奸,应由政府饬送法院,从速公开审判,从重治罪。

越北我军与法军交接防务协定,由国民政府军令部代表与法国驻越高级委员及军事代表,于上午11时半在军令部签字。根据协定,北纬16度以北越南地区华军防务,于本月22日起至31日止,全部移交法方接收。

陪都文化界于下午2时假西南实业大厦举行茶会,欢送日本反战作家鹿地亘夫妇,郭春涛主席致欢送词,鹿地亘致答词。

重庆市政府举行会议,决定组织"中央公产管理处",由市政府秘书长唐鸿烈负责,并限各局处指派精干人员1人,于15日前到市府办公。

重庆市参议会召集"陪都人民自由保障委员会筹备会议",重庆市渔会、市党部、律师公会、市教育局、中医师公会、市农会、市商会支团部、国际新闻社等9个单位参加,推市参议会、律师公会、农、工、商等团体代表为召集人。

3月14日 民党六届二中全会举行第十六次大会,到258人,白崇禧主持,国民政府军事委员会军令部次长刘斐报告东北军事情形,张嘉璈报告在长春与苏方交涉接收工矿之经过。会议并通过国民党中央常务委员选举办法及粮食问题议案,并检讨东北问题报告。

政治协商会议之综合委员会及宪草审议会之协商小组,下午6时假国民政府举行联合会议,到孙科、王宠惠、吴铁城、邵力子、张厉生、曾琦、陈启天、周恩来、董必武等数十人,孙科主持,讨论:"①政府改组问题,关于各党派及社会贤达之国府委员及政务委员人选,决定推王世杰、王若飞、曾琦、罗隆基、王云五、莫德惠六人再行协商;②国大代表问题,决由各方面自行提出代表名单,希望在3月25日以前提出,以便召集;③宪草问题,就国民大会中央政制及省宪等问题,加以研讨。"

"中国人民爱国护权总会"于下午3时假国民外交协会招待中外记者,由该会主席孔庚主持并报告称:该会由全国性团体165单位、地方性团体450单位组成,并拟于全国各地设立分会。该会工作之目标是维护国家领土主权之完整,维护大西洋宪章、开罗会议宣言及联合国宪章。

东北旅渝同乡会、东北建设协会、辽吉黑三省复员协进会、东北难民救济委员会等7团体之代表40余人,于上午10时30分赴国民党六届二中全会请愿,要求政府加强外交,照会苏联履行中苏友好条约,即日撤兵;惩办接收失职人员。大会主席团推派陈诚、陈立夫接见。

"陪都妇女团体联谊会"上午10时推唐国桢、张岫岚、王立文、包德明、傅伯群、左玫瑜、杨俊7人赴国民党六届二中全会请愿,要求合理规定国民大会妇女代表名额,由张道藩接见。

3月15日 国民党六届二中全会上午9时举行第十七次大会,到273人,邹鲁主持,会议通过了:①军事复员决议案;②交通问题决议案;③善后救济决议案;④政治报告决议案。

政治协商会议综合委员会及宪草审议委员会协商小组,于晚8时假国民政府举行第二次联合会议,议题为继续研讨宪草中"①国民大会之职权;②行政院与立法院之关系;③省宪"等三问题。会议经过激烈讨论后,决定修改政协决议之宪草修改原则三点:①国大为有形之国大;②政协修改之《五五宪草》第六项第二条取消;③"省得制定省宪"改为"省得制定省自治法"。

"重庆市接收中央留渝公产管理处"正式成立,由市府秘书长唐鸿烈兼任处长。

重庆实验地方法院,是日上午开庭审讯较场口事件,由龚尊一庭长主审,互诉双方当事人李公朴、施复亮、朱学范、章乃器、陶行知、易礼容、郭沫若、刘野樵、谢雅南均到庭,无结果。

《国民公报》是日载:重庆市自元月1日起至3月11日止,因解雇、遣散费、胜利奖金等引起的大小劳资纠纷共达122件,已解决者为113件。

3月16日 国民党六届二中全会于上午9时举行第十八次会议,312人出席,蒋介石亲临主持,决议:①国民政府委员,由国民政府主席提请中央执行委员会全体会议选任之,如各党派人选在二中全会闭会前不能提出名单,则由国民政府主席请常务委员会选任之;②战事业已结束,国防最高委员会应即撤销,恢复成立中央政治委员会,为本党对于政治最高指导机关,其组织及人选,由总裁提请常务委员会决定之;③关于国民大会本党(即国民党)代表产生办法。并修正通过《政治协商会议报告决议草案》。

中国国民党中央监察委员会第二次全体会议第二次大会下午3时在军事委员会举行,到吴稚晖、王宠惠等99人,张继主持。会议通过《常务委员会工作报告》《中央监察委员会组织条例》,选举吴敬恒、张继、王宠惠、邵力子、程天放、贺耀组、姚大海、邵华、刘文岛、鲁荡平、林云陔、李敬斋12人为常务监察。

周恩来、张治中、吉伦举行三人会议,周恩来在会上说明中共军队在东北所占的地方不能让;张治中表示谅解,承认共产党军队在东北的地位,国民党军队只能进驻现时苏军撤出的地区。

中共代表周恩来致函国民政府粮食部部长徐堪,内称:关于粮食互济,已告各有关解放区,以粮食 6 万石接济北平、济南、徐州、新乡、太原等城市。

"四川省银行"奉令改组,由财政部选派新董事 13 人,计潘昌猷、邓鸣阶、何北衡、康心之、梁颖文、向传义、胡子昂、邵从恩、刘航琛、石体元、陈长蘅、李心怡等;监事 7 人(计财政部 3 人:黄季陆、张澜,另一名未详,省参议会 4 人:杨明恕、蹇幼樵、蓝尧衢、杨彦方)。是日上午 10 时,由前董事长潘昌猷召开新董事会,选举潘昌猷、邓鸣阶、何北衡、康心之、梁颖文、刘航琛、胡子昂为常务董事。

3 月 17 日　上午,中国国民党第六届中央执行委员会第二次全体会议举行第十九次大会,到国民党中央执监委员、候补执监委员 303 人,蒋介石主持,首先宣布中央执行委员会常务委员选举结果,于右任、孙科、戴传贤、居正、陈果夫、陈立夫、陈诚、何应钦等 36 人当选,梁寒操等 149 人当选为国民党国民大会代表,并修正通过全体会议宣言等。

中国国民党第六届中央执行委员会第二次全体会议自 3 月 1 日开幕以来,迄今已达 17 日,共举行大会 19 次,对于党务、政治、外交、财政、经济、边疆、东北及政治协商会议诸问题之报告、检讨,均已完成,该会于是日下午举行闭幕典礼,到 200 余人,蒋介石主持致闭会词,称:中国必须采取和平统一道路,国内问题应以互谅精神解决。会议发表宣言,以"安定社会"、"如期召开国民大会""贯彻政治协商会议决议""贯彻军队国家化""实行六全大会注重民生主义""贯彻抗战意志,保持国家主权,巩固世界和平"等,作为国民党党员努力之目标。

周恩来、张治中、吉伦继续会谈,商讨东北问题。

由农业学术界及地政合作权威人士邹树文、李庆尘、寿勉成等发起组织的"中国农政协会"在重庆成立。

"重庆市中小学女教职员联谊会"成立,通过简章,选举熊启琳等 15 人为理事,陈忠南等 5 人为监事,包一明等 11 人为国大女代表候选人。

3 月 18 日　国民党中枢举行总理纪念周,全体中央委员参加,蒋介石主持并致词,勖勉国民党全体中委完成六届二中全会之任务。

中共代表周恩来、董必武、王若飞致函国民党代表邵力子、王世杰、张治中、张群,指出国民党六届二中全会通过的各项决议,动摇了政协会议五项协议;政协会议闭幕以来,各地暴徒暴行层出不穷,人民自由毫无保障;书函要求国民党4代表于19日下午至中共代表团商谈实施政治协商会议决议的具体办法。

中共代表团于晚8时在中共代表团办事处举行记者招待会,到中外记者30余人,王若飞介绍新近来渝的中共广东抗日游击队东江纵队政治委员林平及湖北新四军江汉军区政治委员郑文与记者见面。继由周恩来致词,他谴责了国民党六届二中全会许多决议违反政协决议,并希望全国人民、盟邦朋友、各党派朋友一致团结起来,监督政协决议全部实现。最后由秦邦宪回答各记者之询问。

宋美龄于下午3时在官邸招待东北旅渝人士,商讨救济东北办法,决组织"东北救济会",推宋美龄为会长,莫德惠为副会长,韩仁为总干事,周至柔、刘亦同、张潜华、王星舟、王寒生等为筹备委员。

"中华民国自由职业团体联谊会"召开第一次理监事联席会议,选举朱企洛、郑曼青、褚汇宗、覃勤、郭鸿群、刘士笃、刘典文、古铎等9人为常务理事,卓海宗、萧同兹、成舍我等3人为常务监事。

3月19日 中共代表周恩来、董必武、王若飞于下午3时半就国民党六届二中全会之决议邀约邵力子、王世杰会谈,双方就国民党六届二中全会动摇政协五项协议及如何保障政协决议全部实现等问题进行谈判,无任何结果。

宪草审议委员会上午8时假国民政府举行第七次会议,孙科主持,讨论国民大会职权及宪草修改案如何起草问题。会上,中共及民盟代表就国民党六届二中全会动摇政协会议决议一事给予谴责。

中共代表董必武就四届二次国民参政会问题,对新华社记者发表谈话称:本次参政会中,某集团占有极大数量,预料可能重演国民党二中全会之各幕活剧,出席参加无补于事。因此,中共参政员决不参加,至意料中之各种造谣污蔑,我们准备在会外加以答复。

"中国民主同盟"政协代表张东荪、张申府、梁漱溟对新华社记者发表谈话称:政协决议不容改变,不能把国家百年大计的宪法当作儿戏,既是国共协商的决定,便当共同认真执行。

王若飞、张澜等各党各派各界人士100余人在重庆欢宴李济深、叶挺、田汉、廖承志等,李济深在会上指出:要扩大民主力量,应具备有斗争之组织。会议协商决定:由各党各派及无党派人士推举代表组成"民主统一阵线大同盟",内分政治、文化两大部门,政治部门由各党派之代表负责,文化部门由郭沫若、沈雁冰、田汉等负责。

"中国中小工厂联谊会"全体常务理事于上午9时赴国民政府、行政院、财政部、经济部请愿,除对本身目前困难望政府补助外,并分别陈述各业之困难。

3月20日　国民参政会第四届第二次大会于上午9时半在国民政府军事委员会大礼堂开幕,出席参政员196人(中共参政员未出席),政府各部门长官宋子文、孙科、戴传贤、于右任、陈诚、张厉生、朱家骅、谢冠生等及英、美、法、苏、比、瑞、葡、捷、墨西哥、巴西、意、挪、印、荷、土耳其、阿根廷诸国外交代表团代表均列席,莫德惠主持致开会词,蒋介石致训词,要求大会把握重点,注意现实,贡献实际可行而且行之必成的办法。参政员何鸿基致答词。下午,参政会举行第一次大会,交通部部长俞飞鹏报告最近交通情形。

政协综合小组举行会议,孙科主持,商讨政协决议的实施问题。共达成三点协议:①宪法草案乃提交国民大会承认之唯一文件;②一切党派有义务使其出席国民大会之代表支持大会所提出的宪法草案;③国民党中央执行委员会只任命参加国民政府委员会的国民党员,其他成员由各该党派分别任命,无党派人士由蒋介石任命。

"中国民主同盟"主席张澜,就国民党六届二中全会违反政协决议一事,对《新华日报》记者发表谈话称:国民党二中全会的决议,推翻了政协决议,目的在维持一党专政的实质与形式,把各党派参加政府变成请客,对此我们不能不加以重视。如果这些问题不弄清楚,我们民盟不愿贸然参加政府。

宋美龄于下午3时在曾家岩主席官邸召开"东北救济会"第一次理事会,到莫德惠、孔祥熙、钱新之等20余人,讨论通过简章,募集及保管捐款办法,并推宋美龄、莫德惠、孔祥熙、钱新之、于斌、潘昌猷、康心如、徐堪、周至柔为常务理事,刘不同为总务组长,能芷为募捐组长,傅沐波为保管组长,张潜华为宣传组长。

"重庆市电影戏剧协会"上午9时假第一剧场举行成立大会,到来宾张道藩及该会会员300余人,井国华主持致开会词,报告该会成立之意义,富少舫报告该会成立经过,张道藩致词,会议通过会章并发表成立宣言。

3月21日 国民政府行政院于下午4时假胜利大厦招待国民参政会参政员,到江庸等160余人,宋子文、翁文灏、蒋梦麟亲自招待,王世杰、朱家骅、俞飞鹏等出席作陪。宋子文致词表示:对行政措施,希望各参政员指教。褚辅成致答词,盼政府抑止物价高涨,"迅速设法使人民生活安定,否则,不但人民将对政府失望,而政府本身恐亦无法维持。"

中共代表团发言人在重庆宣布:"因本届参政会将重演国民党二中全会各种造谣污蔑政协决议的活动,故中共参政员决不出席大会。"

"中国民主宪政促进会"召开临时会员代表大会,到张西曼、甘祠森等10余人,讨论通过了"推选国民大会代表候选人",发表了"对东北问题主张"、"对国民党六届二中全会违反政协决议事件的声明"等六项决议。

中国农政协会、中华农学会等10个农业团体,下午联合招待记者,说明国大代表中农民及农业界代表太少,希望政府多多容纳农界分子,以期宪法日臻完善。

国民政府外交部再度照会苏联驻华大使彼得罗夫。询问东北撤兵情形。

重庆地方法院于下午2时首次开庭调查《新华日报》营业部被毁一案,《新华日报》社经理熊瑾玎出席,宣称:此事为某方有计划有组织之行动,并希望法院追究主凶。

中共代表周恩来离重庆飞返延安,向中共中央汇报工作并研讨整军问题、东北问题及对付国民党破坏政协决议的应对方法与策略。

3月22日 国民政府外交部接苏联驻华大使彼得罗夫复文,称东北苏军准于4月底全部撤退。

3月23日 国民政府明令:①特派外交部部长王世杰为互换中法关于法

国放弃在华治外法权及其有关特权条约暨中法关于中越关系之协定及换文批准约本全权代表;②特派外交部部长王世杰为互换中暹友好条约批准约本全权代表;③公布《中墨友好条约互换批准书》。

国民参政会上午举行第五次大会,由政府代表邵力子、张群分别报告政治协商会议经过及停止军事冲突、恢复交通及军队整编、统编中共军队方案,王世杰作最近7个月来之外交报告。王氏在报告中称:"我们的根本政策,在尽我们的力量,增进联合国的团结,尤其诸大国的团结。为达到这个目的,第一,我们不要踏袭传统的外交策略,联络任何一国或任何集团,以对抗其他国家;第二,我们遇事严守正义的立场,是则是,非则非。过去数月间在联合国会议中,我们的态度都是如此,今后也必继续如此。今后并当尽我们的力量,谋联合国组织权力的加强。"

中国民主同盟代表团于下午7时在国府路300号招待记者,报告三事:"①宪草修议原则,政府与各党派间已取得口头协议,以俟作成文书,即可正式发表;②东北军事冲突,未能有效制止,内政纠纷未能合理解决以前,不能提出参加政府人选名单;③中美巨额贷款应由改组后之新政府协商其用途,外汇管理应成立一专门委员会。"

新任澳大利亚驻华公使高伯兰博士上午11时在国民政府觐见国民政府主席蒋介石并呈递国书。

"中华自然科学社"召开第二十届第一次理事会,讨论该社本年度工作及我国科学之一般问题,并决议成立"科学促进委员会",以积极推进科学运动。

钢铁厂迁建委员会(即重庆大渡口钢铁厂)因厂方扣发应增加给工人的工资80%,激起工人和低级职员的愤怒,是日举行全厂性的罢工,提出实行8小时工作制,工资按军政部的调资公文增加100%,成立有工人参加的管理委员会等项条件。厂方拒绝接受,并使用军警进行镇压。

3月25日 国民政府明令公布《中多(米尼加)友好条约之附加条款》。

蒋介石在中枢纪念周上致词称:"抗战胜利以后,复员完成以前,政府在政治经济社会各方面所遭遇之困难,种因已久,吾人能及时发现,彻底改正,将来建国工作,即易进行。"并称:"中国经济,根本上并无危机,目前一般人感觉不安者,在于物价与粮食,然此种因素,一俟交通情形改善,有无相济,即可消除。"

国民党六届二中全会所选的国民党中央常务委员于上午7时在国民政府会议室举行第一次会议,讨论国民政府委员会组织法、中央政治委员会组织法及中央党务机构调整办法。

政治协商会议综合小组于下午集合,对如何根据20日综合小组所获之口头协议,作成文书,使各方咸感满意及对吴铁城20日答中央社记者问时所称"训政时期约法有效"一事,发生争论,经3个半小时之讨论,获得某些协议。

中共代表周恩来由延安返抵重庆,当晚即与张治中、吉伦举行会谈。

国民政府外交部再次向苏联驻华大使彼得罗夫说明国民政府对东北经济合作问题之立场。

美术节。"中华全国美术会"于上午9时假中苏文化会堂举行纪念大会暨第八届年会,到100余人。汪日章主持致开会词,胡一贯致训词,选举张道藩、吕斯百、汪日章等31人为理事,吴稚晖、陈树人、华林等9人为监事。

"中国各学术团体联合座谈会"在中四路南洋华侨协会举行,商讨当前之经济问题,到中华政治经济学会、中华农学会、财政学会、中国市政建设学会、南洋华侨协会、兴建学会、中国南洋学会等10余团体之代表100余人。与会者咸认为:我国抗争八年,国力耗竭,民穷财尽,投机盛行,物价日涨,亟应妥谋解救,并决议组织"经济事业考察团"。

由陪都教育、文化界人士李蒸、刘健群、郑彦棻、程思远、胡庶华等人发起组织的"中国青年互助会"在陪都青年馆举行成立大会,到100余人。决议在首都设立总会,并在国内各重要地域成立分支会,该会工作将着重协助青年解决生活上及工作上之各项困难及举办文化康乐等事业,以增进青年福利。

迁建区11所小学的教职员代表为请求政府准予按中央公教人员待遇还乡,是日赴国民参政会请愿,由江庸接见,允将所提意见交参政员讨论,并转请教育部办理。

陪都基督教徒及教友团体代表以时局日趋严重,于下午3时举行国内和平祈祷大会,到张雪岩、陈铁生、刘王立明、黄次咸等100余人。大会并发表宣言,指出目前时局之严重,要求政协决议不容更改,应速兑现。

3月26日 国民政府明令:"国民大会前经明令定于民国三十五年五月五日召开,所有当选及遴定各代表,均应依照国民大会代表选举法施行细则第89条之规定,于开会前十日内,即自本年四月二十五日起,亲到南京国民大会代表报到处报到。"

马歇尔之代表吉伦将军先后与周恩来、蒋介石商谈关于派遣执行小组赴东北调处停战问题。

重庆市市长张笃伦是日晚晋谒蒋介石,蒋介石对渝市财政收支、马路增修等情形,垂询甚详;对地方绅耆于抗战中之贡献,尤为赞许。

"印度访华贸易团"(3月25日抵重庆)在重庆举行记者招待会,团长齐特赞扬中印两国悠久的传统友谊。

四川省立教育学院外省同学70余人为请求政府资助还乡;湖北省旅渝人士为请求政府救济鄂省灾荒;汽车业同业公会为请求政府赔偿战时2000辆商车之损失及反对官僚资本操纵公路运输,取消战时管制商车法令等,是日分别赴国民政府行政院请愿。

3月27日 上午,周恩来、张治中、吉伦军事三人小组在重庆怡园举行商谈东北停战问题,决定精选人员组成执行小组,立即前往东北执行停战调处工作,并签订《调处东北停战的协议》。协议规定:①小组之任务,仅限于军事调处工作;②小组应在政府军队及中共军队地区工作,并避免进入仍为苏军驻留之地区;③小组应前往冲突起点或政府军与中共军密接地点,使其停止冲突,并作必要公平的调处。下午,3人继续就广东"东江纵队"、湖北"新四军第五军"周围之军事冲突诸问题进行商谈并获得进展。

"中国民主建国会"是日发表对当前政治经济之意见,在经济方面主张"一切经济政策必须以增加生产,加强运输,稳定币值,安定民生为第一义;外汇和贸易政策,也须以完成此项任务为目标。一切束缚生产,阻碍交通的法令和制度,均应彻底废除。"

苏联驻华大使彼得罗夫向国民政府外交部部长王世杰面交《中苏经济合

作建议草案》,正式提出中苏共同经营东北工业之要求。

3月28日 政协综合小组下午在国民政府开会,会上展开激烈之讨论,最后决议:"对于修宪原则,除省得自制省自治法已无争执外,国大有形及立法院与行政院之关系等问题,由各方先行草就具体方案,三十日下午综合小组与宪草审议会召开联席会议再行协商。"

张治中访晤周恩来,就东北停战问题及东江、鄂北等地军事冲突等问题有所商谈。

周恩来、邓颖超赴张治中家,希望他释放在新疆被关押的100余名共产党员,并嘱托将随张治中到新疆的屈武,请他帮忙解决。

本年1月23日在曼谷签字的《中暹友好条约》于是日在重庆互换,中方代表为国民政府外交部部长王世杰,暹罗方面代表为暹罗访华代表团团长銮实。

陪都中央大学、重庆大学等12专科以上学校之湘籍学生,为请求紧急赈济该省灾民,是日推代表分两组分向国民政府、行政院、粮食部、交通部、善后救济总署请愿,并发表告全国人士书及慰三湘父老诸姑兄弟姊妹书。

3月29日 国民政府明令:①新疆省政府委员兼主席吴忠信,另有任用,应予免职,所遗新疆省政府主席职务,派张治中兼理;②特派张治中为军事委员会委员长西北行营主任。

蒋介石为第三届青年节发表《告全国青年书》,内称:深知青年战后的境遇是交通断绝,回乡无路,就学无力,就业不易,以致衣食不给,疾病无告,比之抗战时期还要苦闷。同时勖勉全国青年,涵养民主制度,培植法治精神,协助国家,服务社会,普及国民常识,树立民治楷模。

美国政府以蒋介石对于反抗侵略,达成联合国之胜利有重大贡献,特赠予其特等勋绩奖章,是日下午4时在曾家岩官邸,由魏德迈将军代表美国政府举行赠予典礼。

蒋介石于晚7时半在林园官邸设宴为魏德迈饯行,并邀中美官员作陪,蒋介石致词,感谢魏德迈将军对于中美共同作战之贡献,称魏德迈在18个月内之成就,他人必须在10年始能完成,并赠予魏德迈青天白日勋章,魏德迈致答词。

国民政府副院长兼经济部部长翁文灏、交通部部长俞飞鹏出席国民参政会,答复关于经济与交通询问各案,并检讨有关敌伪物资及产业问题。

国民政府内政部训令各直属机关:以1945年9月3日为对日战争结束日期。

国民政府教育部发表上年度全国师范教育状况统计:计有师范学院11所,学生7418人;师范学校562所,学生157806人。

第三届青年节上午10时在较场口举行,参加者1万余人。

在渝国大代表候选人在沧白堂集会,到张之江等150余人,胡以平主持,交换讨论对国民大会应取如何态度之意见,决定候补代表有当然列席大会之职责,并成立"国大代表候选人联谊会",推张之江、周生桢等17人为干事,办理会务。

"中国经济事业协进会"于西南实业大厦茶会招待政治协商会议代表,到马寅初、郭沫若、沈钧儒等数十人。阎宝航主持并致词,举马寅初等15人为该会国大代表候选人。

3月30日 政协综合小组与宪草审议会下午在国民政府开会,商讨修宪原则及其他具体问题,有关国大职权问题,决议:各方均同意国大可以行使四权,即选举、罢免及于总统创制、复决于宪法,一般四权之行驶着重于地方政治。关于政府组织一事,政府代表希望各党派早日提出名单,以便进行政府改组。中共代表王若飞认为政府组织应在若干重大问题解决之后,并提出书面意见,说明中共不能及时提出名单的理由:"①主席四项诺言未曾实行,国民党二中全会决议所造成之混乱局面尚未澄清;②修宪原则未曾取得协议;③政府仍在要求增加国大代表名额;④政府以外各党派参加政府人选比例尚未决定。"

3月31日 国民参政会举行第十七次会议,通过请政府采取有效措施以保国权而维人命案。

由沈钧儒、郭沫若等人发起组织的"中国学术工作者协会"下午2时假中一路中苏文化协会举行成立大会,到张东荪、马寅初、何思敬、施复亮等70余人。侯外庐主持报告成立经过及宗旨,会议推郭沫若、施复亮、侯外庐、李公朴、张申府等37人为理事。

重庆煤矿、土布、造纸、印刷、毛毯等工矿业假姚家巷举行"重庆市工矿业联合会"成立大会,参加之公会共19单位,领导厂矿1500余家。会议通过组织大纲,并选举陈次铮、邓秉承、尹见民、陈鹤皋、周乐君、樊子良、李之生、潘仰山等25人为理事,李国璋、文济川、黄升之、刘显名等7人为监事。

4月

4月1日 中国国民党中央常务委员会及国防最高委员会举行临时联席会议,决议修正通过《中央政治委员会组织条例》及《国民政府组织法》。

蒋介石出席国民参政会第18次会议,报告抗战结束后政府之重要措施,对①东北问题;②伊宁问题;③宪草问题等,说明政府之方针及处理经过。

蒋介石于晚7时假军事委员会大礼堂宴请国民参政会全体参政员,到吴贻芳、江庸等参政员160余人及政府各部会长官多人。蒋介石致词,对参政会于过去八年间与政府同甘苦、共患难,始终不渝,备致赞许,参政员吴贻芳致答词。

周恩来会晤吉伦将军,商谈有关停止军事冲突之一般问题。

政协综合小组与宪草审议组于下午继续举行联席会议,在国民大会职权、组织、任期、会期及其与行政院之关系方面,获得相当协议。在讨论地方自治根本问题时发生争吵,毫无结果。

中共代表分别在重庆、北平向国民政府和美方提出严重抗议,抗议美国帮助国民党运入东北的由美械装备起来的军队,已超过"整军方案"规定的5个军,是破坏"整军方案"的行动。强烈要求国民党政府停止调兵,美国停止帮助国民党运兵。

下午,中共代表周恩来在曾家岩50号招待外国记者,就国共关系发表谈话。他指出:国共两党举行谈判以来,我党屡次让步,委曲求全;国民党得寸进尺,并无团结诚意。中共现向世界声明:"中共至万不得已时,即当迫而应战。"

国民政府外交部为促请保护撤退区域内公私财务安全照会苏联驻华大使馆,请大使馆转电苏联政府电知东北苏军司令部,迅予制止东北苏军的破坏行为,并于苏军自东北各地撤退以前,对于各该地区内之公私财产及建筑物加以切实保护。

"中央银行重庆分行"是日在重庆市道门口业务局原址正式成立,该行总行东迁后,所遗业务,均由该分行继续接办。该行经理杨晓波,副经理钟震恒、翁锡资、董纯、陈辉祖。

"中国科学建设协进社"在歌乐山中央实验院举行第三届年会,策划今后之会务工作。

4月2日　国民参政会第四届第二次大会下午闭幕,此次大会共举行2周,共开大会21次,通过议案453件。

中共代表团严重抗议国民党以战斗机8架威吓延安。

中共代表周恩来致备忘录与吉伦:关于在广东的中共部队问题,应分做两项解决,一是政府应予以承认,二是运中共部队转移到其他地区。

4月3日　军事三人小组之政府代表,自是日起改由陈诚继任。

三人军事会议于下午4时开会,陈诚、周恩来、吉伦三将军就停止军事冲突问题普遍交换意见,尤其对东北停战问题详为讨论。

政协综合小组与宪草审议会联席会议上午在国民政府举行,青年党代表未出席,会议对省自治法是否须经立法院通过一事,当场推定王宠惠、张君劢、秦邦宪、陈启天、王云五组织专门委员会,研讨次问题。

苏联驻华大使彼得罗夫照会国民政府外交部,表示:"苏联政府已令东北苏军于撤退时,通知驻长春之中国军事代表团,对中国政府军队接收领土时,自当协助。"

4月4日　下午,周恩来假中共代表团办事处招待中外记者并发表重要谈话称:"①政协实施不容有任何动摇与变更,对于修宪原则,确立议会政治,多党政治,行政院对立法院负责,省为自治最高单位,宪草审议会所协商通过之宪草为国大中唯一之宪法草案,政府改组应及于执行机关,国府委员会中共应有委员十名,主席四项诺言必须履行;②军事问题,停战应及于全国各地,政府军队应立刻退出停战令下后所侵占的16个县城与381个村庄,政府军队不通过执行总部开往东北系违反停战协定;③东北问题,内政外交应分别处理,军事与政治应平行解决。"周恩来最后称:"中国应在民主和平中求安定,彻底执行政协决议,政府改组应在不动摇政协决议之基础上进行。否则,不愿为一党专政之政府粉饰门面。"

王宠惠、张君劢、秦邦宪、陈启天、王云五五人专门委员会下午4时在王宠惠私邸商讨地方均权问题,陈启天未出席,获得如下协议:①中央集权与地方均权,依各项权利之性质列举划分;②省自治法是否与国宪抵触,其解释之权属于司法院。

国民政府外交部部长王世杰奉命会见苏联驻华大使彼得罗夫,商谈东北经济合作及军事接防等问题。

国民政府教育部公布《国立各级学校迁校办法》。

陪都庆祝儿童节大会于上午10时假青年馆举行,到1800余人,唐鸿烈主持,黄伯度、朱经农、金宝善分别致词,李蒙宣读蒋介石之训词。

4月5日 周恩来往访吉伦中将,就召开军事三人小组会议急待解决的诸多问题尤其是紧迫的东北问题进行商谈。

周恩来及中共代表团的其他代表就4月3日北平解放报社、新华通讯社及腾代远公馆被国民党当局非法搜查、40余名工作人员被捕一事,是日致书王世杰、邵力子、张群、张厉生及蒋介石,向国民党当局提出严重抗议。

4月6日 国民政府明令:特派郭忏为军事委员会委员长武汉行营副主任。

政协综合小组与宪草审议会协商小组在国民政府举行联席会议,到20余人,对因省自治法是否须经立法院通过而引起的争执获一致意见。

国民政府代表张群、张厉生、王世杰与中共代表周恩来、王若飞、秦邦宪举行政协会议后国共代表之首次直接会谈,交换各项意见。

4月7日 周恩来会晤陈诚,对东北停战问题商谈甚久。

中国各学术团体联合座谈会在中四路四号举行"世界和平问题"座谈会,到外交学会、中国行政学会、中华民国法学会、中华政治经济学会、中华农学会、财政学会、中国市政学会、中国考政学会、中国边政学会、新亚西亚学会、中国县政学会、南洋华侨协会等 20 余团体之代表谢冠生、史尚宽、孔庆宗等 100 余人,首由国际问题专家周鲠讲演《联合国与世界和平问题》,随即讨论如何确保世界和平问题,咸认为应组织国际政府,原子能公开,普遍裁军等。

由孔庚、赵峰樵、王冠英等人发起组织的"中国民主运动协会"在重庆广东酒家举行成立大会,到会员及来宾陈立夫、梁寒操、蒋作均、赵康民等 200 余人。孔庚主持报告该会成立的目的为"协助政府实现民主政治,站在人民的立场,以社会群众的力量,从事赈济湘鄂等省灾荒"。蒋作均报告该会对目前国是之主张及该会成立经过,会议讨论通过会章,并发表成立宣言。

"乡村文化协会"假张家花园举行第二届会员代表大会,到川、滇、黔、鄂等省代表,理事长陈立三主持,报告该会三年来呼吁救亡、服务抗战及下乡工作之经过。会议决定加聘邹鲁、马超俊、程潜、李宗仁、陈其采、朱绍良等 21 人为名誉理事,陈立三、陈量、叶春耕等 21 人为理事,陈铁生、胡一贯等 7 人为监事。

4 月 8 日 蒋介石在重庆接见美国合众社远东经理伏恩,谓"联合政府可于数周之内组成"。蒋介石对伏恩表示:希望美国继续维持其对世界之"有力量与有决断的领导地位",并称"中国经济恢复之速度,与美方供给品到达之迟早,极有关系"。

重庆市参议员 79 人应蒋介石之邀,由胡子昂率领于上午 9 时晋谒蒋介石。蒋介石对重庆于八年抗战期中,损失惨重,颇表关怀,对市民疾苦,垂询甚祥;对重庆市在抗战期中对国家之贡献,深表愉快;并指示重庆工商业极待整饬,中央愿多方切实扶植,以资发展。并希各参议员热心建设和帮助重庆之经济事业、社会事业,使之成为一现代化都市。

中共中央委员、中共代表王若飞,政治协商会议宪草审议委员会中共代表秦邦宪,新四军军长叶挺,解放区职工联合会筹备会主任邓发及著名教育家黄齐生等一行 13 人,离渝飞赴延安,不幸于山西失事,全体遇难。

中共代表周恩来与张澜、张君劢、沈钧儒、罗隆基等在特园举行茶会,商讨东北停战问题。与会者一致反对陈诚坚持以武力收回东北、故意拖延军调部东北各小组工作的进行等行为。

4月9日 国民政府明令：①湖南省政府委员兼主席吴奇伟另有任用,免本兼各职,遗职由王东原继任;②湖北省政府委员兼主席王东原另有任用,王东原免本兼各职,遗职由万耀煌继任。

军事三人小组于下午2时在怡园开会,商谈东北停战问题,决定派代表吉伦(代表马歇尔)、秦德纯(代表陈诚)、罗瑞卿(代表周恩来)、陈士渠(代表叶剑英)赴东北视察。

政协综合小组与宪草审议会联席会议上午在国民政府举行,罗隆基称:"东北军事冲突如不停止,商讨修宪原则,已无意义。"周恩来报告东北军事冲突的情况。会议在"停止东北军事冲突与解决东北内政问题之先后次序上"及"立法院可否改组行政院与总统复议权之运用范围"两问题上发生争执,未获结果。

马寅初应中国学术工作者协会、重庆市钱业公会、中国中小工厂联合会等团体之邀,在戴家巷福音堂讲演《经济危机与打倒官僚资本》。

4月10日 中国民主同盟代表团于下午5时在特园宴请国共双方代表,交换对东北局势的意见。民盟建议国共双方下令停战数天,此间全力进行商谈,使东北政治问题得到解决,然后进行和平接收。国民党代表坚持"接收"第一,先"接收",后停战,再谈其他。中共代表坚决要求先停战,再商谈一切。会议长达5个多小时,毫无结果。

由国民政府立法院、监察院等机关发起组织的"三民主义宪政同志会"于下午3时在胜利大厦举行成立大会,到100余人,吴尚鹰主持报告该会成立经过及旨趣称:"本会目的在使中华民国之政治,成为国父孙中山先生所倡导的三民主义与五权宪法之政治,……吾人之宗旨,不仅欲使中华民国有三民主义之宪法,更欲使中华民国人民能实现此一宪法。"会上通过章程,并选举理监事(聘孙科为名誉会长)。

重庆市参议会于上午9时举行第一次临时大会,到市长张笃伦及各参议员81人,会议选举出重庆市的国大代表,结果区域部分由赖健吾、唐华、刘浩泉当选,职业部分由欧阳致钦、张晃、刘野樵当选。

军事三人小组代表齐兰将军、秦德纯将军、俞大维将军,陈士渠参谋长离重庆飞北平,拟赴东北巡视调处工作。

4月11日 国民政府行政院制颁《中央党政机关还都办法解释及补充办法》6条。

中共代表周恩来举行记者招待会,指出国民党当局的大举进攻,将使中国重陷于全国范围的内战,并表示:"在政治与军事问题没有完全获得解决以前,中共将拒绝参加5月5日召开的国民大会。"

三民主义青年团重庆支团部代表大会于上午9时在市商会大礼堂举行开幕典礼,到中央团部代表倪亚文,重庆市市长张笃伦及该团代表200余人,陈介生主持致开会词,并宣读兼团长蒋介石之训词,倪亚文、张笃伦分别致词。

4月12日 国民参政会驻会委员举行第一次会议,决议组织收复区(包括中共占领区)政治视察团,并规定该团之任务为"考察收复区及中共占领区内政治设施及对于人民团体言论集会结社各项自由之保障情形制成报告,提供政府采纳"。

4月13日 国民政府军事委员会是日下达青年军复员的命令,规定青年军各师即拨入其他军师,宪兵教导团、辎汽团内之知识青年志愿兵,除有任务者应延期至任务完毕,交通恢复再行复员外,其余统着于本年五月底经考试后结业复员,并成立"青年军复员管理处",以军政部部长陈诚兼处长,彭位仁、蒋经国、邓文仪为副处长,第九军副军长戴之奇兼办公厅主任。

政治协商会议国民党代表孙科等8人致函周恩来,慰问"四·八"遇难诸先生,内有"若飞博古两先生,致力和平团结,不辞劳瘁"等语。

政治协商会议综合小组与宪草审议会于下午3时在国民政府举行联席会议,首先为4月8日在山西兴县遇难的政协中共代表王若飞、秦邦宪默哀三分钟,继讨论各项问题:①关于较场口、新华日报等事件,各方望于短期内求得合理解决,并将解决经过由原推定的调解人向政协小组报告;②立法院与行政院之关系问题,国民政府所提行政院院长因辞职或其他事故不能留任时,继承人选由总统指定之意见,不为中共及民盟代表所赞同。

中共代表周恩来举行记者招待会并发表谈话指出：东北局势已发展成为内战状态，再次抗议美国运送国民党军队致东北，并声明东北民主联军有充分权利接收东北主权，接防苏军撤退的城市。

国民政府外交部与苏联驻华大使彼得罗夫继续谈东北经济合作问题。

"中华全国文艺界协会"总会于晚6时半在该会举行会议，商讨纪念"五四文艺界"事宜，到田汉、巴金、沈起予等30余人，梅林主持报告沪、港、平、蓉、昆、西安、桂林等地分会工作现况及今后之联系办法，田汉、阳翰笙、巴金、何其芳等分别发言，咸主张加强民主与和平之文艺运动。

4月14日 蒋介石于下午4时在国民政府茶会招待政治协商会议综合小组各代表，蒋介石首先致词，希望各党派在本月20日以前提出国府委员及国大代表名单。周恩来当即表示：在政治协商会议以后，一连串发生沧白堂、较场口、新华日报等事件；而宪草协议一改再改，在此等事件未解决与宪草协议未获得最后协议前，参加政府尚有困难。张君劢申述民盟意见称：目前不似谈商时期，冲突继续进行，则谈不到改组政府与召开国民大会。

中国国民党中央常务委员会是日在重庆举行末次会议，决议各常务委员于日内分别赴京，今后例会即移京召开。

中共代表周恩来、董必武、吴玉章、陆定一、邓颖超等，为北平国民党当局查封《解放》（三日刊）一事函告国民党代表王世杰、邵力子等，要求"实践保证人民自由诺言，制止此种侵犯言论自由行为"。

中共代表团诸代表致函王世杰、邵力子、张群、张厉生等，就本月13日报载立法院修正的国民大会组织法，提出意见。书函指出：政协关于国民大会问题获得协议后，原有国民大会组织法即需修改，我方曾于3月26日拟出修正草案送阅，但重要各点，概未采纳，请设法补救。

政治协商会议综合小组举行会议，决议成立宪草修改起草小组，以周恩来等为成员。

中共中央重庆局致电中共中央，呈报中共四川省委委员名单及分工提议：中共四川省委拟由正式委员9人，候补委员3人组成，以吴玉章为书记，王维舟为副书记，傅钟任宣传部长兼《新华日报》代社长，于江震任组织部长，魏传统任秘书长,梁华管报馆党内工作,杨超管情报工作,郑伯克(云南秘密党工作),廖志高(川康党工作),候补委员周文(宣传部副部长兼新华日报社副社长),何其芳(文化组组长),张世兰(妇女组组长)。

国民大会中国国民党代表名额,经政协会议协商为220名,其中150名于二中全会在中央委员中选出,其余70名,是日由中央常会例会选出。

国民政府航空委员会调拨运输机30架,以加强复员还都之运输力量。该项飞机,每日由渝、京各开15架,每架乘25人(其中10架为普通人员,5架为军事人员专用),是日开始担任运输工作。

陪都各私立、省立中等学校收复区教职员,为请求政府按照国立中学教职员复员返乡之待遇,是日全体罢教3天,并向政府当局请愿。

"重庆市劳工福利事业建设委员会"成立,社会局长徐鸿涛任主任委员,下设业务、总务、调查、会计四组。

4月15日 蒋介石为谋求国民大会如期召开,是日邀请政协综合小组各会员茶叙,要求各党派于本月20日以前提交国民政府委员和国民大会代表名单。周恩来、张君劢、王云五、陈启天等先后发言,希望指定专人进行协商。当经蒋介石指定邵力子、张群、张厉生、雷震4人为政府代表,负责协商一切。

国民大会筹备委员会自上年9月开始办公以来,积极筹建会堂,并决定将南温泉原中政校中正堂改建为国民大会大会堂,经数月施工,该大会堂于是日修竣。

"法国访华代表团"一行14人在团长、法国参谋总长余安的率领下于午后3时由印度飞抵重庆访问,白崇禧代表蒋介石赴机场迎接。

4月16日 政府代表张群、邵力子、雷震就改组政府、国大等问题与中共代表周恩来交换意见。政府方面希望中共能于20日以前提出参加政府人选名单。周恩来表示:人权未被切实保障,各项悬案未能合理解决,东北军事冲突未加以有效制止以前,中共不欲考虑参加政府问题。

上午,政府代表就改组政府、国大问题与青年党领袖陈启天进行商谈。陈氏表示:①青年党方面愿意参加政府,人选名单于该党参加政府名额确定后即可提出;②国大代表名单,下周内可正式发表;③国大召开日期,由国内当前情况观之,政府有重加考虑之必要。

下午3时,政府代表与民盟代表罗隆基、章伯钧二氏就改组政府、国大等问题交换意见。民盟表示:①东北军事冲突应先停止;②行政院与国民政府应同时改组;③民盟参加国民政府的委员应有6名。双方经2个半小时的会谈,未获协议。

余安所率"法国访华团"分别拜会白崇禧、王世杰、刘锴,并代表法国政府分别授予王世杰一等荣光勋章一座,刘锴二等荣光勋章一座。

善后救济总署副署长薛蒲风招待记者,报告该署成立以来的工作概况称:到达物资数量,截至3月底,共348166吨,其中以粮食为最多。

4月17日 "法国访华团"上午晋谒蒋介石,余安代表法国政府授予蒋介石十字勋章一座。

军事三人小组代表秦德纯将军、俞大维将军、陈士渠将军于下午2时返抵重庆(吉伦将军留北平)。

"迁川工厂联合会"于下午3时举行第九届委员大会暨本年度春季联谊会,潘仰山主持报告称:留渝会员尚有250个左右,迁上海者有110余个,停闭者60余个。会议决议请政府实行政协协议,发给个人遣散费、补助费。

"重庆市工运指导委员会"及"重庆市失业工人处理委员会"成立。"重庆市工运指导委员会"以"集中力量,统一指导,以谋消弭工潮,安定社会秩序"为目的。

4月18日 蒋介石夫妇于林园官邸宴请法国访华代表团团长、法国参谋总长余安将军及代表团全体团员。席间,蒋介石授赠余安将军以大绶云麾勋章并致词,并再次授赠法国驻华大使梅里霭大绶景星勋章。

宪草审议会之宪草起草小组在国民政府开会,商讨有关宪草作成文书的有关问题。经过讨论,对"五五宪草"在若干问题上获得重大协议:①总则第一条"中华民国为三民主义共和国"改为"中华民国基于三民主义为民有民治民享之民主共和国";②人民权利义务章中所有"非依法律"字样一律删去;③国民大会一章以张君劢所提方案通过;④中央政府中关于总统紧急处分权一项,只限天灾、疫防、国家经济上之重大变故,方可行使,但此种急速处置,须于发布命令后一个月内提交立法院追认,若立法院不予追认时,该项处分无效。

政协综合小组及宪草审议会协商小组上午举行会议,对宪草条文的修改继续协商。

国民党代表邵力子访晤中共代表,商谈国大及政府委员名额分配等问题。

中国民主同盟及无党派人士张澜、罗隆基和郭沫若等75人联名致电美国争取和平委员会,呼吁停止美军帮助国民党运兵打内战。

美国驻华特使马歇尔偕夫人及吉伦中将于下午2时由北平飞抵重庆,旋赴林园晋谒蒋介石。

法国访华团团长余安将军下午3时假法国驻华大使馆举行记者招待会。

陪都农业、金融、企业及学术界人士邹树久、杨开达等20余人假中国农民银行举行第二次座谈会,决定成立"中国农业机械化协进会",由出席人发起,并决定成立筹备会,向全国各地征求发起人,并推邹树久为主席,王震海为秘书。

"中国妇女福利社"下午3时假国民外交协会举行成立大会,由王履冰主持,通过简章,选举傅伯群、朱汉杰、洪希群9人为理事,杨慎修等3人为监事,并决定该社总社设于国民政府所在地。该社以"服务社会,发扬互助精神并增进妇女幸福"为宗旨。

国民党中央通讯社总社由渝迁京,新闻广播是日移南京播发。

4月19日 国民政府特派商震为盟国对日委员会中国代表兼中国驻日本代表团团长。

美国驻华特使马歇尔自林园返怡园,上午10时赴美国大使馆召集全馆工作人员谈话,午后4时半访晤国民政府行政院院长宋子文。

中共代表王若飞、秦邦宪遇难后,中共中央决定由罗迈(即李维汉)到重庆参加中共代表团工作,罗迈是日下午由延安飞抵重庆,同机到达的有刘宁一等。

重庆卫戍总司令部以请愿游行,有碍秩序,是日特发出布告加以限制,规定:"今后凡关请愿事项,只能举出五人以内之代表,向有关机关陈述理由,如未经本部允许,动集数千百人,游行斗殴,其为首与究犯,决以妨害治安罪。"

陪都各界追悼王若飞、秦邦宪、叶挺、邓华、黄齐生诸先生大会于上午9时在青年馆举行,参加者共5000余人,大会总指挥李公朴,总主席孙科,张澜主祭,邵力子、吴铁城、沈钧儒、周恩来、陈铭枢、李济深等陪祭,郭沫若宣读祭文,周恩来报告诸烈士生平,罗隆基、邵力子、王云五、孙科等分别讲演。

"利他社"于下午4时假中法比瑞同学会欢送行将赴美考察水利的冯玉祥,到来宾及社员200余人,主席李义铭报告利他社组织之宗旨及欢送冯玉祥之意义,冯玉祥、李德全分别讲演。

中旬 国民政府令组"中央党政军机关留渝联合办事处",以作为还都之过渡机关,负责办理留渝党政军各中央机关在渝结束事务及有关还都事宜,及与当地党政军之联系事项,同时负责指挥中央党政军各机关留渝人员。该处设主任委员一人,副主任委员二人,主任委员由国民政府军事委员会副参谋总长朱绍良担任。

中国国民党中央常务委员会决定:今后"九一八"及"七七"不再举行纪念仪式,并定九月三日为"胜利纪念日",同时致祭先烈。

4月20日 国民政府明令公布江苏、安徽、四川、广东等24省市区域及职业团体国民大会代表名单,共计781人。同时公布国民大会自由职业团体代表名单52人。

宪草审议会宪草起草小组在国民政府开会,对行政院与立法院之关系,各方意见仍未统一,政府方面对"行政院对立法院负责"一点仍持异议。司法院、监察院、考试院各节原则通过。

中共代表周恩来致电马歇尔、吉伦,对4月8日飞机失事中4名美籍人员殉职表示哀悼。

"法国访华代表团"团长余安将军午后赴怡园晋谒马歇尔元帅。

重庆市物价继续上涨,上熟米每市石涨至24000元,河熟米涨至20000元;美钞一元涨至2200元,黄金厂条涨至158500元。

4月21日 蒋介石在重庆召集军事幕僚讨论东北战局。

周恩来写信给国民党代表张群、邵力子、张厉生3代表,指出原定20号之约期已过,促其迅速邀集各方谈判解决各项问题,并随函送上中共代表团之书面声明。声明明确表示:中共目前已无提出国府委员及国大代表之可能,只有各项问题全部解决,方能考虑。

陪都青年联谊会在迁川大厦举行第二次全体会员大会,到该会辅导委员陈铭枢、沈钧儒、郭沫若、张申府、邓初民、阎宝航、杜国庠等及会员100余人,阎宝航致词,号召全国青年团结起来,反对内战。

国民政府外交部再次照会苏联驻华大使彼得罗夫,询问东北苏军撤退情形。

中共代表团、中共四川省委、第十八集团军重庆办事处及《新华日报》全体同仁,在重庆化龙桥红岩村十八集团军驻渝办事处礼堂举行王、秦、叶、邓诸同志及黄齐生先生追悼会,由周恩来主祭。董必武、吴玉章、陆定一、邓颖超、廖承志、罗瑞卿、熊瑾玎等陪祭,李澄之宣读祭文,董必武、周恩来、吴玉章、陆定一、邓颖超等先后致词。

"法国访华代表团"余安一行及法国大使梅里霭一行离重庆飞北平。

4月22日 国民党代表张群、邵力子、张厉生三氏复函周恩来,称:"在此时期,吾人仍为尽最大之努力,使政治协商会议之协议获得成功。……现距政治协商会议所商定国民大会召集之期极为迫尽,切望先生第一本最大之责任心,将代表名单即日开示,俾国民大会得以如期开成,否则会期因而延误,责任将有所归也。……"

上午,周恩来在重庆怡园与美国特使马歇尔举行会谈,周恩来介绍了关于商谈宪草、国大、停战、东北等问题的情况,指出40天来情况变化很大,政协后三四个月是中国的严重时期。周恩来强调说:非实现全面停战,中共不能参加政府。马氏未发表任何意见。

中国民主同盟鉴于国大及改组政府问题,拖延不决,是日派代表章伯钧、罗隆基至国民政府递交书面声明,催促国民政府三代表继续与各方代表协商国大及政府改组诸问题。

宪草审议会宪草起草小组下午开会,在地方制度方面已获部分协议。

旅渝各界华侨青年代表邱啸秋、萧特、林鉴欣等12人于上午8时赴国民政府向蒋介石呈献名册及国内外问题之意见书，由文官长吴鼎昌接见。

4月23日 国民政府明令："军事委员会委员长重庆行营,前因政府移驻重庆,经于二十八年一月令饬撤销,改设成都行辕有案。兹以政府还都在迩,为期西南各省之建设工作加速完成,及协助复员未竟工作起见,着将该重庆行营恢复设置,其原设之成都行辕并即撤销,所有业务归并重庆行营办理。此令。特派何应钦为军事委员会委员长重庆行营主任,何应钦未到任前,特派张群兼代。此令。"

国民政府主席蒋介石在中枢纪念周指示还都事宜："①各院部会公教人员及其家属于还都时有特殊困难者,各主管应斟酌情形,代为解决——予以救济;②目前交通工具缺乏,各主管对于人员档案之运还,应分别先后缓急,其与业务无重要关系之人员与档案,可暂留重庆,俟水运畅通时,再行运赴京。"并勉各公务员以八年前迁都重庆时之精神还都南京。

马歇尔于上午10时在怡园邀约周恩来会晤,周氏就当前东北军事冲突情形,详加检讨,并提出澄清东北严重情势之具体步骤。下午3时,马歇尔赴林园晋谒蒋介石,与蒋氏交换意见。

宪草审议会宪草起草小组上午9时在国民政府开会,决定:①"基本国策"一章中规定政治问题应以政治方式解决,现役军人不得从事政治活动,已取得协议。经济、文化、教育诸节,尚有若干分歧,当推定齐燕铭、吴经熊、雷震三氏就未取得一致意见之点继续商讨;②为保证将来宪法顺利实施起见,拟定"协议书"一份。

中国民主同盟代表章伯钧、罗隆基于上午10时邀约政府代表邵力子、张群、张厉生三氏会谈,说明解决当前国内各项问题之具体意见:"①东北内战应立即有效停止,以苏民困;②国民政府与行政院应同时改组;③行政院对立法院负责之宪草原则不容变更;④政府应于本月三十日以前提出解决一切问题之具体方法。"

中共代表周恩来函复国民党三代表张群、邵力子、张厉生,重申中共对保障人权、停止内战、改组政府、宪草修改及国民大会等项问题之严正态度,指出张群、邵力子、张厉生22日的复函,在卸脱责任,并再一次希望对中共所提全盘解决意见作具体有效之答复。

国民政府行政院院长宋子文夫妇偕徐堪等人离重庆飞南京。

4月24日 国民政府明令:原定本年五月五日召开之国民大会,着延期举行,延期时期另定之。

蒋介石于下午4时在国民政府邀约政协综合小组各党派代表会谈。蒋氏以"五五"期近,国大是否如期召开征询各方意见,张君劢首先发言,"认为当前若干问题未能适当解决,东北军事冲突未曾有效停止以前,召开国民代表大会,在野党派恐难出席,与其召开国大徒滋纷扰或招致分裂之局面,不如缓开为宜。"周恩来代表中共宣称:"中共一向主张及早召开举国一致、和平团结之国大,以当前各种情势观之,既有人提议缓开,自无不可。"曾琦说明缓开办法有三:①另订适当召开日期;②"五五"国大如期开幕,开幕后即行休会,以俟各项问题俱获协议后再行复会;③各项问题解决后,国大即可召开。蒋介石当即宣布:"国大召开,决定延期,以俟各项问题获得解决后,再另定日期举行。"

中共代表周恩来为召集国民大会问题,是日再函政府代表张群、邵力子、张厉生三氏,对此问题有所申述。

宪草审议会宪草起草小组下属的"基本国策章整理小组"下午开会,历时2小时,将政治、国际、党派、文化、教育等节逐条整理,共20条。

马歇尔于上午10时与前美全国房屋管理局局长布兰佛会谈,下午3时与蒋介石继续会谈。

"陪都各界庆祝国府恭送主席胜利还都大会",于下午6时半假军事委员会大礼堂举行,到于右任、吴鼎昌、吴铁城、陈立夫、蒋经国、王缵绪、邵力子等及重庆市全体参议员、来宾及中外记者300余人。胡子昂恭读颂歌,市长张笃伦代表全市人民向蒋介石献旗,市立女中同学代表向宋美龄献花,蒋介石致训词称:"重庆为渠之第二故乡,并强调与重庆同胞们共生死共患难之情形,永志不忘。"

中国征属福利协进社、中国抗战军人遗族辅导社、中央各军事学校毕业生眷属生产合作社派代表多人赴国民政府向蒋介石献旗,由文官长吴鼎昌代办。

国民政府行政院副院长兼经济部部长翁文灏偕经济部次长何廉等由重庆赴南京(经济部决定自5月1日起在南京正式办公)。

英国驻华大使薛穆夫妇偕随员数人由重庆飞上海。

4月25日 "中央党政军机关留渝联合办事处"正式成立,办公地点设在原军事委员会内,内分四组办公,主要任务为办理在重庆各党政军机关的结束事务及有关还都事宜。该处主任委员由军事委员会副参谋总长朱绍良担任,副主任委员由行政院参事陈克文及许孝炎担任。

马歇尔于上午10时在怡园接见中国民主同盟代表罗隆基、张君劢,征询民盟对东北军事冲突的意见。罗隆基称:"民盟方面深望东北内战立即停止,以便在和平友好之气氛中协商政治问题。"马歇尔称:"东北问题之解决甚为棘手,……中共方面应先提出具体意见,然后根据中共意见再与政府方面协商,以俟政治问题全盘解决后,东北军事冲突可于24小时内有效停止。"

中国民主同盟、中国青年党及无党派政协代表在特园集会,商讨调解东北问题之办法,到张澜、罗隆基、章伯钧、沈钧儒、梁漱溟、张君劢、陈启天、杨叔明、莫德惠、郭沫若、缪云台及东北人士周鲸文、阎宝航等。会议决定推罗隆基、张君劢往晤周恩来,莫德惠、陈启天往晤邵力子、张厉生、张群。周恩来赞同东北立即无条件停战,邵力子表示东北停战原则上同意,惟办法须先行商讨。

国民政府主席蒋介石偕四川省政府主席张群等离重庆飞成都巡视。

"东北政治建设协会"及"东北文化协会"在重庆中苏文化协会招待陪都各团体及中外记者,报告两团体奔走促进早日解决东北问题的经过及其对于东北问题的主张;要求自即日起停止军事冲突和军事运输,同时协商解决东北政治问题和整军的具体办法。会议并决定筹组"反对东北内战委员会"。到中国民主宪政促进会、民主建国会、中国经济事业协进会、中国学术工作者协会等11团体之代表及中外记者。

国民政府行政院还都工作竣事,是日起在南京收理一切公文。

国民政府教育部自是日起停止在重庆收文。

还都外交使团第四批人员于午后2时乘专机离重庆飞南京,有苏、法大使馆职员20余人。

4月26日　马歇尔于上午10时在怡园再度邀见罗隆基、张君劢二氏,吉伦将军亦在座,双方详细讨论停止东北军事冲突,澄清东北严重情势之步骤与方案。

国民参政会驻会委员会是日举行会议,决议:此后参政会将移南京举行,并拟五月份还返南京。

中共代表周恩来在重庆举行记者招待会,重申无条件停战为讨论与解决目前东北问题的先决条件,他说:"我们的要求很简单——无条件停战。这是我们很久以来的一贯要求。"

中国民主同盟代表于晚7时邀约周恩来等交换东北问题的意见。

国民政府立法院院长孙科偕该院秘书长吴尚鹰,立法委员吴经熊、温源宁及随员10余人乘专机离重庆飞南京,该院即日起在南京办公。

4月27日　国民政府派刘锴为联合国战罪审查委员会远东及太平洋分会代表,邹秉文为出席世界粮食紧急会议代表;特派冯玉祥前往美国考察水利事宜。

马歇尔于上午10时在怡园再度邀约罗隆基、张君劢,详细研讨解决东北问题之折中方案。上午12时,马歇尔与周恩来会晤,周恩来拒绝了蒋介石关于中共军队退出长春的要求。

晚7时,中国民主同盟代表罗隆基、张君劢与周恩来、董必武会晤。

在重庆的国民大会代表发表共同宣言:攻击中国共产党为"挟有武力之党派,一面破坏交通,阻挠复员,重陷收复区人民于水火之中;一面借口要挟缓开国民大会,割据政权,分裂国家。"宣言声称:在必要时,"由全国民选代表,依期自动集会,制定适合国情、反映人民需要之良好宪法,以期无负于国民之付托。"

重庆市政府通令:①公共汽车管理处自五月一日起直隶市公用局,本市各水电轮渡、汽车缆车、公司之业务亦同时受公用局之监督指挥;②工务局现有第二科及园林管理所、陵园管理所之业务及社会局现有陪都林场及第一至第四公墓之业务，即由公用局接管，并将原有配备员工一并移交。

4月28日 国民政府主席蒋介石偕国民政府军务局长俞济时等20余人，于上午9时由成都返抵重庆。下午3时与马歇尔会谈东北停止问题。

马歇尔于上午11时再度邀约中国民主同盟代表张君劢、罗隆基，继续研讨解决东北问题的各项意见，决定作成有协商性的意见书，交政府及中共方面考虑。

由参加陪都各界庆祝政治协商会议成功大会等20余个团体联合组织的"民主运动联盟"，是日在重庆青年会举行成立大会，阎宝航主持。会议推东北政治建设协会、中国民主宪政促进会、民主建国会等9单位为理事，并决定发表宣言。

中共代表周恩来、董必武在特园宴请冯玉祥、李济深、陈铭枢、王昆仑、谭平山等各方人士，并与之交换对时局的意见。

中共代表团因近日即将移驻南京，是日在曾家岩50号茶会招待陪都文化界人士话别，到陪都文化界人士近300人。周恩来代表中国共产党感谢与会者多年来为抗战、团结、进步、和平、民主和推动中华民族文化的发展所作的不懈努力。周恩来最后说："重庆真是一座谈判的城市。……差不多十年了，我一直为团结商谈而奔走渝延之间，谈判耗去了我现有生命的五分之一，我已经谈老了！"

"中国民主宪政促进会重庆分会"举行成立大会，到郭沫若等50余人，林亨元主持报告该会成立意义与筹备经过，该会常务理事张雪岩代表总会理事长张西曼致词，要求大家为促进中国之民主宪政而行动起来。

4月29日 国民政府主席蒋介石于上午11时召见重庆市市长张笃伦，对重庆市的建设、卫生、治安等情形，垂询甚详，并训示对渝市的安宁秩序等切实加以保障。

马歇尔于上午10时半邀晤周恩来，商谈东北问题达2小时之久，未果。下午3时，马歇尔与蒋介石晤谈，交换政府方面可能接受折中方案的意见。晚上8时，罗隆基、张君劢、张群三氏联袂会晤马歇尔，有所商谈，并决定将东北问题之商谈移至南京举行。

"东北政治建设协会"等20个团体联名致书马歇尔,提出解决东北问题的五项主张。要求立即停止东北内战及一切军事运输,协商解决政治问题、整军问题,政协决议未实施前,美国不应贷款给中国政府等。此函同时分送各党派及社会贤达。

"中国民主同盟"提出解决东北问题之方案:中共军队退出长春,国民党只派行政人员和平接收长春,不得派军队进入。同时,国共重开政治谈判,依据政协决议和整军方案的精神解决东北问题。

国民政府考试院院长戴传贤、副院长周钟岳偕该院重要工作人员由重庆飞赴南京。

4月30日 国民政府颁布还都令,定五月五日凯旋南京。还都令称:"回念在此八年中,敌寇深入,损失重大;若不依恃我西部广大之民众,与凭借其丰沃之地力,何以克奠今日胜利宏基。而四川古称天府,尤为国力之根源;重庆襟带双江,控驭南北,占战略之形胜;故能安渡艰危,获致胜利。其对国家贡献之伟大,自将永光史册,奕叶不磨。"

"国民政府军事委员会委员长重庆行营"在国民政府军事委员会正式成立,由张群兼代主任。

蒋介石于上午11时在曾家岩官邸接见在渝国大代表王兆荣、王普涵、石体元、曾济宽4人,说明此次政府明令国民代表大会延期之经过及政府为求和平团结容纳各方面意见之苦心。

中共代表周恩来在重庆中山三路中共代表团驻地举行中外记者招待会,对东北问题发表重要谈话,指出:为停止东北内战,中共、第三方面、马歇尔多日以来,奔走商谈,曾作过各种努力,但至今仍未达到目的。而东北内战,仍在政府当局非先拿下长春不能停战的坚持下继续扩大,实令人焦急万分。周氏并回答了各记者之问话,并将中共四川省委书记兼中共代表团驻渝联络代表吴玉章,副书记王维舟,《新华日报》代社长傅钟、副社长周文等介绍给大家。

蒋介石于午后3时偕夫人宋美龄及国民政府军务局长俞济时等20余

人,乘"美龄号"飞机离重庆飞赴西安(5月2日由西安飞抵汉口,5月3日上午11时30分由汉口飞抵南京)。

马歇尔特使夫妇于上午10时半偕随员柯克上校等10余人乘专机离重庆飞南京。

国民政府军事委员会委员长东北行营经济委员会主任委员张嘉璈离重庆飞赴南京。

5月

5月1日 中共代表周恩来于晚10时得悉国民党军事当局密令11个军26个师近30万人进攻中原解放区中共部队第五师李先念所部一事后,当即往晤军事三人会议政府代表徐永昌(任国民政府军事委员会军令部部长)及政协代表邵力子,同时致电南京马歇尔。周恩来指出:此系国民党方面有计划的阴谋,企图突然发动全国性大内战。周恩来要求立即采取有效办法,制止这一重大流血阴谋的实现,制止对停战协定之任意破坏,并提出与徐永昌、马歇尔同赴宣化店监督停战。

"中华全国文艺协会"于晚7时举行盛会,欢送冯玉祥将军赴美,同时举行该会重庆分会成立大会,到李德全、郭沫若、田汉、艾芜、沈起予、梅林、阳翰笙等30余人(冯玉祥因事未到)。田汉主持,对冯玉祥主持文协之工作表示感谢,并对冯玉祥出国考察水利致殷切希望。会议选举沈起予、艾芜、沙汀等7人为重庆分会理事,李兰等3人为监事。

重庆市政府公用局及新闻处正式成立,公用局局长吴华甫,新闻处处长朱国定均到职办公。

5月2日 新任国民政府军事委员会委员长重庆行营代主任张群于下午4时10分在军事委员会大礼堂举行宣誓就职典礼,到军令部长徐永昌、国民政府文官长吴鼎昌、国防最高委员会秘书长王宠惠等及在渝各部会长官,重庆市党政军警负责人等400余人,由徐永昌代表蒋介石授印并监誓。

国民政府内政部部长张厉生偕该部最后一批重要人员由重庆飞南京,并在重庆设办事处办理未了工作。

5月3日　中共代表周恩来率中共中央代表团、第十八集团军驻渝办事处等机构人员陆定一、邓颖超、齐燕铭、廖承志、王炳南等乘机离重庆飞南京。

重庆卫戍总司令部总司令王缵绪对记者称："余已感为官之痛苦及困难，坚辞任何文武官职，今后不愿再于宦途为生，实因中国'人''事'难分，黑白不辨之故。"并称："于此民主潮流高涨时，该机关实无存在之必要。"

国民参政会秘书长邵力子、国民党中央宣传部部长吴国桢偕秘书及重要职员多人离重庆飞返南京。

5月4日　"九三学社筹委备会"在重庆召开"九三学社"成立大会，大会公推褚辅成、许德珩、税西恒为主席团成员。会议发表《九三学社缘起》《成立宣言》《基本主张》《对时局主张》等重要文件，选举许德珩、褚辅成、税西恒、藩菽、张西曼等16人为理事，梁希、何鲁、侯外庐等8人为监事。

"中华全国文艺协会"总会于上午8时假抗建堂举行第二届文艺节及庆祝该会成立八周年纪念大会，到郭沫若、梅林、艾芜、臧克家、沈起予等400余人，阳翰笙主持致开会词，郭沫若作《文艺工作与和平民主运动》的讲演，强调和平民主为今后文艺工作者之着重点，而科学又为和平民主之本体。艾芜、臧克家、杨晦分别报告八年来之小说、诗歌、理论等。

陪都各界青年纪念"五四"大会在青年馆举行，到各校师生1400余人，张□主持报告纪念"五四"的意义，勉励青年继承"五四"运动精神，创造未来文化。

三民主义青年团重庆支团部于晚上假青年馆欢送三青团中央团部各还都同志，到各界男女团员1000余人，陈介生主持致开会词，三青团中央团部副书记李蒸等致词。

国民政府司法院院长居正偕该院重要职员多人离重庆飞返南京。

国民政府军事委员会军令部部长徐永昌离重庆飞南京。

5月5日　国民党中枢当局通告：自五日起国民政府原设陪都重庆每日举行之升旗典礼，正式改移首都国民政府举行。

国民政府正式还都南京，首都南京各界是日举行盛大的还都庆祝大会。

报载国民政府军事委员会委员长重庆行营内部组织机构为：主任及副主

任下各设办公室,参谋长、副参谋长及秘书长下设参谋、军务、交通、总务、政务、军法、经理、外事等8处及人事科、政治部及交通、经济两建设委员会,并决定以萧毅肃为参谋长、余中英为副参谋长,刘寿朋为秘书长,刘瑀璜为总务处长,王郁芬为军法处长,贾宝山为经理处长。

"现代戏剧学会"在重庆归元寺举行成立大会,到该会会员40余人,选举陈白尘、孙坚白、刘郁民等9人为理事。

5月6日 "现代戏剧学会"下午2时招待陪都文化界人士,陈白尘报告该会情形,沙汀、艾芜、沈起予、郑君里、阳翰笙、应云卫分别讲演,说明今后四川戏剧工作之重要及今后应走之道路。

重庆市民政局正式成立,局长汪观之到局视事。该局下设地方自治、组训、社教三科及秘书、会计、视察三室。

5月8日 政治协商会议社会贤达代表郭沫若、中国民主同盟代表梁漱溟、章伯钧等离重庆飞南京转上海。

5月13日 国民政府军事委员会委员长重庆行营代主任张群午后4时在军事委员会大礼堂茶会招待在渝中央及陪都各党政军机关首长、各界领袖及新闻界人士,称:"行营之使命为领导川康滇黔四省军政、经济、文化及社会之建设,政府以抗战八年,西南诸省贡献至大,故今后建设工作开始,首必建设西南。"

5月15日 国民政府监察院院长于右任乘专机离重庆飞南京。

5月16日 张自忠将军殉国六周年纪念日,陪都党、政、军、文化、学校、机关代表500余人,齐集北碚梅花山将军墓地举行公祭,冯玉祥主祭,马瑞图、雷鸿垫、鹿钟麟等10余人陪祭。

中共代表董必武、李维汉偕"解放区工联会"委员刘宁一等5人离重庆飞南京。

5月18日 新任国民政府军事委员会委员长重庆行营政治部主任张元良,率该部工作人员100余人由成都抵重庆,开始办公。

《国民公报》是日载:渝市市场衰落,工商业不景气,工厂倒闭,工人失业人数多达10万余人。

5月23日 重庆市市长张笃伦、重庆行营秘书长刘寿明、副参谋长余中英正午12时假胜利大厦欢宴中央留渝党政军各团体及新闻界,到100余人,张笃伦、余中英、刘寿明、胡子昂分别讲演,希望共同协力,发展重庆为最完美之现代化都市。陈云阁代表新闻界致词称:希望政府执行法治,分明赏罚。

5月26日 中国事业协进会、民主建国会、陪都妇女联谊社、重庆市杂志联谊社等六团体下午2时举行座谈会,到罗隆基、邓初民、史良等70余人,对当前的时局广泛交换意见,对政府当局即将实行的警管区制表示严正立场,认为此举系迫害人民之自由。

5月28日 "民权协进社"假林森路257号招待新闻界,说明该社成立之意义——发扬固有道德,实行三民主义,并积极从事于民权运动,务使人民知道一人一票之方法,以实现民主自治精神。

冯玉祥、王宠惠、李济深、侯外庐等70余人乘"民权轮"离重庆赴南京。

是月 国民党陆军大学决定留渝行课,另在南京成立分校。

参考资料

1. 重庆市档案馆馆藏有关档案。
2. 重庆《国民公报》1937年7月~1946年5月。
3. 重庆《新华日报》1938年10月~1946年5月。
4. 银行学会编印:《民国经济史》,1947年出版。
5. 傅润华主编:《抗战建国大画史》,中国文化信托服务社1948年出版。
6. 四川省人民政府参事室、四川省文史研究馆编:《抗日战争时期四川大事记》,华夏出版社1987年8月出版。
7. 重庆抗战丛书编纂委员会编:《重庆抗战大事记》,重庆出版社1995年8月出版。
8. 韩信夫、姜克夫主编:《中华民国史大事记》(1937~1946年部分),中华书局2011年7月出版。
9. 中央教育科学研究所编:《中国现代教育大事记》(1919~1949年),教育科学出版社1988年12月出版。
10. 潘洵、周勇主编:《抗战时期重庆大轰炸日志》,重庆出版社2011年1月出版。
11. 中共重庆市委党史研究室编:《中共中央南方局大事记》,重庆出版社2004年6月出版。
12. (台湾)周开庆编著:《民国川事纪要》,台湾四川文献研究社1974年12月出版。

13.（台湾）刘绍唐编:《民国大事日志》,台湾传记文学出版社1973年7月出版。

14.（台湾）《中华民国重要史料初编——对日抗战时期》第三编《战时外交》,台北1981年出版。

15.（台湾）"国史馆"编印:《中华民国史事纪要》(初稿)(1937～1946年)部分。

16.（台湾）中国国民党中央委员会党史委员会影印:《国防最高委员会常务会议记录》,近代中国出版社1995年9月出版。

17.（台湾）中国国民党中央委员会秘书处编印:《中国国民党第五届中央执行委员会常务委员会会议记录汇编》(上、下)。

18.（台湾）"国史馆"编:《蒋中正总统档案·事略稿本(30)》(1935年3月至4月),台湾国史馆2008年11月印行,台湾秦孝仪总编纂:《"总统"蒋公大事长编初稿》,1978年10月31日出版。

19.（台湾）林美莉编校:《王世杰日记》(上册),"中央研究院"近代史研究所2012年12月出版。

后　记

　　从 1985 年大学毕业到 2015 年，刚好整整 30 年。30 年来，从学校到档案局(馆)，除了日常工作外，我将自己的兴趣、爱好，放到了认识、了解、研究重庆抗战史上或抗战时期重庆历史上。这期间，虽然也写了一些有关重庆抗战的研究文章，编辑出版了一些档案史料汇编，但编纂、出版一部能反映抗战时期重庆方方面面发展变化、地位作用、牺牲贡献的《大事记》，则一直是我的心愿，并为这一心愿的实现进行了长时期的、积极的努力。

　　30 年来，围绕这一心愿，我搜集的资料文献可以说是数百万乃至上千万字，阅览的资料当然更多，并做了数百万字的资料摘抄、读书卡片。就《大事记》本身而言，其初稿也多达近 200 万字，后几经修改，形成了现在的这个稿子。既作为自己 30 年研究工作的一个小结，也作为中国抗日战争暨世界反法西斯战争胜利 70 周年的一份献礼。

　　当心愿变成现实时，心中虽有欣慰高兴，但更多的则是忐忑不安。因为抗战时期的重庆，不仅是中国战时的首都，而且也是中共中央南方局所在地、抗日民族统一战线的重要政治舞台和世界反法西斯战争东方战场统帅部所在地。这期间，战时重庆的各种大事、要事层出不穷；各种各样的活动、事件，更是数不胜数。而作为第一部全面记载这些活动、事件的《大事记》，资料搜集上未能达到"穷"与"净"，自不待说；就是在大事、要事的选择与记载上，也难免带有个人的观点与爱好；更要特别说明的是，虽然自己对此花了相当的心血与努力，但仍不可避免地会有个别史实不准、描写不当的地方。衷心希望读者见谅并批评指正，以便自己将来对此作进一步的修正、补充与完善。

本书在编纂过程中，参考了海内外出版的、众多的大事记、年谱、日记、史料与研究成果，在此特表谢意！除此之外，还要向所有为本书编纂出版提供帮助、支持的单位、朋友，表示衷心感谢！

唐润明

2015年4月